물류관리사

5개년 첨삭식 기출문제해설

1권 | 문제편

시대에듀

물류관리사
5개년 첨삭식 기출문제해설
Always with you
사람의 인연은 길에서 우연하게 만나거나 함께 살아가는 것만을 의미하지는 않습니다.
책을 펴내는 출판사와 그 책을 읽는 독자의 만남도 소중한 인연입니다.
시대에듀는 항상 독자의 마음을 헤아리기 위해 노력하고 있습니다. 늘 독자와 함께하겠습니다.
합격의 공식 시대에듀
자격증 • 공무원 • 금융/보험 • 면허증 • 언어/외국어 • 검정고시/독학사 • 기업체/취업
이 시대의 모든 합격! 시대에듀에서 합격하세요!
www.youtube.com → 시대에듀 → 구독

머리말 PREFACE

국제화 · 세계화 시대에 경쟁력을 키우기 위한 최대 조건은 물류관리의 합리화!

우리나라는 21세기 동북아 물류중심국가를 지향하고 있다. 최근 물류산업이 비약적으로 발전하고 있지만, 기업경영의 글로벌화로 인해 더욱 고도화된 글로벌 물류서비스를 요구하고 있다.

최근 물류산업은 운송, 하역, 보관 등 전통적인 물류서비스의 범주를 벗어나 물류전략의 수립에서부터 조달, 생산, 보관, 운송, 회수에 이르는 고객지향적인 통합 공급사슬관리(SCM) 서비스 수준까지 지향하고 있다. 국내물류는 물론 국제물류에 있어서 통합 SCM은 이제 필요불가결한 사항이 되고 있다.

이러한 시대적 흐름에 맞추어 우선 우리나라의 경쟁력을 키우기 위한 최대의 조건은 물류관리의 합리화라 할 수 있다. 더욱 중요한 것은 날로 발전하는 물류산업에 신속히 대응하고 글로벌한 물류경영에 적합한 인재를 길러내는 것이다. 기업과 정부 모두 물류관리의 효율화를 제3의 이익원으로 인식하고 있으며 전문 물류인력을 배출하기 위해 노력하고 있다.

본서는 물류관리사를 준비하는 수험생들을 위한 기출문제분석 풀이용 문제집이다. 수험준비에 있어서 기출문제를 분석하고 유형문제를 풀어보는 것만큼 좋은 학습방법은 없는 것 같다. 시험을 처음 접해보는 초보자들이 시험의 출제경향을 파악하거나, 시험 마무리 단계에 있는 수험생들이 최종마무리용으로 활용해도 무리가 없다.

수험생들의 효과적인 학습을 돕기 위한 본서의 특징은 다음과 같다.

❶ 최근 치러진 기출문제(2025~2021)는 연도별로 수록하여 최종마무리용으로 손색이 없도록 하였다.

❷ 문제편(1권)과 정답 및 해설편(2권)을 분권하여 수험생들이 문제를 모두 풀어본 후 해설을 더 수월하고 효율적으로 확인할 수 있도록 구성하였다.

❸ 각 문제별로 정답지문뿐만 아니라 정답이 아닌 지문까지 해설을 첨삭식으로 상세하게 달아 수험생들의 이해도를 높였다.

끝으로, 본서가 물류관리사 자격 취득을 이루고자 하는 수험생들에게 조금이나마 도움을 줄 수 있기를 바라며, 모든 수험생들이 합격의 기쁨을 안을 수 있기를 기원한다.

편저자 씀

자격시험 안내 INTRODUCTION

응시자격

제한 없음

※ 단, 부정행위로 인해 시험 무효처분을 받은 자는 3년간 물류관리사 시험에 응시할 수 없음

시험과목 및 방법

교 시	시험과목	세부사항	문항수	시험시간	시험방법
1	물류관리론	물류관리론 내의 「화물운송론」, 「보관하역론」 및 「국제물류론」은 제외	과목당 40문항 (총 120문항)	120분 (09:30~11:30)	객관식 5지선택형
	화물운송론	–			
	국제물류론	–			
2	보관하역론	–	과목당 40문항 (총 80문항)	80분 (12:00~13:20)	
	물류관련법규	「물류정책기본법」, 「물류시설의 개발 및 운영에 관한 법률」, 「화물자동차운수사업법」, 「항만운송사업법」, 「유통산업발전법」, 「철도사업법」, 「농수산물유통 및 가격안정에 관한 법률」 중 물류 관련 규정			

※ 물류관련법규는 시험 시행일 현재 시행 중인 법령을 기준으로 출제함
(단, 공포만 되고 시행되지 않은 법령은 제외)

합격기준

매 과목 100점을 만점으로 하여 매 과목 40점 이상, 전 과목 평균 60점 이상 득점한 자

관련부처

국토교통부

시행기관

한국산업인력공단

응시수수료

(물류정책기본법 시행규칙 제13조 제2항)
20,000원

※ 시험 관련 정보는 변경될 수 있으므로 국가자격시험 물류관리사 홈페이지(www.Q-net.or.kr)에서 확인하시기 바랍니다.

CERTIFIED PROFESSIONAL LOGISTICIAN

5개년 출제빈도표 ANALYSIS

1과목 물류관리론

출제영역	2021	2022	2023	2024	2025	합 계	비율(%)
제1장 물류관리총론	15	11	12	13	12	64	31.5
제2장 물류 경영과 마케팅	1	6	5	5	7	24	12
제3장 물류표준화와 물류공동화	7	6	6	6	5	30	15
제4장 물류회계	3	2	3	4	4	16	8
제5장 물류정보화	7	3	5	5	3	23	11.5
제6장 정보화시대의 물류혁신기법	7	12	9	7	9	44	22
합계(문항 수)	40	40	40	40	40	200	100

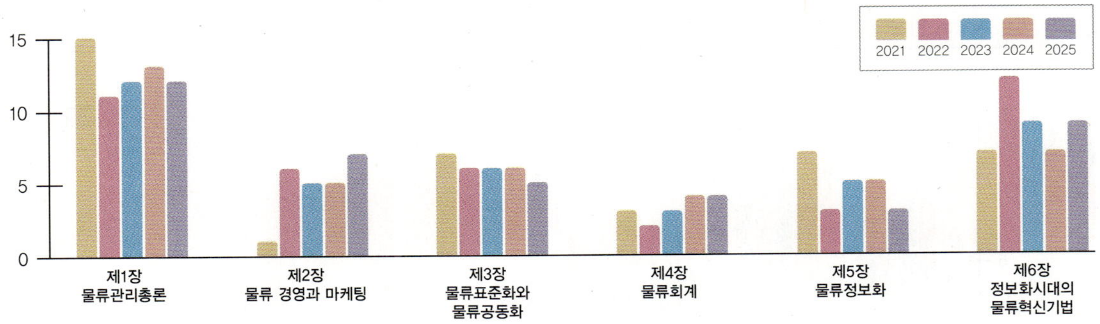

영역별 평균 출제비율

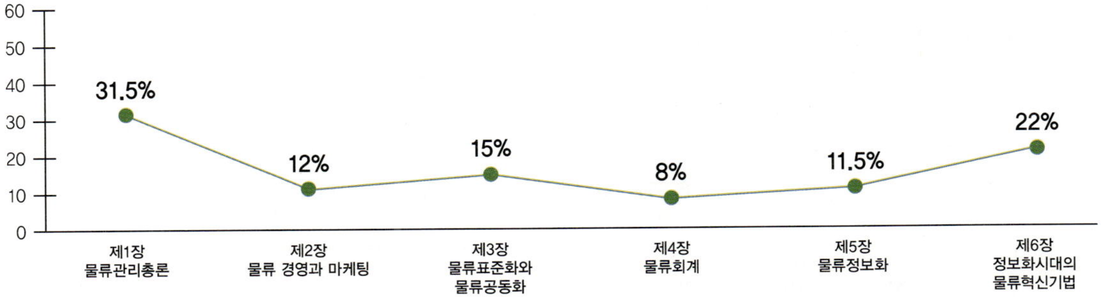

최신 출제경향

2025년 기출 영역은 2024년 기출과 영역별로 한두 문제 차이는 있었으나 전반적으로 비슷한 출제비중을 유지하였다. 단 '제6장 정보화 시대의 물류혁신기법' 영역 문항 수가 전년 대비 올랐으며, 해당 영역에서 기존에 출제되지 않았던 3D 프린팅 기술이나 AGV, CAM 등 물류에 적용되고 있는 신기술이 선지로 제시되는 경향이 늘어나는 추세이므로 시험에 출제되지 않은 물류 관련 신기술에 대해서도 관심을 기울일 필요가 있다.

5개년 출제빈도표 ANALYSIS

2과목 화물운송론

출제영역	2021	2022	2023	2024	2025	합 계	비율(%)
제1장 화물운송의 기초	4	9	9	6	8	36	18
제2장 화물자동차(공로)운송	12	9	11	12	12	56	28
제3장 철도운송	4	4	3	2	4	17	8.5
제4장 해상운송	7	5	4	3	4	23	11.5
제5장 항공운송	3	2	3	5	2	15	7.5
제6장 복합운송	1	1	1	4	3	10	5
제7장 단위적재운송시스템(ULS)	1	3	1	2	0	7	3.5
제8장 수·배송시스템의 합리화	8	7	8	6	7	36	18
합계(문항 수)	40	40	40	40	40	200	100

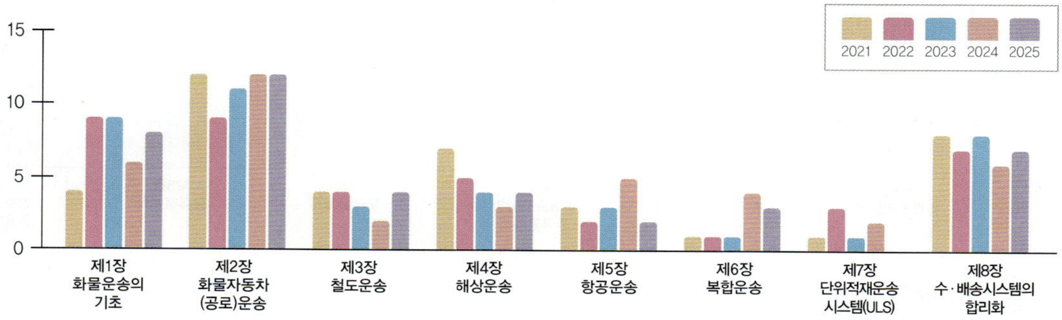

영역별 평균 출제비율

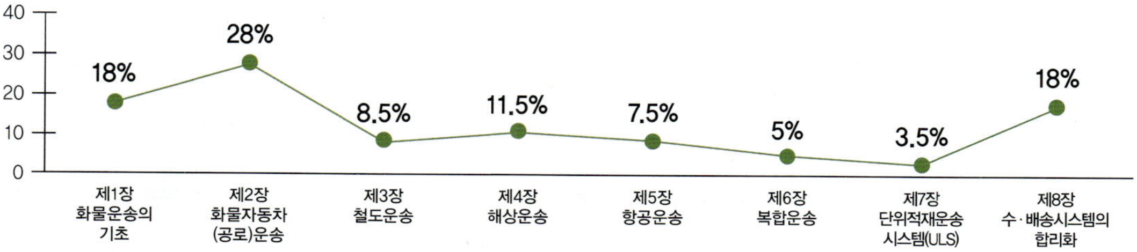

최신 출제경향

2025년에는 2024년에 비해 영역별로 1~3문제 정도의 출제 비중 차이를 보였으며, 단위적재운송시스템(ULS) 영역에서는 출제되지 않았다. 계산 문제는 빈출되는 유형인 운송수요의 운임탄력성, 채트반 공식을 이용한 화물자동차운송과 철도운송의 경제효용거리 분기점, 운영지표의 값, 최소비용법과 보겔추정법, 최단경로법 등 총 8문제가 출제되었다. 또한 물류관련법규와 택배 표준약관에서 각각 3개가 출제되어 관련 내용의 암기가 필요하다.

3과목 국제물류론

출제영역	2021	2022	2023	2024	2025	합 계	비율(%)
제1장 국제물류관리	5	2	6	6	5	24	12
제2장 국제무역개론 및 무역실무	5	5	7	7	7	31	15.5
제3장 국제해상운송	19	22	19	15	14	89	44.5
제4장 국제항공운송	6	6	4	6	7	29	14.5
제5장 국제복합운송과 물류보안	5	5	4	6	7	27	13.5
합계(문항 수)	40	40	40	40	40	200	100

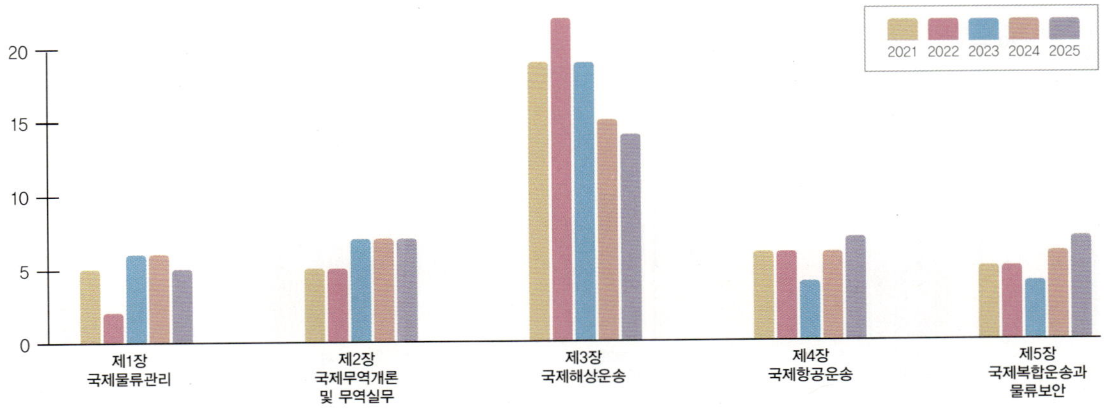

영역별 평균 출제비율

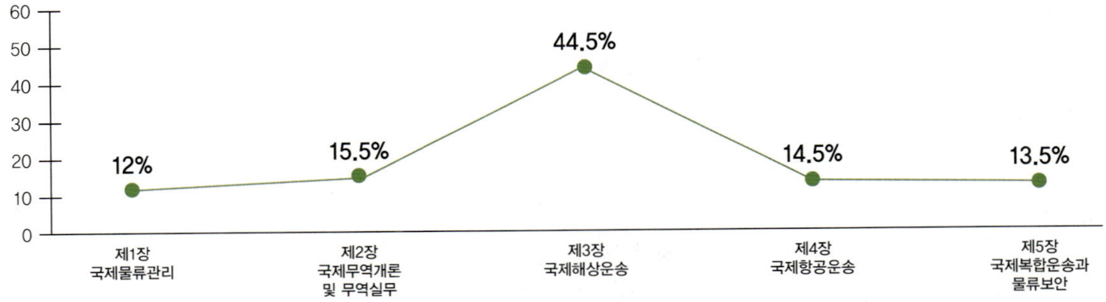

최신 출제경향

2025년에는 2024년에 비해 국제무역개론 및 무역실무를 제외하고는 장별로 한 문제씩 증감이 있었다. '항공화물의 사고 유형' 문제가 2024년에 이어 2025년에도 출제된 것이 눈에 띈다. 최근에는 대다수 문제에서 5지선다 항목이 한글 표기 없이 영어로만 제시되고 있으므로 관련 핵심용어의 영어 풀이에 익숙해져야 한다.

4과목 보관하역론

출제영역	2021	2022	2023	2024	2025	합 계	비율(%)
제1장 보관 및 창고	7	7	7	9	7	37	18.5
제2장 물류 운영	8	9	10	7	8	42	21
제3장 하역론	17	16	16	16	13	78	39
제4장 재고관리	8	8	7	8	12	43	21.5
합계(문항 수)	40	40	40	40	40	200	100

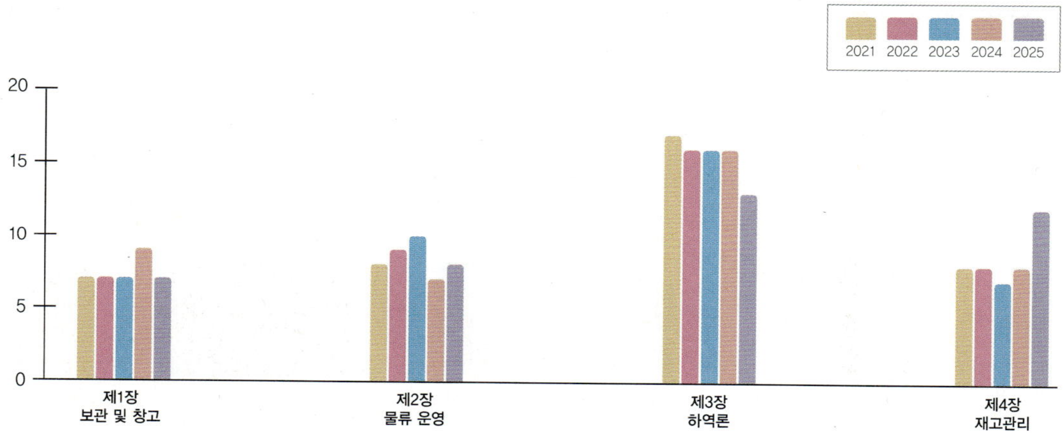

영역별 평균 출제비율

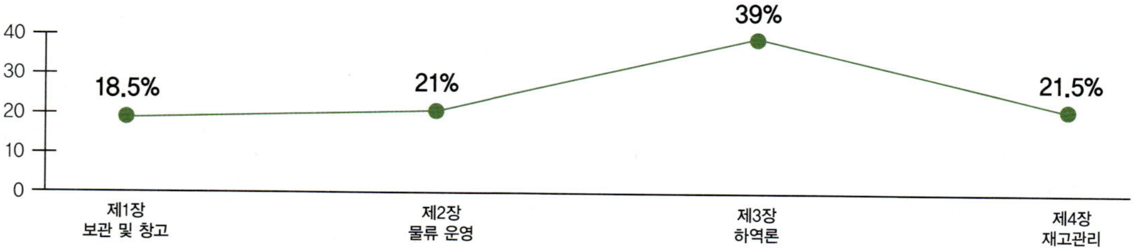

최신 출제경향

2025년에는 2024년에 비해 재고관리 영역에서의 계산문제가 많이 출제되었다. 거의 해마다 출제되는 지수평활법을 이용한 판매예측치 계산문제에 더해, 난이도는 높지 않았지만 재고회전율, 재주문점, 연간재고유지비, EOQ(경제적 주문량), 순소요량 등 다양한 재고관리지표를 구하는 문제가 출제되었으므로 관련 계산공식을 반드시 익혀두어야 한다. 제1장 보관 및 창고에서는 오더피킹의 출고형태 중 제4형태를 묻는 문제가 새롭게 출제되었고, 하역 및 재고관리 영역에서는 단편적인 지식을 묻기보다는 한 문제에서 해당 개념의 정의, 종류, 장단점 등을 전반적으로 다루는 문제들이 출제되었으므로, 주요 개념들의 특징을 구별해서 익혀두어야 한다.

5과목 물류관련법규

출제영역	2021	2022	2023	2024	2025	합 계	비율(%)
제1장 물류정책기본법	8	8	8	8	8	40	20
제2장 물류시설의 개발 및 운영에 관한 법률	8	8	8	8	8	40	20
제3장 화물자동차 운수사업법	10	10	10	10	10	50	25
제4장 유통산업발전법	5	5	5	5	5	25	12.5
제5장 항만운송사업법	3	3	3	3	3	15	7.5
제6장 철도사업법	4	4	4	4	4	20	10
제7장 농수산물 유통 및 가격안정에 관한 법률	2	2	2	2	2	10	5
합계(문항 수)	40	40	40	40	40	200	100

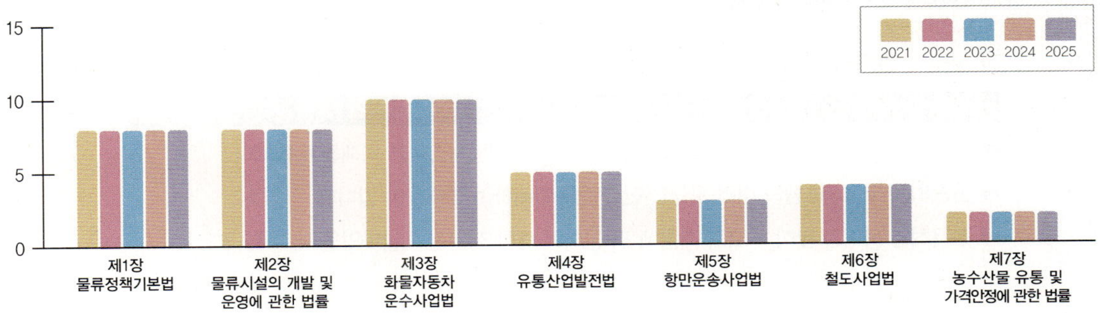

영역별 평균 출제비율

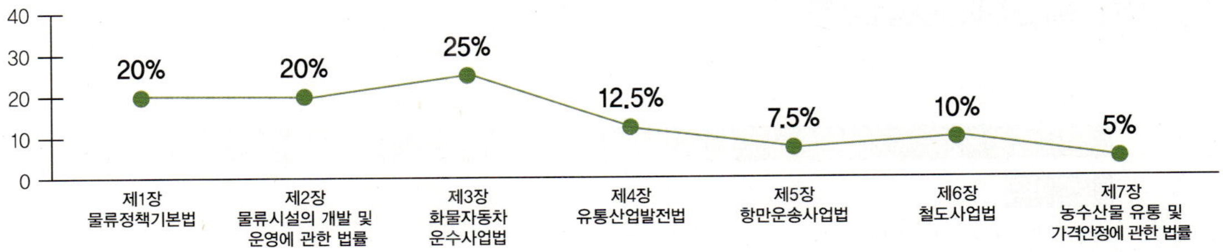

최신 출제경향

이 과목은 7개 법규와 시행령, 시행규칙을 모두 학습해야 하므로 수험생의 입장에서는 방대한 학습량에 당황하고 어려움을 느낄 수 있다. 그러나 각 법령별로 자주 출제되는 항목이 있으므로, 본서의 구성에 따라 학습한다면 시간과 수고를 절약할 수 있다. 우선 출제비중이 가장 높은 화물자동차 운수사업법, 물류정책기본법, 물류시설의 개발 및 운영에 관한 법률은 빈출되는 유형을 분석하여 세부 내용(시행령, 시행규칙)을 법규와 연결하여 이해하는 집중적 학습법이 요구된다. 출제영역 비중이 적은 나머지 법규들은 연속 출제되는 분야를 위주로 공부하는 선별적인 학습법을 선택하는 것을 추천한다.

과목별 합격전략 STRATEGY

1과목 물류관리론

★ 중요포인트

나머지 과목의 기본 바탕이 되는 과목이므로 물류용어에서부터 물류관리, 물류합리화, 물류정보시스템 등 전반적인 개념을 제대로 이해하고 있느냐의 여부가 중요

➡ 1과목에서 가볍게 언급했던 내용을 4과목에서는 더 자세히 다루기도 하는 등 4과목 보관하역론과 겹치는 내용도 있기 때문에 이와 연계되어 출제되기도 합니다.

➡ 최근 물류환경 변화와 물류추세, 물류비 계산과 분류체계에 대한 내용도 많이 출제되고 있기 때문에 충분히 학습하고 넘어가야 합니다.

2과목 화물운송론

★ 중요포인트

공로운송, 철도운송, 해상운송, 항공운송으로 크게 나누어 각각의 특징과 장단점을 파악

➡ 화물을 단위화하여 운송하는 단위적재운송의 전반적인 시스템을 이해해야 합니다.

➡ 운송의 수배송시스템의 여러 모형과 산출법을 이해하여 학습해야 합니다.

➡ 전문적인 용어가 많이 나오기 때문에 각 용어에 대한 정확한 개념파악을 해야 합니다.

3과목 국제물류론

★ 중요포인트

화물운송론의 육상, 해상, 항공운송, 복합운송의 범위를 확대하여 국제간의 무역을 중심으로 출제되는 영역

➡ 국제무역실무의 용어나 규칙 등의 내용을 이해해야 합니다.

➡ INCOTERMS 2020, 각종 약관, 조항, 협약 등과 관련된 내용은 영문을 해석할 수 있도록 대비해야 합니다.

➡ 최근에는 보기 지문뿐만 아니라 5지선다 각 항목도 영어로 출제되기 때문에 시험에 자주 출제되는 중요용어는 영어로도 숙지하고 있어야 합니다.

CERTIFIED PROFESSIONAL LOGISTICIAN

4과목 보관하역론

★ 중요포인트

보관이나 하역은 운송 전후에 이루어지는 작업이기 때문에 화물운송론과 연계된 부분이 많은 과목

➡ 보관과 하역을 따로 생각할 것이 아니라 보관과 하역이 효율적으로 이루어지기 위한 재고관리, 자재관리, 포장 등의 연결고리를 정리해야 합니다.

➡ 하역관련 장비 및 파렛트의 종류별 특징에 대해 정리해야 합니다.

➡ 수요예측기법과 관련된 계산문제를 풀기 위한 공식도 체계적으로 정리하여 학습해야 합니다.

5과목 물류관련법규

★ 중요포인트

무조건 처음부터 외울 생각으로 접근하지 말고 먼저 법의 큰 제목을 보고 그 흐름을 파악한 후에 세부 사항에는 어떤 것이 있는지 이해하며 학습해야 하는 과목

➡ 법 관련용어들은 이해하기 생소하고 출제영역인 7개 법의 내용도 상당히 방대하기 때문에 수험생들이 제일 어려워하는 과목입니다.

➡ 처음에 전체 법을 다 외우려고 공부를 시작했다가는 얼마가지 않아 포기하기 쉽기 때문에 기출문제를 바탕으로 출제경향이 어떤지 분석하고 파악한 후 주로 출제되는 분야를 우선적으로 학습하는 것이 좋습니다.

이 책의 차례 CONTENTS

1권 문제편

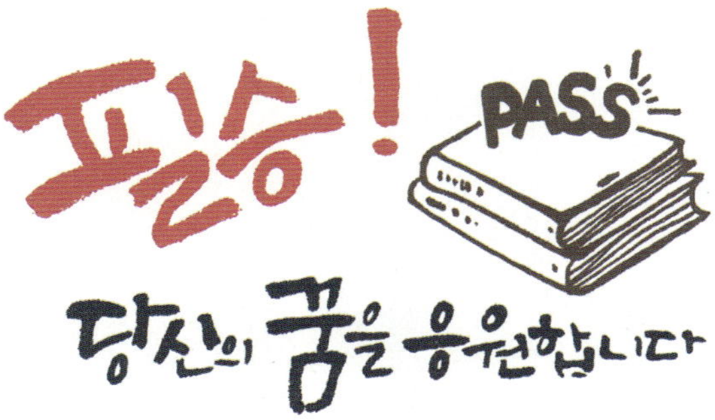

CERTIFIED PROFESSIONAL LOGISTICIAN

물류관리사 5개년 첨삭식 기출문제해설

1권

문제편

2025년 제29회 기출문제
2024년 제28회 기출문제
2023년 제27회 기출문제
2022년 제26회 기출문제
2021년 제25회 기출문제

남에게 이기는 방법의 하나는 예의범절로 이기는 것이다.

– 조쉬 빌링스 –

2025년 제29회 기출문제

교 시	과 목	시 간	문제형별
1교시	• 물류관리론 • 화물운송론 • 국제물류론	120분	A

2025. 7. 26. 시행

맞은 개수 _____ / 120문제

[1과목] 물류관리론

01 역물류에 관한 설명으로 옳지 않은 것은?

① 사용이 완료된 일회용 소모성 자재는 회수물류의 대상이다.
② 역물류에는 폐기물류, 반품물류, 회수물류 등이 포함된다.
③ 역물류는 순물류와 반대 방향으로 이동하는 물류흐름이다.
④ 온라인 쇼핑의 증가로 인하여 반품물류의 중요성이 증가하고 있다.
⑤ 회수물류에는 파렛트, 컨테이너 등 물류용기의 재활용을 위한 회수가 포함된다.

02 유통활동을 상적유통과 물적유통으로 구분할 때 물적유통에 해당하는 것을 모두 고른 것은?

ㄱ. 보관활동	ㄴ. 상거래활동
ㄷ. 금융조성활동	ㄹ. 화물수송활동
ㅁ. 유통가공활동	

① ㄱ, ㄴ, ㄷ
② ㄱ, ㄷ, ㅁ
③ ㄱ, ㄹ, ㅁ
④ ㄴ, ㄷ, ㄹ
⑤ ㄷ, ㄹ, ㅁ

03 물류의 개념에 관한 설명으로 옳지 않은 것은?

① 시대의 흐름에 따라서 물류의 범위는 물적유통, 로지스틱스(Logistics), SCM으로 확대되었다.
② 물적유통은 주로 수송, 보관, 하역, 포장 등의 부문별 효율화를 추구하였다.
③ 로지스틱스(Logistics)는 조달, 생산, 판매 등 기업 내 물류효율화를 목표로 한다.
④ SCM은 공급자, 제조업자, 도소매점, 고객 등 공급사슬 전반의 효율화를 목적으로 한다.
⑤ 물류는 통합적 물류관리의 개념에서 출발하여 물류영역 전반의 최적화를 거쳐 최종적으로 개별 기업의 물류생산성 제고의 차원으로 발전하였다.

04 물류환경 변화에 관한 설명으로 옳지 않은 것은?

① 온라인쇼핑의 확대로 택배시장이 확대되고 있다.
② 소비자 니즈(needs)의 다양화 · 고도화로 유통의 소량 · 다빈도화가 초래되었다.
③ 하역의 로봇화, 화물의 단위적재 등을 도입하여 물류의 신속화 및 자동화를 추구하고 있다.
④ 물류서비스 향상, 비용절감을 위하여 물류 아웃소싱과 3PL이 활성화되고 있다.
⑤ 물류의 중요성이 증가하여 상물일치의 개념이 확대되고 있다.

05 물류관리의 중요성에 관한 설명으로 옳지 않은 것은?

① 공급사슬 전체의 경쟁력 강화를 위하여 물류관리의 중요성이 대두되고 있다.
② 생산부문 원가절감의 한계로 인하여 물류관리의 중요성이 부각되고 있다.
③ 소비자 니즈(needs)의 다양화로 소품종 대량생산이 증가하여 물류관리의 중요성이 증가하고 있다.
④ 온라인쇼핑의 증가로 배송의 중요성이 부각되어 물류관리의 중요성이 증가하였다.
⑤ 글로벌화로 인한 물동량의 증가로 물류관리의 중요성이 증가하였다.

06 **물류관리에 관한 설명으로 옳지 않은 것은?**

① 기업의 물류관리는 구매, 생산, 마케팅 등과 밀접한 관계가 있다.
② 물류관리를 위한 계획은 전략계획, 전술계획, 운영계획으로 나누어 단계적으로 수립한다.
③ 원자재 및 부품의 조달, 구매상품의 보관, 완제품 유통도 물류관리의 대상이다.
④ 물류비용 절감을 통한 이익창출은 제3의 이익원으로 인식되고 있다.
⑤ 물류는 마케팅믹스의 4P 중 제품(product)과 가장 밀접한 관계가 있다.

07 **주문정보를 창고나 발송부서에 전달한 후부터 주문받은 제품의 발송을 준비하는 데 걸리는 시간은?**

① 주문전달시간(Order Transmittal Time)
② 주문처리시간(Order Processing Time)
③ 주문확정시간(Order Confirmation Time)
④ 주문조립시간(Order Assembly Time)
⑤ 재고가용성(Stock Availability)

08 **물류서비스에 관한 설명으로 옳지 않은 것은?**

① 물류 EDI(Electronic Data Interchange)를 도입하면 주문처리, 물품추적, 반품 등의 영역에서 고객 만족도가 향상된다.
② 물류 리드타임이 짧아지면 고객서비스 수준이 향상된다.
③ 재고수준이 높아지면 고객서비스 수준이 향상된다.
④ 물류거점의 수가 증가하면 고객서비스 수준이 향상된다.
⑤ 고객서비스 수준이 높아지면 물류비가 절감되고 매출액은 증가한다.

09 다음의 물류전략이 필요한 제품수명주기는?

> • 물류거점의 수나 재고수준을 결정하기 위한 정보가 많지 않으므로 물류관리자의 판단에 따른 물류계획이 필요
> • 규모의 경제 달성을 위한 물류활동이 필요하고 비용과 서비스 간의 상충관계를 본격적으로 고려해야 하는 시기

① 도입기
② 성장기
③ 성숙기
④ 쇠퇴기
⑤ 퇴출기

10 다음 설명에 해당하는 물류조직의 유형은?

> • 각 사업단위의 성과를 극대화하기 위한 조직이다.
> • 독립채산제로 운영되며, 물류 전문 인재를 양성하기 용이하다.
> • 전사적 관점에서 통합성이 결여될 수 있다.

① 사업부형 물류조직
② 라인·스태프형 물류조직
③ 직능형 물류조직
④ 그리드형 물류조직
⑤ 매트릭스형 물류조직

11 3자물류(3PL : Third Party Logistics)에 관한 설명으로 옳지 않은 것은?

① 화주와 물류업체 간의 전략적, 장기적 협력관계를 추구한다.
② 3자물류 업체는 운송과 보관을 포함한 물류 프로세스의 대부분을 수행한다.
③ 자가물류 방식에 비해 화주의 정보 유출 우려가 적다.
④ 3자물류에 IT, 컨설팅 등이 결합된 통합서비스는 4자물류로 정의된다.
⑤ 화주 입장에서는 내부의 물류 전문가 육성 및 사내 전문지식 축적이 어려울 수 있다.

12 **6시그마를 추진하는 DMAIC 각 단계에 관한 설명으로 옳지 않은 것은?**

① Do는 새로운 품질 개선 아이디어를 환류(Feedback)하는 단계이다.
② Measure는 프로세스의 현재 상태를 파악하는 단계이다.
③ Analyze는 품질을 저하시키는 근본 원인을 발견하는 단계이다.
④ Improve는 품질 개선 활동을 실행하고 그 결과를 수치화하는 단계이다.
⑤ Control은 개선 결과를 문서화하고 개선된 프로세스가 지속적으로 유지되도록 통제하는 단계이다.

13 **제약이론(TOC)에 관한 설명으로 옳지 않은 것은?**

① 골드랫(E. M. Goldratt)이 제안하였다.
② 제약을 찾아 집중적으로 개선하는 경영이론이다.
③ 개선 대상에는 자원, 부서, 인식, 환경 등 제약이 되는 모든 것이 포함된다.
④ 산출회계(Throughput Accounting)는 통계적 기법을 활용한 품질 개선 도구이다.
⑤ 재고는 판매를 위하여 재화에 투자된 자금으로 정의된다.

14 **제품 A의 개당 판매 가격은 10만원이고, 당기 고정비가 2억원, 변동비는 가격의 75%이다. 당기 손익분기점에 해당하는 제품 A의 판매량(개)은?**

① 6,000　② 7,000
③ 8,000　④ 9,000
⑤ 10,000

15 다음 표는 제품 A와 제품 B를 취급하는 물류업체의 연간 비목별 물류비와 기능별 물류지표에 관한 자료이다. 이에 관한 설명으로 옳은 것은? (단, 자료에서 제시한 것 외의 사항은 고려하지 않는다.)

[연간 비목별 물류비]

구분 \ 비목	운송비	보관비	포장비	하역비	합 계
금액(만원)	6,000	2,000	2,000	3,000	13,000
배부 기준	물동량	보관면적	출고물량	입출고물량	–

[기능별 물류지표]

제품 \ 물류지표	물동량(km · ton)	보관면적(m^2)	입고물량(개)	출고물량(개)
A	8,000	3,000	900	600
B	4,000	2,000	400	600
합 계	12,000	5,000	1,300	1,200

① 제품 A의 운송비로 3,000만원이 배부된다.
② 제품 B의 물류비는 4,000만원이다.
③ 제품 B의 보관비로 1,000만원이 배부된다.
④ 제품 A에 배부된 포장비와 제품 B에 배부된 포장비는 같다.
⑤ 제품 A에 배부된 하역비는 제품 B에 배부된 하역비의 2배이다.

16 물류비 분류체계에서 세목별 비목에 해당하는 것은?

① 노무비
② 포장비
③ 하역비
④ 보관비
⑤ 물류정보 · 관리비

17 A기업의 작년 매출액은 400억원, 물류비는 매출액의 20%, 영업이익은 20억원이었다. 올해 물류비를 매출액의 15%로 절감한다면, 올해 매출액 대비 영업이익의 비율(%)은? (단, 매출액과 다른 비용 및 조건은 작년과 동일한 것으로 가정한다.)

① 5
② 10
③ 15
④ 20
⑤ 25

18 **수직적 유통경로시스템(VMS : Vertical Marketing System)에 관한 설명으로 옳지 않은 것은?**

① 유통경로상의 한 주체에서 계획된 프로그램에 의해 경로구성원들을 전문적으로 관리・통제하는 시스템이다.
② 기업형 VMS는 한 경로구성원이 다른 경로구성원들을 법적으로 소유・관리하는 시스템이다.
③ 경로구성원에 대한 통제력은 관리형 VMS가 기업형 VMS보다 더 강하다.
④ 계약형 VMS의 대표적인 형태에는 프랜차이즈 시스템이 있다.
⑤ 계약형 VMS는 경로구성원들이 각자가 수행해야 할 유통기능들을 계약에 의해 합의함으로써 공식적 경로관계를 형성하는 시스템이다.

19 **구매관리에서 장기적 협력관계를 유지할 수 있는 공급업체의 특징이 아닌 것은?**

① 건전한 재무상태
② 유연한 공급 능력
③ 안정적인 노사관계
④ 정보시스템의 높은 상호운용성
⑤ 품질의 높은 변동성

20 **e-조달의 장점이 아닌 것은?**

① 구매업무 처리시간이 절감된다.
② 프로세스 자동화로 구매비용이 절감된다.
③ 문서처리 비용이 절감된다.
④ 신용정보 및 거래정보의 유출 위험이 없다.
⑤ 실시간 정보로 재고와 예산을 관리할 수 있다.

21 **다음 설명에 해당하는 소매상 유형은?**

- 대형화, 다점포화된 할인형 전문점을 의미한다.
- 특정 계열 상품에 대해 풍부한 구색을 갖추고 있다.
- 중간 정도의 제품 구색을 갖춘 전통적 소매점이 쇠퇴하고 소매업이 양극화되면서 주목받고 있다.

① 카테고리 킬러(Category Killer)
② 팩토리 아웃렛(Factory Outlet)
③ 백화점(Department Store)
④ 수퍼센터(Super Center)
⑤ 하이퍼마켓(Hypermarket)

22 **다음 중 도매기관 유형에 해당하는 것을 모두 고른 것은?**

ㄱ. 상인 도매기관(merchant wholesaler)
ㄴ. 대리 도매기관(agent wholesaler)
ㄷ. 제조업자 도매기관(manufacturer wholesaler)
ㄹ. 라스트마일 도매기관(last-mile wholesaler)
ㅁ. 옴니채널 도매기관(omni-channel wholesaler)

① ㄱ, ㄴ
② ㄱ, ㄴ, ㄷ
③ ㄱ, ㄹ, ㅁ
④ ㄴ, ㄷ, ㄹ
⑤ ㄷ, ㄹ, ㅁ

23 **2차원 바코드에 관한 설명으로 옳지 않은 것은?**

① 1차원 바코드에 비해 대량의 데이터를 표현할 수 있다.
② 1차원 바코드보다 훼손이나 오염 시 오류를 쉽게 정정할 수 있다.
③ 데이터를 구성하는 방법에 따라 다층형과 매트릭스형으로 나눌 수 있다.
④ 2차원 바코드의 하나인 QR코드는 미국의 UPS사가 개발하였다.
⑤ 텍스트는 물론 그래픽, 사진 등 다양한 정보도 저장할 수 있다.

24 **전사적 자원관리(ERP)에 관한 설명으로 옳지 않은 것은?**

① 생산, 판매, 구매, 인사, 재무, 물류 등 기업업무 전반을 통합 관리하는 정보시스템이다.
② 공급사슬 계획 및 실행 시스템을 위해 필요한 정보를 제공한다.
③ 기업 활동에 소요되는 인적, 물적 자원을 효율적으로 관리하는 역할을 수행한다.
④ 성공적인 도입을 위해서는 업무의 표준화가 중요하다.
⑤ 1970년대 생산현장 관리를 위해 개발된 MES(Manufacturing Execution System)에서 유래하였다.

25 **물류정보기술에 관한 설명으로 옳지 않은 것은?**

① POS는 상품의 판매 시점에 발생하는 정보를 저장한다.
② EDI는 거래업체 간 상호 합의된 전자문서표준을 이용하여 컴퓨터 간 구조화된 데이터를 전송하는 기술이다.
③ RFID는 데이터의 변경 및 추가가 가능하나 여러 개의 태그를 동시에 판독하는 것은 불가능하다.
④ GPS는 인공위성과의 무선교신을 이용하여 차량, 선박 등의 위치를 파악하는 시스템이다.
⑤ Block Chain은 공급사슬관리의 가시성과 투명성을 향상시킬 수 있다.

26 **다음에서 설명하는 공급사슬관리 전략은?**

의류제조업체인 베네통(Benetton)사는 고객 수요에 유연하게 대응하면서 재고를 최소화하기 위한 전략으로 원사를 염색한 후 직조하던 제조공정을 직조 후 염색하는 공정으로 개선하였다.

① Postponement
② Cross Docking
③ Quick Response
④ Collaborative Forecasting
⑤ Continuous Replenishment

27 **공급사슬을 혁신하기 위한 신기술인 3D 프린팅에 관한 설명으로 옳지 않은 것은?**

① 레이저와 파우더를 이용하여 신속하게 형상을 제작하는 쾌속조형(Rapid Prototyping)에서 유래하였다.
② 다품종 소량생산에 유리하다.
③ 재고수준을 낮출 수 있다.
④ 고가의 금형제작 비용이 발생한다.
⑤ 시제품 제작시간을 단축시킬 수 있다.

28 **수요업체가 정보공유시스템을 활용하여 자신의 재고 보충 책임을 공급업체에게 이전함으로써 재고관리의 효율성을 높이는 방식은?**

① Material Requirements Planning
② Computer Aided Manufacturing
③ Distribution Resource Planning
④ Enterprise Resource Planning
⑤ Vendor Managed Inventory

29 **효율적 공급사슬에 관한 설명으로 옳은 것을 모두 고른 것은?**

ㄱ. 리드타임 단축보다는 비용을 절감하는 데 중점을 둔다. ㄴ. 공급사슬 전반의 재고를 최소화하는 것이 중요하다. ㄷ. 공급자 선정과정에서 비용보다는 공급의 유연성을 우선적으로 고려한다. ㄹ. 모듈화를 통한 제품 다양성 확보에 초점을 둔다.

① ㄱ, ㄴ
② ㄷ, ㄹ
③ ㄱ, ㄴ, ㄷ
④ ㄴ, ㄷ, ㄹ
⑤ ㄱ, ㄴ, ㄷ, ㄹ

30 **채찍효과(Bullwhip Effect)에 관한 설명으로 옳지 않은 것은?**

① 공급사슬 하류의 수요변동이 상류로 갈수록 증폭되는 현상이다.
② 구매자의 사전구매(Forward Buying)로 인해 발생할 수 있다.
③ 규모의 경제를 고려한 일괄(batch)주문으로 인해 발생할 수 있다.
④ 참여기업들의 개별적 수요 예측을 통해 완화할 수 있다.
⑤ 상시저가전략을 이용해 완화할 수 있다.

31 **물류 합리화에 관한 설명으로 옳지 않은 것은?**

① 제조원가 절감을 통한 이익 증대가 어려워짐에 따라 물류 효율성 제고 필요성이 증가하였다.
② 제조업체가 핵심역량인 제조에 집중하기 위해서는 자가물류의 확대가 필요하다.
③ 물류 합리화 추진 시 내부 기능 간 또는 기업 간 상충관계(trade-off)가 발생할 수 있다.
④ 물류 합리화는 환경 분석, 목표 설정, 전략 수립의 단계로 추진한다.
⑤ 지능형 자동화 기계를 물류 업무에 도입하는 것은 생지능형(省知能形) 합리화이다.

32 **단위적재시스템(ULS : Unit Load System)에 관한 설명으로 옳지 않은 것은?**

① 화물을 일정하게 단위화하고 하역, 수송, 보관 등을 기계화, 합리화하는 시스템이다.
② ULS 도입을 위해서는 물류 거래단위가 표준화되어야 한다.
③ 서비스 수준을 높이기 위해 고객이 지정한 규격의 파렛트를 구비하여 활용한다.
④ ULS 도입에 의해 포장비용을 절감하고 적재 효율을 높일 수 있다.
⑤ 단위 화물(Unit Load)이 생성된 후 해당 상품의 운반과 하역을 실시한다.

33 **물류 모듈에 관한 설명으로 옳은 것은?**

① Unit Load의 최대허용치수(Maximum Plan View Size)는 1,100mm × 1,100mm이다.
② 상품성을 높이기 위해서 상품의 포장 치수를 물류 모듈과 독립적으로 결정하는 것이 바람직하다.
③ 적재함 폭이 2,340mm인 8톤 트럭에는 일관수송용 T-1 표준파렛트 16매가 적재된다.
④ 물류 모듈은 물류 시설이나 장비의 규격에 관한 기준척도와 대칭계열로서, 배수나 분할관계로 정의한다.
⑤ 한국산업표준(KS)으로 제정된 수송포장계열치수는 1,140mm를 정수로 나눈 배수모듈 시스템이다.

34 **물류공동화의 장점으로 옳은 것을 모두 고른 것은?**

ㄱ. 규모의 경제 효과로 화주의 단위당 물류비 절감
ㄴ. 화주 측면에서의 고객에 대한 서비스 수준 향상
ㄷ. 운수업자의 물류정보시스템 구축 촉진
ㄹ. 운수업자의 자율적인 배송 스케줄 조정이 용이함

① ㄱ, ㄴ
② ㄱ, ㄷ
③ ㄴ, ㄷ
④ ㄱ, ㄷ, ㄹ
⑤ ㄱ, ㄴ, ㄷ, ㄹ

35 **불특정 다수의 화주를 대상으로 복수의 운송사업자가 지역을 분담하여 집화 및 배송을 수행하는 공동수배송 시스템 유형은?**

① 특정 화주 공동형
② 운송사업자 공동형
③ 개별입고 공동배송
④ 공동집하 개별배송
⑤ 개별입고 개별수송

36 **공동수배송에 관한 설명으로 옳지 않은 것은?**

① 차별화된 배송 서비스를 경쟁전략으로 설정한 기업은 공동수배송 참여를 기피할 수 있다.
② 전자상거래 확대에 따른 다빈도·소량 수배송 증가로 공동수배송의 필요성이 커졌다.
③ 공동수배송은 교통혼잡을 완화하고 물가 상승을 억제하는 데 기여한다.
④ 긴급 수요에 대한 대응 능력이 저하되어 공동수배송 참여를 기피하는 경우도 있다.
⑤ 동일 지역 내에 공동물류센터가 없으면 공동수배송을 실시할 수 없다.

37 **다음 설명에 해당하는 물류보안 제도는?**

컨테이너에 적재되어 해상으로 운송되는 위험 화물에 의한 사고를 예방하기 위하여 수입되는 위험물 컨테이너에 대한 국제해상 위험물 규칙(IMDG Code) 준수여부를 점검하는 제도

① AEO(Authorized Economic Operator)
② CIP(Container Inspection Program)
③ CSI(Container Security Initiative)
④ ISPS(International Ship & Port Facility Security)
⑤ ISO 9000

38 **물류 활동과 환경의 관계에 관한 설명으로 옳지 않은 것은?**

① 기후변화의 영향으로 물류 분야에서는 자원재생형 녹색물류가 중요해지고 있다.
② 수배송 공동화 등 공동 물류활동의 확산은 환경오염을 촉진한다.
③ 운송에 의한 온실가스 저감대책 수립 및 실행은 녹색물류활동에 해당한다.
④ 녹색물류는 순물류(Forward Logistics)와 역물류(Reverse Logistics)를 포괄한다.
⑤ 녹색물류인증은 기업의 환경부하 저감사업 실적을 평가하여 인증하는 제도이다.

39 창고관리 시스템에서 고객의 발주 내역에 따라 출고할 품목의 종류와 수량을 표시함으로써 창고 작업자가 신속, 정확하게 집품하여 납품을 준비하도록 지원하는 반자동화 시스템은?

① AGV(Automatic Guided Vehicle)
② ASRS(Automated Storage & Retrieval System)
③ DAS(Digital Assorting System)
④ DPS(Digital Picking System)
⑤ ERP(Enterprise Resource Planning)

40 A국가는 이산화탄소 배출량(kg)에 비례해서 환경부담금을 부과하고 있다. K사는 환경부담금을 절감하기 위해 기존 차량 매각 후 친환경 차량 도입을 검토하고 있다. 연비법에 의한 이산화탄소 배출량 및 환경부담금 산출 관련 자료가 다음과 같을 때, 친환경 차량 도입이 경제적으로 불리하지 않다는 판단을 내리기 위한 최소 주행거리(km)는? (단, 제시된 조건 이외의 사항은 고려하지 않음)

- 이산화탄소 배출량(kg)＝주행거리(km)÷연비(km/L)×이산화탄소 배출계수(kg/L)
- 이산화탄소 배출계수 : 0.002kg/L
- 환경부담금 산출계수 : 50만원/kg
- 기존 차량 연비 : 5km/L
- 친환경 차량 연비 : 10km/L
- 친환경 차량 도입 비용 : 1,500만원

① 50,000
② 100,000
③ 150,000
④ 200,000
⑤ 250,000

[2과목] 화물운송론

41 화물자동차 운수사업법상 화물자동차 운수사업에 관한 내용으로 옳지 않은 것은?

① 화물자동차 운수사업은 화물자동차 운송사업, 화물자동차 운송주선사업, 화물자동차 운송가맹사업으로 구분된다.
② 화물자동차 운송사업을 경영하려는 자는 국토교통부장관의 허가를 받아야 한다.
③ 화물자동차 운송사업은 일반화물자동차 운송사업과 개인화물자동차 운송사업으로 구분한다.
④ 개인화물자동차 운송사업은 화물자동차 1대를 사용하여 화물을 운송하는 사업으로서 대통령령으로 정하는 사업이다.
⑤ 제3자 물류 활성화를 위해 운송주선사업자는 자기 명의로 다른 사람에게 화물자동차 운송주선사업을 경영하게 할 수 있다.

42 지붕구조의 덮개가 있는 화물 자동차에 해당하는 것은?

① 리치 스태커
② 스트래들 캐리어
③ 하이로더
④ 밴형 화물자동차
⑤ 포크리프트

43 화물운송의 효율화 방안으로 옳지 않은 것은?

① 공동수배송 체계를 구축한다.
② 컨테이너 및 파렛트를 이용한 운송을 확대한다.
③ 교통정보시스템과 화물추적시스템의 연계를 도모한다.
④ 철도 및 연안운송 연계를 통해 화물운송시스템을 구축한다.
⑤ 적재율 증대와 비용감소를 위해 영업용보다는 자가용 화물차량을 사용한다.

44 화물차량의 중량에 관한 설명으로 옳은 것은?

① 최대적재량이 3톤 이상이거나 총중량이 10톤 이상인 화물자동차는 적재물배상보험에 가입하여야 한다.
② 차량 총중량은 차량중량과 화물적재량의 합에서 승차중량을 제외한 것이다.
③ 도로법령에 따르면 화물자동차의 총중량이 40톤을 초과할 경우에는 운행이 제한될 수 있다.
④ 2차축 차량의 축 화물중량은 공차 시 전축 중량과 영차 시 화중을 합산한 중량이다.
⑤ 공차중량은 화물을 적재하지 않고 연료, 냉각수, 윤활유 등을 채우지 않은 상태의 화물차량 중량을 말한다.

45 화물운송서비스 수요의 운임탄력성에 관한 설명으로 옳지 않은 것은?

① 대체 운송수단이 다양하게 존재하면 특정 운송수단의 수요에 대한 운임탄력성이 크다.
② 운임탄력성이 낮은 경우 운임이 변화하면 운송수요가 크게 변화한다.
③ 판매단가가 높은 상품은 운임부담력이 높기 때문에 운임이 상승하더라도 운송수요가 크게 감소하지 않는다.
④ 화물운송서비스의 수요에 대한 운임탄력성은 운임 외에도 운송에 소요되는 원가에도 영향을 받는다.
⑤ 대체되는 화물이 다양하게 존재하면 해당 화물에 대한 운송수요는 운임에 대해 탄력적이다.

46 화물운송시스템의 3대 구성요소에서 운송경로에 관한 설명으로 옳은 것은?

① 운송수단의 운행에 이용되는 통로로서 공로, 철도, 해상항로, 항공로 등이 있다.
② Mode라고 하며 복합운송의 역할이 중요시되고 있다.
③ 철도역, 배송센터, 물류터미널 등이 이에 해당된다.
④ 운송을 직접 담당하는 수단으로 자동차, 선박, 항공기, 철도 차량 등이 있다.
⑤ 운송을 위한 상품을 처리 및 보관하는 장소 또는 시설을 의미한다.

47 **다음과 같은 조건에서 운송수요의 운임탄력성 값은?**

• 운송수요 변화량 : 5	• 운임 변화량 : 1
• 운송수요 수준 : 10	• 운임 수준 : 4

① 0.25
② 0.5
③ 1.25
④ 2
⑤ 4

48 **운송서비스의 특징에 관한 설명으로 옳지 않은 것은?**

① 상품이 생산된 장소와 소비되는 장소의 불일치를 조정하는 장소적 효용을 제공한다.
② 운송서비스는 상품의 일시적인 보관 기능을 제공하여 시간적 효용을 창출한다.
③ 운송서비스 수요는 상품 수요와 독립적으로 결정되는 특성을 가지고 있다.
④ 운송영역의 범위에 따라 국내운송과 국제운송으로 구분된다.
⑤ 운송의 발달로 인해 상품의 지역 간 이동을 유발하여 지역 간 상품 가격의 차이를 감소시키는 역할을 한다.

49 **운송수단의 특징에 관한 설명으로 옳지 않은 것은?**

① 철도운송은 공로운송보다 대량화물 운송에 유리하다.
② 공로운송은 타 운송수단에 비해 단거리 운송에 유리하다.
③ 항공운송은 장거리 및 대용량·고중량 운송에 유리하다.
④ 해상화물은 화물의 크기나 무게에 대한 영향을 적게 받아 대용량 화물운송에 유리하다.
⑤ 파이프라인 운송은 초기 시설비가 많이 들지만 유지비용은 저렴하다.

50 화물자동차의 구조에 의한 분류에서 전용특장차에 해당하는 차량을 모두 고른 것은?

ㄱ. 냉동차	ㄴ. 액체 수송차(탱크로리)
ㄷ. 리프트게이트부착차량	ㄹ. 시스템 차량
ㅁ. 믹서트럭	

① ㄱ, ㄴ, ㄷ
② ㄱ, ㄴ, ㅁ
③ ㄱ, ㄷ, ㄹ
④ ㄴ, ㄹ, ㅁ
⑤ ㄷ, ㄹ, ㅁ

51 철도운송에 관한 설명으로 옳지 않은 것은?

① 철도화물운송형태에는 화차취급운송과 컨테이너취급운송 등이 있다.
② 철도운송은 타 교통수단과 비교할 때 기후에 크게 영향을 받지 않는다.
③ 전세열차란 고객이 특정 열차를 전용으로 사용하는 열차를 말한다.
④ 철도운송은 교통체증에 따른 영향이 적고 계획적으로 운행할 수 있다.
⑤ 국내의 수송수단별 화물수송 분담률에서 ton·km기준으로 철도운송이 공로운송보다 분담률이 높다.

52 다음과 같은 화물자동차 운송과 철도 운송 조건에서 채트반(Chatban) 공식을 이용한 두 수송수단 간 경제효용거리 분기점은?

- 철도 운송비 : 2,000원/ton·km
- 화물자동차 운송비 : 4,000원/ton·km
- 톤당 철도 부대비용(철도 발착비, 하역비 등) : 500,000원/ton

① 150km
② 200km
③ 225km
④ 250km
⑤ 275km

53 **화물자동차운송시스템 전략으로 사용되는 원칙이 아닌 것은?**

① 운송과 재고의 Trade-off 원칙
② 단일 원거리 운송의 원칙
③ 회전수 감소의 원칙
④ 수배송 일원화의 원칙
⑤ 상하차 신속의 원칙

54 **화물자동차 운송운임의 항목별 원가에서 고정비에 해당하는 것을 모두 고른 것은?**

ㄱ. 감가상각비
ㄴ. 지급이자
ㄷ. 유류비
ㄹ. 타이어비
ㅁ. 시간외 수당

① ㄱ, ㄴ
② ㄱ, ㅁ
③ ㄴ, ㄷ
④ ㄷ, ㄹ
⑤ ㄹ, ㅁ

55 **다음은 A기업의 1년간 화물자동차 운행실적이다. 운행실적을 통해 얻을 수 있는 운영지표의 값에 관한 설명으로 옳은 것은?**

- 총 주행거리 : 80,000km
- 실제 적재 주행거리 : 72,000km
- 실제 가동 차량 수 : 300대
- 누적 실제 차량 수 : 360대
- 트럭의 적재 가능 총중량 : 10톤
- 트럭의 평균 적재 중량 : 8.2톤

① 가동률은 80%이다.
② 영차율은 90%이다.
③ 적재율은 85%이다.
④ 복화율은 75%이다.
⑤ 공차거리율은 20%이다.

56 철도화물운송용 화물차량에 관한 설명으로 옳지 않은 것은?

① 호퍼화차는 포대화물, 종이류 등을 수송하기 위한 차량으로 양측에 슬라이딩 도어를 구비하여 화물의 적하가 용이하도록 되어 있다.
② 곡물화차는 양곡, 사료 등 비포장 분말화물을 상부 해치를 통하여 적재하고 하부 호퍼를 통하여 하역할 수 있도록 되어 있다.
③ 무개화차는 지붕이 없는 화차로 석탄, 자갈 등 손상 염려가 없는 화물 수송에 이용된다.
④ 컨테이너 화차는 상면 위에 컨테이너를 적재할 수 있으며 고정 장치가 부착되어 있다.
⑤ 곡형평면화차는 특대형 화물 수송용 차량으로 중앙부 저상구조로 대형 변압기, 군장비 등을 적재한다.

57 철도화물 운임체계에 관한 설명으로 옳지 않은 것은?

① 철도화물의 운임체계는 일반화물과 컨테이너 화물로 구분된다.
② 화물운임의 할인종류에는 왕복수송 할인, 탄력할인 등이 있다.
③ 컨테이너화물의 최저기본운임은 규격별, 영・공별 컨테이너의 100km에 해당하는 운임이다.
④ 사유화차 할인은 고객이 화차를 제작하여 철도운송에 사용할 경우 투자비 보전을 위해 시행하는 할인으로 할인율은 화차제작 조건에 관계없이 동일하게 적용된다.
⑤ 화물운임의 할증종류에는 철도공사 직원이 감시인으로 승차하는 화물 할증, 열차 및 경로 지정 화물 할증 등이 있다.

58 다음에서 설명하고 있는 철도운송 서비스 형태는?

• 비교적 짧은 구간에서 유용한 열차서비스의 형태임 • 철도역 또는 터미널에서 화차조성비용을 줄이기 위해 화차의 수와 타입이 고정됨 • 출발지 → 목적지 → 출발지를 연결하는 루프형 구간에서 서비스를 제공하는 열차 형태임

① Shuttle Train
② Block Train
③ Single Wagon Train
④ Liner Train
⑤ Coupling & Sharing Train

59 **화물자동차 운수사업법령상 화물자동차 운송가맹사업의 허가기준에 관한 내용으로 옳지 않은 것은?**

① 화물자동차의 종류는 화물자동차 운수사업법 시행규칙 제3조에 따른 화물자동차(화물자동차를 직접 소유하는 경우만 해당한다)를 말한다.

② 그 밖의 운송시설로 화물정보망을 갖추어야 한다.

③ 사무실 및 영업소는 영업에 필요한 면적을 보유하여야 한다.

④ 최저보유차고면적은 화물자동차 1대당 그 화물자동차의 길이와 너비를 곱한 면적(화물자동차를 직접 소유하는 경우만 해당한다)이다.

⑤ 허가기준 대수는 50대 이상이며 운송사업자가 화물자동차 운송가맹사업 허가를 신청하는 경우 운송사업자의 지위에서 보유하고 있던 화물자동차 운송사업용 화물자동차는 화물자동차 운송가맹사업의 허가기준 대수로 겸용할 수 있다.

60 **다음 수송표에서 최소비용법과 보겔추정법을 적용하여 총 운송비용을 구할 때 각각의 방식에 따라 산출된 총 운송비용의 차이는? (단, 공급지에서 수요지까지의 톤당 운송비는 각 셀의 우측상단에 표시되어 있음)**

(단위 : 천원)

공급지 \ 수요지	D1	D2	D3	D4	공급량(톤)
S1	16	18	3	9	300
S2	8	14	7	12	120
S3	6	11	15	13	180
수요량(톤)	130	200	150	120	600

① 30,000원
② 60,000원
③ 120,000원
④ 180,000원
⑤ 240,000원

61 3개의 공급지와 4개의 수요지에 대한 수송모형에서 공급지에서 수요지 간의 1단위 수송비용이 다음과 같을 때 총 운송비용의 최소값을 구하기 위한 제약조건식으로 옳은 것은? (단, X_{ij}에서 X는 물량, i는 공급지, j는 수요지를 나타냄)

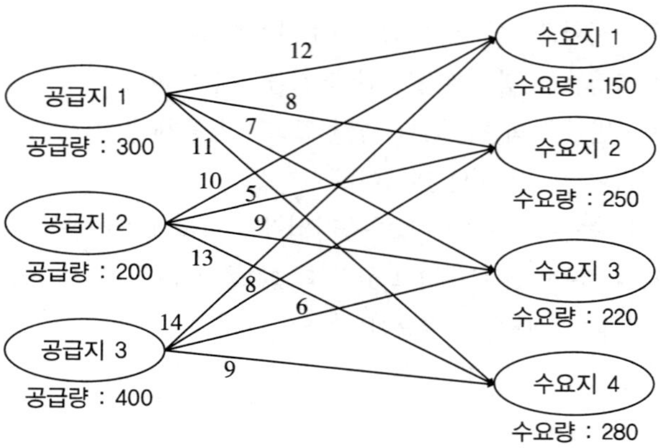

① $X_{12} + X_{22} + X_{32} = 150$

② $X_{13} + X_{23} + X_{33} = 300$

③ $X_{11} + X_{22} + X_{33} = 600$

④ $X_{21} + X_{22} + X_{23} + X_{24} = 200$

⑤ $X_{11} + X_{22} + X_{33} + X_{44} = 900$

62 국제물류주선업의 기능에 해당하는 것으로 모두 고른 것은?

ㄱ. 화물의 집화・분배・혼재 서비스 제공
ㄴ. 운송계약의 체결
ㄷ. 운송수단, 화물의 포장형태 등 각종 국제 운송에 관한 조언
ㄹ. 선하증권 등 운송서류 작성
ㅁ. 선박의 감항능력 유지
ㅂ. 컨테이너 야드 보안관리

① ㄱ, ㄴ, ㄷ, ㄹ
② ㄱ, ㄴ, ㄹ, ㅂ
③ ㄱ, ㄷ, ㅁ, ㅂ
④ ㄴ, ㄷ, ㄹ, ㅁ
⑤ ㄷ, ㄹ, ㅁ, ㅂ

63 **운송주선인에 관한 설명으로 옳지 않은 것은?**

① 화물의 집화・분배 서비스 등을 제공한다.
② 수출입화물의 통관절차를 대행한다.
③ 화주를 대신하여 운송인과 운송계약을 체결한다.
④ 복합운송에서 전체 운송 구간의 운송책임을 부담한다.
⑤ 혼재운송을 하지 않고 단일 화주의 FCL 화물만을 취급하기 때문에 LCL 화물은 취급하지 않는다.

64 **다음 (　　)에 들어갈 Consolidation Service를 바르게 나열한 것은?**

(ㄱ)은 다수의 송화인(수출자)으로부터 화물을 혼재하여 한 사람의 수화인(수입자)에게 운송하는 형태이다.
(ㄴ)은 다수의 송화인(수출자)으로부터 화물을 혼재하여 다수의 수화인(수입자)에게 운송하는 형태이다.

① ㄱ : Buyer's Consolidation, ㄴ : Shipper's Consolidation
② ㄱ : Shipper's Consolidation, ㄴ : Forwarder's Consolidation
③ ㄱ : Forwarder's Consolidation, ㄴ : Shipper's Consolidation
④ ㄱ : Buyer's Consolidation, ㄴ : Forwarder's Consolidation
⑤ ㄱ : Shipper's Consolidation, ㄴ : Buyer's Consolidation

65 다음 S에서 출발하여 F에 도착하는 운송네트워크의 최단경로 거리(km)는? (단, 경로별 숫자는 km임)

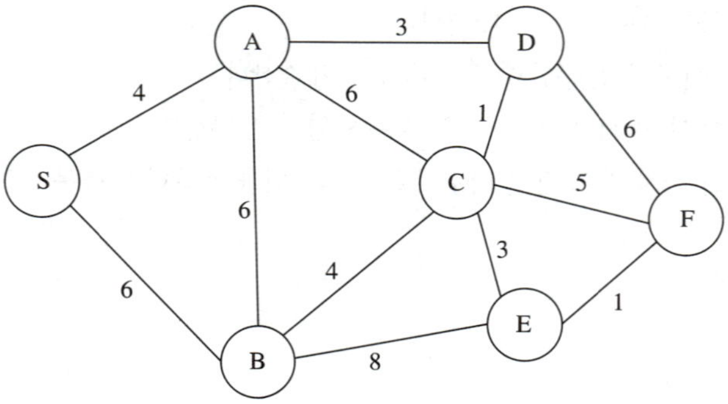

① 11
② 12
③ 13
④ 14
⑤ 15

66 각 지점 간 거리를 나타내는 거리행렬이 다음과 같을 때, 물류센터에서 3개의 수요처까지 개별 왕복운송하는 방법에서 순회운송하는 방법으로 변경할 경우 감소되는 운송거리(km)는?

(단위 : km)

구 분	물류센터	수요처1(S1)	수요처2(S2)	수요처3(S3)
물류센터	–	7	8	5
수요처1(S1)	7	–	2	6
수요처2(S2)	8	2	–	3
수요처3(S3)	5	6	3	–

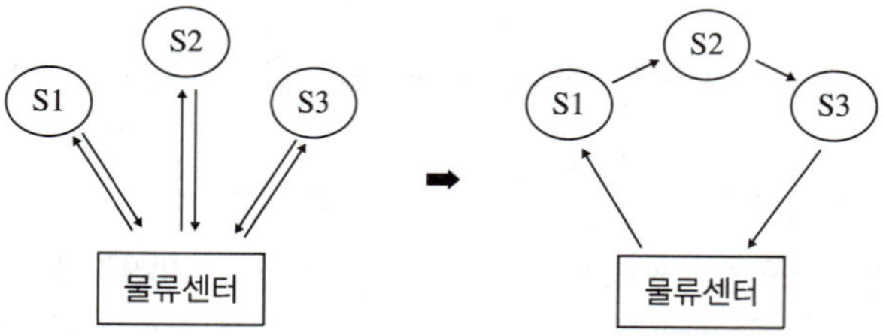

① 3
② 8
③ 14
④ 19
⑤ 23

67 **수배송시스템을 설계할 때 고려할 사항으로 옳지 않은 것은?**

① 화물차의 적재율을 높일 수 있도록 설계한다.

② 중복수송, 편도수송이 많이 일어나도록 설계하여 수송비용을 최소화한다.

③ 동일지역에서 집화와 배송을 동시에 수행할 수 있게 설계하여 효율성을 높인다.

④ 배송경로는 가능한 상호 교차되지 않도록 설계한다.

⑤ 차량 운행대수, 수배송비용 등을 고려하여 설계한다.

68 **출발지에서 도착지까지 유류를 운송하는 파이프라인에서 c → b 구간의 폐쇄를 고려하고 있다. 각각의 파이프라인 (ㄱ), (ㄴ)에서 운송 가능한 최대 유량은? (단, 링크의 숫자는 인접한 노드 간의 용량을 나타내며, 화살표 방향으로만 이동 가능함)**

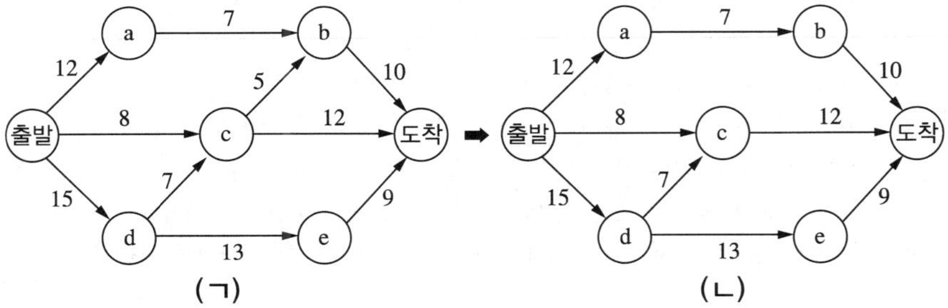

① ㄱ : 28, ㄴ : 27

② ㄱ : 28, ㄴ : 28

③ ㄱ : 30, ㄴ : 24

④ ㄱ : 30, ㄴ : 27

⑤ ㄱ : 30, ㄴ : 28

69 허브 앤 스포크(Hub & Spoke) 시스템에 관한 내용으로 옳은 것을 모두 고른 것은?

ㄱ. 모든 노선이 허브를 중심으로 구축된다.
ㄴ. 대규모 분류능력을 갖춘 허브터미널이 필요하다.
ㄷ. 운송노선이 다양하고 복잡해지기 때문에 전체 운송비용이 증가한다.
ㄹ. 규모의 경제를 이루어 운송망 전체의 효율성이 높아진다.
ㅁ. 셔틀노선의 증편이 용이하여 영업소 확대에 유리하다.

① ㄱ, ㄴ, ㄹ
② ㄱ, ㄴ, ㅁ
③ ㄱ, ㄷ, ㄹ
④ ㄴ, ㄷ, ㅁ
⑤ ㄷ, ㄹ, ㅁ

70 수송수요모형에 관한 설명으로 옳은 것은?

① 성장인자모형은 확률이론을 기반으로 단기적 효과를 확인하기에 용이한 수단분담모형이다.
② 회귀모형은 일정구역에서 화물의 공간적 분산정도가 극대화한다는 가정에 기초한 비집계자료활용모형이다.
③ 통행교차모형은 화물 발생량 및 도착량에 영향을 주는 다양한 변수 간의 상관관계에 대한 식을 도출하여 교차하는 화물량을 예측하는 화물분포모형이다.
④ 중력모형은 지역 간의 운송량이 경제규모에 비례하고 거리에 반비례한다는 가정에 의한 모형이다.
⑤ 스위프(Sweep)모형은 물동량 배분패턴이 장래에도 일정하게 유지된다는 가정하에 지역 간의 물동량을 예측하는 화물분포모형이다.

71 선박의 톤수에 관한 설명으로 옳은 것을 모두 고른 것은?

ㄱ. 선박의 톤은 선박의 중량과 용적 단위로 나타낸다.
ㄴ. 선박의 용적을 톤으로 표시하는 용적톤수에는 총톤수, 순톤수가 있다.
ㄷ. 순톤수는 총톤수에서 기관실, 선원실 등 선박의 운항과 관련된 장소의 용적을 제외한 것이다.
ㄹ. 배수톤수는 선박이 적재할 수 있는 화물의 최대허용중량을 의미한다.
ㅁ. 재화중량톤수는 선체의 수면아래 부분의 용적에 상당하는 물의 중량을 의미한다.

① ㄱ, ㄴ, ㄷ
② ㄱ, ㄴ, ㅁ
③ ㄱ, ㄹ, ㅁ
④ ㄴ, ㄷ, ㄹ
⑤ ㄷ, ㄹ, ㅁ

72 **연안해상운송에 관한 설명으로 옳지 않은 것은?**

① 해수면을 통해 화물을 선박으로 수송하는 것이다.
② 소량 다빈도 운송으로 문전수송(Door-to-Door)에 적합하다.
③ 도서지역 생필품의 안정적 공급 수단이 된다.
④ 철도 및 도로 운송의 대체수단으로 국내 항만을 오가는 운송이다.
⑤ 도로운송의 혼잡을 경감할 수 있는 친환경 운송수단의 특성이 있다.

73 **항공화물 운임산출의 일반적인 기준에 관한 내용으로 옳은 것은?**

① 항공운임은 ICAO의 기준에 따르며 요금, 요율 및 그와 관련된 규정은 운송장 발행 이후 일주일의 기한을 두어 소급 적용한다.
② 화물요율의 설정은 공항에서 공항까지이며 부수적인 서비스 요금은 별도로 계산하지 않는다.
③ 화물의 요율은 출발지 국가의 현지 통화로 설정하며, 출발지로부터 목적지까지 한 방향으로 적용한다.
④ 모든 화물의 요율은 출발지 국가와 상관없이 kg당 요율로 설정한다.
⑤ 운임 산출 시 근거가 되었던 경로는 화물의 실제 운송경로와 반드시 일치하여야 한다.

74 **다음에서 설명하고 있는 해운동맹의 운영방법에 해당하는 것은?**

각 동맹선사들이 일정기간 벌어들인 운임을 사전에 정한 배분율에 따라 배분하는 방법으로, 보통 일정기간 내에 얻은 운임수입에서 소정의 비용을 공제한 금액의 전부 또는 일부를 계산하여 각사에 나누어 준다.

① 공동계산협정(Pooling Agreement)
② 대항선(Fighting Ship) 운영
③ 계약운임제(Contract Rate System)
④ 성실환급제(Fidelity Rebate System)
⑤ 이연환급제(Deferred Rebate System)

75 **화물의 가치가 높은 화물의 경우, 중량이나 용적이 아닌 가격을 기준으로 산정하는 항공화물 운임에 해당하는 것은?**

① 단위탑재용기운임
② 종가운임
③ 무차별운임
④ 중량운임
⑤ 추가운임

76 **택배 표준약관(공정거래위원회 표준약관 제10026호)에서 운임의 청구와 유치권에 관한 내용으로 옳지 않은 것은?**

① 사업자는 고객(송화인)과의 합의에 따라 운송물을 인도할 때 운송물을 받는 자(수화인)에게 운임을 청구할 수 있다.
② 고객(송화인, 수화인)의 사유로 운송물을 돌려보내거나 도착지 주소지가 변경되는 경우에 사업자는 따로 추가 요금을 청구할 수 없다.
③ 사업자가 고객(송화인)과의 합의에 따라 운송물을 인도할 때, 운송물을 받는 자(수화인)가 운임을 지급하지 않는 경우에 사업자는 운송물을 유치할 수 있다.
④ 운송물이 포장당 50만원을 초과하거나 운송상 특별한 주의를 요하는 것일 때에는 사업자는 따로 할증요금을 청구할 수 있다.
⑤ 사업자는 운송물을 수탁할 때, 고객(송화인)에게 운임을 청구할 수 있다.

77 **다음은 택배 표준약관(공정거래위원회 표준약관 제10026호)에서 인도할 수 없는 운송물의 처분에 관한 내용이다. (   )에 들어갈 내용으로 옳은 것은?**

> 사업자는 고객(송화인)에게 (ㄱ) 이상의 기간을 정하여 그 기간 내에 운송물의 처분에 관한 지시가 없으면 경매한다는 뜻을 명시하여 운송물의 처분과 관련한 지시를 해 줄 것을 통지합니다. 다만, 고객(수화인)의 수령거절 또는 수령불능의 경우에는 먼저 고객(수화인)에게 (ㄴ) 이상의 기간을 정하여 수령을 요청하고 그 기간 내에도 수령하지 않는 때에 고객(송화인)에게 통지합니다.

① ㄱ : 1주일, ㄴ : 1주일
② ㄱ : 1주일, ㄴ : 2주일
③ ㄱ : 2주일, ㄴ : 3주일
④ ㄱ : 3주일, ㄴ : 1주일
⑤ ㄱ : 1개월, ㄴ : 1주일

78 **다음에서 설명하고 있는 용선운송계약의 형태는?**

> • 용선자(선박임차인)가 계약기간을 일정기간으로 정하여 기간에 따라 임차료를 계산하고 선박소유자로부터 선박 자체만을 임차하여 선장, 선원, 항비, 수선비 및 보험료 등 모두를 용선자가 부담하는 경우를 말한다.
> • 용선자는 선장과 선원에 대한 지휘 감독권이 있으며, 이들의 과실로 인해 발생한 책임을 모두 부담한다.

① 항해용선계약(Voyage Charter)
② 선복용선계약(Lump-sum Charter)
③ 나용선계약(Bareboat Charter)
④ 정기용선계약(Time Charter)
⑤ 일대용선계약(Daily Charter)

79 **택배 표준약관(공정거래위원회 표준약관 제10026호)에서 정하고 있는 운송물의 수탁거절에 해당하는 것을 모두 고른 것은?**

> ㄱ. 1포장의 가액이 300만원을 초과하는 경우
> ㄴ. 화약류, 인화물질 등 위험한 물건인 경우
> ㄷ. 재생 불가능한 계약서, 원고, 서류 등인 경우
> ㄹ. 살아 있는 동물, 동물사체 등인 경우
> ㅁ. 현금, 카드, 어음, 수표, 유가증권 등 현금화가 가능한 물건인 경우

① ㅁ
② ㄴ, ㄹ
③ ㄱ, ㄷ, ㅁ
④ ㄱ, ㄴ, ㄷ, ㄹ
⑤ ㄱ, ㄴ, ㄷ, ㄹ, ㅁ

80 **생활물류서비스산업발전법상 택배서비스 운송 위탁계약의 해지에 관한 내용이다. (   )에 들어갈 내용으로 옳은 것은?**

> 택배서비스사업자는 택배서비스종사자와의 택배서비스 운송 위탁계약을 해지하려는 경우에는 택배서비스종사자에게 (ㄱ)일 이상의 유예기간을 두고 계약의 위반 사실을 구체적으로 밝히고 이를 시정하지 아니하면 그 계약을 해지한다는 사실을 서면으로 (ㄴ)회 이상 통지하여야 한다. 다만, 대통령령으로 정하는 바에 따라 계약을 지속하기 어려운 중대한 사유가 있는 경우에는 그러하지 아니하다.

① ㄱ : 30, ㄴ : 1
② ㄱ : 30, ㄴ : 2
③ ㄱ : 60, ㄴ : 1
④ ㄱ : 60, ㄴ : 2
⑤ ㄱ : 90, ㄴ : 1

[3과목] 국제물류론

81 **최근 국제물류환경의 변화에 관한 설명으로 옳지 않은 것은?**

① 녹색물류의 중요성 증대
② 물류기업 간의 전략적 제휴 및 인수합병 증가
③ 물류기업에 대한 시장진입 규제강화
④ 글로벌 공급망 관리와 통합물류서비스 강화
⑤ 물류 위험관리와 물류보안 강화

82 **국내물류와 비교한 국제물류의 특징으로 옳지 않은 것은?**

① 선화증권, 항공화물운송장, 상업송장, 수출신고서 등 다양한 서류가 존재한다.
② 화물운송주선인, 통관업자 등 여러 중개인이 존재한다.
③ 주문절차와 주문처리가 복잡하다.
④ 화물운송 과정에 수출입 통관을 거치게 된다.
⑤ 해상 또는 항공운송으로 이루어지므로 운송관리가 비교적 용이하다.

83 **다음 국제물류시스템의 유형 중 다국행 창고시스템(multi-country warehouse system)에 관한 설명으로 옳은 것은?**

① 해외 자회사 창고는 보관 기능보다는 유통기능 및 통과센터로서의 기능이 강하다.
② 상품이 생산국에서 해외 거점창고로 운송된 후 각국의 자회사 창고나 고객에게 수송된다.
③ 생산국의 창고에서 재고를 집중시켜 운영하므로 해외 자회사에서 보관비가 절감된다.
④ 해외 자회사는 상거래 유통에는 관여하지만 물류에는 직접적으로 관여하지 않는다.
⑤ 다빈도 출하가 이루어져 출하비, 운송비, 통관비 등이 증가할 수 있다.

84 국제물류서비스의 단계별 발전과정을 옳게 나열한 것은?

> ㄱ. 현지국 물류체계 : 국가별 현지 자회사를 중심으로 물류, 생산활동을 수행하는 단계
> ㄴ. 수출입 물류체계 : 수출입을 중심으로 이루어지는 일련의 물류활동을 관리하는 단계
> ㄷ. 글로벌 공급망 네트워크 체계 : 공급망 기반 글로벌 네트워크 구축으로 조달, 생산, 물류, 판매 등 전 경영체계의 글로벌화 실현
> ㄹ. 거점 물류체계 : 지역물류, 생산거점을 중심으로 지역 경제권 전체를 담당하는 물류 체계

① ㄱ → ㄴ → ㄷ → ㄹ
② ㄱ → ㄹ → ㄷ → ㄴ
③ ㄴ → ㄱ → ㄹ → ㄷ
④ ㄴ → ㄷ → ㄱ → ㄹ
⑤ ㄹ → ㄱ → ㄴ → ㄷ

85 항공화물의 사고 유형에 관한 내용 중 옳은 것을 모두 고른 것은?

> ㄱ. STLD(Short-Landed) : 적하목록에는 기재되어 있으나 도착지 공항에 화물이 도착하지 않은 경우
> ㄴ. SSPD(Short-Shipped) : 수화인으로부터 화물이 수취 거절당하거나 수입통관 문제로 수화인에게 인도가 불가능한 경우
> ㄷ. MSLB(Miss-Labelled) : 실제 적하목록에 기재된 항공화물운송장 번호와 다른 라벨이 붙어있는 경우
> ㄹ. OVCD(Over-Carried) : 출발지나 경유지에서 항공기의 안전 확보 또는 업무 착오로 화물을 내린 경우

① ㄱ, ㄴ
② ㄱ, ㄷ
③ ㄴ, ㄹ
④ ㄱ, ㄴ, ㄹ
⑤ ㄴ, ㄷ, ㄹ

86 IATA(International Air Transport Association)에 관한 설명으로 옳지 않은 것은?

① 정부 간 국제협력기구로서 UN 산하의 전문기관이다.
② 항공권의 약관을 포함한 항공권의 규격 및 발권절차 등의 통일을 도모한다.
③ 항공사 간 과당경쟁을 방지하기 위해 운임협정 및 서비스 내용을 다룬다.
④ 항공운송장의 표준서식 및 약관을 제정하고 있다.
⑤ 각국 항공사들의 대표가 참석하며, ICAO의 협력기구이다.

87 항공화물운송장 작성에 관한 내용으로 옳지 않은 것은?

① Declared Value for Carriage란은 송화인의 운송신고가격을 기재하며, 무가격신고는 NCV라고 기재한다.
② Amount of Insurance란은 화주가 보험에 가입하는 경우 보험금액을 기재한다.
③ Chargeable Weight란은 화물의 실제중량과 부피중량 중 높은 쪽의 중량을 기재하며, 최저운임이 적용될 경우 기재할 필요가 없다.
④ Declared Value for Customs란은 세관통관 목적을 위해 송화인의 세관신고가격을 기재한다.
⑤ Currency란은 AWB 발행국의 화폐단위 코드를 기재한다.

88 인천–뉴욕 구간의 전자제품 2,500kg을 Type 2H 컨테이너에 탑재하였을 경우, 다음 조건에서 팔레트–컨테이너 운임(Bulk Unitization Charge)은 얼마인가?

- Pivot Weight : 2,400kg
- Pivot Charge : US$ 9,000
- Over Pivot Charge : US$ 4.00/kg

① US$ 9,000
② US$ 9,100
③ US$ 9,200
④ US$ 9,300
⑤ US$ 9,400

89 항공운송에서 위험화물(Dangerous Goods)에 관한 설명으로 옳지 않은 것은?

① 위험화물은 항공운송 중 발생하는 기압, 온도의 변화, 기체의 흔들림 등으로 항공기, 인명, 인접화물 등에 피해를 줄 우려가 있는 화물을 의미한다.
② IATA의 위험물 취급규정(DGR)에 수송여부 및 제한 사항이 규정되어 있다.
③ IATA DGR의 위험품목은 9개 부류(9 class)로 구분하고 송화인의 책임을 규정하고 있다.
④ 화주신고서(shipper's declaration for dangerous goods)에 대한 작성 및 서명은 항공사가 한다.
⑤ 송화인은 IATA DGR에 명시된 절차에 따라 분류, 인식, 포장, 마킹, 라벨링 작업을 하고, 서류를 작성하여야 한다.

90 **다음 설명에 해당하는 컨테이너 화물운송과 관련된 국제협약은?**

> 유럽경제위원회에서 채택한 국제협약으로 체약국은 도로 주행차량에 의해 운송되는 봉인된 컨테이너 내의 화물에 대해서는 경유지 세관에서의 수입세나 수출세의 납부 및 공탁을 면제하고 원칙적으로 경유지 세관에서의 세관검사가 면제되는 것을 규정함

① CCC(Customs Convention on Container, 1956)
② TIR(Transport International Routiere, 1959)
③ CSC(International Convention for Safe Containers, 1972)
④ CMR(Convention Relative au Contract de Transport International de Marchandises par Route, 1956)
⑤ ITI(Customs Convention on the International Transit of Goods, 1971)

91 **국제복합운송인에 관한 설명으로 옳지 않은 것은?**

① 실제운송인형 복합운송인은 직접 운송수단을 보유하고 복합운송인의 역할과 책임을 수행한다.
② 계약운송인형 복합운송인은 운송수단을 보유하지 않고 운송주체자로서의 역할과 책임을 수행한다.
③ NVOCC는 미국의 신해운법에서 포워더형 복합운송인을 법제화시킨 개념이다.
④ NVOCC는 자체 Tariff를 가질 수 있으나 자기 명의로 B/L을 발행할 수 없다.
⑤ NVOCC는 화주와 운송인 사이에서 화주에게는 운송인의 입장이 되고, 운송인에게는 화주의 입장이 된다.

92 **복합운송증권의 법적 성질에 관한 설명으로 옳지 않은 것은?**

① 상환증권 : 증권과 상환으로 물품의 인도를 청구할 수 있다.
② 요식증권 : 법률에 의해 일정한 화물 및 운송에 대한 기재사항이 요구되는 증권이다.
③ 지시증권 : 증권이 지시식으로 발행된 경우 배서에 의해 양도가 가능하다.
④ 요인증권 : 선적 화물의 수령을 전제로 증권이 발행된다.
⑤ 문언증권 : 증권에 기재가 없는 사항에 대해서 책임을 부담한다.

93 국제복합운송에 관한 설명으로 옳지 않은 것은?

① 복합운송의 기본 요건으로 단일 운송책임, 단일 운송계약, 단일 운임, 이종의 복수 운송수단, 복합운송증권 발행 등이 있다.
② 북미 및 시베리아 횡단철도와 해상운송을 연계하는 복합운송경로의 개척에 힘입어 해륙복합운송이 발달하였다.
③ 컨테이너 복합운송은 재래식 운송방식에 비해 하역비, 포장비, 보관비 등에서 경제적 효과가 있다.
④ 복합운송인은 FCL화물을 집화·분류·혼재한 후 Master B/L을 발행한다.
⑤ 화물 트럭이나 트레일러를 철도 화차에 적재하여 운송하는 방식을 Piggy-Back 방식이라고 한다.

94 다음 책임한도에 해당하는 복합운송인 책임 체계와 국제조약이 바르게 연결된 것은?

- 1포장당 666.67SDR 또는 1kg당 2SDR 중에서 높은 금액 적용
- 해상구간이 없는 경우, 1kg당 8.33SDR 적용

① 단일책임체계 – UN 국제물품복합운송조약(1980)
② 이종책임체계 – 함부르크규칙(1978)
③ 이종책임체계 – UNCTAD/ICC 복합운송증권통일규칙(1992)
④ 변형단일책임체계 – UN 국제물품복합운송조약(1980)
⑤ 변형단일책임체계 – UNCTAD/ICC 복합운송증권통일규칙(1992)

95 다음에서 설명하는 복합운송경로는?

극동지역에서 북미 서해안까지 해상운송을 통해 화물을 운송한 후 북미지역 내에서 공통운임이 부과되는 로키산맥 동부 지역까지만 철도운송으로 화물을 운송하는 형태

① American Land Bridge
② Overland Common Point
③ Mini Land Bridge
④ Canadian Land Bridge
⑤ Reverse Interior Point Intermodal

96 **컨테이너 화물의 운송형태에 관한 설명으로 옳지 않은 것은?**

① CY/CY는 수출지 CY에서 수입지 CY까지 FCL형태로 운송된다.
② CY/CY는 컨테이너 장점을 최대로 살릴 수 있는 방식으로 Door to Door 서비스가 가능하다.
③ CFS/CFS는 LCL화물을 수출지 CFS에서 혼재하여 FCL화물로 만들어 수입지 CFS까지 운송된다.
④ CFS/CY는 단일 수입상이 다수의 수출상으로부터 물품을 수입할 때 이용된다.
⑤ CY/CFS는 실무에서 가장 많이 이용되는 방식이다.

97 **정기선 할증운임에 관한 설명으로 옳지 않은 것은?**

① “Terminal Handling Charge”는 장척화물이나 벌크화물에 대해 부과되는 운임이다.
② “Heavy Cargo Surcharge”는 초과 중량에 따라 기본운임에 가산하여 부과된다.
③ “Congestion Surcharge”는 양륙항의 체선이 심해 장기간의 정박이 요구되어 선사에 손해가 발생할 때 부과된다.
④ “Bunker Adjustment Factor”는 선박의 연료인 벙커유 가격 인상에 따른 손실을 보전하기 위해 부과된다.
⑤ “Currency Adjustment Factor”는 환율변동에 따른 환차손을 보전하기 위해 부과된다.

98 **다음 설명에 해당하는 부정기선 운임은?**

용선자가 계약한 화물량보다 적은 화물량을 선적하였을 때 선적하지 않은 화물량에 대하여 선주에게 지급하는 운임

① Lump Sum Freight
② Pro Rate Freight
③ Dead Freight
④ Advance Freight
⑤ Back Freight

99 해상운송관련 국제협약이 아닌 것은?

① Rotterdam Rules
② Hamburg Rules
③ Hague Protocol
④ Hague Visby Rules
⑤ UNCTAD Liner Code

100 국제해상운송의 특징을 모두 고른 것은?

ㄱ. 대량화물의 장거리 수송	ㄴ. 저렴한 운송비용
ㄷ. 문전수송	ㄹ. 자유로운 운송로
ㅁ. 전천후 운송수단	

① ㄱ, ㄴ, ㄷ
② ㄱ, ㄴ, ㄹ
③ ㄴ, ㄷ, ㄹ
④ ㄴ, ㄷ, ㅁ
⑤ ㄷ, ㄹ, ㅁ

101 용선자가 선적항과 양하항에서의 하역비용을 모두 부담하는 하역비 운임조건은?

① Berth Term
② Free In
③ Free Out
④ Free In and Out
⑤ Liner Term

102 개품운송계약에 관한 설명으로 옳지 않은 것은?

① 주로 단위화된 화물을 운송할 때 사용하는 방식이다.
② 고정된 운항일정과 항로가 없어 항로의 선택이 자유롭다.
③ 불특정 다수의 화주로부터 화물을 집화하여 혼재운송한다.
④ 일반적으로 컨테이너 해운에서 사용되는 운송계약형태이다.
⑤ 별도의 운송계약서는 작성하지 아니하고 선하증권을 발급한다.

103 국제해사관련기구와 역할이 옳지 않은 것은?

① IMO(International Maritime Organization) – 해사안전 및 해양오염방지
② ICS(International Chamber of Shipping) – 선주들의 권익보호와 상호협력
③ CMI(Committee Maritime International) – 해사산업 근로자의 권익보호
④ P&I(Protection & Indemnity) Club – 선박 사고에 대한 선주책임 상호보험
⑤ BIMCO(Baltic and International Maritime Council) – 해운정보 제공 및 자료발간

104 정기선운송과 부정기선운송의 비교로 옳지 않은 것은?

구 분	정기선운송	부정기선운송
(ㄱ) 선박	컨테이너선	벌크운반선
(ㄴ) 조직	대형조직	소형조직
(ㄷ) 운임	Freight Rate	Tariff
(ㄹ) 화물	소량화물	대량화물
(ㅁ) 운송계약	B/L	Charter Party

① ㄱ
② ㄴ
③ ㄷ
④ ㄹ
⑤ ㅁ

105 용선계약에 관한 설명으로 옳지 않은 것은?

① "Contract of Affreightment"는 계약조항 및 조건에 있어서 1항차 항해용선계약 내용의 대부분을 그대로 유지하는 계약이다.
② "Gross Term Charter"는 선주가 하역비와 항비 일체를 부담하는 계약이다.
③ "Bareboat Charter"는 선박 자체만을 용선하고 용선자가 선장 이하 선원을 고용하는 계약이다.
④ "Time Charter"는 일정기간 동안 용선자가 선주로부터 선박운항권을 양도받고 그에 대한 급부로서 용선료를 지불하는 계약이다.
⑤ "Voyage Charter"는 특정항구에서 다른 항구까지 화물운송을 위한 용선자와 선주 간에 체결되는 계약이다.

106 공항 · 항만의 환경변화에 관한 설명으로 옳지 않은 것은?

① 운송수단의 대형화로 인해 지점-지점(point to point) 전략이 확대되고 있다.
② 권역 내 중심 공항 · 항만으로 발전하기 위해 터미널을 대형화하는 추세이다.
③ 환적, 화물분류, 통관, 유통가공 등의 부가가치 물류활동이 이루어지는 장소로 변하고 있다.
④ 항공기와 선박의 대형화로 인해 공항 · 항만 간 경쟁이 치열해지고 있다.
⑤ 공항 · 항만들은 경쟁력 확보를 위해 정기선사 또는 항공사와 글로벌 제휴를 확대하고 있다.

107 항공화물운송장에 관한 설명으로 옳은 것은?

① House AWB는 항공사가 혼재화물에 대하여 발행하는 항공화물운송장이다.
② 원본 3통, 부본 6통으로 발행하는 것이 원칙이며, 추가 부본을 발행할 수 없다.
③ Master AWB는 항공화물 운송주선업자가 혼재화물을 구성하는 개별 화주에게 발행하는 운송장이다.
④ 항공화물운송장은 항공사나 항공사의 위임을 받은 대리점이 작성한다.
⑤ 항공화물운송장은 기명식으로 발행되기 때문에 기재되어 있는 수화인이 아니면 화물을 인수할 수 없다.

108 국제물류 보안에 관한 설명으로 옳지 않은 것은?

① CSI는 위험성이 높은 미국행 컨테이너 화물을 선별하여 선적 전에 검사하는 컨테이너 보안 협정이다.

② AEO는 WTO에서 무역안전과 원활화에 관한 국제규범의 일환으로 고안한 제도이다.

③ ISO 28000은 물류보안 인증제도이며 보안심사의 내용은 보안경영방침, 보안위험 평가 및 기획・실행・운영, 점검 및 시정조치, 경영검토 등이다.

④ 24-Hour Rule은 미국으로 수출하는 적하목록을 적재 24시간 전에 미국 관세청에 신고하도록 한 규정이다.

⑤ C-TPAT 프로그램에 참여하여 인증을 받은 업체에게는 세관검사 축소 등 통관상의 혜택이 주어진다.

109 다음 중 선하증권의 임의 기재사항을 모두 고른 것은?

ㄱ. 선박명	ㄴ. 면책조항
ㄷ. 송화인	ㄹ. 선하증권 번호

① ㄱ, ㄴ

② ㄱ, ㄷ

③ ㄴ, ㄷ

④ ㄴ, ㄹ

⑤ ㄷ, ㄹ

110 복합운송증권의 발행에 관한 설명으로 옳지 않은 것은?

① 유통성으로 발행된 경우에는 배서・교부함으로써 양도가 가능하다.

② 본선 적재 전에 화물을 수취・인수한 상태에서 발행된다.

③ FIATA B/L이 널리 사용되고 있고 대부분 비유통성으로 발행된다.

④ 비유통성으로 발행된 경우에는 지명된 수화인을 증권에 기재하여야 한다.

⑤ UCP 600에 의하면, 은행은 상품의 발송, 수취 또는 선적이 명시되어 있고 복합운송인 또는 그 대리인이 발행한 운송서류를 수리할 수 있다.

111 내륙컨테이너기지(ICD)의 기능으로 옳지 않은 것은?

① 본선 선적 및 양하기능
② 적입 및 적출기능
③ 장치보관기능
④ 집화분류기능
⑤ 통관기능

112 관세법상 "수입으로 보지 아니하는 소비 또는 사용"에 해당하지 않는 것은?

① 선용품·기용품 또는 차량용품을 운송수단 안에서 그 용도에 따라 소비 또는 사용하는 경우
② 선용품·기용품 또는 차량용품을 관세청장이 정하는 지정보세구역에서 출입국관리법에 따라 출국심사를 마친 자에게 제공하여 그 용도에 따라 소비 또는 사용하는 경우
③ 선용품·기용품 또는 차량용품을 관세청장이 정하는 지정보세구역에서 출입국관리법에 따라 우리나라에 입국하지 아니하고 우리나라를 경유하여 제3국으로 출발하려는 자에게 제공하여 그 용도에 따라 소비 또는 사용하는 경우
④ 여행자가 휴대품을 운송수단 또는 관세통로에서 소비 또는 사용하는 경우
⑤ 관세법에 의하여 매각된 물품을 그 용도에 따라 소비 또는 사용하는 경우

113 신협회적하약관 ICC(C) 조건에서 보험자가 담보하지 않는 위험은?

① 선박·부선의 좌초·교사·침몰·전복
② 육상운송용구의 전복·탈선
③ 지진·화산의 분화·낙뢰
④ 공동해손희생
⑤ 피난항에서 화물의 양륙

114 **상사중재의 절차로 옳은 것은?**

ㄱ. 중재비용을 선납한다.
ㄴ. 선정된 중재인은 당사자들의 주장과 증거에 입각하여 양 당사자를 심문하고 판정한다.
ㄷ. 분쟁의 당사자들은 중재계약에 따라 중재기관에 중재신청을 한다.
ㄹ. 중재기관은 신청인과 피신청인에게 각각 등록통지를 한다.
ㅁ. 중재기관은 먼저 조정의 절차를 거치며, 실패 시에는 중재장소를 합의하고 중재인을 선정한다.

① ㄱ → ㄷ → ㄴ → ㄹ → ㅁ
② ㄱ → ㄷ → ㄹ → ㅁ → ㄴ
③ ㄷ → ㄱ → ㄹ → ㄴ → ㅁ
④ ㄷ → ㄱ → ㄹ → ㅁ → ㄴ
⑤ ㄷ → ㄹ → ㄱ → ㅁ → ㄴ

115 **청약(offer)에 대한 승낙(acceptance)의 설명으로 옳지 않은 것은?**

① 승낙의 내용은 청약의 내용과 일치하여야 한다.
② 승낙은 절대적이고 무조건적이어야 한다.
③ 승낙은 유효기간 내에 행해져야 한다.
④ 승낙은 특정의 청약에 대하여 행해져야 한다.
⑤ 승낙은 문서로만 행해져야 한다.

116 **보세운송에 관한 설명으로 옳지 않은 것은?**

① 외국물품의 보세운송 목적지는 개항, 보세구역, 보세구역 외 장치장, 세관관서 등으로 지정되어 있다.
② 보세운송을 하려는 자는 관세청장이 정하는 바에 따라 세관장에게 보세운송의 신고를 하여야 한다.
③ 보세운송을 신고 또는 승인 신청할 수 있는 자는 화주, 보세운송업자, 관세사 등이다.
④ 보세운송 중에는 세관의 감시·단속을 일시 벗어나게 되므로 운송통로와 운송기간을 제한하지 않고 있다.
⑤ 수출신고가 수리된 물품은 관세청장이 따로 정하는 것을 제외하고는 보세운송 절차를 생략한다.

117 Incoterms®2020에 관한 설명으로 옳은 것은?

① 2그룹 11개의 거래규칙으로 구성되어 있다.
② 매도인의 의무사항 A1-A10을 먼저 나열한 후 매수인의 의무사항 B1-B10을 열거하고 있다.
③ EXW 규칙은 매도인이 자신의 영업장 또는 합의된 장소에서 매수인이 지정한 운송인이나 제3자의 처분하에 놓인 때에 인도하는 것을 의미한다.
④ DPU 규칙은 지정목적지에서, 물품을 도착한 운송수단에서 양하준비된 상태로 매수인의 처분하에 놓인 때 인도되는 것을 의미한다.
⑤ FOB 규칙은 지정선적항에서 매수인이 지정한 선박의 선측에 물품이 놓인 때 인도되는 것을 의미한다.

118 해상보험의 용어에 관한 설명 중 옳지 않은 것은?

① 보험료(Insurance Premium)는 보험자의 위험부담에 대해 보험계약자가 지급하는 보수를 말한다.
② 피보험자(Insured)는 피보험이익의 주체로서 보험사고의 발생으로 인하여 손해를 입은 경우 보상받을 권리를 갖는 자를 말한다.
③ 피보험이익(Insurable Interest)은 보험의 목적이 멸실 또는 손상됨으로써 경제적 손해를 입게 되는 피보험자와 그 보험의 목적 사이에 존재하는 이해관계를 말한다.
④ 보험가액(Insurable Value)은 피보험이익의 평가액으로서 피보험이익에 대하여 발생할 수 있는 경제적 손해의 최고한도액을 말한다.
⑤ 보험금(Claim Amount)은 실제로 보험에 가입한 금액을 말하며 보험자가 보험 계약상 부담하는 손해배상책임의 최고한도액을 말한다.

119 (주)신라상사가 중국의 (주)난징상사와 수입계약을 체결하였다. 다음과 같은 조건일 때, 매수인인 (주)신라상사가 지불해야 하는 수입가격은?

• 계약조건 : CIF Busan Incoterms®2020
• 출발항 : 중국 상하이항(Shanghai Port)
• 도착항 : 한국 부산항(Busan Port)
• 비용내역
 – FOB Shanghai Incoterms®2020 : US$ 10,000
 – 난징공장에서 상하이항까지 내륙운송비 : US$ 70
 – 상하이항에서 부산항까지 해상운임 : US$ 500
 – 상하이항에서 부산항까지 해상보험료 : US$ 100
 – 부산항 수입통관비 : US$ 20
 – 부산항에서 양산 ICD 보세운송료 : US$ 100

① US$ 10,570
② US$ 10,600
③ US$ 10,670
④ US$ 10,690
⑤ US$ 10,790

120 Incoterms®2020의 주요 개정 내용을 모두 고른 것은?

ㄱ. FCA, DAP, DPU, DDP 규칙에서 매수인 또는 매도인 자신의 운송수단 사용 허용
ㄴ. FCA 규칙에서 본선적재 표기가 있는 선하증권 발행 신설
ㄷ. 수평적 체제(Horizontal Format)를 도입한 당사자 의무규정
ㄹ. DAF 규칙에서 DPU 규칙으로 명칭 변경
ㅁ. CIF 규칙은 최대담보조건으로 부보하고, CIP 규칙은 최소담보조건으로 부보

① ㄱ, ㄴ, ㄷ
② ㄱ, ㄴ, ㄹ
③ ㄱ, ㄷ, ㅁ
④ ㄴ, ㄷ, ㄹ
⑤ ㄴ, ㄹ, ㅁ

2025년 제29회 기출문제

교 시	과 목	시 간	문제형별
2교시	• 보관하역론 • 물류관련법규	80분	A

2025. 7. 26. 시행

맞은 개수 ______ / 80문제

[4과목] 보관하역론

01 **보관의 원칙에 관한 설명으로 옳지 않은 것은?**

① 중량특성의 원칙 : 중량에 따라 보관장소를 하층부와 상층부로 나누어 보관한다.
② 회전대응의 원칙 : 입·출하 빈도가 높은 물품은 출입구 가까이에 보관한다.
③ 동일성·유사성의 원칙 : 동일 품종은 동일 장소에 보관하며, 유사품은 인접 장소에 보관한다.
④ 통로대면의 원칙 : 작업의 효율성을 위하여 보관 물품의 장소와 선반 번호 위치를 표시하여 보관한다.
⑤ 선입선출의 원칙 : 먼저 입고한 것을 먼저 출고한다.

02 **물류센터 설계 시 고려되는 요인의 예로 옳지 않은 것을 모두 고른 것은?**

ㄱ. 운영 요인 : 지리적 위치, 입지 제약, 인구 등
ㄴ. 제품 요인 : 크기, 무게, 가격 등
ㄷ. 주문 요인 : 주문건수, 주문빈도, 주문의 크기 등
ㄹ. 환경 요인 : 입고 방법, 보관 방법, 피킹 방법 등
ㅁ. 설비 요인 : 자동화 수준, 설비 종류 등

① ㄱ, ㄴ
② ㄱ, ㄹ
③ ㄴ, ㅁ
④ ㄷ, ㄹ
⑤ ㄷ, ㅁ

03 **복합물류터미널에 관한 설명으로 옳은 것을 모두 고른 것은?**

ㄱ. 창고단지, 유통가공시설, 물류사업자의 업무용 시설 등을 결합하여 종합물류기지 역할을 한다.
ㄴ. 복수의 운송수단 간 연계를 할 수 있는 규모와 시설을 갖춘 장소이다.
ㄷ. 화물자동차 및 철도화차의 공차율이 증가하는 역효과가 상존한다.
ㄹ. 운송수단 간의 연계시설, 화물취급장, 창고시설 및 관련 편의시설 등이 있다.
ㅁ. 환적기능보다는 보관기능 위주로 운영되며 보안상 물류정보의 기능은 포함하지 않는다.

① ㄱ, ㄴ, ㄷ
② ㄱ, ㄴ, ㄹ
③ ㄱ, ㄷ, ㅁ
④ ㄴ, ㄹ, ㅁ
⑤ ㄷ, ㄹ, ㅁ

04 **보관의 기능이 아닌 것은?**

① 고객 서비스의 접점 기능
② 재화의 물리적 보존과 관리 기능
③ 제품에 대한 시간적 효용 창출 기능
④ 물품의 수급 조정 기능
⑤ 제품의 판매촉진을 위한 장소적 효용 창출 기능

05 **물류시설에 관한 설명으로 옳은 것을 모두 고른 것은?**

ㄱ. 공동집배송센터 : 여러 유통사업자 또는 제조업자가 공동으로 사용할 수 있도록 집배송시설 및 부대업무시설을 갖춘 시설
ㄴ. 물류터미널 : 화물의 집하・하역 및 이와 관련된 분류・포장・보관・가공・조립 등에 필요한 기능을 갖춘 시설
ㄷ. 스마트물류센터 : 수출입컨테이너를 취급하는 컨테이너 내륙 통관기지로서 항만터미널과 유사한 기능을 수행하는 물류거점 시설
ㄹ. 스톡 포인트(Stock Point) : 대도시, 지방 중소도시에 효율적인 배송을 실시할 목적으로 설립된 유통의 중계시설

① ㄱ, ㄴ, ㄷ
② ㄱ, ㄴ, ㄹ
③ ㄱ, ㄷ, ㄹ
④ ㄴ, ㄷ, ㄹ
⑤ ㄱ, ㄴ, ㄷ, ㄹ

06 다음이 설명하는 컨테이너터미널의 시설은?

> 컨테이너 1개에 미달하는 소량화물(Less than Container Load)의 수출을 위하여 특정 장소나 시설에 화물을 집적하였다가 목적지별로 화물을 선별하여 컨테이너에 적입하거나 분리작업을 할 수 있는 시설

① Container Yard
② Control Center
③ Marshalling Yard
④ Apron
⑤ Container Freight Station

07 보세구역에 관한 설명으로 옳지 않은 것은?

① 보세공장 : 가공무역의 활성화 및 관세행정 편의를 위해 설치된 장소
② 지정장치장 : 통관을 위한 물품을 일시 장치하기 위한 장소
③ 세관검사장 : 통관을 위한 물품을 반입하여 세관검사를 받도록 한 장소
④ 특허보세구역 : 일반 개인이 신청을 하면 지방자치단체장이 특허해 주는 보세구역
⑤ 종합보세구역 : 동일 장소에서 기존 특허보세구역의 기능을 복합적으로 수행하는 장소

08 A회사의 공급지와 수요지 1, 2, 3의 위치를 나타낸 것이다. 수요지 1, 2, 3의 수요량은 각각 100대/월, 200대/월, 200대/월이다. 무게중심법을 이용한 신규물류센터의 최적 입지좌표(X, Y)는?

구 분	X좌표	Y좌표
수요지 1	30	20
수요지 2	10	50
수요지 3	20	40
공급지	40	70

① X : 29, Y : 55
② X : 31, Y : 55
③ X : 31, Y : 61
④ X : 55, Y : 29
⑤ X : 61, Y : 31

09 **물류거점 입지선정 방법에 관한 설명으로 옳은 것은?**

① 톤-킬로법 : 입지거점 대안별로 예상비용을 산출하고, 총비용이 최소가 되는 대안을 선택하는 방법
② 브라운 & 깁슨법 : 입지에 영향을 주는 요인을 필수적 요인, 객관적 요인, 주관적 요인으로 구분하여 평가하는 방법
③ 총비용 비교법 : 고려하고 있는 입지요인(접근성, 지역환경, 노동력 등)에 주관적으로 가중치를 설정하여 각 요인을 평가하는 방법
④ 요소분석법 : 예상 물동량에 대한 고정비와 변동비를 산출하고 그 합을 비교하여 물동량에 따른 총비용이 최소가 되는 대안을 선택하는 방법
⑤ 손익분기 도표법 : 각 수요처와 배송센터까지의 거리와 운송량을 평가하여 입지를 선택하는 방법

10 **창고설계의 기본원칙에 관한 설명으로 옳지 않은 것은?**

① 직진성의 원칙 : 물품, 통로, 운반기기, 사람 등의 흐름 방향을 직진성에 중점을 두고 설계
② 모듈화의 원칙 : 화물형태, 운반기기, 랙, 통로입구, 기둥간격 등을 모듈화되도록 설계
③ 물품취급 횟수 최소화의 원칙 : 화물의 취급과 운반을 집합화, 공동화하여 물품취급 횟수를 감소하도록 설계
④ 물품이동 간 고저간격의 축소 원칙 : 물품 흐름과정에서 높낮이 차의 크기와 횟수를 감소하도록 설계
⑤ 역행교차 회피의 원칙 : 물품, 운반기기, 사람의 흐름 배치는 서로 교차하거나 역주행이 가능하도록 설계

11 **크로스 도킹(Cross Docking)에 관한 설명으로 옳은 것을 모두 고른 것은?**

ㄱ. 파렛트 크로스 도킹은 기계설비와 정보기술의 적용이 필요하다.
ㄴ. 효율적인 운영을 위해 공급처와 수요처의 정보공유가 필요하다.
ㄷ. 일일 처리량이 적을 때 적합한 방식은 파렛트 크로스 도킹이다.
ㄹ. 유통업체에서 발생할 수 있는 불필요한 재고를 줄일 수 있다.
ㅁ. 물류센터의 재고회전율과 리드타임을 감소시키는 효과가 있다.

① ㄱ, ㄴ, ㄹ
② ㄱ, ㄴ, ㅁ
③ ㄱ, ㄷ, ㄹ
④ ㄴ, ㄷ, ㅁ
⑤ ㄷ, ㄹ, ㅁ

12 창고에 관한 설명으로 옳지 않은 것은?

① 임대창고 : 시장환경에 따라 보관장소를 탄력적으로 운영하기 어렵다.
② 자가창고 : 취급하는 물품의 특성에 따라 최적의 창고 설계가 가능하다.
③ 자동화창고 : 입하에서 출하까지 자동화되고, 유닛로드로 처리되는 창고이다.
④ 보세창고 : 관세법에 근거하여 수출입화물을 취급하는 창고이다.
⑤ 영업창고 : 비용지출이 명확하고 초기 창고건설 및 설비투자 비용이 발생한다.

13 다음의 자동분류장치의 설명과 종류의 연결로 옳은 것은?

ㄱ. 컨베이어 반송면에 벨트, 롤러, 휠 등의 분류장치를 두어 단위화물과 함께 이동하면서 압출하는 방식
ㄴ. 레일을 이용한 트레이(Tray), 슬라이드(Slide)의 일부 등을 경사지게 하여 화물을 떨어뜨려 분류하는 방식

A. 팝업 방식(Pop-up Type)
B. 슬라이딩 슈 방식(Sliding-shoe Type)
C. 다이버터 방식(Diverter Type)
D. 틸팅 방식(Tilting Type)

① ㄱ - A, ㄴ - B
② ㄱ - A, ㄴ - C
③ ㄱ - B, ㄴ - C
④ ㄱ - B, ㄴ - D
⑤ ㄱ - C, ㄴ - D

14 창고관리시스템(Warehouse Management System)의 특성으로 옳지 않은 것은?

① 입고관리, 위치관리, 재고관리, 출고관리 등의 기능을 수행한다.
② 전사적 자원관리시스템과 상호 연계하여 자동화의 범위를 확대하고 정보의 가용성을 높인다.
③ 피킹관리, 주문진척관리 및 자동발주시스템과 같은 주문관련 기능을 수행한다.
④ 물류센터 시설운영의 효율적인 관리와 공간 및 설비의 활용도가 향상된다.
⑤ 기존의 독립된 구매관리시스템, 생산관리시스템, 인사관리시스템 및 영업관리시스템을 통합하여 관리한다.

15 랙(Rack)에 관한 설명으로 옳은 것은 모두 몇 개인가?

- 플로우 랙(Flow Rack) – 적입과 인출이 반대방향에서 이루어지는 선입선출이 효율적인 랙이다.
- 캔틸레버 랙(Cantilever Rack) – 긴 철재나 목재의 보관에 효율적인 랙이다.
- 드라이브스루 랙(Drive-through Rack) – 천정이 높은 창고의 공간 활용도를 높이기 위한 복층구조의 랙이다.
- 적층 랙(Mazzanine Rack) – 지게차가 랙의 한 방향으로 진입해서 반대 방향으로 퇴출할 수 있는 랙이다.
- 모빌 랙(Mobile Rack) – 필요한 통로만을 열어 사용하고 불필요한 통로를 최대한 제거하기 때문에 면적 효율이 높다.

① 1개
② 2개
③ 3개
④ 4개
⑤ 5개

16 자재소요계획(MRP : Material Requirement Planning)에 관한 설명으로 옳은 것을 모두 고른 것은?

ㄱ. 원자재, 반제품 등 모든 자재의 소요량을 산정하여 조달계획을 수립한다.
ㄴ. 기업 내 모든 인적, 물적 자원을 통합관리하여 기업의 경쟁력을 강화하기 위한 목적으로 사용한다.
ㄷ. MRP를 실행하기 위해서는 필요 부품과 수량이 정해진 자재명세서와 재고정보가 필요하다.
ㄹ. 낭비적 요인을 제거하고, 직장 개선풍토를 위해 정리, 정돈, 청소, 청결, 습관화를 추진한다.
ㅁ. 주생산일정(Master Production Schedule)을 기초로 하여 계획한다.

① ㄱ, ㄴ, ㄷ
② ㄱ, ㄴ, ㄹ
③ ㄱ, ㄷ, ㅁ
④ ㄴ, ㄹ, ㅁ
⑤ ㄷ, ㄹ, ㅁ

17 **경제적 주문량(Economic Order Quantity) 모형의 전제조건으로 옳은 것을 모두 고른 것은?**

ㄱ. 재고유지에 소요되는 비용은 평균재고량에 반비례한다.
ㄴ. 조달기간과 리드타임은 모두 일정하다.
ㄷ. 주문량이 다량일 경우에는 할인율을 적용한다.
ㄹ. 재고부족은 허용되지 않고 주문량은 일시에 입고되어야 한다.
ㅁ. 1회 주문당 비용은 주문량에 비례하여 증가한다.

① ㄱ, ㄷ
② ㄱ, ㅁ
③ ㄴ, ㄷ
④ ㄴ, ㄹ
⑤ ㄹ, ㅁ

18 **재고관리에 관한 설명으로 옳지 않은 것은?**

① 주기재고(Cycle Inventory)는 연간 주문횟수를 줄여서 주문비용을 절감하기 위한 활동에서 발생한다.
② 안전재고(Safety Stock)는 재고유지비의 부담을 가중시키므로 적정수준으로 관리해야 한다.
③ 서비스율은 수주량에 대한 납기 내 납품량의 비율을 나타낸다.
④ 백오더(Back Order)율은 수주량에 대한 납기 내 결품량의 비율로 나타낸다.
⑤ 정기발주법은 연속적으로 재고수준을 점검하므로 연속점검시스템(Continuous Review System)이라 한다.

19 **수요예측에 관한 설명으로 옳지 않은 것은?**

① 시계열분석법은 기존 제품과 관련된 과거의 자료를 분석하여 신제품의 미래수요를 정성적으로 예측하는 방법이다.
② 가중이동평균법은 각 실적치에 동일한 가중치를 부여하지 않고, 과거의 실적치에 더 낮은 가중치를 부여한다.
③ 지수평활법은 관찰된 실제수요와 이전 예측치에 상대적인 가중치를 두어 새로운 예측치를 구한다.
④ 시장조사법은 설문지, 현장인터뷰 등을 통해 소비자들로부터 자료를 수집·분석하여 가설을 검증하는 방법이다.
⑤ 전문가조사법을 활용할 경우, 타협이나 절충에 의해 예측 정확도가 낮을 수 있다.

20 JIT(Just In Time) 시스템에 관한 설명으로 옳지 않은 것을 모두 고른 것은?

ㄱ. 다품종 소량생산과 소량다빈도 배송에 따라 운송비가 절감된다.
ㄴ. 로트(Lot) 크기를 줄이고 제조준비시간을 단축시킬 수 있다.
ㄷ. 자재를 거점창고에 통합하여 보관하므로 재고비용 절감뿐만 아니라 자재 취급, 이동 및 검사가 용이하다.
ㄹ. 낭비적 요인을 제거함으로써 효과적인 Push 시스템을 구현할 수 있다.
ㅁ. 필요한 시기와 양만큼의 자재를 조달할 수 있어서 수요변화에 유연한 대처가 가능하다.

① ㄱ, ㄴ, ㅁ
② ㄱ, ㄷ, ㄹ
③ ㄱ, ㄷ, ㅁ
④ ㄴ, ㄷ, ㄹ
⑤ ㄴ, ㄹ, ㅁ

21 재고관리에 관한 설명과 용어의 연결로 옳은 것은?

ㄱ. 공급사슬 상에서 상호 전략적인 제휴를 통해 생산자(공급자)가 납품대상업체(주문자)의 재고량을 유지, 관리하는 방식을 말한다.
ㄴ. 제조부 내에서 실시하는 공정관리의 대상이 되는 가공중의 자재를 의미하며, 통상 생산현장에 놓여 있다.
ㄷ. 계절적으로 수요의 증가를 예상하거나, 계획적으로 공장가동 중단을 대비해 사전에 준비하는 재고를 의미한다.

A. 공급자관리재고(VMI)
B. 운송 중 재고(Pipeline Stock)
C. 완충재고(Buffer Stock)
D. 재공품(Work In Process)
E. 예비재고(Anticipation Stock)
F. 로트사이즈 재고(Lot-size Stock)

① ㄱ - A, ㄴ - B, ㄷ - C
② ㄱ - A, ㄴ - D, ㄷ - E
③ ㄱ - C, ㄴ - E, ㄷ - F
④ ㄱ - E, ㄴ - B, ㄷ - D
⑤ ㄱ - F, ㄴ - D, ㄷ - E

22 K기업이 판매하는 B제품의 지난해 총매출액은 300억원, 순이익률은 5%, 연간 재고유지비용은 6억원, 연간 평균 재고액은 60억원이었다. 이 기업의 지난해 재고회전율은?

① 4
② 5
③ 6
④ 7
⑤ 8

23 K기업은 A제품의 안전재고를 300개에서 400개로 늘리면서 새로운 재주문점을 고려하고 있다. A제품의 1일 평균수요량은 200개, 주문 리드타임은 3일이었다. 이때 새롭게 설정된 재주문점(개)은?

① 700
② 800
③ 900
④ 1,000
⑤ 1,100

24 A제품을 취급하는 K물류센터의 정보가 아래와 같을 때, 이 물류센터의 연간 재고유지비용(원)은? (단, 재고 보충은 없으며, 수요는 일정하다.)

• 제품의 연간 평균재고 : 1,000개 • 제품단가 : 3,000원 • 제품당 연간 재고유지비용 : 제품단가의 4%

① 120,000
② 140,000
③ 160,000
④ 180,000
⑤ 200,000

25 K기업의 A제품의 연간 수요량이 1,200개, 1회 주문비용이 60,000원, 연간 단위당 재고유지비용이 900원일 때, 경제적 주문량(EOQ)은?

① 250
② 300
③ 350
④ 400
⑤ 450

26 다음은 K기업의 A제품의 자재소요계획(Material Requirement Planning)에 관한 정보이다. 부품 X와 Y의 순 소요량은?

- A제품의 총 소요량 : 60개
- 부품 X 예정 입고량 : 20개, 가용재고 : 10개
- 부품 Y 예정 입고량 : 30개, 가용재고 : 없음
- A제품은 3개의 X부품과 4개의 Y부품으로 구성

① X : 150, Y : 210
② X : 160, Y : 210
③ X : 180, Y : 240
④ X : 210, Y : 150
⑤ X : 240, Y : 180

27 K기업은 제품 판매량을 예측하기 위하여 지수평활법을 사용하고 있다. 6월 제품 판매량은 94,000개로 예측하였으나 실제 판매량은 98,000개이었고, 7월 실제 판매량은 92,000개이었다. 8월의 제품 판매량 예측치(개)는? (단, 평활상수(α)는 0.3을 사용한다.)

① 93,880
② 94,000
③ 94,240
④ 95,200
⑤ 96,160

28 하역 원칙에 관한 설명으로 옳은 것은?

① 경제성 원칙 : 하역작업의 횟수를 증가시켜 비용을 최대화한다.
② 운반활성화 원칙 : 운반활성화 지수를 최소화한다.
③ 화물 단위화의 원칙 : 다품종 소량운송을 위해 화물을 개별화하여 하역한다.
④ 거리(시간) 최소화 원칙 : 하역작업을 수행하는 과정에서 발생하는 화물의 이동 거리(시간)를 최소화한다.
⑤ 화물유동화 원칙 : 화물의 손상, 분실 등을 최소화하기 위하여 하역공정을 멈추고 불량 검사를 한다.

29 사내하역에서 하역기기 선정 시 고려기준이 아닌 것은?

① 취급화물의 중량과 종류
② 하역기기의 안전성
③ 건물구조와 시설배치
④ 하역기기의 경제성
⑤ 취급화물의 원산지와 목적지

30 다음 용어에 관한 설명으로 옳은 것은?

① 디배닝(Devanning) : 컨테이너에 화물을 싣는 작업
② 피킹(Picking) : 화물을 유형별, 고객별, 도착지별로 분류하는 작업
③ 스태킹(Stacking) : 화물 손상을 방지하기 위해 화물의 밑바닥이나 틈 사이에 물건을 깔거나 끼우는 작업
④ 래싱(Lashing) : 운송수단에 적재된 화물이 움직이지 않도록 화물을 고정시키는 작업
⑤ 분류(Sorting) : 출하하는 화물을 수송기기에 바로 실을 수 있도록 정돈하는 작업

31 오더피킹의 출고형태 중 케이스 단위로 입고 및 보관하다 케이스 단위로 출고되는 제4형태(C → C)의 적재방식에 활용되는 장비가 아닌 것은?

① 암 랙(Arm Rack)
② 자동 슬라이딩 랙(Automatic Sliding Rack)
③ 슬라이딩 랙(Sliding Rack)
④ 캐로셀 랙(Carrousel Rack)
⑤ 모빌 랙(Mobile Rack)

32 다음이 설명하는 파렛트 풀(pool) 시스템은?

> • 운영 파렛트의 개수를 최소화할 수 있는 장점이 있다.
> • 파렛트의 품질유지나 보수가 용이하며, 수급파동에 탄력적으로 대응할 수 있다.
> • 개별기업이 파렛트를 보유하지 않고 파렛트 풀 회사에서 일정기간 동안 임대하여 사용하는 시스템이다.

① 교환방식
② 리스・렌탈방식
③ 교환・리스병용방식
④ 대차결제방식
⑤ 임차결제병용방식

33 롤 상자형 파렛트(Roll Box Pallet)에 관한 설명으로 옳은 것은?

① 1회용 파렛트로 Push-Pull 장치를 부착한 지게차로 취급된다.
② 주로 액체화물 취급 시 사용되고 밀폐용 커버를 가지며 상부 또는 하부에 개폐장치가 있다.
③ 주로 분말화물 취급 시 사용되고 밀폐용 커버를 가지며 하부에 개폐장치가 있다.
④ 상부구조는 박스인 파렛트로, 받침대 밑면에는 바퀴가 달려 있으며 최근에는 배송용으로도 많이 사용된다.
⑤ 핸드 리프트로 하역할 수 있도록 만들어진 단면형 및 양면형 파렛트이다.

34 자동분류(Sorting)방식 중 동작에 의한 분류방식을 모두 고른 것은?

ㄱ. 밀어내는 방식	ㄴ. 바코드 방식
ㄷ. 다이버트 방식	ㄹ. 이송 방식

① ㄱ, ㄴ
② ㄴ, ㄷ
③ ㄱ, ㄷ, ㄹ
④ ㄴ, ㄷ, ㄹ
⑤ ㄱ, ㄴ, ㄷ, ㄹ

35 항공하역 장비에 해당하는 것을 모두 고른 것은?

ㄱ. 돌리(Dolly)	ㄴ. 로딩 암(Loading Arm)
ㄷ. 스트래들 캐리어(Straddle Carrier)	ㄹ. 탑 핸들러(Top Handler)
ㅁ. 트랜스포터(Transporter)	ㅂ. 터그 카(Tug Car)

① ㄱ, ㄴ, ㄹ
② ㄱ, ㄷ, ㅁ
③ ㄱ, ㅁ, ㅂ
④ ㄴ, ㄷ, ㄹ
⑤ ㄴ, ㅁ, ㅂ

36 다음이 설명하는 하역장비는?

- 철도터미널에서 화차의 컨테이너 상・하차 작업에 사용
- 스프레더가 장착되어 컨테이너의 운반, 적재 등에 주로 사용
- 긴 붐(boom)을 이용하여 풀 컨테이너(full container)의 CY 내 이동에 주로 사용

① Over Head Bridge Crane
② Rail-Mounted Gantry Crane
③ Reach Stacker
④ Rubber-Tired Gantry Crane
⑤ Yard Tractor

37 **항공화물의 탑재와 하기에 사용되는 단위탑재용기(Unit Load Device)에 관한 설명으로 옳지 않은 것은?**

① 지상조업시간의 단축에 따른 항공기 가동률을 증가시킬 수 있다.
② 항공기의 모든 기종에 호환사용이 가능하여 사용회전율을 증가시킬 수 있다.
③ 악천후, 도난, 파손으로부터 화물을 보호할 수 있다.
④ 형태에 따라 파렛트류, 컨테이너류 등으로 구분할 수 있다.
⑤ 항공기의 안전을 위하여 국제항공운송협회(IATA)의 검증을 거쳐 제작된 단위탑재용기도 있다.

38 **화인에 관한 설명으로 옳지 않은 것은?**

① 부화인(Counter Mark) : 대조번호 화인으로서 생산자 또는 공급자의 약호를 붙여야 하는 경우에 표기한다.
② 취급주의 화인(Care Mark) : 화물의 취급, 운송, 적재요령을 나타내는 주의표시를 의미한다.
③ 레이블링(Labeling) 방법 : 종이, 알루미늄 등의 판에 표시내용을 기재한 다음 철사나 끈 등으로 적절히 매는 방법이다.
④ 주화인(Main Mark) : 수입업자 화인으로 수입업자의 전체 주소, 성명을 문자로 기입하지 않고, 일반적으로 도형 속에 머리글자를 표기한다.
⑤ 스텐실(Stencil) 방법 : 기름기가 많은 종이나 셀룰로이드판 등의 시트에 문자를 파 두었다가 붓, 스프레이를 사용하여 칠하는 방법이다.

39 화물 포장과 관련된 원칙으로 옳지 않은 것은?

① 대량화·대형화의 원칙 : 포장의 대형화 및 대량화를 통해 물류비를 절감한다.
② 집중화·집약화의 원칙 : 물량을 집중 및 집약시켜 물류비를 절감한다.
③ 심미성우선의 원칙 : 과잉포장 배제를 통해 심미성을 화물보호보다 우선한다.
④ 사양변경의 원칙 : 사양변경을 통해 물류비를 절감한다.
⑤ 재질변경의 원칙 : 내용품의 보호에 지장이 없는 범위 내에서 재질을 변경한다.

40 집합포장방법에 관한 설명으로 옳지 않은 것은?

① 쉬링크(Shrink)는 위/아래의 틀로 고정하는 방법으로 적어도 4개 정도의 밴드를 사용한다.
② 밴드결속은 종이, 플라스틱 및 금속밴드를 이용하며, 코너패드를 보호재로 사용하여 수평 또는 수직으로 묶는다.
③ 슬리브(Sleeve)는 필름의 열 수축력에 의해서 파렛트와 그 위의 적재된 포장화물을 집합하는 방법이다.
④ 스트레치(Stretch)는 생선, 청과물 등의 포장에 스트레치 필름의 접착성을 이용하는 방법이다.
⑤ 꺽쇠·물림쇠는 칸막이 상자 등에서 상자가 고정되도록 사용하는 방법이다.

[5과목] 물류관련법규

41 **물류정책기본법령상 물류사업의 범위에 관한 대분류 · 세분류 · 세세분류의 연결이 옳지 않은 것은?**

① 종합물류서비스업 – 종합물류서비스업 – 종합물류서비스업
② 화물운송업 – 항공화물운송업 – 상업서류송달업
③ 물류시설운영업 – 창고업 – 위험물품보관업
④ 물류서비스업 – 해운부대사업 – 선박관리업
⑤ 화물운송업 – 항만운송관련업 – 운반 · 적치 · 하역장비 임대업

42 **물류정책기본법상 물류계획의 수립 · 시행에 관한 설명으로 옳지 않은 것은?**

① 특별자치시장 · 도지사 및 특별자치도지사는 지역물류체계의 효율화를 위하여 필요한 경우에는 지역물류기본계획을 수립할 수 있다.
② 특별시장 및 광역시장은 지역물류정책의 기본방향을 설정하는 10년 단위의 지역물류기본계획을 5년마다 수립하여야 한다.
③ 국가물류기본계획에는 물류보안에 관한 사항이 포함되어야 한다.
④ 국가물류기본계획은 「국토기본법」에 따라 수립된 국토종합계획 및 「국가통합교통체계효율화법」에 따라 수립된 국가기간교통망계획에 우선한다.
⑤ 국토교통부장관 및 해양수산부장관은 국가물류정책의 기본방향을 설정하는 10년 단위의 국가물류기본계획을 5년마다 공동으로 수립하여야 한다.

43 **물류정책기본법령상 국가물류정책위원회에 관한 설명으로 옳지 않은 것은?**

① 국가물류정책위원회의 위원장은 국토교통부장관이 된다.
② 국가물류정책위원회는 위원장을 제외한 20명 이내의 위원으로 구성하고, 위원은 연임할 수 없다.
③ 국가물류정책위원회는 국가물류체계의 효율화에 관한 중요 정책 사항을 심의 · 조정한다.
④ 국가물류정책위원회의 회의는 재적위원 과반수의 출석으로 개의하고, 출석위원 과반수의 찬성으로 의결한다.
⑤ 국가물류정책에 관한 주요 사항을 심의하기 위하여 국토교통부장관 소속으로 국가물류정책위원회를 둔다.

44 **물류정책기본법령상 우수물류기업의 인증에 관한 설명으로 옳지 않은 것은?**

① 화물정보망기업에 대한 우수물류기업 인증의 주체는 국토교통부장관·해양수산부장관 공동이다.
② 국토교통부장관 및 해양수산부장관은 우수물류기업 인증심사 대행기관이 정당한 사유 없이 인증업무를 거부한 경우에는 공동으로 그 지정을 취소할 수 있다.
③ 국토교통부장관 및 해양수산부장관은 「공공기관의 운영에 관한 법률」에 따른 공공기관을 우수물류기업 인증심사 대행기관으로 공동으로 지정하여 인증신청의 접수 업무를 하게 할 수 있다.
④ 국토교통부장관 및 해양수산부장관은 물류기업의 육성과 물류산업 발전을 위하여 소관 물류기업을 각각 우수물류기업으로 인증할 수 있다.
⑤ 국토교통부장관 또는 해양수산부장관은 소관 인증우수물류기업이 물류사업으로 인하여 공정거래위원회로부터 시정조치를 받은 경우에는 그 인증을 취소할 수 있다.

45 **물류정책기본법령상 국제물류주선업에 관한 설명으로 옳은 것은?**

① 국제물류주선업을 경영하려는 자는 국토교통부장관의 허가를 받아야 한다.
② 국제물류주선업자가 그 사업을 양도하거나 사망한 때에는 그 양수인·상속인은 국제물류주선업의 등록에 따른 권리·의무를 승계하지 아니한다.
③ 「공항시설법」 또는 「해운법」을 위반하여 벌금형을 선고받고 2년이 지나지 아니한 자는 국제물류주선업의 등록을 할 수 없다.
④ 국제물류주선업자가 등록한 사항 중 자본금이 감소되는 경우에는 변경등록을 하지 않아도 된다.
⑤ 국토교통부장관은 국제물류주선업자가 거짓이나 그 밖의 부정한 방법으로 허가를 받은 경우에는 허가를 취소할 수 있다.

46 **물류정책기본법령상 과태료 부과의 개별기준에 관한 내용이다. (　　)에 들어갈 숫자를 바르게 나열한 것은? (단, 과태료의 가중 및 감경은 고려하지 않음)**

위반행위	과태료 금액		
	1차 위반	2차 위반	3차 이상 위반
물류정책기본법 제39조(인증우수물류기업 인증의 취소 등) 제2항을 위반하여 인증마크를 계속 사용한 경우	(ㄱ)만원	(ㄴ)만원	(ㄷ)만원

① ㄱ : 50, ㄴ : 100, ㄷ : 150
② ㄱ : 50, ㄴ : 100, ㄷ : 200
③ ㄱ : 100, ㄴ : 150, ㄷ : 200
④ ㄱ : 100, ㄴ : 150, ㄷ : 300
⑤ ㄱ : 100, ㄴ : 200, ㄷ : 300

47 물류정책기본법령상 물류체계의 효율화에 관한 설명으로 옳지 않은 것은?

① 국토교통부장관은 물류기업 및 화주기업이 기업물류비 산정지침에 따라 물류비를 관리하도록 권고할 수 있다.

② 국토교통부장관 또는 해양수산부장관은 물류표준화에 관한 업무를 효과적으로 추진하기 위하여 필요하다고 인정하는 경우에는 산업통상자원부장관에게 「산업표준화법」에 따른 한국산업표준의 제정・개정 또는 폐지를 요청할 수 있다.

③ 국토교통부장관・해양수산부장관・산업통상자원부장관 또는 관세청장은 물류공동화를 확산하기 위하여 필요한 경우에는 시범사업을 선정하여 운영할 수 있다.

④ 「민법」 제32조에 따라 설립된 물류와 관련된 비영리법인이 기존 물류시설을 정비할 때에는 주변 물류시설과의 기능중복 여부를 고려하여야 한다.

⑤ 기업물류비 산정지침에는 물류비 계산서의 표준 서식이 포함되어야 한다.

48 물류정책기본법령상 물류정보화에 관한 설명으로 옳은 것을 모두 고른 것은?

ㄱ. 도로운송 시 위험물질운송안전관리센터의 감시가 필요한 「화학물질관리법」 제2조 제7호에 따른 유해화학물질을 운송하는 차량의 최대 적재량 기준은 10,000리터 이상이다. ㄴ. 국가물류통합정보센터운영자 또는 단위물류정보망 전담기관은 전자문서 및 정보처리장치의 파일에 기록되어 있는 물류정보를 2년 동안 보관하여야 한다. ㄷ. 국토교통부장관은 위험물질운송안전관리센터의 설치・운영을 「한국도로공사법」에 따른 한국도로공사가 대행하게 한다.

① ㄴ
② ㄱ, ㄴ
③ ㄱ, ㄷ
④ ㄴ, ㄷ
⑤ ㄱ, ㄴ, ㄷ

49 물류시설의 개발 및 운영에 관한 법률상 용어의 정의에 관한 설명으로 옳지 않은 것은?

① 물류의 공동화・자동화 및 정보화를 위한 시설은 “물류시설”에 해당한다.

② 「유통산업발전법」에 따른 집배송시설을 경영하는 사업은 “물류터미널사업”에서 제외된다.

③ 「철도사업법」에 따른 철도사업자가 여객의 수하물 또는 소화물을 보관하는 것은 “물류창고업”에서 제외된다.

④ “도시첨단물류단지”란 도시 내 물류를 지원하기 위하여 지정・개발하는 일단의 토지 및 시설로서 스마트물류단지와 일반물류단지로 구분된다.

⑤ 물류단지시설의 운영을 효율적으로 지원하기 위하여 물류단지 안에 설치되는 물류단지 종사자 및 이용자의 생활과 편의를 위한 시설은 “지원시설”에 해당한다.

50 **물류시설의 개발 및 운영에 관한 법령상 물류창고업에 관한 설명으로 옳지 않은 것은?**

① 물류창고 면적의 100분의 10 이상의 증감이 있는 경우 물류창고업자는 그 사유가 발생한 날부터 30일 이내에 변경등록을 하여야 한다.
② 보관장소 전체면적의 합계가 2천500제곱미터 이상인 물류창고를 소유 또는 임차하여 물류창고업을 경영하려는 자는 물류창고업의 등록을 하여야 한다.
③ 물류창고업자의 사업자단체가 수행하는 물류창고업자 및 관련 종사자에 대한 교육・훈련 사업은 국가 또는 지방자치단체의 재정적 지원 대상이 될 수 있다.
④ 물류창고업의 등록 및 변경등록 신청을 하려는 자는 국토교통부령으로 정하는 바에 따라 수수료를 내야 한다.
⑤ 물류창고업 등록을 취소하여야 하는 경우로서 그 등록의 취소로써 그 사업의 이용자 등에게 심한 불편을 주는 경우에도 그 등록취소처분을 갈음하여 과징금을 부과할 수 없다.

51 **물류시설의 개발 및 운영에 관한 법률상 도시첨단물류단지의 지정을 위한 토지소유자 등의 동의에 관한 조문의 일부이다. (　　)에 들어갈 내용은?**

국토교통부장관 또는 시・도지사는 도시첨단물류단지를 지정하려면 도시첨단물류단지 예정지역 토지면적의 (ㄱ) 이상에 해당하는 토지소유자의 동의와 토지소유자 총수(그 지상권자를 포함하며, 1필지의 토지를 여러 명이 공유하는 경우 그 여러 명은 1인으로 본다) 및 건축물 소유자 총수(집합건물의 경우 각 구분소유자 각자를 1인의 소유자로 본다) 각 (ㄴ) 이상의 동의를 받아야 한다.

① ㄱ : 2분의 1, ㄴ : 2분의 1
② ㄱ : 2분의 1, ㄴ : 3분의 2
③ ㄱ : 3분의 2, ㄴ : 2분의 1
④ ㄱ : 3분의 2, ㄴ : 4분의 3
⑤ ㄱ : 4분의 3, ㄴ : 4분의 3

52 **물류시설의 개발 및 운영에 관한 법률상 물류단지의 개발 및 운영에 관한 설명으로 옳은 것은?**

① 시・도지사가 일반물류단지를 지정할 때에는 시장・군수・구청장의 신청이 있어야 한다.
② 물류단지개발사업의 시행자가 물류단지 예정지역의 토지소유자가 설립한 조합인 경우 시행자는 물류단지개발사업에 필요한 토지등을 수용하거나 사용할 수 없다.
③ 「지방공기업법」에 따른 지방공사가 물류단지개발사업의 시행으로 기존의 공공시설에 대체되는 공공시설을 설치한 경우에는 종래의 공공시설은 그 시설을 관리할 지방자치단체에 무상으로 귀속된다.
④ 물류단지지정권자가 물류단지재정비사업을 하려는 경우에는 입주업체 2분의 1 이상의 동의가 있어야 한다.
⑤ 물류단지개발실시계획의 승인을 한 물류단지지정권자는 시행자가 사정이 변경되어 물류단지개발사업을 계속 시행하는 것이 불가능하게 된 경우 그 승인을 취소하여야 한다.

53 **물류시설의 개발 및 운영에 관한 법령상 물류단지 안에서 시장・군수・구청장의 허가를 받지 아니하고 할 수 있는 행위는? (단, 국토의 계획 및 이용에 관한 법률은 고려하지 않고, 재해복구 또는 재난수습에 필요한 응급조치를 위하여 하는 행위는 제외함)**

① 토지분할
② 죽목의 벌채
③ 「건축법」에 따른 가설건축물의 건축
④ 「건축법」에 따른 건축물의 용도변경
⑤ 물류단지에 존치하기로 결정된 대지 안에서 물건을 쌓아놓는 행위

54 **물류시설의 개발 및 운영에 관한 법령상 물류단지의 관리기구에 해당하지 않는 자는?**

① 「한국토지주택공사법」에 따른 한국토지주택공사
② 「한국철도공사법」에 따른 한국철도공사
③ 「한국도로공사법」에 따른 한국도로공사
④ 「항만공사법」에 따른 항만공사
⑤ 「지방공기업법」에 따른 지방공사

55 **물류시설의 개발 및 운영에 관한 법률상 과태료 부과대상은?**

① 공사시행인가를 받지 아니하고 공사를 시행한 복합물류터미널사업자
② 등록증을 대여한 물류창고업자
③ 부정한 방법으로 물류단지개발사업의 시행자로 지정을 받은 자
④ 시・도지사가 소속 공무원에게 물류단지의 관리에 관한 관리기관의 업무를 검사하게 한 경우 그 검사를 방해・거부한 자
⑤ 물류단지시설의 설치를 완료하기 전에 분양받은 토지 또는 시설을 시행자 또는 관리기관에 양도하지 아니하고 처분한 입주기업체

56 **물류시설의 개발 및 운영에 관한 법령상 물류 교통・환경 정비지구(이하 '정비지구'라 함)에 관한 설명으로 옳은 것은?**

① 정비지구의 지정을 신청하려면 해당 지역의 면적이 50만 제곱미터 이상이어야 한다.
② 정비지구가 둘 이상의 시・군・구의 관할지역에 걸쳐있는 경우에는 시・도지사가 물류 교통・환경 정비계획을 수립한다.
③ 정비지구 면적의 100분의 10 미만의 변경을 신청하는 경우에는 주민의 의견청취 절차를 거치지 아니할 수 있다.
④ 정비지구를 지정하려면 지역물류정책위원회와 「국토의 계획 및 이용에 관한 법률」에 따른 지방도시계획위원회가 공동으로 하는 심의를 거쳐야 한다.
⑤ 국가는 시・도지사가 지정한 정비지구에서 시장・군수・구청장에게 「화물자동차 운수사업법」에 따른 공영차고지 및 화물자동차 휴게소의 설치 사업에 대하여 행정적・재정적 지원을 할 수 있다.

57 **화물자동차 운수사업법령상 화물자동차 운송사업에서 여객자동차 운송사업용 자동차에 싣기 부적합한 것으로서 화주가 밴형 화물자동차에 함께 탈 때 실을 수 있는 화물의 기준으로 옳지 않은 것은?**

① 화주 1명당 화물의 중량이 10킬로그램 이상일 것
② 화주 1명당 화물의 용적이 4만 세제곱센티미터 이상일 것
③ 화물이 기계・기구류 등 공산품에 해당하는 물품일 것
④ 화물이 합판・각목 등 건축기자재에 해당하는 물품일 것
⑤ 화물이 혐오감을 주는 식물에 해당하는 물품일 것

58 **화물자동차 운수사업법령상 화물자동차 운송사업의 허가 등에 관한 설명으로 옳은 것은?**

① 운송사업자가 화물자동차의 대폐차에 관한 사항을 변경하려면 국토교통부장관의 변경허가를 받아야 한다.

② 개인 운송사업자는 주사무소 외의 장소에서 상주하여 영업하려면 국토교통부장관의 허가를 받아 영업소를 설치하여야 한다.

③ 임시허가를 받은 자가 허가 기간 내에 다른 운송사업자와 위·수탁계약을 체결하지 못하고 임시허가 기간이 만료된 경우 3개월 내에 화물자동차 운송사업허가를 신청할 수 있다.

④ 화물자동차 운송사업의 증차를 수반하는 변경허가에는 조건 또는 기한을 붙일 수 없다.

⑤ 국토교통부장관은 운송사업자가 사업정지처분을 받은 경우에도 주사무소를 이전하는 변경허가를 할 수 있다.

59 **화물자동차 운수사업법령상 운송사업자의 운송약관에 관한 설명으로 옳지 않은 것은?**

① 운송약관 변경신고가 있는 경우 그 변경신고를 받은 날부터 3일 이내에 신고수리 여부가 신고인에게 통지되어야 한다.

② 운송사업자는 운송약관을 영업소 또는 화물자동차에 갖추어 두고 이용자가 요구하면 이를 내보여야 한다.

③ 운송약관에는 운송책임이 시작되는 시기 및 끝나는 시기를 적어야 한다.

④ 공정거래위원회는 화물운송에 관한 표준이 되는 약관을 작성하여 운송사업자에게 그 사용을 권장할 수 있다.

⑤ 운송약관의 신고는 「화물자동차 운수사업법」에 따라 설립된 협회로 하여금 대리하게 할 수 있다.

60 **화물자동차 운수사업법상 화물자동차 운송사업의 허가를 받을 수 없는 자가 아닌 것은?**

① 임원 중 「화물자동차 운수사업법」을 위반하여 징역 이상의 형의 집행유예를 선고받고 그 유예기간 중에 있는 자가 있는 법인

② 임원 중 파산선고를 받고 복권되지 아니한 자가 있는 법인

③ 부정한 방법으로 화물자동차 운송사업의 허가를 받아 허가가 취소된 후 3년이 지난 자

④ 부정한 방법으로 화물자동차 운송사업의 변경허가를 받아 변경허가가 취소된 후 3년이 지난 자

⑤ 빈번한 교통사고로 1명 이상의 사상자를 발생하게 하여 화물자동차 운송사업의 허가가 취소된 후 3년이 지난 자

61 **화물자동차 운수사업법상 화물자동차 운송주선사업에 관한 설명으로 옳은 것은?**

① 화물의 멸실・훼손 또는 인도의 지연으로 발생한 운송주선사업자의 손해배상책임에 관하여는 「상법」 제135조(손해배상책임)를 준용한다.
② 화물자동차 운송가맹사업의 허가를 받은 자는 화물자동차 운송주선사업의 허가를 받아야 화물자동차 운송주선사업을 경영할 수 있다.
③ 운송주선사업자는 주사무소 외의 장소에서 상주하여 영업하려면 미리 국토교통부장관에게 신고하여야 한다.
④ 운송주선사업자는 필요한 경우 자기 명의로 다른 사람에게 화물자동차 운송주선사업을 경영하게 할 수 있다.
⑤ 운송주선사업자는 화주로부터 중개를 의뢰받은 화물에 대하여 운송가맹사업자에게 수수료를 받고 화물의 운송을 주선하는 행위를 할 수 없다.

62 **화물자동차 운수사업법령상 운송가맹사업자의 허가사항 변경신고의 대상을 모두 고른 것은?**

ㄱ. 상호의 변경	ㄴ. 화물취급소의 설치 및 폐지
ㄷ. 주사무소의 이전	ㄹ. 화물자동차 운송가맹계약의 해지

① ㄱ, ㄹ
② ㄴ, ㄷ
③ ㄱ, ㄴ, ㄷ
④ ㄴ, ㄷ, ㄹ
⑤ ㄱ, ㄴ, ㄷ, ㄹ

63 **화물자동차 운수사업법상 운송사업자에게 할 수 있는 개선명령 사항에 해당하지 않는 것은?**

① 화물자동차의 구조변경
② 운송시설의 개선
③ 화물의 안전운송을 위한 조치
④ 「자동차손해배상 보장법」에 따라 운송사업자가 의무적으로 가입하여야 하는 보험・공제에 가입
⑤ 「가맹사업거래의 공정화에 관한 법률」에 따른 정보공개서 제공의무의 통지

64 **화물자동차 운수사업법령상 적재물배상보험등에 관한 설명으로 옳지 않은 것은?**

① 운송사업자는 각 사업자별로 사고 건당 2천만원 이상의 금액을 지급할 책임을 지는 적재물배상보험 등에 가입하여야 한다.
② 운송가맹사업자는 적재물배상보험 등에 가입하여야 한다.
③ 이사화물을 취급하는 운송주선사업자는 적재물배상보험 등에 가입하여야 한다.
④ 책임보험계약등의 계약 종료사실 통지에는 계약기간이 종료된 후 적재물배상보험 등에 가입하지 아니하는 경우에는 500만원 이하의 과태료가 부과된다는 사실에 관한 안내가 포함되어야 한다.
⑤ 보험회사 등은 자기와 책임보험계약 등을 체결한 보험 등 의무가입자가 그 계약이 끝난 후 새로운 계약을 체결하지 아니하면 그 사실을 지체 없이 국토교통부장관에게 알려야 한다.

65 **화물자동차 운수사업법령상 경영의 위탁에 관한 설명으로 옳은 것은?**

① 운송사업자는 화물자동차 운송사업의 효율적인 수행을 위하여 필요하면 다른 사람에게 경영의 전부를 위탁할 수 있다.
② 화물자동차 운송사업의 허가권자는 경영의 위탁을 제한할 수 없다.
③ 위·수탁계약을 체결하는 경우 운수종사자 교육에 관한 사항을 계약서에 명시하여야 한다.
④ 위·수탁계약의 기간은 3년 이상으로 하여야 한다.
⑤ 시장·군수·구청장은 위·수탁계약서의 작성 여부에 대한 실태조사를 매년 2회 이상 실시한다.

66 **화물자동차 운수사업법령상 화물자동차 운송사업에 종사하는 운수종사자의 준수사항이 아닌 것은?**

① 고장 및 사고차량 등 화물의 운송과 관련하여 자동차관리사업자와 부정한 금품을 주고받는 행위를 하여서는 아니 된다.
② 적재된 화물이 떨어지지 아니하도록 국토교통부령으로 정하는 기준 및 방법에 따라 덮개·포장·고정장치 등 필요한 조치를 하지 아니하고 화물자동차를 운행하는 행위를 하여서는 아니 된다.
③ 택시 요금미터기의 장착 등 국토교통부령으로 정하는 택시 유사표시행위를 하여서는 아니 된다.
④ 「자동차관리법」에 따른 승인을 받지 않고 튜닝된 화물자동차를 운행하는 행위를 하여서는 아니 된다.
⑤ 일정한 장소에 오랜 시간 정차하여 화주를 호객하는 행위를 하여서는 아니 된다.

67 **유통산업발전법령상 유통업상생발전협의회(이하 '협의회'라 함)에 관한 설명으로 옳은 것은?**

① 협의회 위원의 임기는 1년으로 한다.
② 성별 및 분야별 대표성 등을 고려하여 회장 1명을 포함한 10명 이내의 위원으로 구성한다.
③ 회장은 해당 지역의 시장・군수・구청장이 된다.
④ 협의회는 매월 1회 이상 개최하는 것을 원칙으로 하되, 회장은 필요에 따라 그 개최 주기를 달리 할 수 있다.
⑤ 해당 지역의 주민단체의 대표는 협의회 위원으로 위촉될 수 있다.

68 **유통산업발전법령상 공동집배송센터의 지정요건에 관한 설명이다. (　　)에 들어갈 숫자를 바르게 나열한 것은?**

- 부지면적이 (ㄱ)만제곱미터 이상(「국토의 계획 및 이용에 관한 법률」 제36조에 따른 상업지역 또는 공업지역의 경우에는 (ㄴ)만제곱미터 이상)이고, 집배송시설면적이 (ㄷ)만제곱미터 이상일 것
- 도시 내 유통시설로의 접근성이 우수하여 집배송기능이 효율적으로 이루어질 수 있는 지역 및 시설물

① ㄱ : 2, ㄴ : 1, ㄷ : 1
② ㄱ : 3, ㄴ : 2, ㄷ : 1
③ ㄱ : 3, ㄴ : 2, ㄷ : 2
④ ㄱ : 5, ㄴ : 3, ㄷ : 2
⑤ ㄱ : 5, ㄴ : 3, ㄷ : 3

69 **유통산업발전법령상 유통분쟁조정위원회의 분쟁조정 대상이 아닌 것은?**

① 등록된 대규모점포등과 중소제조업체 사이의 「독점규제 및 공정거래에 관한 법률」을 적용받는 영업활동에 관한 분쟁
② 대규모점포등개설자의 인근 지역주민 피해・불만의 신속한 처리와 관련한 분쟁
③ 등록된 대규모점포등과 인근 지역의 주민 사이의 대규모점포등의 개설로 인한 인근 지역의 대기오염, 토양오염, 수질오염 및 해양오염에 관한 분쟁
④ 대규모점포등개설자의 상거래질서 확립 업무 수행과 관련한 분쟁
⑤ 대규모점포등개설자의 소비자 안전유지와 관련한 분쟁

70 **유통산업발전법령상 대규모점포등개설등록신청서에 첨부하여야 하는 상권영향평가서에 포함되는 사항이 아닌 것은?**

① 상권영향분석의 범위
② 상권의 특성
③ 재무구조
④ 요약문
⑤ 기존 사업자 현황 분석

71 **유통산업발전법상 상점가진흥조합에 관한 설명으로 옳은 것은?**

① 「중소기업기본법」에 따른 중소기업자는 조합원이 될 수 없다.
② 상점가진흥조합은 협동조합으로 설립하여야 하고 사업조합의 형식으로는 설립할 수 없다.
③ 조합원의 자격이 있는 자 중 같은 업종을 경영하는 자가 2분의 1 이상인 경우에는 그 같은 업종을 경영하는 자의 5분의 3 이상의 동의를 받아 결성할 수 있다.
④ 다른 상점가진흥조합의 구역과 중복되어 구역을 지정할 수 있다.
⑤ 상점가진흥조합의 주차장 · 휴게소 등 공공시설 설치사업은 지방자치단체의 장이 필요한 자금을 지원할 수 있는 사업에 해당하지 않는다.

72 **항만운송사업법령상 항만운송관련사업에 해당하지 않는 것은?**

① 항만용역업
② 선용품공급업
③ 선박연료공급업
④ 컨테이너수리업
⑤ 선적화물검수업

73 항만운송사업법령상 부두운영회사에 관한 설명으로 옳은 것은?

① 항만시설운영자등은 부두운영회사의 운영성과 평가 결과에 따라 부두운영회사에 대하여 항만시설등의 임대료를 감면할 수는 없다.

② 항만시설등의 임대료를 2개월 이상 연체한 경우 항만시설운영자등은 부두운영계약을 해지하고, 위약금을 부과한다.

③ 부두운영회사가 부두운영계약의 계약기간을 연장하려는 경우 그 계약기간이 만료되기 3개월 전까지 항만시설운영자등에게 부두운영계약의 갱신을 신청하여야 한다.

④ 항만시설운영자등은 화물유치 또는 투자계획을 이행하지 못한 부두운영회사에 대하여 그 귀책사유를 불문하고 위약금을 부과할 수 있다.

⑤ 「항만공사법」에 따른 항만공사와 임대차계약을 체결하고, 해양수산부장관이 컨테이너 부두로 정하여 고시한 항만시설을 임차하여 사용하는 자는 부두운영회사에 해당하지 않는다.

74 항만운송사업법령상 타인의 수요에 응하여 하는 행위로서 항만운송에 해당하지 않는 것은?

① 선박을 이용하여 운송될 화물을 화물주 또는 선박운항업자의 위탁을 받아 항만에서 화물주로부터 인수하거나 선박에 인도하는 행위

② 항만에서 선박 또는 부선(解船)을 이용하여 선박에서 사용하는 물품을 공급하기 위하여 운송하는 행위

③ 항만에서 선박 또는 부선을 이용하여 운송될 화물을 하역장에서 내가는 행위

④ 항만에서 목재를 뗏목으로 편성하여 운송하는 행위

⑤ 항만에서 뗏목으로 편성하여 운송된 목재를 수면 목재저장소에 들여놓는 행위

75 철도사업법상 부가 운임의 징수에 관한 내용이다. (　　)에 들어갈 숫자를 바르게 나열한 것은?

- 철도사업자는 열차를 이용하는 여객이 정당한 운임・요금을 지급하지 아니하고 열차를 이용한 경우에는 승차 구간에 해당하는 운임 외에 그의 (ㄱ)배의 범위에서 부가 운임을 징수할 수 있다.
- 철도사업자는 송하인(送荷人)이 운송장에 적은 화물의 품명・중량・용적 또는 개수에 따라 계산한 운임이 정당한 사유 없이 정상 운임보다 적은 경우에는 송하인에게 그 부족 운임 외에 그 부족 운임의 (ㄴ)배의 범위에서 부가 운임을 징수할 수 있다.

① ㄱ : 20, ㄴ : 5
② ㄱ : 20, ㄴ : 10
③ ㄱ : 30, ㄴ : 5
④ ㄱ : 30, ㄴ : 10
⑤ ㄱ : 30, ㄴ : 15

76 철도사업법령상 철도사업의 관리에 관한 설명으로 옳지 않은 것은?

① 철도사업자가 인가받은 공동운수협정에 따른 운행구간별 열차 운행횟수를 10분의 1 이내에서 변경하려는 경우에는 국토교통부장관의 변경인가를 받아야 한다.
② 국토교통부장관은 공동운수협정을 인가하려면 미리 공정거래위원회와 협의하여야 한다.
③ 철도사업자는 다른 철도사업자 또는 철도사업 외의 사업을 경영하는 자와 합병하려는 경우에는 국토교통부장관의 인가를 받아야 한다.
④ 철도사업자가 사업계획 중 여객열차의 운행구간을 변경하려는 경우에는 국토교통부장관의 인가를 받아야 한다.
⑤ 철도사업자가 선로 또는 교량의 파괴로 휴업하려는 경우에는 국토교통부장관에게 신고하여야 하고, 그 휴업기간은 6개월을 넘을 수 있다.

77 철도사업법상 신고하여야 하는 경우를 모두 고른 것은?

ㄱ. 전용철도의 운영을 양도・양수하려는 경우
ㄴ. 전용철도운영자가 그 운영의 일부를 휴업한 경우
ㄷ. 전용철도운영자가 그 운영의 전부를 폐업한 경우
ㄹ. 사망한 전용철도운영자의 상속인이 그 전용철도의 운영을 계속하려는 경우
ㅁ. 국유철도시설의 점용허가로 인하여 발생한 권리와 의무를 이전하려는 경우

① ㄱ, ㄷ
② ㄴ, ㅁ
③ ㄷ, ㄹ, ㅁ
④ ㄱ, ㄴ, ㄷ, ㄹ
⑤ ㄱ, ㄴ, ㄷ, ㄹ, ㅁ

78 **철도사업법상 점용허가를 받지 아니하고 국유철도시설을 점용한 자에 대하여 국토교통부장관이 징수할 수 있는 것은?**

① 과태료
② 점용료
③ 변상금
④ 과징금
⑤ 이행강제금

79 **농수산물 유통 및 가격안정에 관한 법령상 농수산물도매시장에 관한 설명으로 옳지 않은 것은?**

① 시가 지방도매시장을 개설하려면 도지사의 허가를 받아야 한다.
② 도매시장법인이 다른 도매시장법인을 인수하거나 합병하는 경우에는 해당 도매시장 개설자의 승인을 받아야 한다.
③ 중앙도매시장의 개설자는 양곡부류와 수산부류에 대하여는 도매시장법인을 두어야 한다.
④ 시가 개설하는 지방도매시장의 개설구역에 인접한 구역으로서 그 지방도매시장이 속한 도의 일정 구역에 대하여는 해당 도지사가 그 지방도매시장의 개설구역으로 편입하게 할 수 있다.
⑤ 지방도매시장의 개설자인 시가 업무규정을 변경하는 때에는 도지사의 승인을 받아야 한다.

80 **농수산물 유통 및 가격안정에 관한 법률상 농수산물공판장(이하 '공판장'이라 함)에 관한 설명으로 옳지 않은 것은?**

① 공익법인이 공판장을 개설하려면 시·도지사의 승인을 받아야 한다.
② 공판장을 개설하려는 장소가 교통체증을 유발할 수 있는 위치에 있는 경우는 공판장 개설승인 제한사유이다.
③ 공판장의 중도매인은 공판장의 개설자가 지정한다.
④ 공판장에는 중도매인, 매매참가인, 산지유통인 및 경매사를 둘 수 있다.
⑤ 농림수협등의 유통자회사(流通子會社)는 도매시장공판장을 운영할 수 없다.

2024년 제28회 기출문제

교 시	과 목	시 간	문제형별
1교시	• 물류관리론 • 화물운송론 • 국제물류론	120분	A

2024. 8. 3. 시행

맞은 개수 _____ / 120문제

[1과목] 물류관리론

01 물류에 관한 설명으로 옳지 않은 것은?

① 물적유통(Physical Distribution)은 판매영역 중심의 물자 흐름을 의미한다.
② 로지스틱스(Logistics)는 병참이라는 군사용어에서 유래되었으며, 조달 · 생산 · 판매 · 회수물류 등을 포함하는 총체적인 개념이다.
③ 3S 1L 원칙은 신속성(Speedy), 안정성(Safely), 확실성(Surely), 경제성(Low)을 고려한 물류의 기본 원칙이다.
④ 7R 원칙은 적절한 상품(Commodity), 품질(Quality), 수량(Quantity), 시간(Time), 장소(Place), 보안(Security), 가격(Price)이다.
⑤ 공급사슬관리(SCM)는 고객, 공급업체, 제조업체 및 유통업체로 이루어진 네트워크에서의 재화, 정보 및 자금흐름을 다룬다.

02 물류환경의 변화에 관한 설명으로 옳지 않은 것은?

① 전자상거래와 홈쇼핑의 성장으로 택배시장이 확대되고 있다.
② 글로벌 물류시장 선도를 위해 국가 차원의 종합물류기업 육성정책이 시행되고 있다.
③ 소비자 중심 물류로의 전환으로 인하여 소품종 대량생산의 중요성이 증가하고 있다.
④ 고객 수요 충족을 위해 수요예측 등 종합적 물류계획의 수립과 관리의 중요성이 높아지고 있다.
⑤ 물류서비스의 수준향상과 원가절감을 위해 아웃소싱과 3PL이 활용되고 있다.

03 **물류의 기능에 관한 설명으로 옳지 않은 것은?**

① 포장활동은 제품의 취급을 용이하게 하고 상품가치를 제고시키는 역할을 한다.
② 하역활동은 운송과 보관을 위해 제품을 싣거나 내리는 행위를 말한다.
③ 물류정보는 전자적 수단을 활용하여 물류활동을 효율화시킨다.
④ 유통가공활동은 유통과정에 있어서 고객의 요구에 부합하기 위해 행해지는 단순가공, 재포장, 조립, 절단 등의 물류활동이다.
⑤ 보관활동은 물자를 수요가 낮은 국가에서 높은 국가로 이동시켜 물자의 효용가치를 증대시키기 위한 물류활동이다.

04 **물류관리 원칙에 관한 설명으로 옳은 것은?**

① 신뢰성의 원칙 : 필요한 물량을 원하는 시기와 장소에 공급하여 사용할 수 있도록 보장하는 원칙
② 균형성의 원칙 : 불필요한 유통과정을 제거하여 물자지원체계를 단순화하고 간소화하는 원칙
③ 단순성의 원칙 : 생산, 유통, 소비에 필요한 물자의 수요와 공급 및 조달과 분배의 균형성을 유지하는 원칙
④ 적시성의 원칙 : 최소한의 자원으로 최대한의 물자공급 효과를 추구하여 물류관리 비용을 최소화하는 원칙
⑤ 경제성의 원칙 : 저장시설 보호 및 도난, 망실, 화재, 파손 등으로부터 화물을 보호하는 원칙

05 **A기업의 매출액은 3,000억원, 경상이익이 60억원, 물류비는 200억원일 때, 물류비를 5% 절감하여 얻을 수 있는 경상이익의 추가액과 동일한 효과를 얻기 위하여 달성해야 할 추가 매출액은?**

① 100억원
② 200억원
③ 300억원
④ 400억원
⑤ 500억원

06 물류 측면의 고객서비스에 관한 설명으로 옳지 않은 것은?

① 물류서비스에 대한 고객의 만족도는 기대(Expectation) 수준과 성과(Performance) 수준의 차이로 설명된다.
② 제품 가용성(Availability) 정보제공은 물류서비스 신뢰성에 영향을 주지 않는다.
③ 물류서비스와 물류비용 사이에는 상충(Trade-off) 관계가 존재한다.
④ 서비스 품질은 고객과 서비스 제공자 간의 상호 작용에 의해서 결정된다.
⑤ 고객서비스의 수준이 결정되지 않았다면 수익과 비용을 동시에 고려하여 최적의 서비스수준을 결정해야 한다.

07 기업물류의 영역별 분류에 관한 설명으로 옳지 않은 것은?

① 조달물류는 기업이 제품생산을 위해 필요한 원자재를 확보하기 위한 물류이다.
② 사내물류는 완제품의 판매로 출하되어 고객에게 인도될 때까지의 물류활동이다.
③ 생산물류는 자재 또는 부품이 생산 공정에 투입된 이후 생산이 완료될 때까지의 물류이다.
④ 역물류는 반품물류, 폐기물류, 회수물류를 포함하는 물류이다.
⑤ 회수물류는 판매물류를 지원하는 파렛트, 컨테이너 등의 회수에 따른 물류이다.

08 물류와 마케팅에 관한 설명으로 옳지 않은 것은?

① 마케팅 믹스(4'P)는 제품, 가격, 유통, 촉진으로 구성된다.
② 마케팅 믹스(4'P) 중 유통은 물류와 관련성이 높은 요인이다.
③ 탁월한 고객서비스를 제공하는 마케팅은 고객만족을 증대시킨다.
④ 고객만족을 위해 물류서비스 수준을 높이면 물류비는 절감된다.
⑤ 효과적인 물류관리를 위해서는 기능별 개별 물류비 절감보다 총물류비를 줄이는 것이 중요하다.

09 **J. F. Robeson과 W. C. Copacino는 물류계획을 전략적, 구조적, 기능적, 실행적 수준으로 구분하였다. 다음 중 구조적 수준에 해당하는 것을 모두 고른 것은?**

ㄱ. 창고설계 및 운영	ㄴ. 설비 및 장치
ㄷ. 유통경로설계	ㄹ. 수송관리
ㅁ. 네트워크 전략	ㅂ. 고객 서비스

① ㄱ, ㅂ
② ㄴ, ㄹ
③ ㄷ, ㅁ
④ ㄱ, ㄴ, ㄷ
⑤ ㄷ, ㄹ, ㅁ, ㅂ

10 **4PL(Fourth Party Logistics)에 관한 설명으로 옳지 않은 것은?**

① 3PL(Third Party Logistics), 물류컨설팅업체, IT업체 등이 결합한 형태이다.
② 이익분배를 통하여 공급사슬 구성원 공통의 목표를 관리한다.
③ 공급사슬 전체의 관리와 운영을 대상으로 한다.
④ 수입증대, 운영비용 감소, 운전자본 확대, 고정자본 확대를 목적으로 한다.
⑤ 기존 물류업체의 한계를 극복하고 지속적인 개선효과 창출을 목적으로 한다.

11 **다음 (　　)에 들어갈 용어를 옳게 나열한 것은?**

> (ㄱ)은 물류관리 업무를 각 공장 및 영업부서, 운송부서, 총무부서 등에서 개별적으로 운영하는 조직이다. (ㄴ)은 물류관리 업무를 전문화하여 독립된 회사로 분사(分社)시킨 조직이다.

① ㄱ : 집중형　　ㄴ : 분산형
② ㄱ : 분산형　　ㄴ : 자회사형
③ ㄱ : 분산형　　ㄴ : 집중형
④ ㄱ : 집중형　　ㄴ : 자회사형
⑤ ㄱ : 자회사형　　ㄴ : 분산형

12 **제조기업의 물류 아웃소싱의 장·단점에 관한 설명으로 옳지 않은 것은?**

① 제조업체는 고객 불만에 대한 신속한 대처가 어렵다.
② 제조업체는 물류 정보의 유출이 발생할 수 있다.
③ 제조업체는 내부 전문가 상실 및 사내 전문지식을 축적하기 어렵다.
④ 물류업체는 규모의 경제를 통한 효율의 증대를 기대할 수 있다.
⑤ 제조업체는 물류거점에 대한 자본투입을 최대화하고 전문 물류업체의 인프라를 전략적으로 활용할 수 있다.

13 **서비스품질모형(SERVQUAL)의 5가지 차원에 해당하지 않는 것은?**

① 신뢰성(Reliability)
② 대응성(Responsiveness)
③ 무형성(Intangibility)
④ 확신성(Assurance)
⑤ 공감성(Empathy)

14 **공급사슬관리(SCM)의 도입 배경과 필요성에 관한 설명으로 옳지 않은 것은?**

① 기업 간 경쟁심화로 비용절감과 납기준수가 중요해지고 있다.
② 공급사슬 상류로 갈수록 수요정보가 증폭되어 왜곡되는 현상이 나타난다.
③ 공급사슬 계획과 운영을 지원하는 IT 솔루션이 개발되고 있다.
④ 글로벌화로 인해 부품공급의 리드타임이 짧아지고 있다.
⑤ 고객 요구가 다양해지고 제품의 수명주기가 단축되고 있다.

15 **제약이론(TOC)에서 다음 설명에 해당하는 개념은?**

○ 가장 속도가 늦은 사람을 선두에 세우는 행군대열에서 유추 ○ 대열의 선두와 가장 속도가 늦은 사람을 연결 ○ 원자재와 부품에 대한 재고보충이 공급업체로 전달되도록 정보교환

① Analysis
② Drum
③ Improve
④ Rope
⑤ Throughput

16 6시그마 기법에 관한 설명으로 옳지 않은 것은?

① 미국 기업 모토로라에서 처음으로 도입하였다.
② 대표적인 추진 방법론은 DMAIC이다.
③ 2시그마 수준은 3시그마 수준보다 불량률이 크다.
④ 시그마(σ)는 통계학의 표준편차를 의미한다.
⑤ 6시그마 수준은 불량률 4.3PPM을 의미한다.

17 A기업은 공급업체로부터 부품을 운송해서 하역하는 데 40만원, 창고입고를 위한 검수에 10만원, 생산공정에 투입하여 제조하는 데 30만원, 완제품출고검사에 20만원, 완제품포장에 50만원, 트럭에 상차하여 고객에게 배송하는 데 30만원을 지불하였다. A기업의 판매 물류비는?

① 50만원
② 70만원
③ 80만원
④ 100만원
⑤ 180만원

18 투자수익률(ROI : Return On Investment)에 관한 설명으로 옳은 것은?

① 매출액순이익률과 총자본회전율의 곱으로 표현할 수 있다.
② 매출액순이익률과 손익분기점의 곱으로 표현할 수 있다.
③ 재고회전율과 총자본회전율의 곱으로 표현할 수 있다.
④ 재고회전율과 손익분기점의 곱으로 표현할 수 있다.
⑤ 손익분기점과 총자본회전율의 곱으로 표현할 수 있다.

19 A기업의 물류성과지표가 다음과 같을 때 현금전환주기(Cash-to-Cash Cycle)는?

○ 재고기간(Days of inventory) : 3개월
○ 매출채권 회수기간(Days of accounts receivable) : 2개월
○ 매입채무 지급기간(Days of accounts payable) : 3개월

① 2개월
② 3개월
③ 4개월
④ 6개월
⑤ 8개월

20 **예비창업자 A씨의 사업계획서를 분석한 결과 연간 2천만원의 고정비가 발생하였고, 제품 1개당 판매 가격은 1만원, 제품 1개당 변동비용은 판매가격의 80%일 때 손익분기점이 되는 제품 판매량은?**

① 2,000개
② 5,000개
③ 10,000개
④ 15,000개
⑤ 20,000개

21 **수직적 유통경로(VMS : Vertical Marketing System)에 관한 설명으로 옳지 않은 것은?**

① 기업형 VMS의 수직적 통합의 정도는 관리형 VMS보다 높다.
② 계약형 VMS의 수직적 통합의 정도는 관리형 VMS보다 높다.
③ 기업형 VMS의 대표적 유형은 프랜차이즈 시스템이다.
④ 전통적 유통경로에 비하여 전후방적 통합의 정도가 높다.
⑤ 전통적 유통경로에서 발생하던 경로구성원들 각각의 이익극대화 추구 현상이 줄어들 수 있다.

22 **자재관리에 관한 설명으로 옳지 않은 것은?**

① MRP는 MRP-II로 확장되었다.
② JIT는 최소의 재고유지를 통한 낭비제거를 목표로 하는 적시생산시스템이다.
③ JIT는 칸반(Kanban) 시스템이라고도 불린다.
④ 자재소요계획 시스템은 MRP로부터 ERP로 발전되었다.
⑤ JIT-II는 일본 도요타 자동차가 개발한 시스템이다.

23 **도매상과 소매상에 관한 설명으로 옳지 않은 것은?**

① Broker는 구매자와 판매자 간 거래의 중개가 주된 기능이므로 제품에 대한 소유권은 가지지 않는다.
② Rack Jobber는 완전서비스 도매상(Full-service wholesaler)에 속한다.
③ Factory Outlet은 상설할인매장으로서 제조업체의 잉여상품, 단절상품 또는 재고상품을 주로 취급한다.
④ Category Killer는 특정 상품군을 전문적으로 취급하고 저렴한 가격으로 판매하는 소매업이다.
⑤ Supermarket은 식료품, 일용품 등을 주로 취급하며 셀프서비스를 특징으로 하는 소매업이다.

24 2차원 바코드에 해당하는 것은?

① PDF-417
② EAN-8
③ EAN-13
④ ITF-14
⑤ GS1-128

25 RFID에 관한 설명으로 옳지 않은 것은?

① 무선주파수 식별기법으로서 Radio Frequency Identification 기술을 말한다.
② 바코드와 스캐닝 기술 기반으로 구축된다.
③ 태그에 접촉하지 않아도 인식이 가능하다.
④ 태그에 데이터 추가 또는 변경이 가능하다.
⑤ 주파수 대역에 따라 태그 인식 거리 및 인식 속도의 차이가 발생한다.

26 다음 설명에 해당하는 물류정보시스템은?

물류센터의 랙이나 보관장소에 전자 표시기를 설치하여 출고할 물품의 보관구역과 출고수량을 작업자에게 알려주고 출고가 완료되면 신호가 꺼져 작업이 완료되었음을 자동으로 알려주는 시스템

① CALS
② TMS
③ SIS
④ OMS
⑤ DPS

27 물류정보망에 관한 설명으로 옳은 것은?

① KT-NET은 물류거점 간의 원활한 정보 및 물류 EDI 서비스를 제공한다.
② KROIS는 철도운영정보시스템이다.
③ PORT-MIS는 항만 및 공항에 관한 정보를 제공하며 국토교통부에서 관리하는 정보망이다.
④ CVO는 Common Vehicle Operations의 약어이다.
⑤ KL-NET은 우리나라 최초의 무역정보망으로서 무역자동화 서비스를 제공한다.

28 **물류정보시스템에 관한 설명으로 옳지 않은 것은?**

① 영어식 약어 표현으로는 LIS라고 한다.
② 물류정보의 수집・저장・가공・유통을 가능하게 하는 컴퓨터 하드웨어와 소프트웨어, 업무프로세스, 사용자 등의 집합체이다.
③ 개별 물류활동들의 통합을 통한 전체 최적화보다는 특정한 물류활동의 최적화를 위하여 구축한다.
④ 처리해야 할 정보가 많을수록 수작업에 비하여 물류관리의 효율성과 정확성이 증대되는 효과가 있다.
⑤ 물류서비스 향상 및 물류비 절감을 목적으로 구축한다.

29 **다음 설명에 해당하는 기업 간 협업 유형을 바르게 연결한 것은?**

ㄱ. 의류업계 공급사슬의 정보 공유로부터 시작하였다.
ㄴ. 제품 판매정보를 실시간으로 제공하여 별도의 주문 없이 제품이 지속적으로 보충되는 시스템이다.
ㄷ. 부품공급자가 제조업자의 생산 계획을 공유하여 제조업자의 재고를 관리한다.

① ㄱ : QR　　ㄴ : BPR　　ㄷ : VMI
② ㄱ : QR　　ㄴ : CRP　　ㄷ : VMI
③ ㄱ : ECR　　ㄴ : CRP　　ㄷ : VMI
④ ㄱ : ECR　　ㄴ : BPR　　ㄷ : CPFR
⑤ ㄱ : QR　　ㄴ : BPR　　ㄷ : CPFR

30 **다음에서 설명하는 공급사슬관리(SCM) 기법은?**

식자재유통업체 A사는 물류센터에 공급업체와 소매업체 차량이 약속한 시간에 도착하고, 지체 없이 공급업체의 식자재를 소매업체 차량으로 이동하도록 하여 물류센터의 보관작업이 불필요한 시스템을 도입하였다.

① Cross Docking
② Delayed Differentiation
③ Outsourcing
④ Postponement
⑤ Risk Pooling

31 **물류표준화의 목적에 해당하지 않는 것은?**

① 단위 화물체계의 보급
② 물류기기와의 연계성 향상
③ 물류비의 절감
④ 납품주기 단축과 납품횟수 증대
⑤ 물류활동의 효율화

32 **다음 설명에 해당하는 물류 용어는?**

> 하역, 보관, 운송 등의 합리화를 위해 제품에 최적화된 포장치수를 선택함으로써 포장의 단위화를 가능하게 하고, 하역작업의 기계화 및 자동화, 화물파손방지 등의 물류합리화에 기여할 수 있다.

① 이송장비의 표준화
② 파렛트 표준화
③ 파렛트 풀 시스템
④ 컨테이너 표준화
⑤ 포장의 모듈화

33 **물류표준화에 관한 설명으로 옳지 않은 것은?**

① T-11형 파렛트는 11톤 트럭에 최대 12매가 적재되도록 물류모듈 배수관계가 정립되어 있다.
② T-11형 파렛트에 1,100mm(길이) × 275mm(폭) 포장박스를 1단에 4개 적재할 때 적재효율은 100%이다.
③ 물류모듈은 물류시설 및 장비들의 규격이나 치수가 일정한 배수나 분할 관계로 조합되어 있는 집합체로 물류표준화를 위한 기준치수를 의미한다.
④ 대표적인 Unit Load 치수에는 NULS(Net Unit Load Size)와 PVS(Plan View Size)가 있다.
⑤ 하역 · 운송 · 보관 등을 일관화하고 합리화할 수 있다.

34 **수·배송 공동화의 효과에 관한 설명으로 옳지 않은 것은?**

① 화물의 규격, 포장, 파렛트 규격 등의 물류표준화가 선행될 때 효과가 높다.
② 공동 수·배송에 참여하는 기업들은 개별적인 차원보다 공동의 목표를 가져야 효과가 높다.
③ 일정 지역 내에 공동 수·배송에 참여하는 복수의 화주가 존재해야 효과가 높다.
④ 공동 수·배송을 주도할 수 있는 중심업체가 있어야 효과가 높다.
⑤ 화물형태가 일정하지 않은 비규격품, 목재, 골재, 위험물 등은 공동배송에 효과가 높다.

35 **물류공동화의 장·단점에 관한 설명으로 옳지 않은 것은?**

① 새로운 공동배송센터, 정보시스템 등의 투자에 따른 위험부담이 존재한다.
② 공동배송센터의 경우 입고에서 출고까지 일관물류시스템의 최적화가 가능하다.
③ 참여기업의 기밀유지 문제가 발생할 가능성이 낮아진다.
④ 참여기업 간 포장, 전표, 용기 등의 표준화가 용이하지 않을 경우 효율이 저하될 수 있다.
⑤ 참여기업 간 이해 조정, 의사소통, 의사결정 지연 등의 문제점이 존재한다.

36 **다음 설명에 해당하는 공동 수·배송 운영방식은?**

○ 화주가 협동조합 및 연합회를 조직하여 공동화하는 형태가 있다. ○ 운송업자가 공동화하여 불특정 다수의 화물에 대하여 공동화하는 형태가 있다. ○ 물류센터에서의 배송뿐만 아니라 화물의 보관 및 집하업무까지 공동화하는 것이다.

① 집배송공동형
② 배송공동형
③ 노선집하공동형
④ 공동수주·공동배송형
⑤ 납품대행형

37 다음 물류관련 보안제도에 관한 설명으로 옳은 것을 모두 고른 것은?

ㄱ. ISPS는 해상화물 운송선박 및 항만시설에 대한 해상테러 가능성을 대비하기 위해 국제해사기구(IMO)가 제정한 제도이다.
ㄴ. SPA(SAFE Port Act)는 CSI, SFI, C-TPAT 등의 법적인 근거를 부여하고 미국 관세국경보호청(CBP)이 미국 외부의 주요 항만에 세관원을 파견하여 위험도가 높은 컨테이너를 사전 검사하는 제도이다.
ㄷ. ISO 28000은 보안관리 시스템을 구축하고 인증을 받으면 일정한 보안자격을 갖춘 것으로 인정하는 국제인증제도이다.

① ㄱ
② ㄷ
③ ㄱ, ㄴ
④ ㄴ, ㄷ
⑤ ㄱ, ㄴ, ㄷ

38 A기업은 최근 수송부문의 연비개선을 통해 이산화탄소 배출량을 30kg 감소시켰다. 연비법에 의한 이산화탄소 배출량 산출식 및 관련 자료가 다음과 같을 때, 연비 개선 전의 평균연비(km/L)는? (단, 총 주행거리는 동일하다.)

○ 이산화탄소 배출량(kg)
= 주행거리(km) ÷ 연비(km/L) × 이산화탄소 배출계수(kg/L)
○ 총 주행거리 : 180,000km
○ 연비개선 후 평균연비 : 6.0km/L
○ 이산화탄소 배출계수 : 0.002kg/L

① 1.0
② 2.0
③ 3.0
④ 4.0
⑤ 5.0

39 친환경 물류에 관한 설명으로 옳지 않은 것은?

① ISO 9000 시리즈는 환경경영을 기본방침으로 한다.
② 생산자책임재활용(EPR)은 효율적인 자원이용과 폐기물발생을 줄이고 재활용을 촉진하는 환경보전에 기여하는 방안이다.
③ 1997년 교토의정서에서 6대 온실가스를 이산화탄소(CO_2), 메테인(메탄 : CH_4), 아산화질소(N_2O), 수소불화탄소(HFCs), 과불화탄소(PFCs), 육불화황(SF_6)으로 정의하였다.
④ 우리나라는 2050년 탄소중립을 선언하였고 2030년까지 국가온실가스 감축목표를 2018년 대비 40%로 감축하도록 노력하고 있다.
⑤ 국내 육상운송부문에서 이산화탄소의 절감 대책으로 친환경 운송수단으로 전환되고 있다.

40 스마트물류에 관한 설명으로 옳지 않은 것은?

① 스마트물류의 특징은 초연결성, 초지능화, 공유경제로 설명할 수 있다.
② 블록체인은 공급사슬 전체와 반품 등의 물류과정을 효과적으로 처리할 수 있도록 추적 및 관리할 수 있는 기술이다.
③ 사물인터넷(IoT)은 논리적인 문제해결뿐만 아니라 자연어처리, 시각적 및 인지적 인식 등의 물류정보처리를 위한 의사결정 기술이다.
④ 빅데이터는 공급사슬시스템이 생성하는 데이터를 효과적으로 수집, 저장, 처리, 분석, 시각화하는 기술이다.
⑤ 클라우드 서비스는 물류 IT 인프라를 임대하는 IaaS, PaaS, SaaS 등으로 구분할 수 있다.

[2과목] 화물운송론

41 운송수단에 관한 내용으로 옳지 않은 것은?

① 화물자동차는 필요시 즉시배차가 가능하다.
② 화물자동차에 비해 철도는 단거리 운송에 유리하다.
③ 선박은 기후의 영향을 많이 받는다.
④ 항공기는 중량 및 용적에 제한이 있다.
⑤ 파이프라인은 연속대량 운송이 가능하다.

42 화물자동차의 운송 효율화 방안에 관한 내용으로 옳지 않은 것은?

① 화물자동차의 수리 및 정비 등을 통한 가동성 향상
② 신규 화주와의 계약으로 화물자동차의 적재율 향상
③ 새로운 운송방법 도입으로 화물자동차의 공차율 극대화
④ 대형차량을 이용한 운송단위의 대형화
⑤ 대기시간 단축, 상하차시간 단축 등을 통한 운송시간 단축

43 다음은 운송수단 결정 시 고려해야 할 사항이다. 이에 해당하는 요건은?

○ 지정기일 내 인도가 가능한가? ○ 정시운행이 가능한가?

① 편리성
② 확실성
③ 신속성
④ 안전성
⑤ 경제성

44 운송주선인(Freight Forwarder)의 역할 및 기능에 관한 내용으로 옳지 않은 것은?

① 특정화주를 대신하여 화물인도지시서(D/O)를 작성하여 선사에 제출
② 특정화주를 대신하여 통관수속 진행
③ 운송수단, 화물의 포장형태 및 목적지의 각종 운송규칙, 운송서류 작성에 관한 조언
④ 화물의 집화・분배・혼재 서비스 제공
⑤ 특정화주의 대리인으로서 자기명의로 운송계약 체결

45 다음 (　　)에 들어갈 화물운송의 3대 구성요소로 옳은 것은?

> (ㄱ) : 화물자동차, 화물열차, 선박, 항공기
> (ㄴ) : 물류센터, 제조공장, 화물터미널, 항만, 공항
> (ㄷ) : 공로, 철도, 해상항로, 항공로

① ㄱ : Node　ㄴ : Mode　ㄷ : Route
② ㄱ : Mode　ㄴ : Spoke　ㄷ : Network
③ ㄱ : Mode　ㄴ : Node　ㄷ : Link
④ ㄱ : Carrier　ㄴ : Node　ㄷ : Link
⑤ ㄱ : Carrier　ㄴ : Node　ㄷ : Line

46 복합운송의 유형으로 옳지 않은 것은?

① Piggy Back System : 철도운송 + 화물자동차운송
② Birdy Back System : 항공운송 + 화물자동차운송
③ Fishy Back System : 해상운송 + 파이프라인운송
④ Train & Ship System : 철도운송 + 해상운송
⑤ Sea & Air System : 해상운송 + 항공운송

47 다음에서 설명하는 혼재서비스(Consolidation Service)는?

> 다수의 송하인으로부터 운송 의뢰를 받은 LCL(Less than Container Load) 화물을 상대국의 자기 파트너 또는 대리점을 통하여 다수의 수하인에게 운송해 주는 형태이며, 주 수입원은 혼재에서 발생하는 운임차액이다.

① Buyer's Consolidation
② Forwarder's Consolidation
③ Shipper's Consolidation
④ Seller's Consolidation
⑤ Consigner's Consolidation

48 선하증권(Bill of Lading : B/L)의 종류에 관한 설명으로 옳지 않은 것은?

① 선적 선하증권(Shipped B/L) : 화물이 선하증권에 명시된 본선에 선적되어 있음을 표시한 것으로 On Board B/L이라고 한다.
② 무사고 선하증권(Clean B/L) : 본선수취증의 비고란에 선적화물의 결함에 대한 기재사항이 없을 때 발행된다.
③ 기명식 선하증권(Straight B/L) : 선하증권의 수하인란에 수하인의 성명이 기입된 선하증권이다.
④ 스테일 선하증권(Stale B/L) : 선하증권이 발행된 후 은행 측에서 용인하는 허용 기간 내에 제시되지 못한 선하증권이다.
⑤ 적색 선하증권(Red B/L) : 2가지 이상의 운송수단이 결합되어 국제복합운송이 발생하였음을 증명하는 선하증권이다.

49 다음에서 설명하는 철도하역방식은?

> ○ 컨테이너 자체만 철도화차에 상차하거나 하차하는 방식이다.
> ○ 하역작업이 용이하고 화차중량이 가벼워 보편화된 하역방식이다.
> ○ 화차에 컨테이너를 상・하차하기 위하여 별도의 장비가 필요하다.

① COFC
② Kangaroo
③ Piggy Back
④ RORO
⑤ TOFC

50 다음에서 설명하는 전용열차 서비스 형태는?

> ○ 복수의 중간역 또는 터미널을 거치면서 운행하는 열차서비스로 운송경로상의 화차 및 화물을 운송
> ○ 화주가 원하는 시간에 서비스를 제공하는 것이 아니라 열차편성이 가능한 물량이 확보된 경우에만 서비스를 제공

① Block Train
② Coupling & Sharing Train
③ Shuttle Train
④ Y-Shuttle Train
⑤ Single-Wagon Train

51 **해상운송 중 부정기선 시장의 특징에 관한 설명으로 옳지 않은 것은?**

① 항로별 운임요율표가 불특정 다수의 화주에게 제공된다.
② 화주가 요구하는 시기와 항로에 선복을 제공하여 화물을 운송한다.
③ 부정기선의 주요 대상 화물은 원자재, 연료, 곡물 등이다.
④ 운송계약의 형태에는 나용선, 항해용선, 정기용선이 있다.
⑤ 화물의 특성 또는 형태에 따라 특수 전용선이 도입되고 있다.

52 **항공물류와 관련된 용어의 설명으로 옳지 않은 것은?**

① Clearing House : 통관이 완료된 수출입화물이 일시 대기하는 보관 장소
② Cabotage : 외국 항공기에 대해서 자국 내의 일정 지점 간의 운행을 금지하는 것
③ Belly Cargo : 대형 비행기의 동체하부 화물실에 적재하는 화물
④ Pivot Weight : 각각의 ULD에 대해 마련되어 있는 정액한계중량
⑤ Apron : 공항에서 여객의 탑승 및 하기, 화물의 탑재 및 하역, 정비, 보급 등을 위하여 항공기가 대기하는 장소

53 **항공화물운송장(AWB)에 관한 설명으로 옳지 않은 것은?**

① 송하인과 항공사의 운송계약 체결을 증명하는 운송서류로 유가증권이 아닌 단순한 화물운송장의 기능만을 수행한다.
② 화물의 접수를 증명하는 영수증에 불과하며 유통이 불가능하다.
③ 수하인은 무기명식이 원칙이며, 항공기에 화물 탑재가 완료된 이후에 발행된다.
④ 통관 시 항공운임, 보험료의 증명자료로서 세관신고서의 기능을 가진다.
⑤ 항공사가 발행하는 Master AWB과 혼재업자가 개별화주에게 발행하는 House AWB로 구분하여 사용한다.

54 다음에서 설명하는 복합운송 서비스 형태는?

아시아 극동지역의 화물을 북미서부연안의 항만까지 해상운송을 실시하고, 철도 및 트럭을 이용하여 북미내륙지역까지 복합운송하는 서비스

① ALB(American Land Bridge)
② CLB(Canadian Land Bridge)
③ MLB(Mini Land Bridge)
④ IPI(Interior Point Intermodal)
⑤ RIPI(Reversed Interior Point Intermodal)

55 다음에서 설명하는 항공화물운임 산정 기준은?

실제화물의 중량 기준으로 운임을 산출하는 동시에 실제화물의 부피 기준으로도 운임을 산출하여, 각각 산출된 운임을 비교한 후 운송인에게 유리한 운임을 적용

① Chargeable Weight
② Gross Weight
③ Net Weight
④ Revenue Weight
⑤ Volume Weight

56 선박에 관한 내용으로 옳지 않은 것은?

① Barge Ship : 예인선(Tug Boat)에 의해 예인되는 무동력 선박
② Lighter Aboard Ship : Float-On Float-Off 방식에 특화된 선박
③ Full Container Ship : 선박 건조 시 갑판과 선창에 컨테이너를 적재하도록 설계된 선박
④ Lift-On Lift-Off Ship : 본선의 선수 또는 선미에서 트랙터 등에 의해 적・양하가 이루어지는 선박
⑤ Combination Ship : 공선항해를 감소시키기 위해 한 척의 선박에 2～3종의 화물을 겸용할 수 있는 선박

57 **철도운송에 관한 내용으로 옳지 않은 것은?**

① 초기 구축비용 등 고정비용이 많이 든다.
② km당 운임은 단거리일수록 비싸며, 장거리일수록 저렴해진다.
③ 공로운송보다 먼저 대량화물을 운송하였다.
④ 공로운송에 비해 기상의 영향을 받지 않는다.
⑤ 화차의 소재관리가 편리하여 열차편성을 신속히 할 수 있다.

58 **다음의 목적과 기능을 수행하는 국제항공기구는?**

○ 국제민간항공운송에 종사하는 민간항공사들이 협력하여, 안전하고 경제적인 항공운송업의 발전과 항공교역의 육성 및 관련 운송상의 문제 해결 ○ 표준운송약관, 항공화물운송장, 판매대리점과의 표준계약에 관한 표준방식을 설정하고, 항공운송에 관한 여객운임과 화물요율을 협의하여 결정

① 국제민간항공기구(ICAO)
② 국제항공운송협회(IATA)
③ 국제운송주선인협회연합회(FIATA)
④ 국제항공화물협회(TIACA)
⑤ 국제항공운송기구(IATO)

59 **수・배송시스템 설계 시 고려대상이 아닌 것은?**

① 수・배송 비율
② 차량운행 대수
③ 차량의 적재율
④ 선하증권
⑤ 리드타임

60 허브 앤 스포크(Hub & Spoke) 시스템에 관한 내용으로 옳지 않은 것은?

① 복잡한 운송노선으로 인해 전체 운송비용 증가
② 집하한 화물을 하나의 대형터미널로 집결시킨 후 배송지를 구분·분류하는 간선운송 시스템
③ 규모의 경제를 이루어 운송망 전체의 효율성 제고
④ 허브터미널은 대규모 분류능력이 필요
⑤ 근거리 물량은 허브 경유로 인해 직송서비스 대비 운송거리와 운송시간 증가

61 공동 수·배송의 장점이 아닌 것은?

① 동일지역 및 동일수하처에 대한 중복교차배송의 배제
② 물류관리 제반 경비에 대한 규모의 경제
③ 적재율 향상
④ 물동량의 계절적 수요변동에 따른 차량운영의 탄력성 확보
⑤ 기업의 영업기밀 유지가 용이

62 다음 조건에서 채트반공식을 이용한 화물자동차운송과 철도운송의 경제효용거리 분기점은?

○ 화물자동차운송비 : 10,000원/ton·km
○ 철도운송비 : 5,000원/ton·km
○ 톤당 철도운송 부대비용(철도역 상하차 비용 등) : 500,000원/ton

① 50km
② 75km
③ 100km
④ 125km
⑤ 250km

63 다음 A기업의 1년간 화물자동차 운행실적을 이용한 실차율은?

- ○ 표준 영업일수 : 300일
- ○ 실제가동 영업일수 : 240일
- ○ 비영업일수 : 60일
- ○ 총 주행거리 : 70,000km
- ○ 실제 적재 주행 거리 : 63,000km
- ○ 트럭의 적재 가능 총 중량 : 10톤
- ○ 트럭의 평균 적재 중량 : 8.5톤

① 20%
② 25%
③ 80%
④ 85%
⑤ 90%

64 다음 네트워크에서 출발지 S로부터 도착지 F까지 최단경로의 거리는? (단, 경로별 숫자는 km임)

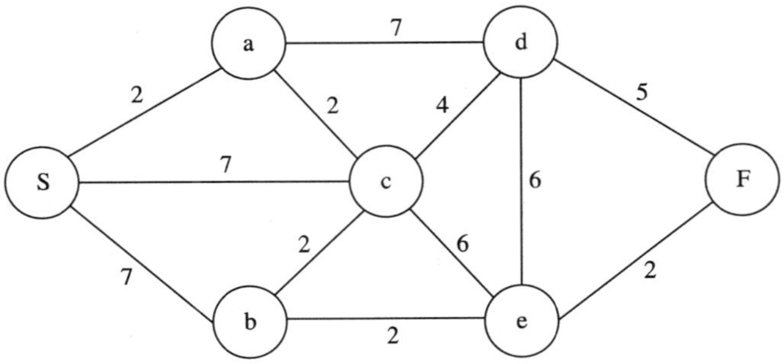

① 10
② 11
③ 12
④ 13
⑤ 14

65 다음 수송표에서 북서코너법과 보겔추정법을 적용한 총 운송비용에 관한 내용으로 옳은 것은? (단, 공급지에서 수요지까지의 톤당 운송비는 각 칸의 우측 상단에 제시되어 있음)

(단위 : 천원)

공급지 \ 수요지	D1	D2	D3	공급량(톤)
S1	15	13	10	400
S2	8	9	13	200
S3	4	7	12	300
수요량(톤)	400	300	200	900

① 북서코너법에 의해 산출된 총 운송비용은 6,300,000원이다.
② 보겔추정법에 의해 산출된 총 운송비용은 10,300,000원이다.
③ 보겔추정법에 의해 산출된 총 운송비용과 북서코너법에 의해 산출된 총 운송비용의 차이는 3,400,000원이다.
④ 북서코너법을 적용할 경우, S2-D2 셀(Cell)에 운송량이 할당되지 않는다.
⑤ 보겔추정법을 적용할 경우, S2-D2 셀(Cell)에 운송량이 할당되지 않는다.

66 다음 그림에서 노드 간(c → b)의 용량이 3으로 새로 생성된다고 가정할 때, S에서 F까지의 최대 유량의 증가분은? (단, 링크의 숫자는 인접한 노드 간의 용량을 나타내며, 화살표 방향으로만 이동 가능함)

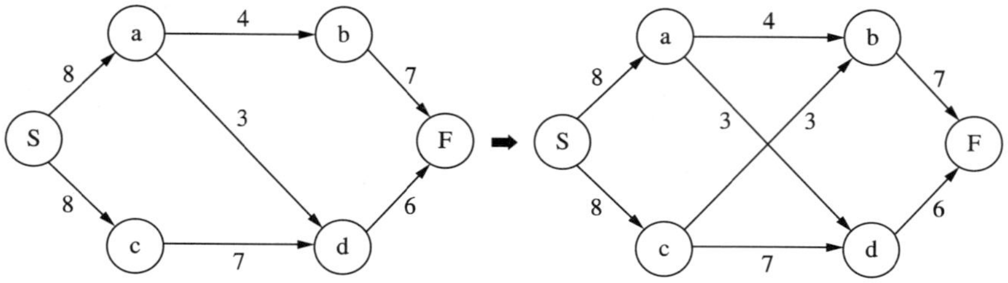

① 1
② 2
③ 3
④ 4
⑤ 5

67 A사는 B항공사를 통해 서울에서 파리까지 화물을 항공운송하고자 한다. B항공사는 다음과 같은 요율 체계를 가지고 있으며, 중량과 용적중량 중 높은 중량을 요율로 적용하고 있다. A사의 중량 30kg, 최대길이(L) = 40cm, 최대 폭(W) = 50cm, 최대높이(H) = 60cm인 화물에 적용되는 운임은? (단, 용적중량은 1kg = 6,000cm^3를 적용하여 계산함)

지 역	최저요율	kg당 일반요율	45kg 이상 kg당 중량요율
파 리	100,000원	9,000원	8,000원

① 180,000원
② 270,000원
③ 280,000원
④ 360,000원
⑤ 370,000원

68 다음 수송표에서 최소비용법을 적용한 총 운송비용에 관한 내용으로 옳은 것은? (단, 공급지에서 수요지까지의 톤당 운송비는 각 칸의 우측 상단에 제시되어 있음)

(단위 : 천원)

공급지 \ 수요지	D1	D2	D3	공급량(톤)
S1	14	12	9	500
S2	14	10	7	200
S3	10	13	15	300
수요량(톤)	400	300	300	1,000

① S1-D1 셀(Cell)에 운송량이 100톤 할당된다.
② S2-D2 셀(Cell)에 운송량이 100톤 할당된다.
③ S3-D3 셀(Cell)에 운송량이 200톤 할당된다.
④ 총 운송비용은 10,500,000원보다 크다.
⑤ 총 운송비용은 10,000,000원보다 작다.

69 **택배 표준약관(공정거래위원회 표준약관 제10026호)의 운송장에서 사업자가 고객(송화인)에게 교부해야 하는 사항이 아닌 것은?**

① 사업자의 상호, 대표자명, 주소 및 전화번호, 담당자(집화자) 이름
② 운송물의 중량 및 용적 구분
③ 손해배상한도액
④ 운임 기타 운송에 관한 비용 및 지급방법
⑤ 운송물의 원산지(제조지)

70 **화물자동차 운영관리지표에 관한 설명으로 옳지 않은 것은?**

① 가동률은 특정 기간 동안 화물운송을 위해 운행한 일수의 비율로 산출하는 지표이다.
② 복화율은 편도운송을 한 후 복귀 시 화물운송을 얼마나 수행했는지를 나타내는 지표이다.
③ 적재율은 차량의 적재정량 대비 실제 화물을 얼마나 적재하고 운행했는지를 나타내는 지표이다.
④ 공차율은 화물자동차의 총 운송매출 중에서 무료로 얼마나 운송했는지를 나타내는 지표이다.
⑤ 회전율은 특정 기간 내에 화물을 운송한 횟수로 산출하는 지표이다.

71 **특장차에 관한 내용으로 옳지 않은 것은?**

① 합리화특장차는 적재 및 하역작업의 합리화를 위해 특수기기를 장착한다.
② 액체운송차는 콘크리트를 섞으면서 건설현장 등으로 운송하는 차량이다.
③ 전용특장차는 자체의 동력을 이용하여, 장착된 기계장치를 직접 가동시켜 화물 하역 및 운반할 수 있다.
④ 분립체운송차는 시멘트, 곡물 등 분립체를 자루에 담지 않고 운반하기 위해 설계되어 있다.
⑤ 덤프트럭은 적재함 높이를 경사지게 하여 적재물을 하역한다.

72 다음에서 설명하는 운송시스템은?

○ 하나의 터미널에서 다른 터미널로 운송할 화물을 각각의 터미널로 직접 발송하는 형태의 운송시스템 ○ 여러 영업점을 순회하면서 화물을 운송하는 셔틀운송이 필요한 방식 ○ 운송노선의 수가 많고 분류작업의 인건비가 증가할 수 있는 방식 ○ 터미널 수가 많기 때문에 성수기의 물량 증가에 대한 대처가 양호한 방식

① Hub & Spoke System
② Point to Point System
③ Tracking System
④ Cross-Docking System
⑤ Unit Load System

73 화물운송의 비용 및 운임에 관한 내용으로 옳지 않은 것은?

① 종가운임은 화물중량이 아닌 화물가격(송장가액)에 따라 운임의 수준이 달라지는 운임을 말한다.
② 양모, 면화 등 중량에 비해 부피가 큰 용적화물은 수량기준으로 운임을 산정해야 한다.
③ 운송수단의 선정 시 운송비용은 중요한 기준이 된다.
④ 연료비, 수리비, 타이어비는 화물자동차운송 비용 중 변동비에 해당한다.
⑤ 수요자(화주)가 인지하는 서비스 가치에 기초하여 운임을 책정할 수 있다.

74 택배 표준약관(공정거래위원회 표준약관 제10026호)에 관한 내용으로 옳지 않은 것은?

① 고객(송화인)은 운송물을 성질, 중량, 용량에 따라 운송에 적합하도록 포장하여야 한다.
② 사업자는 운송물의 포장이 운송에 적합하지 아니한 때, 고객(송화인)의 승낙을 얻어 운송 중 발생될 수 있는 충격량을 고려하여 포장을 하여야 한다.
③ 사업자는 운송물을 수탁한 후 포장의 외부에 운송물의 종류와 수량, 인도예정일(시), 운송상의 특별한 주의사항을 표시한다.
④ 사업자가 운반하는 도중에 운송물의 포장이 훼손되어 재포장을 한 경우, 운송물을 인도한 후 고객(송화인)에게 그 사실을 알려야 한다.
⑤ 운송물이 포장당 50만원을 초과하거나 운송상 특별한 주의를 요하는 것일 때는 사업자는 별도 할증요금을 청구할 수 있다.

75 화물자동차의 운송능력에 관한 내용으로 옳은 것은?

① 최대적재중량은 화물자동차 자체중량과 최대 승차중량을 합한 중량을 말한다.
② 자동차연결 총중량은 공차상태에서 트랙터와 트레일러까지 합산된 중량을 말한다.
③ 화물자동차의 운송능력은 공차중량에 자동차의 평균 용적을 곱하여 계산한다.
④ 최대접지압력은 공차상태에서 도로 지면 접지부에 미치는 압력의 정도를 말한다.
⑤ 공차중량은 화물을 적재하지 않고 연료, 냉각수, 윤활유 등을 가득 채운 상태의 중량을 말한다.

76 택배서비스에 관한 내용으로 옳지 않은 것은?

① 택배사업은 집하, 운송 및 중계 작업에 많은 인력이 소요된다.
② 신속하고 정확한 화물운송을 위해서는 정보시스템의 구축이 필요하다.
③ 소품종 대량생산 체제로 전환되면서 운송단위가 대량화되고 있다.
④ 차량, 터미널, 분류기기 등의 장비와 시설에 대한 대규모 투자가 필요하다.
⑤ 사업구역 내에 적절한 집배를 위한 적정수의 영업소(네트워크)를 설치하고 운영해야 한다.

77 다음에서 설명하는 화물운송관련 시스템은?

○ 화물운송 시 수반되는 자료와 정보를 신속하게 수집하여 효율적으로 관리하는 시스템 ○ 수주과정에서 입력한 정보를 기초로 비용이 가장 적은 운송경로와 운송수단을 제공하는 시스템

① Cold Chain System
② Geographic Information System
③ Vanning Management System
④ Transportation Management System
⑤ Intelligent Transportation System

78 **다음은 트레일러 트럭(Trailer truck)에 관한 내용이다. (   )에 들어갈 내용으로 옳은 것은?**

> (ㄱ)트레일러 트럭 : 트랙터에 턴테이블을 설치하고 트레일러를 연결한 후, 대형파이프 등 장척물의 수송에 사용한다.
> (ㄴ)트레일러 트럭 : 트랙터와 트레일러가 적재하중을 분담하는 트레일러를 말한다.
> (ㄷ)트레일러 트럭 : 트랙터와 트레일러가 완전히 분리되어 있고, 트랙터 자체도 바디(Body)를 가지고 있다.

① ㄱ : 폴(Pole) ㄴ : 더블(Double) ㄷ : 세미(Semi)
② ㄱ : 풀(Full) ㄴ : 폴(Pole) ㄷ : 스켈레탈(Skeletal)
③ ㄱ : 풀(Full) ㄴ : 세미(Semi) ㄷ : 더블(Double)
④ ㄱ : 폴(Pole) ㄴ : 세미(Semi) ㄷ : 풀(Full)
⑤ ㄱ : 세미(Semi) ㄴ : 스켈레탈(Skeletal) ㄷ : 풀(Full)

79 **화물자동차운송의 특징에 관한 설명으로 옳은 것은?**

① 운송단위가 작아서 장거리 대량화물 운송에 적합하다.
② 철도운송에 비해 사고율이 낮고 안전도가 높다.
③ 다른 운송수단과 연계하지 않고도 일관운송 서비스를 제공할 수 있다.
④ 운송화물의 중량에 제한이 없다.
⑤ 철도운송에 비해 정시성이 높다.

80 **복합운송인의 한 형태인 무선박운송인(NVOCC)에 관한 설명으로 옳지 않은 것은?**

① 1984년 미국의 신해운법에 의해 법적 지위를 인정받았다.
② 화물운송을 위해 선박을 직접 보유하지 않는다.
③ 선박운송인(VOCC)에 대해 화주의 입장에서 계약을 체결한다.
④ 화주에 대해 선박운송인(VOCC)의 입장에서 계약을 체결한다.
⑤ 화주에게 NVOCC 자기명의로 B/L을 발행할 수 없다.

[3과목] 국제물류론

81 **국제물류관리에 관한 설명으로 옳지 않은 것은?**

① 국제물류활동에 따른 리드타임의 증가는 재고량 감소에 영향을 미친다.
② 운송거리, 수출입절차, 통관절차 등의 영향으로 국내물류에 비해 리드타임이 길다.
③ 조달, 생산, 판매 등 물류활동이 국경을 초월하여 이루어지기 때문에 국내물류에 비해 제도적·환경적 제약을 많이 받는다.
④ 국가 간 상이한 상관습, 제도, 유통채널 등 국가별 차이를 고려해야 한다.
⑤ 9.11테러 이후 국경 간 물자의 이동에 있어서 물류보안제도의 중요성이 높아지고 있다.

82 **국제운송시스템의 운영에 관한 설명으로 옳지 않은 것은?**

① 운송수단을 선정할 때는 적합한 서비스 수준을 유지하면서 총비용을 최소화 할 수 있도록 운송비뿐만 아니라 재고비용, 보관비용, 리드타임, 운송화물의 특성 등을 고려해야 한다.
② 항공운송을 이용하는 경우 해상운송에 비해 재고비용이나 보관비용을 절감할 수 있다.
③ 소량화물의 경우 혼재운송이나 공동 수배송을 통해 적재효율을 높일 수 있다.
④ 해상운송을 이용하는 경우 대량운송을 통해 단위당 운송비를 절감할 수 있다.
⑤ 컨테이너를 이용한 단위화물은 개품화물(break bulk cargo)에 비해 하역기간이 늘어날 수 있다.

83 **다음 설명에 해당하는 국제물류시스템은?**

국제물류기업들은 선박 및 항공기의 대형화에 따라 소수의 대규모 거점 항만 및 공항으로 기항지를 줄이고 물동량이 많지 않은 소규모 거점은 피더서비스를 통해 연결하여 운송빈도를 줄이고 운송단위를 늘려 물류비를 절감하고 있다.

① ERP　　② POS
③ VMI　　④ QR
⑤ Hub & Spoke

84 **국내물류와 구분되는 국제물류의 특성으로 옳지 않은 것은?**

① 물류관리에 있어서 복잡성의 증가
② 물류관리와 관련된 거래비용의 감소
③ 리드타임 및 불확실성의 증가
④ 환율변동으로 인한 환위험 노출
⑤ 국가별 유통채널의 상이성

85 **용선선박이 용선계약 상에 명시된 날짜까지 선적준비를 하지 못할 경우 용선자에게 용선계약의 취소 여부에 관한 선택권을 부여하는 항해용선계약(Gencon C/P)상 조항은?**

① Laytime
② Demurrage
③ Off hire Clause
④ Cancelling Clause
⑤ Deviation Clause

86 **편의치적(Flag of Convenience)에 관한 설명으로 옳은 것은?**

① 선박 및 항만설비에 영향을 미치는 보안위협을 탐지하고 제거하기 위한 제도이다.
② 항만국이 자국 항구에 기항하는 외국국적 선박을 대상으로 국제협약 상의 기준에 따른 점검 및 통제권한을 행사할 수 있도록 하는 제도이다.
③ 세금부담 경감, 인건비 절감 등을 위해 소유 선박을 자국이 아닌 국적부여조건이 엄격하지 않은 외국에 등록하는 제도이다.
④ 자국선 보호 및 외화유출방지를 위해 국적선취항지역은 국적선을 이용하도록 하고 국적선불취항증명서(waiver) 없이는 외국선 이용을 금지하는 제도이다.
⑤ 외국의 선박을 나용선한 뒤 용선기간이 종료되고 용선료를 모두 납부하면 자국의 국적선으로 등록하게 하는 제도이다.

87 선급제도(Ship's Classification)에 관한 설명으로 옳지 않은 것은?

① 선박의 감항성(seaworthiness)에 관한 객관적·전문적 판단을 위해 생긴 제도이다.
② 로이드 선급(Lloyd's register)은 보험자들이 보험인수여부 및 보험료 산정을 위해 만든 선박등록부이다.
③ 한국선급협회는 국제선급협회의 정회원으로 가입되어 있다.
④ 선박이 특정 선급을 얻기 위해서는 선급검사관(surveyor)의 엄격한 감독하에 동 선급규칙에 맞춰 건조되어야 한다.
⑤ 한국선급협회는 영국 적하보험 선급약관에 등재되어 있다.

88 국제물류시스템 중 통과시스템의 특징으로 옳은 것은?

① 혼재·대량수송을 통해 운송비용을 절감할 수 있다.
② 해외 자회사 창고는 보관기능보다 집하, 분류, 배송기능에 중점을 둔다.
③ 상품이 생산국에서 해외 중앙창고로 출하된 후 각국 자회사 창고 혹은 고객에게 수송된다.
④ 해외 자회사는 상거래 유통에는 관여하지만 물류에는 직접적으로 관여하지 않는다.
⑤ 수출입 통관수속을 고객이 직접 해야 하기 때문에 그만큼 고객 부담이 높아진다.

89 다음 설명에 해당하는 비용은?

컨테이너 화물이 CY에 반입되는 순간부터 본선 선측까지 또는 반대로 본선 선측에서부터 CY까지 화물의 이동에 따르는 비용

① Freight All Kinds
② Terminal Handling Charge
③ Commodity Classification Rate
④ Commodity Box Rate
⑤ Detention Charge

90 정기선 운송과 관련된 것을 모두 고른 것은?

ㄱ. tariff	ㄴ. charter party
ㄷ. shipping conference	ㄹ. tramp

① ㄱ, ㄴ
② ㄱ, ㄷ
③ ㄴ, ㄷ
④ ㄴ, ㄹ
⑤ ㄷ, ㄹ

91 항공운송화물의 사고유형 중 지연에 관한 설명으로 옳지 않은 것은?

	사고유형	내 용
①	Cross Labelled	라벨이 바뀌거나, 운송장 번호, 목적지 등을 잘못 기재한 경우
②	OFLD(Off-Load)	출발지나 경유지에서 탑재공간 부족으로 인하여 의도적이거나, 실수로 화물을 내린 경우
③	OVCD(Over-Carried)	화물이 하기되어야 할 지점을 지나서 내려진 경우
④	SSPD(Short-shipped)	적재화물목록에는 기재되어 있으나, 화물이 탑재되지 않은 경우
⑤	MSCN(Miss-connected)	탑재 및 하기, 화물인수, 타 항공사 인계 시에 분실된 경우

92 운송인의 책임한도에 관한 설명으로 옳지 않은 것은?

	국제협약 · 법령	손해배상 한도
①	Hague Rules(1924)	포장당 또는 선적단위당 100파운드 또는 동일한 금액의 타국통화
②	Hague-Visby Rules(1968)	포장당 또는 선적단위당 666.67SDR 또는 kg당 2SDR 중 높은 금액
③	Hamburg Rules(1978)	포장당 또는 선적단위당 835SDR 또는 kg당 2.5SDR 중 높은 금액
④	Rotterdam Rules(2008)	포장당 또는 선적단위당 875SDR 또는 kg당 4SDR 중 높은 금액
⑤	우리나라 상법(2020)	포장당 또는 선적단위당 666.67SDR 또는 kg당 2SDR 중 높은 금액

93 정박기간에 관한 설명으로 옳지 않은 것은?

① WWD는 하역이 가능한 기상조건의 작업일만을 정박기간에 포함한다.
② WWDSHEX는 일요일과 공휴일에 작업을 하면 정박기간에서 제외한다.
③ WWDSHEXUU는 일요일과 공휴일에 작업을 하면 정박기간에 포함한다.
④ CQD는 항구의 관습적 하역방법이나 하역능력 등에 따라 가능한 한 빨리 하역하도록 약정하는 것으로, 일요일과 공휴일에 작업을 하면 모두 정박기간에서 제외한다.
⑤ Running Laydays는 하역이 시작된 날로부터 종료시까지를 정박기간으로 산정하며, 특약이 없는 한 일요일과 공휴일에 작업을 하면 모두 정박기간에 포함한다.

94 다음 설명에 해당하는 공항터미널에서 사용되는 조업장비는?

ㄱ. 주기장과 항공기와 터미널을 직접 연결시켜 탑재와 하역을 용이하게 한다. ㄴ. 파렛트 트레일러를 연결하여 이동하는 차량이다.

① ㄱ : Nose Dock ㄴ : Self-Propelled Conveyor
② ㄱ : High Loader ㄴ : Self-Propelled Conveyor
③ ㄱ : Nose Dock ㄴ : Tug Car
④ ㄱ : High Loader ㄴ : Tug Car
⑤ ㄱ : Work Station ㄴ : Self-Propelled Conveyor

95 다음 설명에 해당하는 항해용선계약서 이면약관은?

선박이 도착예정일보다 늦게 도착하거나 빨리 도착하는 경우에 부선료나 하역대기료 등 화주에게 손실이 발행하게 되며, 본선이 선적준비완료 예정일 이전에 도착하여도 하역을 하지 않는다는 조항

① General Average Clause
② Not Before Clause
③ Lien Clause
④ Cancelling Clause
⑤ Off Hire Clause

96 **항공화물운송장의 작성방법에 관한 설명으로 옳지 않은 것은?**

① Currency란은 AWB 발행국 화폐단위 Code를 기입하며 Currency란에 나타난 모든 금액은 AWB에 표시되는 화폐단위와 일치한다.

② Declared Value for Carriage란은 항공사의 운송신고가격을 기입한다.

③ Amount of Insurance란은 화주가 보험에 부보하는 보험금액을 기입하며, 보험에 부보치 않을 때에는 공백으로 둔다.

④ Consignment Details and Rating란은 화물요금과 관련된 세부사항을 기입한다.

⑤ Chargeable Weight란은 화물의 실제중량과 부피중량 중 높은 쪽의 중량을 기입한다.

97 **다음 설명에 해당하는 항공화물 부대운임은?**

> 송하인 또는 그 대리인이 선지급한 비용으로 수하인이 부담하는 육상운송료, 보관료, 통관수수료 등을 말하며, 운송인은 송하인의 요구에 따라 AWB를 통해 수하인에게 징수한다.

① Disbursement fee
② Dangerous goods handling fee
③ Charges collect fee
④ Handling charge
⑤ Pick up service charge

98 **복합운송증권(FIATA FBL)의 이면약관 내용으로 옳은 것은?**

① 운송주선인의 책임 : 인도일 경과 후 연속일수 60일 이내에 인도되지 않을 경우 손해배상 청구자는 물품이 멸실된 것으로 간주한다.

② 물품의 명세 : 증권표면에 기재된 모든 사항에 대한 정확성은 운송주선인이 책임을 진다.

③ 불법행위에 대한 적용 : 계약이행과 관련하여 운송주선인을 상대로 한 불법행위를 포함한 모든 손해배상청구에 적용한다.

④ 운송주선인의 책임 : 운송주선인의 이행보조자를 상대로 제기된 경우에는 이 약관이 적용되지 않는다.

⑤ 제소기한 : 수하인은 물품이 멸실된 것으로 간주할 수 있는 권리를 가지게 된 날로부터 3개월 이내에 소송을 제기하지 아니하고 다른 방법에 의해 명확히 합의되지 않는 한 운송주선인은 모든 책임으로부터 면제된다.

99 **항공운송 관련 국제규범으로 옳은 것을 모두 고른 것은?**

ㄱ. Guatemala Protocol	ㄴ. CIM
ㄷ. CMR	ㄹ. Montreal Agreement

① ㄱ, ㄴ
② ㄱ, ㄷ
③ ㄱ, ㄹ
④ ㄴ, ㄷ
⑤ ㄴ, ㄹ

100 **UN국제물품복합운송조약(1980)에 관한 설명으로 옳지 않은 것은?**

① 복합운송인의 책임체계는 절충식 책임체계를 따르고 있다.
② 복합운송인의 책임기간은 화물을 인수한 때부터 인도할 때까지로 한다.
③ 적용화물(Goods)이란 송하인에 의해 공급된 경우에는 컨테이너, 파렛트 또는 유사한 운송용구와 포장용구를 포함하지 않는다.
④ 송하인은 위험물에 관하여 적절한 방법으로 위험성이 있다는 표식(mark)을 하거나 꼬리표(label)를 붙여야 한다.
⑤ 법적 절차 또는 중재 절차가 2년 내에 제기되지 않으면 어떠한 소송도 무효가 된다.

101 **다음 설명에 해당하는 컨테이너는?**

> 정장의류 및 실크・밍크 등의 고급의류를 옷걸이에 걸어 구겨지지 않게 운송하여 다림질(ironing)을 하지 않고 진열・판매할 수 있다.

① Solid Bulk Container
② Liquid Bulk Container
③ Open Top Container
④ Insulated Container
⑤ Garment Container

102 **해공(Sea & Air)복합운송 서비스의 장점에 관한 설명으로 옳지 않은 것은?**

① 화주는 해상운송 기간을 단축하여 경쟁력을 높일 수 있다.
② 전(全)구간 해상운송보다 수송기간이 짧고, 전(全)구간 항공운송보다 운임이 저렴하다.
③ 해상운송에 비해 수송기간이 짧아 재고비용이 절감되며 자본비용도 낮출 수 있다.
④ 항공사가 운송장(Through B/L)을 발행하게 되면 항공사는 함부르크조약으로 책임을 지기 때문에 화주에게 유리하다.
⑤ 생산일정과 수입상의 창고 및 시장 상황에 맞춰 적시(JIT)납품을 결정할 수 있게 되어 기업의 물류관리 측면에서 융통성이 많아지게 된다.

103 **컨테이너 운송의 특성에 관한 설명으로 옳지 않은 것은?**

① 컨테이너의 유휴 등 고가 설비의 효율적 활용이 쉽지 않다.
② 컨테이너의 용량이 커서 소량화물의 경우 혼재를 해야 하는 불편이 있다.
③ 모든 화물을 컨테이너화 할 수 없는 단점을 가지고 있다.
④ 신속하고 안전한 화물의 환적이 가능하며, 하역의 기계화로 시간과 비용을 절감할 수 있다.
⑤ 컨테이너화에는 선사직원 및 항만노무자의 교육·훈련 등에 있어 장기간의 노력과 투자가 필요하지 않다.

104 **항공화물운송장 기능과 내용으로 옳은 것을 모두 고른 것은?**

기 능		내 용
ㄱ	화물수령증	항공사가 송하인으로부터 화물을 수령했음을 입증하는 성격을 가지고 있다.
ㄴ	요금계산서	화물과 함께 목적지에 보내어져 수하인이 운임과 요금을 계산하는 근거 자료로 사용된다.
ㄷ	세관신고서	통관 시 수출입신고서 및 통관자료로 사용된다.

① ㄱ
② ㄱ, ㄴ
③ ㄱ, ㄷ
④ ㄴ, ㄷ
⑤ ㄱ, ㄴ, ㄷ

105 항만시설에 관한 설명으로 옳지 않은 것은?

① 묘박지(Anchorage)는 선박이 닻을 내리고 접안을 위해 대기하는 수역을 말한다.
② 계선주(Bitt)는 선박의 계선밧줄을 고정하기 위하여 안벽에 설치된 석재 또는 강철재의 짧은 기둥을 말한다.
③ 선회장(Turning Basin)은 자선선회(自船船回)의 경우 본선 길이의 2배를 직경으로 하는 원이며, 예선(曳船)이 있을 경우에는 본선 길이의 3배를 직경으로 하는 원으로 한다.
④ 펜더(Fender)는 선박의 접안 시 또는 접안 중에 선박이 접촉하더라도 선박이 파손되지 않도록 안벽의 외측에 부착시켜 두는 고무재이다.
⑤ 항로(Access Channel)는 바람과 파랑의 방향에 대해 30°~60°의 각도를 갖는 것이 좋으며 조류 방향과 작은 각도를 이루어야 한다.

106 다음 설명에 해당하는 부정기선 운임은?

> 화물의 개수・중량・용적을 기준으로 하는 경우와 화물의 양(量)과 관계없이 항해(trip)・선복(ship's space)을 단위로 운임을 계산하는 경우, 항해・선복 단위의 용선계약 시 지불하는 운임

① Lump Sum Freight
② Option Surcharge
③ Dead Freight
④ Congestion Surcharge
⑤ Long Term Contract Freight

107 우리나라 상법상 선하증권 법정기재사항을 모두 고른 것은?

ㄱ. 선박의 명칭, 국적 및 톤수
ㄴ. 운임지불지 및 환율
ㄷ. 선하증권번호
ㄹ. 본선항해번호
ㅁ. 용선자 또는 송하인의 성명・상호
ㅂ. 수하인 또는 통지수령인의 성명・상호

① ㄱ, ㄴ, ㄷ
② ㄱ, ㄷ, ㄹ
③ ㄱ, ㅁ, ㅂ
④ ㄴ, ㄹ, ㅂ
⑤ ㄴ, ㅁ, ㅂ

108 다음 설명에 해당하는 국제물류 정보기술은?

사전・사후 배송 라우팅을 통한 자동배차 등의 효율적인 배송계획을 수립하여 배송차량의 실시간 위치 관제 및 배송상태의 확인이 가능하게 함으로써 대리점과 고객에게 화물위치 추적 및 도착 예정시간, 화물정보 검색 등의 다양한 기능을 제공하여 고객의 니즈(needs)에 부응하고자 만들어진 시스템

① CVO
② ECR
③ WMS
④ RFID
⑤ SCM

109 복합운송증권(FIATA FBL)의 약관 중 다음 내용이 포함되는 약관은?

포워더는 화주에게 고지하지 않고 화물을 갑판적 또는 선창적할 수 있으며, 화물의 취급, 적부, 보관 및 운송에 따른 수단, 경로 및 절차를 자유로이 선택 또는 대체할 수 있는 재량권(liberty)을 갖는다.

① Delivery
② Paramount Clause
③ Negotiability and title to the goods
④ Method and Route of Transportation
⑤ Liability of Servants and Other Persons

110 **다음 설명에 해당하는 국제물류 보안제도는?**

> 해상뿐만 아니라 항공, 철도, 트럭 등의 운송수단을 통해 미국으로 수입되는 화물에 대한 정보를 미국 관세청(세관)에 제출하게 하는 규정으로, 이 규정을 통하여 항공, 철도, 트럭운송을 통한 화물에 대한 사전정보도 확보할 수 있게 되었다.

① CSI
② 24-Hour Rule
③ Trade Act of 2002 Final Rule
④ ISPS Code
⑤ C-TPAT

111 **Marine Insurance Act(1906)에 규정된 용어의 설명이다. (　　)에 들어갈 용어로 옳은 것은?**

> (　　) is a policy which describes the insurance in general terms, and leaves the name of the ship or ships and other particulars to be defined by subsequent declaration. The subsequent declaration or declarations may be made by indorsement on the policy, or in other customary manner.

① A valued policy
② A floating policy
③ A fixed policy
④ An open policy
⑤ An unvalued policy

112 Incoterms® 2020 규칙에 관한 설명으로 옳지 않은 것은?

① "도착지인도"(DAP)란 매도인이 물품을 지정목적지까지 또는 지정목적지 내의 합의된 지점에서 도착운송수단에 실어둔 채 매수인 처분하에 두어야 하는 것을 말한다.

② "선측인도"(FAS)란 매도인이 지정 선적항에서 매수인이 지정한 선박의 선측에 물품이 놓인 때까지만 물품의 멸실 또는 훼손의 위험 의무를 부담하는 것을 말한다.

③ "운임 보험료 포함인도"(CIF)란 물품이 선박에 적재된 때 물품의 멸실 또는 훼손의 위험이 매도인에서 매수인에게 이전되는 것을 말한다.

④ "공장인도"(EXW)란 매도인이 계약물품을 공장이나 창고 같은 지정장소에서 매수인의 처분상태로 둘 때 인도하는 것을 말한다.

⑤ Incoterms® 2020 규칙은 그 자체로 매매계약이다.

113 국제물품매매계약에 관한 UN 협약(CISG, 1980)에서 매도인의 계약위반에 대한 매수인의 구제방법이 아닌 것은?

① 의무의 이행 청구
② 대체물의 인도 청구
③ 하자보완 청구
④ 손해배상 청구
⑤ 권한쟁의 심판 청구

114 Incoterms® 2020 규칙상 해상운송이나 내수로운송의 경우에만 사용되어야 하는 거래조건으로 옳은 것은?

① FAS, FOB, CFR, CIF
② FOB, CIF, CPT, DPU
③ FAS, FOB, CPT, CIP
④ CFR, CIF, CPT, CIP
⑤ FOB, DAP, DPU, DDP

115 **무역구제제도(Trade Remedy)에 관한 설명으로 옳지 않은 것은?**

① 긴급관세(세이프가드)제도는 수출국의 공정한 수출행위에 의한 수입이지만 특정물품의 수입이 급격히 증가하여 국내산업에 심각한 피해를 받거나 받을 우려가 있을 때 조사를 실시하여 긴급관세를 인하한다.
② 상계관세제도는 수출국 정부로부터 보조금을 받아 수출경쟁력이 높아진 물품이 수입되어 국내산업이 실질적인 피해를 받거나 받을 우려가 있을 때 조사를 실시하여 보조금 범위 내에서 상계관세를 부과한다.
③ 반덤핑관세제도는 외국물품이 정상가격 이하로 덤핑수입되어 국내산업이 실질적인 피해를 받거나 받을 우려가 있을 때 조사를 실시하여 정상가격과 덤핑가격의 차액 범위 내에서 반덤핑 관세를 부과한다.
④ 긴급관세(세이프가드)를 부과하는 경우에는 이해당사국과 긴급관세부과의 부정적 효과에 대한 적절한 무역보상방법에 관하여 협의할 수 있다.
⑤ 무역구제제도는 공정한 경쟁을 확보하고 국내산업을 보호하는 제도이다.

116 **Incoterms® 2020 규칙의 적용범위에 해당하는 것은?**

① 매매계약 위반에 대한 구제수단
② 소유권 이전
③ 국제분쟁과 중재방법, 장소 또는 준거법
④ 매도인과 매수인의 의무, 비용 및 위험
⑤ 매매대금 지급의 시기, 장소 및 방법

117 **Institute Cargo Clause(C)(2009)에서 담보하는 위험이 아닌 것은?**

① 화재 · 폭발
② 본선 · 부선의 좌초 · 교사 · 침몰 · 전복
③ 육상운송용구의 전복 · 탈선
④ 포장이나 준비의 불충분 또는 부적합으로 인한 손해
⑤ 피난항에서 화물의 양하

118 Incoterms® 2020 규칙의 내용이다. (　　)에 들어갈 용어로 옳은 것은?

(ㄱ) means that the seller delivers the goods–and transfers the risk–to the buyer by handing them over to the carrier contracted by the seller or by procuring the goods so delivered. (ㄴ) may do so by giving the carrier physical possession of the goods in the manner and at the place appropriate to the means of transport used.

① ㄱ : CPT, ㄴ : The buyer
② ㄱ : DDP, ㄴ : The seller
③ ㄱ : CPT, ㄴ : The seller
④ ㄱ : DDP, ㄴ : The buyer
⑤ ㄱ : FOB, ㄴ : The buyer

119 다음 (　　)에 들어갈 용어로 옳은 것은?

(　　)란 세계관세기구의 수출입 공급망 안전관리 기준 또는 이와 동등한 기준을 준수하여 자국 세관으로부터 인증을 받은 국제수출입공급망의 개별당사자를 의미한다.

① Authorized Supplier
② Authorized Economic Operator
③ Authorized Consignor
④ Authorized Manufacturer
⑤ Authorized Consignee

120 관세법에서 정의하고 있는 내국물품에 해당하지 않는 것은?

① 외국으로부터 우리나라에 도착한 물품으로 수입신고가 수리되기 전의 것
② 우리나라의 선박 등이 공해에서 채집하거나 포획한 수산물 등
③ 수입신고수리 전 반출승인을 받아 반출된 물품
④ 우리나라에 있는 물품으로서 외국물품이 아닌 것
⑤ 수입신고 전 즉시반출신고를 하고 반출된 물품

2024년 제28회 기출문제

교 시	과 목	시 간	문제형별
2교시	• 보관하역론 • 물류관련법규	80분	A

2024. 8. 3. 시행

맞은 개수 ______ / 80문제

[4과목] 보관하역론

01 보관의 원칙에 관한 설명으로 옳지 않은 것은?

① 네트워크 보관의 원칙 : 입출고 빈도에 따라 보관할 물품의 위치를 달리하는 원칙으로 빈도가 높은 물품은 출입구 가까운 위치에 보관한다.

② 중량특성 보관의 원칙 : 물품의 중량에 따라 보관 위치를 결정하는 원칙으로 중량이 무거울수록 하층부에 보관한다.

③ 위치표시 보관의 원칙 : 보관된 물품의 장소와 선반 번호의 위치를 표시하여 작업 효율성을 높이는 원칙으로 입출고 시 불필요한 작업이나 실수를 줄일 수 있다.

④ 유사성 보관의 원칙 : 유사품은 가까운 장소에 모아서 보관하는 원칙으로 관리효율 향상을 기대할 수 있다.

⑤ 통로대면 보관의 원칙 : 입출고 용이성 및 보관의 효율성을 위해 물품을 가능한 통로에 접하여 보관하는 것으로 화물의 원활한 흐름과 활성화를 위한 원칙이다.

02 보관품목수, 보관수량, 회전율에 따른 보관유형을 올바르게 표시한 것은?

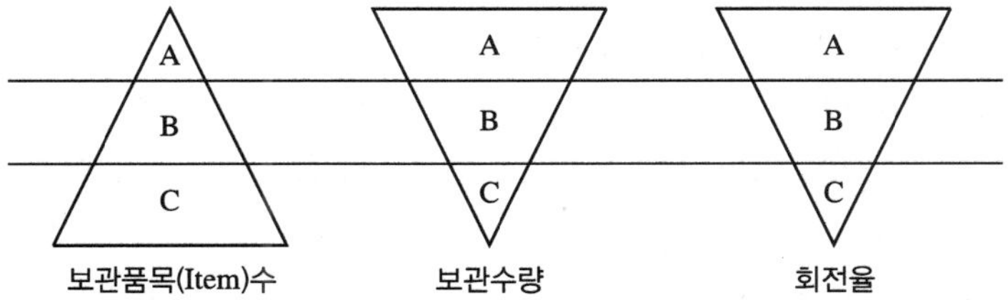

○ ㄱ : 보관품목수는 매우 적지만 보관수량이 매우 많고 회전율이 매우 높은 특징을 갖는다.

○ ㄴ : 보관품목수와 보관수량이 매우 많고, 회전율이 매우 높으며, 관리가 복잡하여 자동화 방식이 적합하다.

① ㄱ : A－A－A, ㄴ : C－C－A

② ㄱ : A－A－A, ㄴ : C－A－A

③ ㄱ : A－C－C, ㄴ : C－C－A

④ ㄱ : C－A－A, ㄴ : A－C－C

⑤ ㄱ : C－A－A, ㄴ : A－C－A

03 복합물류터미널에 관한 설명으로 옳지 않은 것은?

① 두 종류 이상의 운송수단을 연계할 수 있는 규모 및 시설을 갖춘 화물터미널이다.

② 보관기능 위주로 운영되는 물류시설로 환적물량은 취급하지 않는다.

③ 조립・가공 등의 기능을 수행하기 위한 유통가공 시설을 보유할 수 있다.

④ 배송센터 기능과 더불어 화물정보센터의 기능도 수행한다.

⑤ 화물의 집화・하역 및 이와 관련된 분류・포장 등에 필요한 기능을 갖춘 물류시설이다.

04 물류시설의 설명으로 옳은 것은?

① 스마트물류센터 : 첨단물류설비, 운영시스템 등을 도입하여 저비용, 고효율, 친환경성 등에서 우수한 성능을 발휘할 수 있는 물류창고
② 농수산물종합유통센터 : 농수산물의 출하경로를 다원화하고 물류비용을 절감하기 위한 물류시설로 농수산물의 수집, 포장, 가공, 보관, 수송, 판매기능과 함께 통관 기능도 수행
③ ICD(Inland Container Depot) : 장치보관, 집화분류, 통관 기능과 함께 마샬링(marshalling), 본선 선적 및 양하 기능도 수행
④ CY(Container Yard) : 컨테이너에 LCL(Less than Container Load)화물을 넣고 꺼내는 작업을 하는 시설과 장소
⑤ 도시첨단물류단지 : 수출입 통관업무, 집하, 분류 기능을 수행하며, 트럭회사, 포워더(forwarder) 등을 유치하여 운영하므로 내륙 항만이라고도 부름

05 물류센터 운영에 관한 설명으로 옳지 않은 것은?

① 상품의 리드타임 단축을 통해 고객 만족도를 높일 수 있다.
② 각각의 공장에서 소비지까지 제품을 개별 수송하므로 손상, 분실, 오배송이 감소한다.
③ 적절한 재고량을 유지하면서 고객니즈에 부합하는 서비스를 제공한다.
④ 물류센터 수가 증가하면 총 안전재고량과 납기준수율이 모두 증가한다.
⑤ 물류센터 운영 전에 비해 상대적으로 공차율이 감소한다.

06 컨테이너 터미널의 시설에 관한 설명으로 옳지 않은 것은?

① 마샬링 야드(marshalling yard)는 컨테이너선에 선적하거나 양하하기 위해 컨테이너를 임시 보관하는 공간으로 대부분 에이프런에 인접해 있다.
② 게이트(gate)는 컨테이너 터미널의 화물 출입통로이다.
③ 메인트넌스 숍(maintenance shop)은 컨테이너 자체의 검사, 보수, 사용 전후의 청소 등을 수행한다.
④ ILS(Instrument Landing System)은 선박이 안전하게 접안할 수 있도록 유도하는 시설로 평소에는 항만 하역장비를 보관하기도 한다.
⑤ 위생검사소는 부패성 화물, 음식물과 같이 위생에 위험이 초래될 가능성이 있는 화물에 대한 검사를 위해 설치한다.

07 **물류거점 입지선정 방법에 관한 설명으로 옳지 않은 것은?**

① 요인평정법(가중점수법)은 접근성, 지역환경, 노동력 등의 입지요인별로 가중치를 부여하고 가중치를 고려한 요인별 평가점수를 통해 입지후보지를 선택하는 방법이다.
② 브라운 & 깁슨법은 입지에 영향을 주는 요인을 필수적 요인, 객관적 요인, 주관적 요인으로 구분하여 평가하는 방법이다.
③ 총비용 비교법은 입지거점 대안별로 예상비용을 산출하고, 총비용이 최소가 되는 대안을 선택하는 방법이다.
④ 손익분기 도표법은 예상 물동량에 대한 고정비와 변동비를 산출하고 그 합을 비교하여 물동량에 따른 총비용이 최소가 되는 대안을 선택하는 방법이다.
⑤ 톤-킬로법은 물동량의 무게와 거리를 고려한 방법으로 입지 제약, 환경 제약 등의 주관적 요인을 반영할 수 있는 방법이다.

08 **물류센터 규모 및 내부 설계 시 고려해야 할 사항으로 옳지 않은 것은?**

① 입출고, 피킹, 보관, 배송 등에 관한 운영 특성을 고려한다.
② 자동화 수준, 설비 종류 등 설비 특성을 고려한다.
③ 화물보험 가입 용이성, 신용장 개설 편의성 등 보험·금융 회사 접근 특성을 고려한다.
④ 주문건수, 주문빈도, 주문크기 등의 주문 특성을 고려한다.
⑤ 화물의 크기, 무게, 가격 등 화물 특성을 고려한다.

09 **다음은 각 수요지의 수요량과 위치좌표를 나타낸 것이다. 무게중심법에 의한 신규 배송센터의 최적의 입지좌표는? (단, 배송센터로의 공급은 고려하지 않음)**

구 분	X좌표	Y좌표	수요량(톤/월)
수요지 1	20	40	200
수요지 2	60	20	100
수요지 3	80	50	200
수요지 4	120	100	500

① X : 52, Y : 40
② X : 72, Y : 52
③ X : 80, Y : 72
④ X : 86, Y : 70
⑤ X : 92, Y : 86

10 **자동창고시스템(AS/RS)에서 단위화물을 처리하는 S/R(Storage/Retrieval) 장비의 단일명령(single command) 수행시간(cycle time)은 3분, 이중명령(dual command) 수행시간은 5분이다. 이 AS/RS에서 1시간 동안 처리해야 할 저장(storage)과 반출(retrieval) 지시가 각각 10건씩 발생하며, 그 중에서 이중명령으로 60%가 우선 수행되고 나머지는 단일명령으로 수행된다고 할 때, S/R 장비의 평균가동률은?**

① 84% ② 86%
③ 88% ④ 90%
⑤ 92%

11 **창고의 저장위치 할당 방법에 관한 설명으로 옳지 않은 것은?**

① 임의저장(randomized storage)방식은 저장위치를 임의로 결정한다.
② 지정위치저장(dedicated storage)방식은 품목별 입출고 빈도수를 고려하여 저장 위치를 지정한다.
③ 지정위치저장(dedicated storage)방식의 저장공간이 임의저장 방식의 저장 공간보다 크거나 같다.
④ 등급별저장(class-based storage)방식은 보관품목의 단위당 경제적 가치를 기준으로 등급을 설정한다.
⑤ 등급별저장(class-based storage)방식에서 동일 등급 내에서의 저장위치는 임의저장방식으로 결정된다.

12 **적층랙(mezzanine rack)에 관한 설명으로 옳은 것은?**

① 천장이 높은 단층창고 등에서 창고의 화물적재 높이와 천장 사이 공간을 활용하는 데 효과적이다.
② 직선으로 수평 이동하는 랙이며, 도서관 등에서 통로면적을 절약하는 데 효과적이다.
③ 선입선출의 목적으로 격납 부분에 롤러, 휠 등을 장착하여 반입과 반출이 반대방향에서 이루어진다.
④ 랙 자체가 수평 또는 수직방향으로 회전하여 저장 위치가 지정된 입출고장소로 이동 가능한 랙이며, 가벼운 다품종 소량품에 많이 적용된다.
⑤ 파이프, 목재 등의 장척물 보관에 적합하도록 랙 구조물에 암(arm)이 설치되어 있다.

13 **기존 물류센터에서 크로스도킹(cross docking)을 도입할 때, 이에 관한 설명으로 옳지 않은 것은?**

① 기계설비 보강과 정보기술도입 등 추가 투자가 필요할 수 있다.
② 물류센터의 재고 회전율이 감소한다.
③ 물류센터의 재고수준이 감소한다.
④ 장기적으로 물류센터의 물리적 저장 공간을 줄일 수 있다.
⑤ 입고되는 품목의 출하지가 알려져 있는 경우에 더 효과적이다.

14 **창고에 관한 설명으로 옳지 않은 것은?**

① 야적창고 : 물품을 노지에 보관하는 창고
② 수면창고 : 하천이나 해수면을 이용하여 물품을 보관하는 창고
③ 리스창고 : 자기의 화물을 보관하기 위해 설치한 창고
④ 위험물창고 : 고압가스 및 유독성 물질 등을 보관하는 창고
⑤ 영업창고 : 타인의 화물을 보관하는 창고

15 **창고의 기능으로 옳은 것은 모두 몇 개인가?**

> ○ 품질 특성이나 영업 전략에 따른 보관 기능
> ○ 품절을 예방하는 기능
> ○ 포장, 라벨 부착, 검품 등의 기능
> ○ 운송기능과의 연계 기능

① 0개
② 1개
③ 2개
④ 3개
⑤ 4개

16 **창고관리시스템(WMS : Warehouse Management System)에 관한 설명으로 옳지 않은 것은?**

① 화물파손에 대한 위험성이 높아진다.
② 운송수단과의 연계가 쉬워진다.
③ 피킹, 출하의 효율성이 높아진다.
④ 입하, 검품 등이 용이해진다.
⑤ 창고 내의 화물 로케이션관리가 용이해진다.

17 오더 피킹에 관한 설명으로 옳지 않은 것은?

① 1인 1건 피킹 : 피커(picker)가 1건의 주문 전표에서 요구되는 물품을 모두 피킹하는 방법
② 총량 오더 피킹 : 1건의 주문마다 물품을 피킹해서 모으는 방법
③ 일괄 오더 피킹 : 여러 건의 주문 전표를 한데 모아 한꺼번에 피킹하는 방법
④ 존(zone) 피킹 : 자기가 분담하는 선반의 작업범위를 정해 두고, 주문 전표에서 자기가 맡은 종류의 물품만을 피킹하는 방법
⑤ 릴레이(relay) 피킹 : 주문 전표에서 해당 피커가 담당하는 품목만을 피킹하고, 다음 피커에게 넘겨주는 방법

18 시계열 분석법에 관한 설명으로 옳지 않은 것은?

① 시계열 분석법에는 이동평균법, 가중이동평균법, 지수평활법 등이 있다.
② 수준(level)은 추세, 계절적, 순환적, 무작위적 요인을 제외한 평균적 수요량을 의미한다.
③ 추세(trend)는 수요가 계속적으로 증가하거나 감소하는 경향을 말한다.
④ 계절적(seasonal) 요인은 수요의 변화가 규칙적으로 반복하는 현상을 말한다.
⑤ 순환적(cyclical) 요인은 단기간에 발생하는 불규칙한 수요변화이다.

19 MRP(Material Requirements Planning)에 관한 설명으로 옳지 않은 것은?

① MRP는 주생산계획을 기초로 완제품 생산에 필요한 자재 및 구성부품의 종류, 수량, 시기 등을 계획한다.
② MRP 시스템은 주생산계획, 자재명세서와 재고기록파일을 이용한다.
③ MRP는 재고수준의 최대화를 목표로 한다.
④ MRP는 소요자재를 언제 발주할 것인지를 알려준다.
⑤ MRP를 확장하여 사업계획과 각 부문별 계획을 연결시키는 계획을 제조자원계획(manufacturing resource planning)이라고 부른다.

20 **6월의 판매 예측량은 110,000개이고, 실제 판매량은 100,000개이다. 지수평활법을 이용한 7월의 판매 예측량(개)은? (단, 평활상수(α)는 0.2를 사용한다.)**

① 105,000
② 106,000
③ 107,000
④ 108,000
⑤ 109,000

21 **집중구매방식과 분산구매방식의 비교 설명으로 옳지 않은 것은?**

① 집중구매방식은 대량구매가 가능하며, 가격과 거래조건이 유리하다.
② 집중구매방식은 구입 절차를 표준화하기 쉽다.
③ 집중구매방식은 공통자재의 표준화, 단순화가 가능하다.
④ 분산구매방식은 구매요청 사업장의 특수한 요구가 반영되기 쉽다.
⑤ 분산구매방식은 긴급수요에 대처하기 불리하다.

22 **A제품의 재고관리 환경이 EPQ(Economic Production Quantity) 가정과 일치하며, A의 연간 수요량이 2,700톤, 하루 생산량이 12톤, 일일 소비량이 9톤이다. A제품의 생산가동 준비비용(setup cost)은 1회당 400,000원이고, 톤당 연간 재고유지비용이 13,500원이라고 할 때, 경제적생산량(EPQ)은?**

① 400톤
② 500톤
③ 600톤
④ 700톤
⑤ 800톤

23 **재고관리의 목표가 아닌 것은?**

① 서비스율 증대
② 백오더(back order)율 증대
③ 재고회전율 증대
④ 재고품의 손상률 감소
⑤ 보관비용 감소

24 재고관리시스템에 관한 설명으로 옳지 않은 것은?

① 정량발주시스템 : 연속적으로 재고수준을 검토하므로 연속점검시스템(continuous review system)이라고도 한다.
② 정량발주시스템 : 주문량이 일정하므로 Q시스템이라고도 한다.
③ 정기발주시스템 : 재고수준 파악과 발주를 정기적으로 하고, 재고가 목표수준에 도달하도록 발주량을 정한다.
④ 정기발주시스템 : 통상 정량발주시스템에 비하여 적은 안전재고량을 갖는다.
⑤ 기준재고시스템 : 일명 s - S재고시스템이라고 하며 보유재고량이 s보다 적어지면 최대재고량인 S에 도달하도록 발주량을 정한다.

25 경제적주문량(EOQ) 모형의 전제조건(가정)이 아닌 것은?

① 주문비용과 단가는 주문량에 관계없이 일정하다.
② 재고유지비용은 주문량에 반비례한다.
③ 단일 품목이며, 주문량은 한번에 입고된다.
④ 리드타임(lead time)은 일정하다.
⑤ 재고부족은 허용되지 않는다.

26 하역에 관한 설명으로 옳은 것은?

① 물류센터 내에서 물품의 짧은 거리 이동은 하역의 범위에 포함되지 않는다.
② 하역은 운송 수단에 실려 있는 물품을 꺼내는 일만을 의미하며, 정돈이나 분류는 하역의 범위에 포함되지 않는다.
③ 배송 속도가 중요한 전자상거래 시대에 하역의 중요성이 더욱 부각되고 있다.
④ 하역작업의 생산성을 향상시키기 위해 인력 하역 비중이 늘어나는 추세이다.
⑤ 하역작업의 혁신을 위해 물류센터 장비의 기계화와 무인화를 늦게 도입해야 한다.

27 〈보기〉의 화물 상태별 운반활성지수를 모두 합한 것은?

○ 물류센터에 입고된 화물을 컨베이어벨트 위에 놓아두었다. ○ 물류센터에 입고된 화물을 바닥에 놓아두었다. ○ 물류센터에 입고된 화물을 대차에 실어두었다. ○ 물류센터에 입고된 여러 화물을 한 개의 상자로 재포장하였다.

① 4
② 5
③ 6
④ 7
⑤ 8

28 하역의 원칙이 아닌 것은?

① 경제성 원칙
② 이동거리 최소화 원칙
③ 동일성 원칙
④ 단위화 원칙
⑤ 운반 활성화 원칙

29 하역의 구성 요소를 모두 고른 것은?

ㄱ. 쌓 기	ㄴ. 내리기
ㄷ. 반 출	ㄹ. 꺼내기
ㅁ. 운 반	ㅂ. 통 관

① ㄱ, ㄴ, ㄷ
② ㄴ, ㄷ, ㅂ
③ ㄱ, ㄹ, ㅁ, ㅂ
④ ㄷ, ㄹ, ㅁ, ㅂ
⑤ ㄱ, ㄴ, ㄷ, ㄹ, ㅁ

30 **하역에 활용되는 장비에 관한 설명으로 옳지 않은 것은?**

① AGV(Automated Guided Vehicle)는 화물의 이동을 위해 지정된 장소까지 자동 주행할 수 있는 장비이다.
② 사이드 포크형 지게차는 차체의 측면에 포크와 마스트가 장착된 지게차이다.
③ 카운터 밸런스형 지게차는 포크와 마스트를 전방에 장착하고 후방에 웨이트를 설치한 지게차이다.
④ 트롤리 컨베이어는 로울러 또는 휠을 배열하여 화물을 운반하는 컨베이어이다.
⑤ 벨트 컨베이어는 연속적으로 움직이는 벨트를 사용하여 화물을 운반하는 컨베이어이다.

31 **다음 설명에 모두 해당하는 장비는?**

○ 화물을 보관하는 선반(rack)과 선반 사이의 통로(aisle)에서 수직과 수평으로 동시에 움직일 수 있는 장비 ○ 컴퓨터를 활용하여 화물을 저장(storage), 반출(retrieval)하는 장비

① 스태커 크레인(stacker crane)
② 데릭(derrick)
③ 도크 레벨러(dock leveller)
④ 리프트 게이트(lift gate)
⑤ 야드 갠트리 크레인(yard gantry crane)

32 **파렛트에 관한 설명으로 옳지 않은 것은?**

① 롤(roll) 파렛트는 바닥면에 바퀴가 장착되어 밀어서 움직일 수 있다.
② 항공 파렛트는 화물을 탑재 후 항공기의 화물적재공간을 고려하여 망(net)이나 띠(strap)로 묶을 수 있다.
③ 파렛트는 운송, 보관, 하역 등의 효율을 증대시키는 데 적합하다.
④ 시트(sheet) 파렛트는 푸시풀(push-pull) 장치를 부착한 장비에 의해 하역되는 시트 모양의 파렛트이다.
⑤ 사일로(silo) 파렛트는 액체를 담는 용도로 사용되며 밀폐를 위한 뚜껑이 있다.

33 유닛로드시스템(ULS)에 관한 설명으로 옳지 않은 것은?

① 유닛로드시스템으로 운송의 편의성이 떨어졌고, 트럭 회전율 또한 감소하였다.
② 유닛로드시스템으로 하역의 기계화가 촉진되고 보관효율이 향상되었다.
③ 유닛로드시스템으로 재고파악이 용이해졌다.
④ 유닛로드시스템이란 컨테이너나 파렛트 1개분으로 화물을 단위화하여 이 단위를 유지하는 것을 말한다.
⑤ 빈 파렛트나 빈 컨테이너 회수가 원활하지 못하면 운송 및 하역 작업이 지연될 수 있다.

34 물류모듈화를 위해 파렛트화 된 화물과 정합성을 고려할 필요가 없는 것은?

① 랙(rack)
② 해상용 갠트리 크레인(gantry crane)
③ 파렛트 트럭
④ 컨테이너(container)
⑤ 운반승강기

35 다음 설명에 모두 해당하는 파렛트 풀(pool) 시스템은?

- ○ 송하인이 화물을 파렛트에 적재한 후 이를 운송회사에 운송 위탁하고, 운송회사는 같은 수량의 빈 파렛트를 송하인에게 지급한다.
- ○ 운송회사는 위탁받은 화물을 파렛트 상태로 수하인에게 운송한다. 수하인은 파렛트 상태로 화물을 수령하고, 같은 수량의 빈 파렛트를 운송회사에 지급한다.
- ○ 이 방식을 이용한 송하인, 수하인, 운송회사는 동일한 규격의 파렛트를 미리 보유하고 있어야 한다.
- ○ 이 방식은 같은 수의 파렛트를 동시에 교환해야 하기 때문에 파렛트의 규격 통일이 선행되어야 한다.

① 교환방식
② 리스・렌탈방식
③ 교환・리스병용방식
④ 대차결제방식
⑤ 교환・대차결제병용방식

36 분류(sorting)방식 중 동작에 의한 분류 방식이 아닌 것은?

① 밀어내는 방식
② 다이버트 방식
③ 바코드 방식
④ 이송 방식
⑤ 틸트 방식

37 일관 파렛트화의 장점으로 옳지 않은 것은?

① 운반활성지수 감소
② 화물 도난과 파손의 감소
③ 물품검수 용이
④ 하역작업 능률 향상
⑤ 하역시간의 단축

38 아래 설명에 해당하는 것은?

○ 컨테이너터미널에 설치되어 있으며, 안벽을 따라 폭이 약 30 ~ 50m 정도로 포장된 공간 ○ 야드트럭과 컨테이너크레인의 하역작업에 필요한 공간

① 잔교(pier)
② CFS(Container Freight Station)
③ 에이프런(apron)
④ 컨테이너 야드(container yard)
⑤ 컨트롤센터(control center)

39 항공하역 장비에 해당하는 것을 모두 고른 것은?

ㄱ. 이글루(igloo)	ㄴ. 리치스태커(reach stacker)
ㄷ. 트랜스포터(transporter)	ㄹ. 탑 핸들러(top handler)
ㅁ. 돌리(dolly)	ㅂ. 스트래들 캐리어(straddle carrier)

① ㄱ, ㄴ, ㄷ
② ㄱ, ㄴ, ㄹ
③ ㄱ, ㄷ, ㄹ
④ ㄱ, ㄷ, ㅁ
⑤ ㄱ, ㄷ, ㅂ

40 다음 중 포장의 기능이 아닌 것은?

① 판매촉진성
② 표시성
③ 상품 수요 예측의 정확성
④ 취급의 편리성
⑤ 보호성

[5과목] 물류관련법규

41 물류정책기본법령상 물류정책위원회에 관한 설명으로 옳지 않은 것은?

① 물류보안에 관한 중요 정책 사항은 국가물류정책위원회의 심의·조정 사항에 포함된다.
② 국가물류정책위원회의 분과위원회가 국가물류정책위원회에서 위임한 사항을 심의·조정한 때에는 분과위원회의 심의·조정을 국가물류정책위원회의 심의·조정으로 본다.
③ 국가물류정책위원회에 둘 수 있는 전문위원회는 녹색물류전문위원회와 생활물류전문위원회이다.
④ 지역물류정책에 관한 주요 사항을 심의하기 위하여 국토교통부장관 소속으로 지역물류정책위원회를 둘 수 있다.
⑤ 지역물류정책위원회는 위원장을 포함한 20명 이내의 위원으로 구성한다.

42 물류정책기본법상 물류체계의 효율화에 관한 설명으로 옳지 않은 것은?

① 국토교통부장관·해양수산부장관 또는 산업통상자원부장관은 효율적인 물류활동을 위하여 필요한 물류시설 및 장비를 확충할 것을 물류기업에 권고할 수 있다.
② 국토교통부장관·해양수산부장관·산업통상자원부장관 또는 시·도지사는 물류공동화를 추진하는 물류기업이나 화주기업 또는 물류 관련 단체에 대하여 예산의 범위에서 필요한 자금을 지원할 수 있다.
③ 국토교통부장관·해양수산부장관 또는 산업통상자원부장관은 물류기업이 물류자동화를 위하여 물류시설 및 장비를 확충하거나 교체하려는 경우에는 필요한 자금을 지원할 수 있다.
④ 국토교통부장관 또는 해양수산부장관은 물류표준화에 관한 업무를 효과적으로 추진하기 위하여 필요하다고 인정하는 경우에는 통계청장에게 「산업표준화법」에 따른 한국산업표준의 제정·개정 또는 폐지를 요청하여야 한다.
⑤ 국토교통부장관·해양수산부장관·산업통상자원부장관 또는 관세청장은 물류정보화를 통한 물류체계의 효율화를 위하여 필요한 시책을 강구하여야 한다.

43 **물류정책기본법령상 우수물류기업의 인증에 관한 설명으로 옳지 않은 것은?**

① 국토교통부장관 및 해양수산부장관은 물류기업의 육성과 물류산업 발전을 위하여 소관 물류기업을 각각 우수물류기업으로 인증할 수 있다.
② 우수물류기업의 인증은 물류사업별로 운영할 수 있다.
③ 국토교통부장관 또는 해양수산부장관은 인증우수물류기업이 해당 요건을 유지하는지에 대하여 국토교통부와 해양수산부의 공동부령으로 정하는 바에 따라 2년마다 점검하여야 한다.
④ 국토교통부장관 또는 해양수산부장관은 소관 인증우수물류기업이 물류사업으로 인하여 공정거래위원회로부터 시정조치를 받은 경우에는 그 인증을 취소할 수 있다.
⑤ 국토교통부장관 및 해양수산부장관은 우수물류기업의 인증과 관련하여 우수물류기업 인증심사 대행기관을 공동으로 지정하여 인증신청의 접수를 하게 할 수 있다.

44 **물류정책기본법상 국제물류주선업의 등록에 관한 설명이다. ( )에 들어갈 내용을 바르게 나열한 것은?**

> ○ 국제물류주선업을 경영하려는 자는 국토교통부령으로 정하는 바에 따라 (ㄱ)에게 등록하여야 한다.
> ○ 국제물류주선업의 등록을 하려는 자는 (ㄴ) 이상의 자본금(법인이 아닌 경우에는 6억원 이상의 자산평가액을 말한다)을 보유하고 그 밖에 대통령령으로 정하는 기준을 충족하여야 한다.

① ㄱ : 시・도지사 ㄴ : 3억원
② ㄱ : 시・도지사 ㄴ : 4억원
③ ㄱ : 국토교통부장관 ㄴ : 3억원
④ ㄱ : 국토교통부장관 ㄴ : 4억원
⑤ ㄱ : 국토교통부장관 ㄴ : 5억원

45 **물류정책기본법령상 물류관련협회 및 민・관 합동 물류지원센터에 관한 설명으로 옳지 않은 것은?**

① 국토교통부장관 또는 해양수산부장관은 물류관련협회 설립의 인가권자이다.
② 물류관련협회는 법인으로 한다.
③ 물류관련협회는 해당 사업의 진흥・발전에 필요한 통계의 작성・관리와 외국자료의 수집・조사・연구사업을 수행한다.
④ 국토교통부장관・해양수산부장관・산업통상자원부장관 및 대통령령으로 정하는 물류관련협회 및 물류관련 전문기관・단체는 공동으로 물류지원센터를 설치・운영할 수 있다.
⑤ 민・관 합동 물류지원센터의 장은 3년마다 사업계획을 수립한다.

46 **물류정책기본법령상 국가물류통합정보센터에 관한 설명으로 옳지 않은 것은?**

① 국토교통부장관은 국가물류통합정보센터를 설치·운영할 수 있다.

② 국토교통부장관은 자본금 2억원 이상, 업무능력 등 대통령령으로 정하는 기준과 자격을 갖춘 「상법」상의 주식회사를 국가물류통합정보센터의 운영자로 지정할 수 있다.

③ 국토교통부장관은 국가물류통합정보센터운영자를 지정하려는 경우에는 미리 물류정책분과위원회의 심의를 거쳐 신청방법 등을 정하여 30일 이상 관보 또는 인터넷 홈페이지에 이를 공고하여야 한다.

④ 국토교통부장관은 국가물류통합정보센터운영자가 국가물류통합데이터베이스의 물류정보를 영리를 목적으로 사용한 경우에는 그 지정을 취소할 수 있다.

⑤ 국토교통부장관은 해양수산부장관·산업통상자원부장관 및 관세청장과 협의하여 국가물류통합정보센터운영자에게 필요한 지원을 할 수 있다.

47 **물류정책기본법상 환경친화적 물류의 촉진에 관한 설명으로 옳지 않은 것은?**

① 국토교통부장관·해양수산부장관 또는 시·도지사는 물류활동이 환경친화적으로 추진될 수 있도록 관련 시책을 마련하여야 한다.

② 국토교통부장관·해양수산부장관 또는 시·도지사는 물류기업 및 화주기업에 대하여 환경친화적인 운송수단으로의 전환을 권고하고 지원할 수 있다.

③ 국토교통부장관은 환경친화적 물류활동을 모범적으로 하는 물류기업과 화주기업을 우수기업으로 지정할 수 있다.

④ 국토교통부장관은 우수녹색물류실천기업 지정심사대행기관이 고의 또는 중대한 과실로 지정기준 및 절차를 위반한 경우에는 그 지정을 취소하여야 한다.

⑤ 우수녹색물류실천기업 지정심사대행기관은 공공기관 또는 정부출연연구기관 중에서 지정한다.

48 **물류정책기본법령상 국가물류통합정보센터운영자 또는 단위물류정보망 전담기관이 보관하는 전자문서 및 정보처리장치의 파일에 기록되어 있는 물류정보의 보관기간은?**

① 1년
② 2년
③ 3년
④ 4년
⑤ 5년

49 **물류시설의 개발 및 운영에 관한 법률상 복합물류터미널사업의 등록을 할 수 없는 결격사유에 해당하는 것은?**

① 「물류시설의 개발 및 운영에 관한 법률」을 위반하여 벌금형을 선고받은 후 3년이 된 자
② 「물류시설의 개발 및 운영에 관한 법률」을 위반하여 금고형을 선고받은 후 1년이 된 자
③ 「물류시설의 개발 및 운영에 관한 법률」을 위반하여 징역형을 선고받은 후 2년 6개월이 된 자
④ 법인으로서 그 임원이 아닌 직원 중에 파산선고를 받고 복권되지 아니한 자가 있는 경우
⑤ 법인으로서 그 임원 중에 「물류시설의 개발 및 운영에 관한 법률」을 위반하여 금고형의 집행유예를 선고받고 그 유예기간 종료 후 1년이 된 자가 있는 경우

50 **물류시설의 개발 및 운영에 관한 법률상 물류시설개발종합계획의 수립에 관한 설명으로 옳지 않은 것은?**

① 국토교통부장관은 물류시설개발종합계획을 5년 단위로 수립하여야 한다.
② 연계물류시설은 물류터미널 및 물류단지 등 둘 이상의 단위물류시설 등이 함께 설치된 물류시설이다.
③ 물류시설의 기능개선 및 효율화에 관한 사항은 물류시설개발종합계획에 포함되어야 한다.
④ 물류시설개발종합계획의 수립은 「물류정책기본법」에 따른 물류시설분과위원회의 심의를 거쳐야 한다.
⑤ 국토교통부장관은 물류시설개발종합계획을 수립한 때에는 이를 관보에 고시하여야 한다.

51 **물류시설의 개발 및 운영에 관한 법률상 다음 신청을 하려고 할 때 국토교통부령으로 정하는 바에 따라 수수료를 내야 하는 사항이 아닌 것은?**

① 도시첨단물류단지의 지정의 신청
② 물류터미널의 구조 및 설비 등에 관한 공사시행인가의 신청
③ 물류창고업의 등록
④ 스마트물류센터 인증의 신청
⑤ 복합물류터미널사업의 등록신청

52 물류시설의 개발 및 운영에 관한 법률상 형사벌의 대상이 되는 경우를 모두 고른 것은?

ㄱ. 공사시행인가를 받지 아니하고 공사를 시행한 복합물류터미널사업자
ㄴ. 인증을 받지 않고 스마트물류센터임을 사칭한 자
ㄷ. 등록을 하지 아니하고 복합물류터미널사업을 경영한 자
ㄹ. 다른 사람에게 등록증을 대여한 복합물류터미널사업자

① ㄱ, ㄴ
② ㄴ, ㄷ
③ ㄷ, ㄹ
④ ㄱ, ㄴ, ㄹ
⑤ ㄱ, ㄴ, ㄷ, ㄹ

53 물류시설의 개발 및 운영에 관한 법령상 이행강제금에 관한 설명으로 옳지 않은 것은?

① 이행강제금은 해당 토지・시설 등 재산가액(「감정평가 및 감정평가사에 관한 법률」에 따른 감정평가법인등의 감정평가액을 말함)의 100분의 20에 해당하는 금액으로 한다.
② 물류단지지정권자는 이행강제금을 부과하기 전에 이행강제금을 부과하고 징수한다는 뜻을 미리 문서로 알려야 한다.
③ 물류단지지정권자는 의무가 있는 자가 그 의무를 이행한 경우에는 이미 부과된 이행강제금 처분을 취소하여야 한다.
④ 물류단지지정권자는 이행기간이 만료한 다음 날을 기준으로 하여 매년 1회 그 의무가 이행될 때까지 반복하여 이행강제금을 부과하고 징수할 수 있다.
⑤ 물류단지지정권자는 의무를 이행하지 아니한 자에 대하여 의무이행기간이 끝난 날부터 6개월이 경과한 날까지 그 의무를 이행할 것을 명하여야 한다.

54 물류시설의 개발 및 운영에 관한 법령상 스마트물류센터의 인증에 관한 설명으로 옳은 것은?

① 스마트물류센터 인증은 국토교통부장관과 해양수산부장관이 공동으로 한다.
② 스마트물류센터 인증의 유효기간은 인증을 받은 날부터 5년으로 한다.
③ 인증받은 자가 인증서를 반납하는 경우는 인증을 취소할 수 있는 사유에 해당한다.
④ 스마트물류센터 인증에 대한 정기 점검은 인증한 날을 기준으로 5년마다 한다.
⑤ 인증기관의 장은 점검 결과 스마트물류센터가 인증기준을 유지하고 있다고 판단하는 경우에는 인증의 유효기간을 5년의 범위 내에서 연장할 수 있다.

55 **물류시설의 개발 및 운영에 관한 법률상 물류단지의 개발 및 운영에 관한 설명으로 옳은 것은?**

① 일반물류단지는 물류단지 개발사업의 대상지역이 2개 이상의 시・도에 걸쳐 있는 경우 시・도지사가 협의하여 지정한다.

② 시・도지사는 일반물류단지를 지정하려는 때에는 「물류정책기본법」에 따른 물류시설분과위원회의 심의를 거쳐야 한다.

③ 국토교통부장관은 시장・군수・구청장의 신청을 받아 도시첨단물류단지를 지정한다.

④ 「민법」에 따라 설립된 법인은 물류단지개발사업의 시행자로 지정받을 수 없다.

⑤ 물류단지 안에서 토지분할을 하려는 자는 시장・군수・구청장의 허가를 받아야 한다.

56 **물류시설의 개발 및 운영에 관한 법령상 물류단지 관리기구에 해당하지 않는 것은?**

① 지방자치단체

② 「한국토지주택공사법」에 따른 한국토지주택공사

③ 「한국도로공사법」에 따른 한국도로공사

④ 「한국농어촌공사 및 농지관리기금법」에 따른 한국농어촌공사

⑤ 「지방공기업법」에 따른 지방공사

57 **화물자동차 운수사업법상 운수사업자 등이 국가로부터 재정지원을 받을 수 있는 사업에 해당하지 않는 것은?**

① 공동차고지 및 공영차고지 건설

② 화물자동차 운수사업의 정보화

③ 낡은 차량의 대체

④ 화물자동차 휴게소의 건설

⑤ 화물자동차 운수사업에 대한 홍보

58 **화물자동차 운수사업법령상 화물자동차 운송주선사업에 관한 설명으로 옳지 않은 것은?**

① 국토교통부장관은 화물자동차 운송주선사업의 허가사항 변경신고를 받은 경우 그 신고를 받은 날부터 7일 이내에 신고수리 여부를 신고인에게 통지하여야 한다.

② 운송주선사업자는 자기 명의로 다른 사람에게 화물자동차 운송주선사업을 경영하게 할 수 없다.

③ 관할관청은 화물자동차 운송주선사업 허가증을 발급하였을 때에는 그 사실을 협회에 통지하고 화물자동차 운송주선사업 허가대장에 기록하여 관리하여야 한다.

④ 화물자동차 운송주선사업 허가대장은 전자적 처리가 불가능한 특별한 사유가 없으면 전자적 처리가 가능한 방법으로 작성하여 관리하여야 한다.

⑤ 관할관청은 운송주선사업자가 허가기준을 충족하지 못한 사실을 적발하였을 때에는 특별한 사유가 없으면 적발한 날부터 30일 이내에 처분을 하여야 한다.

59 **화물자동차 운수사업법령상 공제조합에 관한 설명으로 옳지 않은 것은?**

① 공제조합을 설립하려면 공제조합의 조합원 자격이 있는 자의 10분의 1 이상이 발기하고, 조합원 자격이 있는 자 200인 이상의 동의를 받아 창립총회에서 정관을 작성한 후 국토교통부장관에게 인가를 신청하여야 한다.

② 공제조합은 공제사업에 관한 사항을 심의・의결하고 그 업무집행을 감독하기 위하여 운영위원회를 둔다.

③ 국토교통부장관은 운송사업자로 구성된 협회 등이 각각 연합회를 설립하는 경우, 연합회(연합회가 설립되지 아니한 경우에는 그 업종을 말함)별로 하나의 공제조합만을 인가하여야 한다.

④ 연합회가 공제사업을 하는 경우의 운영위원회 위원은 시・도별 협회의 대표 전원을 포함하여 25명 이내로 한다.

⑤ 공제조합은 결산기마다 그 사업의 종류에 따라 공제금에 충당하기 위한 책임준비금 및 지급준비금을 계상하고 이를 적립하여야 한다.

60 **화물자동차 운수사업법령상 화물자동차 운송가맹사업 등에 관한 설명으로 옳지 않은 것은?**

① 운송사업자가 국토교통부령으로 정하는 바에 따라 운송가맹사업자의 화물정보망을 이용하여 운송을 위탁하면 직접 운송한 것으로 본다.

② 국토교통부장관은 운송가맹사업자가 거짓이나 그 밖의 부정한 방법으로 화물자동차 운송가맹사업 허가를 받은 경우 6개월 이내의 기간을 정하여 그 사업의 전부 또는 일부의 정지를 명할 수 있다.

③ 화물취급소의 설치 및 폐지는 운송가맹사업자의 허가사항 변경신고의 대상이다.

④ 운송사업자가 다른 운송사업자나 다른 운송사업자에게 소속된 위·수탁차주에게 화물운송을 위탁하는 경우에는 운송가맹사업자의 화물정보망을 이용할 수 있다.

⑤ 감차 조치, 사업 전부정지 또는 사업 일부정지의 대상이 되는 화물자동차가 2대 이상인 경우에는 화물운송에 미치는 영향을 고려하여 해당 처분을 분할하여 집행할 수 있다.

61 **화물자동차 운수사업법상 적재물배상보험등의 의무 가입에 관한 설명이다. (　　)에 들어갈 내용을 바르게 나열한 것은?**

최대 적재량이 (ㄱ)톤 이상이거나 총 중량이 (ㄴ)톤 이상인 화물자동차 중 국토교통부령으로 정하는 화물자동차를 소유하고 있는 운송사업자는 적재물사고로 발생한 손해배상 책임을 이행하기 위하여 대통령령으로 정하는 바에 따라 적재물배상 책임보험 또는 공제에 가입하여야 한다.

① ㄱ : 2.5　　ㄴ : 2.5
② ㄱ : 2.5　　ㄴ : 5
③ ㄱ : 2.5　　ㄴ : 7
④ ㄱ : 3　　ㄴ : 5
⑤ ㄱ : 5　　ㄴ : 10

62 **화물자동차 운수사업법상 위·수탁계약의 갱신에 관한 설명이다. ( )에 들어갈 내용을 바르게 나열한 것은?**

> 운송사업자가 위·수탁계약기간 만료 전 (ㄱ)일부터 (ㄴ)일까지 사이에 위·수탁차주에게 계약조건의 변경에 대한 통지나 위·수탁계약을 갱신하지 아니한다는 사실의 통지를 서면으로 하지 아니한 경우에는 계약만료 전의 위·수탁계약과 같은 조건으로 다시 위·수탁계약을 체결한 것으로 본다. 다만, 위·수탁차주가 계약이 만료되는 날부터 30일 전까지 이의를 제기하거나 운송사업자나 위·수탁차주에게 천재지변이나 그 밖에 대통령령으로 정하는 부득이한 사유가 있는 경우에는 그러하지 아니하다.

① ㄱ : 150 ㄴ : 20
② ㄱ : 150 ㄴ : 30
③ ㄱ : 150 ㄴ : 60
④ ㄱ : 180 ㄴ : 60
⑤ ㄱ : 180 ㄴ : 90

63 **화물자동차 운수사업법령상 운수종사자 교육에 관한 설명으로 옳지 않은 것은?**

① 관할관청은 운수종사자 교육을 실시하는 때에는 운수종사자 교육계획을 수립하여 운수사업자에게 교육을 시작하기 1개월 전까지 통지하여야 한다.
② 운전적성정밀검사 중 특별검사 대상자인 운수종사자 교육의 교육시간은 8시간으로 한다.
③ 「물류정책기본법」에 따라 이동통신단말장치를 장착해야 하는 위험물질 운송차량을 운전하는 사람에 대한 교육시간은 8시간으로 한다.
④ 운수종사자 교육을 실시할 때에 교육방법 및 절차 등 교육 실시에 필요한 사항은 한국교통안전공단 이사장이 정한다.
⑤ 지정된 운수종사자 연수기관은 운수종사자 교육 현황을 매달 20일까지 시·도지사에게 제출하여야 한다.

64 **화물자동차 운수사업법령상 공영차고지 설치 대상 공공기관에 해당하지 않는 것은?**

① 「인천국제공항공사법」에 따른 인천국제공항공사
② 「한국도로공사법」에 따른 한국도로공사
③ 「한국철도공사법」에 따른 한국철도공사
④ 「한국토지주택공사법」에 따른 한국토지주택공사
⑤ 「한국가스공사법」에 따른 한국가스공사

65 **화물자동차 운수사업법령상 운송사업자의 준수사항으로 옳지 않은 것은?**

① 개인화물자동차 운송사업자는 주사무소가 있는 특별시·광역시·특별자치시 또는 도와 이와 맞닿은 특별시·광역시·특별자치시 또는 도 외의 지역에 상주하여 화물자동차 운송사업을 경영하지 아니하여야 한다.
② 밤샘주차하는 경우에는 화물자동차 휴게소에 주차할 수 없다.
③ 최대적재량 1.5톤 이하의 화물자동차의 경우에는 주차장, 차고지 또는 지방자치단체의 조례로 정하는 시설 및 장소에서만 밤샘주차하여야 한다.
④ 화주로부터 부당한 운임 및 요금의 환급을 요구받았을 때에는 환급하여야 한다.
⑤ 개인화물자동차 운송사업자는 자기 명의로 운송계약을 체결한 화물에 대하여 다른 운송사업자에게 수수료나 그 밖의 대가를 받고 그 운송을 위탁하거나 대행하게 할 수 없다.

66 **화물자동차 운수사업법령상 관할관청이 화물자동차 운송사업의 임시허가 신청을 받았을 때 확인해야 하는 사항이 아닌 것은?**

① 화물자동차의 등록 여부
② 차고지 설치 여부 등 허가기준에 맞는지 여부
③ 화물운송 종사자격 보유 여부
④ 화물운송사업자의 채권·채무 여부
⑤ 적재물배상보험등의 가입 여부

67 **항만운송사업법령상 항만운송 분쟁협의회에 관한 설명이다. (　　)에 들어갈 내용을 바르게 나열한 것은?**

> ○ 항만운송사업자 단체, 항만운송근로자 단체 및 그 밖에 대통령령으로 정하는 자는 항만운송과 관련된 분쟁의 해소 등에 필요한 사항을 협의하기 위하여 (ㄱ)로 항만운송 분쟁협의회를 구성·운영할 수 있다.
> ○ 항만운송 분쟁협의회의 회의는 재적위원 (ㄴ)의 출석으로 개의하고, 출석위원 (ㄷ)의 찬성으로 의결한다.

① ㄱ : 업종별　ㄴ : 과반수　ㄷ : 과반수
② ㄱ : 업종별　ㄴ : 과반수　ㄷ : 3분의 2 이상
③ ㄱ : 업종별　ㄴ : 3분의 2 이상　ㄷ : 3분의 2 이상
④ ㄱ : 항만별　ㄴ : 과반수　ㄷ : 3분의 2 이상
⑤ ㄱ : 항만별　ㄴ : 3분의 2 이상　ㄷ : 3분의 2 이상

68 **항만운송사업법상 과태료 부과 대상은?**

① 항만운송사업자로서 관리청의 자료 제출 요구에 거짓으로 자료를 제출한 자
② 선박연료공급업을 등록한 자로서 사업계획 변경신고를 하지 아니하고 장비를 추가한 자
③ 해양수산부장관에게 신고하지 아니하고 선용품공급업을 한 자
④ 항만운송사업자로서 대통령령으로 정하는 부득이한 사유로 등록을 하지 아니한 항만에서 미리 신고를 하지 아니하고 일시적 영업행위를 한 자
⑤ 관리청으로부터 사업정지처분을 받았음에도 해당 기간 동안 사업을 영위한 항만운송사업자

69 **항만운송사업법령상 항만운송종사자 등에 대한 교육훈련기관에 관한 설명으로 옳지 않은 것은?**

① 교육훈련기관은 매 사업연도의 세입·세출결산서를 다음 해 3월 31일까지 해양수산부장관에게 제출하여야 한다.
② 교육훈련기관은 법인으로 한다.
③ 교육훈련기관은 다음 해의 사업계획 및 예산안을 매년 11월 30일까지 해양수산부장관에게 제출하여야 한다.
④ 교육훈련기관의 운영에 필요한 경비는 대통령령으로 정하는 바에 따라 국가가 부담한다.
⑤ 교육훈련기관을 설립하려는 자는 해양수산부장관의 설립인가를 받아야 한다.

70 **유통산업발전법령상 유통업상생발전협의회(이하 '협의회'라 함)에 관한 설명으로 옳지 않은 것은?**

① 대규모점포 및 준대규모점포와 지역중소유통기업의 균형발전을 협의하기 위하여 특별자치시장 · 시장 · 군수 · 구청장 소속으로 협의회를 둔다.

② 협의회의 회의는 재적위원 과반수의 출석으로 개의하고, 출석위원 3분의 2 이상의 찬성으로 의결한다.

③ 회장은 회의를 소집하려는 경우에는 긴급한 경우나 부득이한 사유가 있는 경우를 제외하고 회의 개최일 5일 전까지 회의의 날짜 · 시간 · 장소 및 심의 안건을 각 위원에게 통지하여야 한다.

④ 협의회의 사무를 처리하기 위하여 간사 1명을 두되, 간사는 유통업무를 담당하는 공무원으로 한다.

⑤ 협의회는 대형유통기업과 지역중소유통기업의 균형발전을 촉진하기 위하여 대규모점포 및 준대규모점포에 대한 영업시간의 제한 등에 관한 사항에 대해 특별자치시장 · 시장 · 군수 · 구청장에게 의견을 제시할 수 있다.

71 **유통산업발전법상 대규모점포등을 등록하는 경우 의제되는 허가등에 해당하지 않는 것은?**

① 「담배사업법」에 따른 소매인의 지정

② 「식품위생법」에 따른 집단급식소 설치 · 운영의 신고

③ 「대기환경보전법」에 따른 배출시설 설치의 허가 또는 신고

④ 「평생교육법」에 따른 평생교육시설 설치의 신고

⑤ 「외국환거래법」에 따른 외국환업무의 등록

72 **유통산업발전법령상 공동집배송센터의 지정취소사유에 해당하는 것을 모두 고른 것은?**

> ㄱ. 공동집배송센터의 지정을 받은 날부터 정당한 사유 없이 3년 이내에 시공을 하지 아니하는 경우
> ㄴ. 공동집배송센터사업자가 파산한 경우
> ㄷ. 공동집배송센터의 시공후 공사가 6월 이상 중단된 경우
> ㄹ. 공동집배송센터의 지정을 받은 날부터 5년 이내에 준공되지 아니한 경우

① ㄱ, ㄴ
② ㄷ, ㄹ
③ ㄱ, ㄴ, ㄷ
④ ㄴ, ㄷ, ㄹ
⑤ ㄱ, ㄴ, ㄷ, ㄹ

73 **유통산업발전법령상 대규모점포등과 관련한 유통분쟁조정위원회(이하 '위원회'라 함)의 분쟁 조정에 관한 설명으로 옳지 않은 것은?**

① 대규모점포등과 관련한 분쟁의 조정신청을 받은 특별자치시 · 시 · 군 · 구의 위원회는 부득이한 사정이 없으면 신청을 받은 날부터 60일 이내에 이를 심사하여 조정안을 작성하여야 한다.
② 시(특별자치시는 제외) · 군 · 구의 위원회의 조정안에 불복하는 자는 조정안을 제시받은 날부터 15일 이내에 시 · 도의 위원회에 조정을 신청할 수 있다.
③ 위원회는 동일한 시기에 동일한 사안에 대하여 다수의 분쟁조정이 신청된 경우에는 그 다수의 분쟁조정신청을 통합하여 조정할 수 있다.
④ 위원회는 유통분쟁조정신청을 받은 경우 신청일부터 10일 이내에 신청인외의 관련 당사자에게 분쟁의 조정신청에 관한 사실과 그 내용을 통보하여야 한다.
⑤ 위원회는 분쟁의 성질상 위원회에서 조정함이 적합하지 아니하다고 인정하거나 부정한 목적으로 신청되었다고 인정하는 경우에는 조정을 거부할 수 있다.

74 **유통산업발전법령상 지정유통연수기관의 지정기준으로 옳은 것을 모두 고른 것은?**

ㄱ. 사무실 면적 : $16m^2$ 이상
ㄴ. 강의실 면적 : $50m^2$ 이상
ㄷ. 휴게실 면적 : $7m^2$ 이상
ㄹ. 연수실적 : 지정신청일 기준으로 1년 이내에 2회(1회당 20시간 이상) 이상의 유통연수강좌를 실시한 실적이 있을 것

① ㄱ, ㄴ
② ㄱ, ㄹ
③ ㄴ, ㄷ
④ ㄴ, ㄷ, ㄹ
⑤ ㄱ, ㄴ, ㄷ, ㄹ

75 **철도사업법상 철도사업자가 공동사용시설관리자와 협정을 체결하여 공동 활용할 수 있는 공동사용시설로서 옳지 않은 것은?**

① 철도역 및 환승시설을 제외한 역 시설
② 철도차량의 정비 · 검사 · 점검 · 보관 등 유지관리를 위한 시설
③ 사고의 복구 및 구조 · 피난을 위한 설비
④ 열차의 조성 또는 분리 등을 위한 시설
⑤ 철도 운영에 필요한 정보통신 설비

76 **철도사업법령상 민자철도의 운영평가 방법 등에 관한 설명으로 옳지 않은 것은?**

① 국토교통부장관이 민자철도사업자에게 필요한 조치를 명한 경우 해당 민자철도사업자는 15일 이내에 조치계획을 마련하여 국토교통부장관에게 제출해야 한다.
② 국토교통부장관은 운영평가를 실시하려면 매년 3월 31일까지 소관 민자철도에 대한 평가일정, 평가방법 등을 포함한 운영평가계획을 수립한 후 평가를 실시하기 2주 전까지 민자철도사업자에게 통보해야 한다.
③ 국토교통부장관은 운영평가 결과에 따라 민자철도에 관한 유지·관리 및 체계개선 등 필요한 조치를 민자철도사업자에게 명할 수 있다.
④ 국토교통부장관은 운영평가를 위하여 필요한 경우에는 관계 공무원, 철도 관련 전문가 등으로 민자철도 운영 평가단을 구성·운영할 수 있다.
⑤ 국토교통부장관이 정하여 고시하는 민자철도 운영평가 기준에는 민자철도 운영의 효율성이 포함되어야 한다.

77 **철도사업법령상 전용철도를 운영하는 자가 등록사항을 변경하려는 경우 국토교통부장관에게 등록을 하지 않아도 되는 경미한 변경에 해당하지 않는 것은?**

① 운행시간을 연장한 경우
② 운행횟수를 단축한 경우
③ 10분의 1의 범위 안에서 철도차량 대수를 변경한 경우
④ 주사무소·철도차량기지를 제외한 운송관련 부대시설을 변경한 경우
⑤ 9월의 범위 안에서 전용철도 건설기간을 조정한 경우

78 **철도사업법상 국토교통부장관이 철도시설물의 점용허가를 취소할 수 있는 경우가 아닌 것은?**

① 점용허가를 받은 자가 점용허가 목적과 다른 목적으로 철도시설을 점용한 경우
② 시설물의 종류와 경영하는 사업이 철도사업에 지장을 주게 된 경우
③ 점용허가를 받은 자가 점용허가를 받은 날부터 6개월 이내에 해당 점용허가의 목적이 된 공사에 착수하지 아니한 경우
④ 점용허가를 받은 자가 점용료를 납부하지 아니하는 경우
⑤ 점용허가를 받은 자가 스스로 점용허가의 취소를 신청하는 경우

79 **농수산물 유통 및 가격안정에 관한 법령상 중도매업의 허가에 관한 설명으로 옳지 않은 것은?**

① 도매시장법인의 주주 및 임직원으로서 해당 도매시장법인의 업무와 경합되는 중도매업을 하려는 자는 중도매업의 허가를 받을 수 없다.
② 최저거래금액 및 거래대금의 지급보증을 위한 보증금 등 도매시장 개설자가 업무규정으로 정한 허가조건을 갖추지 못한 자는 중도매업의 허가를 받을 수 없다.
③ 법인인 중도매인은 임원이 파산선고를 받고 복권되지 아니한 때에는 그 임원을 지체 없이 해임하여야 한다.
④ 도매시장 개설자는 법인인 중도매인에게 중도매업의 허가를 하는 경우 3년 이상 10년 이하의 범위에서 허가 유효기간을 설정할 수 있다.
⑤ 도매시장의 개설자는 갱신허가를 한 경우에는 유효기간이 만료되는 허가증을 회수한 후 새로운 허가증을 발급하여야 한다.

80 **농수산물 유통 및 가격안정에 관한 법령상 농수산물공판장(이하 '공판장'이라 함)에 관한 설명으로 옳지 않은 것은?**

① 농림수협등, 생산자단체 또는 공익법인이 공판장의 개설승인을 받으려면 공판장 개설승인 신청서에 업무규정과 운영관리계획서 등 승인에 필요한 서류를 첨부하여 시·도지사에게 제출하여야 한다.
② 공판장 개설자가 업무규정을 변경한 경우에는 이를 시·도지사에게 보고하여야 한다.
③ 생산자단체가 구성원의 농수산물을 공판장에 출하하는 경우 공판장의 개설자에게 산지유통인으로 등록하여야 한다.
④ 공판장의 경매사는 공판장의 개설자가 임면한다.
⑤ 공판장의 중도매인은 공판장의 개설자가 지정한다.

2023년 제27회 기출문제

교 시	과 목	시 간	문제형별
1교시	• 물류관리론 • 화물운송론 • 국제물류론	120분	A

2023. 7. 29. 시행

맞은 개수 ____ / 120문제

[1과목] 물류관리론

01 물류관리의 대상이 아닌 것은?

① 고객서비스관리
② 재고관리
③ 인사관리
④ 주문정보관리
⑤ 운송관리

02 스마이키(E. W. Smikey) 교수가 제시한 물류의 7R 원칙에 해당되지 않는 것은?

① Right Impression
② Right Place
③ Right Quality
④ Right Safety
⑤ Right Time

03 제품수명주기에 따른 단계별 물류관리전략에 해당되지 않는 것은?

① 성숙기 전략
② 쇠퇴기 전략
③ 수요기 전략
④ 성장기 전략
⑤ 도입기 전략

04 **물류서비스 품질을 결정하는 요인을 고객 서비스 시행 전, 시행 중, 시행 후로 나눌 때, 시행 중의 요인에 해당하는 것을 모두 고른 것은?**

ㄱ. 재고수준
ㄴ. 주문의 편리성
ㄷ. 시스템의 유연성
ㄹ. 시스템의 정확성
ㅁ. 고객서비스 명문화
ㅂ. 고객클레임・불만

① ㄱ, ㄴ
② ㄱ, ㄴ, ㄹ
③ ㄱ, ㄷ, ㅁ
④ ㄴ, ㄹ, ㅂ
⑤ ㄷ, ㅁ, ㅂ

05 **물류의 영역별 분류에 해당하지 않는 것은?**

① 조달물류
② 정보물류
③ 사내물류
④ 판매물류
⑤ 회수물류

06 **물류관리에 관한 설명으로 옳지 않은 것은?**

① 최근 전자상거래 활성화에 따라 물동량은 증가하는 반면 물류관리의 역할은 줄어들고 있다.
② 물류관리의 목표는 비용절감을 통한 제품의 판매촉진과 수익증대라고 할 수 있다.
③ 기업의 물류관리는 구매, 생산, 마케팅 등의 활동과 상호 밀접한 관련이 있다.
④ 물류비용 절감을 통한 이익창출은 제3의 이익원으로 인식되고 있다.
⑤ 원자재 및 부품의 조달, 구매상품의 보관, 완제품 유통도 물류관리의 대상이다.

07 물류 환경변화에 관한 설명으로 옳지 않은 것은?

① 경제규모 확대에 따른 화물량 증가로 사회간접자본 수요는 급증하는 반면 물류기반시설은 부족하여 기업의 원가부담이 가중되고 있다.
② 정보기술 및 자동화기술의 확산으로 물류작업의 고속화 및 효율화, 적정 재고관리 등이 추진되고 있다.
③ 소비자 니즈(Needs)의 다양화에 따라 상품의 수요패턴이 소품종, 대량화되고 있다.
④ 기후변화 및 친환경 물류정책에 따라 운송활동 등 물류부문에서 탄소배출을 줄이는 방향으로 변화되고 있다.
⑤ 소비자 니즈(Needs)의 다양화와 제품 수명주기의 단축에 따라 과잉재고를 지양하려는 경향이 심화되고 있다.

08 인과형 예측기법의 하나로 종속변수인 수요에 영향을 미치는 독립변수를 파악하고, 독립변수와 종속변수 간의 함수관계를 통계적으로 추정하여 미래의 수요를 예측하는 방법은?

① 회귀분석법
② 델파이법
③ 지수평활법
④ 수명주기예측법
⑤ 가중이동평균법

09 물류와 마케팅의 관계에 관한 설명으로 옳지 않은 것은?

① 물류역량이 강한 기업일수록 본래 마케팅의 기능이었던 수요의 창출 및 조절에 유리하다.
② 물류와 마케팅 기능이 상호작용하는 분야는 하역관리와 설비관리 등이 있다.
③ 물류는 마케팅뿐만 아니라 생산관리 측면 등까지 광범위하게 확대되고 있다.
④ 물류는 마케팅의 4P 중 Place, 즉 유통채널과 관련이 깊다.
⑤ 물류는 포괄적인 마케팅에 포함되며 물류 자체의 마케팅 활동을 할 수도 있다.

10 상물분리의 효과에 관한 내용으로 옳지 않은 것은?

① 물류와 영업업무를 각각 전담부서가 수행하므로 전문화에 의한 핵심역량 강화가 가능하다.
② 공동화, 통합화, 대량화에 의한 규모의 경제 효과로 물류비 절감이 가능하다.
③ 영업소와 고객 간 직배송이 확대되므로 고객서비스가 향상된다.
④ 운송 차량의 적재효율이 향상되어 수송비용 절감이 가능하다.
⑤ 대규모 물류시설의 기계화 및 자동화에 의해 효율 향상이 가능하다.

11 **물류 개념에 관한 설명으로 옳지 않은 것은?**

① 물류의 전통적 개념은 사물의 흐름과 관련된 시간적, 공간적 효용을 창출하는 경영활동을 말한다.
② 물류활동은 운송, 보관, 하역, 포장, 유통가공 및 이들의 활동들을 지원하는 정보를 포함한다.
③ 물류와 Logistics는 동일한 개념으로 혼용하여 사용되고 있으나 범위 면에서는 Logistics가 더 넓다.
④ 2000년대부터 물류의 개념이 시대적인 요구・변화에 따라 점차 그 영역을 확대하여 SCM(공급사슬관리)으로 변천되어 왔다.
⑤ 생산단계에서 소비단계로의 전체적인 물적 흐름으로 조달부문을 제외한 모든 활동이다.

12 **제약이론(TOC : Theory of Constraints)의 지속적 개선 프로세스를 순서대로 옳게 나열한 것은?**

ㄱ. 제약자원 개선	ㄴ. 제약자원 식별
ㄷ. 제약자원 최대 활용	ㄹ. 개선 프로세스 반복
ㅁ. 비제약자원을 제약자원에 종속화	

① ㄱ - ㄴ - ㄷ - ㄹ - ㅁ
② ㄱ - ㄷ - ㄴ - ㅁ - ㄹ
③ ㄴ - ㄱ - ㄷ - ㄹ - ㅁ
④ ㄴ - ㄷ - ㅁ - ㄱ - ㄹ
⑤ ㄷ - ㄴ - ㄱ - ㅁ - ㄹ

13 **물류혁신을 위한 6시그마 기법의 DMAIC 추진 단계들 중 다음 설명에 해당하는 것은?**

> 통계적 기법을 활용해서 현재 프로세스의 능력을 계량적으로 파악하고, 품질에 결정적인 영향을 미치는 핵심품질특성(CTQ : Critical to Quality)의 충족 정도를 평가한다.

① Define
② Measure
③ Analyze
④ Improve
⑤ Control

14 다음 설명에 해당하는 물류 시설은?

> 국내용 2차 창고 또는 수출 화물의 집화, 분류, 운송을 위한 내륙CFS(Container Freight Station)와 같이 공급처에서 수요처로 대량으로 통합운송된 화물을 일시적으로 보관하는 창고

① 물류터미널
② 집배송센터
③ 공동집배송단지
④ 물류센터
⑤ 데포(Depot)

15 일반기준에 의한 물류비 분류에서 기능별 물류비에 해당하지 않는 것은?

① 위탁비
② 운송비
③ 보관비
④ 포장비
⑤ 하역비

16 현대의 구매 혹은 조달 전략에 관한 설명으로 옳지 않은 것은?

① 최근에는 총소유비용 절감보다 구매단가 인하를 위한 협상 전략이 더 중요해졌다.
② 구매자의 경영목표를 달성하기 위한 공급자와의 정보공유 필요성이 커졌다.
③ 적기에 필요한 품목을 필요한 양만큼 확보하는 JIT(Just-in-Time) 구매를 목표로 한다.
④ 구매의 품질을 높이기 위해서 구매자는 공급자의 활동이 안정적으로 수행되도록 협력한다.
⑤ 구매전략에는 공급자 수를 줄이는 물량통합과 공급자와의 운영통합 등이 있다.

17 유통경로의 구조에 관한 설명으로 옳지 않은 것은?

① 전통적 유통경로 시스템은 자체적으로 마케팅 기능을 수행하는 독립적인 단위들로 구성된다.
② 전통적 유통경로 시스템은 수직적 시스템에 비해 구성원 간 결속력은 약하지만 유연성이 높다.
③ 수직적 유통경로 시스템은 신규 구성원의 진입이 상대적으로 용이한 개방형 네트워크이다.
④ 도소매기관 지원형 연쇄점, 소매기관 협동조합, 프랜차이즈 등은 계약형 유통경로 구조에 해당한다.
⑤ 기업형 유통경로 구조는 특정 유통경로가 다른 유통경로를 소유하고 통제하는 형태이다.

18 물류기업 K는 제품의 포장 및 검사를 대행하는 유통가공 서비스의 경제적 타당성을 검토하고 있으며, 관련 자료는 다음과 같다. K사 유통가공 서비스의 연간 손익분기 매출액(단위 : 만원)은?

- ○ 서비스 가격 : 10만원/개
- ○ 고정비 : 10,000만원/년
- ○ 변동비 : 7.5만원/개

① 1,000
② 4,000
③ 10,000
④ 20,000
⑤ 40,000

19 공동수배송의 기대 효과를 모두 고른 것은?

ㄱ. 물류비용 감소
ㄴ. 교통혼잡 완화
ㄷ. 환경오염 방지
ㄹ. 물류인력 고용증대

① ㄱ, ㄴ, ㄷ
② ㄱ, ㄴ, ㄹ
③ ㄱ, ㄷ, ㄹ
④ ㄴ, ㄷ, ㄹ
⑤ ㄱ, ㄴ, ㄷ, ㄹ

20 K 물류센터의 6월 비목별 간접물류비와 품목별 배부를 위한 자료가 다음과 같다. 간접물류비 배부기준이 운송비는 (운송물량 × 운송거리), 보관비는 (보관공간 × 보관일수), 하역비는 (상차수량 + 하차수량)일 때, 품목별 간접물류비 배부액(단위 : 천원)은?

비 목	운송비	보관비	하역비
금액(천원)	10,000	2,000	1,000

품 목	운송물량(ton)	운송거리(km)	보관공간(m^3)	보관일수(일)	상차수량(개)	하차수량(개)
P1	15	250	500	3	4,000	5,000
P2	10	125	300	15	600	400
합 계	25	375	800	–	4,600	5,400

① P1 : 8,000, P2 : 5,000
② P1 : 8,300, P2 : 4,700
③ P1 : 8,600, P2 : 4,400
④ P1 : 8,900, P2 : 4,100
⑤ P1 : 9,200, P2 : 3,800

21 공동수배송의 전제조건으로 옳지 않은 것은?

① 대상기업 간 배송조건의 유사성
② 공동수배송을 주도할 중심업체 존재
③ 대상기업 간 공동수배송에 대한 이해 일치
④ 화물형태가 일정하지 않은 비규격품 공급업체 참여
⑤ 일정 지역 내 공동수배송에 참여하는 복수기업 존재

22 포장표준화에 관한 설명으로 옳지 않은 것은?

① 포장이 표준화되어야 기계화, 자동화, 파렛트화, 컨테이너화 등이 용이해진다.
② 포장치수는 파렛트 및 컨테이너 치수에 정합하고, 수송, 보관, 하역의 기계화 및 자동화에 최적의 조건을 제공해야 한다.
③ 포장표준화는 치수, 강도, 재료, 기법의 표준화 등 4요소로 나누지만, 관리의 표준화를 추가하기도 한다.
④ 포장표준화를 통해 포장비, 포장재료비, 포장작업비 등을 절감할 수 있다.
⑤ 치수표준화는 비용절감효과가 빠르게 나타나지만 강도표준화는 그 효과가 나타나기까지 오랜 시간이 걸린다.

23 **물류 네트워크의 창고 수와 물류비용 혹은 성과지표 간의 관계로 옳지 않은 것은?**

①
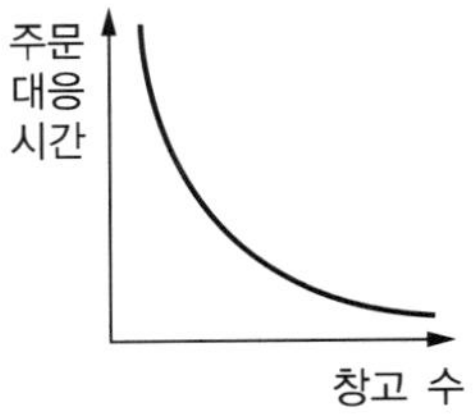

②
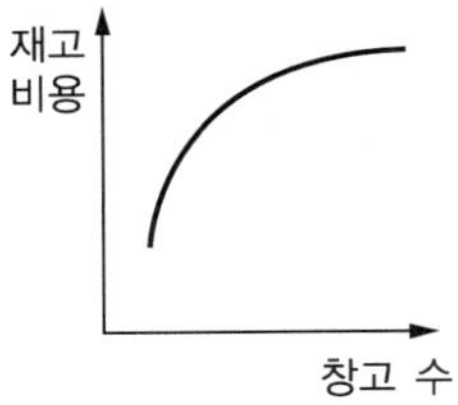

③
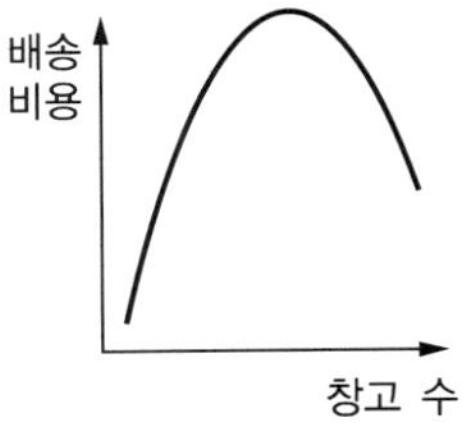

④
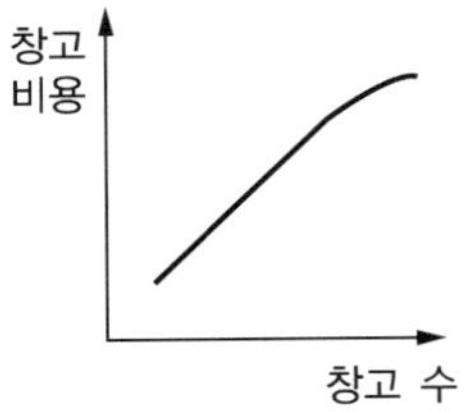

⑤
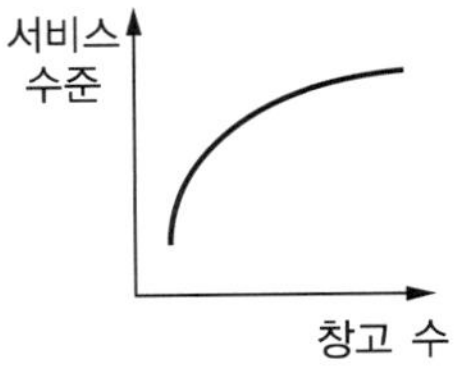

24 **공급사슬 성과지표 중 원자재 구매비용을 지불한 날부터 제품 판매대금을 수금한 날까지 소요되는 시간을 측정하는 것은?**

① 주문주기시간(Order Cycle Time)
② 현금화 사이클타임(Cash-to-Cash Cycle Time)
③ 공급사슬 배송성과(Delivery Performance to Request)
④ 주문충족 리드타임(Order Fulfillment Lead Time)
⑤ 공급사슬 생산유연성(Upside Production Flexibility)

25 다음 ( )에 들어갈 내용으로 옳게 짝지어진 것은?

> SCM은 산업별로 다양한 특성과 니즈에 적합한 형태로 발전되어 왔다. 의류부문에서 시작된 (ㄱ), 식품부문에서 시작된 (ㄴ), 의약품부문에서 시작된 (ㄷ) 등은 특정 산업에 적용된 후 관련산업으로 확산되어 활용되고 있다.

① ㄱ : ECR ㄴ : QR ㄷ : EHCR
② ㄱ : QR ㄴ : ECR ㄷ : EHCR
③ ㄱ : ECR ㄴ : EHCR ㄷ : QR
④ ㄱ : EHCR ㄴ : QR ㄷ : ECR
⑤ ㄱ : QR ㄴ : EHCR ㄷ : ECR

26 공동수배송의 필요성에 관한 설명으로 옳지 않은 것은?

① 소비자 욕구의 다양화로 다빈도 소량주문 증가
② 화물량 증가에 따른 도로혼잡 및 환경오염 문제 발생
③ 능률적이고 효율적으로 물류활동 개선 필요
④ 새로운 시설과 설비 투자에 따른 위험부담 감소 필요
⑤ 소비자의 물류서비스 차별화 요구 증가

27 화물을 일정한 중량이나 체적으로 단위화시켜 하역과 수송의 합리화를 도모하는 것은?

① 유닛로드시스템(Unit Load System)
② 파렛트풀시스템(Pallet Pool System)
③ 파렛트 표준화(Pallet Standardization)
④ 포장의 모듈화(Packaging Modularization)
⑤ 일관파렛트화(Palletization)

28 **SCM 등장배경에 관한 설명으로 옳지 않은 것은?**

① 부가가치의 60～70%가 제조공정 외부 공급망에서 발생한다.
② 부품 및 기자재의 납기 및 품질, 주문의 납기 및 수요 등 외부의 불확실성이 점점 더 심화되고 있다.
③ 공급망 하류로 갈수록 정보가 왜곡되는 현상이 심화되고 있다.
④ 기업활동이 글로벌화되면서 공급망상의 리드타임이 길어지고 불확실해졌다.
⑤ 글로벌화 및 고객요구 다양성 증대에 따라 대량고객화가 보편화되고 있다.

29 **기업 간 협력의 유형에 관한 설명으로 옳지 않은 것은?**

① VMI(Vendor-Managed Inventory) : 유통업체와 제조업체가 실시간 정보공유를 통해 공동으로 유통업체의 재고를 관리하는 방식
② CRP(Continuous Replenishment Programs) : 유통업체의 실제 판매 데이터를 토대로 제조업체에서 상품을 지속적으로 공급하는 방식
③ QR(Quick Response) : 제조업체와 유통업체가 협력하여 소비자에게 적절한 시기에 적절한 양을 적절한 가격으로 제공하는 것을 목표로 함
④ ECR(Efficient Consumer Response) : 제품에 대한 고객들의 반응을 측정하여 재고관리 및 생산효율을 달성하는 방식
⑤ CPFR(Collaborative Planning, Forecasting & Replenishment) : 제조업체와 유통업체가 협업전략을 통해 공동으로 계획, 생산량 예측, 상품 보충을 구현하는 방식

30 외주물류(아웃소싱)와 3자물류에 관한 설명 중 옳지 않은 것을 모두 고른 것은?

ㄱ. 외주물류는 주로 운영 측면에서 원가절감을 목표로 하는 반면, 3자물류는 원가절감과 경쟁우위 확보 등을 목표로 한다.
ㄴ. 외주물류는 중장기적 협력 관계를 기반으로 이루어지는 반면, 3자물류는 단기적 관계를 기반으로 운영된다.
ㄷ. 외주물류는 주로 최고경영층의 의사결정에 따라 경쟁계약의 형태로 진행되는 반면, 3자물류는 중간 관리층의 의사결정에 따라 수의계약 형태로 주로 진행된다.
ㄹ. 서비스 범위 측면에서 외주물류는 기능별 서비스(수송, 보관) 수행을 지향하는 반면, 3자물류는 종합물류를 지향한다.

① ㄱ, ㄴ
② ㄴ, ㄷ
③ ㄷ, ㄹ
④ ㄱ, ㄴ, ㄹ
⑤ ㄱ, ㄷ, ㄹ

31 다음에서 설명하는 물류 활동에 해당하는 것은?

○ 녹색물류의 일환으로 출하된 상품 또는 원부자재를 반품, 폐기, 회수하는 물류를 의미한다.
○ 강화되는 환경규제로 인해 이에 관한 관심이 높아지고 있다.
○ 폐기비용 감소, 부품의 재활용, 고객들의 환경 친화적 제품 요구 등으로 인해 제조기업들의 기술 도입 및 관련 네트워크 구축이 활발해지고 있다.

① Forward Logistics
② Cross Docking
③ Reverse Logistics
④ Gatekeeping
⑤ Life Cycle Assessment

32 채찍효과(Bullwhip Effect)의 발생 원인이 아닌 것은?

① 공급사슬 구성원들의 독립적 수요예측
② 경제성을 고려한 일괄주문
③ 판촉활동, 수량할인 등에 따른 가격변동
④ 제품 생산 및 공급 리드타임 단축
⑤ 공급부족에 따른 과다 주문

33 **다음 설명에 해당하는 물류보안제도는?**

> ○ 기존 24시간 규칙을 강화하기 위한 조치로 항만보안법에 의해 법제화되었다.
> ○ 보안 및 수입자의 책임을 강화하기 위해 적재 24시간 전, 미국 세관에 온라인으로 신고하도록 의무화한 제도이다.
> ○ 수입자가 신고해야 할 사항이 10가지, 운송사가 신고할 사항이 2가지로 되어 있어 10+2 rule 이라고도 불린다.

① C-TPAT(Customs-Trade Partnership Against Terrorism)
② ISF(Importer Security Filing)
③ Safe Port Act 2006
④ CSI(Container Security Initiative)
⑤ ISPS(International Ship and Port Facility Security) code

34 **A기업은 수송부문 연비 개선을 통해 이산화탄소 배출량을 10kg 줄이고자 한다. 연비법에 의한 이산화탄소 배출량 산출식 및 관련 자료는 다음과 같을 때, 이산화탄소 배출량 10kg 감축을 위한 A기업의 목표 평균 연비는?**

> ○ 이산화탄소 배출량(kg) = 주행거리(km) ÷ 연비(km/L) × 이산화탄소 배출계수(kg/L)
> ○ 주행 거리 : 150,000km
> ○ 연비개선 전 평균연비 : 5km/L
> ○ 이산화탄소 배출계수 : 0.002kg/L

① 6.0km/L
② 7.5km/L
③ 9.0km/L
④ 10.5km/L
⑤ 12.0km/L

35 **4자물류에 관한 설명으로 옳지 않은 것은?**

① 기존의 3자물류 서비스에 IT, 기술, 전략적 컨설팅 등을 추가한 서비스이다.
② 포괄적인 공급사슬관리(SCM) 서비스를 제공하기 위한 통합서비스로, 공급사슬 전반의 최적화를 도모한다.
③ 합작투자 또는 장기간 제휴형태로 운영되며, 이익의 분배를 통하여 공통의 목표를 설정한다.
④ 기업과 고객 간의 거래(B2C)보다는 기업과 기업 간의 거래(B2B)에 집중한다.
⑤ 다양한 기업이 파트너로서 참여하는 혼합조직이다.

36 물류정보의 개념과 특징에 관한 설명으로 옳지 않은 것은?

① 생산에서 소비에 이르기까지의 물류기능을 유기적으로 결합하여 물류관리 효율성을 향상시키는 데 활용된다.
② 운송, 보관, 하역, 포장 등의 물류활동에 관한 정보를 포함한다.
③ 원료의 조달에서 완성품의 최종 인도까지 각 물류기능을 연결하여 신속하고 정확한 흐름을 창출한다.
④ 기술 및 시스템의 발전으로 인해 물류정보의 과학적 관리가 가능하다.
⑤ 정보의 종류가 다양하고 규모가 크지만, 성수기와 평상시의 정보량 차이는 작다.

37 다음 설명에 해당하는 물류정보관리 시스템은?

> ○ 대표적인 소매점 관리시스템 중 하나로서, 상품의 판매 시점에 발생하는 정보를 저장 가능하다.
> ○ 실시간으로 매출을 등록하고, 매출 자료의 자동정산 및 집계가 가능하다.
> ○ 상품의 발주, 구매, 배송, 재고관리와 연계가 가능한 종합정보관리 시스템이다.

① POS(Point of Sale)
② KAN(Korean Article Number)
③ ERP(Enterprise Resource Planning)
④ GPS(Global Positioning System)
⑤ DPS(Digital Picking System)

38 능동형 RFID(Radio Frequency IDentification) 시스템에 관한 설명으로 옳지 않은 것은?

① 내장 배터리를 전원으로 사용한다.
② 지속적인 식별정보 송신이 가능하다.
③ 수동형에 비해 가격이 비교적 비싸다.
④ 수동형에 비해 비교적 원거리 통신이 가능하다.
⑤ 반영구적으로 사용 가능하다.

39 **표준 바코드의 한 종류인 EAN(European Article Number)-13 코드에 관한 설명으로 옳지 않은 것은?**

① EAN-13(A)와 EAN-13(B)의 국가식별코드는 2~3자리 숫자로 구성된다.
② 제조업체코드는 EAN-13(A)의 경우 4자리, EAN-13(B)의 경우 6자리로 구성된다.
③ 상품품목코드는 EAN-13(A)의 경우 5자리, EAN-13(B)의 경우 3자리로 구성된다.
④ EAN-13(A)와 EAN-13(B) 모두 물류용기에 부착하기 위한 물류식별코드를 가지고 있다.
⑤ EAN-13(A)와 EAN-13(B) 모두 체크 디지트를 통해 스캐너에 의한 판독 오류를 방지한다.

40 **물류 EDI(Electronic Data Interchange) 시스템에 관한 설명으로 옳지 않은 것은?**

① 거래업체 간에 상호 합의된 전자문서표준을 이용한 컴퓨터 간의 구조화된 데이터 전송을 의미한다.
② 상호 간의 정확한, 실시간 업무 처리를 가능하게 하여 물류업무의 효율성을 향상시킬 수 있다.
③ 종이문서 수작업 및 문서처리 오류를 감소시킬 수 있다.
④ 국제적으로는 다양한 EDI 시스템이 존재하지만, 국내 EDI 시스템 개발 사례는 존재하지 않는다.
⑤ 전자적 자료 교환을 통해 기업의 국제 경쟁력을 강화시킬 수 있다.

[2과목] 화물운송론

41 운송수단별 특징에 관한 설명으로 옳은 것은?

① 철도운송은 장거리, 대량운송에 유리하지만 운송시간이 오래 걸리고 초기인프라 설치관련 진입비용이 낮다.
② 해상운송은 대량화물의 장거리운송에 적합하지만 정기항로에 치우쳐 유연성과 전문성이 떨어진다.
③ 항공운송은 장거리를 신속하게 운송하며 항공기의 대형화로 운송비 절감을 가져왔다.
④ 공로운송은 접근성이 가장 뛰어나지만 1회 수송량이 적어 운임부담력이 상대적으로 낮다.
⑤ 연안운송은 초기 항만하역시설투자비가 적은 편이고 해상경로가 비교적 짧은 단거리 수송에 유리하다.

42 다음은 최근 운송산업의 변화에 관한 설명이다. (   )의 내용으로 옳은 것은?

○ 철도운송은 철도르네상스를 통하여 시간적 제약을 극복하면서 도심으로의 접근성에 대한 우수한 경쟁력으로 (ㄱ)운송의 대체수단으로 떠오르고 있다.
○ 운송수단의 대형화, 신속화 추세에 따라 (ㄴ) 간의 경쟁이 심화되면서 (ㄴ)의 수는 줄어들고 그 기능이 복합화 되어 가는 새로운 지역경제협력시대를 열고 있다.
○ 기후변화와 관련된 운송수단의 (ㄷ) 기술혁신은 조선업의 새로운 부흥시대를 열고 있다.
○ 미국과 중국 간의 정치적 갈등은 글로벌공급망의 재편과 관련하여 최저생산비보다 (ㄹ) 공급망을 중시하는 방향으로 협업적 관계를 강조하고 있다.

① ㄱ : 해상 ㄴ : 경로 ㄷ : 친환경 ㄹ : 효율적인
② ㄱ : 해상 ㄴ : 운송방식 ㄷ : 인공지능 ㄹ : 안정적인
③ ㄱ : 항공 ㄴ : 경로 ㄷ : 인공지능 ㄹ : 효율적인
④ ㄱ : 항공 ㄴ : 거점 ㄷ : 친환경 ㄹ : 안정적인
⑤ ㄱ : 공로 ㄴ : 거점 ㄷ : 인공지능 ㄹ : 효율적인

43 **운송서비스의 특징에 관한 설명으로 옳지 않은 것은?**

① 운송이란 생산과 동시에 소비되는 즉시재이다.
② 운송공급은 비교적 계획적이고 체계적인 반면, 운송수요는 상대적으로 무계획적이고 비체계적이다.
③ 개별적 운송수요는 다양하므로 운송수요는 집합성을 가질 수 없다.
④ 운임의 비중이 클수록 운임상승은 상품수요를 감소시킴으로써 운송수요를 줄이게 되어 운송수요의 탄력성이 더욱 커지게 된다.
⑤ 운송수단 간 대체성이 높아 운송수요에 대한 탄력적 대응이 가능하다.

44 **국내화물운송의 합리화 방안에 관한 설명으로 옳지 않은 것은?**

① 과학적 관리에 입각한 계획수송체계의 강화
② 운송수단의 대형화, 신속화, 표준화
③ 적재율 감소를 통한 물류합리화
④ 공동수배송 체계의 활성화
⑤ 운송업체의 대형화, 전문화

45 **운송의 기능에 관한 설명으로 옳지 않은 것은?**

① 보관과 배송을 연결하는 인적 조절기능이 있다.
② 한계생산비의 차이를 극복하는 장소적 조절기능이 있다.
③ 원재료 이동을 통한 생산비 절감기능이 있다.
④ 운송의 효율적 운용을 통한 물류비 절감기능이 있다.
⑤ 지역 간 경쟁력 있는 상품의 생산과 교환, 소비를 촉진시키는 기능이 있다.

46 물류와 운송의 개념에 관한 설명으로 옳지 않은 것은?

① 미국 마케팅협회는 물류를 생산지에서 소비지에 이르는 상품의 이동과 취급에 관한 관리라고 정의하였다.
② 1976년 미국물류관리협회는 물류를 생산에서 소비에 이르는 여러 활동을 포함하되 수요예측이나 주문처리는 물류가 아닌 마케팅의 영역으로 구분하였다.
③ 오늘날 운송은 생산지와 소비지 간의 공간적 거리 극복뿐만 아니라 토탈 마케팅비용의 절감과 고객서비스 향상이라는 관점도 강조하고 있다.
④ 물류의 본원적 활동인 운송은 다양한 부가가치 활동이 추가되면서 오늘날의 물류로 발전되었다.
⑤ 운송은 재화를 효용가치가 낮은 장소로부터 높은 장소로 이전하는 활동을 포함한다.

47 국내 화물운송의 특징으로 옳지 않은 것은?

① 공로운송은 운송거리가 단거리이기 때문에 전체 운송에서 차지하는 비중이 낮다.
② 화물운송의 출발/도착 관련 경로의 편중도가 높다.
③ 한국의 수출입 물동량 중 항만을 이용한 물동량이 가장 큰 비중을 차지하며 특정 수출입항만의 편중도가 높다.
④ 화물자동차운송사업은 영세업체가 많고 전문화, 대형화가 미흡하여 운송서비스의 질이 위협받고 있다.
⑤ 화주기업과 운송인과의 협업적 관계가 미흡하여 제3자물류나 제4자물류로 발전하기 위한 정부의 정책적 지원 확대가 필요하다.

48 물류활동 및 운송합리화를 위한 3S1L의 기본원칙으로 옳지 않은 것은?

① 저비용
② 대체성
③ 안전성
④ 정확성
⑤ 신속성

49 **화물자동차의 운행상 안전기준에 해당하는 것을 모두 고른 것은?**

ㄱ. 적재중량 : 구조 및 성능에 따르는 적재중량의 110% 이내일 것
ㄴ. 길이 : 자동차 길이에 그 길이의 10분의 1을 더한 길이를 넘지 아니할 것
ㄷ. 승차인원 : 승차정원의 110% 이내일 것
ㄹ. 너비 : 자동차의 후사경(後寫鏡)으로 뒤쪽을 확인할 수 있는 범위(후사경의 높이보다 화물을 낮게 적재한 경우에는 그 화물을, 후사경의 높이보다 화물을 높게 적재한 경우에는 뒤쪽을 확인할 수 있는 범위를 말한다)의 너비를 넘지 아니할 것
ㅁ. 높이 : 지상으로부터 4.5미터를 넘지 아니할 것

① ㄱ, ㄴ, ㄷ
② ㄱ, ㄴ, ㄹ
③ ㄴ, ㄷ, ㄹ
④ ㄱ, ㄴ, ㄷ, ㄹ
⑤ ㄱ, ㄷ, ㄹ, ㅁ

50 **화물자동차 운송가맹사업의 허가기준에 관한 설명으로 옳지 않은 것은?**

① 허가기준대수 : 400대 이상(운송가맹점이 소유하는 화물자동차 대수를 포함하되, 8개 이상의 시·도에 50대 이상 분포되어야 한다)
② 화물자동차의 종류 : 일반형·덤프형·밴형 및 특수용도형 화물자동차 등 화물자동차운수사업법 시행규칙 제3조에 따른 화물자동차(화물자동차를 직접 소유하는 경우만 해당한다)
③ 사무실 및 영업소 : 영업에 필요한 면적
④ 최저보유차고 면적 : 화물자동차 1대당 그 화물자동차의 길이와 너비를 곱한 면적(화물자동차를 직접 소유하는 경우만 해당한다)
⑤ 그 밖의 운송시설 : 화물정보망을 갖출 것

51 **화물자동차의 구조에 의한 분류 중 합리화 특장차는?**

① 믹서트럭
② 분립체 운송차
③ 액체 운송차
④ 냉동차
⑤ 리프트게이트 부착차량

52 다음에서 설명하는 화물자동차 운송정보시스템은?

> 출하되는 화물의 양(중량 및 부피)에 따라 적정한 크기의 차량선택과 1대의 차량에 몇 개의 배송처의 화물을 적재할 것인지를 계산해 내고, 화물의 형상 및 중량에 따라 적재함의 어떤 부분에 화물을 적재해야 가장 효율적인 적재가 될 것인지를 시뮬레이션을 통하여 알려주는 시스템

① WMS(Warehouse Management System)
② Routing System
③ Tracking System
④ VMS(Vanning Management System)
⑤ CVO(Commercial Vehicle Operating system)

53 자가용 화물자동차와 비교한 사업용 화물자동차의 장점으로 옳지 않은 것은?

① 자가용 화물차 이용 시보다 기동성이 높고, 보험료가 적다.
② 귀로 시 복화화물운송이 가능하여 운송비가 저렴하다.
③ 돌발적인 운송수요의 증가에 탄력적 대응이 가능하다.
④ 필요한 시점에 필요한 수량과 필요한 규격 및 종류의 차량 이용이 가능하다.
⑤ 운임이 저렴하고 서비스 수준이 높은 업체와 계약운송이 가능하다.

54 화물운임의 부과방법에 관한 설명으로 옳지 않은 것은?

① 종가운임 : 운송되는 화물의 가격에 따라 운임의 수준이 달라지는 형태의 운임
② 최저운임 : 일정한 수준 이하의 운송량을 적재하거나 일정 거리 이하의 단거리운송 등으로 실운임이 일정수준 이하로 계산될 때 적용하는 최저 수준의 운임
③ 특별운임 : 운송거리, 서비스 수준, 운송량, 운송시간 등에 따라 운임 차이가 발생할 수 있음에도 불구하고 동일한 요율을 적용하는 형태의 운임
④ 품목별운임 : 운송하는 품목에 따라 요율을 달리하는 운임
⑤ 반송운임 : 목적지에 도착한 후 인수거부, 인계불능 등에 의하여 반송조치하고 받는 운임

55 일반 화물자동차의 화물 적재공간에 박스형 덮개를 고정적으로 설치한 차량은?

① 밴형 화물자동차
② 덤프트럭
③ 포크리프트
④ 평바디트럭
⑤ 리치스테커(Reach Stacker)

56 다음에서 설명하고 있는 운송방식은?

> ○ 배송에 관한 사항을 시간대별로 계획하고 표로 작성하여 운행
> ○ 배송처 및 배송물량의 변화가 심할 때 방문하는 배송처, 방문순서, 방문시간 등을 매일 새롭게 설정하여 배송하는 운송방식

① 루트(Route) 배송
② 밀크런(Milk Run) 배송
③ 적합 배송
④ 단일 배송
⑤ 변동다이어그램 배송

57 다음과 같은 화물자동차 운송과 철도운송 조건에서 두 운송수단 간 경제적 효용거리 분기점은?

> ○ 철도 운송비 : 40원/ton · km
> ○ 화물자동차 운송비 : 80원/ton · km
> ○ 철도 부대비용(철도발착비, 하역비 등) : 10,000원/ton

① 200km
② 230km
③ 250km
④ 270km
⑤ 320km

58 컨테이너 전용 철도 무개화차의 종류에 해당하지 않는 것은?

① 오픈 톱 카(Open Top Car)
② 플랫카(Flat Car)
③ 컨테이너카(Container Car)
④ 더블스텍카(Double Stack Car)
⑤ 탱크화차(Tank Car)

59 철도화물 운임 및 요금에 관한 설명으로 옳지 않은 것은?

① 화물운임의 할인종류에는 왕복수송 할인, 탄력할인, 사유화차 할인 등이 있다.
② 컨테이너의 크기, 적컨테이너, 공컨테이너 등에 따라 1km당 운임률은 달라진다.
③ 화차 1량에 대한 최저기본운임은 사용화차의 화차표기하중톤수의 200km에 해당하는 운임이다.
④ 일반화물의 기본운임은 1건마다 중량, 거리, 임률을 곱하여 계산한다. 이 경우 1건 기본운임이 최저기본운임에 미달할 경우에는 최저기본운임을 기본운임으로 한다.
⑤ 화물운임의 할증대상에는 귀중품, 위험물, 특대화물 등이 있다.

60 철도운송 서비스 형태에 관한 설명으로 옳지 않은 것은?

① Shuttle Train : 철도역 또는 터미널에서 화차조성비용을 줄이기 위해 화차의 수와 타입이 고정되며 출발지 → 목적지 → 출발지를 연결하는 루프형 서비스를 제공하는 열차형태
② Block Train : 스위칭야드(Switching Yard)를 이용하지 않고 철도화물역 또는 터미널 간을 직행 운행하는 전용열차의 한 형태로 화차의 수와 타입이 고정되어 있음
③ Y-Shuttle Train : 한 개의 중간터미널을 거치는 것을 제외하고는 Shuttle Train과 같은 형태의 서비스를 제공하는 방식임
④ Single-Wagon Train : 복수의 중간역 또는 터미널을 거치면서 운행하는 방식으로 목적지까지 열차운행을 위한 충분한 물량이 확보된 경우에만 운행
⑤ Liner Train : 장거리구간에서 여러 개의 소규모터미널이 존재하는 경우 마치 여객열차와 같이 각 기차터미널에서 화차를 Pick up & Deliver하는 서비스 형태

61 해상운송의 기능 및 특성에 관한 설명으로 옳지 않은 것은?

① 해상운송은 떠다니는 영토로 불릴 만큼 높은 국제성을 지니므로 제2편의치적과 같은 전략적 지원이 강조된다.
② 장거리, 대량운송에 따른 낮은 운임부담력으로 인해 국제물류의 중심 역할을 담당한다.
③ 직간접적인 관련 산업 발전 및 지역경제 활성화와 국제수지 개선에도 기여한다.
④ 해상운송은 물품의 파손, 분실, 사고발생의 위험이 적고, 타 운송수단에 비해 안전성이 높다.
⑤ 선박대형화에 따라 기존 운하경로의 제약이 있지만 북극항로와 같은 새로운 대체경로의 개발도 활발하다.

62 해상운임 중 Berth Term(Liner Term)에 관한 설명으로 옳은 것은?

① 선사(선주)가 선적항 선측에서 양하항 선측까지 발생하는 제반 비용과 위험을 모두 부담한다.
② 화물을 선측에서 선내까지 싣는 과정의 비용 및 위험부담은 화주의 책임이며, 양하항에 도착 후 본선에서 부두로 양하할 때의 비용과 위험은 선사가 부담한다.
③ 화물을 본선으로부터 양하하는 위험부담은 화주의 책임이며, 반대로 선사는 적하비용을 부담한다.
④ 화물의 본선 적하 및 양하와 관련된 모든 비용과 위험부담은 화주가 지며, 선사는 아무런 책임을 지지 않는다.
⑤ 품목에 관계없이 동일하게 적용되는 운임을 말한다.

63 해운동맹에 관한 설명으로 옳은 것은?

① 두 개 이상의 정기선 운항업자가 경쟁을 활성화하기 위해 운임, 적취량, 배선 등의 조건에 합의한 국제카르텔을 말한다.
② 미국을 포함한 대부분의 국가는 해상운송의 안전성을 위해 해운동맹을 적극적으로 받아들이고 있으며, 가입과 탈퇴에 따른 개방동맹과 폐쇄동맹에 대한 차이는 없다.
③ 해운동맹은 정기선의 운임을 높게 유지함으로써 동맹탈퇴의 잠재이익이 크게 작용하고 있어 동맹유지가 어렵고 이탈이 심한 편이다.
④ 맹외선과의 대응전략으로 동맹사들은 경쟁억압선의 투입이나 이중운임제, 연체료와 같은 할인 할증제 등을 운영한다.
⑤ 동맹회원 간에는 일반적으로 운임표가 의무적으로 부과되지만 특정화물에 대해서는 자유로운 open rate이 가능하다.

64 부정기선 용선계약의 특징에 관한 설명으로 옳지 않은 것은?

① 항해용선(Voyage Charter)계약은 선주가 선장을 임명하고 지휘·감독한다.
② 항해용선계약의 특성상 용선자는 본선운항에 따른 모든 책임과 비용을 부담하여야 한다.
③ 정기용선(Time Charter)계약은 선주가 선장을 임명하고 지휘·감독한다.
④ 정기용선계약에서 용선자는 영업상 사정으로 본선이 운항하지 못한 경우에도 용선료를 지급하여야 한다.
⑤ 정기용선계약에서 용선료는 원칙적으로 기간에 따라 결정된다.

65 수입화물의 항공운송 취급 절차를 순서대로 옳게 나열한 것은?

ㄱ. 전문접수 및 항공기 도착	ㄴ. 창고분류 및 배정
ㄷ. 서류 분류 및 검토	ㄹ. 도착 통지
ㅁ. 보세운송	ㅂ. 화물분류 작업
ㅅ. 운송장 인도	

① ㄱ − ㄷ − ㄴ − ㅂ − ㄹ − ㅅ − ㅁ
② ㄱ − ㄷ − ㅅ − ㄹ − ㅁ − ㅂ − ㄴ
③ ㄱ − ㄹ − ㄴ − ㄷ − ㅁ − ㅂ − ㅅ
④ ㄹ − ㄱ − ㄷ − ㄴ − ㅂ − ㅁ − ㅅ
⑤ ㄹ − ㄴ − ㄷ − ㄱ − ㅂ − ㅅ − ㅁ

66 항공운송의 운임에 관한 설명으로 옳지 않은 것은?

① 일반화물요율(GCR : General Cargo Rate)은 모든 항공화물 요금산정 시 기본이 된다.
② 일반화물요율의 최저운임은 “M”으로 표시한다.
③ 특정품목할인요율(SCR : Specific Commodity Rate)은 특정 대형화물에 대하여 운송구간 및 최저중량을 지정하여 적용되는 할인운임이다.
④ 품목별분류요율(CCR : Commodity Classification Rate)은 특정 품목에 대하여 적용하는 할인 또는 할증운임률이다.
⑤ 일반화물요율은 특정품목할인요율이나 품목별분류요율보다 우선하여 적용된다.

67 운송주선인(Freight Forwarder)의 역할에 관한 설명으로 옳지 않은 것은?

① 운송계약의 주체가 되어 자신의 명의로 운송서류를 발행한다.
② 화물포장 및 보관 업무를 수행한다.
③ 수출화물을 본선에 인도하고 수입화물은 본선으로부터 인수한다.
④ 화물인도지시서(D/O)를 작성하여 선사에게 제출한다.
⑤ 화물의 집화, 분배, 통관업무 등을 수행한다.

68 수요지와 공급지 사이의 수송표가 아래와 같을 때 보겔추정법(Vogel's Approximation Method)을 적용하여 산출된 총 운송비용과 공급지 B에서 수요지 X까지의 운송량은? (단, 공급지에서 수요지까지의 톤당 운송비는 각 셀의 우측하단에 표시되어 있음)

(단위 : 천원)

공급지 \ 수요지	X	Y	Z	공급량(톤)
A	10	12	16	200
B	5	8	20	400
C	14	11	7	200
수요량(톤)	500	200	100	800

① 6,000,000원, 300톤
② 6,000,000원, 400톤
③ 6,100,000원, 200톤
④ 6,100,000원, 300톤
⑤ 6,200,000원, 400톤

69 다수의 수요지와 공급지를 지닌 수송문제에서 수송표를 작성하여 수송계획을 세우고자 한다. 수송계획법에 관한 설명으로 옳은 것을 모두 고른 것은?

ㄱ. 북서코너법(North-West Corner Method)은 수송표 좌측상단부터 우측하단방향으로 차례대로 수요량과 공급량을 고려하여 수송량을 할당해나가는 방법이다.
ㄴ. 보겔추정법(Vogel's Approximation Method)은 최선의 수송경로를 선택하지 못했을 때 추가 발생되는 기회비용을 고려한 방법이다.
ㄷ. 최소비용법(Least-Cost Method)은 단위당 수송비용이 가장 낮은 칸에 우선적으로 할당하는 방법이다.
ㄹ. 북서코너법은 신속하게 최초실행가능 기저해를 구할 수 있다는 장점이 있으나 수송비용을 고려하지 못한다는 단점을 가지고 있다.

① ㄱ, ㄹ
② ㄱ, ㄴ, ㄷ
③ ㄱ, ㄷ, ㄹ
④ ㄴ, ㄷ, ㄹ
⑤ ㄱ, ㄴ, ㄷ, ㄹ

70 **운송주선인(Freight Forwarder)의 혼재운송에 관한 설명으로 옳지 않은 것은?**

① 혼재운송은 소량 컨테이너화물을 컨테이너단위 화물로 만들어 운송하는 것을 말한다.
② 혼재운송은 소량화물의 선적용이, 비용절감, 물량의 단위화로 취급상 용이하다.
③ Forwarder's consolidation은 단일 송화인의 화물을 다수의 수화인에게 운송하는 형태이다.
④ Buyer's consolidation은 다수의 송화인의 화물을 혼재하여 단일 수화인에게 운송하는 형태이다.
⑤ 혼재운송에서 운송주선인은 선박회사가 제공하지 않는 문전운송 서비스를 제공한다.

71 **수송모형에 관한 설명으로 옳지 않은 것은?**

① 회귀모형 : 화물의 수송량에 영향을 주는 다양한 변수 간의 상관관계에 대한 회귀식을 도출하여 장래 화물량을 예측하는 모형이다.
② 중력모형 : 지역 간의 운송량이 경제규모에 비례하고 거리에 반비례한다는 가정에 의한 화물분포모형으로 단일제약모형, 이중제약모형 등이 있다.
③ 통행교차모형 : 교통량을 교통수단과 교통망에 따라 시간, 비용 등을 고려하여 효율적으로 배분하는 화물분포모형으로 로짓모형, 카테고리 분석모형 등이 있다.
④ 성장인자모형 : 물동량 배분패턴이 장래에도 일정하게 유지된다는 가정하에 지역 간의 물동량을 예측하는 화물분포모형이다.
⑤ 엔트로피 극대화모형 : 제약조건하에서 지역 간 물동량의 공간적 분산 정도가 극대화된다는 가정에 기초한 화물분포모형이다.

72 **허브 앤 스포크(Hub & Spoke) 시스템에 관한 설명으로 옳지 않은 것은?**

① 셔틀노선의 증편이 용이하여 영업소 확대에 유리하다.
② 집배센터에 배달물량이 집중될 경우 충분한 상하차 여건을 갖추지 않으면 배송지연이 발생할 수 있다.
③ 모든 노선이 허브를 중심으로 구축된다.
④ 대규모 분류능력을 갖춘 허브터미널이 필요하다.
⑤ 운송노선이 단순한 편이어서 효율성이 높아진다.

73 다음 수송문제의 모형에서 공급지 1, 2, 3의 공급량은 각각 250, 300, 150이고, 수요지 1, 2, 3, 4의 수요량은 각각 120, 200, 300, 80이다. 공급지에서 수요지 간의 1단위 수송비용이 그림과 같을 때 제약 조건식으로 옳지 않은 것은? (단, X_{ij}에서 X는 물량, i는 공급지, j는 수요지를 나타냄)

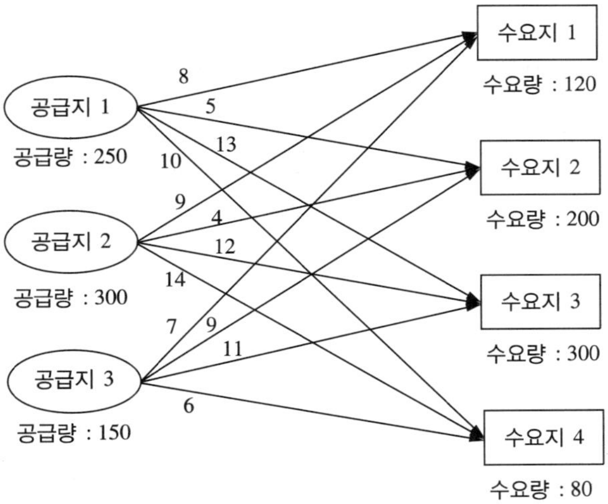

① $X_{11} + X_{21} + X_{31} = 120$

② $X_{13} + X_{23} + X_{33} = 300$

③ $X_{14} + X_{24} + X_{34} = 200$

④ $X_{11} + X_{12} + X_{13} + X_{14} = 250$

④ $X_{31} + X_{32} + X_{33} + X_{34} = 150$

74 출발지에서 도착지까지 파이프라인을 통해 가스를 보낼 경우 보낼 수 있는 최대 가스량(톤)은? (단, 구간별 숫자는 파이프라인의 용량(톤)이며, 링크의 화살표 방향으로만 가스를 보낼 수 있음)

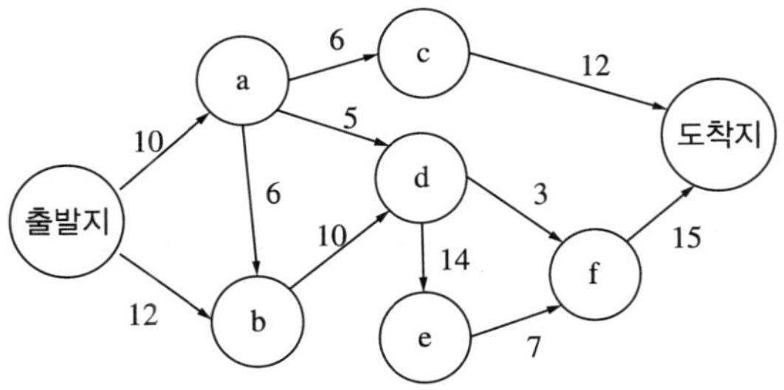

① 12
② 13
③ 15
④ 16
⑤ 18

75 **수배송 계획에서 활용되는 세이빙(Saving)기법에 관한 설명으로 옳지 않은 것은?**

① 모든 방문처를 경유해야 하는 차량수를 최소로 하면서 동시에 차량의 총 수송거리를 최소화하는 데 유용하다.
② 단축된 거리가 큰 순위부터 차량 운행경로를 편성한다.
③ 경로 편성 시 차량의 적재용량 등의 제약사항을 고려한다.
④ 배차되는 각 트럭의 용량의 합은 총수요 이상이고 특정 고객의 수요보다는 작아야 한다.
⑤ 배송센터에서 두 수요지까지의 거리를 각각 a, b라 하고 두 수요지 간의 거리를 c라고 할 때 단축 가능한 거리는 (a + b − c)가 된다.

76 **택배 영업장에 관한 설명으로 옳은 것은?**

① 터미널은 회사가 점포를 개설하여 직접 운영하는 영업장을 말한다.
② 특약점은 일정한 지역의 영업거점으로 집배차량 통제 및 집배구역을 관리하고 주로 집배・배송 업무를 수행하는 영업장을 말한다.
③ 대리점은 수탁자가 점포, 차량을 준비하여 화물집화만을 수행하는 영업장을 말한다.
④ 취급점은 화물의 분류, 차량의 간선운행 기능을 갖는 영업장을 말한다.
⑤ 위탁 영업소는 회사가 점포와 집배・배송 차량을 제공하고 수탁자가 이를 운영하는 영업장을 말한다.

77 **수배송 합리화를 위한 계획 수립 시 고려사항으로 옳지 않은 것은?**

① 최단 운송루트를 개발하고 최적 운송수단을 선택한다.
② 운송수단의 적재율 향상을 위한 방안을 마련한다.
③ 운송의 효율성을 높이기 위해 관련 정보시스템을 활용한다.
④ 배송경로는 상호 교차되도록 하여 운송루트에 다양성을 확보한다.
⑤ 운송수단의 회전율을 높일 수 있도록 계획한다.

78 **택배 표준약관(공정거래위원회 표준약관 제10026호)에 따른 용어의 정의로 옳지 않은 것은?**

① '택배'라 함은 고객의 요청에 따라 운송물을 고객(송화인)의 주택, 사무실 또는 기타의 장소에서 수탁하여 고객(수화인)의 주택, 사무실 또는 기타의 장소까지 운송하여 인도하는 것을 말한다.
② '택배사업자'라 함은 택배를 영업으로 하며, 상호가 운송장에 기재된 운송사업자를 말한다.
③ '인도'라 함은 사업자가 고객(수화인)에게 운송장에 기재된 운송물을 넘겨주는 것을 말한다.
④ '운송장'이라 함은 사업자와 고객(송화인) 간의 택배계약의 성립과 내용을 증명하기 위하여 사업자의 청구에 의하여 고객(송화인)이 발행한 문서를 말한다.
⑤ '수탁'이라 함은 사업자가 택배를 수행하기 위하여 고객(수화인)으로부터 운송물을 수령하는 것을 말한다.

79 **택배 표준약관(공정거래위원회 표준약관 제10026호)에서 사업자가 고객(송화인)과 계약을 체결하는 때에 운송장에 기재하는 내용으로 옳은 것을 모두 고른 것은?**

ㄱ. 손해배상한도액
ㄴ. 운송물의 종류(품명), 수량 및 가액
ㄷ. 운임 기타 운송에 관한 비용 및 지급방법
ㄹ. 운송물의 중량 및 용적 구분
ㅁ. 운송상의 특별한 주의사항(훼손, 변질, 부패 등 운송물의 특성구분과 기타 필요한 사항을 기재함)
ㅂ. 운송장의 작성연월일

① ㄱ, ㄴ, ㄷ
② ㄱ, ㄷ, ㄹ
③ ㄱ, ㄹ, ㅂ
④ ㄴ, ㄷ, ㄹ
⑤ ㄴ, ㅁ, ㅂ

80 **다음 설명에 해당하는 택배물류의 형태는?**

○ 구매한 제품의 A/S를 위한 화물, 구매취소 등의 반품이 주를 이룸
○ 판매자의 폐기물 회수
○ 전자상거래 증가에 따라 지속적으로 증가할 것으로 예상함

① C2G 택배
② B2C 택배
③ B2G 택배
④ C2B 택배
⑤ C2C 택배

[3과목] 국제물류론

81 국제물류의 기능에 관한 설명으로 옳지 않은 것은?

① 정보의 비대칭성을 강화하여 생산자의 경쟁력을 제고하는 기능을 한다.
② 생산자와 소비자의 수급 불일치를 해소하는 기능을 한다.
③ 생산물품과 소비물품의 품질을 동일하게 유지하는 기능을 한다.
④ 재화의 생산시점과 소비시점의 불일치를 조정하는 기능을 한다.
⑤ 생산지와 소비지의 장소적, 거리적 격차를 단축시키는 기능을 한다.

82 국제물류의 동향에 관한 설명으로 옳지 않은 것은?

① 운송거점으로서의 허브항만이 지역경제 협력의 거점으로 다각화되고 있다.
② 전자상거래의 발전으로 온라인 정보망과 오프라인 물류망 간 동조화가 강화되고 있다.
③ 재화의 소비 이후 재사용 및 폐기까지 환경유해요소를 최소화하는 환경물류의 중요성이 증대되고 있다.
④ 국제물류의 기능변화에 따라 공급사슬 전체를 관리하는 제3자 물류(3PL)업체들의 역할이 강화되고 있다.
⑤ 국제물류기업은 항만이나 공항의 공용터미널을 지속적으로 활용하여 체선・체화를 감소시키고 있다.

83 국제민간항공기구(ICAO)에 관한 설명으로 옳지 않은 것은?

① 1944년에 결의된 Chicago Conference를 기초로 하고 있다.
② 회원국의 항공사 대표들이 참석하는 국제연합(UN) 산하의 전문기관이다.
③ 국제항공법회의에서 초안한 국제항공법을 의결한다.
④ 국제민간항공의 안전 확보와 항공 시설 및 기술발전 등을 목적으로 하고 있다.
⑤ 항공기 사고 조사 및 방지, 국제항공운송의 간편화 등의 업무를 하고 있다.

84 **항공화물운송의 특성에 관한 설명으로 옳지 않은 것은?**

① 대부분 야간에 운송이 집중된다.
② 신속성을 바탕으로 정시 서비스가 가능하다.
③ 여객에 비해 계절에 따른 운송수요의 탄력성이 크다.
④ 화물추적, 특수화물의 안정성, 보험이나 클레임에 대한 서비스가 우수하다.
⑤ 적하를 위하여 숙련된 지상작업이 필요하다.

85 **항공운송관련 국제협정을 통합하기 위해 1999년 ICAO 국제항공법회의에서 채택되어 2003년에 발효된 국제조약은?**

① Hague Protocol
② Guadalajara Convention
③ Guatemala Protocol
④ Montreal Convention
⑤ Montreal Agreement

86 **국제복합운송인에 관한 설명이다. (   )에 들어갈 용어를 올바르게 나열한 것은?**

○ (ㄱ)는 자신이 직접 운송수단을 보유하고 복합운송인으로서 역할을 수행하는 운송인 ○ (ㄴ)는 해상운송에서 선박을 직접 소유하지 않으면서 해상운송인에 대하여 화주의 입장, 화주에게는 운송인의 입장에서 운송을 수행하는 자

① ㄱ : Actual carrier ㄴ : NVOCC
② ㄱ : Contracting carrier ㄴ : NVOCC
③ ㄱ : NVOCC ㄴ : Ocean freight forwarder
④ ㄱ : Actual carrier ㄴ : VOCC
⑤ ㄱ : Contracting carrier ㄴ : VOCC

87 **항공화물운송에서 단위탑재용기 요금(BUC)의 사용제한품목이 아닌 것은?**

① 유 해
② 귀중화물
③ 위험물품
④ 중량화물
⑤ 살아있는 동물

88 **복합운송인의 책임 및 책임체계에 관한 설명으로 옳지 않은 것은?**

① 단일책임체계(uniform liability system)는 복합운송인이 운송물의 손해에 대하여 사고발생 구간에 관계없이 동일한 기준으로 책임을 지는 체계이다.
② 무과실책임(liability without negligence)은 복합운송인의 과실여부와 면책사유를 불문하고 운송기간에 발생한 모든 손해의 결과를 책임지는 원칙이다.
③ 이종책임체계(network liability system)는 손해발생구간이 확인된 경우 해당 구간의 국내법 및 국제조약이 적용되는 체계이다.
④ 과실책임(liability for negligence)은 복합운송인이 선량한 관리자로서 적절한 주의의무를 다하지 못한 손해에 대하여 책임을 지는 원칙이다.
⑤ 절충식책임체계(modified uniform liability system)는 단일책임체계와 이종책임체계를 절충하는 방식으로 UN국제복합운송조약이 채택한 책임체계이다.

89 **다음에서 설명하는 복합운송경로는?**

극동에서 선적된 화물을 파나마 운하를 경유하여 북미 동안 또는 US걸프만 항구까지 해상운송을 한 후 내륙지역까지 철도나 트럭으로 운송하는 복합운송방식

① Micro Land Bridge
② Overland Common Point
③ Mini Land Bridge
④ Canada Land Bridge
⑤ Reverse Interior Point Intermodal

90 **국제복합운송에 관한 설명으로 옳지 않은 것은?**

① 컨테이너의 등장으로 인해 비약적으로 발전하였다.
② 단일 운송계약과 단일 책임주체라는 특징을 가지고 있다.
③ 두 가지 이상의 상이한 운송수단이 결합하여 운송되는 것을 말한다.
④ UN국제복합운송조약은 복합운송증권의 발행 여부를 송화인의 선택에 따르도록 하고 있다.
⑤ 복합운송증권의 발행방식은 유통식과 비유통식 중에서 선택할 수 있다.

91 **다음 중 해상운송과 관련된 국제조약을 모두 고른 것은?**

ㄱ. Hague Rules(1924)	ㄴ. Warsaw Convention(1929)
ㄷ. CMR Convention(1956)	ㄹ. CIM Convention(1970)
ㅁ. Hamburg Rules(1978)	ㅂ. Rotterdam Rules(2008)

① ㄱ, ㄴ, ㄷ
② ㄱ, ㅁ, ㅂ
③ ㄴ, ㄷ, ㄹ
④ ㄷ, ㄹ, ㅁ
⑤ ㄷ, ㄹ, ㅂ

92 **정기선 해상운송의 특징에 관한 내용으로 올바르게 연결되지 않은 것은?**

① 운항형태 – Regular sailing
② 운송화물 – Heterogeneous cargo
③ 운송계약 – Charter party
④ 운송인 성격 – Common carrier
⑤ 운임결정 – Tariff

93 **해상운송과 관련된 용어의 설명으로 옳지 않은 것은?**

① 선박은 선박의 외형과 이를 지탱하기 위한 선체와 선박에 추진력을 부여하는 용골로 구분된다.
② 총톤수는 관세, 등록세, 도선료의 부과기준이 된다.
③ 재화중량톤수는 선박이 적재할 수 있는 화물의 최대중량을 표시하는 단위이다.
④ 선교란 선박의 갑판 위에 설치된 구조물로 선장이 지휘하는 장소를 말한다.
⑤ 발라스트는 공선 항해 시 선박의 감항성을 유지하기 위해 싣는 짐으로 주로 바닷물을 사용한다.

94 **개품운송계약에 관한 설명으로 옳지 않은 것은?**

① 불특정 다수의 화주로부터 개별적으로 운송요청을 받아 이들 화물을 혼재하여 운송하는 방식이다.
② 주로 단위화된 화물을 운송할 때 사용되는 방식이다.
③ 법적으로 요식계약(formal contract)의 성격을 가지고 있기 때문에 개별 화주와 운송계약서를 별도로 작성하여야 한다.
④ 해상운임은 운임률표에 의거하여 부과된다.
⑤ 일반적으로 정기선해운에서 사용되는 운송계약 형태이다.

95 컨테이너화물의 하역절차에 필요한 서류를 모두 고른 것은?

ㄱ. Shipping Request
ㄴ. Booking Note
ㄷ. Shipping Order
ㄹ. Arrival Notice
ㅁ. Delivery Order
ㅂ. Mate's Receipt

① ㄱ, ㄴ
② ㄱ, ㄷ
③ ㄷ, ㄹ
④ ㄹ, ㅁ
⑤ ㅁ, ㅂ

96 다음 설명에 해당하는 정기선 할증운임은?

해상운송 계약 시 화물의 최종 양륙항을 확정하지 않고 기항 순서에 따라 몇 개의 항구를 기재한 후, 화주가 화물 도착 전에 양륙항을 선택할 수 있도록 할 때 부과하는 할증료

① Port congestion surcharge
② Transhipment additional surcharge
③ Optional surcharge
④ Bunker adjustment surcharge
⑤ Currency adjustment surcharge

97 다음 설명에 해당하는 용선은?

용선자가 일정기간 선박 자체만을 임차하여 자신이 고용한 선장과 선원을 승선시켜 선박을 직접 점유하는 한편, 선박 운항에 필요한 선비 및 운항비 일체를 용선자가 부담하는 방식

① Bareboat charter
② Partial charter
③ Voyage charter
④ Time charter
⑤ Lumpsum charter

98 **다음 설명에 해당하는 국제물류시스템 유형은?**

○ 세계 여러 나라에 자회사를 가지고 있는 글로벌기업이 지역물류거점을 설치하여 동일 경제권 내 각국 자회사 창고 혹은 고객에게 상품을 분배하는 형태 ○ 유럽의 로테르담이나 동남아시아의 싱가포르 등 국제교통의 중심지에서 인접국가로 수배송서비스를 제공하는 형태

① Classical system
② Transit system
③ Direct system
④ Just In Time system
⑤ Multi-country warehouse system

99 **최근 국제물류 환경변화에 관한 설명으로 옳지 않은 것은?**

① 국제물류시장의 치열한 경쟁으로 물류기업 간 수평적 통합과 수직적 통합이 가속화되고 있다.
② 온실가스 감축을 위해 메탄올 연료를 사용하는 선박 건조가 증가하고 있다.
③ 4차 산업혁명 시대를 맞아 디지털 기술들을 활용하여 운영효율성과 고객만족을 제고하려는 물류기업들이 늘어나고 있다.
④ 기업경영의 글로벌화가 보편화되면서 글로벌 공급사슬에 대한 중요성이 증대되고 있다.
⑤ 코로나 팬데믹의 영향으로 전자상거래 비중이 감소하는 추세이다.

100 **다음 설명에 해당하는 부정기선 운임은?**

ㄱ. 원유, 철광석 등 대량화물의 운송수요를 가진 대기업과 선사 간에 장기간 반복되는 항해에 대하여 적용되는 운임 ㄴ. 화물의 개수, 중량, 용적과 관계없이 항해 또는 선복을 기준으로 일괄 부과되는 운임

① ㄱ : Long Term Contract Freight　ㄴ : Lump sum Freight
② ㄱ : Long Term Contract Freight　ㄴ : Dead Freight
③ ㄱ : Pro Rate Freight　ㄴ : Lump sum Freight
④ ㄱ : Pro Rate Freight　ㄴ : Dead Freight
⑤ ㄱ : Consecutive Voyage Freight　ㄴ : Freight All Kinds Rate

101 국제물류와 국내물류의 비교로 옳지 않은 것을 모두 고른 것은?

구 분		국제물류	국내물류
ㄱ	운송 방법	주로 복합운송이 이용된다.	주로 공로운송이 이용된다.
ㄴ	재고 수준	짧은 리드타임으로 재고수준이 상대적으로 낮다.	주문시간이 길고, 운송 등의 불확실성으로 재고수준이 높다.
ㄷ	화물 위험	단기운송으로 위험이 낮다.	장기운송과 환적 등으로 위험이 높다.
ㄹ	서류 작업	구매주문서와 송장 정도로 서류 작업이 간단하다.	각종 무역운송서류가 필요하여 서류 작업이 복잡하다.
ㅁ	재무적 위험	환리스크로 인하여 재무적 위험이 높다.	환리스크가 없어 재무적 위험이 낮다.

① ㄱ, ㄴ, ㄷ
② ㄱ, ㄷ, ㅁ
③ ㄱ, ㄹ, ㅁ
④ ㄴ, ㄷ, ㄹ
⑤ ㄴ, ㄹ, ㅁ

102 다음 설명에 해당하는 컨테이너는?

> 기계류, 철강제품, 판유리 등의 중량화물이나 장척화물을 크레인을 사용하여 컨테이너의 위쪽으로부터 적재 및 하역할 수 있는 컨테이너로, 천장은 캔버스 재질의 덮개를 사용하여 방수 기능이 있음

① Dry container
② Open top container
③ Flat rack container
④ Solid bulk container
⑤ Hanger container

103 다음 설명에 해당하는 컨테이너 화물운송과 관련된 국제협약은?

> 컨테이너의 구조상 안전요건을 국제적으로 통일하기 위하여 1972년에 UN(국제연합)과 IMO(국제해사기구)가 공동으로 채택한 국제협약

① ITI(Customs Convention on the International Transit of Goods, 1971)
② CCC(Customs Convention on Container, 1956)
③ CSC(International Convention for Safe Container, 1972)
④ TIR(Transport International Routiere, 1959)
⑤ MIA(Marine Insurance Act, 1906)

104 **컨테이너 화물운송에 관한 설명으로 옳지 않은 것은?**

① 편리한 화물취급, 신속한 운송 등의 이점이 있다.
② 하역의 기계화로 하역비를 절감할 수 있다.
③ CY(Container Yard)는 컨테이너를 인수, 인도 및 보관하는 장소로 Apron, CFS 등을 포함한다.
④ CY/CY는 컨테이너의 장점을 최대로 살릴 수 있는 운송 형태로 door to door 서비스가 가능하다.
⑤ CY/CFS는 선적지에서 수출업자가 LCL화물로 선적하여 목적지 항만의 CFS에서 화물을 분류하여 수입업자에게 인도한다.

105 **국제물류 정보기술에 관한 설명으로 옳지 않은 것은?**

① ITS(Intelligent Transport System) : 기본 교통체계의 구성요소에 전자, 제어, 통신 등의 첨단기술을 접목시켜 상호 유기적으로 작동하도록 하는 차세대 교통 시스템
② CVO(Commercial Vehicle Operation) : 조직 간 표준화된 전자문서로 데이터를 교환하고, 업무를 처리하는 시스템
③ WMS(Warehouse Management System) : 제품의 입고, 집하, 적재, 출하의 작업과정과 관련 데이터의 자동처리 시스템
④ DPS(Digital Picking System) : 랙이나 보관구역에 신호장치가 설치되어 있어, 출고화물의 위치와 수량을 알려주는 시스템
⑤ GPS(Global Positioning System) : 화물 또는 차량의 자동식별과 위치추적의 신속·정확한 파악이 가능한 시스템

106 **신용장통일규칙(UCP 600) 제23조에 규정된 항공운송서류의 수리요건이 아닌 것은?**

① 운송인의 명칭이 표시되고, 운송인 또는 그 대리인에 의하여 서명되어야 한다.
② 물품이 운송을 위하여 인수되었음이 표시되어야 한다.
③ 신용장에 명기된 출발 공항과 목적 공항이 표시되어야 한다.
④ 항공운송서류는 항공화물운송장(AWB)의 명칭과 발행일이 표시되어야 한다.
⑤ 신용장에서 원본 전통이 요구되더라도, 송화인용 원본이 제시되어야 한다.

107 **다음은 신용장통일규칙(UCP 600) 제22조 용선계약 선하증권 내용의 일부이다. (　　)에 들어갈 내용을 올바르게 나열한 것은?**

> ○ A bill of lading, however named, containing an indication that it is subject to a charter party(charter party bill of lading), must appear to :
> be signed by :
> • the (ㄱ) or a named (ㄴ) for or on behalf of the (ㄱ), or
> • the (ㄷ) or a named (ㄴ) for or on behalf of the (ㄷ), or

① ㄱ : master　ㄴ : charterer　ㄷ : agent
② ㄱ : master　ㄴ : agent　ㄷ : consignee
③ ㄱ : master　ㄴ : agent　ㄷ : owner
④ ㄱ : owner　ㄴ : agent　ㄷ : consignee
⑤ ㄱ : owner　ㄴ : charterer　ㄷ : agent

108 **항만의 시설과 장비에 관한 설명으로 옳지 않은 것은?**

① Quay는 해안에 평행하게 축조된, 선박 접안을 위하여 수직으로 만들어진 옹벽을 말한다.
② Marshalling Yard는 선적할 컨테이너나 양륙완료된 컨테이너를 적재 및 보관하는 장소이다.
③ Yard Tractor는 Apron과 CY 간 컨테이너의 이동을 위한 장비로 야드 샤시(chassis)와 결합하여 사용한다.
④ Straddle Carrier는 컨테이너 터미널에서 양다리 사이에 컨테이너를 끼우고 운반하는 차량이다.
⑤ Gantry Crane은 CY에서 컨테이너를 트레일러에 싣고 내리는 작업을 수행하는 장비이다.

109 **해상화물운송장을 위한 CMI통일규칙(1990) 내용의 일부이다. (　　)에 들어갈 내용을 올바르게 나열한 것은? (단, 대/소문자는 고려하지 않는다.)**

> ○ These Rules may be known as the CMI Uniform Rules for Sea Waybills.
> In these Rules :
> • (ㄱ) and (ㄴ) shall mean the parties so named or identified in the contract of carriage.
> • (ㄷ) shall mean the party so named or identified in the contract of carriage, or any persons substituted as (ㄷ) in accordance with Rule 6.

① ㄱ : carrier　ㄴ : shipper　ㄷ : consignee
② ㄱ : carrier　ㄴ : consignee　ㄷ : master
③ ㄱ : shipper　ㄴ : carrier　ㄷ : master
④ ㄱ : shipper　ㄴ : consignee　ㄷ : carrier
⑤ ㄱ : shipper　ㄴ : master　ㄷ : carrier

110 **다음 설명에 해당하는 국제물류 보안 제도는?**

> ○ 해상운송인과 NVOCC(Non-Vessel Operating Common Carrier)로 하여금 미국으로 향하는 컨테이너가 선박에 적재되기 전에 화물에 대한 세부정보를 미국 관세청에 제출하게 함으로써 화물 정보를 분석하여 잠재적 테러 위험을 확인할 수 있음
> ○ CSI(Container Security Initiative) 후속조치의 일환으로 시행됨

① C-TPAT(Customs-Trade Partnership Against Terrorism)
② ISO 28000
③ 10+2 Rule
④ 24-Hour Rule
⑤ Trade Act of 2002 Final Rule

111 **내륙컨테이너기지(ICD)에 관한 설명으로 옳지 않은 것은?**

① 항만 또는 공항이 아닌 내륙에 설치된 컨테이너 운송관련 시설로서 고정설비를 갖추고 있다.
② 세관통제하에 통관된 수출입화물만을 대상으로 일시저장과 취급에 대한 서비스를 제공한다.
③ 수출입 화주의 유통센터 또는 창고 기능을 한다.
④ 소량화물의 혼재와 분류작업을 수행하는 공간이다.
⑤ 철도와 도로가 연결되는 복합운송거점의 기능을 한다.

112 **Incoterms®2020의 개정 내용에 관한 설명으로 옳지 않은 것은?**

① FCA에서 본선적재 선하증권에 관한 옵션 규정을 신설하였다.
② FCA, DAP, DPU 및 DDP에서 매도인 또는 매수인 자신의 운송수단에 의한 운송을 허용하고 있다.
③ CIF규칙은 최대담보조건, CIP규칙은 최소담보조건으로 보험에 부보하도록 개정하였다.
④ 인코텀즈 규칙에 대한 사용지침(Guidance Note)을 설명문(Explanatory Note)으로 변경하여 구체화하였다.
⑤ 운송의무 및 보험비용 조항에 보안관련 요건을 삽입하였다.

113 **다음에서 Incoterms®2020 규칙이 다루고 있는 것을 모두 고른 것은?**

ㄱ. 관세의 부과	ㄴ. 매도인과 매수인의 비용
ㄷ. 매도인과 매수인의 위험	ㄹ. 대금지급의 시기, 장소 및 방법
ㅁ. 분쟁해결의 방법, 장소 또는 준거법	

① ㄱ, ㄴ
② ㄴ, ㄷ
③ ㄱ, ㄴ, ㄷ
④ ㄱ, ㄹ, ㅁ
⑤ ㄴ, ㄷ, ㄹ, ㅁ

114 **Incoterms®2020 소개문의 일부이다. ( )에 들어갈 용어로 올바르게 나열된 것은?**

ICC decided to make two changes to (ㄱ) and (ㄴ). First, the order in which the two Incoterms®2020 rules are presented has been inverted, and (ㄴ), where delivery happens before unloading, now appears before (ㄱ).
Secondly, the name of the rule (ㄱ) has been changed to (ㄷ), emphasising the reality that the place of destination could be any place and not only a "terminal".

① ㄱ : DAP ㄴ : DAT ㄷ : DDP
② ㄱ : DAP ㄴ : DAT ㄷ : DPU
③ ㄱ : DAT ㄴ : DDP ㄷ : DPU
④ ㄱ : DAT ㄴ : DAP ㄷ : DPU
⑤ ㄱ : DAT ㄴ : DAP ㄷ : DDP

115 **해상보험계약의 용어 설명으로 옳지 않은 것은?**

① Warranty란 보험계약자(피보험자)가 반드시 지켜야 할 약속을 말한다.
② Duty of disclosure란 피보험자 등이 보험자에게 보험계약 체결에 영향을 줄 수 있는 모든 중요한 사실을 알려 주어야 할 의무를 말한다.
③ Insurable interest란 피보험자가 보험의 목적물에 대하여 가지는 권리 또는 이익으로 피보험자와 보험의 목적과의 경제적 이해관계를 말한다.
④ Duration of insurance란 보험자의 위험부담책임이 시작되는 때로부터 종료될 때까지의 기간을 말한다.
⑤ Insured amount란 피보험위험으로 인하여 발생한 손해를 보험자로부터 보상받는 대가로 보험계약자가 보험자에게 지급하는 수수료를 말한다.

116 **수출입통관과 관련하여 관세법상 내국물품이 아닌 것은?**

① 보세공장에서 내국물품과 외국물품을 원재료로 하여 만든 물품
② 우리나라의 선박 등에 의하여 공해에서 채집 또는 포획된 수산물
③ 입항전수입신고가 수리된 물품
④ 수입신고수리 전 반출승인을 얻어 반출된 물품
⑤ 수입신고 전 즉시반출신고를 하고 반출된 물품

117 **해상손해의 종류 중 물적손해에 해당하지 않는 것은?**

① 보험목적물의 완전한 파손 또는 멸실
② 보험목적물의 일부에 발생하는 손해로서 피보험자 단독으로 입은 손해
③ 보험목적물에 해상위험이 발생한 경우 손해방지의무를 이행하기 위해 지출되는 비용
④ 보험목적물이 공동의 안전을 위하여 희생되었을 때 이해관계자들이 공동으로 분담하는 손해
⑤ 선박의 수리비가 수리 후의 선박가액을 초과하는 경우

118 무역계약 조건 중 물품과 수량단위의 연결이 옳지 않은 것은?

① 양곡, 철강 – 중량 – ton, pound, kilogram
② 유리, 합판, 타일 – 용적 – CBM, barrel, bushel
③ 섬유류, 전선 – 길이 – meter, yard, inch
④ 잡화, 기계류 – 개수 – piece, set, dozen
⑤ 비료, 밀가루 – 포장 – bale, drum, case

119 관세법상 수출입통관에 관한 설명으로 옳지 않은 것은?

① 물품을 수출입 또는 반송하고자 할 때에는 당해 물품의 품명・규격・수량 및 가격 등 기타 대통령령이 정하는 사항을 세관장에게 신고하여야 한다.
② 당해 물품을 적재한 선박 또는 항공기가 입항하기 전에 수입신고를 할 수 있다.
③ 세관장은 수출입 또는 반송에 관한 신고서의 기재사항이 갖추어지지 아니한 경우에는 이를 보완하게 할 수 있다.
④ 관세청장은 수입하려는 물품에 대하여 검사대상, 검사범위, 검사방법 등에 관하여 필요한 기준을 정할 수 있다.
⑤ 수입신고와 반송신고는 물품의 화주 또는 완제품공급자나 이들을 대리한 관세사 등의 명의로 해야 한다.

120 무역분쟁해결 방법에 관한 설명으로 옳지 않은 것은?

① ADR(Alternative Dispute Resolution)에는 타협, 조정, 중재가 있다.
② 중재판정은 당사자 간에 있어서 법원의 확정판결과 동일한 효력을 가진다.
③ 소송은 국가기관인 법원의 판결에 의하여 분쟁을 강제적으로 해결하는 방법이다.
④ 뉴욕협약(1958)에 가입한 국가 간에는 중재판정의 승인 및 집행이 보장된다.
⑤ 상사중재의 심리절차는 비공개로 진행되므로, 기업의 영업상 비밀이 누설되지 않는다.

2023년 제27회 기출문제

교 시	과 목	시 간	문제형별
2교시	• 보관하역론 • 물류관련법규	80분	A

2023. 7. 29. 시행

맞은 개수 ______ / 80문제

[4과목] 보관하역론

01 보관의 기능으로 옳지 않은 것은?

① 물품의 거리적·장소적 효용 창출 기능
② 물품의 분류와 혼재 기능
③ 물품의 보존과 관리 기능
④ 수송과 배송의 연계 기능
⑤ 고객서비스 신속 대응 기능

02 공동집배송단지의 도입 효과에 관한 설명으로 옳은 것을 모두 고른 것은?

ㄱ. 배송물량을 통합하여 계획 배송함으로써 차량의 적재 효율을 높일 수 있다.
ㄴ. 혼합배송이 가능하여 차량의 공차율이 증가한다.
ㄷ. 공동집배송단지를 사용하는 업체들의 공동 참여를 통해 대량 구매 및 계획 매입이 가능하다.
ㄹ. 보관 수요를 통합 관리함으로써 업체별 보관 공간 및 관리 비용이 증가한다.
ㅁ. 물류 작업의 공동화를 통해 물류비 절감 효과가 있다.

① ㄱ, ㄴ, ㄹ
② ㄱ, ㄴ, ㅁ
③ ㄱ, ㄷ, ㅁ
④ ㄴ, ㄷ, ㄹ
⑤ ㄷ, ㄹ, ㅁ

03 다음에서 설명하는 물류시설은?

> ㄱ. LCL(Less than Container Load) 화물을 특정 장소에 집적하였다가 목적지별로 선별하여 하나의 컨테이너에 적입하는 장소
> ㄴ. 복수의 운송수단 간 연계를 할 수 있는 규모 및 시설을 갖춘 장소
> ㄷ. 재고품의 임시보관거점으로 상품의 배송거점인 동시에 예상 수요에 대한 보관 장소

① ㄱ : CY(Container Yard) ㄴ : 복합물류터미널 ㄷ : 스톡 포인트(Stock Point)
② ㄱ : CY(Container Yard) ㄴ : 복합물류터미널 ㄷ : 데포(Depot)
③ ㄱ : CFS(Container Freight Station) ㄴ : 복합물류터미널 ㄷ : 스톡 포인트(Stock Point)
④ ㄱ : CFS(Container Freight Station) ㄴ : 공동집배송단지 ㄷ : 스톡 포인트(Stock Point)
⑤ ㄱ : CFS(Container Freight Station) ㄴ : 공동집배송단지 ㄷ : 데포(Depot)

04 다음에서 설명하는 보관의 원칙은?

> ○ 물품의 입·출고 빈도에 따라 보관장소를 결정한다.
> ○ 출입구가 동일한 창고의 경우 입·출고 빈도가 높은 물품을 출입구 근처에 보관하며, 낮은 물품은 출입구로부터 먼 장소에 보관한다.

① 회전대응의 원칙
② 선입선출의 원칙
③ 통로 대면의 원칙
④ 보관 위치 명확화의 원칙
⑤ 유사자재 관리의 원칙

05 물류센터 구조와 설비 결정 요소에 관한 설명으로 옳지 않은 것은?

① 운영특성은 입고, 보관, 피킹, 배송방법을 반영한다.
② 물품특성은 제품의 크기, 무게, 가격을 반영한다.
③ 주문특성은 재고정책, 고객서비스 목표, 투자 및 운영 비용을 반영한다.
④ 환경특성은 지리적 위치, 입지 제약, 환경 제약을 반영한다.
⑤ 설비특성은 설비종류, 자동화 수준을 반영한다.

06 다음에서 설명하는 공공 물류시설의 민간투자사업 방식은?

ㄱ. 민간 사업자가 건설 후, 소유권을 국가 또는 지방자치단체에 양도하고 일정기간 그 시설물을 운영한 수익으로 투자비를 회수하는 방식
ㄴ. 민간 사업자가 건설 후, 투자비용을 회수할 때까지 관리·운영한 후 계약기간 종료 시 국가에 양도하는 방식
ㄷ. 민간 사업자가 건설 후, 일정기간 동안 국가 또는 지방자치단체에 임대하여 투자비를 회수하고 임대기간 종료 후에 소유권을 국가 또는 지방자치단체에 양도하는 방식

① ㄱ : BTO(Build Transfer Operate) ㄴ : BOO(Build Own Operate) ㄷ : BLT(Build Lease Transfer)
② ㄱ : BTO(Build Transfer Operate) ㄴ : BOT(Build Operate Transfer) ㄷ : BLT(Build Lease Transfer)
③ ㄱ : BOT(Build Operate Transfer) ㄴ : BTO(Build Transfer Operate) ㄷ : BLT(Build Lease Transfer)
④ ㄱ : BOT(Build Operate Transfer) ㄴ : BOO(Build Own Operate) ㄷ : BLT(Build Lease Transfer)
⑤ ㄱ : BOO(Build Own Operate) ㄴ : BOT(Build Operate Transfer) ㄷ : BTO(Build Transfer Operate)

07 물류단지시설에 관한 설명으로 옳지 않은 것은?

① 물류터미널은 화물의 집하, 하역, 분류, 포장, 보관, 가공, 조립 등의 기능을 갖춘 시설이다.
② 공동집배송센터는 참여업체들이 공동으로 사용할 수 있도록 집배송 시설 및 부대업무 시설이 설치되어 있다.
③ 지정보세구역은 지정장치장 및 세관검사장이 있다.
④ 특허보세구역은 보세창고, 보세공장, 보세건설장, 보세판매장, 보세전시장이 있다.
⑤ 배송센터는 장치보관, 수출입 통관, 선박의 적하 및 양하기능을 수행하는 육상운송수단과의 연계 지원시설이다.

08 **물류단지의 단일설비입지 결정 방법에 관한 설명으로 옳지 않은 것은?**

① 입지요인으로 수송비를 고려한다.
② 시장경쟁력, 재고통합효과, 설비를 고려하는 동적 입지모형이다.
③ 총 운송비용을 최소화하기 위한 입지 결정 방법이다.
④ 총 운송비용은 거리에 비례해서 증가하는 것으로 가정한다.
⑤ 공급지와 수요지의 위치와 반입, 반출 물량이 주어진다.

09 **다음에서 설명한 물류단지의 입지결정 방법은?**

> ○ 일정한 물동량(입고량 또는 출고량)의 고정비와 변동비를 산출한다.
> ○ 물동량에 따른 총비용을 비교하여 대안을 선택하는 방법이다.

① 체크리스트법
② 톤-킬로법
③ 무게 중심법
④ 손익분기 도표법
⑤ 브라운 & 깁슨법

10 **모빌 랙(Mobile Rack)에 관한 설명으로 옳지 않은 것은?**

① 파렛트가 랙 내에서 경사면을 이용하여 이동하는 방식으로 선입선출이 요구되는 제품에 적합하다.
② 필요한 통로만을 열어 사용하고 불필요한 통로를 최대한 제거하기 때문에 면적효율이 높다.
③ 바닥면의 효과적인 사용과 용적 효율이 높다.
④ 공간 효율이 높기 때문에 작업공간이 넓어지고 물품보관이 용이하다.
⑤ 동시작업을 위한 복수통로의 설정이 가능하여 작업효율이 증대된다.

11 **물류센터의 규모 결정에 영향을 미치는 요인을 모두 고른 것은?**

ㄱ. 자재취급시스템의 형태
ㄴ. 통로요구조건
ㄷ. 재고배치
ㄹ. 현재 및 미래의 제품 출하량
ㅁ. 사무실 공간

① ㄱ, ㄹ
② ㄷ, ㄹ, ㅁ
③ ㄱ, ㄴ, ㄷ, ㄹ
④ ㄱ, ㄴ, ㄷ, ㅁ
⑤ ㄱ, ㄴ, ㄷ, ㄹ, ㅁ

12 **창고의 기능에 관한 설명으로 옳지 않은 것은?**

① 물품을 안전하게 보관하거나 현상을 유지하는 역할을 수행한다.
② 물품의 생산과 소비의 시간적 간격을 조절하여 시간가치를 창출한다.
③ 물품의 수요와 공급을 조정하여 가격안정을 도모하는 역할을 수행한다.
④ 물품을 한 장소에서 다른 장소로 이동시키는 물리적 행위를 통해 장소적 효용을 창출한다.
⑤ 창고에 물품을 보관하여 안전재고를 확보함으로써 품절을 방지하여 기업 신용을 증대시킨다.

13 **창고 유형과 특징에 관한 설명으로 옳지 않은 것은?**

① 자가창고는 창고의 입지, 시설, 장비를 자사의 물류시스템에 적합하도록 설계, 운영할 수 있다.
② 영업창고 이용자는 초기에 창고건설 및 설비투자와 관련하여 고정비용이 발생한다.
③ 임대창고는 시장환경의 변화에 따라 보관장소를 탄력적으로 운영하기 어렵다.
④ 유통창고는 생산된 제품의 집하 및 배송 기능을 갖춘 창고로 화물의 보관, 가공, 재포장 등의 활동을 수행한다.
⑤ 보세창고는 관세법에 근거하여 세관장의 허가를 얻어 수출입화물을 취급하는 창고를 의미한다.

14 **창고관리시스템(WMS : Warehouse Management System)의 특성에 관한 설명으로 옳지 않은 것은?**

① 창고 내의 랙(Rack)과 셀(Cell)별 재고를 실시간으로 관리할 수 있다.
② 정확한 위치정보를 기반으로 창고 내 피킹, 포장작업 등을 지원하여 효율적인 물류작업이 가능하다.
③ 입고 후 창고에 재고를 보관할 때, 보관의 원칙에 따라 최적의 장소를 선정하여 저장할 수 있다.
④ 창고 내 물동량의 증감에 따라 작업자의 인력계획을 수립하며 모니터링 기능도 지원한다.
⑤ 고객주문내역상의 운송수단을 고려한 최적의 경로를 설정하여 비용과 시간을 절감하도록 지원한다.

15 **DPS(Digital Picking System)와 DAS(Digital Assorting System)의 특성에 관한 설명으로 옳지 않은 것은?**

① DPS는 피킹 대상품목 수를 디지털 기기로 표시하여 피킹하도록 지원하는 시스템이다.
② DAS는 분배된 물품의 순서에 따라 작업자에게 분류정보를 제공하여 신속한 분배를 지원하는 시스템이다.
③ DPS는 작동방식에 따라 대차식, 구동 컨베이어식, 무구동 컨베이어식으로 구분할 수 있다.
④ 멀티 릴레이 DAS는 주문 단위로 출하박스를 투입하여 피킹하는 방식으로 작업자의 이동이 최소화된다.
⑤ 멀티 다품종 DAS는 많은 고객에게 배송하기 위한 분배 과정을 지원하는 방식으로 합포장을 할 때 적합하다.

16 **자동화 창고의 구성요소에 관한 설명으로 옳지 않은 것은?**

① 랙은 자동화 창고에서 화물 보관을 위한 구조물로 빌딩 랙(Building Rack)과 유닛 랙(Unit Rack) 등이 있다.
② 스태커 크레인(Stacker Crane)은 랙과 랙 사이를 왕복하며 보관품을 입출고시키는 기기이다.
③ 트래버서(Traverser)는 보관품의 입출고 시 작업장부터 랙까지 연결시켜주는 반송장치이다.
④ 무인반송차(AGV : Automative Guided Vehicle)는 무인으로 물품을 운반 및 이동하는 장비이다.
⑤ 보관단위(Unit)는 파렛트형, 버킷형, 레인형, 셀형 등이 있다.

17 K기업이 수요지에 제품 공급을 원활하게 하기 위한 신규 물류창고를 운영하고자 한다. 수요량은 수요지 A가 50ton/월, 수요지 B가 40ton/월, 수요지 C가 100ton/월이라고 할 때, 무게중심법을 이용한 최적입지 좌표(X, Y)는? (단, 소수점 둘째 자리에서 반올림한다.)

구 분	X좌표	Y좌표
수요지 A	10	20
수요지 B	20	30
수요지 C	30	40
공 장	50	50

① X = 21.5, Y = 32.1
② X = 25.3, Y = 39.1
③ X = 36.3, Y = 41.3
④ X = 39.7, Y = 53.3
⑤ X = 43.2, Y = 61.5

18 재고관리 지표에 관한 설명으로 옳지 않은 것은?

① 서비스율은 전체 수주량에 대한 납기 내 납품량의 비율을 나타낸다.
② 백오더율은 전체 수주량에 대한 납기 내 결품량의 비율을 나타낸다.
③ 재고회전율은 연간 매출액을 평균재고액으로 나눈 비율을 나타낸다.
④ 재고회전기간은 수요대상 기간을 재고 회전율로 나눈 값이다.
⑤ 평균재고액은 기말재고액에서 기초재고액을 뺀 값이다.

19 K 기업의 A제품 생산을 위해 소모되는 B부품의 연간 수요량이 20,000개이고 주문비용이 80,000원, 단위당 단가가 4,000원, 재고유지비율이 20%라고 할 때, 경제적 주문량(EOQ)은?

① 2,000개
② 4,000개
③ 6,000개
④ 8,000개
⑤ 10,000개

20 **다음 자재소요량 계획(MRP : Material Requirement Planning)에서 부품 X, Y의 순 소요량은?**

> ○ 제품 K의 총 소요량 : 50개
> ○ 제품 K는 2개의 X 부품과 3개의 Y 부품으로 구성
> ○ X 부품 예정 입고량 : 10개, 가용재고 : 5개
> ○ Y 부품 예정 입고량 : 20개, 가용재고 : 없음

① X = 50개, Y = 50개
② X = 60개, Y = 80개
③ X = 85개, Y = 130개
④ X = 100개, Y = 150개
⑤ X = 115개, Y = 170개

21 **재고 보유의 역할이 아닌 것은?**

① 원재료 부족으로 인한 생산중단을 피하기 위해 일정량의 재고를 보유한다.
② 작업준비 시간이나 비용이 많이 드는 경우 생산 일정 계획을 유연성 있게 수립하기 위하여 재고를 보유한다.
③ 미래에 발생할 수 있는 위험회피를 위해 재고를 보유한다.
④ 계절적으로 집중 출하되는 제품은 미리 확보하여 판매기회를 놓치지 않기 위해 재고를 보유한다.
⑤ 기술력 향상 및 생산공정의 자동화 도입 촉진을 위해 재고를 보유한다.

22 **A상품의 연간 평균 재고는 10,000개, 구매단가는 5,000원, 단위당 재고유지비는 구매단가의 5%를 차지한다고 할 때, A상품의 연간 재고유지비는? (단, 수요는 일정하고, 재고 보충은 없음)**

① 12,500원
② 25,000원
③ 1,000,000원
④ 2,500,000원
⑤ 10,000,000원

23 **재주문점의 주문관리 기법이 아닌 것은?**

① 정량발주법
② 델파이법
③ Two - Bin법
④ 기준재고법
⑤ 정기발주법

24 **수요예측 방법에 관한 설명으로 옳지 않은 것은?**

① 정성적 수요예측방법은 시장조사법, 역사적 유추법 등이 있다.
② 정량적 수요예측방법은 단순이동평균법, 가중이동평균법, 지수평활법 등이 있다.
③ 가중이동평균법은 예측기간이 먼 과거일수록 낮은 가중치를 부여하고, 가까울수록 더 큰 가중치를 주어 예측하는 방법이다.
④ 시장조사법은 신제품 및 현재 시판중인 제품이 새로운 시장에 소개될 때 많이 활용된다.
⑤ 지수평활법은 예측하고자 하는 기간의 직전 일정 기간의 시계열 평균값을 활용하여 산출하는 방법이다.

25 **하역에 관한 설명으로 옳지 않은 것은?**

① 운송 및 보관에 수반하여 발생한다.
② 적하, 운반, 적재, 반출, 분류 및 정돈으로 구성된다.
③ 시간, 장소 및 형태 효용을 창출한다.
④ 생산에서 소비에 이르는 전 유통과정에서 행해진다.
⑤ 무인화와 자동화가 빠르게 진행되고 있다.

26 **하역합리화의 기본 원칙에 관한 설명으로 옳지 않은 것은?**

① 하역작업의 이동거리를 최소화한다.
② 불필요한 하역작업을 줄인다.
③ 운반활성지수를 최소화한다.
④ 화물을 중량 또는 용적으로 단위화한다.
⑤ 파손과 오손, 분실을 최소화한다.

27 하역작업과 관련된 용어에 관한 설명으로 옳지 않은 것은?

① 디배닝(Devanning) : 컨테이너에서 화물을 내리는 작업
② 래싱(Lashing) : 운송수단에 실린 화물이 움직이지 않도록 화물을 고정시키는 작업
③ 피킹(Picking) : 보관 장소에서 화물을 꺼내는 작업
④ 소팅(Sorting) : 화물을 품종별, 발송지별, 고객별로 분류하는 작업
⑤ 스태킹(Stacking) : 화물이 손상, 파손되지 않도록 화물의 밑바닥이나 틈 사이에 물건을 깔거나 끼우는 작업

28 하역시스템에 관한 설명으로 옳지 않은 것은?

① 물품을 자동차에 상하차하고 창고에서 상하좌우로 운반하거나 입고 또는 반출하는 시스템이다.
② 필요한 원재료·반제품·제품 등의 최적 보유량을 계획하고 조직하고 통제하는 기능을 한다.
③ 하역작업 장소에 따라 사내하역, 항만하역, 항공하역시스템 등으로 구분할 수 있다.
④ 하역시스템의 기계화 및 자동화는 하역작업환경을 개선하는 데 기여할 수 있다.
⑤ 효율적인 하역시스템 설계 및 구축을 통해 에너지 및 자원을 절약할 수 있다.

29 하역기기에 관한 설명으로 옳은 것은?

① 탑 핸들러(Top Handler) : 본선과 터미널 간 액체화물 이송 작업 시 연결되는 육상터미널 측 이송장비
② 로딩 암(Loading Arm) : 부두에서 본선으로 석탄, 광석의 벌크화물을 선적하는 데 사용하는 장비
③ 돌리(Dolly) : 해상 컨테이너를 적재하거나 다른 장소로 이송, 반출하는 데 사용하는 장비
④ 호퍼(Hopper) : 원료나 연료, 화물을 컨베이어나 기계로 이송하는 깔때기 모양의 장비
⑤ 스트래들 캐리어(Straddle Carrier) : 부두의 안벽에 설치되어 선박에 컨테이너를 선적하거나 하역하는 데 사용하는 장비

30 **하역의 표준화에 관한 설명으로 옳지 않은 것은?**

① 생산의 마지막 단계로 치수, 강도, 재질, 기법 등의 표준화로 구성된다.
② 운송, 보관, 포장, 정보 등 물류활동 간의 상호 호환성과 연계성을 고려하여 추진되어야 한다.
③ 환경과 안전을 고려하여야 한다.
④ 유닛로드 시스템에 적합한 하역·운반 장비의 표준화가 필요하다.
⑤ 표준규격을 만들고 일관성 있게 추진되어야 한다.

31 **다음에서 설명하는 항만하역 작업방식은?**

선측이나 선미의 경사판을 거쳐 견인차를 이용하여 수평으로 적재, 양륙하는 방식으로 페리(Ferry) 선박에서 전통적으로 사용해 온 방식이다.

① LO – LO(Lift on – Lift off) 방식
② RO – RO(Roll on – Roll off) 방식
③ FO – FO(Float on – Float off) 방식
④ FI – FO(Free in – Free out) 방식
⑤ LASH(Lighter Aboard Ship) 방식

32 **철도하역 방식에 관한 설명으로 옳지 않은 것은?**

① TOFC(Trailer on Flat Car) 방식 : 컨테이너가 적재된 트레일러를 철도화차 위에 적재하여 운송하는 방식
② COFC(Container on Flat Car) 방식 : 철도화차 위에 컨테이너만을 적재하여 운송하는 방식
③ Piggy Back 방식 : 화물열차의 대차 위에 트레일러나 트럭을 컨테이너 등의 화물과 함께 실어 운송하는 방식
④ Kangaroo 방식 : 철도화차에 트레일러 차량의 바퀴가 들어갈 수 있는 홈이 있어 적재높이를 낮게 하여 운송할 수 있는 방식
⑤ Freight Liner 방식 : 트럭이 화물열차에 대해 직각으로 후진하여 무개화차에 컨테이너를 바로 실어 운송하는 방식

33 포장에 관한 설명으로 옳지 않은 것은?

① 소비자들의 관심을 유발시키는 판매물류의 시작이다.
② 물품의 가치를 높이거나 보호한다.
③ 공업포장은 물품 개개의 단위포장으로 판매촉진이 주목적이다.
④ 겉포장은 화물 외부의 포장을 말한다.
⑤ 기능에 따라 공업포장과 상업포장으로 분류한다.

34 화인(Shipping Mark)의 표시방법에 관한 설명으로 옳은 것을 모두 고른 것은?

ㄱ. 스티커(Sticker)는 주물을 주입할 때 미리 화인을 해두는 방법으로 금속제품, 기계류 등에 사용된다.
ㄴ. 스텐실(Stencil)은 화인할 부분을 고무인이나 프레스기 등을 사용하여 찍는 방법이다.
ㄷ. 태그(Tag)는 종이나 플라스틱판 등에 일정한 표시 내용을 기재한 다음 철사나 끈으로 매는 방법으로 의류, 잡화류 등에 사용된다.
ㄹ. 라벨링(Labeling)은 종이나 직포에 미리 인쇄해 두었다가 일정한 위치에 붙이는 방법이다.

① ㄱ, ㄴ
② ㄱ, ㄷ
③ ㄴ, ㄷ
④ ㄴ, ㄹ
⑤ ㄷ, ㄹ

35 화인(Shipping Mark)에 관한 설명으로 옳지 않은 것은?

① 기본화인, 정보화인, 취급주의 화인으로 구성되며, 포장화물의 외장에 표시한다.
② 주화인 표시(Main Mark)는 타 상품과 식별을 용이하게 하는 기호이다.
③ 부화인 표시(Counter Mark)는 유통업자나 수입 대행사의 약호를 표시하는 기호이다.
④ 품질 표시(Quality Mark)는 내용물품의 품질이나 등급을 표시하는 기호이다.
⑤ 취급주의 표시(Care Mark)는 내용물품의 취급, 운송, 적재요령을 나타내는 기호이다.

36 **파렛트의 화물적재방법에 관한 설명으로 옳은 것은?**

① 블록쌓기는 맨 아래에서 상단까지 일렬로 쌓는 방법으로 작업효율성이 높고 무너질 염려가 없어 안정성이 높다.

② 교호열쌓기는 짝수층과 홀수층을 180도 회전시켜 쌓는 방식으로 화물의 규격이 일정하지 않아도 적용이 가능한 방식이다.

③ 벽돌쌓기는 벽돌을 쌓듯이 가로와 세로를 조합하여 1단을 쌓고 홀수층과 짝수층을 180도 회전시켜 쌓는 방식이다.

④ 핀휠(Pinwheel)쌓기는 비규격화물이나 정방형 파렛트가 아닌 경우에 이용하는 방식으로 다양한 화물의 적재에 이용된다.

⑤ 스플릿(Split)쌓기는 중앙에 공간을 두고 풍차형으로 쌓는 방식으로 적재효율이 높고 안정적인 적재방식이다.

37 **파렛트 풀 시스템(Pallet Pool System)의 운영형태에 관한 설명으로 옳은 것을 모두 고른 것은?**

ㄱ. 교환방식은 동일한 규격의 예비 파렛트 확보를 위하여 추가비용이 발생한다.
ㄴ. 리스・렌탈방식은 개별 기업이 파렛트를 임대하여 사용하는 방식으로 파렛트의 품질유지나 보수가 용이하다.
ㄷ. 대차결제방식은 운송업체가 파렛트로 화물을 인도하는 시점에 동일한 수의 파렛트를 즉시 인수하는 방식이다.
ㄹ. 교환・리스병용방식은 대차결제방식의 단점을 보완하기 위하여 개발된 방식이다.

① ㄱ, ㄴ
② ㄱ, ㄷ
③ ㄴ, ㄷ
④ ㄴ, ㄹ
⑤ ㄷ, ㄹ

38 자동분류장치의 종류에 관한 설명으로 옳지 않은 것은?

① 팝업 방식(Pop – Up Type)은 컨베이어의 아래에서 분기장치가 튀어나와 물품을 분류한다.
② 푸시 오프 방식(Push – Off Type)은 화물의 분류지점에 직각방향으로 암(Arm)을 설치하여 밀어내는 방식이다.
③ 슬라이딩 슈 방식(Sliding – Shoe Type)은 반송면의 아래 부분에 슈(Shoe)가 장착되어 단위화물과 함께 이동하면서 압출하는 분류방식이다.
④ 크로스 벨트 방식(Cross Belt Type)은 레일을 주행하는 연속된 캐리어에 장착된 소형 컨베이어를 구동시켜 물품을 분류한다.
⑤ 틸팅 방식(Tilting Type)은 벨트, 트레이, 슬라이드 등의 바닥면을 개방하여 물품을 분류한다.

39 유닛로드 시스템(Unit Load System)의 장점에 관한 설명으로 옳지 않은 것은?

① 상・하역 또는 보관 시에 기계화된 물류작업으로 인건비를 절감할 수 있다.
② 운송차량의 적재함과 창고 랙을 표준화된 단위규격을 사용하여 적재공간의 효율성을 향상시킨다.
③ 운송과정 중 수작업을 최소화하여 파손 및 분실을 방지할 수 있다.
④ 하역기기 등에 관한 고정투자비용이 발생하지 않기 때문에 대규모 자본투자가 필요 없다.
⑤ 단위 포장용기의 사용으로 포장업무가 단순해지고 포장비가 절감된다.

40 파렛트(Pallet)의 종류에 관한 설명으로 옳은 것은?

① 롤 파렛트(Roll Pallet)는 파렛트 바닥면에 바퀴가 달려 있어 자체적으로 밀어서 움직일 수 있다.
② 시트 파렛트(Sheet Pallet)는 핸드리프트 등으로 움직일 수 있도록 만들어진 상자형 파렛트이다.
③ 스키드 파렛트(Skid Pallet)는 상부구조물이 적어도 3면의 수직측판을 가진 상자형 파렛트이다.
④ 사일로 파렛트(Silo Pallet)는 파렛트 상단에 기둥이 설치된 형태로 기둥을 접거나 연결하는 방식으로 사용한다.
⑤ 탱크 파렛트(Tank Pallet)는 주로 분말체의 보관과 운송에 이용하는 1회용 파렛트이다.

[5과목] 물류관련법규

41 물류정책기본법상 물류현황조사에 관한 설명으로 옳지 않은 것은?

① 국토교통부장관은 물류에 관한 정책의 수립을 위하여 필요하다고 판단될 때에는 관계 행정기관의 장과 미리 협의한 후 물동량의 발생현황과 이동경로 등에 관하여 조사할 수 있다.

② 국토교통부장관은 물류현황조사를 위한 조사지침을 작성하려는 경우에는 미리 시・도지사와 협의하여야 한다.

③ 도지사는 지역물류에 관한 정책의 수립을 위하여 필요한 경우에는 해당 행정구역의 물동량 현황과 이동경로, 물류시설・장비의 현황과 이용실태 등에 관하여 조사할 수 있다.

④ 해양수산부장관은 물류현황조사를 효율적으로 수행하기 위하여 필요한 경우에는 물류현황조사의 전부 또는 일부를 전문기관으로 하여금 수행하게 할 수 있다.

⑤ 도지사는 관할 군의 군수에게 지역물류현황조사를 요청하는 경우에는 효율적인 지역물류현황조사를 위하여 조사의 시기, 종류 및 방법 등에 관하여 해당 도의 조례로 정하는 바에 따라 조사지침을 작성하여 통보할 수 있다.

42 물류정책기본법상 물류계획의 수립에 관한 설명으로 옳지 않은 것은?

① 국토교통부장관 및 해양수산부장관은 국가물류정책의 기본방향을 설정하는 10년 단위의 국가물류기본계획을 5년마다 공동으로 수립하여야 한다.

② 국가물류기본계획에는 국가물류정보화사업에 관한 사항이 포함되어야 한다.

③ 국토교통부장관은 국가물류기본계획을 수립하거나 변경한 때에는 이를 관보에 고시하고, 관계 중앙행정기관의 장 및 시・도지사에게 통보하여야 한다.

④ 특별시장 및 광역시장은 지역물류정책의 기본방향을 설정하는 5년 단위의 지역물류기본계획을 3년마다 수립하여야 한다.

⑤ 지역물류기본계획은 국가물류기본계획에 배치되지 아니하여야 한다.

43 **물류정책기본법령상 물류회계의 표준화를 위한 기업물류비 산정지침에 포함되어야 하는 사항으로 명시되지 않은 것은?**

① 물류비 관련 용어 및 개념에 대한 정의
② 우수물류기업 선정을 위한 프로그램 개발비의 상한
③ 영역별·기능별 및 자가·위탁별 물류비의 분류
④ 물류비의 계산 기준 및 계산 방법
⑤ 물류비 계산서의 표준 서식

44 **물류정책기본법령상 도로운송 시 위험물질운송안전관리센터의 감시가 필요한 위험물질을 운송하는 차량의 최대 적재량 기준에 관한 설명이다. (　　)에 들어갈 내용은?**

○「위험물안전관리법」 제2조 제1항 제1호에 따른 위험물을 운송하는 차량 : (ㄱ)리터 이상 ○「화학물질관리법」 제2조 제7호에 따른 유해화학물질을 운송하는 차량 : (ㄴ)킬로그램 이상

① ㄱ : 5,000, ㄴ : 5,000
② ㄱ : 5,000, ㄴ : 10,000
③ ㄱ : 10,000, ㄴ : 5,000
④ ㄱ : 10,000, ㄴ : 10,000
⑤ ㄱ : 10,000, ㄴ : 20,000

45 **물류정책기본법상 물류공동화 및 자동화 촉진에 관한 설명으로 옳은 것을 모두 고른 것은?**

ㄱ. 해양수산부장관은 물류공동화를 추진하는 물류기업에 대하여 예산의 범위에서 필요한 자금을 지원할 수 있다. ㄴ. 국토교통부장관은 화주기업이 물류공동화를 추진하는 경우에는 물류기업이나 물류 관련 단체와 공동으로 추진하도록 권고할 수 있다. ㄷ. 자치구 구청장은 물류공동화를 확산하기 위하여 필요한 경우에는 시범지역을 지정하거나 시범사업을 선정하여 운영할 수 있다. ㄹ. 산업통상자원부장관은 물류기업이 물류자동화를 위하여 물류시설 및 장비를 확충하거나 교체하려는 경우에는 필요한 자금을 지원할 수 있다.

① ㄱ, ㄷ
② ㄱ, ㄹ
③ ㄴ, ㄷ
④ ㄱ, ㄴ, ㄹ
⑤ ㄴ, ㄷ, ㄹ

46 **물류정책기본법령상 단위물류정보망 전담기관으로 지정될 수 없는 것은? (단, 고시는 고려하지 않음)**

① 「한국자산관리공사 설립 등에 관한 법률」에 따른 한국자산관리공사
② 「인천국제공항공사법」에 따른 인천국제공항공사
③ 「한국공항공사법」에 따른 한국공항공사
④ 「한국도로공사법」에 따른 한국도로공사
⑤ 「항만공사법」에 따른 항만공사

47 **물류정책기본법령상 국가물류통합정보센터의 운영자로 지정될 수 없는 자는?**

① 중앙행정기관
② 「한국토지주택공사법」에 따른 한국토지주택공사
③ 「과학기술분야 정부출연연구기관 등의 설립・운영 및 육성에 관한 법률」에 따른 정부출연연구기관
④ 자본금 1억원인 「상법」상 주식회사
⑤ 「물류정책기본법」에 따라 설립된 물류관련협회

48 **물류정책기본법상 국토교통부장관 또는 해양수산부장관이 소관 인증우수물류기업의 인증을 취소하여야 하는 경우는?**

① 거짓이나 그 밖의 부정한 방법으로 인증을 받은 경우
② 물류사업으로 인하여 공정거래위원회로부터 과징금 부과 처분을 받은 경우
③ 인증요건의 유지여부 점검을 정당한 사유 없이 3회 이상 거부한 경우
④ 우수물류기업의 인증기준에 맞지 아니하게 된 경우
⑤ 다른 사람에게 자기의 성명 또는 상호를 사용하여 영업을 하게 하거나 인증서를 대여한 때

49 **물류시설의 개발 및 운영에 관한 법령상 복합물류터미널사업에 관한 설명으로 옳지 않은 것은?**

① 복합물류터미널사업자가 그 사업을 양도한 때에는 그 양수인은 복합물류터미널사업의 등록에 따른 권리·의무를 승계한다.
② 국토교통부장관은 복합물류터미널사업의 등록에 따른 권리·의무의 승계신고를 받은 날부터 10일 이내에 신고수리 여부를 신고인에게 통지하여야 한다.
③ 복합물류터미널사업자의 휴업기간은 3개월을 초과할 수 없다.
④ 복합물류터미널사업자인 법인의 합병 외의 사유에 따른 해산신고를 하려는 자는 해산신고서를 해산한 날부터 7일 이내에 국토교통부장관에게 제출하여야 한다.
⑤ 복합물류터미널사업자는 복합물류터미널사업의 전부 또는 일부를 휴업하거나 폐업하려는 때에는 미리 국토교통부장관에게 신고하여야 한다.

50 **물류시설의 개발 및 운영에 관한 법령상 물류단지 실수요 검증에 관한 설명으로 옳지 않은 것은? (법률 개정으로 문제 재구성)**

① 물류단지의 실수요 검증을 실시하기 위하여 필요한 경우 실수요검증위원회를 구성·운영할 수 있다.
② 도시첨단물류단지개발사업의 경우에는 실수요 검증을 실수요검증위원회의 자문으로 갈음할 수 있다.
③ 실수요검증위원회의 위원장 및 부위원장은 공무원이 아닌 위원 중에서 각각 호선(互選)한다.
④ 실수요검증위원회의 심의결과는 심의·의결을 마친 날부터 14일 이내에 물류단지 지정요청자등에게 서면으로 알려야 한다.
⑤ 실수요검증위원회의 회의는 분기별로 2회 이상 개최하여야 한다.

51 **물류시설의 개발 및 운영에 관한 법령상 물류단지개발특별회계 조성의 재원을 모두 고른 것은? (단, 조례는 고려하지 않음)**

ㄱ. 차입금 ㄴ. 정부의 보조금 ㄷ. 해당 지방자치단체의 일반회계로부터의 전입금 ㄹ. 「지방세법」에 따라 부과·징수되는 재산세의 징수액 중 15퍼센트의 금액

① ㄱ, ㄴ
② ㄴ, ㄹ
③ ㄷ, ㄹ
④ ㄱ, ㄴ, ㄷ
⑤ ㄱ, ㄴ, ㄷ, ㄹ

52 **물류시설의 개발 및 운영에 관한 법령상 일반물류단지시설에 해당할 수 없는 것은?**

① 물류터미널 및 창고
② 「수산식품산업의 육성 및 지원에 관한 법률」에 따른 수산물가공업시설(냉동 · 냉장업 시설은 제외한다)
③ 「유통산업발전법」에 따른 전문상가단지
④ 「농수산물유통 및 가격안정에 관한 법률」에 따른 농수산물도매시장
⑤ 「자동차관리법」에 따른 자동차경매장

53 **물류시설의 개발 및 운영에 관한 법령상 물류창고업의 등록에 관한 설명이다. ( )에 들어갈 내용은?**

물류창고업의 등록을 한 자가 물류창고 면적의 (ㄱ) 이상을 증감하려는 경우에는 국토교통부와 해양수산부의 공동부령으로 정하는 바에 따라 변경등록의 사유가 발생한 날부터 (ㄴ)일 이내에 변경등록을 하여야 한다.

① ㄱ : 100분의 5, ㄴ : 10
② ㄱ : 100분의 5, ㄴ : 30
③ ㄱ : 100분의 10, ㄴ : 10
④ ㄱ : 100분의 10, ㄴ : 30
⑤ ㄱ : 100분의 10, ㄴ : 60

54 **물류시설의 개발 및 운영에 관한 법령상 복합물류터미널사업의 등록에 관한 설명으로 옳지 않은 것은?**

① 「지방공기업법」에 따른 지방공사는 복합물류터미널사업의 등록을 할 수 있다.
② 복합물류터미널사업의 등록을 위해 갖추어야 할 부지 면적의 기준은 3만3천제곱미터 이상이다.
③ 복합물류터미널사업 등록이 취소된 후 1년이 지나면 등록결격사유가 소멸한다.
④ 국토교통부장관은 복합물류터미널사업의 변경등록신청을 받고 결격사유의 심사 후 신청내용이 적합하다고 인정할 때에는 지체없이 변경등록을 하여야 한다.
⑤ 복합물류터미널의 부지 및 설비의 배치를 표시한 축척 500분의 1 이상의 평면도는 복합물류터미널사업의 등록신청서에 첨부하여 국토교통부장관에게 제출하여야 할 서류이다.

55 **물류시설의 개발 및 운영에 관한 법령상 입주기업체협의회에 관한 설명으로 옳지 않은 것은?**

① 입주기업체협의회는 그 구성 당시에 해당 물류단지 입주기업체의 75퍼센트 이상이 회원으로 가입되어 있어야 한다.
② 입주기업체협의회의 회의는 정관에 다른 규정이 있는 경우를 제외하고는 회원 과반수의 출석과 출석회원 과반수의 찬성으로 의결한다.
③ 입주기업체협의회의 일반회원은 입주기업체의 대표자로 한다.
④ 입주기업체협의회의 특별회원은 일반회원 외의 자 중에서 정하되 회원자격은 입주기업체협의회의 정관으로 정하는 바에 따른다.
⑤ 입주기업체협의회는 매 사업연도 개시일부터 3개월 이내에 정기총회를 개최하여야 한다.

56 **물류시설의 개발 및 운영에 관한 법령상 국가 또는 지방자치단체가 우선적으로 지원하여야 하는 기반시설로 명시된 것을 모두 고른 것은?**

ㄱ. 하수도시설 및 폐기물처리시설	ㄴ. 보건위생시설
ㄷ. 집단에너지공급시설	ㄹ. 물류단지 안의 공동구

① ㄱ
② ㄴ, ㄹ
③ ㄱ, ㄴ, ㄷ
④ ㄱ, ㄷ, ㄹ
⑤ ㄴ, ㄷ, ㄹ

57 **화물자동차 운수사업법령상 운송사업자의 직접운송의무에 관한 설명이다. (   )에 들어갈 내용은? (단, 사업기간은 1년 이상임)**

> ○ 일반화물자동차 운송사업자는 연간 운송계약 화물의 (ㄱ) 이상을 직접 운송하여야 한다.
> ○ 운송사업자가 운송주선사업을 동시에 영위하는 경우에는 연간 운송계약 및 운송주선계약 화물의 (ㄴ) 이상을 직접 운송하여야 한다.

① ㄱ : 3분의 2, ㄴ : 3분의 1
② ㄱ : 100분의 30, ㄴ : 100분의 20
③ ㄱ : 100분의 30, ㄴ : 100분의 30
④ ㄱ : 100분의 50, ㄴ : 100분의 20
⑤ ㄱ : 100분의 50, ㄴ : 100분의 30

58 **화물자동차 운수사업법령상 경영의 위탁 및 위·수탁계약에 관한 설명으로 옳지 않은 것은?**

① 운송사업자는 화물자동차 운송사업의 효율적인 수행을 위하여 필요하면 다른 운송사업자에게 차량과 그 경영의 일부를 위탁할 수 있다.
② 국토교통부장관이 경영의 위탁을 제한하려는 경우 화물자동차 운송사업의 허가에 조건을 붙이는 방식으로 할 수 있다.
③ 위·수탁계약의 기간은 2년 이상으로 하여야 한다.
④ 위·수탁계약을 체결하는 경우 계약의 당사자는 양도·양수에 관한 사항을 계약서에 명시하여야 한다.
⑤ 위·수탁차주가 계약기간 동안 화물운송 종사자격의 효력 정지 처분을 받았다면 운송사업자는 위·수탁차주의 위·수탁계약 갱신 요구를 거절할 수 있다.

59 **화물자동차 운수사업법상 화물자동차 운송가맹사업에 관한 설명으로 옳지 않은 것은?**

① 다른 사람의 요구에 응하여 자기 화물자동차를 사용하여 유상으로 화물을 운송하는 사업은 화물자동차 운송가맹사업에 해당하지 않는다.
② 화물자동차 운송가맹사업의 허가를 받은 자는 화물자동차 운송주선사업의 허가를 받지 아니한다.
③ 화물자동차 운송가맹사업의 허가를 받은 자는 화물자동차 운송사업의 허가를 받지 아니한다.
④ 운송가맹사업자는 적재물배상 책임보험 또는 공제에 가입하여야 한다.
⑤ 운송가맹사업자의 화물정보망은 운송사업자가 다른 운송사업자나 다른 운송사업자에게 소속된 위·수탁차주에게 화물운송을 위탁하는 경우에도 이용될 수 있다.

60 **화물자동차 운수사업법령상 운수사업자(개인 운송사업자는 제외)가 관리하고 신고하여야 하는 사항을 모두 고른 것은?**

ㄱ. 운수사업자가 직접 운송한 실적 ㄴ. 운수사업자가 화주와 계약한 실적 ㄷ. 운수사업자가 다른 운수사업자와 계약한 실적 ㄹ. 운송가맹사업자가 소속 운송가맹점과 계약한 실적

① ㄱ, ㄴ
② ㄷ, ㄹ
③ ㄱ, ㄴ, ㄷ
④ ㄱ, ㄴ, ㄹ
⑤ ㄱ, ㄴ, ㄷ, ㄹ

61 **화물자동차 운수사업법령상 공영차고지를 설치하여 직접 운영할 수 있는 자가 아닌 것은?**

① 도지사
② 자치구의 구청장
③ 「지방공기업법」에 따른 지방공사
④ 「한국토지주택공사법」에 따른 한국토지주택공사
⑤ 「한국농수산식품유통공사법」에 따른 한국농수산식품유통공사

62 **화물자동차 운수사업법령상 사업자단체에 관한 설명으로 옳지 않은 것은? (단, 협회는 화물자동차 운수사업법 제48조의 협회로 함)**

① 운수사업자의 협회 설립은 화물자동차 운송사업, 화물자동차 운송주선사업 및 화물자동차 운송가맹사업의 종류별 또는 시·도별로 할 수 있다.
② 협회는 개인화물자동차 운송사업자의 화물자동차를 운전하는 사람에 대한 경력증명서 발급에 필요한 사항을 기록·관리하고, 운송사업자로부터 경력증명서 발급을 요청받은 경우 경력증명서를 발급해야 한다.
③ 협회의 사업에는 국가나 지방자치단체로부터 위탁받은 업무가 포함된다.
④ 협회는 국토교통부장관의 허가를 받아 적재물배상 공제사업 등을 할 수 있다.
⑤ 화물자동차 휴게소 사업시행자는 화물자동차 휴게소의 운영을 협회에게 위탁할 수 있다.

63 **화물자동차 운수사업법상 국가가 그 소요자금의 일부를 보조하거나 융자할 수 있는 사업이 아닌 것은?**

① 낡은 차량의 대체
② 화물자동차 휴게소의 건설
③ 공동차고지 및 공영차고지 건설
④ 운수사업자의 자동차 사고로 인한 손해배상 책임의 보장
⑤ 화물자동차 운수사업의 서비스 향상을 위한 시설·장비의 확충과 개선

64 화물자동차 운수사업법상 화물자동차 운송주선사업에 관한 설명으로 옳은 것은?

① 운송주선사업자는 자기 명의로 다른 사람에게 화물자동차 운송주선사업을 경영하게 할 수 있다.
② 운송주선사업자는 화주로부터 중개 또는 대리를 의뢰받은 화물에 대하여 다른 운송주선사업자에게 수수료나 그 밖의 대가를 받고 중개 또는 대리를 의뢰할 수 있다.
③ 운송가맹사업자의 화물운송계약을 중개・대리하는 운송주선사업자는 화물자동차 운송가맹점이 될 수 있다.
④ 국토교통부장관은 운수종사자의 집단적 화물운송 거부로 국가경제에 매우 심각한 위기를 초래할 우려가 있다고 인정할 만한 상당한 이유가 있으면 운송주선사업자에게 업무개시를 명할 수 있다.
⑤ 운송주선사업자는 공영차고지를 임대받아 운영할 수 있다.

65 화물자동차 운수사업법상 화물의 멸실・훼손 또는 인도의 지연으로 발생한 운송사업자의 손해배상 책임에 관한 설명으로 옳지 않은 것은?

① 손해배상 책임에 관하여 「상법」을 준용할 때 화물이 인도기한이 지난 후 1개월 이내에 인도되지 아니하면 그 화물은 멸실된 것으로 본다.
② 국토교통부장관은 화주가 요청하면 운송사업자의 손해배상 책임에 관한 분쟁을 조정할 수 있다.
③ 국토교통부장관은 화주가 분쟁조정을 요청하면 지체 없이 그 사실을 확인하고 손해내용을 조사한 후 조정안을 작성하여야 한다.
④ 화주와 운송사업자 쌍방이 조정안을 수락하면 당사자 간에 조정안과 동일한 합의가 성립된 것으로 본다.
⑤ 국토교통부장관은 분쟁조정 업무를 「소비자기본법」에 따라 등록한 소비자단체에 위탁할 수 있다.

66 화물자동차 운수사업법령상 사업 허가 또는 신고에 관한 설명으로 옳은 것은?

① 운송사업자는 관할 관청의 행정구역 내에서 주사무소를 이전하려면 국토교통부장관의 변경허가를 받아야 한다.
② 운송사업자는 허가받은 날부터 5년마다 허가기준에 관한 사항을 신고하여야 한다.
③ 국토교통부장관은 운송사업자가 사업정지처분을 받은 경우에도 주사무소를 이전하는 변경허가를 할 수 있다.
④ 운송주선사업자가 허가사항을 변경하려면 국토교통부장관의 변경허가를 받아야 한다.
⑤ 운송가맹사업자가 화물취급소를 설치하거나 폐지하려면 국토교통부장관의 변경허가를 받아야 한다.

67 항만운송사업법령상 항만용역업의 내용에 해당하지 않는 것은?

① 통선(通船)으로 본선(本船)과 육지 사이에서 사람이나 문서 등을 운송하는 행위를 하는 사업
② 본선을 경비(警備)하는 행위나 본선의 이안(離岸) 및 접안(接岸)을 보조하기 위하여 줄잡이 역무(役務)를 제공하는 행위를 하는 사업
③ 선박의 청소[유창(油艙) 청소는 제외한다], 오물 제거, 소독, 폐기물의 수집·운반, 화물 고정, 칠 등을 하는 행위를 하는 사업
④ 선박에 음료, 식품, 소모품, 밧줄, 수리용 예비부분품 및 부속품, 집기, 그 밖에 이와 유사한 선용품을 공급하는 행위를 하는 사업
⑤ 선박에서 사용하는 맑은 물을 공급하는 행위를 하는 사업

68 항만운송사업법령상 항만운송사업에 관한 설명으로 옳지 않은 것은?

① 항만하역사업의 등록신청서에 첨부하여야 하는 사업계획에는 사업에 제공될 수면 목재저장소의 수, 위치 및 면적이 포함되어야 한다.
② 항만운송사업의 등록을 신청하려는 자가 법인인 경우 등록신청서에 정관을 첨부하여야 한다.
③ 검수사의 자격이 취소된 날부터 2년이 지나지 아니한 사람은 검수사의 자격을 취득할 수 없다.
④ 「민사집행법」에 따른 경매에 따라 항만운송사업의 시설·장비 전부를 인수한 자는 종전의 항만운송사업자의 권리·의무를 승계한다.
⑤ 항만하역사업의 등록을 한 자는 컨테이너 전용 부두에서 취급하는 컨테이너 화물에 대하여 그 운임과 요금을 정하여 관리청의 인가를 받아야 한다.

69 항만운송사업법령상 부두운영회사의 운영 등에 관한 설명으로 옳은 것은?

① 항만시설운영자등은 항만시설등의 효율적인 사용 및 운영 등을 위하여 필요하다고 인정하는 경우에는 부두운영회사 선정계획의 공고 없이 부두운영계약을 체결할 수 있다.
② 부두운영회사의 금지행위 위반 시 책임에 관한 사항은 부두운영계약에 포함되지 않아도 된다.
③ 부두운영회사가 부두운영 계약기간을 연장하려는 경우에는 그 계약기간이 만료되기 3개월 전까지 부두운영계약의 갱신을 신청하여야 한다.
④ 화물유치 또는 투자 계획을 이행하지 못한 부두운영회사에 대하여 부과하는 위약금은 분기별로 산정하여 합산한다.
⑤ 항만운송사업법에서 정한 것 외에 부두운영회사의 항만시설 사용에 대해서는 「국유재산법」 또는 「지방재정법」에 따른다.

70 **유통산업발전법상 용어의 정의에 관한 설명으로 옳지 않은 것은?**

① "임시시장"이란 다수의 수요자와 공급자가 일정한 기간 동안 상품을 매매하거나 용역을 제공하는 일정한 장소를 말한다.

② "상점가"란 같은 업종을 경영하는 여러 도매업자 또는 소매업자가 일정 지역에 점포 및 부대시설 등을 집단으로 설치하여 만든 상가단지를 말한다.

③ "무점포판매"란 상시 운영되는 매장을 가진 점포를 두지 아니하고 상품을 판매하는 것으로서 산업통상자원부령으로 정하는 것을 말한다.

④ "물류설비"란 화물의 수송・포장・하역・운반과 이를 관리하는 물류정보처리활동에 사용되는 물품・기계・장치 등의 설비를 말한다.

⑤ "공동집배송센터"란 여러 유통사업자 또는 제조업자가 공동으로 사용할 수 있도록 집배송시설 및 부대업무시설이 설치되어 있는 지역 및 시설물을 말한다.

71 **유통산업발전법의 적용이 배제되는 시장・사업장 및 매장을 모두 고른 것은?**

ㄱ. 「농수산물 유통 및 가격안정에 관한 법률」에 따른 농수산물공판장
ㄴ. 「농수산물 유통 및 가격안정에 관한 법률」에 따른 민영농수산물도매시장
ㄷ. 「농수산물 유통 및 가격안정에 관한 법률」에 따른 농수산물종합유통센터
ㄹ. 「축산법」에 따른 가축시장

① ㄹ
② ㄱ, ㄷ
③ ㄴ, ㄹ
④ ㄱ, ㄴ, ㄷ
⑤ ㄱ, ㄴ, ㄷ, ㄹ

72 유통산업발전법상 대규모점포등에 관한 설명으로 옳은 것은?

① 대규모점포를 개설하려는 자는 영업을 개시하기 30일 전까지 개설 지역 및 시기 등을 포함한 개설계획을 예고하여야 한다.
② 유통산업발전법을 위반하여 징역의 실형을 선고받고 그 집행이 면제된 날부터 6월이 지난 사람은 대규모점포등의 등록을 할 수 있다.
③ 대형마트의 영업시간을 제한하는 경우 조례로 달리 정하지 않는 한 오전 0시부터 오전 11시까지의 범위에서 영업시간을 제한할 수 있다.
④ 대규모점포등관리자는 대규모점포등의 관리 또는 사용에 관하여 입점상인의 3분의2 이상의 동의를 얻어 관리규정을 제정하여야 한다.
⑤ 대규모점포등개설자가 대규모점포등을 폐업하려는 경우에는 특별자치시장・시장・군수・구청장의 허가를 받아야 한다.

73 유통산업발전법상 유통산업의 경쟁력 강화에 관한 설명으로 옳은 것은?

① 체인사업자는 체인점포의 경영을 개선하기 위하여 유통관리사의 고용 촉진을 추진하여야 한다.
② 지방자치단체의 장은 자신이 건립한 중소유통공동도매물류센터의 운영을 중소유통기업자단체에 위탁할 수 없다.
③ 상점가진흥조합은 협동조합으로 설립하여야 하고 사업조합의 형식으로는 설립할 수 없다.
④ 지방자치단체의 장은 상점가진흥조합이 조합원의 판매촉진을 위한 공동사업을 하는 경우에는 필요한 자금을 지원할 수 없다.
⑤ 상점가진흥조합의 구역은 다른 상점가진흥조합 구역의 5분의 1 이하의 범위에서 그 다른 상점가진흥조합의 구역과 중복되어 지정할 수 있다.

74 **유통산업발전법령상 공동집배송센터에 관한 설명으로 옳지 않은 것은?**

① 산업통상자원부장관은 공동집배송센터를 지정하거나 변경지정하려면 미리 관계 중앙행정기관의 장과 협의하여야 한다.

② 공동집배송센터사업자가 신탁계약을 체결하여 공동집배송센터를 신탁개발하는 경우 신탁계약을 체결한 신탁업자는 공동집배송센터사업자의 지위를 승계한다.

③ 공업지역 내에서 부지면적이 2만제곱미터이고, 집배송시설면적이 1만제곱미터인 지역 및 시설물은 공동집배송센터로 지정할 수 없다.

④ 산업통상자원부장관은 공동집배송센터의 시공후 공사가 6월 이상 중단된 경우에는 공동집배송센터의 지정을 취소할 수 있다.

⑤ 공동집배송센터의 지정을 추천받고자 하는 자는 공동집배송센터지정신청서에 부지매입관련 서류를 첨부하여 시·도지사에게 제출하여야 한다.

75 **철도사업법령상 철도사업의 면허에 관한 설명으로 옳지 않은 것은?**

① 철도사업을 경영하려는 자는 지정·고시된 사업용철도노선을 정하여 국토교통부장관의 면허를 받아야 한다.

② 국토교통부장관은 면허를 하는 경우 철도의 공공성과 안전을 강화하고 이용자 편의를 증진시키기 위하여 필요한 부담을 붙일 수 있다.

③ 법인이 아닌 자도 철도사업의 면허를 받을 수 있다.

④ 철도사업의 면허를 받기 위한 사업계획서에는 사용할 철도차량의 대수·형식 및 확보계획이 포함되어야 한다.

⑤ 신청자가 해당 사업을 수행할 수 있는 재정적 능력이 있어야 한다는 것은 면허기준에 포함된다.

76 **철도사업법령상 전용철도 등록사항의 경미한 변경에 해당하지 않는 것은?**

① 운행시간을 단축한 경우

② 배차간격을 연장한 경우

③ 철도차량 대수를 10분의 2의 범위 안에서 변경한 경우

④ 전용철도를 운영하는 법인의 임원을 변경한 경우

⑤ 전용철도 건설기간을 6월의 범위 안에서 조정한 경우

77 **철도사업법상 여객 운임에 관한 설명으로 옳지 않은 것은?**

① 철도사업자는 재해복구를 위한 긴급지원이 필요하다고 인정되는 경우에는 일정한 기간과 대상을 정하여 여객 운임・요금을 감면할 수 있다.

② 철도사업자는 여객 운임・요금을 감면하는 경우에는 그 시행 3일 이전에 감면사항을 인터넷 홈페이지 등 일반인이 잘 볼 수 있는 곳에 게시하여야 하며, 긴급한 경우에는 미리 게시하지 아니할 수 있다.

③ 철도사업자는 열차를 이용하는 여객이 정당한 운임・요금을 지급하지 아니하고 열차를 이용한 경우에는 승차 구간에 해당하는 운임 외에 그의 50배의 범위에서 부가 운임을 징수할 수 있다.

④ 철도사업자는 송하인(送荷人)이 운송장에 적은 화물의 품명・중량・용적 또는 개수에 따라 계산한 운임이 정당한 사유 없이 정상 운임보다 적은 경우에는 송하인에게 그 부족 운임 외에 그 부족 운임의 5배의 범위에서 부가 운임을 징수할 수 있다.

⑤ 철도사업자는 부가 운임을 징수하려는 경우에는 사전에 부가 운임의 징수 대상 행위, 열차의 종류 및 운행 구간 등에 따른 부가 운임 산정기준을 정하고 철도사업약관에 포함하여 국토교통부장관에게 신고하여야 한다.

78 **철도사업법령상 국유철도시설의 점용허가에 관한 설명으로 옳지 않은 것은?**

① 국유철도시설의 점용허가는 철도사업자와 철도사업자가 출자・보조 또는 출연한 사업을 경영하는 자에게만 하여야 한다.

② 국유철도시설의 점용허가를 받은 자는 부득이한 사유가 없는 한 매년 1월 15일까지 당해연도의 점용료 해당분을 선납하여야 한다.

③ 국유철도시설의 점용허가로 인하여 발생한 권리와 의무를 이전하려는 경우에는 국토교통부장관의 인가를 받아야 한다.

④ 국토교통부장관은 점용허가를 받은 자가 「공공주택 특별법」에 따른 공공주택을 건설하기 위하여 점용허가를 받은 경우 점용료를 감면할 수 있다.

⑤ 국토교통부장관은 점용허가기간이 만료된 철도 재산의 원상회복의무를 면제하는 경우에 해당 철도 재산에 설치된 시설물 등의 무상 국가귀속을 조건으로 할 수 있다.

79 농수산물 유통 및 가격안정에 관한 법률상 민영도매시장에 관한 설명으로 옳은 것은?

① 민간인등이 광역시 지역에 민영도매시장을 개설하려면 농림축산식품부장관의 허가를 받아야 한다.
② 민영도매시장 개설허가 신청에 대하여 시・도지사가 허가처리 지연 사유를 통보하는 경우에는 허가 처리기간을 10일 범위에서 한 번만 연장할 수 있다.
③ 시・도지사가 민영도매시장 개설 허가 처리기간에 허가 여부를 통보하지 아니하면 허가 처리기간의 마지막 날에 허가를 한 것으로 본다.
④ 민영도매시장의 개설자는 시장도매인을 두어 민영도매시장을 운영하게 할 수 없다.
⑤ 민영도매시장의 중도매인은 해당 민영도매시장을 관할하는 시・도지사가 지정한다.

80 농수산물 유통 및 가격안정에 관한 법령상 도매시장법인에 관한 설명이다. (   )에 들어갈 내용은?

> ○ 도매시장 개설자는 도매시장에 그 시설규모・거래액 등을 고려하여 적정수의 도매시장법인・시장도매인 또는 중도매인을 두어 이를 운영하게 하여야 한다. 다만, 중앙도매시장의 개설자는 (ㄱ)와 수산부류에 대하여는 도매시장법인을 두어야 한다.
> ○ 도매시장법인은 도매시장 개설자가 부류별로 지정하되, 중앙도매시장에 두는 도매시장법인의 경우에는 농림축산식품부장관 또는 해양수산부장관과 협의하여 지정한다. 이 경우 (ㄴ) 이상 10년 이하의 범위에서 지정 유효기간을 설정할 수 있다.

① ㄱ : 청과부류, ㄴ : 3년
② ㄱ : 양곡부류, ㄴ : 3년
③ ㄱ : 청과부류, ㄴ : 5년
④ ㄱ : 양곡부류, ㄴ : 5년
⑤ ㄱ : 축산부류, ㄴ : 5년

2022년 제26회 기출문제

교 시	과 목	시 간	문제형별
1교시	• 물류관리론 • 화물운송론 • 국제물류론	120분	A

2022. 8. 6. 시행

맞은 개수 ____ / 120문제

[1과목] 물류관리론

01 물류시스템에 관한 설명으로 옳지 않은 것은?

① 생산과 소비를 연결하며 공간과 시간의 효용을 창출하는 시스템이다.
② 물류하부시스템은 수송, 보관, 포장, 하역, 물류정보, 유통가공 등으로 구성된다.
③ 물류서비스의 증대와 물류비용의 최소화가 목적이다.
④ 물류 합리화를 위해서 물류하부시스템의 개별적 비용절감이 전체시스템의 통합적 비용절감보다 중요하다.
⑤ 물류시스템의 자원은 인적, 물적, 재무적, 정보적 자원 등이 있다.

02 공동수·배송의 효과에 관한 설명으로 옳지 않은 것은?

① 차량 적재율과 공차율이 증가한다.
② 물류업무 인원을 감소시킬 수 있다.
③ 교통체증 및 환경오염을 줄일 수 있다.
④ 물류작업의 생산성이 향상될 수 있다.
⑤ 참여기업의 물류비를 절감할 수 있다.

03 **다음 설명에 해당하는 공동수 · 배송 운영방식은?**

> 물류센터에서의 배송뿐만 아니라 화물의 보관 및 집하업무까지 공동화하는 것으로 주문처리를 제외한 물류업무에 관해 협력하는 방식이다.

① 노선집하공동형
② 납품대행형
③ 공동수주 · 공동배송형
④ 배송공동형
⑤ 집배송공동형

04 **공동수 · 배송시스템 관련 설명으로 옳지 않은 것은?**

① 화물형태가 규격화된 품목은 공동화에 적합하다.
② 참여 기업 간 공동수 · 배송에 대한 이해도가 높고 서로 목표하는 바가 유사해야 한다.
③ 자사의 정보시스템, 각종 규격 및 서비스에 대한 공유를 지양해야 한다.
④ 화물의 규격, 포장, 파렛트 규격 등의 물류표준화가 선행되어야 한다.
⑤ 배송처의 분포밀도가 높으면 배송차량의 적재율 증가로 배송비용을 절감할 수 있다.

05 **물류조직에 관한 설명으로 옳지 않은 것은?**

① 예산관점에서 비공식적, 준공식적, 공식적 조직으로 분류할 수 있다.
② 형태관점에서 사내조직, 독립자회사로 분류할 수 있다.
③ 관리관점에서 분산형, 집중형, 집중분산형으로 분류할 수 있다.
④ 기능관점에서 라인업무형, 스태프업무형, 라인스태프겸무형, 매트릭스형으로 분류할 수 있다.
⑤ 영역관점에서 개별형, 조달형, 마케팅형, 종합형, 로지스틱스형으로 분류할 수 있다.

06 **물류표준화 관련 하드웨어 부문의 표준화에 해당하는 것을 모두 고른 것은?**

ㄱ. 파렛트 표준화	ㄴ. 포장치수 표준화
ㄷ. 내수용 컨테이너 표준화	ㄹ. 물류시설 및 장비 표준화
ㅁ. 물류용어 표준화	ㅂ. 거래단위 표준화

① ㄱ, ㄴ
② ㄱ, ㄷ, ㄹ
③ ㄴ, ㄷ, ㅁ
④ ㄴ, ㄷ, ㄹ, ㅁ
⑤ ㄷ, ㄹ, ㅁ, ㅂ

07 **James & William이 제시한 물류시스템 설계단계는 전략수준, 구조수준, 기능수준, 이행수준으로 구분한다. 기능수준에 해당하는 것을 모두 고른 것은?**

ㄱ. 경로설계	ㄴ. 고객 서비스
ㄷ. 물류네트워크 전략	ㄹ. 창고설계 및 운영
ㅁ. 자재관리	ㅂ. 수송관리

① ㄱ, ㄴ
② ㄴ, ㄹ
③ ㄷ, ㄹ, ㅁ
④ ㄷ, ㅁ, ㅂ
⑤ ㄹ, ㅁ, ㅂ

08 **물류표준화에 관한 설명으로 옳지 않은 것은?**

① 단위화물체계의 보급, 물류기기체계 인터페이스, 자동화를 위한 규격 등을 고려한다.
② 운송, 보관, 하역, 포장 정보의 일관처리로 효율성을 제고하는 것이다.
③ 물류모듈은 물류시설 및 장비들의 규격이나 치수가 일정한 배수나 분할 관계로 조합되어 있는 집합체로 물류표준화를 위한 기준치수를 의미한다.
④ 대표적인 Unit Load 치수에는 NULS(Net Unit Load Size)와 PVS(Plan View Size)가 있다.
⑤ 배수치수 모듈은 1,140mm × 1,140mm Unit Load Size를 기준으로 하고, 최대허용공차 −80mm를 인정하고 있는 Plan View Unit Load Size를 기본단위로 하고 있다.

09 다음 설명에 해당하는 포장화물의 파렛트 적재 형태는?

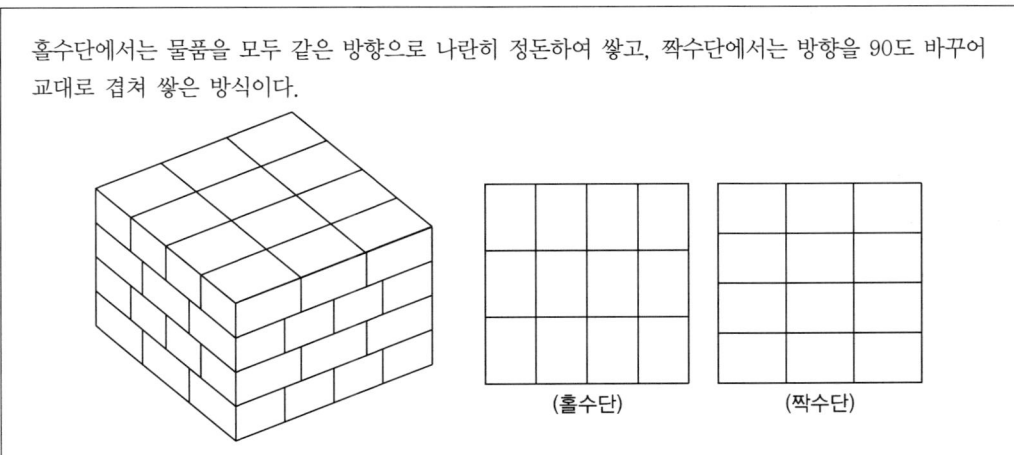

홀수단에서는 물품을 모두 같은 방향으로 나란히 정돈하여 쌓고, 짝수단에서는 방향을 90도 바꾸어 교대로 겹쳐 쌓은 방식이다.

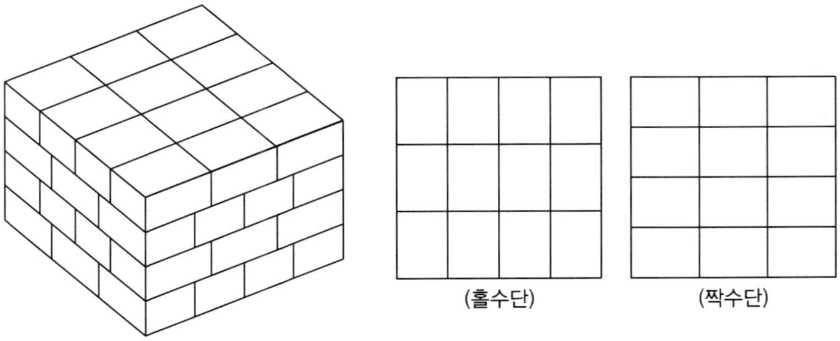

① 스플릿(Split) 적재
② 풍차형(Pinwheel) 적재
③ 벽돌(Brick) 적재
④ 교대배열(Row) 적재
⑤ 블록(Block) 적재

10 TOC(Theory of Constraints)에 관한 설명으로 옳은 것은?

① Drum, Buffer, Rope는 공정 간 자재의 흐름 관리를 통해 재고를 최소화하고 제조기간을 단축하는 기법으로서 비제약공정을 중점적으로 관리한다.
② Thinking Process는 제약요인을 개선하여 목표를 달성하는 구체적 해결방안을 도출하는 기법으로서 부분 최적화를 추구한다.
③ Critical Chain Project Management는 프로젝트의 단계별 작업을 효과적으로 관리하여 기간을 단축하고 돌발 상황에서도 납기수준을 높일 수 있는 기법이다.
④ Throughput Account는 통계적 기법을 활용한 품질개선 도구이다.
⑤ Optimized Production Technology는 정의, 측정, 분석, 개선, 관리의 DMAIC 프로세스를 활용한다.

11 RFID의 특징을 설명한 것으로 옳지 않은 것은?

① 태그에 접촉하지 않아도 인식이 가능하다.
② 바코드에 비해 가격이 비싸다.
③ 태그에 상품과 관련한 다양한 기록이 저장될 수 있으므로 개인정보의 노출 또는 사생활 침해 등의 위험성이 발생할 수 있다.
④ 읽기(Read)만 가능한 바코드와 달리 읽고 쓰기(Read and Write)가 가능하다.
⑤ 태그 데이터의 변경 및 추가는 자유롭지만 일시에 복수의 태그 판독은 불가능하다.

12 EAN-13(표준형 A) 바코드에 관한 설명으로 옳지 않은 것은?

① 국가식별 코드는 3자리로 구성되는데, 1982년 이전 EAN International에 가입한 국가의 식별 코드는 2자리 숫자로 부여받았다.
② 제조업체 코드는 상품의 제조업체를 나타내는 코드로서 4자리로 구성된다.
③ 체크 디지트는 판독오류 방지를 위한 코드로서 1자리로 구성된다.
④ 상품품목 코드는 3자리로 구성된다.
⑤ 취급하는 품목 수가 많은 기업들에게 활용된다.

13 다음 (   )에 들어갈 물류정보시스템 용어를 바르게 나열한 것은?

> ○ 주파수공용통신 : (ㄱ)
> ○ 지능형교통정보시스템 : (ㄴ)
> ○ 첨단화물운송시스템 : (ㄷ)
> ○ 철도화물정보망 : (ㄹ)
> ○ 판매시점관리 : (ㅁ)

① ㄱ : CVO, ㄴ : ITS, ㄷ : POS, ㄹ : KROIS, ㅁ : TRS
② ㄱ : CVO, ㄴ : KROIS, ㄷ : TRS, ㄹ : ITS, ㅁ : POS
③ ㄱ : ITS, ㄴ : POS, ㄷ : CVO, ㄹ : TRS, ㅁ : KROIS
④ ㄱ : ITS, ㄴ : TRS, ㄷ : KROIS, ㄹ : CVO, ㅁ : POS
⑤ ㄱ : TRS, ㄴ : ITS, ㄷ : CVO, ㄹ : KROIS, ㅁ : POS

14 **다음 설명에 해당하는 물류관리기법은?**

○ Bose사가 개발한 물류관리기법 ○ 공급회사의 영업과 발주회사의 구매를 묶어 하나의 가상기업으로 간주 ○ 공급회사의 전문요원이 공급회사와 발주회사 간의 구매 및 납품업무 대행

① JIT ② JIT-II
③ MRP ④ ERP
⑤ ECR

15 **물류정보기술에 관한 설명으로 옳은 것은?**

① ASP(Application Service Provider)는 정보시스템을 자체 개발하는 것에 비해 구축기간이 오래 걸린다.
② CALS 개념은 Commerce At Light Speed로부터 Computer Aided Acquisition & Logistics Support로 발전되었다.
③ IoT(Internet of Things)는 인간의 학습능력과 지각능력, 추론능력, 자연언어의 이해능력 등을 컴퓨터 프로그램으로 실현한 기술을 의미한다.
④ CIM(Computer Integrated Manufacturing)은 정보시스템을 활용하여 제조, 개발, 판매, 물류 등 일련의 과정을 통합하여 관리하는 생산관리시스템을 말한다.
⑤ QR코드는 컬러 격자무늬 패턴으로 정보를 나타내는 3차원 바코드로서 기존의 바코드보다 용량이 크기 때문에 숫자 외에 문자 등의 데이터를 저장할 수 있다.

16 **A기업의 연간 고정비는 10억원, 단위당 판매가격은 10만원, 단위당 변동비는 판매가격의 50%이다. 연간 손익분기점 판매량 및 손익분기 매출액은?**

① 10,000개, 10억원
② 15,000개, 20억원
③ 20,000개, 20억원
④ 25,000개, 25억원
⑤ 30,000개, 25억원

17 **국토교통부 기업물류비 산정지침에 관한 설명으로 옳지 않은 것은?**

① 영역별 물류비는 조달물류비 · 사내물류비 · 판매물류비 · 역물류비로 구분된다.
② 일반기준에 의한 물류비 산정방법은 관리회계 방식에 의해 물류비를 계산한다.
③ 간이기준에 의한 물류비 산정방법은 기업의 재무제표를 중심으로 한 재무회계방식에 의해 물류비를 계산한다.
④ 간이기준에 의한 물류비 산정방법은 정확한 물류비의 파악을 어렵게 한다.
⑤ 물류기업의 물류비 산정 정확성을 높이기 위해 개발되었으므로 화주기업은 적용대상이 될 수 없다.

18 **활동기준원가계산(ABC)에 관한 설명으로 옳지 않은 것은?**

① 기업이 수행하고 있는 활동을 기준으로 자원, 활동, 원가대상의 원가와 성과를 측정하는 원가계산방법을 말한다.
② 전통적 원가계산방법보다 제품이나 서비스의 실제 비용을 현실적으로 계산할 수 있다.
③ 활동별로 원가를 분석하므로 낭비요인이 있는 업무 영역을 파악할 수 있다.
④ 임의적인 직접원가 배부기준에 의해 발생하는 전통적 원가계산방법의 문제점을 극복하기 위해 활용된다.
⑤ 소품종 대량생산보다 다품종 소량생산 방식에서 유용성이 더욱 높다.

19 **BSC(Balanced Score Card)에 관한 설명으로 옳지 않은 것은?**

① 기업의 재무성과뿐만 아니라 전략실행에 필요한 비재무적 정보를 제공해준다.
② 기업의 전략과 관련된 측정지표의 집합이라고 볼 수 있다.
③ 무형자산을 기업의 차별화 전략이나 주주가치로 변환시킬 수 있는 효과적인 기법이다.
④ 기업의 성과를 비재무적 관점, 고객 관점, 내부 비즈니스 프로세스 관점, 학습 및 성장 관점에서 측정한다.
⑤ 단기적이고 재무적 성과에 집착하는 경영자의 근시안적 사고를 균형 있게 한다.

20 **물류의 기능에 관한 설명으로 옳지 않은 것은?**

① 운송활동은 생산시기와 소비시기의 불일치를 해결하는 기능을 수행한다.
② 고객의 요구에 부합하기 위한 물류의 기능에는 유통가공활동도 포함된다.
③ 포장활동은 제품을 보호하고 취급을 용이하게 하며, 상품가치를 제고시키는 역할을 수행한다.
④ 운송과 보관을 위해서 화물을 싣거나 내리는 행위는 하역활동에 속한다.
⑤ 물류정보는 전자적 수단을 활용하여 운송, 보관, 하역, 포장, 유통가공 등의 활동을 효율화한다.

21 **물류에 대한 설명으로 옳지 않은 것은?**

① Physical Distribution은 판매영역 중심의 물자 흐름을 의미한다.
② Logistics는 재화가 공급자로부터 조달되고 생산되어 소비자에게 전달되고 폐기되는 과정을 포함한다.
③ 공급사슬관리가 등장하면서 기업 내·외부에 걸쳐 수요와 공급을 통합하여 물류를 최적화하는 개념으로 확장되었다.
④ 한국 물류정책기본법상 물류는 운송, 보관, 하역 등이 포함되며 가공, 조립, 포장 등은 포함되지 않는다.
⑤ 쇼(A.W. Shaw)는 경영활동 내 유통의 한 영역으로 Physical Distribution 개념을 정의하였다.

22 **물류의 영역에 관한 설명으로 옳지 않은 것은?**

① 사내물류 – 완제품의 판매로 출하되어 고객에게 인도될 때까지의 물류활동이다.
② 회수물류 – 판매물류를 지원하는 파렛트, 컨테이너 등의 회수에 따른 물류활동이다.
③ 조달물류 – 생산에 필요한 원료나 부품이 제조업자의 자재창고로 운송되어 생산공정에 투입 전까지의 물류활동이다.
④ 역물류 – 반품물류, 폐기물류, 회수물류를 포함하는 물류활동이다.
⑤ 생산물류 – 자재가 생산공정에 투입될 때부터 제품이 완성되기까지의 물류활동이다.

23 다음 설명에 해당하는 수요예측기법은?

> ○ 단기 수요예측에 유용한 기법으로 최근수요에 많은 가중치를 부여한다.
> ○ 오랜 기간의 실적을 필요로 하지 않으며 데이터 처리에 소요되는 시간이 적게 드는 장점이 있다.

① 시장조사법
② 회귀분석법
③ 역사적 유추법
④ 델파이법
⑤ 지수평활법

24 물류환경 변화에 관한 설명으로 옳지 않은 것은?

① 노동력 부족, 공해 발생, 교통 문제, 지가 상승 등 사회적 환경변화로 인해 물류비 절감의 중요성이 증가하고 있다.
② 소품종 대량생산에서 다품종 소량생산으로 물류환경이 변화하고 있다.
③ 전자상거래의 확산으로 인해 라스트마일(Last Mile) 물류비가 감소하고 있다.
④ 녹색물류에 대한 관심이 높아짐에 따라 물류활동으로 인한 폐기물의 최소화가 요구된다.
⑤ 기업의 글로벌 전략으로 인해 국제물류의 중요성이 증가하고 있다.

25 4자 물류에 관한 설명으로 옳은 것을 모두 고른 것은?

> ㄱ. 3자 물류업체, 물류컨설팅 업체, IT업체 등이 결합한 형태
> ㄴ. 공급사슬 전체의 효율적인 관리와 운영
> ㄷ. 참여 업체 공통의 목표설정 및 이익분배
> ㄹ. 사이클 타임과 운전자본의 증대

① ㄱ, ㄴ
② ㄴ, ㄷ
③ ㄷ, ㄹ
④ ㄱ, ㄴ, ㄷ
⑤ ㄴ, ㄷ, ㄹ

26 **물류관리전략 수립에 관한 설명으로 옳지 않은 것은?**

① 고객서비스 달성 목표를 높이기 위해서는 물류비용이 증가할 수 있다.
② 물류관리전략의 목표는 비용절감, 서비스 개선 등이 있다.
③ 물류관리의 중요성이 높아짐에 따라 물류전략은 기업전략과 독립적으로 수립되어야 한다.
④ 물류관리계획은 전략계획, 전술계획, 운영계획으로 나누어 단계적으로 수립한다.
⑤ 제품수명주기에 따라 물류관리전략을 차별화할 수 있다.

27 **도매상의 유형 중에서 한정서비스 도매상(Limited Service Wholesaler)에 해당하지 않는 것은?**

① 현금거래 도매상(Cash and Carry Wholesaler)
② 전문품 도매상(Specialty Wholesaler)
③ 트럭 도매상(Truck Jobber)
④ 직송 도매상(Drop Shipper)
⑤ 진열 도매상(Rack Jobber)

28 **유통경로상에서는 경로파워가 발생할 수 있다. 다음 설명에 해당하는 경로파워는?**

○ 중간상이 제조업자를 존경하거나 동일시하려는 경우에 발생하는 힘이다. ○ 상대방에 대하여 일체감을 갖기를 바라는 정도가 클수록 커진다. ○ 유명상표의 제품일 경우 경로파워가 커진다.

① 보상적 파워
② 준거적 파워
③ 전문적 파워
④ 합법적 파워
⑤ 강압적 파워

29 다음 설명에 해당하는 소매업태는?

> ○ 할인형 대규모 전문점을 의미한다.
> ○ 토이저러스(Toys 'R' Us), 오피스디포(Office Depot) 등이 대표적이다.
> ○ 기존 전문점과 상품구색은 유사하나 대량구매, 대량판매 및 낮은 운영비용을 통해 저렴한 가격의 상품을 제공한다.

① 팩토리 아웃렛(Factory Outlet)
② 백화점(Department Store)
③ 대중양판점(General Merchandising Store)
④ 하이퍼마켓(Hypermarket)
⑤ 카테고리 킬러(Category Killer)

30 다음 ( )에 들어갈 용어는?

> 공통모듈 A를 여러 제품모델에 적용하면 공통모듈 A의 수요는 이 모듈이 적용되는 개별 제품의 수요를 합한 것이 되므로, 개별 제품의 수요변동이 크더라도 공통모듈 A의 수요 변동이 적게 나타나는 (   ) 효과를 얻을 수 있다.

① Risk Pooling
② Quick Response
③ Continuous Replenishment
④ Rationing Game
⑤ Cross Docking

31 A기업은 최근 수송부문의 연비개선을 통해 이산화탄소 배출량(kg)을 감소시켰다. 총 주행 거리는 같다고 가정할 때, 연비개선 전 대비 연비개선 후 이산화탄소 배출감소량(kg)은? (단, 이산화탄소 배출량(kg) = 연료사용량(L) × 이산화탄소 배출계수(kg/L))

> ○ 총 주행 거리 = 100,000(km)
> ○ 연비개선 전 평균연비 = 4(km/L)
> ○ 연비개선 후 평균연비 = 5(km/L)
> ○ 이산화탄소 배출계수 = 0.002(kg/L)

① 1
② 5
③ 10
④ 40
⑤ 50

32 고객이 제품을 주문해서 받을 때까지 걸리는 총 시간을 의미하는 것은?

① 주문주기시간(Order Cycle Time)
② 주문전달시간(Order Transmittal Time)
③ 주문처리시간(Order Processing Time)
④ 인도시간(Delivery Time)
⑤ 주문조립시간(Order Assembly Time)

33 역물류에 관한 설명으로 옳은 것을 모두 고른 것은?

ㄱ. 수작업인 경우가 많아서 자동화가 어렵다.
ㄴ. 대상제품의 재고파악 및 가시성 확보가 용이하다.
ㄷ. 최종 소비단계에서 발생하는 불량품, 반품 및 폐기되는 제품을 회수하여 상태에 따라 분류한 후 재활용하는 과정에서 필요한 물류활동을 포함한다.

① ㄱ
② ㄱ, ㄴ
③ ㄱ, ㄷ
④ ㄴ, ㄷ
⑤ ㄱ, ㄴ, ㄷ

34 블록체인(Block Chain)에 관한 설명으로 옳은 것을 모두 고른 것은?

ㄱ. 신용거래가 필요한 온라인 시장에서 해킹을 막기 위해 개발되었다.
ㄴ. 퍼블릭(Public) 블록체인, 프라이빗(Private) 블록체인, 컨소시엄(Consortium) 블록체인으로 나눌 수 있다.
ㄷ. 화물의 추적・관리 상황을 점검하여 운송 중 발생할 수 있는 문제에 실시간으로 대처할 수 있다.
ㄹ. 네트워크상의 참여자가 거래기록을 분산 보관하여 거래의 투명성과 신뢰성을 확보하는 기술이다.

① ㄱ, ㄴ
② ㄷ, ㄹ
③ ㄱ, ㄴ, ㄷ
④ ㄱ, ㄷ, ㄹ
⑤ ㄱ, ㄴ, ㄷ, ㄹ

35 LaLonde & Zinszer가 제시한 물류서비스 요소 중 거래 시 요소(Transaction Element)에 해당하는 것을 모두 고른 것은?

ㄱ. 보증수리	ㄴ. 재고품절 수준
ㄷ. 명시화된 회사 정책	ㄹ. 주문 편리성

① ㄱ, ㄴ
② ㄱ, ㄷ
③ ㄴ, ㄷ
④ ㄴ, ㄹ
⑤ ㄷ, ㄹ

36 효율적(Efficient) 공급사슬 및 대응적(Responsive) 공급사슬에 관한 설명으로 옳은 것을 모두 고른 것은?

ㄱ. 효율적 공급사슬은 모듈화를 통한 제품 유연성 확보에 초점을 둔다.
ㄴ. 대응적 공급사슬은 불확실한 수요에 대해 빠르고 유연하게 대응하는 것을 목표로 한다.
ㄷ. 효율적 공급사슬의 생산운영 전략은 가동률 최대화에 초점을 둔다.
ㄹ. 대응적 공급사슬은 리드타임 단축보다 비용최소화에 초점을 둔다.

① ㄱ, ㄴ
② ㄱ, ㄹ
③ ㄴ, ㄷ
④ ㄷ, ㄹ
⑤ ㄱ, ㄴ, ㄷ

37 A사는 프린터를 생산·판매하는 업체이다. A사 제품은 전 세계 고객의 다양한 전압과 전원플러그 형태에 맞게 생산된다. A사는 고객 수요에 유연하게 대응하면서 재고를 최소화하기 위한 전략으로 공통모듈을 우선 생산한 후, 고객의 주문이 접수되면 전력공급장치와 전원케이블을 맨 마지막에 조립하기로 하였다. A사가 적용한 공급사슬관리 전략은?

① Continuous Replenishment
② Postponement
③ Make-To-Stock
④ Outsourcing
⑤ Procurement

38 **채찍효과(Bullwhip Effect)에 관한 설명으로 옳지 않은 것은?**

① 최종소비자의 수요 정보가 공급자 방향으로 전달되는 과정에서 수요변동이 증폭되는 현상을 말한다.
② 구매자의 사전구매(Forward Buying)를 통해 채찍효과를 감소시킬 수 있다.
③ 공급사슬 참여기업 간 수요정보 공유를 통해 채찍효과를 감소시킬 수 있다.
④ 공급사슬 참여기업 간 정보 왜곡은 채찍효과의 주요 발생원인이다.
⑤ 공급사슬 참여기업 간 파트너십을 통해 채찍효과를 감소시킬 수 있다.

39 **창고에 입고되는 상품을 보관하지 않고 곧바로 소매 점포에 배송하는 유통업체 물류시스템은?**

① Cross Docking
② Vendor Managed Inventory
③ Enterprise Resource Planning
④ Customer Relationship Management
⑤ Material Requirement Planning

40 **다음 설명에 해당하는 물류관련 보안제도를 바르게 연결한 것은?**

ㄱ. 국제표준화기구에 의해 국제적으로 보안상태가 유지되는 기업임을 인증하는 보안경영 인증제도 ㄴ. 세계관세기구의 기준에 따라 물류기업이 일정 수준 이상의 기준을 충족하면 세관 통관절차 등을 간소화 시켜주는 제도 ㄷ. 미국 세관이 제시하는 보안기준 충족 시 통관절차 간소화 등의 혜택이 주어지는 민관협력 프로그램

① ㄱ : ISO 6780, ㄴ : AEO, ㄷ : C-TPAT
② ㄱ : ISO 6780, ㄴ : C-TPAT, ㄷ : AEO
③ ㄱ : ISO 6780, ㄴ : AEO, ㄷ : ISO 28000
④ ㄱ : ISO 28000, ㄴ : AEO, ㄷ : C-TPAT
⑤ ㄱ : ISO 28000, ㄴ : C-TPAT, ㄷ : AEO

[2과목] 화물운송론

41 화물운송의 3요소에 해당하는 것은?

ㄱ. Link	ㄴ. Load
ㄷ. Mode	ㄹ. Node
ㅁ. Rate	

① ㄱ, ㄴ, ㄷ
② ㄱ, ㄴ, ㄹ
③ ㄱ, ㄷ, ㄹ
④ ㄴ, ㄷ, ㅁ
⑤ ㄴ, ㄹ, ㅁ

42 운송에 관한 설명으로 옳지 않은 것은?

① 운송은 화물을 한 장소에서 다른 장소로 이동시키는 기능이 있다.
② 운송 중에 있는 화물을 일시적으로 보관하는 기능이 있다.
③ 운송 효율화 측면에서 운송비용을 절감하기 위해 다빈도 소량운송을 실시한다.
④ 운송은 장소적 효용과 시간적 효용을 창출한다.
⑤ 운송 효율화는 생산지와 소비지를 확대시켜 시장을 활성화한다.

43 운송수단의 선택에 관한 설명으로 옳은 것을 모두 고른 것은?

ㄱ. 화물유통에 대한 제반여건을 확인하고 운송수단별 평가항목의 내용을 검토한다.
ㄴ. 운송수단의 특성에 따라 최적경로, 배송빈도를 고려하여 운송계획을 수립한다.
ㄷ. 특화된 운송서비스를 제공하거나 틈새시장을 공략하기 위한 경우라도 일반적인 선택기준을 적용하고 다른 기준을 적용하는 경우는 없다.
ㄹ. 물류흐름을 최적화하여 물류비를 절감하고 고객만족서비스를 향상시키도록 하는 전략을 활용한다.
ㅁ. 운송비 부담력은 고려하지 않는다.

① ㄱ, ㄴ
② ㄱ, ㄴ, ㄹ
③ ㄴ, ㄷ, ㄹ
④ ㄱ, ㄷ, ㄹ, ㅁ
⑤ ㄴ, ㄷ, ㄹ, ㅁ

44 **운송수단별 비용 비교에 관한 설명으로 옳지 않은 것은?**

① 철도운송은 운송기간 중의 재고유지로 인하여 재고유지비용이 증가할 수 있다.
② 운송수단별 운송물량에 따라 운송비용에 차이가 있어 비교우위가 다르게 나타난다.
③ 항공운송은 타 운송수단에 비해 운송 소요시간이 짧아 재고유지비용이 감소한다.
④ 해상운송은 장거리 운송의 장점을 가지고 있지만, 대량화물을 운송할 때 단위비용이 낮아져 자동차 운송보다 불리하다.
⑤ 수송비와 보관비는 상관관계가 있으므로 총비용 관점에서 운송수단을 선택한다.

45 **파이프라인 운송에 관한 설명으로 옳지 않은 것은?**

① 초기시설 설치비가 많이 드나 유지비는 저렴한 편이다.
② 환경오염이 적은 친환경적인 운송이다.
③ 운송대상과 운송경로에 관한 제약이 적다.
④ 유류, 가스를 연속적이고 대량으로 운송한다.
⑤ 컴퓨터시스템을 이용하여 운영의 자동화가 가능하다.

46 **다음은 운송수단 선택 시 고려해야 할 사항이다. 이에 해당하는 요건은?**

○ 물류네트워크 연계점에서의 연결이 용이한가? ○ 운송절차와 송장서류 작성이 간단한가? ○ 필요시 운송서류를 이용할 수 있는가?

① 안전성　　② 신뢰성
③ 편리성　　④ 신속성
⑤ 경제성

47 **화물운송의 합리화 방안으로 옳지 않은 것은?**

① 수송체계의 다변화
② 일관파렛트화(Palletization)를 위한 지원
③ 차량운행 경로의 최적화 추진
④ 물류정보시스템의 정비
⑤ 운송업체의 일반화 및 소형화 유도

48 **철도와 화물자동차 운송의 선택기준에 관한 설명으로 옳지 않은 것은?**

① 장거리・대량화물은 철도가 유리하다.
② 근거리・소량화물은 화물자동차가 경제적이다.
③ 채트반(Chatban) 공식은 운송거리에 따른 화물자동차 운송과 철도운송의 선택기준으로 활용된다.
④ 채트반 공식은 비용요소를 이용하여 화물자동차 경쟁가능거리의 한계(분기점)를 산정한다.
⑤ 채트반 공식으로 산출된 경계점 거리 이내에서는 화물자동차운송보다 철도운송이 유리하다.

49 **다음과 같은 특징을 가진 운임산정 기준은?**

○ 양모, 면화, 코르크, 목재, 자동차 등과 같이 중량에 비해 부피가 큰 화물에 적용된다. ○ Drum, Barrel, Roll 등과 같이 화물 사이에 공간이 생기는 화물에 적용된다. ○ 일정비율의 손실공간을 감안하여 운임을 부과한다. ○ 이러한 화물은 통상 이들 손실공간을 포함시킨 적화계수를 적용한다.

① 중량기준
② 용적기준
③ 종가기준
④ 개수기준
⑤ 표정기준

50 **화물자동차의 구조에 의한 분류상 전용특장차로 옳은 것을 모두 고른 것은?**

ㄱ. 덤프트럭	ㄴ. 분립체 운송차
ㄷ. 적화・하역 합리화차	ㄹ. 측면 전개차
ㅁ. 액체 운송차	

① ㄱ, ㄴ
② ㄴ, ㄷ
③ ㄱ, ㄴ, ㅁ
④ ㄴ, ㄹ, ㅁ
⑤ ㄷ, ㄹ, ㅁ

51 **화물자동차의 운행제한 기준으로 옳은 것은?**

① 축간 중량 5톤 초과
② 길이 13.7m 초과
③ 너비 2.0m 초과
④ 높이 3.5m 초과
⑤ 총중량 40톤 초과

52 **폴트레일러 트럭(Pole-trailer truck)에 관한 설명으로 옳은 것은?**

① 트렉터에 턴테이블을 설치하고 트레일러를 연결한 후, 대형파이프나 H형강, 교각, 대형목재 등 장척물의 수송에 사용한다.
② 트렉터와 트레일러가 완전히 분리되어 있고, 트레일러 자체도 바디를 가지고 있으며 중소형이다.
③ 트레일러의 일부 하중을 트렉터가 부담하는 것으로 측면에 미닫이문이 부착되어 있다.
④ 컨테이너 트렉터는 트레일러 2량을 연결하여 사용한다.
⑤ 대형 중량화물을 운송하기 위하여 여러 대의 자동차를 연결하여 사용한다.

53 **화물자동차운송의 고정비 항목으로 옳은 것은?**

① 유류비
② 수리비
③ 감가상각비
④ 윤활유비
⑤ 도로통행료

54 **컨테이너에 의한 위험물의 운송 시 위험물 수납에 관한 내용으로 옳지 않은 것은?**

① 컨테이너는 위험물을 수납하기 전에 충분히 청소 및 건조되어야 한다.
② 위험물을 컨테이너에 수납할 경우에는 해당 위험물의 이동, 전도, 충격, 마찰, 압력손상 등으로 위험이 발생할 우려가 없도록 한다.
③ 위험물의 어느 부분도 외부로 돌출하지 않도록 수납한 후에 컨테이너의 문을 닫아야 한다.
④ 위험물을 컨테이너 일부에만 수납하는 경우에는 위험물을 컨테이너 문에서 먼 곳에 수납해야 한다.
⑤ 위험물이 수납된 컨테이너를 여닫는 문의 잠금장치 및 봉인은 비상시에 지체 없이 열 수 있는 구조이어야 한다.

55 **목재, 강재, 승용차, 기계류 등과 같은 중량화물을 운송하기 위하여 지붕과 벽을 제거하고, 4개의 모서리에 기둥과 버팀대만 두어 전후, 좌우 및 위쪽에서 적재·하역할 수 있는 컨테이너는?**

① 건화물 컨테이너(Dry container)
② 오픈탑 컨테이너(Open top container)
③ 동물용 컨테이너(Live stock container)
④ 솔리드벌크 컨테이너(Solid bulk container)
⑤ 플랫래크 컨테이너(Flat rack container)

56 다음에서 설명하고 있는 철도운송 서비스 형태는?

> ○ 철도화물역 또는 터미널 간을 직송 운행하는 전용열차
> ○ 화차의 수와 타입이 고정되어 있지 않음
> ○ 중간역을 거치지 않고 최초 출발역부터 최종 도착역까지 직송서비스 제공
> ○ 철도-도로 복합운송에서 많이 사용되는 서비스

① Block Train
② Coupling & Sharing Train
③ Liner Train
④ Shuttle Train
⑤ Single Wagon Train

57 우리나라 철도화물의 운임체계에 관한 설명으로 옳지 않은 것은?

① 화차(차량)취급운임, 컨테이너 취급운임, 혼재운임으로 구성된다.
② 화차취급운임 중 특대화물, 위험화물, 귀중품의 운송은 할증이 적용된다.
③ 화차취급운임 중 정량화된 대량화물이나 파렛트 화물의 운송은 할인이 적용된다.
④ 냉동컨테이너의 운송은 할증이 적용된다.
⑤ 공컨테이너와 적컨테이너의 운송은 할증이 적용된다.

58 다음에서 설명하고 있는 대륙횡단 철도서비스 형태는?

> 아시아 극동지역의 화물을 파나마 운하를 경유하여 북미 동부 연안의 항만까지 해상운송을 실시하고, 철도 및 트럭을 이용하여 내륙지역까지 운송한다.

① ALB(American Land Bridge)
② MLB(Mini Land Bridge)
③ IPI(Interior Point Intermodal)
④ RIPI(Reversed Interior Point Intermodal)
⑤ CLB(Canadian Land Bridge)

59 **철도운송의 특징으로 옳지 않은 것은?**

① 장거리 대량화물의 운송에 유리하다.
② 타 운송수단과의 연계 없이 Door to Door 서비스가 가능하다.
③ 안전도가 높고 친환경적인 운송수단이다.
④ 전국적인 네트워크를 가지고 있다.
⑤ 계획적인 운송이 가능하다.

60 **다음에서 설명하는 해상운임 산정 기준으로 옳은 것은?**

운임단위를 무게 기준인 중량톤과 부피 기준인 용적톤으로 산출하고 원칙적으로 운송인에게 유리한 운임단위를 적용하는 운임톤

① Gross Ton(G/T)
② Long Ton(L/T)
③ Metric Ton(M/T)
④ Revenue Ton(R/T)
⑤ Short Ton(S/T)

61 **선박의 국적(선적)에 관한 설명으로 옳지 않은 것은?**

① 전통적인 선박의 국적 취득 요건은 자국민 소유, 자국 건조, 자국민 승선이다.
② 편의치적제도를 활용하는 선사는 자국의 엄격한 선박운항기준과 안전기준에서 벗어날 수 있다.
③ 제2선적제도는 기존의 전통적 선적제도를 폐지하고, 역외등록제도와 국제선박등록제도를 신규로 도입한다.
④ 편의치적제도는 세제상의 혜택과 금융조달의 용이성으로 인해 세계적으로 확대되었다.
⑤ 우리나라는 제2선적제도를 시행하고 있다.

62 항해용선 계약과 나용선 계약을 구분한 것으로 옳지 않은 것은?

구 분		항해용선 계약	나용선 계약
ㄱ	선장고용책임	선주가 감독, 임명	용선주가 임명
ㄴ	해원고용책임	선주가 감독, 임명	용선주가 임명
ㄷ	책임한계	선주-운송행위	용선주-운송행위
ㄹ	운임결정	용선기간	화물의 수량
ㅁ	용선주 비용부담	없 음	전 부

① ㄱ
② ㄴ
③ ㄷ
④ ㄹ
⑤ ㅁ

63 선하증권 운송약관상의 운송인 면책 약관에 관한 설명으로 옳지 않은 것은?

① 잠재하자약관 : 화물의 고유한 성질에 의하여 발생하는 손실에 대해 운송인은 면책이다.
② 이로약관 : 항해 중에 인명, 재산의 구조, 구조와 관련한 상당한 이유로 예정항로 이외의 지역으로 항해한 경우, 발생하는 손실에 대해 운송인은 면책이다.
③ 부지약관 : 컨테이너 내에 반입된 화물은 화주의 책임하에 있으며 발생하는 손실에 대해 운송인은 면책이다.
④ 과실약관 : 과실은 항해과실과 상업과실로 구분하며 상업과실일 경우, 운송인은 면책을 주장하지 못한다.
⑤ 고가품약관 : 송화인이 화물의 운임을 종가율에 의하지 않고 선적하였을 경우, 운송인은 일정금액의 한도 내에서 배상책임이 있다.

64 다음 설명에 해당하는 해상운송 관련서류는?

> ○ 해상운송에서 운송인은 화물을 인수할 당시에 포장상태가 불완전하거나 수량이 부족한 사실이 발견되면 사고부 선하증권(Foul B/L)을 발행한다.
> ○ 사고부 선하증권은 은행에서 매입을 하지 않으므로, 송화인은 운송인에게 일체의 클레임에 대해서 송화인이 책임진다는 서류를 제출하고 무사고 선하증권을 수령한다.

① Letter of Credit
② Letter of Indemnity
③ Commercial Invoice
④ Certificate of Origin
⑤ Packing List

65 **항공화물 운임의 결정 원칙으로 옳지 않은 것은?**

① 운임은 출발지의 중량에 kg 또는 lb당 적용요율을 곱하여 결정한다.
② 별도 규정의 경우를 제외하고는 요율과 요금은 가장 낮은 것을 적용한다.
③ 운임 및 종가 요금은 선불이거나 도착지 지불이어야 한다.
④ 화물의 실제 운송 경로는 운임 산출 시 근거 경로와 일치하여야만 한다.
⑤ 항공화물의 요율은 출발지국의 현지통화로 설정한다.

66 **단위탑재용기(ULD : Unit Load Device)에 관한 설명으로 옳은 것을 모두 고른 것은?**

ㄱ. 지상 조업시간이 단축된다.
ㄴ. 전기종 간의 ULD 호환성이 높다.
ㄷ. 냉장, 냉동화물 등 특수화물의 운송이 용이하다.
ㄹ. 사용된 ULD는 전량 회수하여 사용한다.

① ㄱ
② ㄱ, ㄷ
③ ㄴ, ㄷ
④ ㄴ, ㄹ
⑤ ㄱ, ㄷ, ㄹ

67 **운송주선인의 역할로 옳지 않은 것은?**

① 수출화물을 본선에 인도하고 수입화물을 본선으로부터 인수한다.
② 화물포장 및 목적지의 각종 규칙에 관해 조언한다.
③ 운송주체로서 화물의 집하, 혼재, 분류 및 인도 등을 수행한다.
④ 운송의 통제인 및 배송인 역할을 수행한다.
⑤ 운송수단을 보유하고, 계약운송인으로서 운송책임이 없다.

68 항공화물운송주선업자에 관한 설명으로 옳지 않은 것은?

① 화주의 운송대리인이다.
② 전문혼재업자이다.
③ 송화인과 House Air Waybill을 이용하여 운송계약을 체결하는 업자이다.
④ 수출입 통관 및 보험에 관한 화주의 대리인이다.
⑤ CFS(Container Freight Station)업자이다.

69 화물차량이 물류센터를 출발하여 배송지 1, 2, 3을 무순위로 모두 경유한 후, 물류센터로 되돌아가는 데 소요되는 최소시간은?

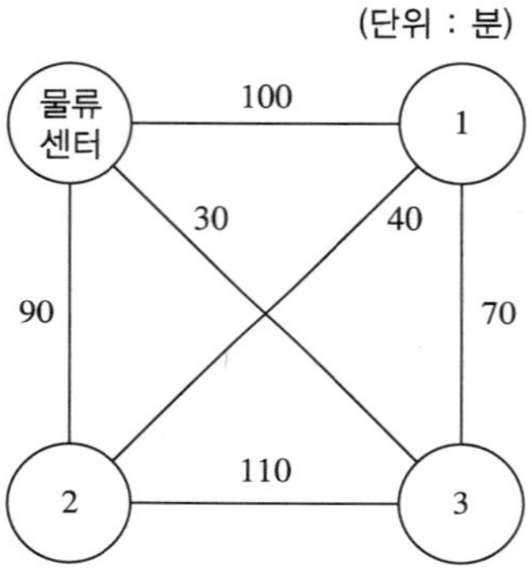

① 210분
② 230분
③ 240분
④ 260분
⑤ 280분

70 수송문제에서 초기해에 대한 최적해 검사기법으로 옳은 것은?

① 디딤돌법(Stepping Stone Method)
② 도해법(Graphical Method)
③ 트리라벨링법(Tree Labelling Algorithm)
④ 의사결정수모형(Decision Tree Model)
⑤ 후방귀납법(Backward Induction)

71 8곳의 물류센터를 모두 연결하는 도로를 개설하려 한다. 필요한 도로의 최소 길이는?

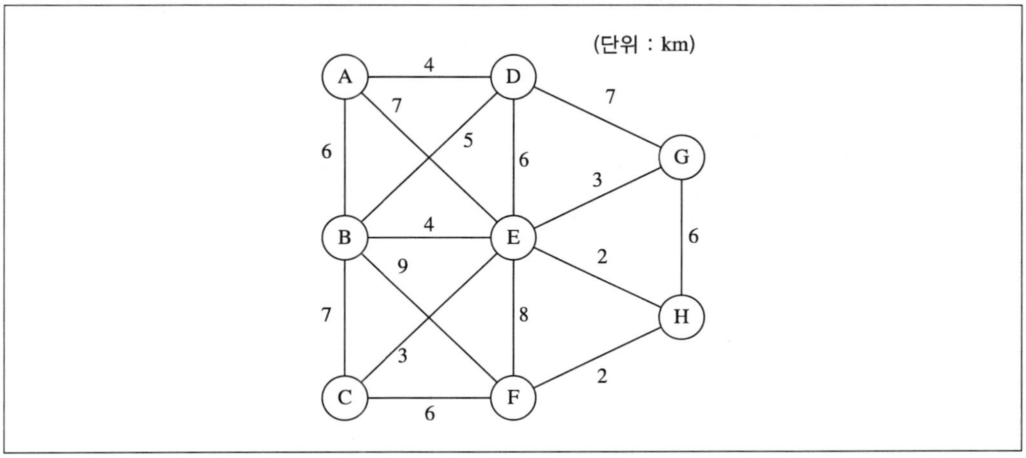

① 19km
② 21km
③ 23km
④ 25km
⑤ 27km

72 물류센터에서 8곳 배송지까지 최단 경로 네트워크를 작성하였을 때, 그 네트워크의 총길이는?

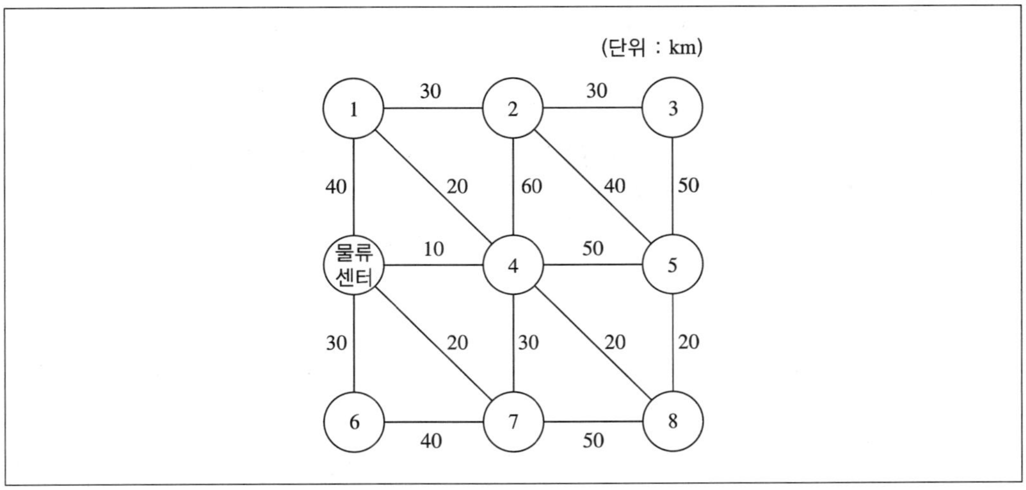

① 150km
② 160km
③ 170km
④ 180km
⑤ 190km

73 공급지 1, 2에서 수요지 1, 2, 3까지의 수송문제를 최소비용법으로 해결하려 한다. 수요지 1, 수요지 2, 수요지 3의 미충족 수요량에 대한 톤당 패널티(penalty)는 각각 150,000원, 200,000원, 180,000원이다. 운송비용과 패널티의 합계는? (단, 공급지와 수요지 간 톤당 단위운송비용은 셀의 우측 상단에 있음)

(단위 : 원)

공급지 \ 수요지	수요지 1	수요지 2	수요지 3	공급량(톤)
공급지 1	25,000	30,000	27,000	150
공급지 2	35,000	23,000	32,000	120
수요량(톤)	100	130	70	

① 10,890,000원
② 11,550,000원
③ 11,720,000원
④ 12,210,000원
⑤ 12,630,000원

74 공급지 A, B, C에서 수요지 W, X, Y, Z까지의 총운송비용 최소화 문제에 보겔추정법을 적용한다. 운송량이 전혀 할당되지 않는 셀(Cell)로만 구성된 것은? (단, 공급지와 수요지 간 톤당 단위운송비용은 셀의 우측 상단에 있음)

(단위 : 천원)

공급지 \ 수요지	W	X	Y	Z	공급량(톤)
A	30	25	47	36	100
B	17	52	28	42	120
C	22	19	35	55	130
수요량(톤)	80	100	90	80	350

① A-X, B-Z, C-W
② A-X, B-W, C-Z
③ A-Z, B-X, C-Y
④ A-Y, B-W, C-Z
⑤ A-Y, B-X, C-W

75 **수송 수요분석에 사용하는 화물분포모형에 해당하는 것은?**

① 성장인자법(Growth Factor Method)
② 회귀분석법(Regression Model)
③ 성장률법(Growth Rate Method)
④ 로짓모형(Logit Model)
⑤ 다이얼모형(Dial Model)

76 **이용자 측면에서의 택배서비스 특징에 관한 설명으로 옳지 않은 것은?**

① 소형·소량화물을 위한 운송체계
② 공식적인 계약에 따른 개인 보증제도
③ 규격화된 포장서비스 제공
④ 단일운임·요금체계로 경제성 있는 서비스 제공
⑤ 운송업자가 책임을 부담하는 일관책임체계

77 **택배 취급이 금지되는 품목으로 옳지 않은 것은?**

① 유리제품
② 상품권
③ 복 권
④ 신용카드
⑤ 현 금

78 **택배표준약관(공정거래위원회 표준약관 제10026호)의 포장에 관한 설명으로 옳은 것을 모두 고른 것은?**

ㄱ. 고객(송화인)은 운송물을 성질, 중량, 용량에 따라 운송에 적합하도록 포장하여야 한다.
ㄴ. 사업자가 운반하는 도중에 운송물의 포장이 훼손되어 재포장하는 경우, 운송물을 인도한 후 고객(송화인)에게 그 사실을 알려야 한다.
ㄷ. 사업자는 운송물의 포장이 운송에 적합하지 아니한 때, 고객(송화인)의 승낙을 얻어 운송 중 발생될 수 있는 충격량을 고려하여 포장을 하여야 한다.
ㄹ. 사업자는 운송물을 수탁한 후 포장의 외부에 운송물의 종류와 수량, 인도예정일(시), 운송상의 특별한 주의사항을 표시한다.
ㅁ. 사업자는 운송물의 포장이 운송에 적합하지 아니한 때, 고객(송화인)의 승낙을 얻어 포장을 한 경우에 발생하는 추가 포장비용은 사업자가 부담한다.

① ㄱ, ㄴ
② ㄱ, ㄷ, ㄹ
③ ㄴ, ㄷ, ㄹ
④ ㄴ, ㄹ, ㅁ
⑤ ㄱ, ㄷ, ㄹ, ㅁ

79 **택배표준약관(공정거래위원회 표준약관 제10026호)의 운송물 사고와 사업자 책임에 관한 내용으로 옳은 것은?**

① 사업자는 운송 중에 발생한 운송물의 멸실, 훼손 또는 연착에 대하여 고객(송화인)의 청구가 있으면 그 발생일로부터 6개월에 한하여 사고증명서를 발행한다.

② 사업자는 운송장에 운송물의 인도예정일의 기재가 없는 경우, 도서·산간지역은 운송물의 수탁일로부터 5일에 해당하는 날까지 인도한다.

③ 운송물의 일부 멸실 또는 훼손에 대한 사업자의 손해배상책임은 고객(수화인)이 운송물을 수령한 날로부터 10일 이내에 그 사실을 사업자에게 통지를 발송하지 아니하면 소멸한다.

④ 운송물의 일부 멸실, 훼손 또는 연착에 대한 사업자의 손해배상책임은 고객(수화인)이 운송물을 수령한 날로부터 6개월이 경과하면 소멸한다.

⑤ 사업자가 운송물의 일부 멸실 또는 훼손의 사실을 알면서 이를 숨기고 운송물을 인도한 경우, 사업자의 손해배상책임은 고객(수화인)이 운송물을 수령한 날로부터 5년간 존속한다.

80 **택배표준약관(공정거래위원회 표준약관 제10026호)의 손해배상에 관한 설명이다. (   )에 들어갈 내용으로 옳은 것은?**

사업자가 고객(송화인)으로부터 배상요청을 받은 경우, 고객(송화인)이 손해입증서류를 제출한 날로부터 (   ) 이내에 사업자는 우선 배상한다(단, 손해입증서류가 허위인 경우에는 적용되지 아니한다).

① 7일
② 10일
③ 21일
④ 30일
⑤ 60일

[3과목] 국제물류론

81 국제물류관리체계에 관한 설명으로 옳지 않은 것은?

① 현지물류체계는 본국 중심의 생산활동과 국제적으로 표준화된 판매활동이 이루어진다.
② 글로벌 SCM 네트워크 체계는 조달, 생산, 판매, 유통 등 기업 활동이 전(全)세계를 대상으로 진행된다.
③ 거점물류체계는 기업 활동의 전부 또는 일부를 특정 경제권의 투자가치가 높은 지역에 배치하고 해당 지역거점을 중심으로 이루어지는 물류관리체계이다.
④ 현지물류체계는 국가별 현지 자회사를 중심으로 물류 및 생산활동을 수행하는 체계로 현지국에 생산거점을 둔다.
⑤ 글로벌 SCM 네트워크 체계는 정보자원, 물류인프라, 비즈니스 프로세스를 국경을 초월해 통합적으로 관리하고 조정한다.

82 국제물류시스템 중 고전적 시스템에 관한 내용으로 옳은 것은?

① 기업은 해외 자회사 창고까지 저속・대량운송수단을 이용하여 운임을 절감할 수 있다.
② 수출국 창고에 재고를 집중시켜 운영할 수 있기 때문에 다른 어떤 시스템보다 보관비가 절감된다.
③ 수출기업으로부터 해외 자회사 창고로의 출하 빈도가 높기 때문에 해외 자회사 창고의 보관비가 상대적으로 절감된다.
④ 해외 자회사 창고는 집하・분류・배송기능에 중점을 둔다.
⑤ 상품이 생산국 창고에서 출하되어 한 지역의 중심국에 있는 중앙창고로 수송된 후 각 자회사 창고 혹은 고객에게 수송된다.

83 선박에 관한 설명으로 옳지 않은 것은?

① 선급제도는 선박의 감항성에 관한 객관적이고 전문적인 판단을 위해 생긴 제도이다.
② 재화중량톤수(DWT)는 관세, 등록세, 소득세, 계선료, 도선료 등의 과세기준이 된다.
③ 건현은 수중에 잠기지 않는 수면 위의 선체 높이를 의미한다.
④ 만재흘수선은 선박의 항행구역 및 시기에 따라 해수와 담수, 동절기와 하절기, 열대 및 북태평양, 북대서양 등으로 구분하여 선박의 우현 측에 표시된다.
⑤ 선박은 해상에서 사람 또는 물품을 싣고 이를 운반하는 데 사용되는 구조물로 부양성, 적재성, 이동성을 갖춘 것이다.

84 해상운송계약에 관한 설명으로 옳지 않은 것은?

① 개품운송계약은 불특정 다수의 화주를 대상으로 하며 선박회사에서 일방적으로 결정한 정형화된 약관을 화주가 포괄적으로 승인하는 부합계약 형태를 취한다.
② 정기용선계약은 일정 기간을 정해 용선자에게 선박을 사용하도록 하는 계약으로 표준서식으로 Gencon 서식이 사용된다.
③ 항해용선에는 화물의 양에 따라 운임을 계산하는 물량용선(Freight Charter)과 화물의 양에 관계없이 본선의 선복을 기준으로 운임을 결정하는 총괄운임용선(Lump Sum Charter)이 있다.
④ 나용선계약은 선박 자체만을 용선하여 선장, 선원, 승무원 및 연료나 장비 등 인적·물적 요소나 운항에 필요한 모든 비용을 용선자가 부담하는 계약이다.
⑤ Gross Term Charter는 항해용선계약에서 선주가 적·양하항에서 발생하는 일체의 하역비 및 항비를 부담하는 조건이다.

85 정기선 운송의 특징에 관한 설명으로 옳지 않은 것은?

① 항로가 일정하지 않고 매 항차마다 항로가 달라진다.
② 정기선 운송은 공시된 스케줄에 따라 운송서비스를 제공한다.
③ 정기선 운임은 태리프(Tariff)를 공시하고 공시된 운임률에 따라 운임이 부과되므로 부정기선 운임에 비해 안정적이다.
④ 정기선 운송은 화물의 집화 및 운송을 위해 막대한 시설과 투자가 필요하다.
⑤ 정기선 운송서비스를 제공하는 운송인은 불특정 다수의 화주를 상대로 운송서비스를 제공하는 공중운송인(Public Carrier)이다.

86 양하 시 하역비를 화주가 부담하지 않는 운임조건을 모두 고른 것은?

ㄱ. Berth Term	ㄴ. FI Term
ㄷ. FO Term	ㄹ. FIO Term
ㅁ. FIOST Term	

① ㄱ, ㄴ
② ㄱ, ㄹ
③ ㄴ, ㄷ
④ ㄷ, ㅁ
⑤ ㄷ, ㄹ, ㅁ

87 **1998년 미국 외항해운개혁법(OSRA)의 주요 내용으로 옳지 않은 것은?**

① FMC에 선사의 태리프(Tariff) 신고의무를 폐지하였다.
② 우대운송계약(Service Contract)을 허용하되 서비스계약 운임률, 서비스 내용, 내륙운송구간, 손해배상 등 주요 내용을 대외비로 인정해주고 있다.
③ 비슷한 조건의 화주가 선사에게 동등한 조건을 요구할 수 있는 'me – too'조항을 삭제하여 선사의 화주에 대한 차별대우를 인정해 주었다.
④ NVOCC의 자격요건을 강화하여 해상화물운송주선인과 동일하게 FMC로부터 면허취득을 의무화하였다.
⑤ 컨소시엄, 전략적 제휴 등 공동행위 및 경쟁제한 행위를 금지시켰다.

88 **다음 설명에 해당하는 정기선 운임은?**

화폐, 보석, 유가증권, 미술품 등 고가품의 운송에 있어서 화물의 가격을 기초로 일정률을 징수하는 운임

① Special Rate
② Open Rate
③ Dual Rate
④ Ad Valorem Freight
⑤ Pro Rate Freight

89 **항해용선계약에 포함되지 않는 내용은?**

① Laytime
② Off Hire
③ Demurrage
④ Cancelling Date
⑤ Despatch Money

90 **최근 정기선 시장의 변화에 해당하지 않는 것은?**

① 항로안정화협정 또는 협의협정체결 증가
② 선사 간 전략적 제휴 증가
③ 선박의 대형화
④ 글로벌 공급망 확대에 따른 서비스 범위의 축소
⑤ 해운관련 기업에서 블록체인 등 디지털 기술의 도입

91 Gencon Charter Party(1994)와 관련된 정박시간표(time sheet)의 기재사항으로 옳지 않은 것은?

① 도착일시 및 접안일시
② 하역준비완료일시 및 하역준비완료통지서 제출일시
③ 하역개시일시 및 하역실시기간
④ 용선계약서에 약정된 하역률 및 허용정박기간
⑤ 7일 하역량 및 누계

92 다음 설명에 해당하는 부정기선 운임은?

선적하기로 약정했던 화물량보다 실제 선적량이 적으면 용선인이 그 부족분에 대해 지불해야 하는 운임

① Dead Freight
② Lump Sum Freight
③ Long Term Contract Freight
④ Freight All Kinds Rate
⑤ Congestion Surcharge

93 Hamburg Rules(1978)상 청구 및 소송에 관한 내용이 옳게 나열된 것은?

> ○ No compensation shall be payable for loss resulting from delay in delivery unless a notice has been given in writing to the carrier within (ㄱ) consecutive days after the day when the goods were handed over to the (ㄴ).
> ○ Any action relating to carriage of goods under this Convention is time-barred if judicial or arbitral proceedings have not been instituted within a period of (ㄷ) years.

① ㄱ : 30, ㄴ : consignee, ㄷ : two
② ㄱ : 30, ㄴ : consignor, ㄷ : three
③ ㄱ : 60, ㄴ : consignee, ㄷ : two
④ ㄱ : 60, ㄴ : consignor, ㄷ : three
⑤ ㄱ : 90, ㄴ : consignee, ㄷ : three

94 항공화물의 품목분류요율(CCR) 중 할증요금 적용품목으로 옳지 않은 것은?

① 금 괴
② 화 폐
③ 잡 지
④ 생동물
⑤ 유가증권

95 항공화물 손상(damage) 사고로 생동물이 수송 중 폐사되는 경우를 뜻하는 용어는?

① Breakage
② Wet
③ Spoiling
④ Mortality
⑤ Shortlanded

96 항공화물운송장에 관한 설명으로 옳지 않은 것은?

① 송화인은 항공화물운송장 원본 3통을 1조로 작성하여 화물과 함께 운송인에게 교부하여야 한다.
② 제1원본(녹색)에는 운송인용이라고 기재하고 송화인이 서명하여야 한다.
③ 제2원본(적색)에는 수화인용이라고 기재하고 송화인 및 운송인이 서명한 후 화물과 함께 도착지에 송부하여야 한다.
④ 제3원본(청색)에는 송화인용이라고 기재하고 운송인이 서명하여 화물을 인수한 후 송화인에게 교부하여야 한다.
⑤ 송화인은 항공화물운송장에 기재된 화물의 명세・신고가 정확하다는 것에 대해 그 항공화물운송장을 누가 작성했든 책임을 질 필요가 없다.

97 복합운송증권(FIATA FBL) 이면 약관상 정의와 관련된 용어가 옳게 나열된 것은?

> ○ (ㄱ) means the Multimodal Transport Operator who issues this FBL and is named on the face of it and assumes liability for the performance of the multimodal transport contract as a carrier.
> ○ (ㄴ) means and includes the Shipper, the Consignor, the Holder of this FBL, the Receiver and the Owner of the Goods.

① ㄱ : Freight Forwarder, ㄴ : Merchant
② ㄱ : Freight Forwarder, ㄴ : Shipowner
③ ㄱ : NVOCC, ㄴ : Merchant
④ ㄱ : NVOCC, ㄴ : Shipowner
⑤ ㄱ : VOCC, ㄴ : Merchant

98 **국제복합운송에 관한 설명으로 옳지 않은 것은?**

① 하나의 계약으로 운송의 시작부터 종료까지 전(全)과정에 걸쳐, 운송물을 적어도 2가지 이상의 서로 다른 운송수단으로 운송하는 것을 말한다.
② 각 구간별로 분할된 운임이 아닌 전(全)구간에 대한 일관운임(through rate)을 특징으로 한다.
③ 1인의 계약운송인이 누가 운송을 실행하느냐에 관계없이 운송 전체에 대해 단일운송인책임(single carrier's liability)을 진다.
④ 하나의 운송수단에서 다른 운송수단으로 신속하게 환적할 수 있는 컨테이너 운송의 개시와 함께 비약적으로 발달하였다.
⑤ NVOCC는 자신이 직접 선박을 소유하고 화주와 운송계약을 체결하며 일관선하증권(through B/L)을 발행한다.

99 **다음 설명에 해당하는 복합운송인 책임체계는?**

○ 손해발생구간을 판명·불명으로 나누어 각각 다른 책임체계를 적용하는 방식 ○ 손해발생구간을 아는 경우 운송인의 책임은 운송물의 멸실 또는 훼손이 생긴 운송구간에 적용될 국제조약 또는 강행적인 국내법에 따라 결정됨 ○ 기존의 운송조약과 조화가 잘되어서 복합운송 규칙과 기존의 다른 운송방식에 적용되는 규칙 간의 충돌 방지가 가능함

① strict liability
② uniform liability system
③ network liability system
④ liability for negligence
⑤ modified liability system

100 **국제운송조약 중 항공운송과 관련되는 조약을 모두 고른 것은?**

ㄱ. Hague Protocol(1955) ㄴ. CMR Convention(1956) ㄷ. CIM Convention(1970) ㄹ. CMI Uniform Rules for Electronic Bills of Lading(1990) ㅁ. Montreal Convention(1999) ㅂ. Rotterdam Rules(2008)

① ㄱ, ㄹ
② ㄱ, ㅁ
③ ㄱ, ㄴ, ㅁ
④ ㄴ, ㄷ, ㅂ
⑤ ㄴ, ㄷ, ㄹ, ㅂ

101 공항터미널에서 사용되는 조업장비가 아닌 것은?

① High Loader
② Transporter
③ Tug Car
④ Dolly
⑤ Transfer Crane

102 다음 설명에 해당하는 컨테이너는?

> 위험물, 석유화학제품, 화공약품, 유류, 술 등의 액체화물을 운송하기 위하여 내부에 원통형의 탱크(Tank)를 위치시키고 외부에 철재 프레임으로 고정시킨 컨테이너

① Dry Container
② Flat Rack Container
③ Solid Bulk Container
④ Liquid Bulk Container
⑤ Open Top Container

103 컨테이너 분류에 관한 설명으로 옳지 않은 것은?

① 크기에 따라 ISO 규격 20feet, 40feet, 40feet High Cubic 등이 사용되고 있다.
② 재질에 따라 철재컨테이너, 알루미늄컨테이너, 강화플라스틱컨테이너 등으로 분류된다.
③ 용도에 따라 표준컨테이너, 온도조절컨테이너, 특수컨테이너 등으로 분류된다.
④ 알루미늄컨테이너는 무겁고 녹이 스는 단점이 있으나 제조원가가 저렴하여 많이 이용된다.
⑤ 냉동컨테이너는 과일, 야채, 생선, 육류 등의 보냉이 필요한 화물을 운송하기 위한 컨테이너이다.

104 다음에 해당하는 선하증권의 법적성질이 옳게 나열된 것은?

> ㄱ. 상법이나 선하증권의 준거법에서 규정하고 있는 법정기재사항을 충족하여야 함
> ㄴ. 선하증권상에 권리자로 지정된 자가 배서의 방법으로 증권상의 권리를 양도할 수 있음
> ㄷ. 선하증권의 정당한 소지인이 이를 발급한 운송인에 대하여 물품의 인도를 청구할 수 있는 효력을 지님

① ㄱ : 요식증권, ㄴ : 지시증권, ㄷ : 채권증권
② ㄱ : 요식증권, ㄴ : 유가증권, ㄷ : 채권증권
③ ㄱ : 요인증권, ㄴ : 지시증권, ㄷ : 처분증권
④ ㄱ : 요인증권, ㄴ : 제시증권, ㄷ : 인도증권
⑤ ㄱ : 문언증권, ㄴ : 제시증권, ㄷ : 인도증권

105 해륙복합운송 경로에 관한 설명으로 옳지 않은 것은?

① SLB(Siberia Land Bridge)는 한국, 일본 등 극동지역의 화물을 해상운송한 후 시베리아 대륙횡단철도를 이용하여 유럽이나 중동까지 운송하는 방식이다.
② CLB(China Land Bridge)는 한국, 일본 등 극동지역의 화물을 해상운송한 후 중국대륙철도와 실크로드를 이용하여 유럽까지 운송하는 방식이다.
③ IPI(Interior Point Intermodal)는 한국, 일본 등 극동지역의 화물을 해상운송한 후 캐나다 대륙횡단철도를 이용하여 캐나다의 동해안 항만까지 운송하는 방식이다.
④ ALB(America Land Bridge)는 한국, 일본 등 극동지역의 화물을 해상운송한 후 미국대륙을 철도로 횡단하고 유럽지역까지 다시 해상운송하는 방식이다.
⑤ MLB(Mini Land Bridge)는 한국, 일본 등 극동지역의 화물을 해상운송한 후 철도와 트럭을 이용하여 미국 동해안이나 미국 멕시코만 지역의 항만까지 운송하는 방식이다.

106 다음에서 설명하는 물류보안 제도는?

> 미국 세관직원이 수출국 항구에 파견되어 수출국 세관직원과 합동으로 미국으로 향하는 컨테이너 화물 중 위험요소가 큰 컨테이너 화물을 선별하여 선적 전에 미리 화물 검사를 시행하게 하는 컨테이너 보안 협정

① 10 + 2 rule
② CSI
③ ISPS Code
④ AEO
⑤ ISO 28000

107 다음은 항공화물운송장과 선하증권을 비교한 표이다. (   )에 들어갈 내용을 순서대로 나열한 것은?

구 분	항공화물운송장	선하증권
주요 기능	화물수취증	유가증권
유통 여부	(ㄱ)	유통성
발행 형식	(ㄴ)	지시식(무기명식)
작성 주체	송화인	(ㄷ)

① ㄱ : 유통성, ㄴ : 기명식, ㄷ : 송화인
② ㄱ : 유통성, ㄴ : 기명식, ㄷ : 운송인
③ ㄱ : 비유통성, ㄴ : 지시식, ㄷ : 송화인
④ ㄱ : 비유통성, ㄴ : 지시식, ㄷ : 운송인
⑤ ㄱ : 비유통성, ㄴ : 기명식, ㄷ : 운송인

108 **컨테이너 운송에 관한 설명으로 옳지 않은 것은?**

① 화물취급의 편리성과 운송의 신속성으로 인해 운송비를 절감할 수 있다.
② 하역작업의 기계화와 업무절차 간소화로 인하여 하역비와 인건비를 절감할 수 있다.
③ 해상운송과 육상운송을 원만하게 연결하고 환적시간을 단축시킴으로써 신속한 해륙일관운송을 가능하게 한다.
④ 송화인 문전에서 수화인 문전까지 효과적인 Door – to – Door 서비스를 구현할 수 있다.
⑤ CY/CFS(FCL/LCL)운송은 수출지 CY로부터 수입지 CFS까지 운송하는 방식으로 다수의 송화인과 다수의 수화인으로 구성되어져 있다.

109 **복합운송증권 기능에 관한 설명으로 옳지 않은 것은?**

① 복합운송증권은 물품수령증으로서의 기능을 가진다.
② 복합운송증권은 운송계약 증거로서의 기능을 가진다.
③ 지시식으로 발행된 복합운송증권은 배서・교부로 양도가 가능하다.
④ 복합운송증권은 수령지로부터 최종인도지까지 전(全)운송구간을 운송인이 인수하였음을 증명한다.
⑤ UNCTAD/ICC규칙(1991)상 복합운송증권은 유통성으로만 발행하여야 한다.

110 **컨테이너운송에 관한 국제협약이 아닌 것은?**

① CCC(Customs Convention on Container, 1956)
② TIR(Transport International Routiere, 1959)
③ ITI(Customs Convention on the International Transit of Goods, 1971)
④ CSC(International Convention for Safe Container, 1972)
⑤ YAR(York – Antwerp Rules, 2004)

111 **ICC(A)(2009)의 면책위험에 해당하지 않는 것은?**

① 보험목적물의 고유의 하자 또는 성질로 인하여 발생한 손상
② 포획, 나포, 강류, 억지 또는 억류(해적행위 제외) 및 이러한 행위의 결과로 발생한 손상
③ 피보험자가 피보험목적물을 적재할 때 알고 있는 선박 또는 부선의 불감항으로 생긴 손상
④ 동맹파업자, 직장폐쇄노동자 또는 노동쟁의, 소요 또는 폭동에 가담한 자에 의하여 발생한 손상
⑤ 피보험목적물 또는 그 일부에 대한 어떠한 자의 불법행위에 의한 고의적인 손상 또는 고의적인 파괴

112 **Incoterms®2020에서 물품의 인도에 관한 설명으로 옳은 것은?**

① CPT 규칙에서 매도인은 지정선적항에서 매수인이 지정한 선박에 적재하여 인도한다.
② EXW 규칙에서 지정인도장소 내에 이용 가능한 복수의 지점이 있는 경우에 매도인은 그의 목적에 가장 적합한 지점을 선택할 수 있다.
③ DPU 규칙에서 매도인은 물품을 지정목적지에서 도착운송수단에 실어둔 채 양하준비된 상태로 매수인의 처분하에 둔다.
④ FOB 규칙에서 매수인이 운송계약을 체결할 의무를 가지고, 매도인은 매수인이 지정한 선박의 선측에 물품을 인도한다.
⑤ FCA 규칙에서 지정된 물품 인도 장소가 매도인의 영업구내인 경우에는 물품을 수취용 차량에 적재하지 않은 채로 매수인의 처분하에 둠으로써 인도한다.

113 **Marine Insurance Act(1906)에서 비용손해에 관한 설명으로 옳은 것은?**

① 특별비용은 공동해손과 손해방지비용을 모두 포함한 비용을 말한다.
② 제3자나 보험자가 손해방지행위를 했다면 그 비용은 손해방지비용으로 보상될 수 있다.
③ 특별비용은 보험조건에 상관없이 정당하게 지출된 경우 보험자로부터 보상받을 수 있다.
④ 보험자의 담보위험 여부에 상관없이 발생한 손해를 방지하기 위해 지출한 구조비는 보상받을 수 있다.
⑤ 보험목적물의 안전과 보존을 위하여 구조계약을 체결했을 경우 발생하는 비용은 특별비용으로 보상될 수 있다.

114 **상사중재에 관한 설명으로 옳지 않은 것은?**

① 중재인은 해당분야 전문가인 민간인으로서 법원이 임명한다.
② 비공개로 진행되어 사업상의 비밀을 그대로 유지할 수 있다.
③ 중재합의는 분쟁발생 전후를 기준으로 사전합의방식과 사후합의방식이 있다.
④ 뉴욕협약(1958)에 가입된 국가 간에는 중재판정의 승인 및 집행이 보장된다.
⑤ 중재판정은 법원의 확정판결과 동일한 효력을 가지며 중재인은 자기가 내린 판결을 철회하거나 변경할 수 없다.

115 다음 매도인의 의무를 모두 충족하는 Incoterms®2020 규칙으로 옳은 것은?

> ○ 목적지의 양하비용 중에서 오직 운송계약상 매도인이 부담하기로 된 비용을 부담
> ○ 해당되는 경우에 수출국과 통과국(수입국 제외)에 의하여 부과되는 모든 통관절차를 수행하고 그에 관한 비용을 부담

① CFR
② CIF
③ FAS
④ DAP
⑤ DDP

116 관세법상 특허보세구역에 관한 설명으로 옳은 것은?

① 보세전시장에서는 박람회 등의 운영을 위하여 외국물품을 장치·전시하거나 사용할 수 있다.
② 보세창고의 경우 장치기간이 지난 내국물품은 그 기간이 지난 후 30일 내에 반출하면 된다.
③ 보세공장에서는 내국물품은 사용할 수 없고, 외국물품만을 원료 또는 재료로 하여 제품을 제조·가공할 수 있다.
④ 보세건설장 운영인은 보세건설장에서 건설된 시설을 수입신고가 수리되기 전에 가동해도 된다.
⑤ 보세판매장에서 판매하는 물품의 반입, 반출, 인도, 관리에 관한 사항은 산업통상자원부령으로 정한다.

117 Incoterms®2020 규칙이 다루고 있지 않은 것을 모두 고른 것은?

> ㄱ. 매도인과 매수인 각각의 의무
> ㄴ. 매매물품의 소유권과 물권의 이전
> ㄷ. 매매 당사자 간 물품 인도 장소와 시점
> ㄹ. 매매계약 위반에 대하여 구할 수 있는 구제수단

① ㄱ, ㄴ
② ㄱ, ㄷ
③ ㄴ, ㄷ
④ ㄴ, ㄹ
⑤ ㄷ, ㄹ

118 **관세법상 수입통관에 관한 설명으로 옳지 않은 것은?**

① 여행자가 외국물품인 휴대품을 관세통로에서 소비하거나 사용하는 경우는 수입으로 본다.
② 우편물은 수입신고를 생략하거나 관세청장이 정하는 간소한 방법으로 신고할 수 있다.
③ 세관장은 수입에 관한 신고서의 기재사항에 보완이 필요한 경우 해당물품의 통관을 보류할 수 있다.
④ 관세청장은 수입하려는 물품에 대하여 검사대상, 검사범위, 검사방법 등에 관하여 필요한 기준을 정할 수 있다.
⑤ 수입하려는 물품의 신속한 통관이 필요한 때에는 해당물품을 적재한 선박이나 항공기가 입항하기 전에 수입신고할 수 있다.

119 **ICD의 기능에 관한 설명으로 옳지 않은 것은?**

① CY, CFS 시설 등을 통해 컨테이너의 장치・보관 기능을 수행한다.
② 항만에서 이루어지는 본선적재작업과 마셜링 기능을 수행한다.
③ 통관절차를 내륙으로 이동함으로써 내륙통관기지로서의 기능을 수행한다.
④ 화물의 일시적 저장과 취급에 대한 서비스를 제공한다.
⑤ 소량화물을 컨테이너 단위로 혼재작업을 행하는 기능을 수행한다.

120 **비엔나협약(CISG, 1980)에서 승낙의 효력에 관한 설명으로 옳은 것은?**

① 분쟁해결에 관한 부가적 조건을 포함하고 있는 청약에 대한 회답은 승낙을 의도하고 있는 경우 승낙이 될 수 있다.
② 청약에 대한 동의를 표시하는 상대방의 진술뿐만 아니라 침묵 또는 부작위는 그 자체만으로 승낙이 된다.
③ 승낙을 위한 기간이 경과한 승낙은 당사자 간의 별도의 합의가 없더라도 원칙적으로 계약을 성립시킬 수 있다.
④ 서신에서 지정한 승낙기간은 서신에 표시되어 있는 일자 또는 서신에 일자가 표시되지 아니한 경우에는 봉투에 표시된 일자로부터 계산한다.
⑤ 승낙기간 중 기간의 말일이 승낙자 영업소 소재지의 공휴일 또는 비영업일에 해당하여 승낙의 통지가 기간의 말일에 청약자에게 도달할 수 없는 경우에도 공휴일 또는 비영업일은 승낙기간의 계산에 산입한다.

2022년 제26회 기출문제

교 시	과 목	시 간	문제형별
2교시	• 보관하역론 • 물류관련법규	80분	A

2022. 8. 6. 시행

맞은 개수 ______ / 80문제

[4과목] 보관하역론

01 보관의 원칙에 관한 설명으로 옳지 않은 것은?

① 선입선출의 원칙 : 먼저 입고하여 보관한 물품을 먼저 출고하는 원칙이다.
② 회전대응의 원칙 : 입출고 빈도에 따라 보관 위치를 달리하는 원칙으로 입출고 빈도가 높은 화물은 출입구 가까운 장소에 보관한다.
③ 유사성의 원칙 : 연대출고가 예상되는 관련 품목을 출하가 용이하도록 모아서 보관하는 원칙이다.
④ 위치표시의 원칙 : 보관된 물품의 장소와 선반번호의 위치를 표시하여 입출고 작업의 효율성을 높이는 원칙이다.
⑤ 중량특성의 원칙 : 중량에 따라 보관 장소의 높이를 결정하는 원칙으로 중량이 무거운 물품은 하층부에 보관한다.

02 보관의 기능에 해당하는 것을 모두 고른 것은?

ㄱ. 제품의 시간적 효용 창출
ㄴ. 제품의 공간적 효용 창출
ㄷ. 생산과 판매와의 물량 조정 및 완충
ㄹ. 재고를 보유하여 고객 수요 니즈에 대응
ㅁ. 수송과 배송의 연계

① ㄱ, ㄴ, ㄹ
② ㄴ, ㄷ, ㅁ
③ ㄱ, ㄴ, ㄷ, ㄹ
④ ㄱ, ㄷ, ㄹ, ㅁ
⑤ ㄴ, ㄷ, ㄹ, ㅁ

03 **물류센터의 종류에 관한 설명으로 옳지 않은 것은?**

① 항만 입지형은 부두 창고, 임항 창고, 보세 창고 등이 있다.
② 단지 입지형은 유통업무 단지 등의 유통 거점에 집중적으로 입지를 정하고 있는 물류센터 및 창고로 공동창고, 집배송 단지 및 복합 물류터미널 등이 있다.
③ 임대 시설은 화차로 출하하기 위하여 일시 대기하는 화물의 보관을 위한 물류센터이다.
④ 자가 시설은 제조 및 유통 업체가 자기 책임하에 운영하는 물류센터이다.
⑤ 도시 근교 입지형은 백화점, 슈퍼마켓, 대형 할인 매장 및 인터넷 쇼핑몰 등을 지원하는 창고이다.

04 **ICD(Inland Container Depot)에 관한 설명으로 옳은 것을 모두 고른 것은?**

ㄱ. 항만지역과 비교하여 창고 보관 시설용 토지 매입이 어렵다.
ㄴ. 화물의 소단위화로 운송의 비효율이 발생한다.
ㄷ. 다양한 교통수단의 높은 연계성이 입지조건의 하나이다.
ㄹ. 통관의 신속화로 통관비가 절감된다.
ㅁ. 통관검사 후 재포장이 필요한 경우 ICD 자체 보유 포장시설을 이용할 수 있다.

① ㄱ, ㄴ, ㄷ
② ㄱ, ㄷ, ㄹ
③ ㄴ, ㄷ, ㄹ
④ ㄴ, ㄹ, ㅁ
⑤ ㄷ, ㄹ, ㅁ

05 **복합 물류터미널에 관한 설명으로 옳지 않은 것은?**

① 화물의 혼재기능을 수행한다.
② 환적기능을 구비하여 터미널 기능을 실현한다.
③ 장기보관 위주의 보관 기능을 강화한 시설이다.
④ 수요단위에 적합하게 재포장하는 기능을 수행한다.
⑤ 화물 정보센터의 기능을 강화하여 화물 운송 및 재고 정보 등을 제공한다.

06 **시장 및 생산공장의 위치와 수요량이 아래 표와 같다. 무게중심법에 따라 산출된 유통센터의 입지 좌표(X, Y)는?**

구 분	위치 좌표(X, Y) (km)	수요량(톤/월)
시장 1	(50, 10)	100
시장 2	(20, 50)	200
시장 3	(10, 10)	200
생산공장	(100, 150)	

① X : 35, Y : 55
② X : 35, Y : 61
③ X : 61, Y : 88
④ X : 75, Y : 85
⑤ X : 75, Y : 88

07 **물류센터의 설계 시 고려사항에 관한 설명으로 옳지 않은 것은?**

① 물류센터의 규모 산정 시 목표 재고량은 고려하나 서비스 수준은 고려 대상이 아니다.
② 제품의 크기, 무게, 가격 등을 고려한다.
③ 입고방법, 보관방법, 피킹방법, 배송방법 등 운영특성을 고려한다.
④ 설비종류, 운영방안, 자동화 수준 등을 고려한다.
⑤ 물류센터 입지의 결정 시 관련 비용의 최소화를 고려한다.

08 **물류센터의 일반적인 입지선정에 관한 설명으로 옳지 않은 것은?**

① 수요와 공급을 효율적으로 연계할 수 있는 지역을 선정한다.
② 노동력 확보가 가능한 지역을 선정한다.
③ 경제적, 자연적, 지리적 요인 등을 고려해야 한다.
④ 운송수단의 연계가 용이한 지역에 입지한다.
⑤ 토지 가격이 저렴한 지역을 최우선 선정조건으로 고려한다.

09 **물류센터 투자 타당성을 분석할 때 편익의 현재가치 합계와 비용의 현재가치 합계가 동일하게 되는 수준의 할인율을 활용하는 기법은?**

① 순현재가치법 ② 내부수익률법
③ 브라운깁슨법 ④ 손익분기점법
⑤ 자본회수기간법

10 **보관 설비에 관한 설명으로 옳지 않은 것은?**

① 캔틸레버 랙(Cantilever Rack) : 긴 철재나 목재의 보관에 효율적인 랙이다.
② 드라이브 인 랙(Drive in Rack) : 지게차가 한쪽 방향에서 2개 이상의 깊이로 된 랙으로 들어가 화물을 보관 및 반출할 수 있다.
③ 파렛트 랙(Pallet Rack) : 파렛트 화물을 한쪽 방향에서 넣으면 중력에 의해 미끄러져 인출할 때는 반대방향에서 화물을 반출할 수 있다.
④ 적층 랙(Mezzanine Rack) : 천장이 높은 창고에서 저장 공간을 복층구조로 설치하여 공간 활용도가 높다.
⑤ 캐러셀(Carousel) : 랙 자체를 회전시켜 저장 및 반출하는 장치이다.

11 **물류센터의 작업 계획 수립 시 세부 고려사항으로 옳지 않은 것은?**

① 출하 차량 동선 - 평치, 선반 및 특수 시설의 사용 여부
② 화물 형태 - 화물의 포장 여부, 포장 방법 및 소요 설비
③ 하역 방식 - 하역 자동화 수준, 하역 설비의 종류 및 규격
④ 검수 방식 - 검수 기준, 검수 작업 방법 및 소요 설비
⑤ 피킹 및 분류 - 피킹 기준, 피킹 방법 및 소팅 설비

12 **물류센터 건설의 업무 절차를 물류거점 분석, 물류센터 설계 그리고 시공 및 운영 등 단계별로 시행하려고 한다. 물류거점 분석 단계에서 수행하는 활동이 아닌 것은?**

① 지역 분석 ② 하역장비 설치
③ 수익성 분석 ④ 투자 효과 분석
⑤ 거시환경 분석

13 3개의 제품(A~C)을 취급하는 1개의 창고에서 기간별 사용공간이 다음 표와 같다. (ㄱ) 임의위치저장(Randomized Storage)방식과 (ㄴ) 지정위치저장(Dedicated Storage)방식으로 각각 산정된 창고의 저장소요공간(m^2)은?

기 간	제품별 사용공간(m^2)		
	A	B	C
1주	14	17	20
2주	15	23	35
3주	34	25	17
4주	18	19	20
5주	15	17	21
6주	34	21	34

① ㄱ : 51, ㄴ : 51
② ㄱ : 51, ㄴ : 67
③ ㄱ : 67, ㄴ : 89
④ ㄱ : 89, ㄴ : 94
⑤ ㄱ : 94, ㄴ : 89

14 오더피킹의 출고형태 중 파렛트 단위로 보관하다가 파렛트 단위로 출고되는 제1형태(P → P)의 적재방식에 활용되는 장비가 아닌 것은?

① 트랜스 로보 시스템(Trans Robo System)
② 암 랙(Arm Rack)
③ 파렛트 랙(Pallet Rack)
④ 드라이브 인 랙(Drive in Rack)
⑤ 고층 랙(High Rack)

15 창고에 관한 설명으로 옳은 것은?

① 보세창고는 지방자치단체장의 허가를 받은 경우에는 통관되지 않은 내국물품도 장치할 수 있다.
② 영업창고는 임대료를 획득하기 위해 건립되므로 자가창고에 비해 화주 입장의 창고설계 최적화가 가능하다.
③ 자가창고는 영업창고에 비해 창고 확보와 운영에 소요되는 비용 및 인력문제와 화물량 변동에 탄력적으로 대응할 수 있다.
④ 임대창고는 특정 보관시설을 임대하거나 리스(Lease)하여 물품을 보관하는 창고형태이다.
⑤ 공공창고는 특정 보관시설을 임대하여 물품을 보관하는 창고형태로 민간이 설치 및 운영한다.

16 **다음이 설명하는 창고의 기능은?**

> ㄱ. 물품 생산과 소비의 시간적 간격을 조정하여 일정량의 화물이 체류하도록 한다.
> ㄴ. 물품의 수급을 조정하여 가격안정을 도모한다.
> ㄷ. 물류활동을 연결시키는 터미널로서의 기능을 수행한다.
> ㄹ. 창고에 물품을 보관하여 재고를 확보함으로써 품절을 방지하여 신용을 증대시키는 역할을 수행한다.

① ㄱ : 가격조정기능, ㄴ : 수급조정기능, ㄷ : 연결기능, ㄹ : 매매기관적 기능
② ㄱ : 수급조정기능, ㄴ : 가격조정기능, ㄷ : 매매기관적 기능, ㄹ : 신용기관적 기능
③ ㄱ : 연결기능, ㄴ : 가격조정기능, ㄷ : 수급조정기능, ㄹ : 판매전진기지적 기능
④ ㄱ : 수급조정기능, ㄴ : 가격조정기능, ㄷ : 연결기능, ㄹ : 신용기관적 기능
⑤ ㄱ : 연결기능, ㄴ : 판매전진기지적 기능, ㄷ : 가격조정기능, ㄹ : 수급조정기능

17 **경제적 주문량(EOQ) 모형에 관한 설명으로 옳은 것은?**

① 주문량이 커질수록 할인율이 높아지기 때문에 가능한 많은 주문량을 설정하는 것이 유리하다.
② 조달기간이 일정하며, 주문량은 전량 일시에 입고된다.
③ 재고유지비용은 평균재고량에 반비례한다.
④ 재고부족에 대응하기 위한 안전재고가 필요하다.
⑤ 수요가 불확실하기 때문에 주문량과 주문간격이 달라진다.

18 **분산구매방식과 비교한 집중구매방식(Centralized Purchasing Method)에 관한 설명으로 옳은 것은?**

① 일반적으로 대량 구매가 이루어지기 때문에 수요량이 많은 품목에 적합하다.
② 사업장별 다양한 요구를 반영하여 구매하기에 용이하다.
③ 사업장별 독립적 구매에 유리하나 수량할인이 있는 품목에는 불리하다.
④ 전사적으로 집중구매하기 때문에 가격 및 거래조건이 불리하다.
⑤ 구매절차의 표준화가 가능하여 긴급조달이 필요한 자재의 구매에 유리하다.

19 **A상품의 2022년도 6월의 실제 판매량과 예측 판매량, 7월의 실제 판매량 자료가 아래 표와 같을 때 지수평활법을 활용한 8월의 예측 판매량(개)은? (단, 평활상수(α)는 0.4를 적용한다.)**

구 분	2022년 6월	2022년 7월
실제 판매량	48,000(개)	52,000(개)
예측 판매량	50,000(개)	–

① 48,320
② 49,200
③ 50,320
④ 50,720
⑤ 50,880

20 **제품 B를 취급하는 K물류센터는 경제적 주문량(EOQ)에 따라 재고를 관리하고 있다. 재고관리에 관한 자료가 아래와 같을 때 (ㄱ) 연간 총 재고비용과 (ㄴ) 연간 발주횟수는 각각 얼마인가? (단, 총 재고비용은 재고유지비용과 주문비용만을 고려한다.)**

○ 연간 수요량 : 90,000개
○ 제품 단가 : 80,000원
○ 제품당 연간 재고유지비용 : 제품 단가의 25%
○ 1회 주문비용 : 160,000원

① ㄱ : 12,000,000원, ㄴ : 75회
② ㄱ : 12,000,000원, ㄴ : 90회
③ ㄱ : 18,000,000원, ㄴ : 75회
④ ㄱ : 18,000,000원, ㄴ : 90회
⑤ ㄱ : 24,000,000원, ㄴ : 75회

21 **수요예측방법에 관한 설명으로 옳지 않은 것은?**

① 정성적 수요예측방법에는 경영자판단법, 판매원이용법 등이 있다.
② 정량적 수요예측방법에는 이동평균법, 지수평활법 등이 있다.
③ 델파이법(Delphi Method)은 원인과 결과관계를 가지는 두 요소의 과거 변화량에 대한 인과관계를 분석한 방법으로 정량적 수요예측방법에 해당한다.
④ 가중이동평균법은 예측 기간별 가중치를 부여한 예측방법으로 일반적으로 예측대상 기간에 가까울수록 더 큰 가중치를 주어 예측하는 방법이다.
⑤ 라이프사이클(Life-cycle) 유추법은 상품의 수명주기 기간별 과거 매출 증감 폭을 기준으로 수요량을 유추하여 예측하는 방법이다.

22 C도매상의 제품판매정보가 아래와 같을 때 최적의 재주문점은? (단, 소수점 첫째자리에서 반올림 한다.)

> ○ 연간수요 : 14,000 Box
> ○ 서비스 수 : 90%, Z(0.90) = 1.282
> ○ 제품 판매량의 표준편차 : 20
> ○ 제품 조달기간 : 9일
> ○ 연간 판매일 : 350일

① 77
② 360
③ 386
④ 437
⑤ 590

23 재고에 관한 설명으로 옳지 않은 것은?

① 고객으로부터 발생하는 제품이나 서비스의 요구에 적절히 대응할 수 있게 한다.
② 안전재고는 재고를 품목별로 일정한 로트(Lot) 단위로 조달하기 때문에 발생한다.
③ 공급사슬에서 발생하는 수요나 공급의 다양한 변동과 불확실성에 대한 완충역할을 수행한다.
④ 재고를 필요이상으로 보유하게 되면 과도한 재고비용이 발생하게 된다.
⑤ 재고관리는 제품, 반제품, 원재료, 상품 등의 재화를 합리적・경제적으로 유지하기 위한 활동이다.

24 JIT(Just In Time) 시스템에 관한 설명으로 옳지 않은 것은?

① 반복적인 생산에 적합하다.
② 효과적인 Pull 시스템을 구현할 수 있다.
③ 공급업체의 안정적인 자재공급과 엄격한 품질관리가 이루어져야 효과성을 높일 수 있다.
④ 제조준비시간 및 리드타임을 단축할 수 있다.
⑤ 충분한 안전재고를 확보하여 품절에 대비하기 때문에 공급업체와 생산업체의 상호협력 없이도 시스템 운영이 가능하다.

25 **다음이 설명하는 하역합리화의 원칙은?**

> ㄱ. 화물의 이동 용이성을 지수로 하여 이 지수의 최대화를 지향하는 원칙으로 관련 작업을 조합하여 화물 하역작업의 효율성을 높이는 것을 목적으로 한다.
> ㄴ. 불필요한 하역작업의 생략을 통해 작업능률을 높이고, 화물의 파손 및 분실 등을 최소화하는 것을 목적으로 한다.
> ㄷ. 하역작업 시 화물의 이동거리를 최소화하는 것을 목적으로 한다.

① ㄱ : 시스템화의 원칙, ㄴ : 하역 경제성의 원칙, ㄷ : 거리 최소화의 원칙
② ㄱ : 운반 활성화의 원칙, ㄴ : 화물 단위화의 원칙, ㄷ : 인터페이스의 원칙
③ ㄱ : 화물 단위화의 원칙, ㄴ : 거리 최소화의 원칙, ㄷ : 하역 경제성의 원칙
④ ㄱ : 운반 활성화의 원칙, ㄴ : 하역 경제성의 원칙, ㄷ : 거리 최소화의 원칙
⑤ ㄱ : 하역 경제성의 원칙, ㄴ : 운반 활성화의 원칙, ㄷ : 거리 최소화의 원칙

26 **하역의 요소에 관한 내용이다. (   )에 들어갈 용어로 옳은 것은?**

> ○ (ㄱ) : 보관장소에서 물건을 꺼내는 작업이다.
> ○ (ㄴ) : 생산, 유통, 소비 등에 필요하므로 하역의 일부로 볼 수 있으며, 창고 내부와 같이 한정된 장소에서 화물을 이동하는 작업이다.
> ○ (ㄷ) : 컨테이너에 물건을 싣는 작업이다.
> ○ (ㄹ) : 물건을 창고 등의 보관시설 장소로 이동하여 정해진 형태로 정해진 위치에 쌓는 작업이다.

① ㄱ : 피킹, ㄴ : 운송, ㄷ : 디배닝, ㄹ : 적재
② ㄱ : 피킹, ㄴ : 운반, ㄷ : 배닝, ㄹ : 적재
③ ㄱ : 적재, ㄴ : 운반, ㄷ : 디배닝, ㄹ : 분류
④ ㄱ : 배닝, ㄴ : 운반, ㄷ : 피킹, ㄹ : 정돈
⑤ ㄱ : 디배닝, ㄴ : 운송, ㄷ : 배닝, ㄹ : 분류

27 **하역합리화를 위한 활성화의 원칙에서 활성지수가 '3'인 화물의 상태는? (단, 활성지수는 0~4이다.)**

① 대차에 실어 놓은 상태
② 파렛트 위에 놓인 상태
③ 화물이 바닥에 놓인 상태
④ 컨베이어 위에 놓인 상태
⑤ 상자 안에 넣은 상태

28 **하역시스템에 관한 설명으로 옳지 않은 것은?**

① 하역작업 장소에 따라 사내하역, 항만하역, 항공하역 등으로 구분할 수 있다.
② 제조업체의 사내하역은 조달, 생산 등의 과정에서 필요한 운반과 하역기능을 포함한 것이다.
③ 하역시스템의 효율화를 통해 에너지 및 자원을 절약할 수 있다.
④ 하역시스템의 도입 목적은 범용성과 융통성을 지양하는 데 있다.
⑤ 하역시스템의 기계화를 통해 열악한 노동환경을 개선할 수 있다.

29 **자동분류시스템의 소팅방식에 관한 설명으로 옳은 것은?**

① 크로스벨트(Cross belt) 방식 : 컨베이어 반송면의 아래 방향에서 벨트 등의 분기장치가 나오는 방식으로 하부면의 손상 및 충격에 취약한 화물에는 적합하지 않다.
② 팝업(Pop-up) 방식 : 레일을 주행하는 연속된 캐리어상의 소형벨트 컨베이어를 레일과 교차하는 방향으로 구동시켜 단위화물을 내보내는 방식이다.
③ 틸팅(Tilting) 방식 : 반송면에 튀어나온 기구를 넣어 단위화물을 함께 이동시키면서 압출하는 방식이다.
④ 슬라이딩슈(Sliding-shoe) 방식 : 여러 형상의 화물을 수직으로 나누어 강제적으로 분류하므로 충격에 취약한 정밀기기나 깨지기 쉬운 물건은 피해야 한다.
⑤ 다이버터(Diverter) 방식 : 외부에 설치된 안내판을 회전시켜 반송경로상에 가이드벽을 만들어 단위화물을 가이드벽에 따라 이동시키므로 다양한 형상의 화물분류가 가능하다.

30 **포크 리프트(지게차)에 관한 설명으로 옳은 것은?**

① 스트래들(Straddle)형은 전방이 아닌 차체의 측면에 포크와 마스트가 장착된 지게차이다.
② 디젤엔진식은 유해 배기가스와 소음이 적어 실내작업에 적합한 환경친화형 장비이다.
③ 워키(Walkie)형은 스프레더를 장착하고 항만 컨테이너 야드 등 주로 넓은 공간에서 사용된다.
④ 3방향 작동형은 포크와 캐리지의 회전이 가능하므로 진행방향의 변경 없이 작업할 수 있다.
⑤ 사이드 포크형은 차체전방에 아웃리거를 설치하고 그 사이에 포크를 위치시켜 안정성을 향상시킨 지게차이다.

31 **하역의 기계화가 필요한 화물에 해당하는 것은 몇 개인가?**

○ 액체 및 분립체로 인하여 인력으로 취급하기 곤란한 화물
○ 많은 인적 노력이 요구되는 화물
○ 작업장의 위치가 높고 낮음으로 인해 상하차작업이 곤란한 화물
○ 인력으로는 시간(Timing)을 맞추기 어려운 화물

① 0개
② 1개
③ 2개
④ 3개
⑤ 4개

32 **국가별 파렛트 표준규격의 연결이 옳은 것은?**

국 가	파렛트 규격
ㄱ. 한국	A. 800 × 1,200mm
ㄴ. 일본	B. 1,100 × 1,100mm
ㄷ. 영국	C. 1,100 × 1,200mm
ㄹ. 미국	D. 1,219 × 1,016mm

① ㄱ-B, ㄴ-A, ㄷ-C, ㄹ-D
② ㄱ-B, ㄴ-B, ㄷ-A, ㄹ-D
③ ㄱ-B, ㄴ-C, ㄷ-C, ㄹ-A
④ ㄱ-C, ㄴ-A, ㄷ-B, ㄹ-B
⑤ ㄱ-C, ㄴ-B, ㄷ-D, ㄹ-A

33 **일관파렛트화(Palletization)의 경제적 효과가 아닌 것은?**

① 포장의 간소화로 포장비 절감
② 작업 능률의 향상
③ 화물 파손의 감소
④ 운임 및 부대비용 절감
⑤ 제품의 과잉생산 방지

34 **유닛로드 시스템(Unit Load System)의 선결과제에 해당하는 것을 모두 고른 것은?**

ㄱ. 운송 표준화
ㄴ. 장비 표준화
ㄷ. 생산 자동화
ㄹ. 하역 기계화
ㅁ. 무인 자동화

① ㄱ, ㄴ, ㄹ
② ㄱ, ㄴ, ㅁ
③ ㄱ, ㄷ, ㅁ
④ ㄴ, ㄷ, ㄹ
⑤ ㄴ, ㄹ, ㅁ

35 **다음은 파렛트 풀 시스템 운영방식에 관한 내용이다. 다음 ( )에 들어갈 용어로 옳은 것은?**

○ (ㄱ) : 유럽 각국의 국영철도역에서 파렛트 적재 형태로 운송하며, 파렛트를 동시에 교환하여 사용하는 것으로 언제나 교환에 응할 수 있도록 파렛트를 준비해 놓는 방식이다.
○ (ㄴ) : 개별 기업에서 파렛트를 보유하지 않고, 파렛트 풀 회사에서 일정 기간 동안 임차하는 방식이다.

① ㄱ : 즉시교환방식, ㄴ : 리스·렌탈방식
② ㄱ : 대차결제교환방식, ㄴ : 즉시교환방식
③ ㄱ : 리스·렌탈방식, ㄴ : 교환리스병용방식
④ ㄱ : 교환리스병용방식, ㄴ : 대차결제교환방식
⑤ ㄱ : 리스·렌탈방식, ㄴ : 즉시교환방식

36 **유닛로드 시스템(Unit Load System)에 관한 설명으로 옳지 않은 것은?**

① 운송, 보관, 하역 등의 물류활동을 합리적으로 처리하기 위하여 포장화물의 기계취급에 적합하도록 단위화한 방식을 말한다.
② 화물을 파렛트나 컨테이너를 이용하여 벌크선박으로 운송한다.
③ 화물취급단위에 대한 단순화와 표준화를 통하여 하역능력을 향상시키고, 물류비용을 절감할 수 있다.
④ 하역을 기계화하고 운송·보관 등을 일관하여 합리화할 수 있다.
⑤ 화물처리 과정에서 발생할 수 있는 파손이나 실수를 줄일 수 있다.

37 항만하역기기 중 컨테이너 터미널에서 사용하는 하역기기가 아닌 것은?

① 리치 스태커(Reach Stacker)
② 야드 트랙터(Yard Tractor)
③ 트랜스퍼 크레인(Transfer Crane)
④ 탑 핸들러(Top Handler)
⑤ 호퍼(Hopper)

38 항만운송 사업 중 타인의 수요에 응하여 하는 행위로서 항만하역사업에 해당하는 것은?

① 선적화물(船積貨物)을 싣거나 내릴 때 그 화물의 개수를 계산하는 행위
② 선적화물 및 선박(부선을 포함한다)에 관련된 증명・조사・감정을 하는 행위
③ 선적화물을 싣거나 내릴 때 그 화물의 인도・인수를 증명하는 행위
④ 선박을 이용하여 운송된 화물을 화물주(貨物主) 또는 선박운항사업자의 위탁을 받아 항만에서 선박으로부터 인수하거나 화물주에게 인도하는 행위
⑤ 선적화물을 싣거나 내릴 때 그 화물의 용적 또는 중량을 계산하거나 증명하는 행위

39 주요 포장기법 중 금속의 부식을 방지하기 위한 포장 기술은?

① 방청 포장
② 방수 포장
③ 방습 포장
④ 진공 포장
⑤ 완충 포장

40 포장 결속 방법으로 옳지 않은 것은?

① 밴드결속 – 플라스틱, 나일론, 금속 등의 재질로 된 밴드를 사용한다.
② 꺽쇠 물림쇠 – 주로 칸막이 상자 등에서 상자가 고정되도록 사용하는 방법이다.
③ 테이핑 – 용기의 견고성을 유지하기 위해 접착테이프를 사용한다.
④ 대형 골판지 상자 – 작은 부품 등을 꾸러미로 묶지 않고 담을 때 사용한다.
⑤ 슬리브 – 열수축성 플라스틱 필름을 화물에 씌우고 터널을 통과시킬 때 가열하여 필름을 수축시키는 방법이다.

[5과목] 물류관련법규

41 물류정책기본법상 물류계획에 관한 설명으로 옳지 않은 것은?

① 특별시장 및 광역시장은 지역물류정책의 기본방향을 설정하는 10년 단위의 지역물류기본계획을 5년마다 수립하여야 한다.
② 국가물류기본계획에는 국가물류정보화사업에 관한 사항이 포함되어야 한다.
③ 국가물류기본계획은 「국토기본법」에 따라 수립된 국토종합계획 및 「국가통합교통체계효율화법」에 따라 수립된 국가기간교통망계획과 조화를 이루어야 한다.
④ 지역물류기본계획은 국가물류기본계획에 배치되지 아니하여야 한다.
⑤ 해양수산부장관은 국가물류기본계획을 수립한 때에는 이를 관보에 고시하여야 한다.

42 물류정책기본법령상 국토교통부장관이 행정적·재정적 지원을 할 수 있는 환경친화적 물류활동을 위하여 하는 활동에 해당하는 것을 모두 고른 것은?

ㄱ. 환경친화적인 운송수단 또는 포장재료의 사용
ㄴ. 기존 물류장비를 환경친화적인 물류장비로 변경
ㄷ. 환경친화적인 물류시스템의 도입 및 개발
ㄹ. 물류활동에 따른 폐기물 감량

① ㄱ, ㄷ
② ㄱ, ㄹ
③ ㄴ, ㄷ
④ ㄴ, ㄷ, ㄹ
⑤ ㄱ, ㄴ, ㄷ, ㄹ

43 물류정책기본법령상 물류인력의 양성 및 물류관리사에 관한 설명으로 옳지 않은 것은?

① 「대한무역투자진흥공사법」에 따른 대한무역투자진흥공사는 물류연수기관이 될 수 없다.
② 물류관리사는 물류활동과 관련하여 전문지식이 필요한 사항에 대하여 계획·조사·연구·진단 및 평가 또는 이에 관한 상담·자문, 그 밖에 물류관리에 필요한 직무를 수행한다.
③ 국토교통부장관은 물류관리사를 고용한 물류관련 사업자에 대하여 다른 사업자보다 우선하여 행정적·재정적 지원을 할 수 있다.
④ 물류관리사는 다른 사람에게 자격증을 대여하여서는 아니된다.
⑤ 물류관리사 자격의 취소를 하려면 청문을 하여야 한다.

44 **본 문제는 '녹색물류협의기구(법 제60조의2)' 관련 내용으로 출제 시에는 존재하는 법령이었으나, 2024년 1월 9일에 관련 내용이 삭제되어 출제 가능성이 없는 문제이므로 삭제하였습니다.**

45 **물류정책기본법령상 국가물류정책위원회에 관한 설명으로 옳지 않은 것은?**

① 국가물류정책위원회는 국가물류체계의 효율화에 관한 중요 정책 사항을 심의·조정한다.
② 국가물류정책위원회의 위원 중 공무원이 아닌 위원의 임기는 2년으로 하되, 연임할 수 있다.
③ 국가물류정책위원회의 위원장은 위원이 직무태만으로 인하여 위원으로 적합하지 아니하다고 인정되는 경우에는 해당 위원을 해촉(解囑)할 수 있다.
④ 국가물류정책위원회의 업무를 효율적으로 추진하기 위하여 물류정책분과위원회, 물류시설분과위원회, 국제물류분과위원회를 둘 수 있다.
⑤ 물류시설분과위원회의 위원장은 해당 분과위원회의 위원 중에서 해양수산부장관이 지명하는 사람으로 한다.

46 **물류정책기본법령상 국제물류주선업에 관한 설명으로 옳은 것은?**

① 컨테이너장치장을 소유하고 있는 자가 국제물류주선업을 등록하려는 경우 1억원 이상의 보증보험에 가입하여야 한다.
② 국제물류주선업을 경영하려는 자는 해양수산부장관에게 등록하여야 한다.
③ 국제물류주선업자는 등록기준에 관한 사항을 5년이 경과할 때마다 신고하여야 한다.
④ 국제물류주선업자가 그 사업을 양도한 때에는 그 양수인은 국제물류주선업의 등록에 따른 권리·의무를 승계한다.
⑤ 해양수산부장관은 국제물류주선업자의 폐업 사실을 확인하기 위하여 필요한 경우에는 국세청장에게 폐업에 관한 과세정보의 제공을 요청할 수 있다.

47 **물류정책기본법령상 우수물류기업의 인증에 관한 설명으로 옳지 않은 것은?**

① 국토교통부장관 및 해양수산부장관은 물류기업의 육성과 물류산업 발전을 위하여 소관 물류기업을 각각 우수물류기업으로 인증할 수 있다.
② 국제물류주선기업에 대한 우수물류기업 인증의 주체는 해양수산부장관이다.
③ 인증우수물류기업은 우수물류기업의 인증이 취소된 경우에는 인증서를 반납하고, 인증마크의 사용을 중지하여야 한다.
④ 국가 또는 지방자치단체는 인증우수물류기업이 해외시장을 개척하는 경우에는 해외시장 개척에 소요되는 비용을 우선적으로 지원할 수 있다.
⑤ 국토교통부장관 및 해양수산부장관은 우수물류기업의 인증과 관련하여 우수물류기업 인증심사대행기관을 공동으로 지정하여 인증신청의 접수 업무를 하게 할 수 있다.

48 **물류정책기본법령상 물류 공동화·자동화 촉진에 관한 설명으로 옳은 것을 모두 고른 것은?**

ㄱ. 시·도지사는 화주기업이 물류공동화를 추진하는 경우에는 물류기업과 공동으로 추진하도록 권고할 수 있다. ㄴ. 시·도지사는 물류기업이 정보통신기술을 활용하여 물류공동화를 추진하는 경우 우선적으로 예산의 범위에서 필요한 자금을 지원할 수 있다. ㄷ. 국토교통부장관·해양수산부장관 또는 산업통상자원부장관은 물류기업이 물류자동화를 위하여 물류시설 및 장비를 확충하거나 교체하려는 경우에는 필요한 자금을 지원할 수 있다.

① ㄱ
② ㄷ
③ ㄱ, ㄴ
④ ㄴ, ㄷ
⑤ ㄱ, ㄴ, ㄷ

49 **물류시설의 개발 및 운영에 관한 법률상 국가 또는 지방자치단체는 물류터미널사업자가 설치한 물류터미널의 원활한 운영에 필요한 기반시설의 설치 또는 개량에 필요한 예산을 지원할 수 있다. 이러한 기반시설에 해당하지 않는 것은?**

① 「도로법」 제2조 제1호에 따른 도로
② 「철도산업발전기본법」 제3조 제1호에 따른 철도
③ 「수도법」 제3조 제17호에 따른 수도시설
④ 「국토의 계획 및 이용에 관한 법률 시행령」 제2조 제1항 제6호에 따른 보건위생시설 중 종합의료시설
⑤ 「물환경보전법」 제2조 제12호에 따른 수질오염방지시설

50 **물류시설의 개발 및 운영에 관한 법률상 물류터미널사업협회에 관한 설명이다. (　　)에 들어갈 내용을 바르게 나열한 것은?**

> 물류터미널사업협회를 설립하려는 경우에는 해당 협회의 회원의 자격이 있는 자 중 (ㄱ) 이상의 발기인이 정관을 작성하여 해당 협회의 회원자격이 있는 자의 (ㄴ) 이상이 출석한 창립총회의 의결을 거친 후 국토교통부장관의 설립인가를 받아야 한다.

① ㄱ : 2분의 1, ㄴ : 3분의 1
② ㄱ : 3분의 1, ㄴ : 3분의 1
③ ㄱ : 3분의 1, ㄴ : 2분의 1
④ ㄱ : 5분의 1, ㄴ : 3분의 1
⑤ ㄱ : 5분의 1, ㄴ : 4분의 1

51 **물류시설의 개발 및 운영에 관한 법령상 복합물류터미널사업에 관한 설명으로 옳은 것은?**

① 복합물류터미널사업이란 두 종류 이상의 운송수단 간의 연계운송을 할 수 있는 규모 및 시설을 갖춘 물류터미널사업을 말한다.
② 「항만공사법」에 따른 항만공사는 복합물류터미널사업의 등록을 할 수 있는 자에 해당하지 않는다.
③ 「물류시설의 개발 및 운영에 관한 법률」을 위반하여 벌금형을 선고받은 후 1년이 지난 자는 복합물류터미널사업의 등록을 할 수 있다.
④ 부지 면적이 3만제곱미터인 경우는 복합물류터미널사업의 등록기준 중 부지 면적 기준을 충족한다.
⑤ 복합물류터미널사업자가 그 등록한 사항 중 영업소의 명칭을 변경하려는 경우에는 변경등록을 하여야 한다.

52 **물류시설의 개발 및 운영에 관한 법률상 물류시설개발종합계획에 포함되어야 하는 사항으로 옳은 것을 모두 고른 것은?**

> ㄱ. 물류시설의 지역별·규모별·연도별 배치 및 우선순위에 관한 사항
> ㄴ. 물류시설의 환경보전·관리에 관한 사항
> ㄷ. 도심지에 위치한 물류시설의 정비와 교외이전에 관한 사항
> ㄹ. 물류보안에 관한 사항

① ㄱ, ㄴ
② ㄷ, ㄹ
③ ㄱ, ㄴ, ㄷ
④ ㄴ, ㄷ, ㄹ
⑤ ㄱ, ㄴ, ㄷ, ㄹ

53 **물류시설의 개발 및 운영에 관한 법률상 물류터미널사업에 관한 설명으로 옳지 않은 것은? (단, 물류터미널은 「국토의 계획 및 이용에 관한 법률」에 따른 도시·군계획시설에 해당하는 물류터미널에 한정한다)**

① 물류터미널사업자는 물류터미널의 건설을 위하여 필요한 때에는 다른 사람의 토지에 출입하거나 이를 일시 사용할 수 있다.

② 물류터미널을 건설하기 위한 부지 안에 있는 국가 소유의 토지로서 물류터미널 건설사업에 필요한 토지는 해당 물류터미널 건설사업 목적이 아닌 다른 목적으로 매각하거나 양도할 수 없다.

③ 복합물류터미널사업자는 복합물류터미널사업의 전부 또는 일부를 휴업하거나 폐업하려는 때에는 미리 국토교통부장관에게 신고하여야 한다.

④ 일반물류터미널사업자는 건설하려는 물류터미널의 구조 및 설비 등에 관한 공사계획을 수립하여 국토교통부장관의 공사시행인가를 받아야 한다.

⑤ 물류터미널을 건설하기 위한 부지 안에 있는 국가 또는 지방자치단체 소유의 재산은 「국유재산법」, 「공유재산 및 물품 관리법」, 그 밖의 다른 법령에도 불구하고 물류터미널사업자에게 수의계약으로 매각할 수 있다.

54 **물류시설의 개발 및 운영에 관한 법률상 물류시설개발종합계획에 관한 설명으로 옳지 않은 것은?**

① 국토교통부장관은 물류시설개발종합계획을 5년 단위로 수립하여야 한다.

② 국토교통부장관은 물류시설개발종합계획을 효율적으로 수립하기 위하여 필요하다고 인정하는 때에는 물류시설에 대하여 조사할 수 있다.

③ 집적[클러스터(cluster)]물류시설은 창고 및 집배송센터 등 물류활동을 개별적으로 수행하는 최소 단위의 물류시설을 말한다.

④ 물류시설개발종합계획은 「물류정책기본법」에 따른 국가물류기본계획과 조화를 이루어야 한다.

⑤ 관계 중앙행정기관의 장은 필요한 경우 국토교통부장관에게 물류시설개발종합계획을 변경하도록 요청할 수 있다.

55 **물류시설의 개발 및 운영에 관한 법령상 물류단지의 개발 및 운영에 관한 설명으로 옳은 것은?**

① 도시첨단물류단지개발사업의 경우에는 물류단지 실수요 검증을 실수요검증위원회의 자문으로 갈음할 수 없다.

② 물류단지개발지침의 내용 중 토지가격의 안정을 위하여 필요한 사항을 변경할 때에는 시・도지사의 의견을 듣고 관계 중앙행정기관의 장과 협의한 후 물류시설분과위원회의 심의를 거쳐야 한다.

③ 국가정책사업으로 물류단지를 개발하는 경우 일반물류단지의 지정권자는 시・도지사가 된다.

④ 도시첨단물류단지개발사업의 시행자는 「공공주택 특별법」 제2조 제2호에 따른 공공주택지구 내 사업에 따른 시설과 도시첨단물류단지개발사업에 따른 시설을 일단의 건물로 조성할 수 있다.

⑤ 공고된 물류단지개발계획안의 내용에 대하여 의견이 있는 자는 그 열람기간 내에 물류단지지정권자에게 의견서를 제출할 수 있다.

56 **물류시설의 개발 및 운영에 관한 법령상 물류단지개발사업에 관한 설명으로 옳지 않은 것은?**

① 물류단지지정권자는 준공검사를 한 결과 실시계획대로 완료되지 아니한 경우에는 지체 없이 보완시공 등 필요한 조치를 명하여야 한다.

② 물류단지개발사업의 시행자는 특별한 사유가 없으면 이주자 또는 인근지역의 주민을 우선적으로 고용하여야 한다.

③ 물류단지지정권자는 물류단지개발사업의 시행자에게 물류단지의 진입도로 및 간선도로를 설치하게 할 수 있다.

④ 시・도지사 또는 시장・군수는 물류단지개발사업을 촉진하기 위하여 지방자치단체에 물류단지개발특별회계를 설치할 수 있다.

⑤ 물류단지개발사업의 시행자는 물류단지 안에 있는 기존의 시설을 철거하지 아니하여도 물류단지개발사업에 지장이 없다고 인정하는 때에는 이를 남겨두게 할 수 있다.

57 **화물자동차 운수사업법령상 위·수탁계약에 관한 설명으로 옳은 것을 모두 고른 것은?**

ㄱ. 위·수탁차주가 화물운송 종사자격을 갖추지 아니한 경우는 위·수탁계약을 지속하기 어려운 중대한 사유가 있는 경우에 해당한다.
ㄴ. 국토교통부장관이 공정거래위원회와 협의하여 표준 위·수탁계약서를 고시한 경우, 위·수탁계약의 당사자는 이를 사용하여야 한다.
ㄷ. 위·수탁계약의 내용이 당사자 일방에게 현저하게 불공정한 경우로서 계약불이행에 따른 당사자의 손해배상책임을 과도하게 경감하여 정함으로써 상대방의 정당한 이익을 침해한 경우 그 부분에 한정하여 무효로 한다.

① ㄱ
② ㄴ
③ ㄱ, ㄷ
④ ㄴ, ㄷ
⑤ ㄱ, ㄴ, ㄷ

58 **화물자동차 운수사업법상 화물자동차 운송사업의 상속 및 그 신고에 관한 설명으로 옳은 것은?**

① 운송사업자가 사망한 경우 상속인이 그 운송사업을 계속하려면 피상속인이 사망한 후 6개월 이내에 국토교통부장관에게 신고하여야 한다.
② 국토교통부장관은 신고를 받은 날부터 14일 이내에 신고수리 여부를 신고인에게 통지하여야 한다.
③ 국토교통부장관이 「화물자동차 운수사업법」에서 정한 기간 내에 신고수리 여부를 신고인에게 통지하지 아니하면 그 기간이 끝난 날에 신고를 수리한 것으로 본다.
④ 상속인이 상속신고를 하면 피상속인이 사망한 날부터 신고한 날까지 피상속인에 대한 화물자동차 운송사업의 허가는 상속인에 대한 허가로 본다.
⑤ 상속인이 피상속인의 화물자동차 운송사업을 다른 사람에게 양도하려면 국토교통부장관의 승인을 받아야 한다.

59 **화물자동차 운수사업법상 화물자동차 운송주선사업자에 관한 설명으로 옳은 것은?**

① 운송주선사업자가 허가사항을 변경하려면 국토교통부장관에게 신고하여야 한다.
② 운송주선사업자는 주사무소 외의 장소에서 상주하여 영업하려면 국토교통부장관에게 신고하여야 한다.
③ 운송주선사업자는 화주로부터 중개를 의뢰받은 화물에 대하여 다른 운송주선사업자에게 수수료를 받고 중개를 의뢰할 수 있다.
④ 운송주선사업자가 운송사업자에게 화물운송을 위탁하는 경우에는 운송가맹사업자의 화물정보망을 이용할 수 없다.
⑤ 부정한 방법으로 화물자동차 운송주선사업의 허가를 받고 화물자동차 운송주선사업을 경영한 자는 과태료 부과 대상이다.

60 **화물자동차 운수사업법령상 화물자동차 운송사업의 허가에 관한 설명으로 옳은 것은?**

① 화물자동차 운송사업자가 감차 조치 명령을 받은 후 6개월이 지났다면 증차를 수반하는 허가사항을 변경할 수 있다.
② 화물자동차 운송사업자는 허가받은 날부터 3년마다 허가기준에 관한 사항을 신고하여야 한다.
③ 국토교통부장관은 운송사업자가 사업정지처분을 받은 경우 주사무소를 이전하는 변경허가를 할 수 있다.
④ 화물자동차 운송사업의 허가에는 기한을 붙일 수 없다.
⑤ 화물자동차 운송사업자가 상호를 변경하려면 국토교통부장관에게 신고하여야 한다.

61 **화물자동차 운수사업법령상 적재물배상보험등에 관한 설명으로 옳은 것은?**

① 보험등 의무가입자인 화물자동차 운송주선사업자는 각 화물자동차별로 적재물배상보험등에 가입하여야 한다.
② 이사화물운송만을 주선하는 화물자동차 운송주선사업자는 사고 건당 2천만원 이상의 금액을 지급할 책임을 지는 적재물배상보험등에 가입하여야 한다.
③ 특수용도형 화물자동차 중 「자동차관리법」에 따른 피견인자동차를 소유하고 있는 운송사업자는 적재물배상보험등에 가입하여야 하는 자에 해당하지 않는다.
④ 보험등 의무가입자 및 보험회사등은 화물자동차 운송사업의 허가가 취소된 경우 책임보험계약등을 해제하거나 해지할 수 없다.
⑤ 적재물배상보험등에 가입하지 아니한 보험등 의무가입자는 형벌 부과 대상이다.

62 **화물자동차 운수사업법령상 운임 및 요금 등에 관한 설명으로 옳은 것은?**

① 운송사업자는 운임과 요금을 정하여 미리 신고하여야 하며, 신고를 받은 국토교통부장관은 30일 이내에 신고수리 여부를 신고인에게 통지하여야 한다.
② 화물자동차 안전운임위원회 위원의 임기는 2년으로 하되, 연임할 수 있다.
③ 화물자동차 안전운임위원회에는 기획재정부, 고용노동부의 3급 또는 4급 공무원으로 구성된 특별위원을 둘 수 있다.
④ 화물운송계약 중 화물자동차 안전운임에 미치지 못하는 금액을 운임으로 정한 부분은 무효로 하며, 당사자는 운임을 다시 정하여야 한다.
⑤ 화물자동차 안전운임위원회는 안전운송원가를 심의·의결함에 있어 운송사업자의 운송서비스 수준을 고려하여야 한다.

63 **화물자동차 운수사업법령상 화물자동차 휴게소에 관한 설명으로 옳은 것은?**

① 국토교통부장관은 휴게소 종합계획을 10년 단위로 수립하여야 한다.
② 국토교통부장관은 휴게소 종합계획을 수립하는 경우 미리 시·도지사의 의견을 듣고 관계 중앙행정기관의 장과 협의하여야 한다.
③ 「한국공항공사법」에 따른 한국공항공사는 화물자동차 휴게소 건설사업을 할 수 있는 공공기관에 해당하지 않는다.
④ 휴게소 건설사업 시행자는 그 건설계획을 수립하면 이를 공고하고, 관계 서류의 사본을 10일 이상 일반인이 열람할 수 있도록 하여야 한다.
⑤ 「항만법」에 따른 항만이 위치한 지역으로서 화물자동차의 일일 평균 왕복 교통량이 1만5천대인 지역은 화물자동차 휴게소의 건설 대상지역에 해당하지 않는다.

64 **화물자동차 운수사업법령상 자가용 화물자동차에 관한 설명으로 옳지 않은 것은?**

① 자가용 화물자동차로서 대통령령으로 정하는 화물자동차로 사용하려는 자는 국토교통부령으로 정하는 기준에 따라 시·도지사의 허가를 받아야 한다.
② 천재지변으로 인하여 수송력 공급을 긴급히 증가시킬 필요가 있는 경우, 자가용 화물자동차의 소유자는 시·도지사의 허가를 받으면 자가용 화물자동차를 유상으로 화물운송용으로 임대할 수 있다.
③ 자가용 화물자동차를 사용하여 화물자동차 운송사업을 경영한 경우 시·도지사는 6개월 이내의 기간을 정하여 그 자동차의 사용을 제한하거나 금지할 수 있다.
④ 자가용 화물자동차의 소유자가 자가용 화물자동차를 사용하여 화물자동차 운송사업을 경영하였음을 이유로 시·도지사가 사용을 금지한 자가용 화물자동차의 소유자는 해당 화물자동차의 자동차등록증과 자동차등록번호판을 반납하여야 한다.
⑤ 「화물자동차 운수사업법」을 위반하여 자가용 화물자동차를 유상으로 화물운송용으로 제공한 자는 형벌 부과 대상이다.

26회

65 **화물자동차 운수사업법령상 화물자동차 운송사업의 폐업에 관한 설명으로 옳지 않은 것은?**

① 운송사업자가 화물자동차 운송사업의 전부를 폐업하려면 미리 신고하여야 한다.
② 폐업 신고의 의무는 신고에 대한 수리 여부가 신고인에게 통지된 때에 이행된 것으로 본다.
③ 운송사업자가 화물자동차 운송사업의 전부를 폐업하려면 미리 그 취지를 영업소나 그 밖에 일반 공중이 보기 쉬운 곳에 게시하여야 한다.
④ 화물자동차 운송사업의 폐업 신고를 한 운송사업자는 해당 화물자동차의 자동차등록증과 자동차등록번호판을 반납하여야 한다.
⑤ 화물자동차 운송사업의 폐업 신고를 받은 관할관청은 그 사실을 관할 협회에 통지하여야 한다.

66 **화물자동차 운수사업법상 화물자동차 운송사업의 허가를 받을 수 없는 자는?**

① 「화물자동차 운수사업법」을 위반하여 징역 이상의 실형을 선고받고 그 집행이 면제된 날부터 3년이 지난 자
② 「화물자동차 운수사업법」을 위반하여 징역 이상의 형의 집행유예를 선고받고 그 유예기간이 종료된 후 1년이 지난 자
③ 부정한 방법으로 화물자동차 운송사업의 허가를 받아 그 허가가 취소된 후 3년이 지난 자
④ 「화물자동차 운수사업법」 제11조에 따른 운송사업자의 준수사항을 위반하여 화물자동차 운송사업의 허가가 취소된 후 3년이 지난 자
⑤ 파산선고를 받고 복권된 자

67 **유통산업발전법상 공동집배송센터에 관한 설명으로 옳은 것은?**

① 시・도지사는 물류공동화를 촉진하기 위하여 필요한 경우에는 시장・군수・구청장의 추천을 받아 산업통상자원부령으로 정하는 요건에 해당하는 지역 및 시설물을 공동집배송센터로 지정할 수 있다.
② 공동집배송센터사업자는 지정받은 사항 중 산업통상자원부령으로 정하는 중요사항을 변경하려면 시・도지사의 변경지정을 받아야 한다.
③ 공동집배송센터의 지정을 받은 날부터 정당한 사유 없이 2년 이내에 시공을 하지 아니하는 경우에는 공동집배송센터의 지정이 취소될 수 있다.
④ 거짓으로 공동집배송센터의 지정을 받은 경우는 공동집배송센터의 지정을 취소할 수 있는 사유에 해당한다.
⑤ 시・도지사는 집배송시설의 집단적 설치를 촉진하고 집배송시설의 효율적 배치를 위하여 공동집배송센터 개발촉진지구의 지정을 산업통상자원부장관에게 요청할 수 있다.

68 **유통산업발전법상 형벌 부과 대상에 해당하지 않는 것은?**

① 유통표준전자문서를 위작하는 죄의 미수범
② 대규모점포를 개설하려는 자로서 부정한 방법으로 대규모점포의 개설등록을 한 자
③ 대규모점포등관리자로서 부정한 방법으로 회계감사를 받은 자
④ 유통정보화서비스를 제공하는 자로서 「유통산업발전법 시행령」으로 정하는 유통표준전자문서 보관기간을 준수하지 아니한 자
⑤ 대규모점포등관리자로서 신고를 하지 아니하고 대규모점포등개설자의 업무를 수행한 자

69 **유통산업발전법령상 대규모점포의 등록에 관한 설명으로 옳은 것을 모두 고른 것은?**

ㄱ. 전통상업보존구역에 대규모점포를 개설하려는 자는 상권영향평가서 및 지역협력계획서를 첨부하여 시・도지사에게 등록하여야 한다.
ㄴ. 대규모점포의 매장면적이 개설등록 당시의 매장면적보다 20분의 1이 증가한 경우 변경등록을 하여야 한다.
ㄷ. 매장이 분양된 대규모점포에서는 매장면적의 2분의 1 이상을 직영하는 자가 있는 경우에는 그 직영하는 자가 대규모점포등개설자의 업무를 수행한다.

① ㄱ
② ㄷ
③ ㄱ, ㄴ
④ ㄴ, ㄷ
⑤ ㄱ, ㄴ, ㄷ

70 **유통산업발전법상 유통산업의 경쟁력 강화에 관한 설명으로 옳은 것은?**

① 산업통상자원부장관은 「중소기업기본법」 제2조에 따른 중소기업자 중 대통령령으로 정하는 소매업자 30인이 공동으로 중소유통공동도매물류센터를 건립하는 경우 필요한 행정적·재정적 지원을 할 수 있다.

② 산업통상자원부장관은 중소유통공동도매물류센터를 건립하여 중소유통기업자단체에 그 운영을 위탁할 수 있다.

③ 지방자치단체의 장은 상점가진흥조합이 주차장·휴게소 등 공공시설의 설치 사업을 하는 경우에는 예산의 범위에서 필요한 자금을 지원할 수 있다.

④ 상점가진흥조합은 조합원의 자격이 있는 자의 과반수의 동의를 받아 결성한다.

⑤ 상점가진흥조합의 조합원은 상점가에서 도매업·소매업·용역업이나 그 밖의 영업을 하는 모든 자로 한다.

71 **유통산업발전법상 대규모점포등관리자의 회계감사에 관한 설명이다. ( )에 들어갈 내용을 바르게 나열한 것은?**

대규모점포등관리자는 대통령령으로 정하는 바에 따라 「주식회사의 외부감사에 관한 법률」 제3조 제1항에 따른 감사인의 회계감사를 매년 (ㄱ)회 이상 받아야 한다. 다만 입점상인의 (ㄴ)이(가) 서면으로 회계감사를 받지 아니하는 데 동의한 연도에는 회계감사를 받지 아니할 수 있다.

① ㄱ : 1, ㄴ : 과반수

② ㄱ : 1, ㄴ : 3분의 2 이상

③ ㄱ : 2, ㄴ : 과반수

④ ㄱ : 2, ㄴ : 3분의 2 이상

⑤ ㄱ : 2, ㄴ : 5분의 3 이상

72 **항만운송사업법령상 항만운송 분쟁협의회에 관한 설명으로 옳은 것은?**

① 항만운송 분쟁협의회는 사업의 종류별로 구성한다.

② 항만운송근로자 단체는 항만운송 분쟁협의회 구성에 참여할 수 있다.

③ 항만운송 분쟁협의회의 회의는 분쟁협의회의 위원장이 필요하다고 인정하거나 재적위원 3분의 1 이상의 요청이 있는 경우에 소집한다.

④ 항만운송 분쟁협의회의 회의는 재적위원 과반수의 출석으로 개의하고, 출석위원 과반수의 찬성으로 의결한다.

⑤ 항만운송과 관련된 노사 간 분쟁의 해소에 관한 사항은 항만운송 분쟁협의회의 심의·의결사항에 포함되지 않는다.

73 항만운송사업법상 항만운송에 해당하지 않는 것은?

① 타인의 수요에 응하여 하는 행위로서 「해운법」에 따른 해상화물운송사업자가 하는 운송
② 타인의 수요에 응하여 하는 행위로서 항만에서 뗏목으로 편성하여 운송된 목재를 수면 목재저장소에 들여놓는 행위
③ 타인의 수요에 응하여 하는 행위로서 항만에서 화물을 선박에 싣거나 선박으로부터 내리는 일
④ 타인의 수요에 응하여 하는 행위로서 항만에서 선박 또는 부선을 이용하여 운송될 화물을 하역장에서 내가는 행위
⑤ 타인의 수요에 응하여 하는 행위로서 항만이나 지정구간에서 목재를 뗏목으로 편성하여 운송하는 행위

74 항만운송사업법령상 항만운송사업에 관한 설명으로 옳은 것은?

① 항만운송사업의 종류는 항만하역사업, 검수사업, 감정사업, 검량사업으로 구분된다.
② 항만운송사업의 등록신청인이 법인인 경우 그 법인의 정관은 등록신청 시 제출하여야 하는 서류에 포함되지 않는다.
③ 검수사등의 자격이 취소된 날부터 3년이 지난 사람은 검수사등의 자격을 취득할 수 없다.
④ 항만운송사업을 하려는 자는 항만별로 관리청에 등록하여야 한다.
⑤ 항만운송사업자가 사업정지명령을 위반하여 그 정지기간에 사업을 계속한 경우는 항만운송사업의 정지사유에 해당한다.

75 철도사업법령상 철도사업자에 관한 설명으로 옳지 않은 것은?

① 철도사업을 경영하려는 자는 지정·고시된 사업용철도노선을 정하여 국토교통부장관의 면허를 받아야 한다.
② 천재지변으로 철도사업자가 국토교통부장관이 지정하는 날에 운송을 시작할 수 없는 경우에는 국토교통부장관의 승인을 받아 날짜를 연기할 수 있다.
③ 철도사업의 면허를 받을 수 있는 자는 법인으로 한다.
④ 철도사업자는 여객에 대한 운임을 변경하려는 경우 국토교통부장관의 허가를 받아야 한다.
⑤ 철도사업자는 사업계획 중 여객열차의 운행구간을 변경하려는 경우 국토교통부장관의 인가를 받아야 한다.

76 철도사업법상 철도사업의 관리에 관한 설명으로 옳지 않은 것은?

① 철도사업자는 그 철도사업을 양도·양수하려는 경우에는 국토교통부장관의 인가를 받아야 한다.

② 철도시설의 개량을 사유로 하는 경우 휴업기간은 6개월을 넘을 수 없다.

③ 철도사업자가 선로 또는 교량의 파괴로 휴업하는 경우에는 국토교통부장관에게 신고하여야 한다.

④ 국토교통부장관은 철도사업자가 거짓이나 그 밖의 부정한 방법으로 철도사업의 면허를 받은 경우에는 면허를 취소하여야 한다.

⑤ 국토교통부장관은 과징금으로 징수한 금액의 운용계획을 수립하여 시행하여야 한다.

77 철도사업법령상 전용철도에 관한 설명이다. ( )에 들어갈 내용을 바르게 나열한 것은?

> ○ 전용철도운영자가 사망한 경우 상속인이 그 전용철도의 운영을 계속하려는 경우에는 피상속인이 사망한 날부터 (ㄱ) 이내에 국토교통부장관에게 신고하여야 한다.
> ○ 전용철도운영자가 그 운영의 전부 또는 일부를 휴업한 경우에는 (ㄴ) 이내에 국토교통부장관에게 신고하여야 한다.

① ㄱ : 1개월, ㄴ : 1개월

② ㄱ : 1개월, ㄴ : 2개월

③ ㄱ : 2개월, ㄴ : 3개월

④ ㄱ : 3개월, ㄴ : 1개월

⑤ ㄱ : 3개월, ㄴ : 3개월

78 철도사업법령상 국유철도시설의 점용허가에 관한 설명으로 옳은 것은?

① 점용허가는 철도사업자와 철도사업자가 출자·보조 또는 출연한 사업을 경영하는 자에게만 한다.

② 철골조 건물의 축조를 목적으로 하는 경우에는 점용허가기간은 20년을 초과하여서는 아니된다.

③ 점용허가를 받은 자가 「공공주택 특별법」에 따른 공공주택을 건설하기 위하여 점용허가를 받은 경우에 해당할 때에는 점용료 감면대상이 될 수 없다.

④ 국토교통부장관은 점용허가를 받지 아니하고 철도시설을 점용한 자에 대하여 점용료의 100분의 150에 해당하는 금액을 변상금으로 징수할 수 있다.

⑤ 점용허가로 인하여 발생한 권리와 의무를 이전하려는 경우에는 국토교통부장관에게 신고하여야 한다.

79 **농수산물 유통 및 가격 안정에 관한 법령상 농산물가격안정기금에 관한 설명으로 옳은 것은?**

① 다른 기금으로부터의 출연금은 농산물가격안정기금의 재원으로 할 수 없다.
② 농산물의 수출 촉진사업을 위하여 농산물가격안정기금을 대출할 수 없다.
③ 농산물가격안정기금의 여유자금은 「자본시장과 금융투자업에 관한 법률」 제4조에 따른 증권의 매입의 방법으로 운용할 수 있다.
④ 농림축산식품부장관은 농산물가격안정기금의 여유자금의 운용에 관한 업무를 농업정책보험금융원의 장에게 위탁한다.
⑤ 농림축산식품부장관은 농산물가격안정기금의 수입과 지출을 명확히 하기 위하여 농협은행에 기금계정을 설치하여야 한다.

80 **농수산물 유통 및 가격 안정에 관한 법률상 농수산물도매시장에 관한 설명으로 옳은 것은?**

① 도매시장은 중앙도매시장의 경우에는 시・도가 개설하고, 지방도매시장의 경우에는 시・군・구가 개설한다.
② 중앙도매시장의 개설자가 업무규정을 변경하는 때에는 농림축산식품부장관 또는 산업통상자원부장관의 승인을 받아야 한다.
③ 도매시장법인은 도매시장 개설자가 부류별로 지정하되, 3년 이상 10년 이하의 범위에서 지정유효기간을 설정할 수 있다.
④ 상품성 향상을 위한 규격화는 도매시장 개설자의 의무사항에 포함된다.
⑤ 도매시장법인이 다른 도매시장법인을 인수하거나 합병하는 경우에는 해당 도매시장 개설자에게 신고하여야 한다.

2021년 제25회 기출문제

교 시	과 목	시 간	문제형별
1교시	• 물류관리론 • 화물운송론 • 국제물류론	120분	A

2021. 7. 17. 시행

맞은 개수 ____ / 120문제

[1과목] 물류관리론

01 공공적, 사회경제적, 개별기업 관점에서 물류의 역할 또는 기능으로 옳지 않은 것은?

① 물류 생산성 향상 및 비용절감을 통해서 물가상승을 억제한다.
② 물류 합리화를 통해 유통구조 선진화 및 사회간접자본 투자에 기여한다.
③ 고객요구에 따라서 생산된 제품을 고객에게 전달하고 수요를 창출한다.
④ 생산자와 소비자 사이의 인격적 유대를 강화하고 고객서비스를 높인다.
⑤ 공급사슬관리를 통해 개별 기업의 독자적 경영 최적화를 달성한다.

02 유통활동을 상적유통과 물적유통으로 구분할 때 물적유통에 해당하는 것을 모두 고른 것은?

ㄱ. 거래활동	ㄴ. 보관활동
ㄷ. 표준화 활동	ㄹ. 정보관리 활동

① ㄱ, ㄴ
② ㄱ, ㄹ
③ ㄴ, ㄷ
④ ㄴ, ㄹ
⑤ ㄷ, ㄹ

03 **다음 설명에 해당하는 물류 영역은?**

> ○ 역물류(Reverse Logistics)의 한 형태이다.
> ○ 고객요구 다양화 및 클레임 증가, 유통채널 간 경쟁 심화, 전자상거래 확대 등에 따라서 중요성이 커지고 있다.

① 조달물류
② 생산물류
③ 판매물류
④ 폐기물류
⑤ 반품물류

04 **물류환경의 변화와 발전에 관한 설명으로 옳지 않은 것은?**

① 글로벌 물류시장을 선도하기 위한 국가적 차원의 종합물류기업 육성정책이 시행되고 있다.
② e-비즈니스 확산 등으로 Door-to-Door 일관배송, 당일배송 등의 서비스가 증가하고 있다.
③ 유통가공 및 맞춤형 물류기능 확대 등 고부가가치 물류서비스가 발전하고 있다.
④ 소비자 요구 충족을 위해서 수요예측 등 종합적 물류계획의 수립 및 관리가 중요해지고 있다.
⑤ 기업의 핵심역량 강화를 위해서 물류기능을 직접 수행하는 화주기업이 증가하는 추세이다.

05 **스미키(E. W. Smykey)가 제시한 '물류관리 목적을 달성하기 위한 7R 원칙'에 해당하지 않는 것은?**

① 적절한 상품(Right Commodity)
② 적절한 고객(Right Customer)
③ 적절한 시기(Right Time)
④ 적절한 장소(Right Place)
⑤ 적절한 가격(Right Price)

06 **물류정책기본법의 물류산업 분류에서 화물의 하역과 포장, 가공, 조립, 상표부착, 프로그램 설치, 품질검사 등의 부가 서비스 사업에 해당하는 것은?**

① 화물취급업
② 화물주선업
③ 화물창고업
④ 화물운송업
⑤ 화물부대업

07 (주)한국물류의 배송부문 핵심성과지표(KPI)는 정시배송률이고, 배송완료 실적 중에서 지연이 발생하지 않은 비율로 측정한다. 배송자료가 아래와 같을 때 7월 17일의 정시배송률은?

번 호	01	02	03	04	05
배송예정 일시	7월 17일 14:00	7월 17일 15:00	7월 17일 17:00	7월 17일 16:00	7월 17일 17:30
배송완료 일시	7월 17일 13:30	7월 17일 14:00	7월 17일 16:45	7월 17일 17:00	7월 17일 17:45

① 25%
② 40%
③ 50%
④ 60%
⑤ 75%

08 고객서비스와 물류서비스에 관한 설명으로 옳지 않은 것은?

① 고객서비스의 목표는 고객만족을 통한 고객감동을 실현하는 것이다.
② 물류서비스의 목표는 서비스 향상과 물류비 절감을 통한 경영혁신이다.
③ 경제적 관점에서의 최적 물류서비스 수준은 물류활동에 의한 이익을 최대화하는 것이다.
④ 고객서비스 수준은 기업의 시장점유율과 수익성에 영향을 미친다.
⑤ 일반적으로 고객서비스 수준이 높아지면 물류비가 절감되고 매출액은 증가한다.

09 물류의 전략적 의사결정 활동으로 옳은 것은?

① 시설 입지계획
② 제품포장
③ 재고통제
④ 창고관리
⑤ 주문품 발송

10 물류전략 수립 시 고려사항으로 옳지 않은 것은?

① 물류 시스템의 설계 및 범위결정의 기준은 총비용 개념을 고려한다.
② 소비자 서비스는 모든 제품에 대해서 동일한 수준으로 제공되어야 한다.
③ 물류활동의 중심은 운송, 보관, 하역, 포장 등이며, 비용과 서비스 면에서 상충관계가 있다.
④ 물류시스템에서 취급하는 제품이 다양할수록 재고는 증가하고 비용상승 요인이 될 수 있다.
⑤ 도로, 철도, 항만, 공항 등 교통시설과의 접근성을 고려해야 한다.

11 **4자 물류(4PL : Fourth Party Logistics)의 특징으로 옳지 않은 것은?**

① 합작투자 또는 장기간 제휴상태
② 기능별 서비스와 상하계약관계
③ 공통의 목표설정 및 이익분배
④ 공급사슬상 전체의 관리와 운영
⑤ 다양한 기업이 파트너로 참여하는 혼합조직 형태

12 **다음 설명에 해당하는 물류조직은?**

> ○ 다국적 기업에서 많이 찾아 볼 수 있는 물류조직의 형태이다.
> ○ 모회사 물류본부의 스태프부문이 여러 자회사의 해당부문을 횡적으로 관리하고 지원하는 조직형태이다.

① 라인과 스태프형 물류조직
② 직능형 물류조직
③ 사업부형 물류조직
④ 기능특성형 물류조직
⑤ 그리드형 물류조직

13 **6-시그마 물류혁신 프로젝트에서 다음 설명에 해당하는 추진 단계는?**

> ○ 프로세스의 현재 수준과 목표 수준 간에 차이가 발생하는 원인을 규명한다.
> ○ 파레토도, 특성요인도 등의 도구를 활용한다.

① 정의(Define)
② 측정(Measure)
③ 분석(Analyze)
④ 개선(Improve)
⑤ 관리(Control)

14 **물류시스템이 수행하는 물류활동의 기본 기능에 관한 설명으로 옳지 않은 것은?**

① 포장기능은 생산의 종착점이자 물류의 출발점으로써 표준화와 모듈화가 중요하다.
② 수송기능은 물류 거점과 소비 공간을 연결하는 소량 화물의 단거리 이동을 말한다.
③ 보관기능은 재화를 생산하고 소비하는 시기와 수량의 차이를 조정하는 활동이다.
④ 하역기능은 운송, 보관, 포장 활동 사이에 발생하는 물자의 취급과 관련된 보조활동이다.
⑤ 정보관리기능은 물류계획 수립과 통제에 필요한 자료를 수집하고 물류관리에 활용하는 것이다.

15 **물류비의 분류체계에서 기능별 비목에 해당하지 않는 것은?**

① 운송비
② 재료비
③ 유통가공비
④ 물류정보/관리비
⑤ 보관 및 재고관리비

16 **물류 분야의 활동기준원가계산(ABC : Activity Based Costing)에 관한 설명으로 옳지 않은 것은?**

① 재료비, 노무비 및 경비로 구분하여 계산한다.
② 업무를 활동단위로 세분하여 원가를 산출하는 방식이다.
③ 활동별로 원가를 분석하므로 낭비요인이 있는 물류업무영역을 파악할 수 있다.
④ 산정원가를 바탕으로 원가유발요인분석과 성과측정을 할 수 있다.
⑤ 물류서비스별, 활동별, 고객별, 유통경로별, 프로세스별 수익성 분석이 가능하다.

17 **유통가공을 수행하는 A물류기업의 당기 고정비는 1억원, 개당 판매 가격은 10만원, 변동비는 가격의 60%이며 목표이익은 1억원이다. 당기의 손익분기점 판매량(ㄱ)과 목표이익을 달성하기 위한 판매량(ㄴ)은 몇 개인가?**

① ㄱ : 1,000개 ㄴ : 3,500개
② ㄱ : 1,500개 ㄴ : 4,000개
③ ㄱ : 2,000개 ㄴ : 5,000개
④ ㄱ : 2,500개 ㄴ : 5,000개
⑤ ㄱ : 2,500개 ㄴ : 6,000개

18 카플런(R. Kaplan)과 노턴(D. Norton)의 균형성과표(BSC : Balanced Score Card)는 전 조직원이 전략을 공유하고 전략방향에 따라 행동하도록 유도함으로써 회사의 가치창출을 보다 효과적이고 지속적으로 이루기 위한 성과측정 방법이다. BSC의 4가지 성과지표관리 관점에 해당하지 않는 것은?

① 고객관점(Customer Perspective)
② 재무적 관점(Financial Perspective)
③ 전략적 관점(Strategic Perspective)
④ 학습과 성장의 관점(Learning & Growth Perspective)
⑤ 내부 경영프로세스 관점(Internal Business Process Perspective)

19 e-조달의 장점으로 옳지 않은 것은?

① 운영비용이 절감된다.
② 조달효율성이 개선된다.
③ 조달가격이 절감된다.
④ 문서처리 비용이 감소된다.
⑤ 구매자와 판매자 간에 밀접한 관계가 구축된다.

20 다음 설명에 해당하는 공급업체 선정 방법은?

> 다수의 공급업체로부터 제안서를 제출받아 평가한 후 협상절차를 통하여 가장 유리하다고 인정되는 업체와 계약을 체결한다.

① 협의에 의한 방법
② 지명 경쟁에 의한 방법
③ 제한 경쟁에 의한 방법
④ 입찰에 의한 방법
⑤ 수의계약에 의한 방법

21 **집중구매의 장점으로 옳지 않은 것은?**

① 구입절차를 표준화하여 구매비용이 절감된다.
② 대량구매로 가격 및 거래조건이 유리하다.
③ 공통자재의 표준화, 단순화가 가능하다.
④ 긴급수요 발생 시 대응에 유리하다.
⑤ 수입 등 복잡한 구매 형태에 유리하다.

22 **바코드와 비교한 RFID(Radio Frequency Identification)의 특징으로 옳지 않은 것은?**

① 원거리 및 고속 이동 시에도 인식이 가능하다.
② 반영구적인 사용이 가능하다.
③ 국가별로 사용하는 주파수가 동일하다.
④ 데이터의 신뢰도가 높다.
⑤ 태그의 데이터 변경 및 추가가 가능하다.

23 **물류정보의 특징으로 옳지 않은 것은?**

① 관리대상 정보의 종류가 많고, 내용이 다양하다.
② 성수기와 비수기의 정보량 차이가 크다.
③ 정보의 발생원, 처리장소, 전달대상 등이 한 곳에 집중되어 있다.
④ 상품과 정보의 흐름에 동시성이 요구된다.
⑤ 구매, 생산, 영업활동과의 관련성이 크다.

24 **다음의 (　　)에 들어갈 용어는?**

> 국제표준 바코드는 개별 품목에 고유한 식별코드를 부착해 정보를 공유하는 국제표준체계이다. 현재 세계적으로 사용되는 GS1 표준코드는 미국에서 제정한 코드 (ㄱ)와(과) 유럽에서 제정한 코드 (ㄴ) 등을 표준화한 것이다.

① ㄱ : UPC, ㄴ : EAN
② ㄱ : UPC, ㄴ : GTIN
③ ㄱ : EAN, ㄴ : UPC
④ ㄱ : EAN, ㄴ : GTIN
⑤ ㄱ : GTIN, ㄴ : EAN

25 VAN(Value Added Network)에 관한 설명으로 옳은 것은?

① 한정된 지역의 분산된 장치들을 연결하여 정보를 공유하거나 교환하는 것이다.
② 컴퓨터 성능의 발달로 정보수집 능력이 우수한 대기업에 정보가 집중되므로 중소기업의 활용 가능성은 낮아지고 있다.
③ 1990년대 미국의 AT&T가 전화회선을 임대하여 특정인에게 통신 서비스를 제공한 것이 효시이다.
④ 부가가치를 부여한 음성 또는 데이터를 정보로 제공하는 광범위하고 복합적인 서비스의 집합이다.
⑤ VAN 서비스는 컴퓨터 성능 향상으로 인해 이용이 감소되고 있다.

26 물류정보시스템에 관한 설명으로 옳지 않은 것은?

① EDI(Electronic Data Interchange)는 표준화된 상거래 서식으로 작성된 기업 간 전자문서교환 시스템이다.
② POS(Point of Sales)는 소비동향이 반영된 판매정보를 실시간으로 파악하여 판매, 재고, 고객관리의 효율성을 향상시킨다.
③ 물류정보시스템의 목적은 물류비가 증가하더라도 고객서비스를 향상시키는 것이다.
④ 물류정보의 시스템화는 상류정보의 시스템화가 선행되어야만 가능하며, 서로 밀접한 관계가 있다.
⑤ 수주처리시스템은 최소의 주문입력(order entry) 비용을 목표로 고객서비스를 달성하는 것이 목적이다.

27 공급사슬관리(SCM)에 관한 설명으로 옳지 않은 것은?

① 원자재를 조달해서 생산하여 고객에게 제품과 서비스를 제공하기 위한 프로세스 지향적이고 통합적인 접근 방법이다.
② ABM(Activity Based Management)을 근간으로 하여 각 공급사슬과 접점을 이루는 부문에서 계획을 수립하는 시스템이다.
③ 가치사슬의 관점에서 원자재로부터 소비에 이르기까지의 구성원들을 하나의 집단으로 간주하여 물류와 정보 흐름의 체계적 관리를 추구한다.
④ 전체 공급사슬을 관리하여 비용과 시간을 최소화하고 이익을 최대화하도록 지원하는 방법이다.
⑤ 정보통신기술을 활용하여 공급자, 제조업자, 소매업자, 소비자와 관련된 상품, 정보, 자금흐름을 신속하고 효율적으로 관리하여 부가가치를 향상시키는 것이다.

28 **채찍효과(Bullwhip Effect)의 원인이 아닌 것은?**

① 중복 또는 부정확한 수요예측
② 납품주기 단축과 납품횟수 증대
③ 결품을 우려한 과다 주문
④ 로트(lot)단위 또는 대단위 일괄(batch) 주문
⑤ 가격변동에 의한 선행구입

29 **공급사슬상에서 발생하는 경영환경변화에 관한 설명으로 옳지 않은 것은?**

① 공급사슬상에 위치한 조직 간의 상호 의존성이 증대되고 있다.
② 정보통신기술의 발전은 새로운 시장의 등장과 기업경영방식의 변화를 초래하고 있다.
③ 기업 간의 경쟁 심화에 따라 비용절감과 납기개선의 중요성이 증대되고 있다.
④ 물자의 이동이 주로 국내나 역내에서 이루어지고 있다.
⑤ 고객의 다양한 니즈에 맞추기 위해 생산, 납품 등의 활동을 해야 할 필요성이 증대되고 있다.

30 **다음 설명에 해당하는 개념은?**

○ 거래파트너들이 특정시장을 목표로 사업계획을 공동으로 수립하여 공유한다. ○ 제조업체와 유통업체가 판매 및 재고 데이터를 이용, 협업을 통해서 수요를 예측하고 제조업체의 생산계획에 반영하며 유통업체의 상품을 자동 보충하는 프로세스이다.

① Postponement
② Cross-Docking
③ CPFR
④ ECR
⑤ CRP

31 **T-11형 표준 파렛트를 사용하여 1단 적재 시, 적재효율이 가장 낮은 것은?**

① 1,100mm × 550mm, 적재수 2
② 1,100mm × 366mm, 적재수 3
③ 733mm × 366mm, 적재수 4
④ 660mm × 440mm, 적재수 4
⑤ 576mm × 523mm, 적재수 4

32 물류표준화의 대상이 아닌 것은?

① 물류조직
② 수 송
③ 보 관
④ 포 장
⑤ 물류정보

33 물류표준화 효과 중 자원 및 에너지의 절감 효과에 해당하는 것은?

① 물류기기와의 연계성 증대
② 재료의 경량화
③ 작업성 향상
④ 물류기기의 안전 사용
⑤ 부품 공용화로 유지보수성 향상

34 다음 (　　)에 들어갈 수치는?

> 물류 모듈 시스템은 크게 배수치수 모듈과 분할치수 모듈로 나뉜다. 배수치수 모듈은 1,140mm × 1,140mm 정방형 규격을 Unit Load Size 기준으로 하고 최대 허용 공차 (　　)mm를 인정하고 있는 Plan View Unit Load Size를 기본 단위로 하고 있다.

① −30
② −40
③ −50
④ −60
⑤ −70

35 물류공동화에 관한 설명으로 옳지 않은 것은?

① 물류활동에 필요한 인프라를 복수의 파트너와 함께 연계하여 운영하는 것이다.
② 물류자원을 최대한 활용함으로써 물류비용 절감이 가능하다.
③ 자사의 물류시스템과 타사의 물류시스템을 연계시켜 하나의 시스템으로 운영해야 하지만 회사 보안을 위해 시스템 개방은 포함하지 않는다.
④ 물류환경의 문제점으로 대두되는 교통혼잡, 차량적재 효율저하, 공해문제 등의 해결책이 된다.
⑤ 표준물류심벌 및 통일된 전표와 교환 가능한 파렛트의 사용 등이 전제되어야 가능하다.

36 **물류공동화 방안 중 하나인 공동 수·배송 시스템의 도입 필요성에 해당하는 사항을 모두 고른 것은?**

ㄱ. 다빈도 대량 수·배송의 확대	ㄴ. 주문단위의 소량화
ㄷ. 물류비용의 증가	ㄹ. 배송차량의 적재효율 저하

① ㄱ, ㄴ
② ㄷ, ㄹ
③ ㄱ, ㄴ, ㄷ
④ ㄴ, ㄷ, ㄹ
⑤ ㄱ, ㄴ, ㄷ, ㄹ

37 **수·배송 공동화의 유형에 관한 설명으로 옳지 않은 것은?**

① 배송공동형은 배송만 공동화하는 것을 의미하며, 화물거점시설까지의 공동화는 포함하지 않는다.
② 집배송공동형 중 특정화주공동형은 동일화주가 조합이나 연합회를 만들어 공동화하는 것이다.
③ 집배송공동형 중 운송업자공동형은 다수의 운송업자들이 불특정 다수 화주들의 집배송을 공동화하는 것이다.
④ 노선집화공동형은 노선업자가 화물들을 공동 집화하여 각지로 발송하는 것이다.
⑤ 납품대행형은 화주가 납입선에 대행으로 납품하는 것이다.

38 **다음 설명에 해당하는 물류보안 제도는?**

ㅇ 2002년 미국 세관이 도입한 민관협력 프로그램이다.
ㅇ 수입업자와 선사, 운송회사, 관세사 등 공급사슬의 당사자들이 적용대상이다.
ㅇ 미국 세관이 제시하는 보안기준 충족 시 통관절차 간소화 등의 혜택이 주어진다.

① C-TPAT(Customs-Trade Partnership Against Terrorism)
② ISO 28000(International Standard Organization 28000)
③ ISPS code(International Ship and Port Facility Security code)
④ CSI(Container Security Initiative)
⑤ SPA(Safe Port Act)

39 **기후변화와 환경오염에 대응하는 녹색물류체계와 관련 있는 제도에 해당하지 않는 것은?**

① 저탄소녹색성장기본법
② 온실가스・에너지목표관리제
③ 탄소배출권거래제도
④ 생산자책임재활용제도
⑤ 제조물책임법(PL)

40 **국가과학기술표준은 물류기술(EI10)을 8가지의 소분류로 나눈다. 다음 중 국가과학기술표준 소분류에 포함되지 않는 것은?**

① EI1001 – 물류운송기술
② EI1003 – 하역기술
③ EI1004 – 물류정보화기술
④ EI1007 – 물류안전기술
⑤ EI1099 – 달리 분류되지 않는 물류기술

[2과목] 화물운송론

41 **운송에 관한 설명으로 옳지 않은 것은?**

① 경제적 운송을 위한 기본적인 원칙으로는 규모의 경제 원칙과 거리의 경제 원칙이 있다.
② 운송은 공간적 거리의 격차를 해소시켜주는 장소적 효용이 있다.
③ 운송은 수송 중 물품을 일시적으로 보관하는 시간적 효용이 있다.
④ 운송은 재화의 생산과 소비에 따른 파생적 수요이다.
⑤ 운송의 3요소(Mode, Node, Link) 중 Mode는 각 운송점을 연결하여 운송되는 구간 또는 경로를 의미한다.

42 **화물자동차운송과 철도운송 조건이 다음과 같을 때 채트반공식을 이용한 자동차의 한계 경제효용거리(km)는?**

> ○ 화물자동차의 ton · km당 운송비 : 900원
> ○ 철도의 ton · km당 운송비 : 500원
> ○ 톤당 철도 부대비용(철도발착비 + 하역비 + 배송비 등) : 50,000원

① 122
② 123
③ 124
④ 125
⑤ 126

43 **철도화물의 운임체계에 관한 설명으로 옳지 않은 것은?**

① 일반화물운임은 운송거리(km) × 운임단가(원/km) × 화물중량(톤)으로 산정한다.
② 사유화차로 운송되는 경우 할인운임을 적용한다.
③ 컨테이너화물의 최저기본운임은 규격별 컨테이너의 100km에 해당하는 운임으로 한다.
④ 컨테이너화물의 운임은 컨테이너 규격별 운임단가(원/km) × 운송거리(km)로 산정한다.
⑤ 공컨테이너의 운임은 규격별 영(적재)컨테이너 운임의 50%를 적용하여 계산한다.

44 **컨테이너 운송에 일반적으로 이용되는 철도화차가 아닌 것은?**

① Open top car
② Flat car
③ Covered hopper car
④ Container car
⑤ Double stack car

45 해상용 컨테이너 취급을 위한 장비가 아닌 것은?

① Gantry crane
② Transtainer
③ Straddle carrier
④ Reach stacker
⑤ Dolly

46 운송수단의 운영 효율화를 위한 원칙으로 옳은 것은?

① 소형차량을 이용하는 소형화 원칙
② 영차율 최소화 원칙
③ 회전율 최소화 원칙
④ 가동률 최대화 원칙
⑤ 적재율 최소화 원칙

47 최근 운송시장의 변화에 관한 내용으로 옳지 않은 것은?

① 운송화물의 소품종 대형화
② 환경규제의 강화
③ 물류보안의 중요성 증대
④ 정보시스템의 활용 증가
⑤ 구매고객에 대한 서비스 수준의 향상

48 다음에서 설명하고 있는 철도운송 서비스 형태는?

○ 복수의 중간역 또는 터미널을 거치면서 운행하는 방식
○ 운송경로상의 모든 종류의 화차 및 화물을 수송
○ 화주가 원하는 시간에 따라 서비스를 제공하는 것이 아니라 열차편성이 가능한 물량이 확보되는 경우에 서비스를 제공
○ 이 서비스의 한 종류로 Liner train이 있음

① Block train
② Shuttle train
③ Single-Wagon train
④ Y-Shuttle train
⑤ U-train

49 **운임의 종류에 관한 내용으로 옳은 것은?**

① 공적운임 : 운송계약을 운송수단 단위 또는 일정한 용기단위로 했을 때 실제로 적재능력만큼 운송하지 않았더라도 부담해야 하는 미적재 운송량에 대한 운임
② 무차별운임 : 일정 운송량, 운송거리의 하한선 이하로 운송될 경우 일괄 적용되는 운임
③ 혼재운임 : 단일화주의 화물을 운송수단의 적재능력만큼 적재 및 운송하고 적용하는 운임
④ 전액운임 : 운송거리에 비례하여 운임이 증가하는 형태의 운임
⑤ 거리체감운임 : 운송되는 화물의 가격에 따라 운임의 수준이 달라지는 형태의 운임

50 **항공화물의 탑재방식에 관한 설명으로 옳지 않은 것은?**

① Bulk Loading은 좁은 화물실과 한정된 공간에 탑재할 때 효율을 높일 수 있는 방식이다.
② Pallet Loading은 지상 체류시간의 단축에 기여하는 탑재방식이다.
③ Bulk Loading은 안정성과 하역작업의 기계화 측면에서 가장 효율적인 방식이다.
④ Pallet Loading은 파렛트를 굴림대 위로 굴려 항공기 내의 정 위치에 고정시키는 방식이다.
⑤ Container Loading은 화물실에 적합한 항공화물 전용 용기를 사용하여 탑재하는 방식이다.

51 **택배 표준약관(공정거래위원회 표준약관 제10026호)의 운송장에서 고객(송화인)이 사업자에게 교부해야 하는 사항으로 옳은 것을 모두 고른 것은?**

ㄱ. 문의처 전화번호
ㄴ. 송화인의 주소, 이름(또는 상호) 및 전화번호
ㄷ. 수화인의 주소, 이름(또는 상호) 및 전화번호
ㄹ. 운송물의 종류(품명), 수량 및 가액
ㅁ. 운송상의 특별한 주의사항
ㅂ. 운송물의 중량 및 용적 구분

① ㄱ, ㄴ, ㄷ, ㅂ
② ㄱ, ㄷ, ㄹ, ㅁ
③ ㄱ, ㄹ, ㅁ, ㅂ
④ ㄴ, ㄷ, ㄹ, ㅁ
⑤ ㄴ, ㄷ, ㅁ, ㅂ

52 다음 수송표의 수송문제에서 북서코너법을 적용할 때, 총 운송비용과 공급지 2에서 수요지 2까지의 운송량은? (단, 공급지에서 수요지까지의 톤당 운송비는 각 칸의 우측 상단에 제시되어 있음)

(단위 : 천원)

수요지 / 공급지	수요지 1	수요지 2	수요지 3	공급량(톤)
공급지 1	8	5	7	300
공급지 2	9	12	11	400
공급지 3	4	10	6	300
수요량(톤)	400	500	100	1,000

① 9,300,000원, 200톤
② 9,300,000원, 300톤
③ 9,500,000원, 100톤
④ 9,500,000원, 300톤
⑤ 9,600,000원, 200톤

53 택배 표준약관(공정거래위원회 표준약관 제10026호)에 따른 용어의 정의로 옳지 않은 것은?

① '운송장'이라 함은 사업자와 고객(송화인) 간의 택배계약의 성립과 내용을 증명하기 위하여 사업자의 청구에 의하여 고객(송화인)이 발행한 문서를 말한다.
② '인도'라 함은 사업자가 고객(송화인)에게 운송장에 기재된 운송물을 넘겨주는 것을 말한다.
③ '수탁'이라 함은 사업자가 택배를 수행하기 위하여 고객(송화인)으로부터 운송물을 수령하는 것을 말한다.
④ '택배사업자'라 함은 택배를 영업으로 하며, 상호가 운송장에 기재된 운송사업자를 말한다.
⑤ '손해배상한도액'이라 함은 운송물의 멸실, 훼손 또는 연착 시에 사업자가 손해를 배상할 수 있는 최고 한도액을 말한다.

54 화물자동차운송의 일반적인 특징으로 옳은 것은?

① 타 운송수단과 연동하지 않고는 일관된 서비스를 제공할 수 없다.
② 기동성과 신속한 전달로 문전운송(door-to-door)이 가능하여 운송을 완성시켜주는 역할을 한다.
③ 철도운송에 비해 연료비 등 에너지 소비가 적어 에너지 효율성이 높다.
④ 해상운송에 비해 화물의 중량이나 부피에 대한 제한이 적어 대량화물의 운송에 적합하다.
⑤ 철도운송에 비해 정시성이 높다.

55 **다음은 A기업의 1년간 화물자동차 운행실적이다. 운행실적을 통해 얻을 수 있는 운영지표 값에 관한 내용으로 옳은 것은?**

○ 누적 실제 차량 수 : 300대
○ 실제 가동 차량 수 : 270대
○ 트럭의 적재 가능 총 중량 : 5톤
○ 트럭의 평균 적재 중량 : 4톤
○ 누적 주행거리 : 30,000km
○ 실제 적재 주행거리 : 21,000km

① 복화율은 90%이다.
② 영차율은 90%이다.
③ 적재율은 90%이다.
④ 가동률은 90%이다.
⑤ 공차거리율은 90%이다.

56 **운임에 영향을 주는 요인으로 옳은 것을 모두 고른 것은?**

ㄱ. 화물의 중량
ㄴ. 화물의 부피
ㄷ. 운송 거리
ㄹ. 화물의 개수

① ㄱ, ㄴ
② ㄷ, ㄹ
③ ㄱ, ㄴ, ㄷ
④ ㄴ, ㄷ, ㄹ
⑤ ㄱ, ㄴ, ㄷ, ㄹ

57 **다음에서 설명하는 화물운송정보시스템은?**

디지털 지도에 각종 정보를 연결하여 관리하고 이를 분석, 응용하는 시스템의 통칭이다. 각종 교통정보를 관리, 이용하여 교통정책 수립 시 의사결정을 지원하는 시스템이다.

① Port-MIS(항만운영정보시스템)
② VMS(적재관리시스템)
③ TRS(주파수공용통신)
④ RFID(Radio Frequency Identification)
⑤ GIS-T(교통지리정보시스템)

58 **택배 표준약관(공정거래위원회 표준약관 제10026호)에서 사업자가 운송물의 수탁을 거절할 수 있는 경우가 아닌 것은?**

① 운송물의 인도예정일(시)에 따른 운송이 불가능한 경우
② 운송이 법령, 사회질서 기타 선량한 풍속에 반하는 경우
③ 운송물 1포장의 가액이 100만원 이하인 경우
④ 운송물이 살아 있는 동물, 동물사체 등인 경우
⑤ 고객(송화인)이 운송장에 필요한 사항을 기재하지 아니한 경우

59 **화물자동차운송의 효율화 방안으로 옳지 않은 것은?**

① 운송정보시스템의 구축
② 도로 및 기간시설의 확충
③ 컨테이너 및 파렛트를 이용한 운송 확대
④ 적재율 감소 및 차량의 배송 빈도 증가
⑤ 공동배송체제 구축 및 확대

60 **적재중량 24톤 화물자동차가 다음과 같은 운송실적을 가질 때 연료소모량(L)은? (단, 영차(실차)운행 시에는 ton · km당 연료소모기준을 적용함)**

○ 운행실적 : 총 운행거리 36,000km, 영차(실차)운행거리 28,000km ○ 평균 화물적재량 : 18ton ○ 연료소모기준 : 공차운행 시 0.3L/km, 영차(실차)운행 시 0.5L/ton · km

① 234,000
② 252,000
③ 254,400
④ 256,800
⑤ 504,000

61 **철도운송에 관한 설명으로 옳지 않은 것은?**

① 국내화물운송시장에서 철도운송은 도로운송에 비해 수송분담률이 낮다.
② 철도화물운송형태에는 화차취급운송, 컨테이너취급운송 등이 있다.
③ 컨테이너의 철도운송은 크게 TOFC 방식과 COFC 방식이 있다.
④ COFC 방식에는 피기백방식과 캥거루방식이 있다.
⑤ 철도운송은 기후 상황에 크게 영향을 받지 않으며 계획적인 운송이 가능하다.

62 **다음에서 설명하고 있는 용선운송계약서의 조항은?**

> ○ 선주는 용선운송계약에 의거한 운임, 공적운임, 체선료 등에 대하여 화물이나 그 화물의 부속물을 유치할 수 있는 권리를 가지며 화주는 이에 대한 책임을 부담해야 한다.
> ○ 용선료의 지급을 확보하기 위하여 선주측에 화물압류의 권리가 있다는 취지를 규정하고 있다.

① Lien Clause
② Indemnity Clause
③ Not before Clause
④ Deviation Clause
⑤ General Average Clause

63 **수 · 배송시스템의 설계에 관한 설명으로 옳지 않은 것은?**

① 화물에 대한 리드타임(lead time)을 고려하여 설계한다.
② 화물차의 적재율을 높일 수 있도록 설계한다.
③ 편도수송이나 중복수송을 피할 수 있도록 설계한다.
④ 차량의 회전율을 높일 수 있도록 설계한다.
⑤ 동일 지역에서의 집화와 배송은 별개로 이루어지도록 설계한다.

64 **해상운송에서 화주가 부담하는 할증운임(surcharge)에 관한 내용으로 옳지 않은 것은?**

① Bunker Adjustment Factor는 선박의 주연료인 벙커유의 가격변동에 따른 손실을 보전하기 위한 할증료이다.

② Congestion Surcharge는 특정 항구의 하역능력 부족으로 인한 체선으로 장기간 정박을 요할 경우 해당 화물에 대한 할증료이다.

③ Outport Surcharge는 운송 도중에 당초 지정된 양륙항을 변경하는 화물에 대한 할증료이다.

④ Currency Adjustment Factor는 급격한 환율변동으로 선사가 입을 수 있는 환차손에 대한 할증료이다.

⑤ Transshipment Surcharge는 화물이 운송 도중 환적될 때 발생하는 추가비용을 보전하기 위한 할증료이다.

65 **수입지에서 원본 선하증권의 제시 없이 선사로부터 화물을 찾는 데 사용되는 것으로 옳은 것을 모두 고른 것은?**

ㄱ. Surrendered B/L	ㄴ. Clean Received B/L
ㄷ. T/R(Trust Receipt)	ㄹ. L/G(Letter of Guarantee)
ㅁ. Sea Waybill	

① ㄱ, ㄴ
② ㄱ, ㄷ, ㅁ
③ ㄱ, ㄹ, ㅁ
④ ㄴ, ㄷ, ㄹ
⑤ ㄴ, ㄷ, ㄹ, ㅁ

66 **다음에서 설명하고 있는 국제물류주선업자의 서비스 종류는?**

> 여러 화주(송화인)의 소량 컨테이너화물(LCL)을 수출지의 CFS에서 혼재하여 FCL 단위화물로 선적 운송하고, 수입지에 도착한 후 CFS에서 컨테이너 화물을 분류하여 다수의 수입자들에게 인도해주는 서비스

① Buyer's Consolidation
② Forwarder's Consolidation
③ Master's Consolidation
④ Shipper's Consolidation
⑤ Seller's Consolidation

67 (　　)에 들어갈 내용으로 바르게 나열한 것은?

> Groupage B/L은 국제물류주선업자가 여러 LCL 화물을 혼재하여 FCL로 만든 화물을 선사에 인도할 때 선사가 국제물류주선업자에게 교부하는 (ㄱ)을 말하고, (ㄴ)은 선사가 발행한 B/L을 근거로 하여 국제물류주선업자가 각 LCL 화주들에게 교부하는 서류를 말한다.

① ㄱ : Through B/L　ㄴ : House B/L
② ㄱ : Master B/L　ㄴ : Red B/L
③ ㄱ : Straight B/L　ㄴ : Baby B/L
④ ㄱ : Master B/L　ㄴ : House B/L
⑤ ㄱ : Foul B/L　ㄴ : Consolidated B/L

68 항공기에 관한 설명으로 옳지 않은 것은?

① High Capacity Aircraft는 소형기종의 항공기로서 데크(deck)에 의해 상부실 및 하부실로 구분되며 하부실은 구조상 ULD의 탑재가 불가능하다.
② 항공기는 국제민간항공조약에 의해 등록이 이루어진 국가의 국적을 보유하도록 되어 있다.
③ 여객기는 항공기의 상부 공간은 객실로 이용하고 하부 공간은 화물실로 이용한다.
④ Convertible Aircraft는 화물실과 여객실을 상호 전용할 수 있도록 제작된 항공기이다.
⑤ 항공기 블랙박스는 비행정보 기록장치와 음성 기록장치를 통칭하는 이름이다.

69 다음에서 설명하고 있는 항공화물 운임 요율의 종류는?

> 항공화물운송의 요금을 산정할 때 기본이 되며, 특정품목 할인요율이나 품목분류요율을 적용받지 않는 모든 항공화물운송에 적용되는 요율이다.
> 최저운임(M), 기본요율(N), 중량단계별 할인요율(Q) 등으로 분류된다.

① GCR(General Cargo Rate)
② SCR(Specific Commodity Rate)
③ CCR(Commodity Classification Rate)
④ BUC(Bulk Unitization Charge)
⑤ CCF(Charge Collect Fee)

70 다음 수송표에서 최소비용법과 보겔추정법을 적용하여 총 운송비용을 구할 때 각각의 방식에 따라 산출된 총 운송비용의 차이는? (단, 공급지에서 수요지까지의 톤당 운송비는 각 칸의 우측 상단에 제시되어 있음)

(단위 : 천원)

공급지 \ 수요지	D1	D2	D3	공급량(톤)
S1	12	15	9	400
S2	8	13	16	200
S3	4	6	10	200
수요량(톤)	300	300	200	800

① 300,000원
② 400,000원
③ 500,000원
④ 600,000원
⑤ 700,000원

71 천장이 개구된 형태이며 주로 석탄 및 철광석 등과 같은 화물에 포장을 덮어 운송하는 트레일러는?

① 스케레탈 트레일러
② 오픈탑 트레일러
③ 중저상식 트레일러
④ 저상식 트레일러
⑤ 평상식 트레일러

72 택배운송장의 역할에 관한 설명으로 옳지 않은 것은?

① 송화인과 택배회사 간의 계약서 역할
② 택배요금에 대한 영수증 역할
③ 송화인과 택배회사 간의 화물인수증 역할
④ 물류활동에 대한 화물취급지시서 역할
⑤ 택배회사의 사업자등록증 역할

73 **다음과 같은 파이프라인 네트워크에서 X지점에서 Y지점까지 유류를 보낼 때 최대유량(톤)은? (단, 링크의 화살표 방향으로만 송유가 가능하며 링크의 숫자는 용량을 나타냄)**

(단위 : 톤)

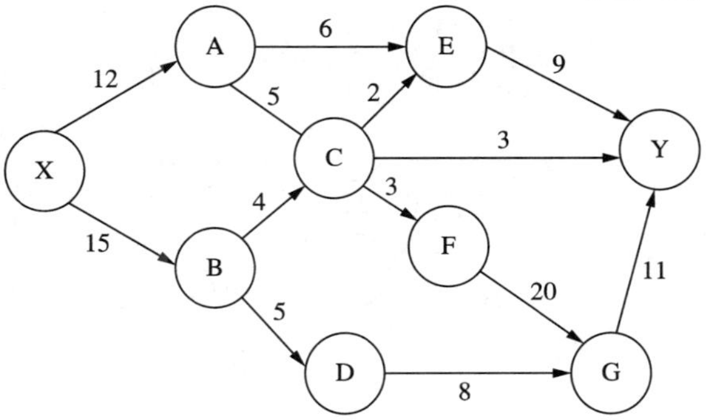

① 18
② 19
③ 20
④ 21
⑤ 22

74 **선박이 접안하는 부두 안벽에 접한 야드의 일부분으로 바다와 가장 가까이 접해 있으며 갠트리 크레인(Gantry Crane)이 설치되어 컨테이너의 적재와 양륙작업이 이루어지는 장소는?**

① Berth
② Marshalling Yard
③ Apron
④ CY(Container Yard)
⑤ CFS(Container Freight Station)

75 **택배운송에 관한 내용으로 옳지 않은 것은?**

① 사업허가를 득한 운송업자의 책임하에 이루어지는 일관책임체계를 갖는다.
② 물류거점, 물류정보시스템, 운송네트워크 등이 요구되는 산업이다.
③ 소화물을 송화인의 문전에서 수화인의 문전까지 배송하는 door-to-door 서비스를 의미한다.
④ 전자상거래의 확산에 따른 다빈도 배송 수요의 영향으로 택배 관련 산업이 성장추세에 있다.
⑤ 택배 서비스 제공업체, 수화인의 지역, 화물의 규격과 중량 등에 상관없이 국가에서 정한 동일한 요금이 적용된다.

76 다음의 도로망을 이용하여 공장에서 물류센터까지 상품을 운송할 때 최단경로 산출거리(km)는? (단, 링크의 숫자는 거리이며 단위는 km임)

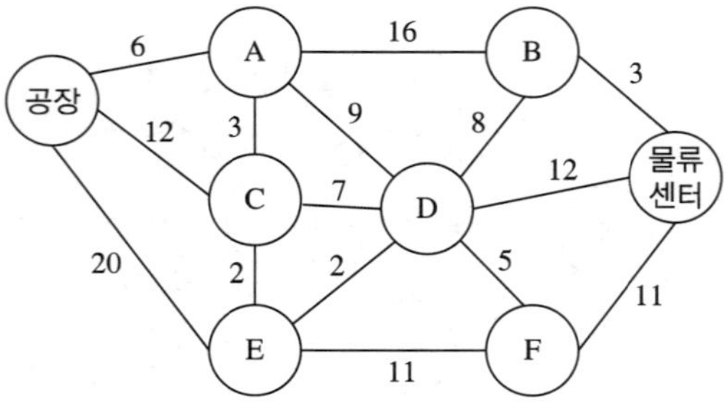

① 23
② 24
③ 25
④ 26
⑤ 27

77 수송수요모형에 관한 내용으로 옳은 것은?

① 중력모형 : 지역 간의 운송량은 경제규모에 비례하고 거리에 반비례한다는 가정에 의한 분석 모형
② 통행교차모형 : 화물 발생량 및 도착량에 영향을 주는 다양한 변수 간의 상관관계에 대한 복수의 식을 도출하여, 교차하는 화물량을 예측하는 모형
③ 선형로짓모형 : 범주화한 운송수단을 대상으로 운송구간의 운송비용을 이용하여 구간별 통행량을 산출하는 모형
④ 회귀모형 : 일정구역에서 화물의 분산정도가 극대화한다는 가정을 바탕으로 분석한 모형
⑤ 성장인자모형 : 화물의 이동형태 변화를 기반으로 인구에 따른 화물 발생단위를 산출하고, 이를 통하여 장래의 수송수요를 예측하는 모형

78 해상운송에서 부정기선 운임이 아닌 것은?

① 장기계약운임
② 현물운임
③ 특별운임
④ 공적운임
⑤ 연속항해운임

79 **배송방법에 관한 설명으로 옳은 것을 모두 고른 것은?**

ㄱ. 단일배송 : 하나의 배송처에 1대의 차량을 배차하는 방법으로 보통 주문자가 신속한 배송을 요구할 때 이용한다.
ㄴ. 루트(Route)배송 : 일정한 배송경로를 반복적으로 배송하는 방법으로 비교적 광범위한 지역의 소량화물을 요구하는 다수의 고객을 대상으로 한다.
ㄷ. 고정 다이어그램(Diagram)배송 : 배송할 물량을 기준으로 적합한 크기의 차량을 배차하는 방법으로 배송량이 고정되어 있다.
ㄹ. 변동 다이어그램(Diagram)배송 : 배송처 및 배송물량의 변화에 따라 배송처, 방문순서, 방문시간 등이 변동되는 방법으로 배송 관련 기준 설정이 중요하다.

① ㄱ, ㄷ
② ㄴ, ㄷ
③ ㄴ, ㄹ
④ ㄱ, ㄴ, ㄹ
⑤ ㄱ, ㄷ, ㄹ

80 **수 · 배송 계획을 위한 물동량 할당 또는 배송경로 해법에 관한 내용으로 옳지 않은 것은?**

① 북서코너법(North-West Corner Method) : 수송계획표의 왼쪽상단인 북서쪽부터 물동량을 할당하며 시간, 거리, 위치를 모두 고려하는 방법
② 최소비용법(Least-Cost Method) : 수송계획표에서 단위당 수송비용이 가장 낮은 칸에 우선적으로 할당하는 방법
③ 보겔추정법(Vogel's Approximation Method) : 수송계획표에서 최적의 수송경로를 선택하지 못했을 때 발생하는 기회비용을 고려하여 물동량을 할당하는 방법
④ TSP(Travelling Salesman Problem) : 차량이 지역 배송을 위해 배송센터를 출발하여 되돌아오기까지 소요되는 시간 또는 거리를 최소화하기 위한 방법
⑤ 스위핑법(Sweeping Method) : 차고지에서 복수의 배송처에 선을 연결한 후 시계방향 또는 반시계방향으로 돌려가며 순차적으로 배송하는 방법

[3과목] 국제물류론

81 **국제물류의 특징으로 옳지 않은 것은?**

① 국제물동량은 지속적으로 증가하고 있다.
② 국제물류는 해외고객에 대한 서비스향상에 기여한다.
③ 국제물류는 국가 경제발전과 물가안정에 기여한다.
④ 국제물류는 국내물류에 비해 짧은 리드타임을 가지고 있다.
⑤ 국제물류는 제품 및 기업의 국제경쟁력에 기여한다.

82 **국제물류의 동향으로 옳지 않은 것은?**

① 선박대형화에 따른 항만효율화를 위해 Post Panamax Crane이 도입되었다.
② 선박대형화에 따라 항만의 수심이 깊어지고 있다.
③ 국제특송업체들은 항공화물운송 효율화를 위해 항공기 소형화를 추진하고 있다.
④ 글로벌 공급사슬 관점에서의 국제물류관리가 중요해지고 있다.
⑤ 정보통신기술의 발전으로 국제물류체계가 플랫폼화 및 고도화되고 있다.

83 **다음 설명에 해당하는 국제물류시스템의 내용으로 옳지 않은 것은?**

다국적기업이 해외 각국에 여러 개의 현지 자회사를 가지고 있는 경우 어느 한 국가의 현지 자회사가 지역물류거점의 역할을 담당하여 인접국에 대한 상품공급에 유용한 허브창고를 갖고 상품을 분배하는 시스템

① 허브창고에서 수송거리가 먼 자회사가 존재하는 경우 수송비용증가 및 서비스수준 하락을 가져올 수 있다.
② 고전적 시스템보다 재고량이 감축되어 보관비가 절감된다.
③ 국내 생산공장에서 허브창고까지의 상품수송은 대량수송과 저빈도 수송형태이다.
④ 해당 물류시스템은 창고형뿐만 아니라 통과형으로도 사용가능하다.
⑤ 허브창고의 입지는 수송의 편리성이 아닌 지리적 서비스 범위로만 결정한다.

84 **최근 국제물류 환경 변화로 옳지 않은 것은?**

① 최적화를 위한 물류기능의 개별적 수행 추세
② 국제 물동량의 지속적인 증가 추세
③ 초대형 컨테이너 선박 증가에 따른 허브항만 경쟁심화 추세
④ 제3자 물류업체들의 국제물류시장 진입 활성화 추세
⑤ 생산시설의 글로벌화에 따른 글로벌 물류네트워크 구축 추세

85 **글로벌 소싱의 이유에 해당하지 않는 것은?**

① 비용절감
② 상품개발과 생산기간 단축
③ 핵심역량에 집중
④ 조직효율성 개선
⑤ 인력증대

86 **해상운송과 관련된 국제기구에 관한 설명으로 옳지 않은 것은?**

① IMO는 정부 간 해사기술의 상호협력, 해사안전 및 해양오염방지대책, 국제간 법률문제 해결 등을 목적으로 설립되었다.
② FIATA는 국제운송인을 대표하는 비정부기구로 전 세계 운송주선인의 통합, 운송주선인의 권익 보호, 운송주선인의 서류통일과 표준거래조건의 개발 등을 목적으로 한다.
③ ICS는 선주의 이익증진을 목적으로 설립된 민간 기구이며, 국제해운의 기술 및 법적 분야에 대해 제기된 문제에 대해 선주들의 의견교환, 정책입안 등을 다룬다.
④ BIMCO는 회원사에 대한 정보제공 및 자료발간, 선주의 단합 및 용선제도 개선, 해운업계의 친목 및 이익 도모를 목적으로 설립되었다.
⑤ CMI는 선박의 항로, 항만시설 등을 통일하기 위해 설치된 UN전문기구이다.

87 **UCP 600에서 다음과 같이 환적을 정의하고 있는 운송서류와 관련이 있는 것을 모두 고른 것은?**

> Transhipment means unloading from one vessel and reloading to another vessel during the carriage from the port of loading to the port of discharge stated in the credit.

> ㄱ. 적어도 두 가지 다른 운송방식을 표시하는 운송서류(Transport document covering at least two different modes of transport)
> ㄴ. 선하증권(Bill of lading)
> ㄷ. 비유통성 해상화물운송장(Non-negotiable sea waybill)
> ㄹ. 용선계약 선하증권(Charter party bill of lading)
> ㅁ. 항공운송서류(Air transport document)

① ㄱ, ㄴ
② ㄴ, ㄷ
③ ㄷ, ㄹ
④ ㄷ, ㅁ
⑤ ㄹ, ㅁ

88 **선박의 톤수에 관한 설명으로 옳지 않은 것은?**

① 총톤수(Gross Tonnage)는 선박이 직접 상행위에 사용되는 총 용적으로 주로 톤세, 항세, 운하통과료, 항만시설 사용료 등을 부과하는 기준이 되고 있다.
② 순톤수(Net Tonnage)는 선박의 총톤수에서 기관실, 선원실 및 해도실 등의 선박운항과 관련된 장소의 용적을 제외한 것으로 여객이나 화물의 수송에 직접 사용되는 용적을 표시하는 톤수이다.
③ 배수톤수(Displacement Tonnage)는 선체의 수면아래 부분의 배수용적에 상당하는 물의 중량을 말한다.
④ 재화용적톤수(Measurement Tonnage)는 화물선창 내의 화물을 적재할 수 있는 총 용적으로 선박의 화물적재능력을 용적으로 표시하는 톤수이다.
⑤ 재화중량톤수(Dead Weight Tonnage)는 선박의 만재흘수선에 상당하는 배수량과 경하배수량의 차이이며, 선박의 최대적재능력을 나타낸다.

89 **해상운임에 관한 설명으로 옳지 않은 것은?**

① Lumpsum freight : 화물의 개수, 중량, 용적 기준과 관계없이 용선계약의 항해단위 또는 선복의 양을 단위로 계산한 운임
② Forward rate : 용선계약 체결 시 화물을 장기간이 지난 후 적재하기로 하는 경우에 미리 합의하는 운임
③ Back freight : 화물이 목적항에 도착하였으나 수화인이 화물의 인수를 거절하거나 목적항의 사정으로 양륙할 수 없어서 화물을 다른 곳으로 운송하거나 반송할 때 적용되는 운임
④ Pro rate freight : 선박이 운송 도중 불가항력 또는 기타 원인에 의해 목적항을 변경할 경우에 부과되는 운임
⑤ Optional charge : 선적 시에 화물의 양륙항이 확정되지 않고 화주가 여러 항구 중에서 양륙항을 선택할 권리가 있는 화물에 대해서 부과되는 할증요금

90 **부정기선 운송에 관한 설명으로 옳지 않은 것은?**

① 화주는 용선계약에 따라 항로와 운항일정의 자유로운 선택이 가능하다.
② 선박회사 간의 과다한 운임경쟁을 막기 위해 공표된 운임을 적용하는 것이 일반적이다.
③ 용선계약에 의해서 운송계약이 성립되고, 용선계약서를 작성하게 된다.
④ 운임부담능력이 적거나 부가가치가 낮은 화물을 대량으로 운송할 수 있다.
⑤ 주요 대상화물은 곡물, 광석, 유류 등과 같은 산화물(Bulk cargo)이다.

91 **다음에 해당하는 선하증권(Bill of Lading)을 순서대로 나열한 것은?**

ㄱ. 선하증권의 수화인란에 수화인의 상호 및 주소가 기재된 것으로 화물에 대한 권리가 수화인에게 귀속되는 선하증권
ㄴ. 선하증권의 권리증권 기능을 포기한 것으로서 선하증권 원본 없이 전송받은 사본으로 화물을 인수할 수 있도록 발행된 선하증권
ㄷ. 선하증권의 송화인란에 수출상이 아닌 제3자를 송화인으로 표시하여 발행하는 선하증권

① ㄱ : Straight B/L ㄴ : Surrendered B/L ㄷ : Third Party B/L
② ㄱ : Straight B/L ㄴ : Short form B/L ㄷ : Negotiable B/L
③ ㄱ : Order B/L ㄴ : Groupage B/L ㄷ : Third Party B/L
④ ㄱ : Order B/L ㄴ : House B/L ㄷ : Switch B/L
⑤ ㄱ : Charter Party B/L ㄴ : Surrendered B/L ㄷ : Switch B/L

92 운송관련 서류 중 선적지에서 발행하는 서류가 아닌 것은?

① 수입화물선취보증장(Letter of Guarantee)
② 파손화물보상장(Letter of Indemnity)
③ 선하증권(Bill of Lading)
④ 선적예약확인서(Booking Note)
⑤ 적화목록(Manifest)

93 다음 설명에 해당하는 복합운송 경로는?

> 극동아시아에서 미국의 서부연안까지 해상운송이 이루어지고 미국 서해안에서 철도에 환적된 다음 미국 대서양 연안 및 걸프지역 항만까지 운송하는 복합운송 서비스

① America Land Bridge
② Reverse Interior Point Intermodal
③ Overland Common Point
④ Mini Land Bridge
⑤ Micro Land Bridge

94 용선계약에 관한 설명으로 옳지 않은 것은?

① Voyage Charter는 특정 항구에서 다른 항구까지 화물운송을 의뢰하고자 하는 용선자와 선주 간에 체결되는 계약이다.
② CQD는 해당 항구의 관습적 하역 방법 및 하역 능력에 따라 가능한 빨리 하역하는 정박기간 조건이다.
③ Running Laydays는 하역개시일부터 종료일까지 모든 일수를 정박기간에 산입하지만 우천 시, 동맹파업 및 기타 불가항력 등으로 하역을 하지 못한 경우 정박기간에서 제외하는 조건이다.
④ Demurrage는 초과정박일수에 대해 용선자가 선주에게 지급하기로 한 일종의 벌과금이다.
⑤ Dispatch Money는 용선계약상 정해진 정박기간보다 더 빨리 하역이 완료되었을 경우에 절약된 기간에 대해 선주가 용선자에게 지급하기로 약정한 보수이다.

95 **다음 내용에 해당하는 선박은?**

> ○ 선수, 선미 또는 선측에 램프(ramp)가 설치되어 있어 화물을 이 램프를 통해 트랙터 또는 지게차 등을 사용하여 하역하는 방식의 선박
> ○ 데릭, 크레인 등의 적양기(lifting gear)의 도움 없이 자력으로 램프를 이용하여 Drive On/Drive Off할 수 있는 선박

① LO-LO(Lift On/Lift Off) Ship
② RO-RO(Roll On/Roll Off) Ship
③ FO-FO(Float On/Float Off) Ship
④ Geared Container Ship
⑤ Gearless Container Ship

96 **컨테이너운송에 관한 설명으로 옳은 것은?**

① 컨테이너운송은 1920년대 미국에서 해상화물운송용으로 처음 등장하여 군수물자의 운송에 사용된 것이 시초이다.
② 컨테이너의 성격과 구조에 관하여는 일반적으로 함부르크 규칙(1978)에서 규정하고 있다.
③ 특수컨테이너의 지속적인 개발로 컨테이너화물의 운송비중은 현재 전 세계 물동량의 약 70%에 달하고 있다.
④ 탱크(Tank) 컨테이너는 유류, 술, 화학약품, 고압가스 등의 액체화물을 운송하기 위해 설계된 컨테이너를 말한다.
⑤ 컨테이너화물의 하역에는 LO-LO(Lift On/Lift Off) 방식만 적용 가능하다.

97 **복합운송주선인(Forwarder)에 관한 설명으로 옳지 않은 것은?**

① 송화인으로부터 화물을 인수하여 수화인에게 인도할 때까지 화물의 적재, 운송, 보관 등의 업무를 주선한다.
② 우리나라에서 복합운송주선인은 해상화물은 물론 항공화물도 주선할 수 있다.
③ 복합운송주선인 스스로는 운송계약의 주체가 될 수 없으며, 송화인의 주선인으로서 활동한다.
④ 복합운송주선인의 주요 업무는 화물의 집화, 분류, 수배송 및 혼재작업 등이다.
⑤ 복합운송주선인은 화주를 대신하여 보험계약을 체결하기도 한다.

98 항공화물운송의 특성에 관한 설명으로 옳은 것은?

① 국내항공화물운송과 달리 국제항공화물운송은 대부분 왕복운송형태를 보이고 있다.
② 국제항공화물운송은 송화인이 의뢰한 화물을 그대로 벌크형태로 탑재하기 때문에 지상조업이 거의 필요하지 않다.
③ 항공화물운송은 주간운송에 집중되는 경향이 있다.
④ 신문, 잡지, 정기간행물 등과 같이 판매시기가 한정된 품목도 항공화물운송의 주요 대상이다.
⑤ 해상화물운송과 달리 항공화물운송은 운송 중 매각을 위해 유통성 권리증권인 항공화물운송장(Air Waybill)이 널리 활용되고 있다.

99 항공화물운송의 탑재방식에 관한 설명으로 옳지 않은 것은?

① 컨테이너와 파렛트는 항공화물의 단위탑재에 사용된다.
② 항공화물의 단위탑재 시 고급의류는 컨테이너에 적재하는 것이 적합하다.
③ 여객기에 탑재하는 벨리카고(Belly Cargo)는 파렛트를 활용한 단위탑재만 가능하다.
④ 항공화물의 단위탑재 시 기계부품은 파렛트에 적재하는 것이 적합하다.
⑤ 이글루(Igloo)도 항공화물의 단위탑재 용기이다.

100 최근 국제항공화물운송의 환경 변화에 관한 설명으로 옳지 않은 것은?

① 송화인의 항공화물운송 의뢰는 대부분 항공화물운송주선인(Air Freight Forwarder)에 의해 이루어지고 있다.
② 코로나19 등으로 인해 항공화물운송료가 급등하고 있어 전체 물동량은 줄어들고 있다.
③ 아마존과 같은 국제전자상거래업체의 성장으로 GDC(Global Distribution Center) 관련 항공화물이 증가하고 있다.
④ 국제항공화물운송에서 신선화물이 증가하고 있다.
⑤ 우리나라 인천국제공항의 국제항공 환적화물 비중이 크게 증가하고 있다.

101 **국제해상 컨테이너화물의 운송형태에 관한 설명으로 옳지 않은 것은?**

① 컨테이너화물은 컨테이너 1개의 만재 여부에 따라 FCL(Full Container Load)과 LCL(Less than Container Load)화물로 대별할 수 있다.

② CY → CY(FCL → FCL)운송 : 수출지 CY에서 수입지 CY까지 FCL형태로 운송되며, 컨테이너운송의 장점을 최대한 살릴 수 있는 방식이다.

③ CFS → CFS(LCL → LCL)운송 : 수출지 CFS에서 수입지 CFS까지 운송되며, 운송인이 다수의 송화인으로부터 LCL화물을 모아 혼재하여 운송하는 방식이다.

④ CFS → CY(LCL → FCL)운송 : 운송인이 다수의 송화인으로부터 화물을 모아 수출지 CFS에서 혼재하여 FCL로 만들고, 수입지 CY에서 분류하지 않고 그대로 수화인에게 인도하는 형태이다.

⑤ CY → CFS(FCL → LCL)운송 : 수출지 CY로부터 수입지 CFS까지 운송하는 방식으로, 다수의 송화인과 다수의 수화인 구조를 갖고 있다.

102 **국제항공기구와 조약에 관한 설명으로 옳은 것은?**

① 국제항공운송에 관한 대표적인 조약으로는 Hague규칙(1924), Montreal조약(1999) 등이 있다.

② 국제항공기구로는 대표적으로 FAI(1905), IATA(1945), ICAO(1947) 등이 있다.

③ ICAO(1947)는 국제정기항공사가 중심이 된 민간단체이지만, IATA(1945)는 정부 간 국제협력기구이다.

④ Warsaw조약(1929)은 항공기에 의해 유무상으로 행하는 수화물 또는 화물의 모든 국내외운송에 적용된다.

⑤ ICAO(1947)의 설립목적은 전 세계의 국내외 민간 및 군용항공기의 안전과 발전을 도모하는 데 있다.

103 다음은 FCL 컨테이너화물의 선적절차이다. 순서대로 올바르게 나열한 것은?

ㄱ. 공컨테이너 반입요청 및 반입
ㄴ. D/R(부두수취증)과 CLP(컨테이너 내부 적부도) 제출
ㄷ. Pick-up 요청과 내륙운송 및 CY 반입
ㄹ. B/L(선하증권) 수령 및 수출대금 회수
ㅁ. 공컨테이너에 화물적입 및 CLP(컨테이너 내부 적부도) 작성

① ㄱ → ㄴ → ㄷ → ㅁ → ㄹ
② ㄱ → ㅁ → ㄴ → ㄷ → ㄹ
③ ㄱ → ㅁ → ㄷ → ㄴ → ㄹ
④ ㅁ → ㄱ → ㄷ → ㄴ → ㄹ
⑤ ㅁ → ㄷ → ㄱ → ㄴ → ㄹ

104 국제복합운송에 관한 설명으로 옳은 것은?

① 국제복합운송이라는 용어는 대표적인 국제복합운송 관련 조약인 바르샤바조약(1929)에서 처음 사용되었다.
② 국제복합운송의 요건으로 하나의 운송계약, 하나의 책임주체, 단일의 운임, 단일의 운송수단 등을 들 수 있다.
③ 국제복합운송이란 국가 간 두 가지 이상의 동일한 운송수단을 이용하여 운송하는 것이다.
④ 컨테이너운송의 발달은 국제복합운송 발달의 계기가 되었다.
⑤ 복합운송 시에는 운송 중 물품 매각이 불필요하기 때문에 복합운송증권은 비유통성 기명식으로 발행되는 것이 일반적이다.

105 다음 중 헤이그규칙상의 선하증권 법정기재사항으로 옳은 것을 모두 고른 것은?

ㄱ. 주요한 화인
ㄴ. 여러 통의 선하증권을 발행할 때의 그 원본의 수
ㄷ. 선하증권의 발행지
ㄹ. 송화인의 명칭
ㅁ. 물품의 외관상태
ㅂ. 송화인이 서면으로 제출한 포장물품의 개수, 수량 또는 중량

① ㄱ, ㄴ, ㄷ
② ㄱ, ㄷ, ㄹ
③ ㄱ, ㅁ, ㅂ
④ ㄴ, ㄹ, ㅂ
⑤ ㄴ, ㅁ, ㅂ

106 **항공화물운송장의 설명으로 옳지 않은 것은?**

① 항공화물운송장의 원본은 적색, 청색, 녹색 3통이 발행된다.
② 항공화물운송장 원본 2는 적색으로 발행되며, 송화인용이다.
③ 항공화물운송장은 수출입신고 및 통관자료로 사용될 수 있다.
④ 항공화물운송장 원본 3은 화물수취증의 기능을 가진다.
⑤ 항공화물운송장 사본 4는 수화인의 화물수령 증거가 된다.

107 **다음에서 설명하는 물류보안 제도는?**

○ 공급사슬 전반에 걸친 보안을 보장하기 위하여 제조업자뿐만 아니라 창고보관업자, 운송업자, 서비스업자 등 공급사슬에 참여하는 모든 조직의 보안 사항을 심사하여 인증하는 제도
○ 보안 심사 내용은 일반사항, 보안경영방침, 보안위험평가 및 기획・실행・운영, 점검 및 시정조치, 경영검토 그리고 지속적인 개선 등 6가지임

① CSI
② C-TPAT
③ ISPS CODE
④ ISO 28000
⑤ AEO

108 **복합운송증권의 특징으로 옳은 것은?**

① 복합운송증권은 운송인이 송화인으로부터 화물을 인수한 시점에 발행된다.
② 복합운송증권은 운송주선인이 발행할 수 없다.
③ 복합운송증권상의 복합운송인의 책임구간은 화물 선적부터 최종 목적지에서 양륙할 때까지이다.
④ 복합운송증권상의 복합운송인은 화주에 대해서 구간별 분할책임을 진다.
⑤ 복합운송증권은 양도가능 형식으로만 발행된다.

109 해상화물운송장에 관한 설명으로 옳지 않은 것은?

① 해상화물운송장에는 그 운송장과 상환으로 물품을 인도한다는 취지의 문언이 없다.
② 해상화물운송장은 운송 중에 양도를 통해 화물의 전매가 가능하다.
③ 송화인은 수화인이 인도를 청구할 때까지 수화인을 자유롭게 변경할 수 있다.
④ 해상화물운송장은 운송계약의 추정적 증거서류이다.
⑤ 해상화물운송장을 사용하는 경우 그 운송장의 제출 없이도 운송인은 수화인에게 화물 인도가 가능하다.

110 항만과 공항에 관한 설명으로 옳은 것을 모두 고른 것은?

ㄱ. Sea&Air 운송 등 상호 보완적인 기능을 위해 항만과 공항은 인접하여 위치하는 것이 좋다.
ㄴ. 화물수요창출을 위해 항만에 인접하여 물류단지가 조성되는 것이 일반적이다.
ㄷ. 항공화물 특성상 공항 주변에는 물류단지가 조성되지 않는 것이 일반적이다.
ㄹ. 전 세계 네트워크 구성을 위해 공항은 Hub&Spokes 형태로 입지하고 운영하는 것이 일반적이다.
ㅁ. 국제전자상거래업체들은 항만과 공항의 입지와 무관하게 물류센터를 확보하는 경향이 있다.

① ㄱ, ㄴ, ㄹ
② ㄱ, ㄷ, ㄹ
③ ㄴ, ㄷ, ㅁ
④ ㄴ, ㄹ, ㅁ
⑤ ㄷ, ㄹ, ㅁ

111 ICD에 관한 설명으로 옳지 않은 것은?

① 내륙의 공항 내에 설치되어 있는 시설로서 운송기지 또는 운송거점으로서의 역할이 강조되고 있다.
② 컨테이너화물의 통관, 배송, 보관, 집화 등을 수행한다.
③ 철도와 도로가 연결되는 복합운송거점으로서 대량운송을 통한 운송비를 절감할 수 있다.
④ 본래는 내륙통관기지(Inland Clearance Depot)를 의미하였으나 컨테이너화의 확산으로 내륙컨테이너기지로 성장하였다.
⑤ ICD의 이점은 운송면에서 화물의 대단위에 의한 운송효율의 향상과 항만지역의 교통 혼잡을 줄일 수 있다는 것이다.

112 **Incoterms 2020에 관한 설명으로 옳지 않은 것은?**

① FCA규칙에서는 매수인이 자신의 운송수단으로 물품을 운송할 수 있고, DAP규칙, DPU규칙 및 DDP규칙에서는 매도인이 자신의 운송수단으로 물품을 운송할 수 있다.
② "터미널"뿐만 아니라 어떤 장소든 목적지가 될 수 있는 현실을 강조하여 기존의 DAT규칙이 DPU규칙으로 변경되었다.
③ CFR규칙에서는 인도장소에 대한 합의가 없는 경우, 인천에서 부산까지는 피더선으로, 부산에서 롱비치까지는 항양선박(Ocean Vessel)으로 운송한다면 위험은 인천항의 선박적재 시에 이전한다.
④ 선적전 검사비용은 EXW규칙의 경우 매수인이 부담하고, DDP규칙의 경우 매도인이 부담한다.
⑤ FOB규칙에서 매수인에 의해 지정된 선박이 물품을 수령하지 않은 경우 물품이 계약물품으로서 특정되어 있지 않더라도 합의된 인도기일부터 매수인은 위험을 부담한다.

113 **관세법상 보세운송에 관한 설명으로 옳지 않은 것은?**

① 보세운송을 하려는 자는 물품의 감시 등을 위하여 필요하다고 인정하여 대통령령으로 정하는 경우 세관장에게 보세운송신고를 하여야 한다.
② 보세운송의 신고는 화주의 명의로 할 수 있다.
③ 세관장은 보세운송물품의 감시・단속을 위하여 필요하다고 인정될 때에는 관세청장이 정하는 바에 따라 운송통로를 제한할 수 있다.
④ 보세운송 신고를 한 자는 해당 물품이 운송목적지에 도착하였을 때 도착지의 세관장에게 보고하여야 한다.
⑤ 수출신고가 수리된 물품은 관세청장이 따로 정하는 것을 제외하고는 보세운송절차를 생략한다.

114 **관세법상 수출입신고를 생략하게 하거나 관세청장이 정하는 간소한 방법으로 신고하게 할 수 있는 물품에 해당되지 않는 것은?**

① 휴대품
② 탁송품
③ 우편물
④ 별송품
⑤ 해외로 수출하는 운송수단

115 **Incoterms 2020의 CIP와 CIF규칙에서 당사자 간에 합의가 없는 경우 매도인이 매수인을 위하여 부보하여야 하는 보험조건에 대하여 올바르게 연결된 것은?**

① CIP의 경우 ICC (A) – CIF의 경우 ICC (B)
② CIP의 경우 ICC (A) – CIF의 경우 ICC (C)
③ CIP의 경우 ICC (B) – CIF의 경우 ICC (A)
④ CIP의 경우 ICC (B) – CIF의 경우 ICC (B)
⑤ CIP의 경우 ICC (C) – CIF의 경우 ICC (A)

116 **Incoterms 2020에서 물품의 양륙에 관한 설명으로 옳지 않은 것은?**

① FCA규칙에서 매도인의 구내가 아닌 그 밖의 장소에서 물품의 인도가 이루어지는 경우 매도인은 도착하는 운송수단으로부터 물품을 양륙할 의무가 없다.
② FOB규칙에서 목적항에서 물품의 양륙비용은 매수인이 지급한다.
③ CPT규칙에서 목적지에서 물품의 양륙비용을 운송계약에서 매도인이 부담하기로 한 경우에는 매도인이 이를 부담하여야 한다.
④ DAP규칙에서 매도인이 운송계약에 따라 목적지에서 물품의 양륙비용을 부담한 경우 별도의 합의가 없다면 매수인으로부터 그 양륙비용을 회수할 수 있다.
⑤ DPU규칙에서 목적지에서 물품의 양륙비용은 매도인이 부담하여야 한다.

117 **위부(Abandonment)에 관한 설명으로 옳지 않은 것은?**

① 위부의 통지는 피보험자가 손해를 추정전손으로 처리하겠다는 의사표시이다.
② 위부는 피보험자가 잔존물에 대한 모든 권리를 보험자에게 이전하고 전손보험금을 청구하는 행위이다.
③ 피보험자의 위부통지를 보험자가 수락하게 되면 잔존물에 대한 일체의 권리는 보험자에게 이전된다.
④ 피보험자가 위부통지를 하지 않으면 손해는 분손으로 처리된다.
⑤ 보험목적물이 전멸하여 보험자가 회수할 잔존물이 없더라도 위부를 통지하여야 한다.

118 **공동해손(General Average)이 발생한 경우 이를 정산하기 위하여 사용되는 국제규칙은?**

① Uniform Rules for Collection
② York-Antwerp Rules
③ International Standby Practices
④ Rotterdam Rules
⑤ Uniform Rules for Demand Guarantees

119 **무역계약조건 중 선적조건에 관한 설명으로 옳은 것은?**

① 계약에서 선적횟수와 선적수량을 구체적으로 나누어 약정한 경우를 분할선적이라고 한다.
② UCP 600에서는 신용장이 분할선적을 금지하고 있더라도 분할선적은 허용된다.
③ UCP 600에서는 동일한 장소 및 일자, 동일한 목적지를 위하여 동일한 특송운송업자가 서명한 것으로 보이는 둘 이상의 특송화물수령증의 제시는 분할선적으로 보지 않는다.
④ UCP 600에서는 신용장이 환적을 금지하고 있다면 물품이 선하증권에 입증된 대로 컨테이너에 선적된 경우라도 환적은 허용되지 않는다.
⑤ UCP 600에서는 신용장이 환적을 금지하고 있는 경우에는 환적이 행해질 수 있다고 표시하고 있는 항공운송서류는 수리되지 않는다.

120 **우리나라 중재법상 중재에 관한 설명으로 옳지 않은 것은?**

① 중재합의의 당사자는 중재절차의 진행 중에는 법원에 보전처분을 신청할 수 없다.
② 중재인의 수는 당사자 간의 합의로 정하되, 합의가 없으면 3명으로 한다.
③ 당사자 간에 다른 합의가 없으면 중재인은 국적에 관계없이 선정될 수 있다.
④ 당사자 간에 다른 합의가 없는 경우 중재절차는 피신청인이 중재요청서를 받은 날부터 시작된다.
⑤ 중재절차의 진행 중에 당사자들이 화해한 경우 중재판정부는 그 절차를 종료한다.

2021년 제25회 기출문제

교 시	과 목	시 간	문제형별
2교시	• 보관하역론 • 물류관련법규	80분	A

2021. 7. 17. 시행

맞은 개수 ______ / 80문제

[4과목] 보관하역론

01 보관의 기능에 관한 설명으로 옳지 않은 것은?

① 시간적 효용을 창출한다.
② 운송과 배송을 원활하게 연계한다.
③ 제품에 대한 장소적 효용을 창출한다.
④ 생산의 평준화와 안정화를 지원한다.
⑤ 재고를 보유하여 고객 수요에 대응한다.

02 물류센터 입지 선정 단계에서 우선적으로 고려해야 할 사항이 아닌 것은?

① 지가(地價)
② 운송비
③ 시장 규모
④ 각종 법적 규제 사항
⑤ 제품의 보관 위치 할당

03 **보관의 원칙에 관한 내용이다. (   )에 들어갈 알맞은 내용은?**

(ㄱ) : 보관 및 적재된 제품의 장소, 선반 번호의 위치를 표시하여 입출고와 재고 작업의 효율화를 높이는 원칙
(ㄴ) : 입출고 빈도가 높은 화물은 출입구 가까운 장소에, 낮은 화물은 출입구로부터 먼 장소에 보관하는 원칙
(ㄷ) : 관련 품목을 한 장소에 모아서 계통적으로 분리하여 보관하는 원칙

① ㄱ : 위치표시의 원칙, ㄴ : 형상 특성의 원칙, ㄷ : 네트워크보관의 원칙
② ㄱ : 선입선출의 원칙, ㄴ : 동일성·유사성의 원칙, ㄷ : 형상 특성의 원칙
③ ㄱ : 위치표시의 원칙, ㄴ : 회전대응보관의 원칙, ㄷ : 네트워크보관의 원칙
④ ㄱ : 선입선출의 원칙, ㄴ : 중량특성의 원칙, ㄷ : 위치표시의 원칙
⑤ ㄱ : 회전대응보관의 원칙, ㄴ : 중량특성의 원칙, ㄷ : 선입선출의 원칙

04 **다음이 설명하는 물류센터 입지결정 방법은?**

수요지와 공급지 간의 거리와 물동량을 고려하여 물류센터 입지를 결정하는 기법이다.

① 총비용 비교법
② 무게 중심법
③ 비용편익분석법
④ 브라운깁슨법
⑤ 손익분기 도표법

05 **다음이 설명하는 물류시설은?**

수출입 통관업무, 집하 및 분류 기능을 수행하며 트럭회사, 포워더(Forwarder) 등을 유치하여 운영하므로 내륙 항만이라고도 부른다.

① ICD(Inland Container Depot)
② CY(Container Yard)
③ 지정장치장
④ 보세장치장
⑤ CFS(Container Freight Station)

06 복합화물터미널에 관한 설명으로 옳지 않은 것은?

① 마샬링(Marshalling) 기능과 선박의 양하 작업을 수행한다.
② 운송화물을 발송지 및 화주별로 혼재 처리하여 운송 효율을 높인다.
③ 두 종류 이상의 운송수단을 연계하여 화물을 운송한다.
④ 창고, 유통가공시설 등의 다양한 물류기능을 수행하는 시설이 있다.
⑤ 운송수단 예약, 화물의 운행 및 도착 정보를 제공하는 화물정보센터로서의 역할을 한다.

07 물류센터 건립 단계에 관한 설명으로 옳지 않은 것은?

① 입지분석단계 : 지역분석, 시장분석, 정책 및 환경 분석, SWOT 분석을 수행한다.
② 기능분석단계 : 취급 물품의 특성을 감안하여 물류센터기능을 분석한다.
③ 투자효과분석단계 : 시설 규모 및 운영 방식, 경제적 측면의 투자 타당성을 분석한다.
④ 기본설계단계 : 구체적인 레이아웃과 작업방식, 물류비용 정산방법을 설계한다.
⑤ 시공운영단계 : 토목과 건축 시공이 이루어지고 테스트와 보완 후 운영한다.

08 물류센터를 설계할 때 고려할 요인을 모두 고른 것은?

ㄱ. 입하능력	ㄴ. 출하시간
ㄷ. 물품 취급횟수	ㄹ. 보관 면적

① ㄱ, ㄴ
② ㄱ, ㄷ
③ ㄷ, ㄹ
④ ㄴ, ㄷ, ㄹ
⑤ ㄱ, ㄴ, ㄷ, ㄹ

09 **시중에서 유통되는 '콜라'의 물류특성(보관점수는 적고, 보관수량과 회전수는 많음)을 아래 그림의 보관유형으로 나타낼 때 순서대로 옳게 나타낸 것은?**

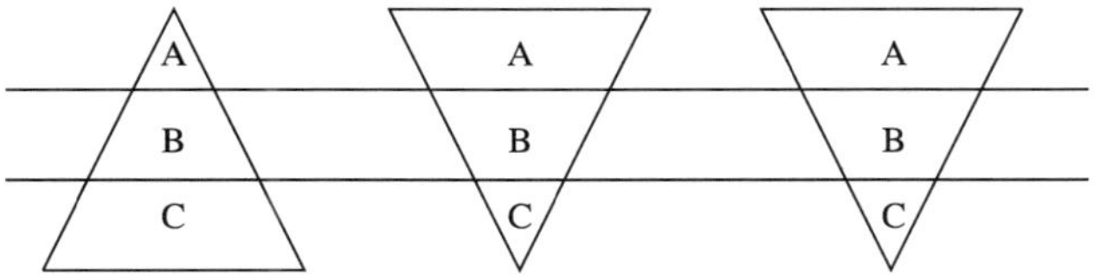

① A – A – A
② A – B – C
③ C – A – A
④ C – B – A
⑤ C – C – C

10 **피킹 방식에 관한 설명으로 옳지 않은 것은?**

① 디지털 피킹(Digital Picking) : 피킹 물품을 전표없이 피킹하는 방식으로 다품종 소량, 다빈도 피킹작업에 효과적이다.
② 차량탑승피킹 : 파렛트 단위로 피킹하는 유닛로드시스템(Unit Load System)이며, 피킹트럭에 탑승하여 피킹함으로써 보관시설의 공간활용도가 낮다.
③ 존 피킹(Zone Picking) : 여러 피커가 피킹 작업범위를 정해두고, 본인 담당구역의 물품을 골라서 피킹하는 방식이다.
④ 일괄피킹 : 여러 건의 주문을 모아서 일괄적으로 피킹하는 방식이다.
⑤ 릴레이 피킹(Relay Picking) : 피킹 전표에서 해당 피커가 담당하는 품목만을 피킹하고, 다음 피커에게 넘겨주는 방식이다.

11 **자동분류시스템에 관한 설명으로 옳지 않은 것은?**

① 다이버터(Diverter) 방식은 팝업 방식에 비하여 구조가 상대적으로 복잡하다.
② 팝업(Pop-up) 방식은 여러 개의 롤러(Roller)나 휠(Wheel) 등을 이용하여 물품이 컨베이어의 특정 위치를 지나갈 때 그 물품을 들어 올려서 방향을 바꾸는 방식이다.
③ 다이버터(Diverter) 방식은 다이버터를 사용하여 물품이 이동할 때 가로막아 방향을 바꾸는 방식이다.
④ 트레이(Tray) 방식은 분류해야 할 물품이 담긴 트레이를 기울여서 물품의 위치를 아래로 떨어트리는 방식이다.
⑤ 슬라이딩슈(Sliding Shoe) 방식은 트레이 방식에 비하여 물품의 전환 흐름이 부드러워 상대적으로 물품의 손상 가능성이 낮다.

12 컨테이너터미널 운영방식에 관한 설명으로 옳은 것을 모두 고른 것은?

ㄱ. 새시 방식(Chassis System) : 컨테이너를 새시 위에 적재한 상태로, 필요할 때 이송하는 방식이다.
ㄴ. 트랜스테이너 방식(Transtainer System) : 트랜스퍼 크레인(Transfer Crane)을 활용하여 컨테이너를 이동하는 방식으로 자동화가 어렵다.
ㄷ. 스트래들 캐리어 방식(Straddle Carrier System) : 컨테이너를 스트래들 캐리어의 양다리 사이에 끼우고 자유로이 운반하는 방식이다.

① ㄱ
② ㄴ
③ ㄱ, ㄴ
④ ㄱ, ㄷ
⑤ ㄱ, ㄴ, ㄷ

13 자동창고(AS/RS)에 관한 설명으로 옳은 것은?

① 스태커 크레인(Stacker Crane) : 창고의 통로 공간을 수평 방향으로만 움직이는 저장/반출 기기이다.
② 단일명령(Single Command) 방식 : 1회 운행으로 저장과 반출 작업을 동시에 수행하는 방식이다.
③ 이중명령(Dual Command) 방식 : 2회 운행으로 저장과 반출 작업을 순차적으로 모두 수행하는 방식이다.
④ 임의위치저장(Randomized Storage) 방식 : 물품의 입출고 빈도에 상관없이 저장위치를 임의로 결정하는 방식이다.
⑤ 지정위치저장(Dedicated Storage) 방식 : 물품의 입출고 빈도를 기준으로 저장위치를 등급(Class)으로 나누고 등급별로 저장위치를 결정하는 방식이다.

14 물류센터의 기능을 모두 고른 것은?

ㄱ. 조립 및 유통 가공
ㄴ. 상품의 보호를 위한 포장
ㄷ. 입출고를 원활하게 하기 위한 오더피킹

① ㄱ
② ㄴ
③ ㄱ, ㄴ
④ ㄴ, ㄷ
⑤ ㄱ, ㄴ, ㄷ

15 **창고관리시스템(WMS)을 자체 개발이 아닌, 기성제품(패키지)을 구매할 경우 고려해야 할 요인이 아닌 것은?**

① 커스터마이징(customizing) 용이성
② 기성제품(패키지)의 개발 배경
③ 초기투자비용
④ 기존 자사 물류정보시스템과의 연계성
⑤ 유지보수비용

16 **수요지에 제품을 공급하기 위한 물류센터와 각 수요지의 위치 좌표(x, y), 그리고 일별 배송횟수가 다음의 표와 같이 주어져 있다. 물류센터와 수요지 간 일별 총이동거리를 계산한 결과는? (단, 이동거리는 직각거리(rectilinear distance)로 계산한다.)**

구 분	위치 좌표(단위 : km)		배송횟수(회/일)
	X	Y	
물류센터	6	4	
수요지 1	3	8	2
수요지 2	8	2	3
수요지 3	2	5	2

① 28km
② 36km
③ 38km
④ 42km
⑤ 46km

17 **랙(Rack)에 관한 설명으로 옳지 않은 것은?**

① 드라이버스루랙(Drive-through Rack) : 지게차가 랙의 한 방향으로 진입해서 반대방향으로 퇴출할 수 있는 랙이다.
② 캔틸레버랙(Cantilever Rack) : 긴 철재나 목재의 보관에 효율적인 랙이다.
③ 적층랙(Mazzanine Rack) : 천정이 높은 창고의 공간 활용도를 높이기 위한 복층구조의 랙이다.
④ 실렉티브랙(Selective Rack) : 경량 다품종 물품의 입출고에 적합한 수평 또는 수직의 회전랙이다.
⑤ 플로우랙(Flow Rack) : 적입과 인출이 반대 방향에서 이루어지는 선입선출이 효율적인 랙이다.

18 **컨테이너터미널의 시설에 관한 설명으로 옳지 않은 것은?**

① CFS(Container Freight Station) : LCL화물의 적입(Stuffing)과 FCL화물의 분리(Stripping) 작업을 할 수 있는 시설이다.
② 선석(Berth) : 컨테이너 선박이 접안할 수 있는 시설이다.
③ 에이프런(Apron) : 야드트럭이 하역작업을 하거나 컨테이너크레인이 주행할 수 있도록 안벽을 따라 일정한 폭으로 포장된 공간이다.
④ 마샬링야드(Marshalling Yard) : 컨테이너의 자체검사, 보수, 사용 전후 청소 등을 수행하는 공간이다.
⑤ 컨트롤센터(Control Center) : 본선 하역작업이나 야드의 컨테이너 배치를 계획하고 통제・감독하는 시설이다.

19 **항공운송에서 사용되는 하역장비에 관한 설명으로 옳지 않은 것은?**

① 리프트로더(Lift Loader) : 파렛트를 항공기 적재공간 밑바닥 높이까지 들어 올려 기내에 탑재하기 위한 기기이다.
② 소터(Sorter) : 비교적 소형화물을 행선지별, 인도지별로 구분하는 장치로서 통상 컨베이어와 제어장치 등으로 구성된다.
③ 돌리(Dolly) : 파렛트를 운반하기 위한 차대로서 자체 기동력은 없고 Tug Car에 연결되어 사용된다.
④ 트랜스포터(Transporter) : 항공기에서 내린 ULD(Unit Load Device)를 터미널까지 수평 이동하는 데 사용하는 장비이다.
⑤ 컨투어게이지(Contour Gauge) : 파렛트에 적재가 끝난 후 적재된 파렛트의 무게를 계량하기 위하여 트레일러에 조립시켜 놓은 장치이다.

20 **생수를 판매하는 P사는 지수평활법을 이용하여 8월 판매량을 55,400병으로 예측하였으나, 실제 판매량은 56,900병이었다. 지수평활법에 의한 9월의 생수판매량 예측치는? (단, 평활상수(α)는 0.6을 적용한다.)**

① 54,200병
② 54,900병
③ 55,400병
④ 55,800병
⑤ 56,300병

21 S업체는 경제적주문량(EOQ : Economic Order Quantity)모형을 이용하여 발주량을 결정하고자 한다. 아래와 같이 연간 수요량이 60% 증가하고, 연간단위당 재고유지비용이 20% 감소한다고 할 때, 증감하기 전과 비교하여 EOQ는 얼마나 변동되는가? (단, $\sqrt{2}=1.414$, $\sqrt{3}=1.732$, $\sqrt{5}=2.236$ 이며, 계산한 값은 소수점 첫째자리에서 반올림한다.)

> ○ 연간 수요량 : 4,000개
> ○ 1회 주문비용 : 400원
> ○ 연간 단위당 재고유지비용 : 75원

① 14% 증가
② 24% 증가
③ 41% 증가
④ 73% 증가
⑤ 124% 증가

22 다음은 L사의 연도별 휴대전화 판매량을 나타낸 것이다. 2021년 휴대전화 수요를 예측한 값으로 옳은 것은? (단, 단순이동평균법의 경우 이동기간(n)은 3년 적용, 가중이동평균법의 경우 가중치는 최근 연도로부터 0.5, 0.3, 0.2를 적용, 지수평활법의 경우 평활상수(α)는 0.4를 적용, 모든 예측치는 소수점 둘째자리에서 반올림한다.)

연 도	판매량(만대)	수요예측치(만대)		
		단순이동평균법	가중이동평균법	지수평활법
2018	36			
2019	34			
2020	37			39
2021		(ㄱ)	(ㄴ)	(ㄷ)

① ㄱ : 32.7, ㄴ : 34.4, ㄷ : 38.2
② ㄱ : 34.9, ㄴ : 34.4, ㄷ : 37.2
③ ㄱ : 35.7, ㄴ : 34.9, ㄷ : 38.2
④ ㄱ : 35.7, ㄴ : 35.9, ㄷ : 36.9
⑤ ㄱ : 35.7, ㄴ : 35.9, ㄷ : 38.2

23 구매방식에 관한 설명으로 옳은 것은?

① 분산구매방식은 본사의 공통품목을 일괄적으로 구매하기에 적합하다.
② 집중구매방식은 분산구매방식보다 사업장별 독립적 구매가 가능하다.
③ 분산구매방식은 구매량에 따라 가격차가 큰 품목의 대량 구매에 적합하다.
④ 집중구매방식은 수요량이 많은 품목에 적합하다.
⑤ 분산구매방식은 집중구매방식보다 대량 구매가 이루어지기 때문에 가격 및 거래조건이 유리하다.

24 채찍효과(Bullwhip Effect)의 해소 방안이 아닌 것은?

① 리드타임을 길게 설정
② 공급사슬 주체 간 실시간 정보공유
③ VMI(Vendor Managed Inventory)의 사용
④ EDLP(Every Day Low Pricing)의 적용
⑤ 협력계획, 예측 및 보충(CPFR : Collaborative Planning, Forecasting, and Replenishment)의 적용

25 재고관리의 장점이 아닌 것은?

① 실제 재고량 파악
② 불확실성에 대한 대비
③ 상품 공급의 지연(delay)
④ 가용 제품 확대를 통한 고객서비스 달성
⑤ 수요와 공급의 변동성 대응

26 **포장의 원칙이 아닌 것은?**

① 표준화의 원칙
② 통로대면의 원칙
③ 재질 변경의 원칙
④ 단위화의 원칙
⑤ 집중화의 원칙

27 **JIT(Just In Time) 시스템에 관한 설명으로 옳은 것은?**

① 한 작업자에게 업무가 할당되는 단일 기능공 양성이 필수적이다.
② 효과적인 Push 시스템을 구현할 수 있다.
③ 비반복적 생산시스템에 적합하다.
④ 불필요한 부품 및 재공품재고를 없애는 것을 목표로 한다.
⑤ 제조 준비 시간이 길어진다.

28 **화인(Mark)에 관한 설명으로 옳은 것을 모두 고른 것은?**

ㄱ. 주화인(Main Mark) : 다른 화물과의 식별을 용이하게 하기 위하여 외장에 특정의 기호(Symbol)를 표시
ㄴ. 포장번호(Case Number) : 주화인만으로 다른 화물과 식별이 어려울 때 생산자 또는 공급자의 약자를 보조적으로 표시
ㄷ. 항구표시(Port Mark) : 선적과 양하작업이 용이하도록 도착항을 표시
ㄹ. 원산지표시(Origin Mark) : 당해 물품의 원자재까지 모두 원산지를 표시

① ㄱ, ㄴ
② ㄱ, ㄷ
③ ㄴ, ㄷ
④ ㄴ, ㄹ
⑤ ㄷ, ㄹ

29 **정성적 수요예측 기법이 아닌 것은?**

① 델파이법
② 시장조사법
③ 회귀분석법
④ 역사적 유추법
⑤ 패널조사법

30 **다음이 설명하는 파렛트 적재방식은?**

> (ㄱ) : 각 단의 쌓아 올리는 모양과 방향이 모두 같은 일렬 적재방식
> (ㄴ) : 동일한 단내에서는 동일한 방향으로 물품을 나란히 쌓지만, 단별로는 방향을 직각(90도)으로 바꾸거나 교대로 겹쳐쌓는 적재방식

① ㄱ : 블록적재방식　ㄴ : 교대배열적재방식
② ㄱ : 블록적재방식　ㄴ : 벽돌적재방식
③ ㄱ : 교대배열적재방식　ㄴ : 스플릿적재방식
④ ㄱ : 스플릿적재방식　ㄴ : 벽돌적재방식
⑤ ㄱ : 스플릿적재방식　ㄴ : 교대배열적재방식

31 **하역의 기계화와 표준화를 위해 고려해야 할 사항이 아닌 것은?**

① 환경영향을 고려해야 한다.
② 물류합리화의 관점에서 추진되어야 한다.
③ 안전성을 고려하여 추진되어야 한다.
④ 특정 화주의 화물을 대상으로 추진되어야 한다.
⑤ 생산자, 제조업자, 물류업자와 관련 당사자의 상호협력을 고려하여야 한다.

32 **파렛트 풀(Pallet Pool)에 관한 설명으로 옳지 않은 것은?**

① 물류합리화와 물류비 절감이 가능하다.
② 비수기에 불필요한 파렛트 비용을 절감할 수 있다.
③ 파렛트 회수관리의 일원화에 어려움이 있다.
④ 파렛트 규격의 표준화가 필요하다.
⑤ 지역적, 계절적 수요 변동에 대응이 가능하다.

33 **하역기기 선정 기준으로 옳지 않은 것은?**

① 에너지 효율성
② 하역기기의 안전성
③ 작업량과 작업 특성
④ 하역물품의 원산지
⑤ 취급 품목의 종류

34 **다음이 설명하는 시스템은?**

화물을 품종별, 발송처별, 고객별, 목적지별로 제품을 식별・구분하는 시스템으로 고객의 소량・다빈도 배송요구가 다양해짐에 따라 중요도가 높아지고 있다.

① 운반시스템
② 분류시스템
③ 반입시스템
④ 반출시스템
⑤ 적재시스템

35 **다음이 설명하는 파렛트 풀 시스템의 운영방식은?**

(ㄱ) : 현장에서 파렛트를 즉시 교환하지 않고 일정 시간 내에 동일한 수량의 파렛트를 반환하는 방식이다.
(ㄴ) : 파렛트의 이용자가 교환을 위한 동일한 수량의 파렛트를 준비해 놓을 필요가 없는 방식이다.
(ㄷ) : 파렛트를 동시에 교환하여 사용하는 것으로 언제나 교환에 응할 수 있도록 파렛트를 준비해 놓아야 하는 방식이다.

① ㄱ : 대차결제방식 ㄴ : 리스・렌탈방식 ㄷ : 즉시교환방식
② ㄱ : 대차결제방식 ㄴ : 즉시교환방식 ㄷ : 교환・리스병용방식
③ ㄱ : 리스・렌탈방식 ㄴ : 교환・리스병용방식 ㄷ : 대차결제방식
④ ㄱ : 리스・렌탈방식 ㄴ : 대차결제방식 ㄷ : 교환・리스병용방식
⑤ ㄱ : 교환・리스병용방식 ㄴ : 리스・렌탈방식 ㄷ : 즉시교환방식

36 **하역작업과 관련된 용어의 설명으로 옳지 않은 것은?**

① 더니지(Dunnage) : 운송기기에 실려진 화물이 손상, 파손되지 않도록 밑바닥에 까는 물건을 말한다.
② 래싱(Lashing) : 운송기기에 실려진 화물을 줄로 고정시키는 작업을 말한다.
③ 스태킹(Stacking) : 화물을 보관시설 또는 장소에 쌓는 작업을 말한다.
④ 피킹(Picking) : 보관 장소에서 화물을 꺼내는 작업을 말한다.
⑤ 배닝(Vanning) : 파렛트에 화물을 쌓는 작업을 말한다.

37 **유닛로드 시스템(Unit Load System)에 관한 설명으로 옳지 않은 것은?**

① 운송장비, 하역장비의 표준화가 선행되어야 한다.
② 파렛트, 컨테이너를 이용하는 방법이 있다.
③ 화물을 일정한 중량 또는 용적으로 단위화하는 시스템을 말한다.
④ 하역의 기계화를 통한 하역능력의 향상으로 운송수단의 회전율을 높일 수 있다.
⑤ 파렛트는 시랜드사가 최초로 개발한 단위적재기기이다.

38 **하역장비에 관한 설명으로 옳지 않은 것은?**

① 언로우더(Unloader) : 철광석, 석탄 및 석회석과 같은 벌크(Bulk) 화물을 하역하는 데 사용된다.
② 톱 핸들러(Top Handler) : 공(empty) 컨테이너를 적치하는 데 사용된다.
③ 스트래들 캐리어(Straddle Carrier) : 부두의 안벽에 설치되어 선박에 컨테이너를 선적하거나 하역하는 데 사용된다.
④ 트랜스퍼 크레인(Transfer Crane) : 컨테이너를 적재하거나 다른 장소로 이송 및 반출하는 데 사용된다.
⑤ 천정 크레인(Overhead Travelling Crane) : 크레인 본체가 천장을 주행하며 화물을 상하로 들어 올려 수평 이동하는 데 사용된다.

39 **하역합리화의 수평직선 원칙에 해당하는 것은?**

① 하역기기를 탄력적으로 운영하여야 한다.
② 운반의 혼잡을 초래하는 요인을 제거하여 하역작업의 톤·킬로를 최소화하여야 한다.
③ 불필요한 물품의 취급을 최소화하여야 한다.
④ 하역작업을 표준화하여 효율성을 추구하여야 한다.
⑤ 복잡한 시설과 하역체계를 단순화하여야 한다.

40 **하역에 관한 설명으로 옳은 것은?**

① 제품에 대한 형태효용을 창출한다.
② 운반활성화 지수를 최소화해야 한다.
③ 적하, 운반, 적재, 반출 및 분류로 구성된다.
④ 화물에 대한 제조공정과 검사공정을 포함한다.
⑤ 기계화와 자동화를 통한 하역생산성 향상이 어렵다.

[5과목] 물류관련법규

41 **물류정책기본법상 화주의 수요에 따라 유상으로 물류활동을 영위하는 것을 업으로 하는 물류사업으로 명시되지 않은 것은?**

① 물류장비의 폐기물을 처리하는 물류서비스업
② 물류터미널을 운영하는 물류시설운영업
③ 물류컨설팅의 업무를 하는 물류서비스업
④ 파이프라인을 통하여 화물을 운송하는 화물운송업
⑤ 창고를 운영하는 물류시설운영업

42 **물류정책기본법상 물류현황조사에 관한 설명으로 옳지 않은 것은?**

① 해양수산부장관은 물류현황조사의 결과에 따라 물류비 등 물류지표를 설정하여 물류정책의 수립 및 평가에 활용할 수 있다.
② 시·도지사는 지역물류현황조사의 효율적인 수행을 위하여 필요한 경우에는 지역물류현황조사의 일부를 전문기관으로 하여금 수행하게 할 수 있다.
③ 시·도지사는 물류기업 등에게 지역물류현황조사를 요청하는 경우 조례로 정하는 바에 따라 조사지침을 작성·통보할 수 없고, 국토교통부장관의 물류현황조사지침을 따르도록 해야 한다.
④ 국토교통부장관은 물류기업에게 물류현황조사에 필요한 자료의 제출을 요청할 수 있다.
⑤ 지역물류현황조사는 「국가통합교통체계효율화법」에 따른 국가교통조사와 중복되지 아니하도록 하여야 한다.

43 **물류정책기본법상 국가물류기본계획에 포함되어야 할 사항으로 명시되지 않은 것은?**

① 물류관련 행정소송전략에 관한 사항
② 물류보안에 관한 사항
③ 국가물류정보화사업에 관한 사항
④ 물류시설·장비의 수급·배치 및 투자 우선순위에 관한 사항
⑤ 환경친화적 물류활동의 촉진·지원에 관한 사항

44 **물류정책기본법상 위험물질운송안전관리센터의 관리대상으로 명시된 위험물질을 모두 고른 것은?**

ㄱ. 「위험물안전관리법」에 따른 위험물
ㄴ. 「화학물질관리법」에 따른 유해화학물질
ㄷ. 「폐기물관리법」에 따른 생활폐기물
ㄹ. 「고압가스 안전관리법」에 따른 고압가스
ㅁ. 「총포・도검・화약류 등 단속법」에 따른 화약류

① ㄱ, ㄴ, ㄷ
② ㄱ, ㄴ, ㄹ
③ ㄱ, ㄷ, ㅁ
④ ㄴ, ㄹ, ㅁ
⑤ ㄷ, ㄹ, ㅁ

45 **물류정책기본법상 국제물류주선업에 관한 설명으로 옳은 것은?**

① 국제물류주선업을 경영하려는 자는 국토교통부장관에게 등록하여야 한다.
② 피한정후견인은 국제물류주선업의 등록을 할 수 있다.
③ 국제물류주선업자가 사망한 때에는 그 상속인은 국제물류주선업의 등록에 따른 권리・의무를 승계한다.
④ 등록증 대여 등의 금지규정에 위반하여 다른 사람에게 등록증을 대여한 경우에는 시・도지사는 사업의 전부의 정지를 명할 수 있다.
⑤ 시・도지사는 국제물류주선업자가 거짓이나 그 밖의 부정한 방법으로 등록을 한 경우에는 사업의 일부의 정지를 명할 수 있다.

46 **물류정책기본법령상 물류신고센터에 관한 설명으로 옳은 것은?**

① 물류신고센터는 신고 내용이 명백히 거짓인 경우 접수된 신고를 종결할 수 있으며, 이 경우 종결 사유를 신고자에게 통보할 필요가 없다.
② 물류신고센터의 장은 산업통상자원부장관이 지명하는 사람이 된다.
③ 화물운송의 단가를 인하하기 위한 고의적 재입찰 행위로 발생한 분쟁에 대해서는 물류신고센터에 신고할 수 없다.
④ 물류신고센터는 신고 내용이 이미 수사나 감사 중에 있다는 이유로 접수된 신고를 종결할 수 없다.
⑤ 물류신고센터가 조정을 권고하는 경우에는 신고의 주요내용, 조정권고 내용, 조정권고에 대한 수락 여부 통보기한, 향후 신고 처리에 관한 사항을 명시하여 서면으로 통지해야 한다.

47 물류정책기본법령상 환경친화적 물류의 촉진에 관한 설명으로 옳지 않은 것은?

① 환경친화적인 연료를 사용하는 운송수단으로 전환하는 경우는 지원의 대상이 된다.
② 시・도지사는 물류기업이 환경친화적인 포장재료를 사용하는 경우 행정적・재정적 지원을 할 수 있다.
③ 화물자동차의 배출가스를 저감하기 위한 장비투자를 하는 경우는 지원의 대상이 된다.
④ 선박의 배출가스를 저감하기 위한 시설투자를 하는 경우는 지원의 대상이 된다.
⑤ 시・도지사는 환경친화적 물류활동을 모범적으로 하는 물류기업을 우수기업으로 지정할 수 있다.

48 물류정책기본법상 물류관련협회에 관한 설명으로 옳지 않은 것은?

① 물류관련협회를 설립하려는 경우에는 해당 협회의 회원이 될 자격이 있는 기업 100개 이상이 발기인으로 정관을 작성하여야 한다.
② 물류관련협회를 설립하려는 경우에는 해당 협회의 회원이 될 자격이 있는 기업 150개 이상이 참여한 창립총회의 의결을 거쳐야 한다.
③ 물류관련협회를 설립하려는 경우에는 소관에 따라 국토교통부장관 또는 해양수산부장관의 설립인가를 받아야 한다.
④ 물류관련협회는 설립인가를 받아 설립등기를 함으로써 성립한다.
⑤ 물류관련협회는 법인으로 한다.

49 물류시설의 개발 및 운영에 관한 법령상 용어의 설명으로 옳지 않은 것은?

① 「철도사업법」에 따른 철도사업자가 그 사업에 사용하는 화물운송・하역 및 보관 시설은 일반물류단지 안에 설치하더라도 일반물류단지시설에 해당하지 않는다.
② 「유통산업발전법」에 따른 공동집배송센터를 경영하는 사업은 물류터미널사업에서 제외된다.
③ 「주차장법」에 따른 주차장에서 자동차를 보관하는 사업은 물류창고업에서 제외된다.
④ 화물의 집화・하역과 관련된 가공・조립 시설의 전체 바닥면적 합계가 물류터미널의 전체 바닥면적 합계의 4분의 1을 넘는 경우에는 물류터미널에 해당하지 않는다.
⑤ 물류단지시설의 운영을 효율적으로 지원하기 위하여 물류단지 안에 설치되는 금융・보험・의료 시설은 지원시설에 해당된다.

50 **물류시설의 개발 및 운영에 관한 법률상 복합물류터미널사업의 등록에 관한 설명으로 옳지 않은 것은?**

① 「민법」 또는 「상법」에 따라 설립된 법인은 국토교통부장관에게 등록하여 복합물류터미널사업을 경영할 수 있다.
② 복합물류터미널사업의 등록을 하려면 부지 면적이 10,000제곱미터 이상이어야 한다.
③ 복합물류터미널사업의 등록을 하려면 물류시설개발종합계획에 배치되지 않아야 한다.
④ 임원 중에 파산선고를 받고 복권되지 아니한 자가 있는 법인은 복합물류터미널사업을 등록할 수 없다.
⑤ 물류시설의 개발 및 운영에 관한 법률을 위반하여 벌금형 이상을 선고받은 후 2년이 지나지 아니한 자는 등록을 할 수 없다.

51 **물류시설의 개발 및 운영에 관한 법령상 물류단지의 개발 및 운영에 관한 설명으로 옳지 않은 것은?**

① 국토교통부장관은 노후화된 일반물류터미널 부지 및 인근 지역에 도시첨단물류단지를 지정할 수 있다.
② 시장・군수・구청장은 시・도지사에게 도시첨단물류단지 지정을 신청할 수 있다.
③ 국토교통부장관은 물류단지의 개발에 관한 기본지침을 작성하여 관보에 고시하여야 한다.
④ 물류단지지정권자는 도시첨단물류단지를 지정한 후 1년 이내에 물류단지 실수요검증을 실시하여야 한다.
⑤ 도시첨단물류단지 안에서 「건축법」에 따른 건축물의 용도변경을 하려는 자는 시장・군수・구청장의 허가를 받아야 한다.

52 **물류시설의 개발 및 운영에 관한 법률상 물류창고업의 등록에 관한 설명이다. (   )에 들어갈 숫자를 바르게 나열한 것은?**

> 보관시설의 전체 바닥면적의 합계가 (ㄱ)제곱미터 이상이거나 보관장소의 전체면적의 합계가 (ㄴ)제곱미터 이상인 물류창고를 소유 또는 임차하여 물류창고업을 경영하려는 자는 관할 행정청에게 등록하여야 한다.

① ㄱ : 500 ㄴ : 2,500
② ㄱ : 1,000 ㄴ : 2,500
③ ㄱ : 1,000 ㄴ : 4,500
④ ㄱ : 2,000 ㄴ : 2,500
⑤ ㄱ : 2,000 ㄴ : 4,500

53 **물류시설의 개발 및 운영에 관한 법령상 스마트물류센터에 관한 설명으로 옳은 것은?**

① 국가 또는 지방자치단체는 스마트물류센터의 구축 및 운영에 필요한 자금의 대출 등으로 인한 금전채무의 보증한도, 보증료 등 보증조건을 우대할 수 있다.
② 스마트물류센터 인증의 유효기간은 인증을 받은 날부터 5년으로 한다.
③ 스마트물류센터 인증의 등급은 3등급으로 구분한다.
④ 스마트물류센터 예비인증은 본(本)인증에 앞서 건축물 설계에 반영된 내용을 대상으로 한다.
⑤ 스마트물류센터임을 사칭한 자에게는 과태료를 부과한다.

54 **물류시설의 개발 및 운영에 관한 법령상 물류단지개발사업에 관한 설명으로 옳지 않은 것은?**

① 「상법」에 따라 설립된 법인이 물류단지개발사업을 시행하는 경우에는 사업대상 토지면적의 3분의 2 이상을 매입하여야 토지등을 수용하거나 사용할 수 있다.
② 물류단지개발사업에 필요한 토지등을 수용하려면 물류단지 지정 고시가 있은 후 「공익사업을 위한 토지 등의 취득 및 보상에 관한 법률」에 따른 사업인정 및 그 고시가 있어야 한다.
③ 물류단지개발사업에 필요한 토지등의 수용 재결의 신청은 물류단지개발계획에서 정하는 사업시행기간 내에 할 수 있다.
④ 국가 또는 지방자치단체는 물류단지개발사업에 필요한 이주대책사업비의 일부를 보조하거나 융자할 수 있다.
⑤ 물류단지개발사업을 시행하는 지방자치단체는 해당 물류단지의 입주기업체 및 지원기관에게 물류단지개발사업의 일부를 대행하게 할 수 있다.

55 **물류시설의 개발 및 운영에 관한 법령상 물류 교통·환경 정비지구에서 국가 또는 시·도지사가 시장·군수·구청장에게 행정적·재정적 지원을 할 수 있는 사업이 아닌 것은?**

① 「화학물질관리법」에 따른 유독물 보관·저장시설의 보수·개조 또는 개량
② 도로 등 기반시설의 신설·확장·개량 및 보수
③ 「소음·진동관리법」에 따른 방음·방진시설의 설치
④ 「화물자동차 운수사업법」에 따른 공영차고지 및 화물자동차 휴게소의 설치
⑤ 「환경친화적 자동차의 개발 및 보급 촉진에 관한 법률」에 따른 전기자동차의 충전시설의 설치·정비 또는 개량

56 **물류시설의 개발 및 운영에 관한 법령상 물류단지재정비사업에 관한 설명으로 옳지 않은 것은?**

① 물류단지의 부분 재정비사업은 지정된 물류단지 면적의 3분의 2 미만을 재정비하는 사업을 말한다.
② 물류단지지정권자는 준공된 날부터 20년이 지나서 물류산업구조의 변화 및 물류시설의 노후화 등으로 물류단지를 재정비할 필요가 있는 경우에는 물류단지재정비사업을 할 수 있다.
③ 물류단지의 부분 재정비사업에서는 물류단지재정비계획 고시를 생략할 수 있다.
④ 물류단지지정권자는 물류단지재정비시행계획을 승인하려면 미리 입주업체 및 관계 지방자치단체의 장의 의견을 듣고 관계 행정기관의 장과 협의하여야 한다.
⑤ 승인 받은 재정비시행계획에서 사업비의 100분의 10을 넘는 사업비 증감을 하고자 하면 그에 대하여 물류단지지정권자의 승인을 받아야 한다.

57 **화물자동차 운수사업법령상 화물자동차 운송사업의 허가에 관한 설명으로 옳지 않은 것은?**

① 30대의 화물자동차를 사용하여 화물을 운송하는 사업을 경영하려는 자는 일반화물자동차 운송사업의 허가를 받아야 한다.
② 화물자동차 운송사업의 허가에는 조건을 붙일 수 있다.
③ 화물자동차 운송사업자가 법인인 경우 대표자를 변경하려면 변경허가를 받아야 한다.
④ 화물자동차 운송사업자가 운송약관의 변경명령을 받고 이를 이행하지 아니한 경우 증차를 수반하는 허가사항을 변경할 수 없다.
⑤ 운송사업자가 사업정지처분을 받은 경우에는 주사무소를 이전하는 변경허가를 받을 수 없다.

58 **화물자동차 운수사업법령상 운송약관에 관한 설명으로 옳은 것은?**

① 운송약관을 신고할 때에는 신고서에 적재물배상보험계약서를 첨부하여야 한다.
② 운송사업자는 운송약관의 신고를 협회로 하여금 대리하게 할 수 없다.
③ 시·도지사가 화물자동차 운수사업법령에서 정한 기간 내에 신고수리 여부를 신고인에게 통지하지 아니하면 그 기간이 끝난 날에 신고를 수리한 것으로 본다.
④ 공정거래위원회는 표준약관을 작성하여 운송사업자에게 그 사용을 권장할 수 있다.
⑤ 운송사업자가 화물자동차운송사업의 허가를 받는 때에 표준약관의 사용에 동의하면 운송약관을 신고한 것으로 본다.

59 화물자동차 운수사업법령상 운임 및 요금에 관한 설명으로 옳지 않은 것은? (법률 개정으로 문제 재구성)

① 운송사업자는 운임과 요금을 정하여 미리 국토교통부장관에게 신고하여야 한다.
② 국토교통부장관은 운임과 요금에 따른 신고를 받은 날부터 14일 이내에 신고수리 여부를 신고인에게 통지하여야 한다.
③ 운송사업 운임 및 요금신고서에는 원가계산서, 운임・요금표, 운임 및 요금의 신・구대비표를 첨부하여야 한다.
④ 운임과 요금을 신고하여야 하는 운송사업자의 범위는 국토교통부령으로 정한다.
⑤ 화물자동차 운송사업의 운임 및 요금의 신고는 운송사업자로 구성된 협회가 설립한 연합회로 하여금 대리하게 할 수 있다.

60 화물자동차 운수사업법상 운송사업자의 책임에 관한 설명으로 옳은 것을 모두 고른 것은?

ㄱ. 적재물사고로 발생한 운송사업자의 손해배상에 관하여 화주가 요청하면 국토교통부장관은 이에 관한 분쟁을 조정(調停)할 수 있다. ㄴ. 국토교통부장관은 운송사업자의 손해배상책임에 관한 분쟁의 조정 업무를 「소비자기본법」에 따른 한국소비자원에 위탁할 수 있다. ㄷ. 화물이 인도기한이 지난 후 3개월 이내에 인도되지 아니하면 그 화물은 멸실된 것으로 본다.

① ㄱ
② ㄷ
③ ㄱ, ㄴ
④ ㄴ, ㄷ
⑤ ㄱ, ㄴ, ㄷ

61 화물자동차 운수사업법령상 운송사업자의 준수사항에 관한 설명으로 옳지 않은 것은?

① 운송사업자는 택시 요금미터기의 장착을 하여서는 아니 된다.
② 운송사업자는 화물자동차 운송사업을 양도・양수하는 경우에 양도・양수에 소요되는 비용을 위・수탁차주에게 부담시켜서는 아니 된다.
③ 최대적재량 1.5톤을 초과하는 화물자동차를 밤샘주차하는 경우 차고지에서만 하여야 한다.
④ 화주로부터 부당한 운임 및 요금의 환급을 요구받았을 때에는 환급하여야 한다.
⑤ 밴형 화물자동차를 사용해서 화주와 화물을 함께 운송하는 사업자는 화물자동차 바깥쪽에 "화물"이라는 표기를 한국어 및 외국어(영어, 중국어 및 일어)로 표시하여야 한다.

62 **화물자동차 운수사업법상 위・수탁계약의 해지 등에 관한 조문의 일부이다. ( )에 들어갈 숫자를 바르게 나열한 것은?**

운송사업자는 위・수탁계약을 해지하려는 경우에는 위・수탁차주에게 (ㄱ)개월 이상의 유예기간을 두고 계약의 위반 사실을 구체적으로 밝히고 이를 시정하지 아니하면 그 계약을 해지한다는 사실을 서면으로 (ㄴ)회 이상 통지하여야 한다. 다만, 대통령령으로 정하는 바에 따라 위・수탁계약을 지속하기 어려운 중대한 사유가 있는 경우에는 그러하지 아니하다.

① ㄱ : 1 ㄴ : 1
② ㄱ : 2 ㄴ : 2
③ ㄱ : 2 ㄴ : 3
④ ㄱ : 3 ㄴ : 2
⑤ ㄱ : 3 ㄴ : 3

63 **화물자동차 운수사업법상 화물자동차 운송주선사업의 허가를 반드시 취소하여야 하는 경우를 모두 고른 것은?**

ㄱ. 화물자동차 운송주선사업의 허가기준을 충족하지 못하게 된 경우 ㄴ. 거짓이나 그 밖의 부정한 방법으로 운송주선사업 허가를 받은 경우 ㄷ. 화물자동차 운수사업법 제27조(화물자동차 운송주선사업의 허가취소 등)에 따른 사업정지명령을 위반하여 그 사업정지기간 중에 사업을 한 경우

① ㄱ
② ㄷ
③ ㄱ, ㄴ
④ ㄴ, ㄷ
⑤ ㄱ, ㄴ, ㄷ

64 화물자동차 운수사업법령상 화물자동차 운송가맹사업에 관한 설명으로 옳지 않은 것은?

① 운송가맹사업자는 주사무소 외의 장소에서 상주하여 영업하려면 허가를 받고 영업소를 설치하여야 한다.
② 화물자동차 운송가맹사업 허가대장은 전자적 처리가 불가능한 특별한 사유가 없으면 전자적 처리가 가능한 방법으로 작성하여 관리하여야 한다.
③ 운송사업자 및 위・수탁차주인 운송가맹점은 화물의 원활한 운송을 위한 차량위치의 통지를 성실히 이행하여야 한다.
④ 시장・군수・구청장은 안전운행의 확보, 운송질서의 확립 및 화주의 편의를 도모하기 위하여 필요하다고 인정하면 운송가맹사업자에게 화물자동차의 구조변경 및 운송시설의 개선을 명할 수 있다.
⑤ 허가를 받은 운송가맹사업자가 주사무소를 이전한 경우 변경신고를 하여야 한다.

65 화물자동차 운수사업법령상 적재물배상보험등에 관한 설명으로 옳은 것은?

① 특수용도형 화물자동차 중 「자동차관리법」에 따른 피견인자동차를 소유하고 있는 운송사업자는 적재물배상보험등의 의무가입 대상이다.
② 이사화물을 취급하는 운송주선사업자는 적재물배상보험등의 의무가입 대상이다.
③ 적재물배상보험등에 가입하려는 자가 운송사업자인 경우 각 사업자별로 가입하여야 한다.
④ 중대한 교통사고로 감차 조치 명령을 받은 경우에도 책임보험계약등을 해제하거나 해지하여서는 아니 된다.
⑤ 적재물배상보험등에 가입하려는 자가 운송주선사업자인 경우 각 화물자동차별로 가입하여야 한다.

66 **화물자동차 운수사업법령상 경영의 위·수탁에 관한 설명으로 옳은 것은?**

① 운송사업자는 필요한 경우 다른 사람에게 차량과 그 경영의 전부를 위탁할 수 있다.
② 위·수탁계약의 기간은 2년 이상으로 하여야 한다.
③ 위·수탁계약의 내용이 계약불이행에 따른 당사자의 손해배상책임을 과도하게 가중하여 정함으로써 상대방의 정당한 이익을 침해한 경우에는 위·수탁계약 전부를 무효로 한다.
④ 화물운송사업분쟁조정협의회가 위·수탁계약의 분쟁을 심의한 결과 조정안을 작성하여 분쟁당사자에게 제시하면 분쟁당사자는 이에 따라야 한다.
⑤ 운송사업자가 위·수탁계약의 갱신 요구를 거절하는 경우에는 그 요구를 받은 날부터 30일 이내에 위·수탁차주에게 거절 사유를 적어 서면으로 통지하여야 한다.

67 **유통산업발전법상 정의에 관한 설명이다. (   )에 들어갈 내용을 바르게 나열한 것은?**

○ (ㄱ) : 다수의 수요자와 공급자가 일정한 기간 동안 상품을 매매하거나 용역을 제공하는 일정한 장소
○ (ㄴ) 체인사업 : 체인본부의 계속적인 경영지도 및 체인본부와 가맹점 간의 협업에 의하여 가맹점의 취급품목·영업방식 등의 표준화사업과 공동구매·공동판매·공동시설활용 등 공동사업을 수행하는 형태의 체인사업

① ㄱ : 상점가 ㄴ : 조합형
② ㄱ : 상점가 ㄴ : 임의가맹점형
③ ㄱ : 임시시장 ㄴ : 조합형
④ ㄱ : 임시시장 ㄴ : 임의가맹점형
⑤ ㄱ : 임시시장 ㄴ : 프랜차이즈형

68 유통산업발전법령상 유통산업발전계획에 관한 설명으로 옳은 것은?

① 산업통상자원부장관은 10년마다 유통산업발전기본계획을 수립하여야 한다.
② 유통산업발전기본계획에는 유통산업의 지역별·종류별 발전방안이 포함되지 않아도 된다.
③ 시·도지사는 유통산업발전기본계획에 따라 2년마다 유통산업발전시행계획을 수립하여야 한다.
④ 시·도지사는 유통산업발전시행계획의 집행실적을 다음 연도 1월 말일까지 산업통상자원부장관에게 제출하여야 한다.
⑤ 지역별 유통산업발전시행계획은 유통전문인력·부지 및 시설 등의 수급방안을 포함하여야 한다.

69 유통산업발전법령상 대규모점포등의 관리규정에 관한 설명으로 옳은 것을 모두 고른 것은?

ㄱ. 관리규정을 제정하기 위해서는 입점상인의 4분의 3 이상의 동의를 얻어야 한다.
ㄴ. 대규모점포등관리자는 대규모점포등관리자신고를 한 날부터 1개월 이내에 관리규정을 제정하여야 한다.
ㄷ. 시·도지사는 대규모점포등의 효율적이고 공정한 관리를 위하여 표준관리규정을 마련하여 보급하여야 한다.
ㄹ. 대규모점포등관리자는 입점상인의 3분의 2 이상의 동의를 얻어 관리규정을 개정할 수 있다.

① ㄱ, ㄴ
② ㄱ, ㄷ
③ ㄴ, ㄷ
④ ㄴ, ㄹ
⑤ ㄷ, ㄹ

70 유통산업발전법상 유통산업의 경쟁력 강화에 관한 설명으로 옳은 것을 모두 고른 것은?

ㄱ. 상점가진흥조합은 협동조합 또는 사업조합으로 설립한다.
ㄴ. 상점가진흥조합의 구역은 다른 상점가진흥조합의 구역과 중복될 수 있다.
ㄷ. 지방자치단체의 장은 중소유통공동도매물류센터를 건립하여 중소유통기업자단체에 그 운영을 위탁할 수 있다.
ㄹ. 중소유통공동도매물류센터의 건립, 운영 및 관리 등에 관하여 필요한 사항은 산업통상자원부장관이 정하여 고시한다.

① ㄱ, ㄷ
② ㄴ, ㄷ
③ ㄴ, ㄹ
④ ㄱ, ㄴ, ㄹ
⑤ ㄱ, ㄷ, ㄹ

71 **유통산업발전법령상 공동집배송센터에 관한 설명으로 옳은 것은?**

① 상업지역 내에서 부지면적이 1만제곱미터이고, 집배송시설면적이 5천제곱미터인 지역 및 시설물은 공동집배송센터로 지정할 수 있다.
② 공동집배송센터의 지정을 받은 날부터 정당한 사유 없이 3년 이내에 시공을 하지 아니하는 경우 산업통상자원부장관은 그 지정을 취소할 수 있다.
③ 공동집배송센터를 신탁개발하는 경우 신탁계약을 체결한 신탁업자는 공동집배송센터사업자의 지위를 승계하지 않는다.
④ 관계 중앙행정기관의 장은 집배송시설의 효율적 배치를 위하여 공동집배송센터 개발촉진지구의 지정을 산업통상자원부장관에게 요청할 수 있다.
⑤ 공동집배송센터 개발촉진지구의 집배송시설에 대하여는 시・도지사가 공동집배송센터로 지정할 수 있다.

72 **항만운송사업법령상 항만운송의 유형으로 분류할 수 없는 것은?**

① 선적화물을 실을 때 그 화물의 개수를 계산하는 일
② 통선(通船)으로 본선과 육지 간의 연락을 중계하는 행위
③ 항만에서 선박 또는 부선(艀船)을 이용하여 운송될 화물을 하역장[수면(水面) 목재저장소는 제외]에서 내가는 행위
④ 선박을 이용하여 운송될 화물을 화물주의 위탁을 받아 항만에서 화물주로부터 인수하는 행위
⑤ 선적화물 및 선박에 관련된 증명・조사・감정을 하는 일

73 **항만운송사업법상 등록 또는 신고에 관한 설명으로 옳지 않은 것은?**

① 항만운송관련사업 중 선용품공급업은 신고대상이다.
② 항만하역사업과 검수사업의 등록은 항만별로 한다.
③ 한정하역사업에 대하여 관리청은 이용자・취급화물 또는 항만시설의 특성을 고려하여 그 등록기준을 완화할 수 있다.
④ 선박연료공급업을 등록한 자가 사용 장비를 추가하려는 경우에는 사업계획 변경신고를 하지 않아도 된다.
⑤ 등록한 항만운송사업자가 그 사업을 양도한 경우 양수인은 등록에 따른 권리・의무를 승계한다.

74 **항만운송사업법령상 감정사업의 등록을 한 자가 요금의 변경신고를 할 경우 제출 서류에 기재하여야 하는 사항을 모두 고른 것은?**

ㄱ. 사업의 종류	ㄴ. 취급화물의 종류
ㄷ. 항만명	ㄹ. 변경하려는 요금의 적용방법

① ㄱ, ㄴ
② ㄷ, ㄹ
③ ㄱ, ㄴ, ㄹ
④ ㄴ, ㄷ, ㄹ
⑤ ㄱ, ㄴ, ㄷ, ㄹ

75 **철도사업법령상 철도사업약관 및 사업계획에 관한 설명으로 옳은 것은?**

① 철도사업자는 철도사업약관을 정하여 국토교통부장관의 허가를 받아야 한다.
② 국토교통부장관은 철도사업약관의 변경신고를 받은 날부터 10일 이내에 신고수리 여부를 신고인에게 통지하여야 한다.
③ 철도사업자는 여객열차의 운행구간을 변경하려는 경우 국토교통부장관의 인가를 받아야 한다.
④ 철도사업자는 사업용철도노선별로 여객열차의 정차역의 10분의 2를 변경하는 경우 국토교통부장관에게 신고하여야 한다.
⑤ 철도사업자가 사업계획 중 인가사항을 변경하려는 경우에는 사업계획을 변경하려는 날 1개월 전까지 사업계획변경인가신청서를 제출하여야 한다.

76 **철도사업법령상 과징금에 관한 설명으로 옳지 않은 것은?**

① 징수한 과징금은 철도사업 종사자의 양성을 위한 시설 운영의 용도로 사용할 수 있다.
② 과징금 부과처분을 받은 자가 납부기한까지 과징금을 내지 아니하면 국세 체납처분의 예에 따라 징수한다.
③ 과징금은 철도사업자의 신청에 따라 분할하여 납부할 수 있다.
④ 하나의 위반행위에 대하여 사업정지처분과 과징금처분을 함께 부과할 수 없다.
⑤ 국토교통부장관은 과징금으로 징수한 금액의 운용계획을 수립하여 시행하여야 한다.

77 **철도사업법상 철도사업자에 관한 설명으로 옳지 않은 것은?**

① 철도사업자는 여객에 대한 운임을 변경하려는 경우 국토교통부장관에게 신고하여야 한다.
② 철도사업자는 철도사업을 양도·양수하려는 경우에는 국토교통부장관의 인가를 받아야 한다.
③ 철도사업자가 국토교통부장관의 허가를 받아 그 사업의 전부 또는 일부를 휴업하는 경우 휴업기간은 6개월을 넘을 수 없다.
④ 철도사업자의 화물의 멸실·훼손에 대한 손해배상책임에 관하여는 「상법」 제135조(손해배상책임)를 준용하지 않는다.
⑤ 철도사업자는 타인에게 자기의 성명 또는 상호를 사용하여 철도사업을 경영하게 하여서는 아니 된다.

78 **철도사업법령상 전용철도에 관한 설명이다. (   )에 들어갈 내용을 바르게 나열한 것은?**

○ 전용철도를 운영하려는 자는 전용철도 건설기간을 1년 연장한 경우 국토교통부장관에게 (ㄱ)을(를) 하여야 한다. ○ 전용철도운영자가 그 운영의 일부를 폐업한 경우에는 (ㄴ) 이내에 국토교통부장관에게 (ㄷ)하여야 한다.

① ㄱ : 신고 ㄴ : 15일 ㄷ : 등록
② ㄱ : 신고 ㄴ : 1개월 ㄷ : 등록
③ ㄱ : 등록 ㄴ : 15일 ㄷ : 신고
④ ㄱ : 등록 ㄴ : 1개월 ㄷ : 신고
⑤ ㄱ : 등록 ㄴ : 3개월 ㄷ : 신고

79 **농수산물 유통 및 가격안정에 관한 법령상 농수산물도매시장의 개설 · 폐쇄에 관한 설명으로 옳지 않은 것은?**

① 시가 지방도매시장을 개설하려면 도지사에게 신고하여야 한다.
② 특별시 · 광역시 · 특별자치시 및 특별자치도가 도매시장을 폐쇄하는 경우 그 3개월 전에 이를 공고하여야 한다.
③ 특별시 · 광역시 · 특별자치시 또는 특별자치도가 도매시장을 개설하려면 미리 업무규정과 운영관리계획서를 작성하여야 한다.
④ 도매시장은 양곡부류 · 청과부류 · 축산부류 · 수산부류 · 화훼부류 및 약용작물 부류별로 개설하거나 둘 이상의 부류를 종합하여 개설한다.
⑤ 도매시장의 명칭에는 그 도매시장을 개설한 지방자치단체의 명칭이 포함되어야 한다.

80 **농수산물 유통 및 가격안정에 관한 법령상 농수산물공판장에 관한 설명으로 옳지 않은 것은?**

① 농림수협등, 생산자단체 또는 공익법인이 공판장을 개설하려면 시 · 도지사의 승인을 받아야 한다.
② 공판장에는 중도매인, 매매참가인, 산지유통인 및 경매사를 둘 수 있다.
③ 공판장의 경매사는 공판장의 개설자가 임면한다.
④ 공판장의 중도매인은 공판장의 개설자가 지정한다.
⑤ 공익법인이 운영하는 공판장의 개설승인 신청서에는 해당 공판장의 소재지를 관할하는 시장 또는 자치구의 구청장의 의견서를 첨부하여야 한다.

물류관리사

합격을 꿈꾸는 수험생에게

물류관리사 자격시험의 합격을 위해 정성을 다해 만든 물류관리사 도서들을
꿈을 향해 도전하는 수험생 여러분들께 드립니다.

P.S. 단계별 교재를 선택하기 위한 팁!

한권으로 끝내기

이론 파악으로
기본다지기

핵심이론부터 실전문제까지
차근차근 학습하며
기초를 잡고 싶은 수험생

시험에 출제되는 핵심이론부터 키워드별 필수 기출문제와 최근에 시행된 기출문제까지 한권에 담았습니다.

동영상 강의 교재

▶

5개년 첨삭식 기출문제해설

기출문제 정복으로
실력다지기

최신 기출문제와 상세한 첨삭식
해설을 통해 학습내용을 확인하고
실전감각을 키우고 싶은 수험생

최근 5개년 기출문제를 상세한 첨삭식 해설과 함께 한권에 담았습니다.

▶

단기완성 핵심요약집

초단기
합격 PROJECT

시험에 출제된 필수 핵심이론을
테마별로 체계적으로 정리하여
단기간에 합격하고 싶은 수험생

실제 시험에 출제된 중요이론을 압축하여 테마별로 수록하였습니다.

물류관리사 합격!

시대에듀와 함께라면 문제없습니다.

합격의 공식
시대에듀

유통·물류관리사 관련
수험서 SERIES

유통관리사 1급	유통관리사 1급 한권으로 끝내기(전2권)	4×6배판	45,000원
	유통관리사 1급 기출문제해설	4×6배판	25,000원
유통관리사 2급	유통관리사 2급 한권으로 끝내기(필수암기 필기노트)	210×260	34,000원
	유통관리사 2급 단기완성	4×6배판	25,000원
	유통관리사 2급 5개년 기출문제해설	4×6배판	26,000원
유통관리사 3급	유통관리사 3급 한권으로 끝내기	4×6배판	32,000원
	유통관리사 3급 10개년 기출문제해설	4×6배판	24,000원
물류관리사	물류관리사 한권으로 끝내기(전5권)	210×260	42,000원
	물류관리사 5개년 첨삭식 기출문제해설(전2권)	4×6배판	26,000원
	물류관리사 단기완성 핵심요약집	210×260	23,000원

※ 도서의 제목 및 가격은 변동될 수 있습니다.

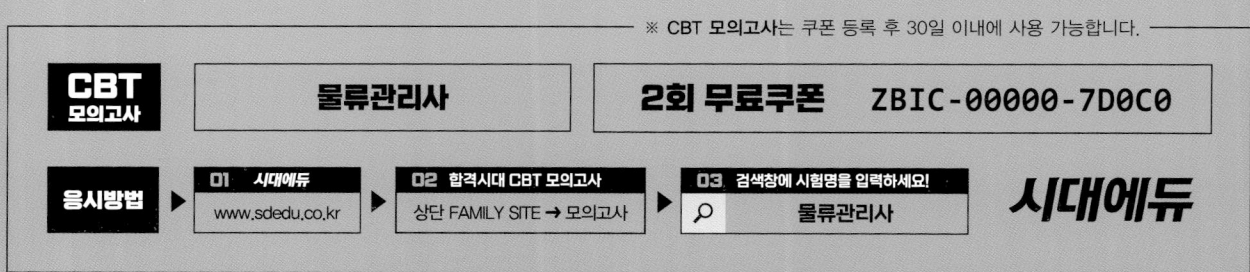

NEXT STEP

THE NEXT STEP IN SUCCESS

성공의 다음단계, 시대에듀와 함께라면 가능합니다.

물류관리사

5개년 첨삭식 기출문제해설

[판매량] YES24 "물류관리사" 부문 월별/주별 베스트셀러 1위
08년 12월 / 09년 7,8,10~12월 / 10년 1~3,7,11,12월 / 11년 1,11,12월 / 12년 1월 1주 / 13년 1월 3,4주, 2월 2주, 6월 1,4주, 8월 2주, 12월 4,5주 /
14년 1,11,12월 / 15년 1,12월 / 16년 1~3,9,12월 / 17년 1월 / 18년 2,5,10~12월 / 19년 1~9월 / 20년 1월, 2월 4주, 6월 4주, 7월 2,3주, 8월 3주) /
21년 2~6월 / 22년 1월 2~3주, 2월 2주, 8월 2~3,5주, 9월 1~2,4주, 10월 1~3주, 11월 4주 / 23년 8월 3주, 10월 3~4주 /
24년 11월 2,4~5주, 12월 1~3주 / 25년 7월 3주)

[선호도] 물류관리사 시리즈, 22년간 15만 부 판매

시대에듀

발행일 2026년 1월 5일 | **발행인** 박영일 | **책임편집** 이해욱
편저 시대물류관리연구소 | **발행처** (주)시대고시기획
등록번호 제10-1521호 | **대표전화** 1600-3600 | **팩스** (02)701-8823
주소 서울시 마포구 큰우물로 75 [도화동 538 성지B/D] 9F
학습문의 www.sdedu.co.kr

항균 99.9%

NEXT STEP

THE NEXT STEP IN SUCCESS

성공의 다음단계, 시대에듀와 함께라면 가능합니다.

물류관리사 부문
베스트셀러
1위

산출근거 후면표기

편저 시대물류관리연구소

◀ 동영상
강의

2026

5개년(2025~2021년) 기출문제 수록

선택지 문항별 해설 제공

키워드 분석을 통한 5개년 출제경향 분석

분권형으로 편리한 정답 확인

물류관리사

5개년 첨삭식 기출문제해설

2권 | 정답 및 해설편

CBT 모의고사
2회 무료쿠폰 제공

시대에듀

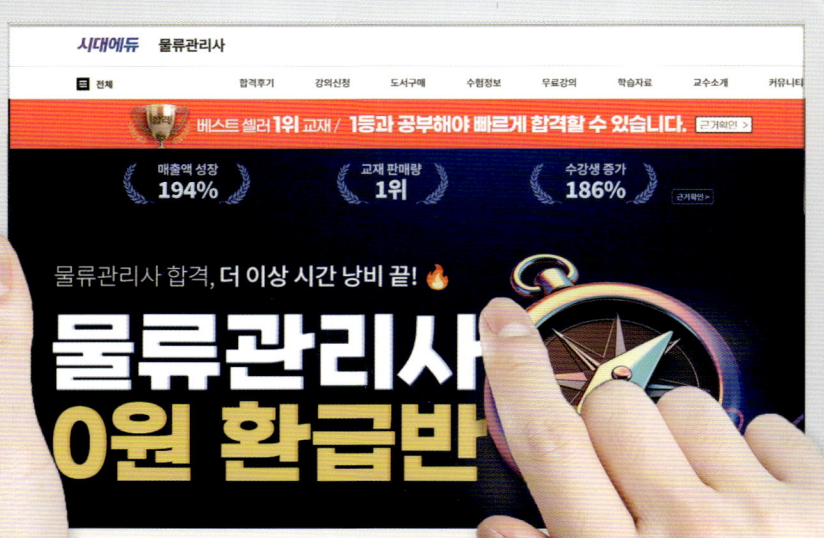

물류관리사

5개년 첨삭식 기출문제해설

2권 | 정답 및 해설편

시대에듀

물류관리사
5개년 첨삭식 기출문제해설
Always with you
사람의 인연은 길에서 우연하게 만나거나 함께 살아가는 것만을 의미하지는 않습니다.
책을 펴내는 출판사와 그 책을 읽는 독자의 만남도 소중한 인연입니다.
시대에듀는 항상 독자의 마음을 헤아리기 위해 노력하고 있습니다. 늘 독자와 함께하겠습니다.
합격의 공식 시대에듀
자격증 • 공무원 • 금융/보험 • 면허증 • 언어/외국어 • 검정고시/독학사 • 기업체/취업
이 시대의 모든 합격! 시대에듀에서 합격하세요!
www.youtube.com → 시대에듀 → 구독

물류관리사 5개년 첨삭식 기출문제해설

과목별 활용법 APPLICATION

45 정답 ▸ ③

① 국제물류주선업을 경영하려는 자는 국토교통부장관의 허가를 받아야 한다.

> 국제물류주선업을 경영하려는 자는 국토교통부령으로 정하는 바에 따라 시·도지사에게 등록하여야 한다(법 제43조 제1항).

② 국제물류주선업자가 그 사업을 양도하거나 사망한 때에는 그 양수인·상속인은 국제물류주선업의 등록에 따른 권리·의무를 승계하지 아니한다.

> 국제물류주선업자가 그 사업을 양도하거나 사망한 때에는 그 양수인·상속인은 국제물류주선업의 등록에 따른 권리·의무를 승계한다(법 제45조 제1항).

<u>③ 「공항시설법」 또는 「해운법」을 위반하여 벌금형을 선고받고 2년이 지나지 아니한 자는 국제물류주선업의 등록을 할 수 없다.</u>

> 「물류정책기본법」, 「화물자동차 운수사업법」, 「항공사업법」, 「항공안전법」, 「공항시설법」 또는 「해운법」을 위반하여 벌금형을 선고받고 2년이 지나지 아니한 자는 국제물류주선업의 등록을 할 수 없다(법 제44조 제4호).

④ 국제물류주선업자가 등록한 사항 중 자본금이 감소되는 경우에는 변경등록을 하지 않아도 된다.

> 국제물류주선업을 등록한 자가 등록한 사항 중 자본금이 감소되는 경우에는 국토교통부령으로 정하는 바에 따라 변경등록을 하여야 한다(법 제43조 제2항, 규칙 제7조 제1항 제2호).

⑤ 국토교통부장관은 국제물류주선업자가 거짓이나 그 밖의 부정한 방법으로 허가를 받은 경우에는 허가를 취소할 수 있다.

> 시·도지사는 국제물류주선업자가 거짓이나 그 밖의 부정한 방법으로 등록을 한 경우에는 등록을 취소하여야 한다(법 제47조 제1항 제1호)

자세한 첨삭식 해설

▶ 정답지문뿐만 아니라 정답이 아닌 지문까지 자세히 설명하여 문제 출제 의도를 정확히 파악할 수 있습니다.

▶ 지문별 상세한 첨삭식 해설을 통해 틀린 문제는 왜 틀렸는지 상세하게 분석할 수 있어 시험 직전 해설집을 오답노트로도 활용할 수 있습니다.

[더알아보기]로 중요이론까지 마스터

▶ 문제와 관련된 중요이론을 [더알아보기] 박스로 삽입하여 문제를 풀면서 부족한 이론까지 보완할 수 있도록 구성하였습니다.

▶ 특히 법규과목에서는 문제를 해결하는 데 필요한 법조항과 관련 시행령 또는 시행규칙까지 [더알아보기]에 상세하게 수록하여 따로 법조문을 찾아보지 않아도 바로 확인하면서 학습할 수 있습니다.

44 정답 ▸ ③

① 최대적재량이 3톤 이상이거나 총중량이 10톤 이상인 화물자동차는 적재물배상보험에 가입하여야 한다.

> 최대적재량이 5톤 이상이거나 총중량이 10톤 이상인 화물자동차는 적재물배상보험에 가입하여야 한다.

더 알아보기

적재물배상보험등의 의무 가입(화물자동차 운수사업법 제35조)

다음 각 호의 어느 하나에 해당하는 자는 제7조 제1항에 따른 손해배상책임을 이행하기 위하여 대통령령으로 정하는 바에 따라 적재물배상 책임보험 또는 공제(이하 "적재물배상보험등"이라 한다)에 가입하여야 한다.

1. 최대 적재량이 5톤 이상이거나 총중량이 10톤 이상인 화물자동차 중 국토교통부령으로 정하는 화물자동차를 소유하고 있는 운송사업자
2. 국토교통부령으로 정하는 화물을 취급하는 운송주선사업자
3. 운송가맹사업자

② 차량 총중량은 차량중량과 화물적재량의 합에서 승차중량을 제외한 것이다.

> 차량 총중량은 차량중량(공차중량), 화물적재중량 및 승차중량을 모두 합한 것이다.

④ 2차축 차량의 축 화물중량은 공차 시 전축 중량과 영차 시 화중을 합산한 중량이다.

> 2차축 차량의 축 화물중량은 총중량을 각각의 축이 나누어 부담하는 중량을 말한다.

⑤ 공차중량은 화물을 적재하지 않고 연료, 냉각수, 윤활유 등을 채우지 않은 상태의 화물차량 중량을 말한다.

> 공차중량은 화물을 적재하지 않고 연료, 냉각수, 윤활유 등 운행에 필요한 장비를 갖춘 상태의 중량을 말한다.

이 책의 차례 CONTENTS

2권 정답 및 해설편

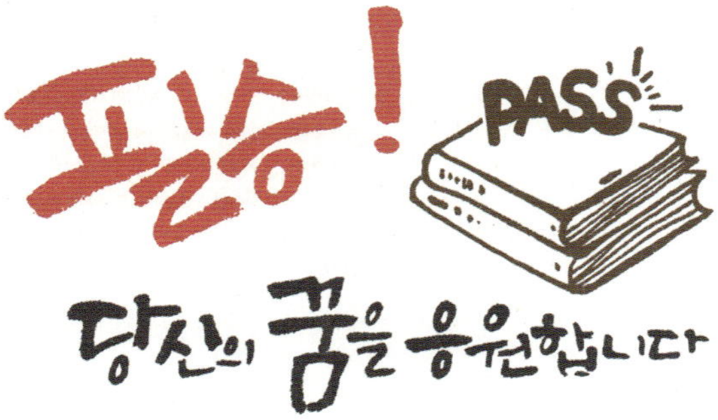

CERTIFIED PROFESSIONAL LOGISTICIAN

물류관리사 5개년 첨삭식 기출문제해설

2권

정답 및 해설편

아이들이 답이 있는 질문을 하기 시작하면 그들이 성장하고 있음을 알 수 있다.

– 존 J. 플롬프 –

2025년 제29회 정답 및 해설

각 문항별로 회독수를 체크해 보세요. ☑☐☐

1교시

29회

[1과목] 물류관리론

01	02	03	04	05	06	07	08	09	10	11	12	13	14	15	16	17	18	19	20
❶	❸	❺	❺	❸	❺	❹	❺	❷	❶	❸	❶	❹	❸	❹	❶	❷	❸	❺	❹
21	22	23	24	25	26	27	28	29	30	31	32	33	34	35	36	37	38	39	40
❶	❷	❹	❺	❸	❶	❹	❺	❶	❹	❷	❸	❹	❷	❷	❺	❷	❷	❹	❸

01 ☐☐☐ 정답 ▸ ①

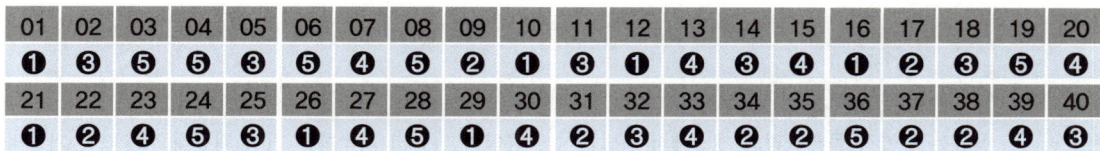

① 사용이 완료된 일회용 소모성 자재는 회수물류의 대상이다.

사용이 완료된 일회용 소모성 자재는 폐기물류의 대상이다. 회수물류는 상품의 판매물류 이후 부수적으로 발생하는 물류용기의 재사용, 재활용과 관련된 물류 활동으로, 회수물류 대상 품목으로는 음료용 알루미늄 캔, 화물용 T-11 파렛트, 운송용 컨테이너, 주류용 빈 병 등이 있다.

02 ☐☐☐ 정답 ▸ ③

③ ㄱ, ㄹ, ㅁ

ㄱ. 보관활동 물적유통
ㄴ. 상거래활동 상적유통
ㄷ. 금융조성활동 상적유통
ㄹ. 화물수송활동 물적유통
ㅁ. 유통가공활동 물적유통

더 알아보기

상적유통과 물적유통

구 분	상적유통(상류)	물적유통(물류)
개 념	상품의 소유권 이전 활동	물류 경로상에서 이동 중인 물품에 대한 관리 활동
기 능	유통경로 내에서 판매자와 구매자의 관계에 초점	• 물품 관리활동에 초점 • 시간적 · 공간적 효용가치 창출
역 할	• 상품의 거래활동 • 금융조성활동(금융, 보험 등의 보조 활동)	• 화물보관활동 • 화물수송활동 • 화물 판매를 위한 포장활동 • 유통가공활동

03 정답 ▶ ⑤

□□□ ⑤ 물류는 통합적 물류관리의 개념에서 출발하여 물류영역 전반의 최적화를 거쳐 최종적으로 개별 기업의 물류생산성 제고의 차원으로 발전하였다.

물류는 운송 · 보관 · 포장 · 하역 등 판매물류의 기능적 물류 활동과 비용절감을 목적으로 출발하여 판매물류뿐 아니라 조달 · 생산 · 회수물류를 포함한 물류영역 전반의 최적화를 거쳐 최종적으로 제품의 생산과 유통 과정을 하나의 통합망으로 관리하는 통합적 물류관리의 개념으로 확장하였다.

04 정답 ▶ ⑤

□□□ ⑤ 물류의 중요성이 증가하여 상물일치의 개념이 확대되고 있다.

물류합리화 관점에서 물류활동의 전문화를 위해 상적유통과 물적유통의 경로를 구분하여 운영하는 상물분리의 개념이 확대되고 있다.

05 정답 ▶ ③

□□□ ③ 소비자 니즈(needs)의 다양화로 소품종 대량생산이 증가하여 물류관리의 중요성이 증가하고 있다.

소비자 니즈(needs)의 다양화로 다품종 소량생산이 증가하고 있다.

06 정답 ▸ ⑤

□□□

⑤ 물류는 마케팅믹스의 4P 중 제품(product)과 가장 밀접한 관계가 있다.

물류는 마케팅믹스의 4P 중 Place, 즉 유통채널과 가장 밀접한 관계가 있다.

07 정답 ▸ ④

□□□

① 주문전달시간(Order Transmittal Time)

주문을 주고받는 판매사원, 우편, 전화, 전자송달(컴퓨터 등)에 사용되는 시간이다.

② 주문처리시간(Order Processing Time)

적재서류의 준비, 재고기록의 갱신, 신용장의 처리작업, 주문확인, 주문정보를 생산・판매・회계부서 등에 전달하는 활동에 소요되는 시간이다.

③ 주문확정시간(Order Confirmation Time)

주문이 접수된 후 판매자에 의해 최종 확정된 시간이다.

⑤ 재고가용성(Stock Availability)

창고에 보유하고 있는 재고가 없을 때 생산지의 재고로부터 보충하는 데 소요되는 시간이다.

08 정답 ▸ ⑤

□□□

⑤ 고객서비스 수준이 높아지면 물류비가 절감되고 매출액은 증가한다.

고객서비스 수준의 향상과 물류비 감소 간에는 상충관계(Trade-off)가 있어 고객서비스 수준이 높아지면 물류비가 증가할 수 있다.

09 정답 ▸ ②

□□□

② 성장기

성장기는 판매량이 증가하는 시기로, 제품에 대한 고객들의 관심이 높아지면서 제품가용성을 넓은 지역에 걸쳐 증가시키게 되는 단계이다. 성장기에는 장기적인 수요에 대비한 유통망의 확대가 필요하나, 제품의 판매량이 현저하게 증가하게 되고 물류센터의 수와 재고수준을 정하는 데 필요한 정보가 부족하여 물류계획을 수립하는 데 어려움이 있어 물류관리자의 판단에 따른 물류계획이 필요하다.

» 더 알아보기

제품수명주기 단계

도입기	• 제품이 시장에 처음 등장하는 시기 • 수요와 공급이 불확실하며, 이익은 낮거나 손실이 발생하는 단계 • 판매망이 소수의 지점에 집중되고 제품의 가용성은 제한되므로 물류서비스는 높은 수준의 재고 가용성과 유연성을 확보하는 전략 필요
성장기	• 판매량이 증가하는 시기 • 대량생산을 통한 가격인하로 시장 규모 확대 • 규모의 경제를 고려하여 비용과 서비스 간의 상충관계를 적극 고려하는 전략 필요
성숙기	• 판매증가율이 둔화되는 시기 • 제품이 일반화되고 수요증대에 맞추어 가격은 하향 조정되기 시작하며, 수익은 평준화되다가 감소하기 시작하는 단계 • 매출액이 체감적으로 증가하거나 안정된 상태를 유지하고, 많은 기업들의 진출 및 과잉생산능력으로 경쟁이 심화되는 시기이므로 고객별로 차별화 · 집중적인 물류서비스 전략 필요
쇠퇴기	• 가격이 평준화되고 판매량은 감소하며, 이에 따라 이익도 감소하기 시작하는 단계 • 비용 최소화보다 위험 최소화 전략이 필요

10 정답 ▸ ①

□□□

② 라인 · 스태프형 물류조직

직능형 조직의 단점을 보완하기 위해 라인과 스태프의 기능을 분리하여 실시기능과 지원기능을 구별한 조직형태로, 기업규모 확대에 따라 사업부형이나 그리드형 조직 형태로 발전할 수 있다.

③ 직능형 물류조직

라인부분과 스태프 부분이 분리되지 않은 조직형태로, 물류활동이 다른 부문 활동 속에 포함되어 물류전문화, 물류전문가 양성이 어렵다.

④ 그리드형 물류조직

모회사 물류본부의 스태프 부문이 여러 자회사의 해당 부분을 횡적으로 관리하고 지원하는 조직형태로, 다국적 기업에서 많이 찾아볼 수 있는 물류조직의 형태이다.

⑤ 매트릭스형 물류조직

물류 담당자들이 평상시에는 자기 부서에서 근무하다가 필요시 해당 부서의 인원들과 함께 문제를 해결하기 위해 구성되는 조직으로, 항공우주산업, 물류정보시스템 개발과 같이 복잡성이 높은 첨단기술 분야에서 효과적인 형태이다.

11 정답 ▸ ③

□□□

③ 자가물류 방식에 비해 화주의 정보 유출 우려가 적다.

3자물류는 화주(기업)가 포장, 운송, 보관, 하역, 물류가공, 물류정보처리 등 일련의 공급사슬에서 요구되는 활동을 외부 전문업체에게 위탁하는 방식으로, 자가물류 방식에 비해 화주의 정보 유출이 발생할 가능성이 높다.

12 정답 ▸ ①

□□□

① Do는 새로운 품질 개선 아이디어를 환류(Feedback)하는 단계이다.

DMAIC의 다섯 단계 중 Define(정의)은 결함 발생 요인을 정의하여 문제를 명확히 하고, 몇 개월 내에 측정 가능한 목표가 달성될 수 있도록 문제 범위를 좁히는 단계이다.

13 정답 ▸ ④

□□□

④ 산출회계(Throughput Accounting)는 통계적 기법을 활용한 품질 개선 도구이다.

통계적 기법을 활용한 품질 개선 도구는 6시그마이다. 6시그마는 회사 내 전 분야에 걸쳐 발생되는 불량의 원인을 찾아 제거하고 품질을 향상시키는 경영기법으로, 모든 현상을 숫자로 표시하고 관리하며 수치 데이터를 통한 분석적인 접근 방식을 취한다. 산출회계(Throughput Accounting)는 기업의 경영활동에 대해 기존의 원가회계를 대체하는 새로운 제약이론의 성과측정방법이다.

14 정답 ▸ ③

□□□

③ 8,000

$$\text{손익분기점 판매량(개)} = \frac{\text{고정비}}{\text{단위당 판매가격} - \text{단위당 변동비}}$$

$$= \frac{200,000,000}{100,000 - (100,000 \times 75\%)}$$

$$= \frac{200,000,000}{100,000 - 75,000}$$

$$= \frac{200,000,000}{25,000} = 8,000(\text{개})$$

15 정답 ▶ ④

□□□

① 제품 A의 운송비로 3,000만원이 배부된다.

$$\text{제품 A의 운송비} = \frac{6{,}000 \times 8{,}000}{12{,}000} = 4{,}000\text{만원}$$

② 제품 B의 물류비는 4,000만원이다.

$$\text{제품 B의 물류비} = \frac{6{,}000 \times 4{,}000}{12{,}000} + \frac{2{,}000 \times 2{,}000}{5{,}000} + \frac{2{,}000 \times 600}{1{,}200} + \frac{3{,}000 \times 1{,}000}{2{,}500}$$
$$= 2{,}000 + 800 + 1{,}000 + 1{,}200 = 5{,}000(\text{만원})$$

③ 제품 B의 보관비로 1,000만원이 배부된다.

$$\text{제품 B의 보관비} = \frac{2{,}000 \times 2{,}000}{5{,}000} = 2{,}000 \times 0.4 = 800(\text{만원})$$

<u>**④ 제품 A에 배부된 포장비와 제품 B에 배부된 포장비는 같다.**</u>

포장비 배부 기준은 '출고물량'인데, 제품 A와 제품 B의 출고물량은 600개로 동일하므로 포장비도 같다.

⑤ 제품 A에 배부된 하역비는 제품 B에 배부된 하역비의 2배이다.

- 제품 A의 하역비 $= 3{,}000 \times \frac{900 + 600}{1{,}300 + 1{,}200} = \frac{3{,}000 \times 1{,}500}{2{,}500}$
  $= 3{,}000 \times 0.6 = 1{,}800(\text{만원})$
- 제품 B의 하역비 $= 3{,}000 \times \frac{400 + 600}{1{,}300 + 1{,}200} = \frac{3{,}000 \times 1{,}000}{2{,}500}$
  $= 3{,}000 \times 0.4 = 1{,}200(\text{만원})$
- 제품 A에 배부된 하역비(1,800만원)는 제품 B에 배부된 하역비(1,200만원)의 1.5배이다.

16 정답 ▶ ①

□□□

<u>**① 노무비**</u>

세목별 비목
- 세목별 비목 : 재료비, 노무비, 경비, 이자

② 포장비

기능별 비목

③ 하역비

기능별 비목

④ 보관비

기능별 비목

⑤ 물류정보・관리비

기능별 비목

17

정답 ▸ ②

□□□ ② 10

- A기업이 올해 절감한 물류비를 작년 영업이익에 더하여 올해 영업이익을 구한 후, 올해 영업이익을 매출액과 대비하여 영업이익률을 계산한다.
  - A기업의 작년 물류비 = 400억원 × 20% = 80억원
  - A기업의 올해 물류비 = 400억원 × 15% = 60억원
  - A기업의 올해 영업이익 = (80억원 − 60억원) + 20억원 = 40억원
- A기업의 올해 매출액 대비 영업이익률 = 40억원/400억원 × 100 = 10%

18

정답 ▸ ③

□□□ ③ 경로구성원에 대한 통제력은 관리형 VMS가 기업형 VMS보다 더 강하다.

경로구성원에 대한 통제력은 기업형 VMS가 관리형 VMS보다 더 강하다.

더 알아보기

경로구성원에 대한 통제력의 강도

회사형(기업형) VMS > 계약형 VMS > 관리형 VMS > 동맹형 VMS

19

정답 ▸ ⑤

□□□ ⑤ 품질의 높은 변동성

공급업체가 변동성을 최소화하고 일관된 품질의 제품을 안정적으로 공급할 수 있어야 장기적 협력관계를 유지할 수 있다.

20

정답 ▸ ④

□□□ ④ 신용정보 및 거래정보의 유출 위험이 없다.

e-Procurement(전자조달)는 구매 요청, 승인, 입찰, 계약에 이르는 일련의 프로세스를 대면방식이 아닌 인터넷을 기반으로 수행하는 시스템으로, 데이터 유출이나 해킹 등과 같은 사이버 보안 위협 위험으로 인한 신용정보 및 거래정보의 유출 가능성이 존재한다.

21 정답 ▸ ①

□□□

② 팩토리 아웃렛(Factory Outlet)

제조업체가 유통라인을 거치지 않고 직영체제로 운영하는 상설할인매장을 말한다.

③ 백화점(Department Store)

선매품을 중심으로 생활필수품, 전문품에 이르기까지 다양한 상품 계열을 취급하며 대면판매, 현금정찰판매, 풍부한 인적·물적 서비스로써 판매활동을 전개하는 상품 계열별로 부문 조직화된 대규모 소매상이다.

④ 수퍼센터(Super Center)

대형 슈퍼마켓과 할인점을 결합한 형태의 대형 소매점이다.

⑤ 하이퍼마켓(Hypermarket)

초대형가격할인 슈퍼마켓으로, 주로 교외에 위치한다.

22 정답 ▸ ②

□□□

② ㄱ, ㄴ, ㄷ

ㄱ(○). 상인 도매기관(merchant wholesaler)은 취급하는 제품의 소유권을 가지는 독립된 사업체의 도매기관으로 상품을 직접 구매하여 판매한다.

ㄴ(○). 대리 도매기관(agent wholesaler)은 제품에 대한 소유권 없이 제조업자나 공급업자 대신 제품을 판매하는 도매기관이다.

ㄷ(○). 제조업자 도매기관(manufacturer wholesaler)은 제조업자가 직접 도매기능을 수행할 뿐만 아니라 입지 선정부터 점포 내의 판매원 관리까지 모든 업무를 직접 관리하는 도매기관이다.

ㄹ(×). 라스트마일(last-mile)은 상품을 최종 목적지, 즉 고객에게 전달하기 위한 마지막 단계를 말한다.

ㅁ(×). 옴니채널(omni-channel)은 온오프라인 채널의 유기적 통합을 통해 고객이 어떤 채널에서든 같은 매장을 이용하는 것처럼 느낄 수 있도록 한 매장의 쇼핑환경을 말한다.

23 정답 ▸ ④

□□□

④ 2차원 바코드의 하나인 QR 코드는 미국의 UPS사가 개발하였다.

2차원 바코드의 하나인 QR 코드는 일본의 덴소웨이브 사에 의해 1994년 개발되었다.

24 정답 ▸ ⑤

□□□

⑤ 1970년대 생산현장 관리를 위해 개발된 MES(Manufacturing Execution System)에서 유래하였다.

기업의 자재구매 및 자재소요량을 관리하기 위해 만들어진 자재소요계획(MRP : Material Requirement Planning)이 확대되어 자재뿐 아니라 생산에 필요한 모든 자원을 효율적으로 관리하기 위한 생산자원계획(MRP-II)이 만들어졌으며, 생산자원계획(MRP-II)은 회사의 모든 자원을 계획 · 관리하는 전사적 자원관리(ERP)로 발전하였다.

25 정답 ▸ ③

□□□

③ RFID는 데이터의 변경 및 추가가 가능하나 여러 개의 태그를 동시에 판독하는 것은 불가능하다.

RFID는 판독기를 이용하여 태그(Tag)에 기록된 정보를 판독하는 무선주파수 인식기술로 태그에 데이터 반복저장 및 추가 · 변경이 가능하며, 여러 개의 태그를 동시에 판독할 수 있으므로 일시에 다량의 정보에 대한 빠른 판독이 가능하다.

26 정답 ▸ ①

□□□

① Postponement

지연전략(Postponement) : 소비자 수요를 만족시키고 재고를 최소화하기 위해 제품 생산공정을 전공정과 후공정으로 나누고, 마지막까지 최대한 전공정을 지연시키는 전략이다. 의류업체가 색상에 대한 소비자 기호의 변동성에 대응하고 예측의 정확성을 높이기 위해 제조공정을 직조 후 염색하는 공정으로 개선한 것은 지연전략을 사용한 예이다.

27 정답 ▸ ④

□□□

④ 고가의 금형제작 비용이 발생한다.

3D 프린팅은 3D 디지털 설계를 기반으로 재료를 층층히 쌓아나가는 적층 방식을 통해 신속 · 정확하게 물체를 제조하는 기술로, 많은 시간과 고가의 제작 비용을 사용해야 하는 전통적 제작방식인 금형 제작의 설계부터 제품 생산에 이르기까지의 시간과 비용을 줄일 수 있다.

28 정답 ▶ ⑤

□□□

① Material Requirements Planning

자재소요계획 시스템(MRP) : 전산화 프로그램으로 재고관리와 생산일정을 계획·통제하고, 적량의 품목을 적시에 주문하여 적정 재고수준을 통제하는 시스템이다.

② Computer Aided Manufacturing

CAM : 제품의 생산 및 제조 과정에 컴퓨터를 도입하여 자동화를 지원하는 시스템화 기술이다.

③ Distribution Resource Planning

유통망관리(DRP) : 생산이 완료된 제품에 대한 물류와 재고 관리시스템이다.

④ Enterprise Resource Planning

전사적자원관리(ERP) : 정보기술을 활용하는 경영전략의 하나로, 기간 업무뿐만 아니라 기업 활동에 필요한 모든 자원을 하나의 체계로 통합하여 운영하고 기업의 업무 처리 방식을 선진화시킴으로써 한정된 기업의 자원을 효율적으로 관리하여 생산성을 극대화하려는 기업 리엔지니어링 기법이다.

⑤ Vendor Managed Inventory

공급자 주도형 재고관리(VMI) : 공급업체(제조업체)가 유통업체의 발생 재고를 주도적으로 관리하는 방식이다.

29 정답 ▶ ①

□□□

① ㄱ, ㄴ

ㄱ(○). 리드타임 단축보다는 비용을 절감하는 데 중점을 둔다.

ㄴ(○). 공급사슬 전반의 재고를 최소화하는 것이 중요하다.

ㄷ(×). 공급자 선정과정에서 비용보다는 공급의 유연성을 우선적으로 고려한다.

효율적 공급사슬은 재고 최소화 및 비용 절감을 통해 기업의 효율을 극대화하는 공급사슬관리 전략으로, 공급자 선정과정에서 공급의 유연성보다는 비용 최소화를 우선적으로 고려한다.

ㄹ(×). 모듈화를 통한 제품 다양성 확보에 초점을 둔다.

효율적 공급사슬의 경우, 제품 다양성보다는 비용을 최소화한 기능적 제품 확보에 초점을 둔다. 시장의 불확실한 수요에 신속하게 대비할 수 있도록 모듈화를 통한 제품 다양성 확보에 초점을 두는 전략은 반응적 공급사슬이다.

30 정답 ▸ ④

□□□ **④ 참여기업들의 개별적 수요 예측을 통해 완화할 수 있다.**

참여기업들의 개별적 수요 예측은 불확실성으로 인한 수요 변동성을 증대시키는 원인이 되므로 채찍효과를 증가시킬 수 있다. 공급망 전반에 걸쳐 수요 정보를 중앙집중화하고 상호공유하여 불확실성을 최소화해야 채찍효과를 완화할 수 있다.

31 정답 ▸ ②

□□□ **② 제조업체가 핵심역량인 제조에 집중하기 위해서는 자가물류의 확대가 필요하다.**

제조업체가 핵심역량인 제조에 집중하기 위해서는 물류를 전문업체에게 아웃소싱하여 전문화 및 분업화를 꾀하는 전략이 필요하다.

32 정답 ▸ ③

□□□ **③ 서비스 수준을 높이기 위해 고객이 지정한 규격의 파렛트를 구비하여 활용한다.**

단위적재시스템(ULS : Unit Load System)은 수송합리화를 위해 화물을 일정한 표준의 중량 또는 체적으로 단위화시켜 기계를 이용하여 하역·수송·보관 등을 하는 시스템으로, 이를 위해 수송 전 단계의 기기·용기·설비 등의 규격을 표준화하여 호환성과 연계성을 확보해야 한다.

33 정답 ▸ ④

□□□ ① Unit Load의 최대허용치수(Maximum Plan View Size)는 1,100mm × 1,100mm이다.

Unit Load의 최대허용치수(Maximum Plan View Size)는 1,140mm × 1,140mm이다.

② 상품성을 높이기 위해서 상품의 포장 치수를 물류 모듈과 독립적으로 결정하는 것이 바람직하다.

포장화물의 유통합리화를 위해 물류 모듈의 규격에 따라 포장 치수를 체계화하여야 한다.

③ 적재함 폭이 2,340mm인 8톤 트럭에는 일관수송용 T-1 표준파렛트 16매가 적재된다.

8톤 트럭에는 12매, 11톤 트럭에 16매의 표준파렛트가 적재된다.

⑤ 한국산업표준(KS)으로 제정된 수송포장계열치수는 1,140mm를 정수로 나눈 배수모듈 시스템이다.

한국산업표준(KS)으로 제정된 수송포장계열치수는 Unit Load의 최대허용치수인 1,140mm × 1,140mm에서 공차 40mm를 뺀 1,100mm × 1,100mm를 정수로 분할한 분할포장 모듈시스템이다.

34 정답 ▶ ②

□□□ ② ㄱ, ㄷ

ㄱ(○). 규모의 경제 효과로 화주의 단위당 물류비 절감
ㄴ(×). 화주 측면에서의 고객에 대한 서비스 수준 향상

공동으로 물류활동을 수행하므로 화주 측면에서의 물류서비스 차별화에 한계가 있다.

ㄷ(○). 운수업자의 물류정보시스템 구축 촉진
ㄹ(×). 운수업자의 자율적인 배송 스케줄 조정이 용이함

공동배송으로 인해 배송순서 조절의 어려움이 발생한다.

더 알아보기

물류공동화의 장점

- 운송비용의 감소
- 화물적재율 및 수배송 효율 향상
- 운수업자의 물류정보시스템 구축 촉진
- 중복투자의 감소
- 물류자원을 최대 활용하여 물류비용 절감
- 물류작업의 생산성 향상
- 안정적인 물류서비스 제공
- 유사부품의 공동관리

35 정답 ▶ ②

□□□ ① 특정 화주 공동형

동일업종의 화주가 특정화주의 주도로 집화 및 배송을 공동 수행하는 유형이다.

③ 개별입고 공동배송

화물거점 시설까지는 각 화주 또는 개개의 운송사업자가 화물을 개별적으로 운송하고 이후의 배송업무는 공동화하는 것이다.

④ 공동집하 개별배송

여러 회사가 공동으로 화물을 집하하고 배송은 개별적으로 하는 유형이다.

⑤ 개별입고 개별수송

각 회사가 모든 물류를 독립적으로 처리하는 유형이다.

36

정답 ▶ ⑤

□□□

⑤ 동일 지역 내에 공동물류센터가 없으면 공동수배송을 실시할 수 없다.

동일 지역 내에 공동물류센터가 없더라도 공용차량을 이용해 순회하며 화물을 집·배송하거나 자가용 화물자동차를 이용하는 등 다양한 방식으로 공동수배송을 실시할 수 있다.

37

정답 ▶ ②

□□□

① AEO(Authorized Economic Operator)

수출입안전관리우수공인업체 : 세관에서 물류기업이 일정 수준 이상 기준 충족 시 세관 통관절차 등을 간소화해주는 제도이다.

③ CSI(Container Security Initiative)

컨테이너 안전 협정 : 외국항만에 미국 세관원을 파견하여 미국으로 수출할 컨테이너화물에 대한 위험도를 사전에 평가하는 컨테이너 보안협정이다.

④ ISPS(International Ship & Port Facility Security)

국제선박 및 항만시설 보안규칙 : 국제해사기구(IMO)가 채택한 규칙으로 해상에서의 테러를 예방하기 위해 각국 정부와 항만관리당국 및 선사들이 갖춰야 할 보안 관련 조건들을 명시하고, 보안사고 예방에 대한 가이드라인을 제시하였다.

⑤ ISO 9000

품질경영시스템 : 국제표준화기구(ISO)에서 제정한 공급자에 대한 품질경영 및 품질보증의 국제규격으로, 제품 및 서비스의 품질을 일정하게 유지하고 개선하기 위한 표준이다.

38

정답 ▶ ②

□□□

② 수배송 공동화 등 공동 물류활동의 확산은 환경오염을 촉진한다.

수배송 공동화 등 공동 물류활동의 확산을 통해 수송·포장을 합리화하여 낭비를 막고, 교통량 감소로 탄소배출과 같은 환경오염을 방지함으로써 녹색물류를 실현할 수 있다.

39 정답 ▶ ④

□□□

① AGV(Automatic Guided Vehicle)

운전자 없이 공장이나 창고에서 물품을 운반 및 이동하는 무인반송차로, 공장이나 물류 시설에서 자동화를 추진하기 위해 사용된다.

② ASRS(Automated Storage & Retrieval System)

창고 자동화를 위한 자동저장 및 회수 시스템으로, 물자의 운반・저장・인도를 정해진 자동화 수준에 맞추어 신속・정확하게 수행하기 위한 장비 및 시스템이다.

③ DAS(Digital Assorting System)

DAS는 주문별로 분배된 물품 순서에 따라 작업자에게 분류정보를 제공하여 신속한 분배를 지원하는 시스템이다.

⑤ ERP(Enterprise Resource Planning)

기업 내 경영 활동 프로세스들을 통합적으로 연계해 관리하고, 기업 정보들을 서로 공유하며, 새로운 정보 생성 및 빠른 의사결정을 도와주는 통합 시스템이다.

40 정답 ▶ ③

□□□

③ 150,000

기존 차량의 환경부담금과 친환경 차량의 환경부담금을 계산한 후 그 차이를 구하면 환경부담금 절감액을 알 수 있다. 환경부담금 절감액과 친환경 차량 도입 비용이 같아지는 지점이 최소 주행거리이다.

- 환경부담금 = 이산화탄소 배출량(kg) × 환경부담금 산출계수
- 기존 차량의 환경부담금 계산 방법
  - 기존 차량의 이산화탄소 배출량(kg) = 주행거리(km) ÷ 5(km/L) × 0.002(kg/L)
  - 기존 차량의 환경부담금 = [주행거리(km) ÷ 5 × 0.002] × 50(만원/kg)
- 친환경 차량의 환경부담금 계산 방법
  - 친환경 차량의 이산화탄소 배출량(kg) = 주행거리(km) ÷ 10(km/L) × 0.002(kg/L)
  - 친환경 차량의 환경부담금 = [주행거리(km) ÷ 10 × 0.002] × 50(만원/kg)
- 환경부담금 절감액 = 기존 차량의 환경부담금 − 친환경 차량의 환경부담금

  환경부담금 절감액 = [{주행거리(km) ÷ 5 × 0.002} × 50] − [{주행거리(km) ÷ 10 × 0.002} × 50]
  = {주행거리(km) × 0.02} − {주행거리(km) × 0.01}
  = 주행거리(km) × 0.01
- 최소 주행거리 : 환경부담금 절감액과 친환경 차량 도입 비용(1,500만원)이 같아지는 지점
  - 주행거리(km) × 0.01 = 1,500
  - 주행거리(km) = $\frac{1,500}{0.01}$
  - 주행거리(km) = 150,000

[2과목] 화물운송론

41	42	43	44	45	46	47	48	49	50	51	52	53	54	55	56	57	58	59	60
❺	❹	❺	❸	❷	❶	❹	❸	❸	❷	❺	❹	❸	❶	❷	❶	❹	❶	❺	❸
61	62	63	64	65	66	67	68	69	70	71	72	73	74	75	76	77	78	79	80
❹	❶	❺	❹	❷	❺	❷	❺	❶	❹	❶	❷	❸	❶	❷	❷	❺	❸	❺	❹

41 정답 ▸ ⑤

□□□

① 화물자동차 운수사업은 화물자동차 운송사업, 화물자동차 운송주선사업, 화물자동차 운송가맹사업으로 구분된다.

> 화물자동차 운수사업법 제2조 제2호

② 화물자동차 운송사업을 경영하려는 자는 국토교통부장관의 허가를 받아야 한다.

> 화물자동차 운수사업법 제3조 제1항

③ 화물자동차 운송사업은 일반화물자동차 운송사업과 개인화물자동차 운송사업으로 구분한다.

> 화물자동차 운수사업법 제3조 제1항 참고

④ 개인화물자동차 운송사업은 화물자동차 1대를 사용하여 화물을 운송하는 사업으로서 대통령령으로 정하는 사업이다.

> 화물자동차 운수사업법 제3조 제1항 제2호

⑤ 제3자 물류 활성화를 위해 운송주선사업자는 자기 명의로 다른 사람에게 화물자동차 운송주선사업을 경영하게 할 수 있다.

> 운송주선사업자는 자기 명의로 다른 사람에게 화물자동차 운송주선사업을 경영하게 할 수 없다(화물자동차 운수사업법 제25조).

42 정답 ▸ ④

□□□

① 리치 스태커

> 컨테이너 운반용으로 주로 사용되며 컨테이너의 적재 및 위치 이동, 교체 등에 사용되는 하역장비이다.

② 스트래들 캐리어

> 컨테이너 운반기구로 컨테이너를 마샬링 야드에서 에이프런 또는 CY에 운반 · 적재하는 데 사용하는 장비이다.

③ 하이로더

> 항공화물을 여러 층으로 높게 적재하거나, 항공기 화물실에 화물을 탑재하는 항공기 전용 탑재기이다.

④ <u>밴형 화물자동차</u>

탑차(Top Car)라고 불리기도 하며, 일반화물자동차의 화물 적재 공간을 상부가 막힌 박스형(Box)으로 제작한 차량이다.

⑤ 포크리프트

중량물을 싣거나 내리는 하역전용의 특수자동차로 지게차라고도 한다.

43 정답 ▸ ⑤

□□□

⑤ <u>적재율 증대와 비용감소를 위해 영업용보다는 자가용 화물차량을 사용한다.</u>

적재율 증대와 비용감소를 위해 자가용 화물차량보다는 영업용 화물차량을 이용하는 것이 효과적이다.

44 정답 ▸ ③

□□□

① 최대적재량이 3톤 이상이거나 총중량이 10톤 이상인 화물자동차는 적재물배상보험에 가입하여야 한다.

최대적재량이 5톤 이상이거나 총중량이 10톤 이상인 화물자동차는 적재물배상보험에 가입하여야 한다.

더 알아보기

적재물배상보험등의 의무 가입(화물자동차 운수사업법 제35조)

다음 각 호의 어느 하나에 해당하는 자는 제7조 제1항에 따른 손해배상책임을 이행하기 위하여 대통령령으로 정하는 바에 따라 적재물배상 책임보험 또는 공제(이하 "적재물배상보험등"이라 한다)에 가입하여야 한다.

1. 최대 적재량이 5톤 이상이거나 총중량이 10톤 이상인 화물자동차 중 국토교통부령으로 정하는 화물자동차를 소유하고 있는 운송사업자
2. 국토교통부령으로 정하는 화물을 취급하는 운송주선사업자
3. 운송가맹사업자

② 차량 총중량은 차량중량과 화물적재량의 합에서 승차중량을 제외한 것이다.

차량 총중량은 차량중량(공차중량), 화물적재중량 및 승차중량을 모두 합한 것이다.

④ 2차축 차량의 축 화물중량은 공차 시 전축 중량과 영차 시 화중을 합산한 중량이다.

2차축 차량의 축 화물중량은 총중량을 각각의 축이 나누어 부담하는 중량을 말한다.

⑤ 공차중량은 화물을 적재하지 않고 연료, 냉각수, 윤활유 등을 채우지 않은 상태의 화물차량 중량을 말한다.

공차중량은 화물을 적재하지 않고 연료, 냉각수, 윤활유 등 운행에 필요한 장비를 갖춘 상태의 중량을 말한다.

45 정답 ▸ ②

□□□

② <u>운임탄력성이 낮은 경우 운임이 변화하면 운송수요가 크게 변화한다.</u>

운임탄력성이 낮은 경우 운임이 변화하면 운송수요의 변화가 크지 않으며, 운임탄력성이 높은 경우 운임이 변화하면 운송수요가 크게 변화한다.

46 정답 ▶ ①

□□□

② Mode라고 하며 복합운송의 역할이 중요시되고 있다.

운송방식(Mode)에 대한 설명이다.

③ 철도역, 배송센터, 물류터미널 등이 이에 해당된다.

운송연결점(Node)에 대한 설명이다.

④ 운송을 직접 담당하는 수단으로 자동차, 선박, 항공기, 철도 차량 등이 있다.

운송방식(Mode)에 대한 설명이다.

⑤ 운송을 위한 상품을 처리 및 보관하는 장소 또는 시설을 의미한다.

운송연결점(Node)에 대한 설명이다.

더 알아보기

운송의 3요소

- 운송방식(Mode) : 운송을 직접적으로 담당하는 수단 예 화물자동차, 화물열차, 선박, 항공기, 파이프라인 등
- 운송경로(Link) : 운송수단의 운행에 이용되는 운송경로(통로) 예 지방도로, 국도, 고속도로, 철도, 해상 항로, 항공로 등
- 운송연결점(Node) : 운송의 대상인 화물을 효율적으로 처리하기 위한 장소나 시설 예 물류단지, 물류센터, 제조공장, 화물터미널, 항만, 공항 등

47 정답 ▶ ④

□□□

④ 2

$$\text{운송수요의 운임탄력성} = \frac{\frac{\text{운송수요 변화량}}{\text{운송수요 수준}}}{\frac{\text{운임 변화량}}{\text{운임 수준}}} = \frac{\frac{5}{10}}{\frac{1}{4}} = 2$$

48 정답 ▶ ③

□□□

③ 운송서비스 수요는 상품 수요와 독립적으로 결정되는 특성을 가지고 있다.

운송서비스 수요는 상품의 수요에 따라 파생적으로 발생하는 특성이 있다. 즉, 운송수요는 생산과 소비에 종속적으로 발생하여 파생적이고 지원적인 성격을 가지고 있다.

49 정답 ▶ ③

□□□ ③ 항공운송은 장거리 및 대용량 · 고중량 운송에 유리하다.

항공운송은 소량 및 경량 물품의 원거리 운송에 유리하다.

50 정답 ▶ ②

□□□ ② ㄱ, ㄴ, ㅁ

ㄱ. 냉동차 – 전용특장차
ㄴ. 액체 수송차(탱크로리) – 전용특장차
ㄷ. 리프트게이트부착차량 – 합리화 특장차
ㄹ. 시스템 차량 – 합리화 특장차
ㅁ. 믹서트럭 – 전용특장차

51 정답 ▶ ⑤

□□□ ⑤ 국내의 수송수단별 화물수송 분담률에서 ton · km기준으로 철도운송이 공로운송보다 분담률이 높다.

국내의 수송수단별 화물수송 분담률에서 ton · km기준으로 철도운송이 공로(도로)운송보다 분담률이 낮다.

52 정답 ▶ ④

□□□ ④ 250km

채트반 공식

$$\text{경제효용거리 분기점} = \frac{\text{철도 부대비용}}{\text{화물자동차운송비} - \text{철도운송비}}$$

$$= \frac{500{,}000\text{원}}{4{,}000\text{원} - 2{,}000\text{원}} = 250(\text{km})$$

53 정답 ▶ ③

□□□ ③ 회전수 감소의 원칙

회전수 감소의 원칙은 차량의 운행하는 횟수를 줄여 운송 생산성이 저하된다. 그러므로 회전수를 증가시켜 운송 생산성을 향상할 수 있는 화물자동차운송시스템 전략을 사용해야 한다.

54 정답 ▸ ①

□□□

① ㄱ, ㄴ

ㄱ. 감가상각비 – 고정비
ㄴ. 지급이자 – 고정비
ㄷ. 유류비 – 변동비
ㄹ. 타이어비 – 변동비
ㅁ. 시간외 수당 – 변동비

55 정답 ▸ ②

□□□

① 가동률은 80%이다.

$$\text{가동률} = \frac{\text{실제 가동 차량 수}}{\text{누적 실제 차량 수}} \times 100 = \frac{300\text{대}}{360\text{대}} \times 100 \fallingdotseq 83.3\%$$

② 영차율은 90%이다.

$$\text{영차율} = \frac{\text{실제 적재 주행거리}}{\text{총 주행거리}} \times 100 = \frac{72,000\text{km}}{80,000\text{km}} \times 100 = 90\%$$

③ 적재율은 85%이다.

$$\text{적재율} = \frac{\text{평균 적재 중량}}{\text{적재 가능 총중량}} \times 100 = \frac{8.2\text{톤}}{10\text{톤}} \times 100 = 82\%$$

④ 복화율은 75%이다.

복화율은 편도운송을 한 후 귀로 시 화물운송을 얼마나 수행했는지를 나타내는 지표이다. 위에서 주어진 운행실적만으로 복화율을 구할 수 없다.

⑤ 공차거리율은 20%이다.

$$\text{공차거리율} = \frac{\text{공차상태의 주행거리}}{\text{총 주행거리}} \times 100 = \frac{80,000\text{km} - 72,000\text{km}}{80,000\text{km}} \times 100 = 10\%$$

56 정답 ▸ ①

□□□

① 호퍼화차는 포대화물, 종이류 등을 수송하기 위한 차량으로 양측에 슬라이딩 도어를 구비하여 화물의 적하가 용이하도록 되어 있다.

포대화물, 종이류 등을 수송하기 위한 차량으로 양측에 슬라이딩 도어를 구비하여 화물의 적하가 용이한 것은 유개화차이다. 호퍼화차는 밑 부분에는 중력양륙 또는 공기양륙 장치가 부착되어 화물을 싣고 내리는 작업이 가능한 구조로 곡물, 사료 등 입체화물을 운반하거나 석탄, 자갈 등 분체화물 운송에 적합하다.

57 정답 ▶ ④

□□□ ④ 사유화차 할인은 고객이 화차를 제작하여 철도운송에 사용할 경우 투자비 보전을 위해 시행하는 할인으로 할인율은 화차제작 조건에 관계없이 동일하게 적용된다.

> 사유화차 할인은 고객이 화차를 제작하여 철도운송에 사용할 경우 고객의 투자비를 보전하기 위해 시행하는 할인으로 할인율은 화차제작 조건을 따른다.

58 정답 ▶ ①

□□□ ② Block Train

> 스위칭야드(Switching Yard)를 이용하지 않고 철도화물역 또는 터미널 간을 직행 운행하는 전용열차의 한 형태로 화차의 수와 타입이 고정되어 있지 않다.

③ Single Wagon Train

> 복수의 중간역 또는 터미널을 거치면서 운행하는 방식으로 목적지까지 열차운행을 위한 충분한 물량이 확보된 경우에만 운행한다.

④ Liner Train

> 장거리구간에서 여러 개의 소규모터미널이 존재하는 경우 마치 여객열차와 같이 각 기차터미널에서 화차를 Pick up & Deliver하는 서비스 형태이다.

⑤ Coupling & Sharing Train

> 기존 Single-Wagon Train의 개선 대안으로 제기된 열차형태이며, 중간역에서의 화차취급을 단순화해서 열차의 조성을 신속·정확하게 할 수 있다.

59 정답 ▶ ⑤

□□□ ⑤ 허가기준 대수는 50대 이상이며 운송사업자가 화물자동차 운송가맹사업 허가를 신청하는 경우 운송사업자의 지위에서 보유하고 있던 화물자동차 운송사업용 화물자동차는 화물자동차 운송가맹사업의 허가기준 대수로 겸용할 수 있다.

> 허가기준 대수는 50대 이상이며 운송사업자가 화물자동차 운송가맹사업 허가를 신청하는 경우 운송사업자의 지위에서 보유하고 있던 화물자동차 운송사업용 화물자동차는 화물자동차 운송가맹사업의 허가기준 대수로 겸용할 수 없다(화물자동차 운수사업법 시행규칙 별표 5 참고).

더 알아보기

화물자동차 운송가맹사업의 허가기준(화물자동차 운수사업법 시행규칙 별표 5)

항 목	허가 기준
허가기준 대수	50대 이상(운송가맹점이 소유하는 화물자동차 대수를 포함하되, 8개 이상의 시·도에 각각 5대 이상 분포되어야 한다.)
사무실 및 영업소	영업에 필요한 면적
최저보유차고면적	화물자동차 1대당 그 화물자동차의 길이와 너비를 곱한 면적(화물자동차를 직접 소유하는 경우만 해당한다.)
화물자동차의 종류	제3조에 따른 화물자동차(화물자동차를 직접 소유하는 경우만 해당한다.)
그 밖의 운송시설	화물정보망을 갖출 것

비 고

1. 화물정보망은 운송가맹사업자와 운송가맹점이 그 전산망을 통하여 물량배정 여부, 공차 위치 등을 확인할 수 있어야 하며, 운임 지급 등의 결제시스템이 구축되어야 한다.
2. 운송가맹사업자의 차고 소유 여부, 최저보유차고면적 기준의 산정, 차고면적 및 최저보유차고면적 기준의 감경에 관하여는 별표 1 비고 제2호부터 제4호까지 및 제7호를 준용한다. 이 경우 "관할관청"을 "국토교통부장관"으로, "운송사업자"를 "운송가맹사업자"로 본다.
3. 운송사업자가 화물자동차 운송가맹사업 허가를 신청하는 경우 운송사업자의 지위에서 보유하고 있던 화물자동차 운송사업용 화물자동차는 화물자동차 운송가맹사업의 허가기준 대수로 겸용할 수 없다.

60

정답 ▸ ③

□□□

③ 120,000원

〈최소비용법〉

(단위 : 천원)

공급지 \ 수요지	D1	D2	D3	D4	공급량(톤)
S1	16	❻ 18 30	❶ 3 150	❸ 9 120	300
S2	8	❺ 14 120	7	12	120
S3	❷ 6 130	❹ 11 50	15	13	180
수요량(톤)	130	200	150	120	600

총 운송비용

= (150 × 3) + (130 × 6) + (120 × 9) + (50 × 11) + (120 × 14) + (30 × 18)

= 5,080천원

〈보겔추정법〉

(단위 : 천원)

공급지 \ 수요지	D1	D2	D3	D4	공급량(톤)	기회비용
S1	16	❻ 18 30	❶ 3 150	❷ 9 120	300	6→7→2→0
S2	❸ 8 120	14	7	12	120	1→4→6→0
S3	❹ 6 10	❺ 11 170	15	13	180	5→0
수요량(톤)	130	200	150	120	600	
기회비용	2→10→0	3→7→0	4→0	3→0		

총 운송비용

= (150 × 3) + (120 × 9) + (120 × 8) + (10 × 6) + (170 × 11) + (30 × 18)

= 4,960천원

∴ 최소비용법 총 운송비용과 보겔추정법 총 운송비용의 차이

= 5,080천원 − 4,960천원 = 120,000원

61 정답 ▶ ④

□□□

④ $X_{21} + X_{22} + X_{23} + X_{24} = 200$

제시된 그림을 표로 나타내면 다음과 같다.

공급지 \ 수요지	수요지1	수요지2	수요지3	수요지4	공급량(톤)
공급지1	12	8	7	11	300
공급지2	10	5	9	13	200
공급지3	14	8	6	9	400
수요량(톤)	150	250	220	280	900

따라서 총 운송비용의 최소값을 구하기 위한 제약 조건식으로 옳은 것은

$X_{21} + X_{22} + X_{23} + X_{24} = 200$이다.

62 정답 ▸ ①

□□□

① ㄱ, ㄴ, ㄷ, ㄹ

국제물류주선업의 주요 기능으로는 운송계약의 체결과 선하증권 등 운송서류 작성, 화물의 집화 · 분배 · 혼재 서비스 제공 및 운송수단, 화물의 포장형태 등 각종 국제 운송에 관한 조언 등이 있다.

ㅁ. 선박의 감항능력 유지

선박의 감항능력, 즉 선박이 안전하게 항해를 감내할 수 있는 능력을 유지하는 것은 해상운송인의 의무이다.

ㅂ. 컨테이너 야드 보안관리

컨테이너 야드의 보안관리는 주로 선사가 관리한다.

63 정답 ▸ ⑤

□□□

⑤ 혼재운송을 하지 않고 단일 화주의 FCL 화물만을 취급하기 때문에 LCL 화물은 취급하지 않는다.

운송주선인(복합운송인)은 운송화물이 LCL 화물일 경우 소량의 화물을 여러 화주로부터 인수받아 이를 동일한 목적지별로 분류하고, 컨테이너단위 화물(FCL)로 만들어 운송하는 혼재운송 업무를 수행한다.

64 정답 ▸ ④

□□□

④ ㄱ : Buyer's Consolidation, ㄴ : Forwarder's Consolidation

혼재운송 서비스의 유형

- Forwarder's Consolidation(CFS/CFS운송) : 다수의 송화인의 화물을 다수의 수화인에게 운송하는 형태
- Buyer's Consolidation(CFS/CY운송) : 다수의 송화인의 화물을 혼재하여 단일 수화인에게 운송하는 형태
- Shipper's Consolidation(CY/CFS운송) : 단일 송화인의 화물을 다수의 수화인에게 운송하는 형태, Seller's Consolidation이라고도 함

65 정답 ▸ ②

□□□

② 12

S에서 출발하여 F에 도착하는 최단경로는 S – A – D – C – E – F이다. 여기에 각 경로별 소요거리를 대입하면, 최단경로 산출거리 = 4 + 3 + 1 + 3 + 1 = 12km이다.

66 정답 ▶ ⑤

□□□ ⑤ 23

- 3개의 수요처를 개별 왕복운송하는 경우, 운송거리는 7 + 7 + 8 + 8 + 5 + 5 = 40km이다.
- 물류센터에서 3개의 수요처를 순회운송하는 경우, 운송거리는 7 + 2 + 3 + 5 = 17km이다.

∴ 개별 왕복운송하는 방법에서 순회운송하는 방법으로 변경할 경우 감소되는 운송거리는 40 − 17 = 23km이다.

67 정답 ▶ ②

□□□ ② 중복수송, 편도수송이 많이 일어나도록 설계하여 수송비용을 최소화한다.

중복수송, 편도수송이 적게 일어나도록 운송루트를 설계하여 수송비용을 최소화한다.

68 정답 ▶ ⑤

□□□ ⑤ ㄱ : 30, ㄴ : 28

(ㄱ)

- 출발지 → a → b → 도착지 : 7
- 출발지 → c → b → 도착지 : 3
- 출발지 → c → 도착지 : 5
- 출발지 → d → c → 도착지 : 7
- 출발지 → d → e → 도착지 : 8

∴ (ㄱ)에서 운송 가능한 최대 유량 = 7 + 3 + 5 + 7 + 8 = 30

(ㄴ)

- 출발지 → a → b → 도착지 : 7
- 출발지 → c → 도착지 : 8
- 출발지 → d → c → 도착지 : 4
- 출발지 → d → e → 도착지 : 9

∴ (ㄴ)에서 운송 가능한 최대 유량 = 7 + 8 + 4 + 9 = 28

69 □□□ 정답 ▶ ①

ㄱ(○). 모든 노선이 허브를 중심으로 구축된다.
ㄴ(○). 대규모 분류능력을 갖춘 허브터미널이 필요하다.
ㄷ(×). 운송노선이 다양하고 복잡해지기 때문에 전체 운송비용이 증가한다.

> 노선의 수가 적어 운송의 효율성이 높다.

ㄹ(○). 규모의 경제를 이루어 운송망 전체의 효율성이 높아진다.
ㅁ(×). 셔틀노선의 증편이 용이하여 영업소 확대에 유리하다.

> 적은 노선 수로도 많은 지점에 연결망을 구축할 수 있기 때문에 셔틀노선의 증편은 불필요한 시스템이다.

70 □□□ 정답 ▶ ④

① 성장인자모형은 확률이론을 기반으로 단기적 효과를 확인하기에 용이한 수단분담모형이다.

> 확률이론을 기반으로 단기적 효과를 확인하기에 용이한 수단분담모형은 로짓모형이다.

② 회귀모형은 일정구역에서 화물의 공간적 분산정도가 극대화한다는 가정에 기초한 비집계자료활용모형이다.

> 일정구역에서 화물의 공간적 분산정도가 극대화한다는 가정에 기초한 비집계자료활용모형은 엔트로피 극대화모형이다.

③ 통행교차모형은 화물 발생량 및 도착량에 영향을 주는 다양한 변수 간의 상관관계에 대한 식을 도출하여 교차하는 화물량을 예측하는 화물분포모형이다.

> 화물 발생량 및 도착량에 영향을 주는 다양한 변수 간의 상관관계에 대한 식을 도출하여 교차하는 화물량을 예측하는 것은 회귀모형으로, 화물발생모형에 해당한다.

⑤ 스위프(Sweep)모형은 물동량 배분패턴이 장래에도 일정하게 유지된다는 가정하에 지역 간의 물동량을 예측하는 화물분포모형이다.

> 물동량 배분패턴이 장래에도 일정하게 유지된다는 가정하에 지역 간의 물동량을 예측하는 화물분포모형은 성장인자모형이다.

71 정답 ▸ ①

ㄱ(○). 선박의 톤은 선박의 중량과 용적 단위로 나타낸다.
ㄴ(○). 선박의 용적을 톤으로 표시하는 용적톤수에는 총톤수, 순톤수가 있다.
ㄷ(○). 순톤수는 총톤수에서 기관실, 선원실 등 선박의 운항과 관련된 장소의 용적을 제외한 것이다.
ㄹ(×). 배수톤수는 선박이 적재할 수 있는 화물의 최대허용중량을 의미한다.

배수톤수는 선체의 수면아래 부분의 용적에 상당하는 물의 중량을 의미한다.

ㅁ(×). 재화중량톤수는 선체의 수면아래 부분의 용적에 상당하는 물의 중량을 의미한다.

재화중량톤수는 선박이 적재할 수 있는 화물의 최대허용중량을 의미한다.

72 정답 ▸ ②

② 소량 다빈도 운송으로 문전수송(Door-to-Door)에 적합하다.

소량 다빈도 운송으로 문전수송(Door-to-Door)에 적합한 운송수단은 화물자동차이다. 해상운송은 대량화물 수송에 적합하며, 문전수송(Door-to-Door)이 불가능하여 항만에서 육상운송수단으로 환적해야 한다.

73 정답 ▸ ③

① 항공운임은 ICAO의 기준에 따르며 요금, 요율 및 그와 관련된 규정은 운송장 발행 이후 일주일의 기한을 두어 소급 적용한다.

우리나라의 항공운임은 IATA에서 제정한 요율규정인 TACT(The Air Cargo Tariff) Ⅰ&Ⅱ 및 Tariff Coordinating Conference Regulation에 따라 산출하며, 요율, 요금 및 그와 관련된 규정의 적용은 항공화물운송장(AWB)의 발행 당일에 유효한 것을 적용한다.

② 화물요율의 설정은 공항에서 공항까지이며 부수적인 서비스 요금은 별도로 계산하지 않는다.

항공화물의 요율은 공항에서 공항까지의 운송만을 위하여 설정된 것이며, 부수적으로 발생되는 이적, 통관, 집화, 인도, 창고, 보관 혹은 그와 유사한 서비스에 대한 요금은 별도 계산한다.

④ 모든 화물의 요율은 출발지 국가와 상관없이 kg당 요율로 설정한다.

항공운임은 출발지에서의 중량(Chargeable Weight)에 kg/lb(파운드)당 적용요율을 곱하여 산출한다.

⑤ 운임 산출 시 근거가 되었던 경로는 화물의 실제 운송경로와 반드시 일치하여야 한다.

운임 산출 시 근거가 되었던 경로는 화물의 실제 운송경로와 반드시 일치할 필요는 없다.

74 정답 ▸ ①

□□□

② 대항선(Fighting Ship) 운영

맹외선(해운동맹 비회원 선사)의 시장 진입을 막기 위해 동맹 소속 선박 중 하나를 지정하여 맹외선 운항 스케줄과 동일한 시간대에 투입하고, 채산을 무시할 정도로 매우 낮은 운임을 적용하여 경쟁 선사를 해당 항로에서 철수시키도록 유도하는 것을 말한다. 이로 인해 발생하는 손실은 동맹 회원사들이 공동으로 부담한다.

③ 계약운임제(Contract Rate System)

이중운임제라고도 하며, 동맹선에 모든 화물을 싣기로 한 계약 화주에게는 일정액 또는 일정률 할인된 계약운임을 적용하고, 동맹과 계약하지 않은 비계약 화주에게는 할인되지 않은 운임을 적용하는 제도이다.

④ 성실환급제(Fidelity Rebate System)

일정 기간 동안 자기 화물을 모두 동맹선에만 선적한 화주에 대해 운임이 선불이든 후불이든 관계없이 그 기간 내에 선박회사가 받은 운임의 일정 비율을 기간 경과 후에 환급하는 제도이다. 이연환급제(Deferred Rebate System)와는 달리 유보기간 없이 일정 기간 경과 후에 그 환급금을 전액 한 번에 지급한다.

⑤ 이연환급제(Deferred Rebate System)

일정 기간(통상 6개월) 동안 동맹선에만 선적한 화주에 대해 지급한 운임의 일부를 환급하는데, 환급함에 있어 그 기간에 이어 계속해서 일정 기간 동맹선에만 선적할 것을 조건으로 하여 그 계속되는 일정 기간이 경과된 후 환급되는 제도이다.

75 정답 ▸ ②

□□□

② 종가운임

종가운임(Valuation Charge)

- 운송화물의 중량 또는 용적이 아닌 화물의 가격을 기준으로 부과하는 운임
- 항공사는 화물운송 도중 사고가 발생하여 배상해야 하는 때에는 일반적으로 IATA 규정에 따라 배상(책임제한)하지만, 화주가 고가의 화물에 대하여 정해진 배상기준금액을 초과하여 배상받고자 할 경우에는 항공사에 미리 그 가격을 신고하고, 일정률의 추가운임을 지불하는데 이를 종가운임이라 한다.
- 항공화물운송장(AWB)에 화물의 실제가격이 기재된 경우에 부과되며, 종가운임이 부과되면 항공운송인(통상 항공사)의 책임제한이 적용되지 않고, 화주는 항공화물운송장에 기재된 가격 전액을 배상받을 수 있다.

76 정답 ▸ ②

□□□

① 사업자는 고객(송화인)과의 합의에 따라 운송물을 인도할 때 운송물을 받는 자(수화인)에게 운임을 청구할 수 있다.

> 택배 표준약관 제8조 제1항 후문

② **고객(송화인, 수화인)의 사유로 운송물을 돌려보내거나 도착지 주소지가 변경되는 경우에 사업자는 따로 추가 요금을 청구할 수 없다.**

> 고객(송화인, 수화인)의 사유로 운송물을 돌려보내거나, 도착지 주소지가 변경되는 경우, 사업자는 따로 추가 요금을 청구할 수 있다(택배 표준약관 제8조 제4항).

③ 사업자가 고객(송화인)과의 합의에 따라 운송물을 인도할 때, 운송물을 받는 자(수화인)가 운임을 지급하지 않는 경우에 사업자는 운송물을 유치할 수 있다.

> 택배 표준약관 제8조 제2항

④ 운송물이 포장당 50만원을 초과하거나 운송상 특별한 주의를 요하는 것일 때에는 사업자는 따로 할증요금을 청구할 수 있다.

> 택배 표준약관 제8조 제3항

⑤ 사업자는 운송물을 수탁할 때, 고객(송화인)에게 운임을 청구할 수 있다.

> 택배 표준약관 제8조 제1항 전문

77 정답 ▸ ⑤

□□□

⑤ **ㄱ : 1개월, ㄴ : 1주일**

> 사업자는 고객(송화인)에게 1개월 이상의 기간을 정하여 그 기간 내에 운송물의 처분에 관한 지시가 없으면 경매한다는 뜻을 명시하여 운송물의 처분과 관련한 지시를 해 줄 것을 통지한다. 다만, 고객(수화인)의 수령거절 또는 수령불능의 경우에는 먼저 고객(수화인)에게 1주일 이상의 기간을 정하여 수령을 요청하고 그 기간 내에도 수령하지 않는 때에 고객(송화인)에게 통지한다(택배 표준약관 제16조 제2항).

78 정답 ▸ ③

□□□

① 항해용선계약(Voyage Charter)

> 어느 한 특정 항구에서 다른 특정 항구까지 한 번의 항해를 위해서 화주와 선주 간에 체결되는 용선계약이다.

② 선복용선계약(Lump-sum Charter)

> 한 선박의 선복 전부를 한 선적으로 간주하고 운임총액을 정하여 실제 적재수량과 관계없이 정하는 방식이다.

④ 정기용선계약(Time Charter)

> 모든 장비를 갖추고, 선원이 승선해 있는 선박을 일정 기간 정하여 사용하는 조건으로 체결되는 용선계약이다.

⑤ 일대용선계약(Daily Charter)

항해용선계약의 변형으로 화주에게 화물을 인도하기까지 하루 단위로 용선하는 계약이다.

79 정답 ▶ ⑤

ㄱ(○). 1포장의 가액이 300만원을 초과하는 경우

택배 표준약관 제12조 제6호

ㄴ(○). 화약류, 인화물질 등 위험한 물건인 경우

택배 표준약관 제12조 제8호

ㄷ(○). 재생 불가능한 계약서, 원고, 서류 등인 경우

택배 표준약관 제12조 제11호

ㄹ(○). 살아 있는 동물, 동물사체 등인 경우

택배 표준약관 제12조 제12호

ㅁ(○). 현금, 카드, 어음, 수표, 유가증권 등 현금화가 가능한 물건인 경우

택배 표준약관 제12조 제10호

더 알아보기

운송물의 수탁거절(택배 표준약관 제12조)

사업자는 다음 각 호의 경우에 운송물의 수탁을 거절할 수 있다.

1. 고객(송화인)이 운송장에 필요한 사항을 기재하지 아니한 경우
2. 고객(송화인)이 제9조 제2항의 규정에 의한 청구나 승낙을 거절하여 운송에 적합한 포장이 되지 않은 경우
3. 고객(송화인)이 제11조 제1항의 규정에 의한 확인을 거절하거나 운송물의 종류와 수량이 운송장에 기재된 것과 다른 경우
4. 운송물 1포장의 크기가 가로·세로·높이 세변의 합이 ( )cm를 초과하거나, 최장변이 ( )cm를 초과하는 경우
5. 운송물 1포장의 무게가 ( )kg을 초과하는 경우
6. 운송물 1포장의 가액이 300만원을 초과하는 경우
7. 운송물의 인도예정일(시)에 따른 운송이 불가능한 경우
8. 운송물이 화약류, 인화물질 등 위험한 물건인 경우
9. 운송물이 밀수품, 군수품, 부정임산물 등 관계기관으로부터 허가되지 않거나 위법한 물건인 경우
10. 운송물이 현금, 카드, 어음, 수표, 유가증권 등 현금화가 가능한 물건인 경우
11. 운송물이 재생 불가능한 계약서, 원고, 서류 등인 경우
12. 운송물이 살아 있는 동물, 동물사체 등인 경우
13. 운송이 법령, 사회질서 기타 선량한 풍속에 반하는 경우
14. 운송이 천재, 지변 기타 불가항력적인 사유로 불가능한 경우

80 정답 ▶ ④

□□□ ④ ㄱ : 60, ㄴ : 2

택배서비스사업자는 택배서비스종사자와의 택배서비스 운송 위탁계약을 해지하려는 경우에는 택배서비스종사자에게 60일 이상의 유예기간을 두고 계약의 위반 사실을 구체적으로 밝히고 이를 시정하지 아니하면 그 계약을 해지한다는 사실을 서면으로 2회 이상 통지하여야 한다. 다만, 대통령령으로 정하는 바에 따라 계약을 지속하기 어려운 중대한 사유가 있는 경우에는 그러하지 아니하다(생활물류서비스산업발전법 제11조 제1항).

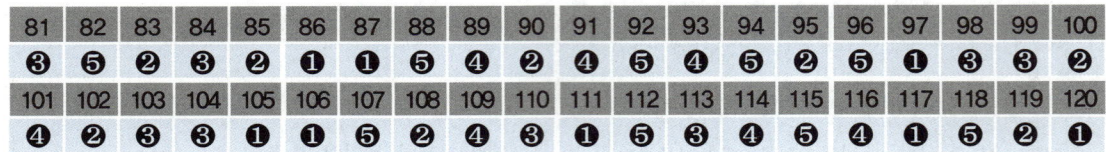

[3과목] 국제물류론

81	82	83	84	85	86	87	88	89	90	91	92	93	94	95	96	97	98	99	100
❸	❺	❷	❸	❷	❶	❶	❺	❹	❷	❹	❺	❹	❺	❷	❺	❶	❸	❸	❷
101	102	103	104	105	106	107	108	109	110	111	112	113	114	115	116	117	118	119	120
❹	❷	❸	❸	❶	❶	❺	❷	❹	❸	❶	❺	❸	❹	❺	❹	❶	❺	❷	❶

81 정답 ▶ ③

□□□ ③ 물류기업에 대한 시장진입 규제강화

규제 완화로 제3자 물류업체들의 국제물류시장 진입이 활성화되는 추세이다.

82 정답 ▶ ⑤

□□□ ⑤ 해상 또는 항공운송으로 이루어지므로 운송관리가 비교적 용이하다.

국제물류는 국내물류에 비해 대금결제, 통관, 선적 등의 여러 절차를 필요로 하므로 이에 수반되는 거래비용이 상승하고 물류관리의 복잡성이 증가한다.

83 정답 ▶ ②

□□□ ① 해외 자회사 창고는 보관 기능보다는 유통기능 및 통과센터로서의 기능이 강하다.

통과 시스템에 관한 설명이다.

③ 생산국의 창고에서 재고를 집중시켜 운영하므로 해외 자회사에서 보관비가 절감된다.

직송 시스템에 관한 설명이다.

④ 해외 자회사는 상거래 유통에는 관여하지만 물류에는 직접적으로 관여하지 않는다.

직송 시스템에 관한 설명이다.

⑤ 다빈도 출하가 이루어져 출하비, 운송비, 통관비 등이 증가할 수 있다.

통과 시스템에 관한 설명이다.

더 알아보기

국제물류시스템의 형태

- 고전적 시스템 : 수출국 기업에서 해외의 자회사 창고로 상품을 출하한 후, 발주요청이 있을 때 해당 창고에서 최종 고객에게 배송하는 가장 보편적인 시스템으로 생산국에서 자회사로 가장 값싼 수송수단을 이용하여 대량제품을 수송할 수 있다.
- 통과 시스템 : 자회사의 창고는 통과센터로만 기능하게 되며, 고전적 시스템보다 출하빈도가 훨씬 높아 자회사 차원에서의 보관비용이 줄어드는 시스템이다.
- 직송 시스템 : 수출국의 공장 또는 배송센터로부터 해외 자회사의 고객 또는 최종 소비자나 판매점으로 상품을 직송하는 형태로, 해외 자회사는 상거래 유통에는 관여하지만 물류에는 직접적으로 관여하지 않는 시스템이다. 재고 전부를 출하국의 1개 장소에 집중시키기 때문에 보관비가 줄어든다.
- 다국적(행) 창고 시스템 : 제품을 생산공장에서 중앙창고로 수송하고 중앙창고에서 각국 자회사 창고나 고객에게 배송하는 형태이다.

84

□□□

정답 ▶ ③

③ ㄴ → ㄱ → ㄹ → ㄷ

국제물류서비스의 단계별 발전

단 계	물류체계	특 징
1단계	수출입 물류체계	국내생산, 해외수출 중심의 물류활동(1970년대)
2단계	현지국 물류체계	국가별 현지 자회사 중심의 생산·물류활동(1980년대)
3단계	거점 물류체계	Hub&Spoke 기반의 지역물류, 생산거점을 중심으로 지역권역 전체를 담당하는 물류체계(1990년대)
4단계	글로벌 공급망 네트워크 체계	SCM 기반 글로벌 네트워크 구축, 전문화된 물류관리체계 수요증대(3자물류 & 4자물류)(1990년대 후반)

85 정답 ▶ ②

□□□

ㄱ(○). STLD(Short-Landed) : 적하목록에는 기재되어 있으나 도착지 공항에 화물이 도착하지 않은 경우

ㄴ(×). SSPD(Short-Shipped) : 수화인으로부터 화물이 수취 거절당하거나 수입통관 문제로 수화인에게 인도가 불가능한 경우

> SSPD(Short-Shipped) : 적하목록에는 기재되어 있으나 화물이 탑재되지 않은 경우

ㄷ(○). MSLB(Miss-Labelled) : 실제 적하목록에 기재된 항공화물운송장 번호와 다른 라벨이 붙어있는 경우

ㄹ(×). OVCD(Over-Carried) : 출발지나 경유지에서 항공기의 안전 확보 또는 업무 착오로 화물을 내린 경우

> OVCD(Over-Carried) : 예정된 목적지 또는 경유지를 지나서 화물이 수송되었거나 발송준비가 완료되지 않은 상태에서 화물이 실수로 발송된 경우

86 정답 ▶ ①

□□□

① 정부 간 국제협력기구로서 UN 산하의 전문기관이다.

> IATA(International Air Transport Association, 국제항공운송협회)는 세계항공운송에 관한 각종 절차와 규정을 심의하고 제정·결정하는 순수 민간의 국제협력단체이다.

87 정답 ▶ ①

□□□

① Declared Value for Carriage란은 송화인의 운송신고가격을 기재하며, 무가격 신고는 NCV라고 기재한다.

> Declared Value for Carriage란은 송화인의 운송신고가격을 기재하며, 무가격 신고는 NVD(No Value Declared)라고 기재한다.

88 정답 ▶ ⑤

□□□

⑤ US$ 9,400

> 팔레트-컨테이너 운임[Bulk Unitization Charge, 단위탑재용기 요금(BUC)]
> = Pivot Charge(최저요금) + Over Pivot Charge(최저중량 초과요금)
> • Pivot Charge(최저요금) = $ 9,000
> • Over Pivot Charge(최저중량 초과요금) = [탑재 물품의 중량 − Pivot Weight(정액한계중량) × 1kg당 Over Pivot Charge] = [(2,500 − 2,400) × 4.00] = $ 400
> 따라서 $ 9,000 + $ 400 = US$ 9,400

89 정답 ▶ ④

□□□ ④ 화주신고서(shipper's declaration for dangerous goods)에 대한 작성 및 서명은 항공사가 한다.

화주신고서(shipper's declaration for dangerous goods)에 대한 작성 및 서명은 화주(송화인)가 한다.

90 정답 ▶ ②

□□□ ① CCC(Customs Convention on Container, 1956)

컨테이너 자체가 관세선, 즉 국경을 통과할 때 관세 및 통관방법 등을 협약해야 할 필요성으로 만들어진 협약이다.

② TIR(Transport International Routiere, 1959)

국제도로 면세통과 증서의 담보하에 행하는 화물의 국제운송에 관한 관세협약

③ CSC(International Convention for Safe Containers, 1972)

컨테이너의 구조상 안전요건을 국제적으로 통일하기 위하여 1972년에 UN(국제연합)과 IMO(국제해사기구)가 공동으로 채택한 국제협약이다.

④ CMR(Convention Relative au Contract de Transport International de Marchandises par Route, 1956)

국제도로물품운송조약

⑤ ITI(Customs Convention on the International Transit of Goods, 1971)

관세협력위원회가 채택한 협약으로, 컨테이너 속에 내장된 화물이 육·해·공을 포함하는 국제운송 시 어떤 국가를 지나 목적지까지 갈 때 적용하는 관세법상 특례를 규정하였다.

91 정답 ▶ ④

□□□ ④ NVOCC는 자체 Tariff를 가질 수 있으나 자기 명의로 B/L을 발행할 수 없다.

NVOCC(Non-Vessel Operating Common Carrier, 무선박 운송인)는 해상운송에서 선박을 직접 소유하지 않으면서 해상운송인에 대하여 화주의 입장, 화주에게는 운송인의 입장에서 운송을 수행하는 자를 말한다. NVOCC는 자체 Tariff(자체 운임률표)를 가질 수 있고 자기 명의로 B/L(선하증권)을 발행할 수 있다.

92 정답 ▶ ⑤

□□□ ⑤ 문언증권 : 증권에 기재가 없는 사항에 대해서 책임을 부담한다.

문언증권이란 해상운송계약에 따른 선박회사와 화주의 의무이행이나 권리 주장이 증권상에 기재된 문언에 따르게 되는 증권을 말한다. 따라서 증권에 기재가 없는 사항에 대해서 책임을 부담하지 않는다.

93 정답 ▸ ④

□□□ ④ 복합운송인은 FCL화물을 집화 · 분류 · 혼재한 후 Master B/L을 발행한다.

복합운송인은 LCL화물을 집화 · 분류 · 혼재한 후 House B/L을 발행한다.

94 정답 ▸ ⑤

□□□ ⑤ 변형단일책임체계 – UNCTAD/ICC 복합운송증권통일규칙(1992)

UNCTAD/ICC 복합운송증권통일규칙(1992)

- 복합운송인의 책임제한액 : 화물의 멸실 또는 훼손 손해의 경우 1포장당 666.67SDR 또는 1kg당 2SDR 중에서 높은 금액으로 제한하고, 해상이나 내수로 운송이 포함되지 않은 경우에는 훼손된 화물의 무게를 기준으로 1kg당 8.33SDR로 제한한다.
- 복합운송인의 책임체계 : 단일책임체계와 이종책임체계의 절충방식인 변형단일책임체계를 채택하고 있다. 단일책임체계는 복합운송인이 전 운송구간에 걸쳐 전적으로 동일 내용의 책임을 부담하고, 이종책임체계는 구간별 운송 관련 법률 또는 협약에 따라 책임을 부담한다.
- 복합운송인의 책임원칙 : 운송인이 무과실을 입증하지 못했을 때 책임을 진다.

95 정답 ▸ ②

□□□ ① American Land Bridge

ALB(American Land Bridge) : 극동에서 선적한 화물을 미국 태평양 연안의 오클랜드나 로스앤젤레스 등의 항구로 해상운송한 후, 미국 동부의 대서양 연안이나 멕시코만의 항구까지 철도로 운송하여 이곳에서 다른 선박에 환적하여 유럽의 앤트워프, 함부르크, 로테르담, 브레멘 등 각 항구까지 해상운송하는 형태(극동 → 미국 → 유럽)이다.

③ Mini Land Bridge

MLB(Mini Land Bridge) : 극동아시아에서 미국의 서부 연안까지 해상운송이 이루어지고 미국 서해안에서 철도에 환적된 다음 미국 대서양 연안 및 걸프지역 항만까지 운송하는 복합운송 서비스 형태이다.

④ Canadian Land Bridge

CLB(Canadian Land Bridge) : 1979년 일본의 포워더가 개발한 루트로 극동에서 캐나다를 거쳐 유럽으로 운송하는 형태이다.

⑤ Reverse Interior Point Intermodal

RIPI(Reverse Interior Point Intermodal) : 극동 아시아 출항, 파나마 운하 경유, 미국 동안(東岸) 또는 걸프 지역의 항까지 해상운송한 후 그곳에서 미국 내륙지역(중계지 경유 포함)까지 철도나 트럭으로 복합운송하는 형태이다.

96 정답 ▶ ⑤

□□□

⑤ CY/CFS는 실무에서 가장 많이 이용되는 방식이다.

CY/CFS는 선적항 CY에서 목적항 CFS까지 컨테이너에 의해서 운송되는 방법으로, 선적지에서 수출업자가 FCL화물로 선적하고, 목적지의 CFS에서 컨테이너를 개봉하여 화물을 분류한 후 여러 수입업자에게 인도하는 방식이다. 한 수출업자가 수입국의 여러 수입업자에게 일시에 화물을 운송하고자 할 때 많이 이용한다.

97 정답 ▶ ①

□□□

① "Terminal Handling Charge"는 장척화물이나 벌크화물에 대해 부과되는 운임이다.

터미널화물처리비(THC : Terminal Handling Charge)는 화물이 컨테이너터미널에 입고된 순간부터 본선의 선측까지, 반대로 본선 선측에서 CY의 게이트를 통과하기까지 화물의 이동 비용으로 부대비용 중 하나이다. 장척화물이나 벌크화물에 대해 부과되는 운임은 용적 및 장척할증료(Bulky/Lengthy Surcharge)이다.

98 정답 ▶ ③

□□□

① Lump Sum Freight

선복운임 : 선복(ship's space)이나 항해(trip)를 단위로 지급되는 운임, 즉 화물의 개수・중량・용적을 기준으로 하는 경우와 화물의 양(量)과 관계없이 항해(trip)・선복(ship's space)을 단위로 운임을 계산하는 경우, 항해・선복 단위의 용선계약 시 지불하는 부정기선 운임이다.

② Pro Rate Freight

비례/비율운임 : 선박이 항해 중 불가항력적 사유로 더는 항해를 할 수 없을 때, 그때까지 실제 운송된 거리에 따라 받는 정기선 기본운임으로 항로상당액운임이라고도 한다.

③ Dead Freight : 부적운임(공적운임)

④ Advance Freight

선급운임 : 선적과 동시에 송화인이 지급하는 운임으로, 실무상 대부분 선하증권이나 용선계약서에는 "운임은 선적 시에 지급해야 하며 운송 중 화물이 상실되어도 전액 받을 수 있는 것으로 간주한다"고 기재되어 있으므로 선급이 원칙인 부정기선 운임이다.

⑤ Back Freight

반송운임 : 목적항에 화물이 도착하였으나 화물인수를 거절한 때 반송에 부과되는 운임, 또는 원래의 목적지가 아닌 변경된 목적지로 운송해야 할 때 지불하는 추가운임이다.

99 정답 ▸ ③

□□□

③ Hague Protocol

헤이그의정서 : 바르샤바협약 체결 이후 항공산업 발전과 항공기 자체의 안전도가 많이 증대되어 조약체결의 목적인 항공산업을 보호해야 할 필요성이 크게 줄어들어서 1955년 9월 헤이그에서 열린 국제항공사협의회에서 1929년 10월 바르샤바협약의 내용을 일부 수정한 의정서로, 여객에 대한 운송인의 보상 책임한도액을 인상한 것이 특징이다.

100 정답 ▸ ②

□□□

ㄱ(○). 대량화물의 장거리 수송

대량화물의 장거리 수송은 국제해상운송의 장점이다.

ㄴ(○). 저렴한 운송비용

저렴한 운송비용은 국제해상운송의 장점이다.

ㄷ(×). 문전수송

국제해상운송은 항구와 항구를 연결하는 것이어서 최종 목적지까지는 육상운송을 이용해야 하므로 문전수송(문전에서 문전까지 일괄운송)은 불가능하다.

ㄹ(○). 자유로운 운송로

자유로운 운송로는 국제해상운송의 장점이다.

ㅁ(×). 전천후 운송수단

국제해상운송은 날씨의 변화에 영향을 받기 때문에 계획운송이 곤란하여 전천후 운송수단이라 볼 수 없다.

101 정답 ▸ ④

□□□

①·⑤ Berth Term / Liner Term

Liner or Berth Term Charter : 적·양하 모두 선주가 부담하는 조건(정기선의 하역비 부담조건)이다.

② Free In

Free In(FI) Term Charter : 적하 시는 용선자/화주가, 양하 시는 선주가 부담하는 조건이다.

③ Free Out

Free Out(FO) Term Charter : 적하 시는 선주가 부담하고 양하 시는 용선자/화주가 부담하는 조건이다.

④ Free In and Out

Free In and Out(FIO) Term Charter : 적·양하 모두 용선자/화주가 부담하는 조건이다.

더 알아보기

항해용선계약의 하역비 부담조건

구 분	용선자/화주 부담		선주 부담	
	선적/적하	양륙/양하	선적/적하	양륙/양하
Liner or Berth Term			○	○
FIO(Free In Out)	○	○		
FI(Free In)	○			○
FO(Free Out)		○	○	

102 정답 ▸ ②

□□□

② 고정된 운항일정과 항로가 없어 항로의 선택이 자유롭다.

개품운송계약은 운송 일정 및 운임률표 공시, 화물의 다소에 관계없이 고정 항로로써 규칙 운항을 하는 정기선을 이용하는 계약이다. 따라서 항로의 선택이 자유롭지 않다.

103 정답 ▸ ③

□□□

③ CMI(Committee Maritime International) – 해사산업 근로자의 권익보호

CMI(Committee Maritime International, 국제해사법위원회) : 해상법(海商法)·해사 관련 관습·관행 및 해상실무 통일화

104 정답 ▸ ③

□□□

구 분	정기선운송	부정기선운송
(ㄱ) 선박	컨테이너선(○)	벌크운반선(○)
(ㄴ) 조직	대형조직(○)	소형조직(○)
(ㄷ) 운임	Freight Rate(×) → Tariff	Tariff(×) → 별도 운임률표 없음
(ㄹ) 화물	소량화물(○)	대량화물(○)
(ㅁ) 운송계약	B/L(○)	Charter Party(○)

더 알아보기

- Tariff(운임률표) : 각 품목의 운임 부담력이나 용적, 중량 등의 비율 등을 고려하여 결정되며 화주에 대하여 균등한 운임을 부과한 정기선 운송 운임표를 말한다.
- Freight Rate(중량톤당 또는 용적톤당 운임률) : 적재량 1톤당의 운임을 말한다.

105

정답 ▶ ①

□□□

① "Contract of Affreightment"는 계약조항 및 조건에 있어서 1항차 항해용선계약 내용의 대부분을 그대로 유지하는 계약이다.

"Contract of Affreightment(개품운송계약)"는 운송회사가 다수의 수출상으로부터 물품을 인수하여 이를 목적항 및 물품의 특성에 따라 분류한 뒤 선박에 적재하여 운송하기로 하는 계약으로 일반적으로 정기선(Liner)을 이용한다. 계약조항 및 조건에 있어서 1항차 항해용선계약 내용의 대부분을 그대로 유지하는 계약은 연속항해용선계약(Consecutive Voyage Charter)이다.

106

정답 ▶ ①

□□□

① 운송수단의 대형화로 인해 지점-지점(point to point) 전략이 확대되고 있다.

운송수단의 대형화로 인해 주요 거점 항만 및 공항을 중심으로 Hub & Spoke 전략이 강화되고 있다.

더 알아보기

공항 · 항만의 환경변화

- 국제물류업체 간 인수 · 합병을 통한 물류기업 대형화 및 전략적 제휴 증가
- 운송 효율성을 높이기 위하여 선박이나 항공기의 고속화 및 대형화와 항공사 간의 제휴 증가
- 항공기와 선박 등 운송수단의 효율성이 높아짐
- 해운 수요가 줄면서 해운동맹(shipping conference)의 기능이 축소되고 그 수가 점차 감소
- 비용절감과 수송시간의 단축을 위하여 주요 거점 항만 및 공항을 중심으로 Hub & Spoke 시스템 구축

107

정답 ▶ ⑤

□□□

① House AWB는 항공사가 혼재화물에 대하여 발행하는 항공화물운송장이다.

House AWB(House Air Waybill)는 혼재업자가 발행하는 항공화물운송장이다. 항공사가 발행하는 항공화물운송장은 Master Air Waybill이다.

② 원본 3통, 부본 6통으로 발행하는 것이 원칙이며, 추가 부본을 발행할 수 없다.

원본 3통, 부본 6통으로 발행하는 것이 원칙이며, 추가 부본을 5장까지 발행할 수 있다.

③ Master AWB는 항공화물 운송주선업자가 혼재화물을 구성하는 개별 화주에게 발행하는 운송장이다.

Master AWB(Master Air Waybill)는 항공사가 발행하는 항공화물운송장이다.

④ 항공화물운송장은 항공사나 항공사의 위임을 받은 대리점이 작성한다.

항공화물운송장은 화주(송화인)가 작성, 제출해야 함이 원칙이나 항공사나 항공사의 권한을 위임받은 대리점에 의해 이행되는 것이 통례이다.

108 정답 ▶ ②

□□□

② AEO는 WTO에서 무역안전과 원활화에 관한 국제규범의 일환으로 고안한 제도이다.

AEO(Authorized Economic Operator, 수출입 안전관리 우수업체)는 세계적인 물류보안 강화 조치로 인한 무역 원활화를 저해하는 문제점을 해소하고자 각국 세관이 수출업자, 수입업자, 제조업자, 관세사, 운송사, 창고업자, 하역업자 등을 대상으로 적정성 여부를 심사하여 우수업체로 공인해 줌으로써 통관상의 혜택을 부여하는 제도이다.

109 정답 ▶ ④

□□□

④ ㄴ, ㄹ

ㄱ(×). 선박명

선하증권의 법정 기재사항이다.

ㄴ(○). 면책조항

선하증권의 임의 기재사항이다.

ㄷ(×). 송화인

선하증권의 법정 기재사항이다.

ㄹ(○). 선하증권 번호

선하증권의 임의 기재사항이다.

더 알아보기

선하증권 임의기재사항

- 통지처(Notify Party)
- 본선의 항차 번호(Voyage No.)
- 운임의 지불지 및 환율
- 선하증권번호(B/L No.)
- 일반약관(General Clause) 또는 면책약관(Exceptions)
- 스탬프약관(Stamp Clause)
- 비고(Remark)

110 정답 ▶ ③

□□□ ③ FIATA B/L이 널리 사용되고 있고 대부분 비유통성으로 발행된다.

FIATA B/L이 널리 사용되고 있고 유통식과 비유통식 중에서 선택할 수 있다.

111 정답 ▶ ①

□□□ ① 본선 선적 및 양하 기능

본선 선적 및 양하는 컨테이너터미널(Container Terminal)의 기능이다. 컨테이너터미널은 컨테이너선에 화물적재 및 하역을 원활하게 신속히 할 수 있는 유통작업 장소 및 설비 전체를 가리킨다.

» 더 알아보기

내륙컨테이너기지(ICD : Inland Container Depot)

- 컨테이너 화물이 항만물류터미널을 떠나 내륙으로 이동되어 내륙운송수단(도로/철도)과 연계되는 대규모 지점(Depot)으로, 주로 항만터미널 및 내륙운송수단과 연계가 편리한 지역에 위치한다.
- 내륙운송 연계시설과 컨테이너 야드(CY), 컨테이너 화물조작장(CFS) 등이 갖추어져 있다.
- 컨테이너 화물의 적입 · 적출, 통관, 배송, 보관, 집화 등의 수행 및 소량 화물의 혼재와 분류작업 수행 공간이다.
- 철도와 도로가 연결되는 복합운송거점으로서 대량운송을 통해 운송비를 절감할 수 있다.
- 본래는 내륙통관기지(Inland Clearance Depot)를 의미하였으나 컨테이너화의 확산으로 내륙컨테이너기지로 성장하였다.
- 화물의 대단위에 의한 운송효율의 향상과 항만지역의 교통 혼잡을 줄일 수 있다.

112 정답 ▶ ⑤

□□□ ⑤ 관세법에 의하여 매각된 물품을 그 용도에 따라 소비 또는 사용하는 경우

관세법상 수입으로 보지 아니하는 소비 또는 사용(관세법 제239조)

- 선박용품 · 항공기용품 또는 차량용품을 운송수단 안에서 그 용도에 따라 소비하거나 사용하는 경우
- 선박용품 · 항공기용품 또는 차량용품을 세관장이 정하는 지정보세구역에서 출입국관리법에 따라 출국심사를 마치거나 우리나라에 입국하지 아니하고 우리나라를 경유하여 제3국으로 출발하려는 자에게 제공하여 그 용도에 따라 소비하거나 사용하는 경우
- 여행자가 휴대품을 운송수단 또는 관세통로에서 소비하거나 사용하는 경우
- 이 법에서 인정하는 바에 따라 소비하거나 사용하는 경우

113 정답 ▶ ③

□□□ ③ 지진 · 화산의 분화 · 낙뢰

ICC(B) 조건에서 보험자가 담보하는 위험이다. ICC(C) 조건에서는 ICC(B)의 위험 가운데 지진 · 화산의 분화 · 낙뢰 및 갑판유실, 선박 · 부선 · 선창 · 운송용구 · 컨테이너 · 지게차 또는 보관장소에 해수 또는 호수 · 강물의 유입, 추락손 등은 담보되지 않는다.

114 정답 ▶ ④

□□□ ④ ㄷ → ㄱ → ㄹ → ㅁ → ㄴ

상사중재의 절차
중재계약 → 중재신청(ㄷ) → 중재비용 선납(ㄱ) → 등록통지(ㄹ) → 중재인 선정(ㅁ) → 심리 및 판정(ㄴ)

115 정답 ▶ ⑤

□□□ ⑤ 승낙은 문서로만 행해져야 한다.

승낙의 선언 또는 기타의 의사표시는 상대방에게 구두로 통보되거나 기타의 방법으로 상대방의 영업소나 우편송부처에 전달된 때, 상대방이 영업소나 우편송부처를 가지지 않은 경우에는 그의 일상적인 거주지에 전달되었을 때 상대방에게 도달한 것으로 본다(CISG 제24조).

116 정답 ▶ ④

□□□ ④ 보세운송 중에는 세관의 감시 · 단속을 일시 벗어나게 되므로 운송통로와 운송 기간을 제한하지 않고 있다.

세관장은 보세운송물품의 감시 · 단속을 위하여 필요하다고 인정될 때에는 관세청장이 정하는 바에 따라 운송통로를 제한할 수 있으며, 보세운송은 관세청장이 정하는 기간 내에 끝내야 한다(관세법 제216조).

117 정답 ▶ ①

□□□ ② 매도인의 의무사항 A1-A10을 먼저 나열한 후 매수인의 의무사항 B1-B10을 열거하고 있다.

매도인의 의무(A1) / 매수인의 의무(B1)의 순서로 열거하고 있다.

더 알아보기

인코텀즈 2020 매도인과 매수인의 의무

매도인	매수인	의 무
A1	B1	일반 의무
A2	B2	인도 / 인도의 수령
A3	B3	위험이전
A4	B4	운 송
A5	B5	보 험
A6	B6	인도 / 운송서류
A7	B7	수출 / 수입통관
A8	B8	점검 / 포장 / 화인표시
A9	B9	비용분담
A10	B10	통 지

③ EXW 규칙은 매도인이 자신의 영업장 또는 합의된 장소에서 매수인이 지정한 운송인이나 제3자의 처분하에 놓인 때에 인도하는 것을 의미한다.

FCA(Free CArrier, 운송인인도)에 해당한다. EXW 규칙은 매도인이 물품을 (공장이나 창고와 같은) 지정장소에서 매수인의 처분하에 두는 때 물품을 인도하는 것을 의미한다. 즉, 운송인에게 넘겨줄 의무가 없다.

④ DPU 규칙은 지정목적지에서, 물품을 도착한 운송수단에서 양하준비된 상태로 매수인의 처분하에 놓인 때 인도되는 것을 의미한다.

DAP(Delivered At Place, 도착지인도)에 해당한다. DPU 규칙은 물품이 지정목적지에서 도착운송수단으로부터 양하된 상태로 매수인의 처분하에 놓인 때 매도인이 매수인에게 물품을 인도하고 위험을 이전하는 것을 의미한다.

⑤ FOB 규칙은 지정선적항에서 매수인이 지정한 선박의 선측에 물품이 놓인 때 인도되는 것을 의미한다.

FAS(Free Alongside Ship, 선측인도)에 해당한다. FOB 규칙은 지정선적항에서 매수인이 지정한 선박에 물품을 적재하거나 이미 그렇게 인도된 물품을 조달하여 매수인에게 인도하는 것을 의미한다.

29회

118 정답 ▶ ⑤

□□□

⑤ 보험금(Claim Amount)은 실제로 보험에 가입한 금액을 말하며 보험자가 보험 계약상 부담하는 손해배상 책임의 최고한도액을 말한다.

보험금(Claim Amount)은 실질적인 보상금액을 말한다. 실제로 보험에 가입한 금액을 가리키는 용어는 보험료(Insurance Premium)이며, 보험자가 보험 계약상 부담하는 손해배상책임의 최고한도액을 가리키는 용어는 보험금액이다.

더 알아보기

보험료, 보험금, 보험금액의 의미

- 보험료(Insurance Premium) : 보험자가 위험을 담보하는 대가로 피보험자 또는 보험계약자가 보험자에게 지급하는 금전을 가리키는 용어이다.
- 보험금(Claim Amount) : 실질적인 보상금액을 가리키는 용어이다. 해상보험에서 보험계약자가 전부보험(Full Insurance)으로 부보하고 화물이 전손을 당하면 보험금은 보험금액과 같아진다.
- 보험금액(Insured Amount) : 보험자가 1회 사고에 대해 손해의 보상책임을 부담하는 금액의 최고한도를 가리키는 용어이다.

119 정답 ▶ ②

□□□

② US$ 10,600

CIF Busan Incoterms® 2020 조건에서 매수인인 (주)신라상사가 지불하는 수입가격은 US$ 10,000(FOB Shanghai Incoterms®2020) + US$ 500(상하이항에서 부산항까지 해상운임) + US$ 100(상하이항에서 부산항까지 해상보험료) = US$ 10,600

CIF 규칙은 '운임 · 보험료 포함인도' 규칙으로, 매도인이 물품을 선박에 적재하거나 이미 그렇게 인도된 물품을 조달하여 매수인에게 인도하는 것을 의미한다. 매도인은 선적항부터 목적항까지 매수인의 물품의 멸실 또는 훼손 위험에 대하여 보험계약을 체결하여야 한다. CIF에서는 해당되는 경우에 매도인이 물품의 수출통관을 하여야 하지만, 물품의 수입을 위한 또는 제3국 통과를 위한 통관을 하거나 수입관세를 납부하거나 수입통관절차를 수행할 의무가 없다.

120 정답 ▶ ①

□□□

ㄱ(○). FCA, DAP, DPU, DDP 규칙에서 매수인 또는 매도인 자신의 운송수단 사용 허용
ㄴ(○). FCA 규칙에서 본선적재 표기가 있는 선하증권 발행 신설
ㄷ(○). 수평적 체제(Horizontal Format)를 도입한 당사자 의무규정
ㄹ(×). DAF 규칙에서 DPU 규칙으로 명칭 변경

DAT 규칙에서 DPU 규칙으로 명칭 및 내용 변경(DAT 규칙 폐지)

ㅁ(×). CIF 규칙은 최대담보조건으로 부보하고, CIP 규칙은 최소담보조건으로 부보

CIF 규칙은 매도인의 최소담보조건으로 부보하고, CIP 규칙은 매도인의 최대담보조건으로 부보

2교시

[4과목] 보관하역론

01	02	03	04	05	06	07	08	09	10	11	12	13	14	15	16	17	18	19	20
❹	❷	❷	❺	❷	❺	❹	❶	❷	❺	❶	❺	❹	❺	❸	❸	❹	❺	❶	❷
21	**22**	**23**	**24**	**25**	**26**	**27**	**28**	**29**	**30**	**31**	**32**	**33**	**34**	**35**	**36**	**37**	**38**	**39**	**40**
❷	❷	❹	❶	❹	❶	❸	❹	❺	❹	❶	❷	❹	❸	❸	❸	❷	❸	❸	❶,❸

01 정답 ▸ ④

□□□

④ 통로대면의 원칙 : 작업의 효율성을 위하여 보관 물품의 장소와 선반 번호 위치를 표시하여 보관한다.

위치표시의 원칙에 관한 설명이다. 통로 대면의 원칙은 물품의 입·출고를 용이하게 하고 효율적으로 보관하기 위해 통로면에 보관하는 것을 말한다.

02 정답 ▸ ②

□□□

② ㄱ, ㄹ

ㄱ(×). 운영 요인 : 지리적 위치, 입지 제약, 인구 등

운영 요인 : 입출고 방법, 보관 방법, 피킹 및 분류 방법, 배송 방법

ㄴ(○). 제품 요인 : 크기, 무게, 가격 등

ㄷ(○). 주문 요인 : 주문건수, 주문빈도, 주문의 크기 등

ㄹ(×). 환경 요인 : 입고 방법, 보관 방법, 피킹 방법 등

환경 요인 : 지리적 위치, 입지 제약, 환경 제약

ㅁ(○). 설비 요인 : 자동화 수준, 설비 종류 등

운영 요인과 환경 요인에 대한 설명이 서로 바뀌었다.

03 정답 ▶ ②

□□□

② ㄱ, ㄴ, ㄹ

ㄱ(○). 창고단지, 유통가공시설, 물류사업자의 업무용 시설 등을 결합하여 종합물류기지 역할을 한다.
ㄴ(○). 복수의 운송수단 간 연계를 할 수 있는 규모와 시설을 갖춘 장소이다.
ㄷ(×). 화물자동차 및 철도화차의 공차율이 증가하는 역효과가 상존한다.

> 배송물량의 지역별·업체별 계획배송 및 혼재 배송으로 차량 적재율이 증가하여 공차율이 감소한다.

ㄹ(○). 운송수단 간의 연계시설, 화물취급장, 창고시설 및 관련 편의시설 등이 있다.
ㅁ(×). 환적기능보다는 보관기능 위주로 운영되며 보안상 물류정보의 기능은 포함하지 않는다.

> 환적기능 위주로 운영되어 터미널 기능을 실현하며, 화물의 보관 업무까지도 수행하고 화물 정보센터의 기능을 강화하여 화물 운송 및 재고 정보 등을 제공한다.

04 정답 ▶ ⑤

□□□

⑤ 제품의 판매촉진을 위한 장소적 효용 창출 기능

> 제품의 장소적 효용을 창출하는 것은 운송의 기능에 해당한다.

05 정답 ▶ ②

□□□

② ㄱ, ㄴ, ㄹ

ㄱ(○). 공동집배송센터 : 여러 유통사업자 또는 제조업자가 공동으로 사용할 수 있도록 집배송시설 및 부대업무시설을 갖춘 시설
ㄴ(○). 물류터미널 : 화물의 집하·하역 및 이와 관련된 분류·포장·보관·가공·조립 등에 필요한 기능을 갖춘 시설
ㄷ(×). 스마트물류센터 : 수출입컨테이너를 취급하는 컨테이너 내륙 통관기지로서 항만터미널과 유사한 기능을 수행하는 물류거점 시설

> ICD(Inland Container Depot)에 관한 설명이다. 스마트물류센터는 첨단 물류설비, 운영시스템 등을 도입하여 저비용, 고효율, 친환경성 등에서 우수한 성능을 발휘할 수 있는 물류창고이다.

ㄹ(○). 스톡 포인트(Stock Point) : 대도시, 지방 중소도시에 효율적인 배송을 실시할 목적으로 설립된 유통의 중계시설

06 정답 ▶ ⑤

□□□

① Container Yard

선박에 언제든지 실릴 수 있도록 만들어진 FCL(Full Container Load) 화물만을 쌓아두는 야외공간이다.

② Control Center

본선 하역작업이나 야드의 컨테이너 배치를 계획하고 통제·감독하는 시설이다.

③ Marshalling Yard

컨테이너 선적 전에 대기하는 장소로, 컨테이너선에 선적하거나 양하하기 위해 컨테이너를 정렬시켜 놓은 공간이다.

④ Apron

안벽에 접한 야드 부분에 일정한 폭으로 나란히 뻗어있는 공간으로, 컨테이너 적재와 양륙 작업을 위해 임시로 하치하거나 크레인이 통과 주행할 수 있도록 레일을 설치한 곳이다.

07 정답 ▶ ④

□□□

④ 특허보세구역 : 일반 개인이 신청을 하면 지방자치단체장이 특허해 주는 보세구역

특허보세구역은 일반 개인이 신청하면 지방자치단체장이 아닌 세관장이 특허해 주는 보세구역이다.

08 정답 ▶ ①

□□□

① X : 29, Y : 55

무게중심법에 따른 입지좌표

$$X = \frac{100 \times 30 + 200 \times 10 + 200 \times 20 + 500 \times 40}{100 + 200 + 200 + 500} = 29$$

$$Y = \frac{100 \times 20 + 200 \times 50 + 200 \times 40 + 500 \times 70}{100 + 200 + 200 + 500} = 55$$

09 정답 ▶ ②

□□□

① 톤-킬로법 : 입지거점 대안별로 예상비용을 산출하고, 총비용이 최소가 되는 대안을 선택하는 방법

총비용 비교법에 관한 설명이다. 톤-킬로법은 각 수요처와 배송센터까지의 거리와 수요처까지의 운송량에 대하여 운송 수량(톤)×거리(km)에 의해 평가하여 그 총계가 가장 적은 곳에 배송센터를 설치하는 방법이다.

③ 총비용 비교법 : 고려하고 있는 입지요인(접근성, 지역환경, 노동력 등)에 주관적으로 가중치를 설정하여 각 요인을 평가하는 방법

요소분석법에 관한 설명이다. 총비용 비교법은 입지거점 대안별로 관리 비용을 산출하고, 총비용이 최소가 되는 대안을 선택하여 입지를 결정하는 방법이다.

④ 요소분석법 : 예상 물동량에 대한 고정비와 변동비를 산출하고 그 합을 비교하여 물동량에 따른 총비용이 최소가 되는 대안을 선택하는 방법

손익분기 도표법에 관한 설명이다. 요소분석법은 입지에 관련된 요소(접근성, 지역 환경, 노동력 등)에 주관적으로 가중치를 설정하여 각 요인의 평가점수를 합산하는 방법이다.

⑤ 손익분기 도표법 : 각 수요처와 배송센터까지의 거리와 운송량을 평가하여 입지를 선택하는 방법

톤-킬로법에 관한 설명이다. 손익분기 도표법은 일정한 물동량, 즉 입고량 또는 출고량을 전제로 하여 고정비와 변동비의 합을 비교 후 물동량에 따른 총비용이 최소가 되는 대안을 선택하는 방법이다.

10

정답 ▸ ⑤

□□□

⑤ 역행교차 회피의 원칙 : 물품, 운반기기, 사람의 흐름 배치는 서로 교차하거나 역주행이 가능하도록 설계

역행교차 회피의 원칙은 물품, 운반기기, 사람의 흐름 배치는 서로 교차하거나, 역주행이 가능하지 않도록 역행교차를 회피하도록 설계해야 한다는 원칙이다.

11

정답 ▸ ①

□□□

① ㄱ, ㄴ, ㄹ

ㄱ(○). 파렛트 크로스 도킹은 기계설비와 정보기술의 적용이 필요하다.
ㄴ(○). 효율적인 운영을 위해 공급처와 수요처의 정보공유가 필요하다.
ㄷ(×). 일일 처리량이 적을 때 적합한 방식은 파렛트 크로스 도킹이다.

파렛트 크로스 도킹은 가장 단순한 형태의 크로스 도킹이며, 양이 아주 많은 상품에 적합한 방식이다.

ㄹ(○). 유통업체에서 발생할 수 있는 불필요한 재고를 줄일 수 있다.
ㅁ(×). 물류센터의 재고 회전율과 리드타임을 감소시키는 효과가 있다.

크로스 도킹은 제품이 분배 센터를 빠르게 통과함으로써 물류센터의 재고 회전율을 촉진하는 효과가 있다.

12

정답 ▸ ⑤

□□□

⑤ 영업창고 : 비용지출이 명확하고 초기 창고건설 및 설비투자 비용이 발생한다.

영업창고는 비용지출이 명확하나 자가창고와는 달리 초기 창고건설 및 설비투자가 불필요하다.

13 정답 ▶ ④

□□□ ④ ㄱ - B, ㄴ - D

ㄱ. 컨베이어 반송면에 벨트, 롤러, 휠 등의 분류장치를 두어 단위화물과 함께 이동하면서 압출하는 방식 → B. 슬라이딩 슈 방식(Sliding-shoe Type)

ㄴ. 레일을 이용한 트레이(Tray), 슬라이드(Slide)의 일부 등을 경사지게 하여 화물을 떨어뜨려 분류하는 방식 → D. 틸팅 방식(Tilting Type)

A. 팝업 방식(Pop-up Type)

컨베이어 반송면의 아래에서 벨트, 롤러, 휠, 핀 등의 분기장치가 튀어나와 단위화물을 내보내는 방식

C. 다이버터 방식(Diverter Type)

외부에 설치된 안내판을 회전시켜 반송 경로상에 가이드벽을 만들어 단위화물을 가이드벽을 따라 이동시키는 방식

14 정답 ▶ ⑤

□□□ ⑤ 기존의 독립된 구매관리시스템, 생산관리시스템, 인사관리시스템 및 영업관리시스템을 통합하여 관리한다.

기존의 독립된 구매관리시스템, 생산관리시스템, 인사관리시스템 및 영업관리시스템을 통합하여 관리하는 것은 ERP(Enterprise Resource Planning, 전사적 자원관리)이다.

15 정답 ▶ ③

□□□ ③ 3개

(○) 플로우 랙(Flow Rack) - 적입과 인출이 반대 방향에서 이루어지는 선입선출이 효율적인 랙이다.

(○) 캔틸레버 랙(Cantilever Rack) - 긴 철재나 목재의 보관에 효율적인 랙이다.

(×) 드라이브스루 랙(Drive-through Rack) - 천정이 높은 창고의 공간활용도를 높이기 위한 복층구조의 랙이다.

적층 랙에 관한 설명이다. 드라이브스루 랙은 지게차가 랙의 한 방향으로 진입해서 반대 방향으로 퇴출할 수 있는 랙이다.

(×) 적층 랙(Mazzanine Rack) - 지게차가 랙의 한 방향으로 진입해서 반대 방향으로 퇴출할 수 있는 랙이다.

드라이브스루 랙에 관한 설명이다. 적층 랙은 천정이 높은 창고의 공간활용도를 높이기 위한 복층구조의 랙이다.

(○) 모빌 랙(Mobile Rack) – 필요한 통로만을 열어 사용하고 불필요한 통로를 최대한 제거하기 때문에 면적 효율이 높다.

16 정답 ▸ ③

□□□

③ ㄱ, ㄷ, ㅁ

ㄱ(○). 원자재, 반제품 등 모든 자재의 소요량을 산정하여 조달계획을 수립한다.

ㄴ(×). 기업 내 모든 인적, 물적 자원을 통합관리하여 기업의 경쟁력을 강화하기 위한 목적으로 사용한다.

> 전사적 자원관리(ERP : Enterprise Resource Planning)에 관한 설명이다. ERP는 생산, 판매, 인사, 회계, 자금, 원가, 고정자산 등 기업의 여러 운영시스템을 통합적으로 재구축하여 생산성을 극대화하려는 통합정보시스템을 의미한다.

ㄷ(○). MRP를 실행하기 위해서는 필요 부품과 수량이 정해진 자재명세서와 재고정보가 필요하다.

ㄹ(×). 낭비적 요인을 제거하고, 직장 개선풍토를 위해 정리, 정돈, 청소, 청결, 습관화를 추진한다.

> 5S 관리기법에 대한 설명이다. 정리 · 정돈 · 청소 · 청결 · 습관화의 5가지 활동을 통해 정리된 상태를 지속적으로 유지하는 것을 목표로 한다.

ㅁ(○). 주생산일정(Master Production Schedule)을 기초로 하여 계획한다.

17 정답 ▸ ④

□□□

④ ㄴ, ㄹ

ㄱ(×). 재고유지에 소요되는 비용은 평균재고량에 반비례한다.

> 재고유지비는 평균재고량에 비례한다(단위당 재고유지비용 일정).

ㄴ(○). 조달기간과 리드타임은 모두 일정하다.

ㄷ(×). 주문량이 다량일 경우에는 할인율을 적용한다.

> 주문량이 다량일 경우에도 할인이 인정되지 않는다.

ㄹ(○). 재고부족은 허용되지 않고 주문량은 일시에 입고되어야 한다.

ㅁ(×). 1회 주문당 비용은 주문량에 비례하여 증가한다.

> 주문비용과 단가는 주문량에 관계없이 일정하다.

18 정답 ▸ ⑤

□□□ ⑤ 정기발주법은 연속적으로 재고수준을 점검하므로 연속점검시스템(Continuous Review System)이라 한다.

> 정량발주법에 관한 설명이다. 정기발주법은 정기적으로 재고량을 파악하고 최대재고수준을 결정하여 부족한 부분만큼 주문하는 재고관리기법이다.

19 정답 ▸ ①

□□□ ① 시계열분석법은 기존 제품과 관련된 과거의 자료를 분석하여 신제품의 미래수요를 정성적으로 예측하는 방법이다.

> 역사적 유추법에 관한 설명이다. 시계열분석법은 과거의 시계열 자료의 구조나 양상이 미래에도 지속될 것으로 보고, 판매량, 생산량, 매출 등 과거의 수치 자료를 시간 순으로 배열해 추세, 계절성 등을 분석하여 미래 수요를 정량적으로 예측하는 방법이다.

20 정답 ▸ ②

□□□ ② ㄱ, ㄷ, ㄹ

ㄱ(×). 다품종 소량생산과 소량다빈도 배송에 따라 운송비가 절감된다.

> 다품종 소량생산과 소량다빈도 배송에 따라 운송 횟수가 증가하여 운송비가 증가한다.

ㄴ(○). 로트(Lot) 크기를 줄이고 제조준비시간을 단축시킬 수 있다.

ㄷ(×). 자재를 거점창고에 통합하여 보관하므로 재고비용 절감뿐만 아니라 자재 취급, 이동 및 검사가 용이하다.

> JIT 시스템은 자재소요와 재고를 거의 없앰으로써 낭비적인 요소를 제거하려는 생산관리시스템으로, 자재 취급 노력의 경감을 목표로 한다.

ㄹ(×). 낭비적 요인을 제거함으로써 효과적인 Push 시스템을 구현할 수 있다.

> 필요한 것을 필요한 때에 필요한 만큼 생산하여 공급함으로써 효과적인 Pull 시스템을 구현할 수 있다.

ㅁ(○). 필요한 시기와 양만큼의 자재를 조달할 수 있어서 수요변화에 유연한 대처가 가능하다.

21 정답 ▶ ②

□□□

② ㄱ – A, ㄴ – D, ㄷ – E

ㄱ. 공급사슬 상에서 상호 전략적인 제휴를 통해 생산자(공급자)가 납품대상업체(주문자)의 재고량을 유지, 관리하는 방식을 말한다. → A. 공급자관리재고(VMI)

ㄴ. 제조부 내에서 실시하는 공정관리의 대상이 되는 가공중의 자재를 의미하며, 통상 생산현장에 놓여 있다. → D. 재공품(Work In Process)

ㄷ. 계절적으로 수요의 증가를 예상하거나, 계획적으로 공장가동 중단을 대비해 사전에 준비하는 재고를 의미한다. → E. 예비재고(Anticipation Stock)

B. 운송 중 재고(Pipeline Stock)

원부자재 공급자에서부터 생산자의 자재창고까지의 이동 중인 재고, 생산자의 공장창고에서 물류거점까지의 이동 중인 재고 등을 말한다.

C. 완충재고(Buffer Stock)

안전재고라고도 하며, 수요, 자재 조달, 수송 지연 등으로 결품이 발생하는 경우 지속적인 공급중단 사태를 방지하기 위해 보유하고 있어야 할 최소 수량의 재고를 말한다.

F. 로트사이즈 재고(Lot–size Stock)

순환재고 또는 주기재고라고도 하며, 연속적인 재고보충 시점 간의 평균수요 충족에 필요한 재고이며, 특히 제품 로트 크기, 경제적 선적량, 저장공간의 한도, 조달기간, 할인조건, 재고 유지비용에 따라 조정된다.

22 정답 ▶ ②

□□□

② 5

$$\text{재고회전율(R)} = \frac{\text{총매출액}}{\text{평균 재고액}} = \frac{\text{300억원}}{\text{60억원}} = 5$$

23 정답 ▶ ④

□□□

④ 1,000

재주문점(ROP) = 조달기간 동안의 평균수요 + 안전재고
= (리드타임 × 1일 평균수요량) + 안전재고 = (3 × 200) + 400 = 1,000

24 정답 ▸ ①

□□□ ① 120,000

A제품의 연간 재고유지비 = 단위당 재고유지비 × 연간 평균재고
= 3,000원 × 0.04 × 1,000개 = 120,000원

25 정답 ▸ ④

□□□ ④ 400

경제적 주문량(EOQ)

$$= \sqrt{\frac{2 \times 1회\ 주문비용 \times 연간\ 수요량}{연간단위당\ 재고유지비}} = \sqrt{\frac{2 \times 60,000 \times 1,200}{900}}$$

$$= \sqrt{160,000} = 400$$

26 정답 ▸ ①

□□□ ① X : 150, Y : 210

순 소요량 = 총 소요량 − 현 재고 − 예정된 입고량
따라서 부품 X의 순 소요량 = (60 × 3) − 10 − 20 = 150개
부품 Y의 순 소요량 = (60 × 4) − 0 − 30 = 210개

27 정답 ▸ ③

□□□ ③ 94,240

지수평활법에 의하면
차기예측치 = 당기 판매예측치 + α(당기 판매실적치 − 당기 판매예측치)이므로
7월의 판매 예측치 = 94,000 + 0.3(98,000 − 94,000) = 95,200
따라서 8월의 판매 예측치 = 95,200 + 0.3(92,000 − 95,200) = 94,240

28 정답 ▶ ④

□□□

① 경제성 원칙 : 하역작업의 횟수를 증가시켜 비용을 최대화한다.

경제성의 원칙은 불필요한 하역작업의 생략을 통해 작업능률을 높이고, 화물의 파손 및 분실 등을 최소화하는 것을 목적으로 한다.

② 운반활성화 원칙 : 운반활성화 지수를 최소화한다.

운반활성화의 원칙은 화물의 이동 용이성을 지수로 하여 이 지수의 최대화를 지향하는 것으로, 관련 작업을 조합하여 화물 하역작업의 효율성을 높이는 것을 목적으로 한다.

③ 화물 단위화의 원칙 : 다품종 소량운송을 위해 화물을 개별화하여 하역한다.

화물 단위화의 원칙은 화물을 유닛화하여 파렛트 및 컨테이너와 조합함으로써 화물의 손상·파손·분실을 없애고 하역작업을 능률화 또는 합리화하는 원칙이다.

⑤ 화물유동화 원칙 : 화물의 손상, 분실 등을 최소화하기 위하여 하역공정을 멈추고 불량 검사를 한다.

화물유동화의 원칙은 화물이 정체되지 않도록 하역작업 공정 간의 연계를 원활히 하는 것이다.

29 정답 ▶ ⑤

□□□

⑤ <u>취급화물의 원산지와 목적지</u>

하역기기 선정기준
- 화물의 특성 : 비포장물의 입자 분포·비중·성상 등과 포장물의 형상·크기·중량 등
- 작업환경의 특성 : 작업창고의 전용·공용·자사용 여부, 물건 흐름, 시설배치, 건물구조 등
- 작업의 특성 : 작업량, 계절변동의 유동성, 취급품목 종류, 운반거리 및 범위, 통로의 크기, 수송기관의 종류 등
- 경제성(채산성) : 한 가지의 안보다 복수의 대체안을 고려
- 하역기기의 특성 : 안전성, 신뢰성, 성능, 탄력성, 기동성, 재생에너지성, 에너지 효율성, 소음, 공해

30 정답 ▶ ④

□□□

① 디배닝(Devanning) : 컨테이너에 화물을 싣는 작업

디배닝은 컨테이너에서 화물을 꺼내는 작업, 배닝은 컨테이너에 화물을 싣는 작업이다.

② 피킹(Picking) : 화물을 유형별, 고객별, 도착지별로 분류하는 작업

피킹은 보관장소에서 화물을 꺼내는 작업이다.

③ 스태킹(Stacking) : 화물 손상을 방지하기 위해 화물의 밑바닥이나 틈 사이에 물건을 깔거나 끼우는 작업

스태킹은 화물을 규칙적으로 쌓아 올리는 작업이다.

⑤ 분류(Sorting) : 출하하는 화물을 수송기기에 바로 실을 수 있도록 정돈하는 작업

분류는 화물을 품목별·발송지별·고객별 등으로 나누는 작업이다.

31 정답 ▶ ①

□□□ ① 암 랙(Arm Rack)

더 알아보기

오더피킹의 출고형태

출고형태	보관 단위→피킹 단위	장 비	
제1형태	파렛트→파렛트(P→P)	적 재	Pallet Rack, Pallet Sliding Rack, 회전 선반(Carousel), Trans Robo System, Drive-in Rack, 고층 랙(High Rack)
		운 반	포크리프트, 무인 포크리프트, 스태커크레인
제2형태	파렛트→파렛트+케이스	무인화, 자동화 창고의 재입고, 자동화 창고와 팔레트 컨베이어	
제3형태	파렛트→케이스	무인화, 자동창고의 재입고, 입체 창고와 피킹 크레인, 피킹 크레인과 컨베이어, 랙과 Picking 포크리프트 트럭, Pallet Sliding Rack과 컨베이어, Picking Packing Machine, 파렛트용 회전 선반(Carousel)	
제4형태	케이스→케이스(C→C)	Automatic Sliding Rack, Sliding Rack, Carrousel Rack, Mobile Rack, 미니 스태커크레인, 중층랙과 피킹 크레인, 선반과 손수레 대차	

32 정답 ▶ ②

□□□ ① 교환방식

유럽 각국의 국영철도에서 송화주가 국철에 파렛트 로드 형태로 운송하면 국철에서는 이와 동수의 파렛트로 교환하는 방식으로, 언제나 교환에 응할 수 있도록 파렛트를 준비해 놓는다.

③ 교환 · 리스병용방식

교환방식과 렌탈방식의 결점을 보완한 방식으로 관리 운영상 어려움이 많아 활성화되지 못했다.

④ 대차결제방식

교환방식의 단점을 개선하여 현장에서 즉시 교환하지 않고 일정시간 내에 국철역에 동수로 반환하는 방식이다.

33 정답 ▶ ④

□□□ ① 1회용 파렛트로 Push-Pull 장치를 부착한 지게차로 취급된다.

시트 파렛트(Sheet Pallet)에 관한 설명이다. 시트 파렛트는 1회용 파렛트로 목재나 플라스틱으로 제작되어 가격이 저렴하고 가벼우나, 하역을 위하여 Push-Pull 장치를 부착한 포크리프트가 필요하다.

② 주로 액체화물 취급 시 사용되고 밀폐용 커버를 가지며 상부 또는 하부에 개폐장치가 있다.

탱크 파렛트(Tank Pallet)에 관한 설명이다. 탱크 파렛트는 주로 오일, 액체, 유류 운반 및 적재용으로 사용된다.

③ 주로 분말화물 취급 시 사용되고 밀폐용 커버를 가지며 하부에 개폐장치가 있다.

사일로 파렛트(Silo Pallet)에 관한 설명이다. 사일로 파렛트는 주로 분말, 압축화물 처리에 사용되며, 측면이 밀폐되어 있고 뚜껑이 있으며 하부에 개폐장치가 있는 상자형 파렛트를 말한다.

⑤ 핸드 리프트로 하역할 수 있도록 만들어진 단면형 및 양면형 파렛트이다.

롤 상자형 파렛트(Roll Box Pallet)는 바퀴가 있어 핸드 리프트의 포크가 들어가기 어려워 핸드 리프트로 하역하기 어렵다. 핸드 리프트로 하역할 수 있는 것은 스키드 파렛트 등이 있다.

34 정답 ▶ ③

□□□

③ ㄱ, ㄷ, ㄹ

ㄱ(○). 밀어내는 방식 : 화물의 분류지점에 직각 방향으로 암(Arm)을 설치하여 밀어내는 방식이다.
ㄴ(×). 바코드 방식 : 상자에 붙어 있는 바코드 라벨을 정 위치에서 스캐너로 판독하고 컴퓨터에 정보를 전달하여 제어하는 무인 운반기기 제어방식으로, 기술을 통한 분류방식이다.
ㄷ(○). 다이버트 방식 : 외부에 설치된 안내판을 회전시켜 반송 경로상에 가이드벽을 만들어 단위화물을 가이드벽을 따라 이동시키는 방식이다.
ㄹ(○). 이송 방식 : 운송 장치의 이송 경로를 전환하거나 분기시켜, 화물을 목적지별로 자동 분류하는 방식이다.

35 정답 ▶ ③

□□□

③ ㄱ, ㅁ, ㅂ

ㄱ(○). 돌리(Dolly) : 파렛트를 올려놓고 운반하기 위한 차대로서 사방에 파렛트가 미끄러지지 않도록 스토퍼를 부착하고 있다. 트랜스포터와 동일한 역할을 하나 자체 구동력은 없고 터그 카와 연결되어 사용된다.
ㄴ(×). 로딩 암(Loading Arm) : 대량의 액체 및 기체제품을 운반선에 선적 또는 하역할 때 사용하는 굴절형 팔 형태의 항만하역장비이다.
ㄷ(×). 스트래들 캐리어(Straddle Carrier) : 컨테이너터미널에서 컨테이너를 마샬링 야드로부터 에이프런 또는 CY지역으로 운반 및 적재할 경우에 사용되는 장비이다.
ㄹ(×). 탑 핸들러(Top Handler) : 컨테이너 모서리쇠를 잡는 스프레더(Spreader) 또는 체결 고리가 달린 팔과 마스트를 갖추고 야드 내의 공컨테이너(Empty Container)를 적치 또는 하역하는 장비로서 대형지게차와 유사하다.
ㅁ(○). 트랜스포터(Transporter) : 하역작업이 완료된 단위적재용기를 터미널에서 항공기까지 수평 이동하는 데 사용하는 장비로서, 파렛트를 올려놓은 차량에 엔진을 장착하여 자주식으로 운행되는 차량이다.
ㅂ(○). 터그 카(Tug Car) : 일반항공화물이나 단위탑재용기(ULD)가 적재된 돌리를 항공기로 이동시키는 지상조업장비로, 동력원이 없어 스스로 움직이지 못하는 장비를 견인할 때에도 사용한다.

36 정답 ▶ ③

□□□

① Over Head Bridge Crane

Over Head Bridge Crane(OHBC)은 야드에서 교량형식의 구조물에 Crane을 설치하여 컨테이너를 적·양하하는 장비이다.

② Rail-Mounted Gantry Crane

Rail-Mounted Gantry Crane(RMGC)은 레일 위에 고정되어 있어 컨테이너의 적재블럭을 자유로이 바꿀 수가 없으나, 주행 및 정지를 정확하게 할 수 있고, 고속으로 생산성이 높으며, 다열다단적으로 장치능력을 증대시킬 수 있다.

④ Rubber-Tired Gantry Crane

Rubber-Tired Gantry Crane(RTGC)은 고무바퀴가 장착된 야드크레인으로 스팬이 6개의 컨테이너열과 1개의 트럭차선에 이르며, 4단 혹은 5단 장치작업이 가능하고 기동성이 뛰어나 적재장소가 산재해 있을 경우 이용하기 적당하며, 물동량 증가에 따라 추가투입이 가능하다.

⑤ Yard Tractor

컨테이너야드(CY) 내에서 트레일러를 이동하는 데 쓰이는 견인차량이다.

37 정답 ▶ ②

□□□

② 항공기의 모든 기종에 호환사용이 가능하여 사용회전율을 증가시킬 수 있다.

단위탑재용기(Unit Load Device)는 항공기 기종별 규격이 각각 다르므로 항공 단위탑재용기 간의 호환성이 낮다.

38 정답 ▶ ③

□□□

③ 레이블링(Labeling) 방법 : 종이, 알루미늄 등의 판에 표시내용을 기재한 다음 철사나 끈 등으로 적절히 매는 방법이다.

태그(Tag)에 관한 설명이다. 레이블링(Labeling) 방법은 종이나 직포에 필요한 표시를 미리 인쇄해 두었다가 일정한 위치에 붙이는 방법이다.

39 정답 ▶ ③

□□□

③ 심미성우선의 원칙 : 과잉포장 배제를 통해 심미성을 화물보호보다 우선한다.

심미성우선의 원칙은 제품의 시각적·미적 가치 향상을 위해 포장 디자인과 재질, 색채 등을 고려하여 설계하는 원칙을 말하는 것으로, 화물보호보다 우선하는 것이 아니라 화물보호 기능을 해치지 않는 범위 내에서 심미성을 추구한다.

40 정답 ▸ ①, ③

□□□

① 쉬링크(Shrink)는 위/아래의 틀로 고정하는 방법으로 적어도 4개 정도의 밴드를 사용한다.

> 쉬링크(Shrink)는 열수축성 플라스틱 필름을 파렛트 화물에 씌우고 터널을 통과시킬 때 가열하여 필름을 수축시켜서 파렛트와 밀착시키는 포장방법이다.

③ 슬리브(Sleeve)는 필름의 열 수축력에 의해서 파렛트와 그 위의 적재된 포장화물을 집합하는 방법이다.

> 슬리브(Sleeve)는 종이나 필름천을 이용하여 수직으로 4면을 감거나 싸는 방법이다.

[5과목] 물류관련법규

41	42	43	44	45	46	47	48	49	50	51	52	53	54	55	56	57	58	59	60
❺	❹	❷	❶	❸	❷	❸	❶	❹	❷	❶	❷	❺	❷	❹	❺	❶	❸	❹	❺
61	62	63	64	65	66	67	68	69	70	71	72	73	74	75	76	77	78	79	80
❶	❹	❺	❶	❸	❹	❺	❷	❶	❸	❸	❺	❺	❷	❸	❶	❹	❸	❸	❺

41 정답 ▸ ⑤

□□□

⑤ 화물운송업 – 항만운송관련업 – 운반 · 적치 · 하역장비 임대업

> 운반 · 적치 · 하역장비 임대업은 물류서비스업(대분류)과 물류장비임대업(세분류)의 세세분류에 해당하고, 항만운송관련업은 물류서비스업(대분류)의 세분류에 해당한다(영 별표 1).

42 정답 ▸ ④

□□□

① 특별자치시장 · 도지사 및 특별자치도지사는 지역물류체계의 효율화를 위하여 필요한 경우에는 지역물류기본계획을 수립할 수 있다.

> 법 제14조 제2항

② 특별시장 및 광역시장은 지역물류정책의 기본방향을 설정하는 10년 단위의 지역물류기본계획을 5년마다 수립하여야 한다.

> 법 제14조 제1항

③ 국가물류기본계획에는 물류보안에 관한 사항이 포함되어야 한다.

> 법 제11조 제2항 제6의2호

④ **국가물류기본계획은 「국토기본법」에 따라 수립된 국토종합계획 및 「국가통합교통체계효율화법」에 따라 수립된 국가기간교통망계획에 우선한다.**

국가물류기본계획은 「국토기본법」에 따라 수립된 국토종합계획 및 「국가통합교통체계효율화법」에 따라 수립된 국가기간교통망계획과 조화를 이루어야 한다(법 제12조 제1항).

⑤ 국토교통부장관 및 해양수산부장관은 국가물류정책의 기본방향을 설정하는 10년 단위의 국가물류기본계획을 5년마다 공동으로 수립하여야 한다.

법 제11조 제1항

43

정답 ▸ ②

□□□

① 국가물류정책위원회의 위원장은 국토교통부장관이 된다.

법 제18조 제2항

② **국가물류정책위원회는 위원장을 제외한 20명 이내의 위원으로 구성하고, 위원은 연임할 수 없다.**

국가물류정책위원회는 위원장을 포함한 23명 이내의 위원으로 구성하고, 위원은 연임할 수 있다(법 제18조 제1항, 제4항 참조)

③ 국가물류정책위원회는 국가물류체계의 효율화에 관한 중요 정책 사항을 심의・조정한다.

법 제17조 제2항 제1호

④ 국가물류정책위원회의 회의는 재적위원 과반수의 출석으로 개의하고, 출석위원 과반수의 찬성으로 의결한다.

영 제11조 제3항

⑤ 국가물류정책에 관한 주요 사항을 심의하기 위하여 국토교통부장관 소속으로 국가물류정책위원회를 둔다.

법 제17조 제1항

44

정답 ▸ ①

□□□

① **화물정보망기업에 대한 우수물류기업 인증의 주체는 국토교통부장관・해양수산부장관 공동이다.**

화물정보망기업에 대한 우수물류기업 인증의 주체는 국토교통부장관이다(영 별표1의 2).

② 국토교통부장관 및 해양수산부장관은 우수물류기업 인증심사 대행기관이 정당한 사유 없이 인증업무를 거부한 경우에는 공동으로 그 지정을 취소할 수 있다.

법 제40조의2 제3호

③ 국토교통부장관 및 해양수산부장관은 「공공기관의 운영에 관한 법률」에 따른 공공기관을 우수물류기업 인증심사 대행기관으로 공동으로 지정하여 인증신청의 접수 업무를 하게 할 수 있다.

법 제40조 제1항 제1호, 제2항 제1호

④ 국토교통부장관 및 해양수산부장관은 물류기업의 육성과 물류산업 발전을 위하여 소관 물류기업을 각각 우수물류기업으로 인증할 수 있다.

법 제38조 제1항

⑤ 국토교통부장관 또는 해양수산부장관은 소관 인증우수물류기업이 물류사업으로 인하여 공정거래위원회로부터 시정조치를 받은 경우에는 그 인증을 취소할 수 있다.

법 제39조 제1항 제2호

45 정답 ▸ ③

□□□

① 국제물류주선업을 경영하려는 자는 국토교통부장관의 허가를 받아야 한다.

국제물류주선업을 경영하려는 자는 국토교통부령으로 정하는 바에 따라 시・도지사에게 등록하여야 한다(법 제43조 제1항).

② 국제물류주선업자가 그 사업을 양도하거나 사망한 때에는 그 양수인・상속인은 국제물류주선업의 등록에 따른 권리・의무를 승계하지 아니한다.

국제물류주선업자가 그 사업을 양도하거나 사망한 때에는 그 양수인・상속인은 국제물류주선업의 등록에 따른 권리・의무를 승계한다(법 제45조 제1항).

③ 「공항시설법」 또는 「해운법」을 위반하여 벌금형을 선고받고 2년이 지나지 아니한 자는 국제물류주선업의 등록을 할 수 없다.

「물류정책기본법」, 「화물자동차 운수사업법」, 「항공사업법」, 「항공안전법」, 「공항시설법」 또는 「해운법」을 위반하여 벌금형을 선고받고 2년이 지나지 아니한 자는 국제물류주선업의 등록을 할 수 없다(법 제44조 제4호).

④ 국제물류주선업자가 등록한 사항 중 자본금이 감소되는 경우에는 변경등록을 하지 않아도 된다.

국제물류주선업을 등록한 자가 등록한 사항 중 자본금이 감소되는 경우에는 국토교통부령으로 정하는 바에 따라 변경등록을 하여야 한다(법 제43조 제2항, 규칙 제7조 제1항 제2호).

⑤ 국토교통부장관은 국제물류주선업자가 거짓이나 그 밖의 부정한 방법으로 허가를 받은 경우에는 허가를 취소할 수 있다.

시・도지사는 국제물류주선업자가 거짓이나 그 밖의 부정한 방법으로 등록을 한 경우에는 등록을 취소하여야 한다(법 제47조 제1항 제1호)

46 정답 ▸ ②

□□□

② ㄱ : 50, ㄴ : 100, ㄷ : 200

인증이 취소된 우수물류기업이 법 제39조 제2항을 위반하여 인증마크를 계속 사용한 경우에는 1차 위반 시 50만원, 2차 위반 시 100만원, 3차 위반 시 200만원의 과태료 금액이 부과된다(영 별표4).

47 정답 ▶ ③

□□□

① 국토교통부장관은 물류기업 및 화주기업이 기업물류비 산정지침에 따라 물류비를 관리하도록 권고할 수 있다.

> 법 제26조 제2항

② 국토교통부장관 또는 해양수산부장관은 물류표준화에 관한 업무를 효과적으로 추진하기 위하여 필요하다고 인정하는 경우에는 산업통상자원부장관에게 「산업표준화법」에 따른 한국산업표준의 제정 · 개정 또는 폐지를 요청할 수 있다.

> 법 제24조 제1항

③ 국토교통부장관 · 해양수산부장관 · 산업통상자원부장관 또는 관세청장은 물류공동화를 확산하기 위하여 필요한 경우에는 시범사업을 선정하여 운영할 수 있다.

> 국토교통부장관 · 해양수산부장관 · 산업통상자원부장관 또는 시 · 도지사는 물류공동화를 확산하기 위하여 필요한 경우에는 시범지역을 지정하거나 시범사업을 선정하여 운영할 수 있다(법 제23조 제4항).

④ 「민법」 제32조에 따라 설립된 물류와 관련된 비영리법인이 기존 물류시설을 정비할 때에는 주변 물류시설과의 기능중복 여부를 고려하여야 한다.

> 법 제22조 제2호, 영 제17조 제1항 제3호

⑤ 기업물류비 산정지침에는 물류비 계산서의 표준 서식이 포함되어야 한다.

> 영 제18조 제4호

48 정답 ▶ ①

□□□

① ㄴ

ㄱ(×). 도로운송 시 위험물질운송안전관리센터의 감시가 필요한 「화학물질관리법」 제2조 제7호에 따른 유해화학물질을 운송하는 차량의 최대 적재량 기준은 10,000리터 이상이다.

> 도로운송 시 위험물질운송안전관리센터의 감시가 필요한 「화학물질관리법」 제2조 제7호에 따른 유해화학물질을 운송하는 차량의 최대 적재량 기준은 5,000킬로그램 이상이다(법 제29조의2 제1항, 규칙 제2조의2 제1항 제3호, 제2항 제3호).

ㄴ(○). 국가물류통합정보센터운영자 또는 단위물류정보망 전담기관은 전자문서 및 정보처리장치의 파일에 기록되어 있는 물류정보를 대통령령으로 정하는 기간(2년) 동안 보관하여야 한다.

> 법 제33조 제3항, 영 제25조

ㄷ(×). 국토교통부장관은 위험물질운송안전관리센터의 설치 · 운영을 「한국도로공사법」에 따른 한국도로공사가 대행하게 한다.

> 국토교통부장관은 「한국교통안전공단법」에 따른 한국교통안전공단에 위험물질운송안전관리센터의 설치 · 운영을 대행하게 할 수 있다(법 제29조 제1항 후단).

49 정답 ▸ ④

□□□

① 물류의 공동화・자동화 및 정보화를 위한 시설은 "물류시설"에 해당한다.

법 제2조 제1호 다목

② 「유통산업발전법」에 따른 집배송시설을 경영하는 사업은 "물류터미널사업"에서 제외된다.

법 제2조 제3호 라목

③ 「철도사업법」에 따른 철도사업자가 여객의 수하물 또는 소화물을 보관하는 것은 "물류창고업"에서 제외된다.

법 제2조 제5의3호 나목

<u>④ "도시첨단물류단지"란 도시 내 물류를 지원하기 위하여 지정・개발하는 일단의 토지 및 시설로서 스마트물류단지와 일반물류단지로 구분된다.</u>

"도시첨단물류단지"란 도시 내 물류를 지원하고 물류・유통산업 및 물류・유통과 관련된 산업의 육성과 개발을 촉진하려는 목적으로 도시첨단물류단지시설과 지원시설을 집단적으로 설치하기 위하여 「국토의 계획 및 이용에 관한 법률」에 따른 도시지역에 제22조의2에 따라 지정・개발하는 일단의 토지 및 시설을 말한다(법 제2조 제6의2호).

⑤ 물류단지시설의 운영을 효율적으로 지원하기 위하여 물류단지 안에 설치되는 물류단지 종사자 및 이용자의 생활과 편의를 위한 시설은 "지원시설"에 해당한다.

법 제2조 제8호 라목

50 정답 ▸ ②

□□□

① 물류창고 면적의 100분의 10 이상의 증감이 있는 경우 물류창고업자는 그 사유가 발생한 날부터 30일 이내에 변경등록을 하여야 한다.

법 제21조의2 제2항, 영 제12조의3 제3호

<u>② 보관장소 전체면적의 합계가 2천500제곱미터 이상인 물류창고를 소유 또는 임차하여 물류창고업을 경영하려는 자는 물류창고업의 등록을 하여야 한다.</u>

전체면적의 합계가 4천500제곱미터 이상인 보관장소에 해당하는 물류창고를 소유 또는 임차하여 물류창고업을 경영하려는 자는 국토교통부와 해양수산부의 공동부령으로 정하는 바에 따라 국토교통부장관, 해양수산부장관 또는 시・도지사에게 등록하여야 한다(법 제21조의2 제1항 제2호).

③ 물류창고업자의 사업자단체가 수행하는 물류창고업자 및 관련 종사자에 대한 교육・훈련 사업은 국가 또는 지방자치단체의 재정적 지원 대상이 될 수 있다.

법 제21조의7 제1항 제5호, 규칙 제13조10 제3호

④ 물류창고업의 등록 및 변경등록 신청을 하려는 자는 국토교통부령으로 정하는 바에 따라 수수료를 내야 한다.

법 제63조 제3호

⑤ 물류창고업 등록을 취소하여야 하는 경우로서 그 등록의 취소로써 그 사업의 이용자 등에게 심한 불편을 주는 경우에도 그 등록취소처분을 갈음하여 과징금을 부과할 수 없다.

> 물류창고업 등록을 취소하여야 하는 경우(법 제17조의 제1항 제1호・제4호・제7호 또는 제8호)는 과징금 부과의 제외사항에 해당한다(법 제21조의9 제1항, 제21조의10 준용).

51

정답 ▶ ①

□□□

<u>① ㄱ : 2분의 1, ㄴ : 2분의 1</u>

> 국토교통부장관 또는 시・도지사는 도시첨단물류단지를 지정하려면 도시첨단물류단지 예정지역 토지면적의 (ㄱ : 2분의 1) 이상에 해당하는 토지소유자의 동의와 토지소유자 총수(그 지상권자를 포함하며, 1필지의 토지를 여러 명이 공유하는 경우 그 여러 명은 1인으로 본다) 및 건축물 소유자 총수(집합건물의 경우 각 구분소유자 각자를 1인의 소유자로 본다) 각 (ㄴ : 2분의 1) 이상의 동의를 받아야 한다(법 제22조의3 제1항).

52

정답 ▶ ②

□□□

① 시・도지사가 일반물류단지를 지정할 때에는 시장・군수・구청장의 신청이 있어야 한다.

> 시・도지사는 일반물류단지를 지정하려는 때에는 일반물류단지개발계획을 수립하여 관계 행정기관의 장과 협의한 후 지역물류정책위원회의 심의를 거쳐야 한다(법 제22조 제3항). 시・도지사가 시장・군수・구청장의 신청을 받아 지정할 수 있는 경우는 도시첨단물류단지의 지정이다(법 제22조의2 제1항).

<u>② 물류단지개발사업의 시행자가 물류단지 예정지역의 토지소유자가 설립한 조합인 경우 시행자는 물류단지 개발사업에 필요한 토지 등을 수용하거나 사용할 수 없다.</u>

> 물류단지 예정지역의 토지소유자 또는 그 토지소유자가 물류단지개발을 위하여 설립한 조합을 제외한 물류단지개발사업에 필요한 토지등을 수용하거나 사용할 수 있다(법 제27조 제2항 제6호, 제32조 제1항 전단).

③ 「지방공기업법」에 따른 지방공사가 물류단지개발사업의 시행으로 기존의 공공시설에 대체되는 공공시설을 설치한 경우에는 종래의 공공시설은 그 시설을 관리할 지방자치단체에 무상으로 귀속된다.

> 「지방공기업법」에 따른 지방공사의 시행자가 물류단지개발사업의 시행으로 기존의 공공시설에 대체되는 공공시설을 설치한 경우에는 종래의 공공시설은 시행자에게 무상으로 귀속된다(법 제36조 제1항).

④ 물류단지지정권자가 물류단지재정비사업을 하려는 경우에는 입주업체 2분의 1 이상의 동의가 있어야 한다.

> 물류단지지정권자는 물류단지재정비사업을 하려는 경우에는 입주업체와 관계 지방자치단체의 장의 의견을 듣고 관계 행정기관의 장과 협의하여 물류단지재정비계획(이하 "재정비계획"이라 한다)을 수립・고시하되, 부분 재정비사업인 경우에는 재정비계획 고시를 생략할 수 있다(법 제52조의2 제3항 전단).

⑤ 물류단지개발실시계획의 승인을 한 물류단지지정권자는 시행자가 사정이 변경되어 물류단지개발사업을 계속 시행하는 것이 불가능하게 된 경우 그 승인을 취소하여야 한다.

> 물류단지개발실시계획의 승인을 한 물류단지지정권자는 시행자가 사정이 변경되어 물류단지개발사업을 계속 시행하는 것이 불가능하게 된 경우에는 물류시설의 개발 및 운영에 관한 법률에 따른 지정・승인 또는 인가를 취소하거나 공사의 중지, 공작물의 개축, 이전, 그 밖에 필요한 조치를 할 수 있다(법 제52조의3 제1항 제6호).

53 정답 ▶ ⑤

□□□ ⑤ 물류단지에 존치하기로 결정된 대지 안에서 물건을 쌓아놓는 행위

물류단지 안에서 허가받지 않고 할 수 있는 행위(법 제25조 제2항 제2호, 영 제18조 제3항)
1. 농림수산물의 생산에 직접 이용되는 것으로서 국토교통부령으로 정하는 간이공작물의 설치
2. 경작을 위한 토지의 형질변경
3. 물류단지의 개발에 지장을 주지 아니하고 자연경관을 손상하지 아니하는 범위에서의 토석의 채취
4. 물류단지에 존치하기로 결정된 대지 안에서 물건을 쌓아놓는 행위
5. 관상용 죽목의 임시 식재(경작지에서의 임시 식재는 제외한다)

54 정답 ▶ ②

□□□ ②「한국철도공사법」에 따른 한국철도공사

물류단지의 관리기구(법 제53조 제1항, 영 제43조)
1. 「한국토지주택공사법」에 따른 한국토지주택공사
2. 「한국도로공사법」에 따른 한국도로공사
3. 「한국수자원공사법」에 따른 한국수자원공사
4. 「한국농어촌공사 및 농지관리기금법」에 따른 한국농어촌공사
5. 「항만공사법」에 따른 항만공사
6. 「지방공기업법」에 따른 지방공사

55 정답 ▶ ④

□□□ ① 공사시행인가를 받지 아니하고 공사를 시행한 복합물류터미널사업자

1년 이하의 징역 또는 1천만원 이하의 벌금에 처한다(법 제65조 제1항 제3호).

② 등록증을 대여한 물류창고업자

1년 이하의 징역 또는 1천만원 이하의 벌금에 처한다(법 제65조 제1항 제4호).

③ 부정한 방법으로 물류단지개발사업의 시행자로 지정을 받은 자

1년 이하의 징역 또는 1천만원 이하의 벌금에 처한다(법 제65조 제1항 제6호).

④ 시・도지사가 소속 공무원에게 물류단지의 관리에 관한 관리기관의 업무를 검사하게 한 경우 그 검사를 방해・거부한 자

시・도지사는 물류단지의 관리에 관한 업무 검사를 방해・거부한 자에게는 300만원 이하의 과태료를 부과한다(법 제67조 제1항, 법 제61조 제4항).

⑤ 물류단지시설의 설치를 완료하기 전에 분양받은 토지 또는 시설을 시행자 또는 관리기관에 양도하지 아니하고 처분한 입주기업체

1년 이하의 징역 또는 1천만원 이하의 벌금에 처한다(법 제65조 제1항 제7호).

56 정답 ▶ ⑤

□□□

① 정비지구의 지정을 신청하려면 해당 지역의 면적이 50만 제곱미터 이상이어야 한다.

> 정비지구로 지정하려는 지역의 면적이 30만 제곱미터 이상이어야 한다는 요건을 충족해야 한다(법 제59조의4 제1항, 영 제46조의2 제1항 제2호 참조).

② 정비지구가 둘 이상의 시・군・구의 관할지역에 걸쳐 있는 경우에는 시・도지사가 물류 교통・환경 정비계획을 수립한다.

> 정비지구가 둘 이상의 시・군・구의 관할지역에 걸쳐 있는 경우에는 관할 시장・군수・구청장이 공동으로 이를 수립・제출한다(법 제59조의4 제2항 후단).

③ 정비지구 면적의 100분의 10 미만의 변경을 신청하는 경우에는 주민의 의견청취 절차를 거치지 아니할 수 있다.

> 정비지구의 면적의 100분의 5 미만의 변경을 신청하려는 경우에는 주민의 의견청취 절차를 거치지 아니할 수 있다(법 제59조의4 제3항 단서, 영 제46조의4 제1호).

④ 정비지구를 지정하려면 지역물류정책위원회와 「국토의 계획 및 이용에 관한 법률」에 따른 지방도시계획위원회가 공동으로 하는 심의를 거쳐야 한다.

> 시・도지사는 정비지구의 지정을 신청받은 경우에는 관계 행정기관의 장과 협의하고 대통령령으로 정하는 바에 따라 물류단지계획심의위원회와 「국토의 계획 및 이용에 관한 법률」에 따른 지방도시계획위원회가 공동으로 하는 심의를 거쳐 정비지구를 지정한다(법 제59조의5 제1항).

<u>⑤ 국가는 시・도지사가 지정한 정비지구에서 시장・군수・구청장에게 「화물자동차 운수사업법」에 따른 공영차고지 및 화물자동차 휴게소의 설치 사업에 대하여 행정적・재정적 지원을 할 수 있다.</u>

> 법 제59조의7 제2호

57 정답 ▶ ①

□□□

<u>① 화주 1명당 화물의 중량이 10킬로그램 이상일 것</u>

> **여객자동차 운송사업용 자동차에 싣기 부적합한 화물의 기준(법 제2조 제3호 후단, 규칙 제3조의2 제1항)**
> 1. 화주(貨主) 1명당 화물의 중량이 20킬로그램 이상일 것
> 2. 화주 1명당 화물의 용적이 4만 세제곱센티미터 이상일 것
> 3. 화물이 다음 각 목의 어느 하나에 해당하는 물품일 것
> 가. 불결하거나 악취가 나는 농산물・수산물 또는 축산물
> 나. 혐오감을 주는 동물 또는 식물
> 다. 기계・기구류 등 공산품
> 라. 합판・각목 등 건축기자재
> 마. 폭발성・인화성 또는 부식성 물품

58 정답 ▶ ③

□□□

① 운송사업자가 화물자동차의 대폐차에 관한 사항을 변경하려면 국토교통부장관의 변경허가를 받아야 한다.

화물자동차의 대폐차는 국토교통부장관에게 신고를 하여야 한다(법 제3조 제3항 단서, 영 제3조 제2항 제4호).

② 개인 운송사업자는 주사무소 외의 장소에서 상주하여 영업하려면 국토교통부장관의 허가를 받아 영업소를 설치하여야 한다.

운송사업자는 주사무소 외의 장소에서 상주(常住)하여 영업하려면 국토교통부령으로 정하는 바에 따라 국토교통부장관의 허가를 받아 영업소를 설치하여야 한다. 다만, 개인 운송사업자의 경우에는 그러하지 아니하다(법 제3조 제11항).

③ 임시허가를 받은 자가 허가 기간 내에 다른 운송사업자와 위·수탁계약을 체결하지 못하고 임시 허가 기간이 만료된 경우 3개월 내에 화물자동차 운송사업허가를 신청할 수 있다.

법 제3조 제13항

④ 화물자동차 운송사업의 증차를 수반하는 변경허가에는 조건 또는 기한을 붙일 수 없다.

국토교통부장관은 화물자동차 운수사업의 질서를 확립하기 위하여 화물자동차 운송사업의 허가 또는 증차를 수반하는 변경허가에 조건 또는 기한을 붙일 수 있다(법 제3조 제14항).

⑤ 국토교통부장관은 운송사업자가 사업정지처분을 받은 경우에도 주사무소를 이전하는 변경허가를 할 수 있다.

국토교통부장관은 운송사업자가 사업정지처분을 받은 경우에는 주사무소를 이전하는 변경허가를 하여서는 아니 된다(법 제3조 제15항).

59 정답 ▶ ④

□□□

① 운송약관 변경신고가 있는 경우 그 변경신고를 받은 날부터 3일 이내에 신고수리 여부가 신고인에게 통지되어야 한다.

법 제6조 제2항

② 운송사업자는 운송약관을 영업소 또는 화물자동차에 갖추어 두고 이용자가 요구하면 이를 내보여야 한다.

법 제11조 제8항

③ 운송약관에는 운송책임이 시작되는 시기 및 끝나는 시기를 적어야 한다.

규칙 제16조 제3항 제4호

④ 공정거래위원회는 화물운송에 관한 표준이 되는 약관을 작성하여 운송사업자에게 그 사용을 권장할 수 있다.

국토교통부장관은 협회 또는 연합회가 작성한 것으로서 「약관의 규제에 관한 법률」에 따라 공정거래위원회의 심사를 거친 화물운송에 관한 표준이 되는 약관(이하 "표준약관"이라 한다)이 있으면 운송사업자에게 그 사용을 권장할 수 있다(법 제6조 제4항).

⑤ 운송약관의 신고는 「화물자동차 운수사업법」에 따라 설립된 협회로 하여금 대리하게 할 수 있다.

규칙 제16조 제4항

60 정답 ▶ ⑤

□□□

① 임원 중 「화물자동차 운수사업법」을 위반하여 징역 이상의 형의 집행유예를 선고받고 그 유예기간 중에 있는 자가 있는 법인

법 제4조 제4호

② 임원 중 파산선고를 받고 복권되지 아니한 자가 있는 법인

법 제4조 제2호

③ 부정한 방법으로 화물자동차 운송사업의 허가를 받아 허가가 취소된 후 3년이 지난 자

법 제4조 제6호, 제19조 제1항 제1호

④ 부정한 방법으로 화물자동차 운송사업의 변경허가를 받아 변경허가가 취소된 후 3년이 지난 자

법 제4조 제6호, 제19조 제1항 제2호

⑤ 빈번한 교통사고로 1명 이상의 사상자를 발생하게 하여 화물자동차 운송사업의 허가가 취소된 후 3년이 지난 자

빈번한 교통사고로 1명 이상의 사상자를 발생하게 한 경우에 따라 허가가 취소된 후 2년이 지나지 아니한 자는 화물자동차 운송사업의 허가를 받을 수 없다(법 제4조 제5호, 제19조 제1항 제11호). 따라서 3년이 지난 자는 운송사업의 허가를 받을 수 있다.

61 정답 ▶ ①

□□□

① 화물의 멸실 · 훼손 또는 인도의 지연으로 발생한 운송주선사업자의 손해배상책임에 관하여는 「상법」 제135조(손해배상책임)를 준용한다.

법 제7조 제1항, 제28조 준용

② 화물자동차 운송가맹사업의 허가를 받은 자는 화물자동차 운송주선사업의 허가를 받아야 화물자동차 운송주선사업을 경영할 수 있다.

화물자동차 운송주선사업을 경영하려는 자는 국토교통부장관의 허가를 받아야 한다. 다만, 화물자동차 운송가맹사업의 허가를 받은 자는 허가를 받지 아니한다(법 제24조 제1항 단서).

③ 운송주선사업자는 주사무소 외의 장소에서 상주하여 영업하려면 미리 국토교통부장관에게 신고하여야 한다.

운송주선사업자는 주사무소 외의 장소에서 상주하여 영업하려면 국토교통부령으로 정하는 바에 따라 국토교통부장관의 허가를 받아 영업소를 설치하여야 한다(법 제24조 제8항).

④ 운송주선사업자는 필요한 경우 자기 명의로 다른 사람에게 화물자동차 운송주선사업을 경영하게 할 수 있다.

운송주선사업자는 자기 명의로 다른 사람에게 화물자동차 운송주선사업을 경영하게 할 수 없다(법 제25조).

⑤ 운송주선사업자는 화주로부터 중개를 의뢰받은 화물에 대하여 운송가맹사업자에게 수수료를 받고 화물의 운송을 주선하는 행위를 할 수 없다.

운송주선사업자는 화주로부터 중개 또는 대리를 의뢰받은 화물에 대하여 다른 운송주선사업자에게 수수료나 그 밖의 대가를 받고 중개 또는 대리를 의뢰하여서는 아니 된다(법 제26조 제2항).

62 정답 ▶ ④

□□□ ④ ㄴ, ㄷ, ㄹ

운송가맹사업자의 허가사항 변경신고의 대상(영 제9조의2)

1. 대표자의 변경(법인인 경우만 해당한다)
2. 화물취급소의 설치 및 폐지
3. 화물자동차의 대폐차(화물자동차를 직접 소유한 운송가맹사업자만 해당한다)
4. 주사무소 · 영업소 및 화물취급소의 이전
5. 화물자동차 운송가맹계약의 체결 또는 해제 · 해지

63 정답 ▶ ⑤

□□□ ⑤ 「가맹사업거래의 공정화에 관한 법률」에 따른 정보공개서 제공의무의 통지

개선명령(법 제13조)

1. 운송약관의 변경
2. 화물자동차의 구조변경 및 운송시설의 개선
3. 화물의 안전운송을 위한 조치
4. 적재물배상보험등의 가입과 「자동차손해배상 보장법」에 따라 운송사업자가 의무적으로 가입하여야 하는 보험 · 공제에 가입
5. 위 · 수탁계약에 따라 운송사업자 명의로 등록된 차량의 자동차등록번호판이 훼손 또는 분실된 경우 위 · 수탁차주의 요청을 받은 즉시 「자동차관리법」에 따른 등록번호판의 부착 및 봉인을 신청하는 등 운행이 가능하도록 조치
6. 위 · 수탁계약에 따라 운송사업자 명의로 등록된 차량의 노후, 교통사고 등으로 대폐차가 필요한 경우 위 · 수탁차주의 요청을 받은 즉시 운송사업자가 대폐차 신고 등 절차를 진행하도록 조치
7. 위 · 수탁계약에 따라 운송사업자 명의로 등록된 차량의 사용본거지를 다른 시 · 도로 변경하는 경우 즉시 자동차등록번호판의 교체 및 봉인을 신청하는 등 운행이 가능하도록 조치
8. 그 밖에 화물자동차 운송사업의 개선을 위하여 필요한 사항으로 대통령령으로 정하는 사항

64 정답 ▸ ①

□□□

① **운송사업자는 각 사업자별로 사고 건당 2천만원 이상의 금액을 지급할 책임을 지는 적재물배상보험 등에 가입하여야 한다.**

> 운송사업자는 각 화물자동차별로 사고 건당 2천만원 이상의 금액을 지급할 책임을 지는 적재물배상보험 등에 가입하여야 한다(영 제9조의7 제1호).

② 운송가맹사업자는 적재물배상보험 등에 가입하여야 한다.

> 법 제35조 제3호

③ 이사화물을 취급하는 운송주선사업자는 적재물배상보험 등에 가입하여야 한다.

> 영 제9조의7

④ 책임보험계약 등의 계약 종료사실 통지에는 계약기간이 종료된 후 적재물배상보험 등에 가입하지 아니하는 경우에는 500만원 이하의 과태료가 부과된다는 사실에 관한 안내가 포함되어야 한다.

> 규칙 제41조의15 제2항

⑤ 보험회사 등은 자기와 책임보험계약 등을 체결한 보험 등 의무가입자가 그 계약이 끝난 후 새로운 계약을 체결하지 아니하면 그 사실을 지체 없이 국토교통부장관에게 알려야 한다.

> 법 제38조 제2항

65 정답 ▸ ③

□□□

① 운송사업자는 화물자동차 운송사업의 효율적인 수행을 위하여 필요하면 다른 사람에게 경영의 전부를 위탁할 수 있다.

> 운송사업자는 화물자동차 운송사업의 효율적인 수행을 위하여 필요하면 다른 사람(운송사업자를 제외한 개인을 말한다)에게 차량과 그 경영의 일부를 위탁하거나 차량을 현물출자한 사람에게 그 경영의 일부를 위탁할 수 있다(법 제40조 제1항).

② 화물자동차 운송사업의 허가권자는 경영의 위탁을 제한할 수 없다.

> 국토교통부장관은 화물운송시장의 질서유지 및 운송사업자의 운송서비스 향상을 유도하기 위하여 필요한 경우 경영의 위탁을 제한할 수 있다(법 제40조 제2항).

③ **위 · 수탁계약을 체결하는 경우 운수종사자 교육에 관한 사항을 계약서에 명시하여야 한다.**

> 법 제40조 제4항 전단, 규칙 제41조의16 제8호

④ 위 · 수탁계약의 기간은 3년 이상으로 하여야 한다.

> 위 · 수탁계약의 기간은 2년 이상으로 하여야 한다(법 제40조 제5항).

⑤ 시장 · 군수 · 구청장은 위 · 수탁계약서의 작성 여부에 대한 실태조사를 매년 2회 이상 실시한다.

> 국토교통부장관 또는 시 · 도지사는 위 · 수탁계약서의 작성 여부에 대한 실태조사(이하 "실태조사"라 한다)는 매년 1회 이상 실시한다(법 제40조의5 제1항, 영 제9조의12 제1항).

66 정답 ▸ ④

□□□

④ 「자동차관리법」에 따른 승인을 받지 않고 튜닝된 화물자동차를 운행하는 행위를 하여서는 아니 된다.

운수종사자의 준수사항(법 제12조)

1. 정당한 사유 없이 화물을 중도에서 내리게 하는 행위
2. 정당한 사유 없이 화물의 운송을 거부하는 행위
3. 부당한 운임 또는 요금을 요구하거나 받는 행위
4. 고장 및 사고차량 등 화물의 운송과 관련하여 자동차관리사업자와 부정한 금품을 주고받는 행위
5. 일정한 장소에 오랜 시간 정차하여 화주를 호객(呼客)하는 행위
6. 문을 완전히 닫지 아니한 상태에서 자동차를 출발시키거나 운행하는 행위
7. 택시 요금미터기의 장착 등 국토교통부령으로 정하는 택시 유사표시행위
8. 덮개·포장·고정장치 등 필요한 조치를 하지 아니하고 화물자동차를 운행하는 행위
9. 「자동차관리법」 제35조를 위반하여 전기·전자장치(최고속도제한장치에 한정한다)를 무단으로 해체하거나 조작하는 행위

67 정답 ▸ ⑤

□□□

① 협의회 위원의 임기는 1년으로 한다.

위원의 임기는 2년으로 한다(규칙 제4조의2 제3항).

② 성별 및 분야별 대표성 등을 고려하여 회장 1명을 포함한 10명 이내의 위원으로 구성한다.

유통업상생발전협의회(이하 "협의회"라 한다)는 성별 및 분야별 대표성 등을 고려하여 회장 1명을 포함한 11명 이내의 위원으로 구성한다(규칙 제4조의2 제1항).

③ 회장은 해당 지역의 시장·군수·구청장이 된다.

회장은 부시장(특별자치시의 경우 행정부시장을 말한다)·부군수·부구청장이 된다(규칙 제4조의2 제2항 전단).

④ 협의회는 매월 1회 이상 개최하는 것을 원칙으로 하되, 회장은 필요에 따라 그 개최 주기를 달리할 수 있다.

협의회는 분기별로 1회 이상 개최하는 것을 원칙으로 하되, 회장은 필요에 따라 그 개최 주기를 달리할 수 있다(규칙 제4의3 제4항).

⑤ 해당 지역의 주민단체의 대표는 협의회 위원으로 위촉될 수 있다.

규칙 제4조의2 제2항 제3호 가목

68 정답 ▶ ②

□□□ ② ㄱ : 3, ㄴ : 2, ㄷ : 1

공동집배송센터의 지정요건(규칙 제19조)

1. 부지면적이 (ㄱ : 3)만제곱미터 이상(「국토의 계획 및 이용에 관한 법률」 제36조에 따른 상업지역 또는 공업지역의 경우에는 (ㄴ : 2)만제곱미터 이상)이고, 집배송시설면적이 (ㄷ : 1)만제곱미터 이상일 것
2. 도시 내 유통시설로의 접근성이 우수하여 집배송기능이 효율적으로 이루어질 수 있는 지역 및 시설물

69 정답 ▶ ①

□□□ ① 등록된 대규모점포등과 중소제조업체 사이의 「독점규제 및 공정거래에 관한 법률」을 적용받는 영업활동에 관한 분쟁

유통분쟁조정위원회의 유통분쟁 조정대상(법 제36조 제1항)

1. 등록된 대규모점포등과 인근 지역의 도매업자·소매업자 사이의 영업활동에 관한 분쟁. 다만, 「독점규제 및 공정거래에 관한 법률」을 적용받는 사항은 제외한다.
2. 등록된 대규모점포등과 중소제조업체 사이의 영업활동에 관한 사항. 다만, 「독점규제 및 공정거래에 관한 법률」을 적용받는 사항은 제외한다.
3. 등록된 대규모점포등과 인근 지역의 주민 사이의 생활환경에 관한 분쟁
4. 대규모점포등개설자의 업무 수행(법 제12조 제1항)과 관련한 분쟁
   - 상거래질서의 확립
   - 소비자의 안전유지와 소비자 및 인근 지역주민의 피해·불만의 신속한 처리
   - 그 밖에 대규모점포등을 유지·관리하기 위하여 필요한 업무

70 정답 ▶ ③

□□□ ③ 재무구조

상권영향평가서 포함항목(규칙 제5조 제1항 제2호)

요약문, 사업의 개요, 상권영향분석의 범위, 상권의 특성, 기존 사업자 현황 분석, 상권영향기술서

71 정답 ▶ ③

□□□ ① 「중소기업기본법」에 따른 중소기업자는 조합원이 될 수 없다.

상점가진흥조합의 조합원이 될 수 있는 자는 제1항의 자로서 「중소기업기본법」 제2조에 따른 중소기업자에 해당하는 자로 한다(법 제18조 제2항).

② 상점가진흥조합은 협동조합으로 설립하여야 하고 사업조합의 형식으로는 설립할 수 없다.

상점가진흥조합은 협동조합 또는 사업조합으로 설립한다(법 제18조 제4항).

③ 조합원의 자격이 있는 자 중 같은 업종을 경영하는 자가 2분의 1 이상인 경우에는 그 같은 업종을 경영하는 자의 5분의 3 이상의 동의를 받아 결성할 수 있다.

> 법 제18조 제3항 단서

④ 다른 상점가진흥조합의 구역과 중복되어 구역을 지정할 수 있다.

> 상점가진흥조합의 구역은 다른 상점가진흥조합의 구역과 중복되어서는 아니 된다(법 제18조 제5항).

⑤ 상점가진흥조합의 주차장·휴게소 등 공공시설 설치사업은 지방자치단체의 장이 필요한 자금을 지원할 수 있는 사업에 해당하지 않는다.

> 지방자치단체의 장은 상점가진흥조합이 주차장·휴게소 등 공공시설의 설치사업을 하는 경우에는 예산의 범위에서 필요한 자금을 지원할 수 있다(법 제19조 제3호).

72 정답 ▸ ⑤

□□□

⑤ 선적화물검수업

> "항만운송관련사업"이란 항만에서 선박에 물품이나 역무(役務)를 제공하는 항만용역업·선용품공급업·선박연료공급업·선박수리업 및 컨테이너수리업을 말한다(법 제2조 제4항 전단).

73 정답 ▸ ⑤

□□□

① 항만시설운영자등은 부두운영회사의 운영성과 평가 결과에 따라 부두운영회사에 대하여 항만시설등의 임대료를 감면할 수는 없다.

> 항만시설운영자등은 부두운영회사 운영성과의 평가 결과에 따라 부두운영회사에 대하여 항만시설등의 임대료를 감면하거나 그 밖에 필요한 조치를 할 수 있다(법 제26조의8 제2항).

② 항만시설등의 임대료를 2개월 이상 연체한 경우 항만시설운영자등은 부두운영계약을 해지하고, 위약금을 부과한다.

> 항만시설운영자등은 부두운영회사가 항만시설등의 임대료를 3개월 이상 연체한 경우 부두운영계약을 해지할 수 있다(법 제26조의9 제1항 제2호).

③ 부두운영회사가 부두운영계약의 계약기간을 연장하려는 경우 그 계약기간이 만료되기 3개월 전까지 항만시설운영자등에게 부두운영계약의 갱신을 신청하여야 한다.

> 부두운영회사가 부두운영 계약기간을 연장하려는 경우에는 그 계약기간이 만료되기 6개월 전까지 항만시설운영자등에게 부두운영계약의 갱신을 신청하여야 한다(규칙 제29조의3 제1항).

④ 항만시설운영자등은 화물유치 또는 투자계획을 이행하지 못한 부두운영회사에 대하여 그 귀책사유를 불문하고 위약금을 부과할 수 있다.

> 항만시설운영자등은 화물유치 또는 투자계획을 이행하지 못한 부두운영회사에 대하여 위약금을 부과할 수 있다. 다만, 부두운영회사가 화물유치 또는 투자계획을 이행하지 못하는 데 귀책사유가 없는 경우에는 위약금을 부과하지 아니한다(법 제26조의7 제1항).

⑤ 「항만공사법」에 따른 항만공사와 임대차계약을 체결하고, 해양수산부장관이 컨테이너 부두로 정하여 고시한 항만시설을 임차하여 사용하는 자는 부두운영회사에 해당하지 않는다.

법 제2조 제6항 제1호

74

정답 ▸ ②

□□□

① 선박을 이용하여 운송될 화물을 화물주 또는 선박운항업자의 위탁을 받아 항만에서 화물주로부터 인수하거나 선박에 인도하는 행위

법 제2조 제1항 제2호

② 항만에서 선박 또는 부선(艀船)을 이용하여 선박에서 사용하는 물품을 공급하기 위하여 운송하는 행위

항만에서 선박 또는 부선(艀船)을 이용하여 선박에서 사용하는 물품을 공급하기 위하여 운송하는 행위는 항만운송에서 제외된다(법 제2조 제1항 제5호 다목, 규칙 제2조 제1호)

③ 항만에서 선박 또는 부선을 이용하여 운송될 화물을 하역장에서 내가는 행위

법 제2조 제1항 제7호

④ 항만에서 목재를 뗏목으로 편성하여 운송하는 행위

법 제2조 제1항 제10호

⑤ 항만에서 뗏목으로 편성하여 운송된 목재를 수면 목재저장소에 들여놓는 행위

법 제2조 제1항 제11호

75

정답 ▸ ③

□□□

③ ㄱ : 30, ㄴ : 5

부가운임의 징수(법 제10조)

① 철도사업자는 열차를 이용하는 여객이 정당한 운임・요금을 지급하지 아니하고 열차를 이용한 경우에는 승차 구간에 해당하는 운임 외에 그의 (ㄱ : 30)배의 범위에서 부가 운임을 징수할 수 있다.

② 철도사업자는 송하인(送荷人)이 운송장에 적은 화물의 품명・중량・용적 또는 개수에 따라 계산한 운임이 정당한 사유 없이 정상 운임보다 적은 경우에는 송하인에게 그 부족 운임 외에 그 부족 운임의 (ㄴ : 5)배의 범위에서 부가 운임을 징수할 수 있다.

76 정답 ▶ ①

□□□

① **철도사업자가 인가받은 공동운수협정에 따른 운행구간별 열차 운행횟수를 10분의 1 이내에서 변경하려는 경우에는 국토교통부장관의 변경인가를 받아야 한다.**

철도사업자는 공동운수협정을 체결하거나 변경하려는 경우에는 국토교통부장관의 인가를 받아야 한다. 다만, 국토교통부령으로 정하는 공동운수협정에 따른 운행구간별 열차 운행횟수의 10분의 1 이내에서 변경하려는 경우에는 국토교통부령으로 정하는 바에 따라 국토교통부장관에게 신고하여야 한다(법 제13조 제1항 단서, 규칙 제9조 제3항 제3호).

② 국토교통부장관은 공동운수협정을 인가하려면 미리 공정거래위원회와 협의하여야 한다.

법 제13조 제2항

③ 철도사업자는 다른 철도사업자 또는 철도사업 외의 사업을 경영하는 자와 합병하려는 경우에는 국토교통부장관의 인가를 받아야 한다.

법 제14조 제2항

④ 철도사업자가 사업계획 중 여객열차의 운행구간을 변경하려는 경우에는 국토교통부장관의 인가를 받아야 한다.

법 제12조 제1항 단서, 영 제5조 제2호

⑤ 철도사업자가 선로 또는 교량의 파괴로 휴업하려는 경우에는 국토교통부장관에게 신고하여야 하고, 그 휴업기간은 6개월을 넘을 수 있다.

법 제15조 제1항 단서, 제2항 단서

77 정답 ▶ ④

□□□

④ **ㄱ, ㄴ, ㄷ, ㄹ**

ㄱ(○). 전용철도의 운영을 양도·양수하려는 경우

법 제36조 제1항

ㄴ(○). 전용철도운영자가 그 운영의 일부를 휴업한 경우

법 제38조

ㄷ(○). 전용철도운영자가 그 운영의 전부를 폐업한 경우

법 제38조

ㄹ(○). 사망한 전용철도운영자의 상속인이 그 전용철도의 운영을 계속하려는 경우

법 제37조 제1항

ㅁ(×). 국유철도시설의 점용허가로 인하여 발생한 권리와 의무를 이전하려는 경우

점용허가로 인하여 발생한 권리와 의무를 이전하려는 경우에는 대통령령으로 정하는 바에 따라 국토교통부장관의 인가를 받아야 한다(법 제45조).

78 정답 ▶ ③

□□□

③ 변상금

국토교통부장관은 점용허가를 받지 아니하고 철도시설을 점용한 자에 대하여 점용료의 100분의 120에 해당하는 금액을 변상금으로 징수할 수 있다(법 제44조의2 전단).

79 정답 ▶ ③

□□□

① 시가 지방도매시장을 개설하려면 도지사의 허가를 받아야 한다.

법 제17조 제1항 단서

② 도매시장법인이 다른 도매시장법인을 인수하거나 합병하는 경우에는 해당 도매시장 개설자의 승인을 받아야 한다.

법 제23조의2 제1항

③ 중앙도매시장의 개설자는 양곡부류와 수산부류에 대하여는 도매시장법인을 두어야 한다.

중앙도매시장의 개설자는 청과부류와 수산부류에 대하여는 도매시장법인을 두어야 한다(법 제22조 단서, 규칙 제18조의2 제1항).

④ 시가 개설하는 지방도매시장의 개설구역에 인접한 구역으로서 그 지방도매시장이 속한 도의 일정 구역에 대하여는 해당 도지사가 그 지방도매시장의 개설구역으로 편입하게 할 수 있다.

법 제18조 제2항 단서

⑤ 지방도매시장의 개설자인 시가 업무규정을 변경하는 때에는 도지사의 승인을 받아야 한다.

법 제17조 제5항 후단

80 정답 ▶ ⑤

□□□

① 공익법인이 공판장을 개설하려면 시·도지사의 승인을 받아야 한다.

법 제43조 제1항

② 공판장을 개설하려는 장소가 교통체증을 유발할 수 있는 위치에 있는 경우는 공판장 개설승인 제한사유이다.

법 제43조 제4항 제1호

③ 공판장의 중도매인은 공판장의 개설자가 지정한다.

법 제44조 제2항

④ 공판장에는 중도매인, 매매참가인, 산지유통인 및 경매사를 둘 수 있다.

법 제44조 제1항

⑤ 농림수협등의 유통자회사(流通子會社)는 도매시장공판장을 운영할 수 없다.

도매시장공판장은 농림수협등의 유통자회사(流通子會社)로 하여금 운영하게 할 수 있다(법 제46조 제5항).

2024년 제28회 정답 및 해설

⬆ 각 문항별로 회독수를 체크해 보세요. ☑☐☐

1교시

[1과목] 물류관리론

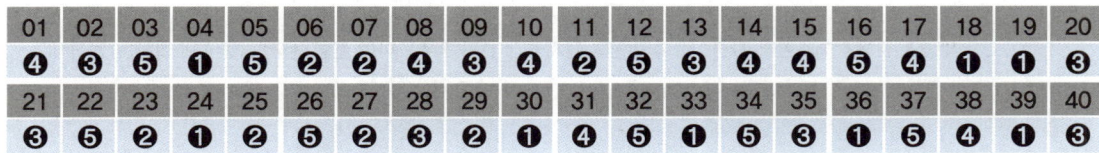

01	02	03	04	05	06	07	08	09	10	11	12	13	14	15	16	17	18	19	20
❹	❸	❺	❶	❺	❷	❷	❹	❸	❹	❷	❺	❸	❹	❹	❺	❹	❶	❶	❸
21	22	23	24	25	26	27	28	29	30	31	32	33	34	35	36	37	38	39	40
❸	❺	❷	❶	❷	❺	❷	❸	❷	❶	❹	❺	❶	❺	❸	❶	❺	❹	❶	❸

01 정답 ▸ ④

☐☐☐

④ 7R 원칙은 적절한 상품(Commodity), 품질(Quality), 수량(Quantity), 시간(Time), 장소(Place), 보안(Security), 가격(Price)이다.

> 7R 원칙은 적절한 상품(Right Commodity), 적절한 품질(Right Quality), 적절한 수량(Right Quantity), 적절한 시기(Right Time), 적절한 장소(Right Place), 좋은 인상(Right Impression), 적정한 가격(Right Price)이다.

02 정답 ▸ ③

☐☐☐

③ 소비자 중심 물류로의 전환으로 인하여 소품종 대량생산의 중요성이 증가하고 있다.

> 고객요구의 다양화 · 전문화 · 고도화로 다품종 소량생산 체제가 가속화되고 있다.

03 정답 ▸ ⑤

☐☐☐

⑤ 보관활동은 물자를 수요가 낮은 국가에서 높은 국가로 이동시켜 물자의 효용가치를 증대시키기 위한 물류활동이다.

> 운송활동에 대한 설명이다. 보관활동은 물품 저장을 통해 생산시기와 소비시기의 불일치를 해소시켜 시간적 효용을 창출하는 활동이다.

04 정답 ▶ ①

□□□

② 균형성의 원칙 : 불필요한 유통과정을 제거하여 물자지원체계를 단순화하고 간소화하는 원칙

균형성의 원칙 : 생산, 유통, 소비에 필요한 물자의 수요와 공급 및 조달과 분배의 균형을 유지하는 원칙이다.

③ 단순성의 원칙 : 생산, 유통, 소비에 필요한 물자의 수요와 공급 및 조달과 분배의 균형성을 유지하는 원칙

단순성의 원칙 : 불필요한 중간 유통과정을 제거하여 물자지원체제를 단순화하는 원칙이다.

④ 적시성의 원칙 : 최소한의 자원으로 최대한의 물자공급 효과를 추구하여 물류관리 비용을 최소화하는 원칙

적시성의 원칙 : 필요한 수량만큼 필요한 시기에 공급하여 고객의 만족도를 향상시키고 재고비용을 최소화하는 원칙이다.

⑤ 경제성의 원칙 : 저장시설 보호 및 도난, 망실, 화재, 파손 등으로부터 화물을 보호하는 원칙

경제성의 원칙 : 최소한의 자원으로 최대한의 물자공급 효과를 추구하여 물류관리비용을 최소화하는 원칙이다.

05 정답 ▶ ⑤

□□□

<u>⑤ 500억원</u>

물류비를 5% 절감한다면
- 기존 매출액 : 3,000억원
- 물류비 : 200억원을 5% 절감하여 190억
- 경상이익 : 60억원 → 60억원 + 10억(절감된 5% 물류비) = 70억원

$60 : 3{,}000 = 70 : X$

$60X = 210{,}000$

$X = 3{,}500$

즉, A기업이 물류비 5%를 절감하는 것은 매출액 3,500억원을 달성하는 효과와 같다.
따라서 추가 매출액은 3,500억원 − 3,000억원 = 500억원이다.

06 정답 ▶ ②

□□□

<u>② 제품 가용성(Availability) 정보제공은 물류서비스 신뢰성에 영향을 주지 않는다.</u>

신뢰성은 화주기업과의 약속된 서비스를 정확히 수행하는 능력으로, 신뢰성에 영향을 주는 요소로는 제품 가용성 정보제공, 조달 리드타임 단축, 신속·정확한 수주 정보 처리 능력 등이 있다.

07 정답 ▶ ②

□□□

<u>② 사내물류는 완제품의 판매로 출하되어 고객에게 인도될 때까지의 물류활동이다.</u>

사내물류는 생산업자의 완제품 출하 시부터 판매를 위한 보관창고에 이르기까지의 물류활동이다.

08 정답 ▶ ④

□□□ ④ 고객만족을 위해 물류서비스 수준을 높이면 물류비는 절감된다.

물류서비스 수준 향상과 물류비 감소 간에는 상충관계(trade-off)가 있어 고객서비스 수준이 높아지면 물류비가 증가할 수 있다.

09 정답 ▶ ③

□□□

ㄱ. 창고설계 및 운영 기능적 수준
ㄴ. 설비 및 장치 실행적 수준
ㄷ. 유통경로설계 구조적 수준
ㄹ. 수송관리 기능적 수준
ㅁ. 네트워크 전략 구조적 수준
ㅂ. 고객 서비스 전략적 수준

10 정답 ▶ ④

□□□ ④ 수입증대, 운영비용 감소, 운전자본 확대, 고정자본 확대를 목적으로 한다.

4PL은 기본적으로 물류서비스의 아웃소싱이 활성화되면서 도입된 개념으로 이용 시 수입증대, 운영비용 감소, 운전자본 감소, 고정자본 감소의 이점이 있다.

11 정답 ▶ ②

□□□ ① ㄱ : 집중형 ㄴ : 분산형

집중형 : 기업의 생산분야와 판매분야가 지역적으로 떨어져 있을 경우에 이를 구분하여 집중적으로 관리하는 형태의 물류조직이다.

② ㄱ : 분산형 ㄴ : 자회사형

ㄱ. 분산형 : 물류활동이 각 공장 및 영업분야, 운송분야, 총무분야 등에 분산되어 있는 형태의 물류조직이다.
ㄴ. 자회사형 : 모회사의 물류관리 업무의 전부 또는 일부를 수행하기 위해 설립된 회사이다.

12 정답 ▸ ⑤

□□□ ⑤ 제조업체는 물류거점에 대한 자본투입을 최대화하고 전문 물류업체의 인프라를 전략적으로 활용할 수 있다.

제조업체는 물류거점에 대한 자본투입을 최소화할 수 있다.

13 정답 ▸ ③

□□□ ③ 무형성(Intangibility)

서비스 품질모형(SERVQUAL)의 5가지 차원은 유형성(Tangibles), 신뢰성(Reliability), 확신성(Assurance), 공감성(Empathy), 대응성(Responsiveness)이다.

14 정답 ▸ ④

□□□ ④ 글로벌화로 인해 부품공급의 리드타임이 짧아지고 있다.

글로벌화로 물류의 복잡성이 증가하고 공급사슬의 지리적 거리가 늘어나면서 부품공급의 리드타임이 길어지고 있다.

15 정답 ▸ ④

□□□ ① Analysis

6시그마의 프로세스 과정인 DMAIC 추진단계 중 불량의 발생 원인을 파악하고 개선대상을 선정하는 단계이다.

② Drum

제약요인인 병목 공정의 전체 흐름에서 드럼을 두드려 전체 생산 프로세스를 병목의 속도에 맞추는 것이다.

③ Improve

6시그마의 프로세스 과정인 DMAIC 추진단계 중 개선과제를 선정하고 실제 개선작업을 수행하는 단계이다.

⑤ Throughput

제약이론의 구성요소 중 하나로 현금창출공헌이익을 말한다.

16 정답 ▸ ⑤

□□□ ⑤ 6시그마 수준은 불량률 4.3PPM을 의미한다.

6시그마 수준은 불량률 3.4PPM(100만 개 중 허용되는 불량 또는 오류수가 3.4개)을 의미한다.

17 정답 ▶ ④

□□□ ④ 100만원

- 판매 물류비 : 판매창고에서 보관한 완제품 또는 매입한 상품이 고객에게 인도될 때까지의 비용
- 판매 물류비 계산
  완제품출고검사 20만원 + 완제품포장비 50만원 + 고객배송비 30만원 = 총 100만원

18 정답 ▶ ①

□□□ ① 매출액순이익률과 총자본회전율의 곱으로 표현할 수 있다.

투자수익률(ROI)은 총자본에 대한 순이익의 비율로 표시되며, 이는 다시 매출액순이익률$\left(\frac{\text{순이익}}{\text{매출액}}\right)$과 총자본회전율 $\left(\frac{\text{매출액}}{\text{총자본}}\right)$의 곱으로 표현할 수 있다.

19 정답 ▶ ①

□□□ ① 2개월

현금전환주기(CCC : Cash-to-Cash Cycle)는 기업이 재고를 위해 공급자에게 현금을 지급한 후 고객으로부터 현금을 받는 기간으로, 기업이 제품을 판매하면서 현금이 얼마나 빨리 회수되는지 나타내주는 지표이다.

- 현금전환주기 계산식 = 재고자산 회전기간 + 매출채권 회전기간 − 매입채무 회전기간
- A기업의 현금전환주기 = 재고기간 3개월 + 매출채권 회수기간 2개월 − 매입채무 지급기간 3개월 = 2개월

20 정답 ▶ ③

□□□ ③ 10,000개

$$\text{손익분기점 판매량(개)} = \frac{\text{고정비}}{\text{단위당 판매가격} - \text{단위당 변동비}}$$

$$= \frac{20{,}000{,}000\text{원}}{10{,}000\text{원} - 8{,}000\text{원}} = \frac{20{,}000{,}000\text{원}}{2{,}000\text{원}} = 10{,}000\text{개}$$

21
정답 ▶ ③

③ 기업형 VMS의 대표적 유형은 프랜차이즈 시스템이다.

프랜차이즈 시스템은 계약형 VMS의 유형이다.

22
정답 ▶ ⑤

⑤ JIT-II는 일본 도요타 자동차가 개발한 시스템이다.

일본 도요타 자동차가 개발한 시스템은 JIT이며, JIT-II는 미국의 보스(Bose)사에서 처음 도입했다.

23
정답 ▶ ②

② Rack Jobber는 완전서비스 도매상(Full-service wholesaler)에 속한다.

진열 도매상(Rack Jobber)은 소매점의 진열선반 위에 상품을 공급하는 도매상으로, 도매상 기능 중 일부만을 수행하는 한정서비스 도매상(Limited Service Wholesaler)에 속한다.

24
정답 ▶ ①

① PDF-417

2차원 바코드 중 다층형 바코드에 속한다.

② EAN-8 · ③ EAN-13 · ④ ITF-14 · ⑤ GS1-128

흰색 바탕에 검은색 바 모양의 1차원 바코드로, 유통 · 물류 등에서 흔히 볼 수 있는 바코드이다.

더 알아보기

1차원 바코드와 2차원 바코드

바코드는 1차원 바코드와 2차원 바코드로 구분되는데, 1차원 바코드는 흰색 바탕에 검은색 바 모양으로 유통 · 물류 등에서 흔히 볼 수 있는 바코드이며, 2차원 바코드는 점자식 · 모자이크식 정사각형 모양의 코드이다. 1차원 바코드는 막대선의 굵기(바코드의 밀도)에 따라 가로 방향으로만 정보를 표현하며, 2차원 바코드는 가로와 세로 방향 모두 정보를 표현하기 때문에 기존 1차원 바코드의 정보용량보다 100배가량 많은 고밀도 정보를 저장 가능하다.

25
정답 ▶ ②

② 바코드와 스캐닝 기술 기반으로 구축된다.

데이터가 입력되는 IC칩 및 안테나로 구성된 전자태그(Tag)에 물품 관련 전 과정에 대한 정보를 담고 이를 판독할 수 있는 판독기를 이용하여 정보를 읽은 후 이를 인공위성이나 이동통신망과 연계하여 정보를 활용하는 무선주파수 인식기술이다.

26 정답 ▶ ⑤

□□□

① CALS

광속상거래(Continuous Acquisition and Life cycle Support) : 제품 생산에서 폐기까지의 전 과정에서 발생하는 모든 정보를 실시간으로 디지털화하고 데이터를 통합하여 제조업체·협력업체 등 관련 기업들이 단일 통신망으로 공유하는 첨단경영시스템이다.

② TMS

운송관리시스템(Transportation Management System) : 주문 상황에 대하여 적기에 배송체제를 확립하고, 최적 운송 계획을 수립하는 기능을 수행하는 운송관리시스템이다.

③ SIS

전략정보시스템(Strategic Information System) : 라이벌 조직에 대한 경쟁우위를 달성하기 위해 전략적으로 구축하는 정보시스템이다. 판매, 물류, 생산관리와 같은 개별시스템부터 전사적인 토털 시스템까지 구축 대상이 될 수 있다.

④ OMS

주문관리시스템(Order Management System) : 주문 정보(결제, 배송, 주문취소, 반품 등)를 수집하고 판매 현황을 통합적으로 처리·관리하는 전산 시스템이다.

<u>⑤ DPS</u> 디지털피킹시스템(Digital Picking System)

27 정답 ▶ ②

□□□

① KT-NET은 물류거점 간의 원활한 정보 및 물류 EDI 서비스를 제공한다.

KT-NET(한국무역정보통신)은 무역정보망으로 무역 자동화 서비스, 유통 EDI 서비스 등을 제공한다.

③ PORT-MIS는 항만 및 공항에 관한 정보를 제공하며 국토교통부에서 관리하는 정보망이다.

PORT-MIS(해운항만물류정보시스템)는 선박 입출입, 선박 안전 항해 관련 항만운영정보처리시스템으로, 해양수산부와 항만공사에서 운영한다.

④ CVO는 Common Vehicle Operations의 약어이다.

CVO(첨단화물운송정보시스템)의 약어는 Commercial Vehicle Operation이다.

⑤ KL-NET은 우리나라 최초의 무역정보망으로서 무역자동화 서비스를 제공한다.

무역자동화 서비스를 제공하는 정보통신망은 KT-NET(한국무역정보통신)이다. KL-NET(한국물류정보통신)은 물류 업무 부분의 자동화·정보화를 담당한다.

28 정답 ▶ ③

□□□

<u>③ 개별 물류활동들의 통합을 통한 전체 최적화보다는 특정한 물류활동의 최적화를 위하여 구축한다.</u>

개별 물류활동의 통합을 통해 전체 물류기능을 효율적으로 관리할 수 있게 해준다.

29 정답 ▸ ②

□□□

① ㄱ : QR　　ㄴ : BPR　　ㄷ : VMI

BPR(Business Process Reengineering) : 한 기업 내의 경영활동을 혁신하고자 하는 경영혁신기법이다.

② ㄱ : QR　　ㄴ : CRP　　ㄷ : VMI

ㄱ. QR(Quick Response) : 미국의 의류업계에서 개발한 공급망 관리 기법으로, 기업 간의 정보공유를 통한 신속·정확한 납품, 생산·유통기간의 단축, 재고감축, 반품 로스 감소 등을 실현하는 의류분야의 신속대응시스템이다.
ㄴ. CRP(Continuous Replenishment Process) : 공급업자와 소매업자 간에 POS 정보를 공유하여 별도의 주문 없이 공급업자가 제품을 보충할 수 있는 시스템이다.
ㄷ. VMI(Vendor Managed Inventory) : 공급업체가 주도적으로 재고를 관리하는 시스템이다.

③ ㄱ : ECR　　ㄴ : CRP　　ㄷ : VMI

ECR(Efficient Consumer Response) : 소비자에게 보다 나은 가치를 제공하기 위해 유통업체와 공급업체들이 밀접하게 협력하는 식료품업계의 전략이다.

④ ㄱ : ECR　　ㄴ : BPR　　ㄷ : CPFR

CPFR(Collaborative Planning Forecasting and Replenishment) : 유통업체인 Walmart와 Warner-Lambert사 사이에 처음 시도되었으며 수요예측이나 판매계획 정보를 유통업체와 제조업체가 공유하여, 생산-유통 전 과정의 자원 및 시간의 활용을 극대화하는 비즈니스 모델이다.

30 정답 ▸ ①

□□□

① Cross Docking

크로스도킹(Cross Docking)은 미국의 월마트에서 도입한 공급망 관리 기법으로 공급사슬상의 각 단계 간에 제품이동 시간을 줄이기 위해 창고나 물류센터에서 수령한 상품을 창고에서 재고로 보관하지 않고 입고와 동시에 출고하여 바로 배송할 수 있도록 하는 시스템이다.

② Delayed Differentiation · ④ Postponement

지연 차별화(Delayed Differentiation)는 제품 생산공정을 전공정과 후공정으로 나누고, 마지막까지 최대한 전공정을 지연시키는 전략으로 지연전략(Postponement)이라고도 한다.

③ Outsourcing

아웃소싱(Outsourcing)은 기업 활동의 일부 또는 전부를 외부 전문업자에게 위탁하여 수행하도록 하는 전략이다.

⑤ Risk Pooling

리스크풀링(Risk Pooling)은 기업 내에 분포되어 있는 불확실성을 하나로 모음으로써 기업 전체의 불확실성에 효율적으로 대처하는 기법이다.

31 정답 ▸ ④

□□□ ④ 납품주기 단축과 납품횟수 증대

물류표준화는 물류활동의 효율성을 높이기 위해 단순화, 규격화 및 전문화를 통해 물류활동에 공통의 기준을 부여하는 것으로, 납품주기 단축이나 횟수 증대를 목적으로 하지는 않는다.

32 정답 ▸ ⑤

□□□ ⑤ 포장의 모듈화

포장의 모듈화는 제품 치수에 맞추어 포장 치수 및 파렛트 치수를 선택함으로써 유닛로드시스템의 파렛트화나 컨테이너화를 가능하게 하고 하역작업의 기계화·자동화, 화물파손방지, 적재의 신속화 등 물류합리화에 기여한다.

33 정답 ▸ ①

□□□ ① T-11형 파렛트는 11톤 트럭에 최대 12매가 적재되도록 물류모듈 배수관계가 정립되어 있다.

11톤 트럭에 최대 16매의 파렛트가 적재된다.

34 정답 ▸ ⑤

□□□ ⑤ 화물형태가 일정하지 않은 비규격품, 목재, 골재, 위험물 등은 공동배송에 효과가 높다.

화물의 표준화(화물형태 규격화)가 가능할 경우 공동수·배송 추진이 용이하다.

35 정답 ▸ ③

□□□ ③ 참여기업의 기밀유지 문제가 발생할 가능성이 낮아진다.

매출, 고객명단 등 기업비밀 누출에 대한 우려가 있다.

36 정답 ▶ ①

□□□

② 배송공동형

화물거점 시설까지 각 화주 또는 개개의 운송사업자가 화물을 운반하고 배송만을 공동화하는 것이다.

③ 노선집하공동형

종래 개개의 노선사업자가 집하해 온 노선화물의 집하 부분만 공동화하는 것이다.

④ 공동수주 · 공동배송형

운송업자가 협동조합을 설립하고 화주로부터 수주를 받아 조합원에게 배차를 지시하는 방식이다.

⑤ 납품대행형

운송업자가 납입선을 대신하여 납품하는 형태이다.

37 정답 ▶ ⑤

□□□

ㄱ(O). ISPS는 해상화물 운송선박 및 항만시설에 대한 해상테러 가능성을 대비하기 위해 국제해사기구(IMO)가 제정한 제도이다.

국제선박 및 항만시설 보안규칙(ISPS Code : International Ship and Port Facility Security) : 해상에서의 테러를 예방하기 위해 각국 정부와 항만관리당국 및 선사들이 갖춰야 할 보안 관련 조건들을 명시하고, 보안사고 예방에 대한 가이드라인을 제시한 규칙이다.

ㄴ(O). SPA(SAFE Port Act)는 CSI, SFI, C-TPAT 등의 법적인 근거를 부여하고 미국 관세국경보호청(CBP)이 미국 외부의 주요 항만에 세관원을 파견하여 위험도가 높은 컨테이너를 사전 검사하는 제도이다.

미국 항만보안법(SPA : SAFE Port Act) : 컨테이너 운송 과정에서 일어날 수 있는 테러 방지를 위해 CBP에서 미국 외부 주요 항만에 세관원을 파견하여 위험도가 높은 컨테이너를 사전에 검사하는 제도이다.

ㄷ(O). ISO 28000은 보안관리 시스템을 구축하고 인증을 받으면 일정한 보안 자격을 갖춘 것으로 인정하는 국제인증제도이다.

물류보안경영시스템(ISO 28000) : 공급망을 위한 보안관리시스템(SMS : Security Managment System)의 요구사항에 관한 국제표준으로, 공급사슬 전반에 걸친 보안을 보장하기 위해 제조업자뿐만 아니라 창고보관업자, 운송업자, 서비스업자 등 공급사슬에 참여하는 모든 조직의 보안 사항을 심사하여 인증하는 제도이다.

38 정답 ▶ ④

□□□

④ 4.0

- 30kg 감축 후 이산화탄소 배출량 = 180,000 ÷ 6 × 0.002 = 60kg
- 30kg 감축 전 이산화탄소 배출량 = 60kg + 30kg = 90kg
- 30kg 감축 전 이산화탄소 배출량 = 90 = 180,000 ÷ 감축 전 평균연비 × 0.002
- 감축 전 평균연비 = 180,000 ÷ 90 × 0.002 = 4

39 정답 ▶ ①

□□□

① ISO 9000 시리즈는 환경경영을 기본방침으로 한다.

ISO 9000 시리즈는 품질경영시스템이다.

40 정답 ▶ ③

□□□

③ 사물인터넷(IoT)은 논리적인 문제해결뿐만 아니라 자연어처리, 시각적 및 인지적 인식 등의 물류정보처리를 위한 의사결정 기술이다.

사물인터넷(IoT)은 물류 현장의 전체 데이터를 연결하고 물류 전체 흐름을 실시간으로 관리하는 물류 자동화 기술로, 물류 현장의 다양한 요소를 연결하고 자동화해 사람의 개입이 없어도 데이터를 수집하고 운영에 대한 결정을 지원하는 사물 공간 연결망이다.

[2과목] 화물운송론

41	42	43	44	45	46	47	48	49	50	51	52	53	54	55	56	57	58	59	60
❷	❸	❷	❶	❸	❸	❷	❺	❶	❺	❶	❶	❸	❹	❶	❹	❺	❷	❹	❶
61	62	63	64	65	66	67	68	69	70	71	72	73	74	75	76	77	78	79	80
❺	❸	❺	❶	❸	❸	❷	❶	❺	❹	❷	❷	❷	❹	❺	❸	❹	❹	❸	❺

41 정답 ▸ ②

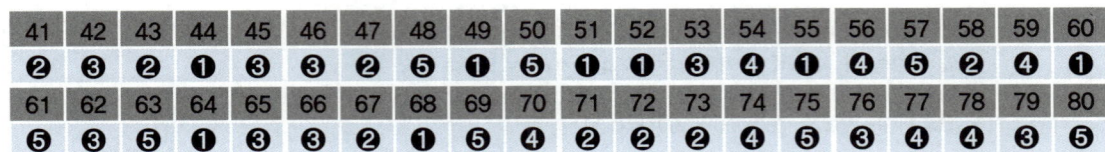

□□□ ② 화물자동차에 비해 철도는 단거리 운송에 유리하다.

철도는 원거리 운송일수록 수송비용이 낮아지는 경향이 있어, 화물자동차에 비해 중·장거리 운송에 유리하다.

42 정답 ▸ ③

□□□ ③ 새로운 운송방법 도입으로 화물자동차의 공차율 극대화

새로운 운송방법 도입으로 화물자동차의 공차율을 최소화(영차율 극대화)하여 물류비를 절감하고 운송 효율성을 향상시킬 수 있다.

43 정답 ▸ ②

□□□ ① 편리성

- 운송서류(송장 등)는 간단한가?
- 필요할 때 이용이 언제든지 가능한가?

② 확실성

운송수단 결정 시 신속성, 확실성, 안전성, 편리성, 신뢰성, 경제성 등을 고려해야 하며, '지정기일 내 인도가 가능한가?', '정시운행이 가능한가?'는 확실성에 해당한다.

③ 신속성

- 발송부터 도착까지의 시간은 짧은가?
- 빠른 주행 속도인가?

④ 안전성

- 클레임 발생빈도가 높게 나타나는가?
- 사고에 의한 화물손상은 적은가?
- 멸실, 손상 등에 대한 보상처리가 정확히 이행되는가?

⑤ 경제성

- 절대평가에서 비용 단가가 저렴한가?
- 상대적으로 신속하고 저렴한가?
- 자사 운송수단보다 이용면에서 저렴한가?

44

정답 ▶ ①

□□□

① 특정화주를 대신하여 화물인도지시서(D/O)를 작성하여 선사에 제출

운송주선인(Freight Forwarder)은 Master B/L 원본을 수입지의 선사대리점에 제시하여 화물인도지시서(D/O)를 받고, 수입업자로부터 포워더 B/L 원본을 회수하여 화물인도지시서(D/O)를 인도한다.

45

정답 ▶ ③

□□□

③ ㄱ : Mode　ㄴ : Node　ㄷ : Link

ㄱ. Mode(운송방식) : 운송을 직접적으로 담당하는 수단으로 화물자동차, 화물열차, 선박, 항공기, 파이프라인(pipeline) 등이 있다.
ㄴ. Node(운송연결점) : 운송의 대상인 화물을 효율적으로 처리하기 위한 장소나 시설로 물류단지, 물류센터, 제조공장, 화물터미널, 항만, 공항 등이 있다.
ㄷ. Link(운송경로) : 운송수단의 운행에 이용되는 운송경로로 공로, 철도, 해상 항로, 항공로 등이 있다.

46

정답 ▶ ③

□□□

③ Fishy Back System : 해상운송 + 파이프라인운송

피시백방식(Fishy Back System)은 '해상운송 + 화물자동차운송' 유형에 해당한다. 즉, 해상운송수단과 화물자동차를 연계한 복합운송형태로 컨테이너 화물을 실은 화물자동차를 그대로 선박에 태워 운송하는 것을 말한다.

47

정답 ▶ ②

□□□

① Buyer's Consolidation

다수의 송화인의 화물을 혼재하여 단일 수화인에게 운송하는 형태이다.

② Forwarder's Consolidation

다수 송화인의 화물을 다수의 수화인에게 운송하는 형태는 Forwarder's Consolidation이다.

③ Shipper's Consolidation · ④ Seller's Consolidation · ⑤ Consigner's Consolidation

한 명의 송화인과 다수의 수화인 관계에서 사용하는 방식으로, 선적지에서 FCL화물로 운송해 수입항 CFS에서 여러 수화인에게 화물을 인도하도록 하는 운송 형태이다.

48 정답 ▶ ⑤

□□□

⑤ 적색 선하증권(Red B/L) : 2가지 이상의 운송수단이 결합되어 국제복합운송이 발생하였음을 증명하는 선하증권이다.

적색 선하증권(Red B/L)은 보통의 선하증권과 보험증권이 결합한 것으로, 선하증권에 기재된 화물이 항해 중에 사고가 발생하면 이 사고에 대하여 선박회사가 보상한다.

49 정답 ▶ ①

□□□

② Kangaroo

Kangaroo(캥거루) 방식 : 트레일러 바퀴가 화차에 접지되는 부분을 경사진 요철 형태로 만들어 화물의 적재높이가 낮아지도록 하여 운송하는 방식이다.

③ Piggy Back

Piggy Back(피기백) 방식 : 화물열차의 대차 위에 트레일러나 트럭에 적재된 컨테이너를 분리하지 않은 채로 경사로(Ramp) 또는 피기 패커(Piggy Packer) 등 하역장비를 이용해 함께 적재한 후 운송하는 방식이다.

④ RORO

RO-RO(Roll on-Roll off) 방식 : 자체 이동능력이 있는 자동차를 수송하거나 컨테이너 화물을 트럭이나 트레일러 등의 운반기기에 실어서 선미에서 램프(경사판)를 통해 선박에 싣거나 내릴 때 사용되는 방식이다.

⑤ TOFC

TOFC(Trailer On Flat Car) 방식 : 하역설비가 없는 경우, 컨테이너를 적재한 트레일러를 따로 분리시키지 않고, 트레일러와 결합된 상태로 화차에 직접 적재·양륙되어 운송하는 방식이다.

50 정답 ▶ ⑤

□□□

① Block Train

스위칭야드(Switching Yard) 등의 환적시설을 이용하지 않고 철도 화물역 또는 터미널 간을 직행 운행하는 전용열차 서비스의 한 형태로 화차의 수와 타입이 고정되어 있지 않다.

② Coupling & Sharing Train

중·단거리 운송 및 소규모 터미널 등에서 사용할 수 있는 소형열차(Modular Train) 형태의 열차서비스이다.

③ Shuttle Train

철도역 또는 터미널에서 화차조성비용을 줄이기 위해 화차의 수와 타입이 고정되며, 출발지 → 목적지 → 출발지를 연결하는 루프형 구간에서 서비스를 제공하는 방식이다.

④ Y-Shuttle Train

한 개의 중간터미널을 거치는 것을 제외하고는 Shuttle Train과 같은 형태의 서비스를 제공하는 방식이다.

51 정답 ▶ ①

□□□

① 항로별 운임요율표가 불특정 다수의 화주에게 제공된다.

부정기선 시장은 수요와 공급에 따라 운임이 결정되며, 정기선 시장은 항로별 운임요율표가 불특정 다수의 화주에게 제공된다.

52 정답 ▶ ①

□□□

① Clearing House : 통관이 완료된 수출입화물이 일시 대기하는 보관 장소

Clearing House는 항공 관련 대금을 정산하는 장소이다.

53 정답 ▶ ③

□□□

③ 수하인은 무기명식이 원칙이며, 항공기에 화물 탑재가 완료된 이후에 발행된다.

항공화물운송장(AWB)은 수하인 기명식이 원칙이며, 운송계약 체결 및 화물 수취 시 발행된다.

54 정답 ▶ ④

□□□

① ALB(American Land Bridge)

극동지역의 주요 항구로부터 북미지역의 서해안의 주요 항구까지 해상으로 운송한 후, 북미지역의 횡단철도를 통하여 북미지역의 동부해안까지 운송하고, 다시 대서양을 해상운송으로 횡단하여 유럽지역의 항만 또는 유럽 내륙까지 일관 수송하는 운송경로이다.

② CLB(Canadian Land Bridge)

ALB와 유사하며, 밴쿠버 또는 시애틀까지 해상으로 운송하고, 캐나다의 철도를 이용하여 동해안의 몬트리올에서 대서양의 해상운송으로 접속하여 유럽의 항구로 운송하는 복합운송경로이다.

③ MLB(Mini Land Bridge)

동아시아에서 태평양 연안까지 해상운송한 후, 미 동부해안이나 멕시코만 항구까지 철도로 운송하는 해륙복합운송형태이다. 해상운송과 육상운송을 연계한 복합운송형태로 ALB의 해상운송과 육상운송, 다시 해상운송으로 이어지는 형태와 차이가 있다.

④ IPI(Interior Point Intermodal)

아시아 극동지역의 화물을 북미서부연안의 항만까지 해상운송한 후, 철도 및 도로를 이용하여 로키산맥 동부의 내륙지점까지 운송하는 복합운송시스템이다.

⑤ RIPI(Reversed Interior Point Intermodal)

극동 아시아를 출항하여 파나마 운하를 경유해서 미국의 동해안 지역의 항까지 해상운송한 후 양륙된 화물을 철도 또는 트럭에 의해 내륙운송하고, 최종 목적지의 철도터미널 또는 트럭터미널에서 수화인에게 인도되는 방식이다.

55 정답 ▶ ①

① Chargeable Weight

항공운임 산출중량(CW : Chargeable Weight)을 말하며, 통상 항공운임 산출중량은 화물의 총중량(Gross Weight)과 용적중량(Volume Weight)을 비교해 둘 중 큰 숫자인 것을 적용한다.

56 정답 ▶ ④

④ Lift-On Lift-Off Ship : 본선의 선수 또는 선미에서 트랙터 등에 의해 적·양하가 이루어지는 선박

Roll-On Roll-Off Ship(RO-RO선)에 관한 설명이다. Lift-On Lift-Off Ship(LO-LO선)은 본선 또는 육상에 설치되어 있는 갠트리크레인(Gantry Crane) 등에 의하여 컨테이너를 본선에 수직으로 적·양하는 방식의 선박을 말한다.

57 정답 ▶ ⑤

⑤ 화차의 소재관리가 편리하여 열차편성을 신속히 할 수 있다.

철도는 객차 및 화차의 소재관리가 곤란하며, 적합차량을 적절한 시기에 배차하기 어렵다.

58 정답 ▶ ②

① 국제민간항공기구(ICAO)

국제항공의 안전성 확보와 항공질서감시를 위한 관리기구로서, 1947년 시카고조약에 의거하여 발족된 유엔전문기관으로 현재 본부는 몬트리올에 있다.

② 국제항공운송협회(IATA)

세계항공운송에 관한 각종 절차와 규정을 심의하고 제정·결정하는 순수 민간의 국제협력단체로, 캐나다 몬트리올과 스위스 제네바에 본부를 두고 있다.

③ 국제운송주선인협회연합회(FIATA)

국가별 대리점협회와 개별 대리점으로 구성된 기구로서 1926년 비엔나에서 국제적인 대리업의 확장에 따른 제반 문제점을 다루기 위해 설립하였다.

④ 국제항공화물협회(TIACA)

항공화물관련 국제협회로, 규제완화, 법령제안, 국제회의 등을 통해 항공운송 활성화에 기여하는 비영리법인이며 1990년에 설립되었다. 항공사·공항·물류기업·지상조업사 등 약 600여 개의 항공물류 관련 회원사가 가입되어 있다.

⑤ 국제항공운송기구(IATO)

국제항공운송기구(IATO)는 존재하지 않는다.

59 정답 ▸ ④

□□□ ④ 선하증권

선하증권은 수·배송시스템 설계 시 고려대상에 해당하지 않는다.

60 정답 ▸ ①

□□□ ① 복잡한 운송노선으로 인해 전체 운송비용 증가

모든 노선이 허브를 중심으로 구축되어 운송노선이 단순하며, 적은 비용투자로 많은 연결 구축이 가능하다.

61 정답 ▸ ⑤

□□□ ⑤ 기업의 영업기밀 유지가 용이

기업의 영업기밀 유지가 용이하지 않은 단점이 있다.

62 정답 ▸ ③

□□□ ③ 100km

$$\text{경제적 효용거리 분기점(km)} = \frac{\text{철도운송 부대비용}}{\text{화물자동차 운송비} - \text{철도 운송비}}$$

$$= \frac{500{,}000\text{원}}{10{,}000\text{원} - 5{,}000\text{원}}$$

$$= 100(\text{km})$$

63 정답 ▸ ⑤

□□□ ⑤ 90%

$$\text{실차율} = \frac{\text{실제 적재 주행거리}}{\text{총 주행거리}} \times 100$$

$$= \frac{63{,}000\text{km}}{70{,}000\text{km}} \times 100$$

$$= 90(\%)$$

64 정답 ▸ ①

□□□ ① 10

최단경로법은 각 운송구간별로 운송거리가 제시된 운송망(Network)이 있는 경우에 출발지와 도착지 간 등 그 운송망 위에 있는 두 교점(Node) 사이의 최단경로를 찾기 위한 방법이다.
따라서 출발지 S에서 도착지 F까지의 최단경로는 'S → a → c → b → e → F'이므로 2 + 2 + 2 + 2 + 2 = 10이다.

65 정답 ▸ ③

□□□ ③ 보겔추정법에 의해 산출된 총 운송비용과 북서코너법에 의해 산출된 총 운송비용의 차이는 3,400,000원이다.

1. 북서코너법
   단순히 왼쪽 상단으로부터 공급량과 수요량에 맞추어 수송량을 배정하는 방법이다.
   총운송비용 = (15 × 400) + (9 × 200) + (7 × 100) + (12 × 200)
   = 10,900(천 원) = 10,900,000원
2. 보겔추정법
   기회비용의 개념을 활용하여 총운송비용이 최소가 되도록 공급량을 할당하는 기법이다.
   총운송비용 = (4 × 300) + (8 × 100) + (9 × 100) + (10 × 200) + (13 × 200)
   = 7,500(천 원) = 7,500,000원
3. 총운송비용의 차이
   10,900,000원 − 7,500,000원 = 3,400,000원

66 정답 ▸ ③

□□□ ③ 3

1. c → b 노드 간 용량 생성 이전의 S → F의 최대 유량
   • S → a → b → F : 4이다.
   • S → a → d : 3이고, S → c → d : 7이므로, S → c → d → F : 6이 된다.
   ∴ S → F의 최대 유량 : 4 + 6 = 10
2. c → b 노드 간 용량이 3으로 새로 생성될 때 S → F의 최대 유량
   • S → a → b : 4이고, S → c → b : 3이므로, S → a → b → F : 4가 되고, S → c → b → F : 3이 된다.
   • S → a → d : 3이고, S → c → d : 5이므로, S → a → d → F : 3이 되고, S → c → d → F : 3이 된다.
   ∴ S → F의 최대 유량 : 4 + 3 + 3 + 3 = 13
   ∴ S에서 F까지의 최대 유량의 증가분 = 13 − 10 = 3

67 정답 ▶ ②

□□□ ② 270,000원

- 실제중량(Gross Weigh) = 30kg
- 용적중량(Volume Weight) = (40cm × 50cm × 60cm) ÷ 6,000 = 20kg
- 실제중량과 용적중량 중 높은 중량을 요율로 적용하므로,
  30kg × 9,000원 = 270,000원

68 정답 ▶ ①

□□□ ① S1-D1 셀(Cell)에 운송량이 100톤 할당된다.

최소비용법 : 운송표(수송표)상에서 운송비용(단가)이 낮은 셀에 우선적으로 할당하되 그 행의 공급능력과 그 열의 수요량을 비교하여 가능한 최대량을 할당하는 방법이다. 가장 낮은 비용 셀의 할당이 끝나면 순차적으로 그 다음 낮은 셀에 할당한다.

공급지 \ 수요지	D1	D2	D3	공급량(톤)
S1	14 ❺ 100	12 ❹ 300	9 ❷ 100	500
S2	14	10	7 ❶ 200	200
S3	10 ❸ 300	13	15	300
수요량(톤)	400	300	300	1,000

- S1-D1 셀(Cell)에 운송량이 100톤 할당된다.
- S2-D1, S2-D2, S3-D2, S3-D3 셀(Cell)에는 운송량이 할당되지 않는다.
- 총운송비용 = (7 × 200) + (9 × 100) + (10 × 300) + (12 × 300) + (14 × 100) = 10,300천원 = 10,300,000원

69 정답 ▶ ⑤

□□□ ① 사업자의 상호, 대표자명, 주소 및 전화번호, 담당자(집화자) 이름

택배 표준약관 제7조 제1항 제1호

② 운송물의 중량 및 용적 구분

택배 표준약관 제7조 제1항 제3호

③ 손해배상한도액

택배 표준약관 제7조 제1항 제5호

④ 운임 기타 운송에 관한 비용 및 지급방법

택배 표준약관 제7조 제1항 제4호

⑤ 운송물의 원산지(제조지)

운송물의 원산지(제조지)는 운송장에서 사업자가 고객(송화인)에게 교부해야 하는 사항에 해당하지 않는다.

더 알아보기

운송장(택배 표준약관 제7조 제1항)

① 사업자는 계약을 체결하는 때에 다음 각 호의 사항을 기재한 운송장을 마련하여 고객(송화인)에게 교부합니다.

1. 사업자의 상호, 대표자명, 주소 및 전화번호, 담당자(집화자) 이름, 운송장 번호
2. 운송물을 수탁한 당해 사업소(사업자의 본・지점, 출장소 등)의 상호, 대표자명, 주소 및 전화번호
3. 운송물의 중량 및 용적 구분
4. 운임 기타 운송에 관한 비용 및 지급방법
5. 손해배상한도액
   ※ 고객(송화인)이 운송장에 운송물의 가액을 기재하지 아니하면 제22조 제3항에 따라 사업자가 손해배상을 할 경우 손해배상한도액은 50만원이 적용되고, 운송물의 가액에 따라 할증요금을 지급하는 경우에는 각 운송가액 구간별 최고가액이 적용됨을 명시해 놓을 것
6. 문의처 전화번호
7. 운송물의 인도 예정 장소 및 인도 예정일
8. 기타 운송에 관하여 필요한 사항(특급배송, 신선식품 배송 등)

70 정답 ▸ ④

□□□

④ 공차율은 화물자동차의 총 운송매출 중에서 무료로 얼마나 운송했는지를 나타내는 지표이다.

공차율은 화물자동차의 총 운행거리 중에서 화물을 적재하지 않고 얼마나 운송했는지를 나타내는 지표이다.

71 정답 ▸ ②

□□□

② 액체운송차는 콘크리트를 섞으면서 건설현장 등으로 운송하는 차량이다.

믹서트럭에 관한 설명이다. 액체운송차는 석유류 등 각종 액체 상태의 다양한 화물을 운송할 수 있도록 탱크 형식의 적재함을 장착한 차량이다.

72 정답 ▶ ②

□□□

① Hub & Spoke System

소형 터미널 또는 집배센터에서 집하한 화물을 대형 터미널(Hub)로 집결시킨 후 배송지를 구분·분류하는 간선 운송시스템이다.

③ Tracking System

전자상거래를 통해 주문한 상품의 배송 과정이나 도착 시간 등을 확인할 수 있도록 만든 시스템이다.

④ Cross-Docking System

창고나 물류센터에서 수령한 상품을 보관하는 것이 아니라 분류 또는 재포장의 과정을 거쳐 곧바로 다시 배송하는 물류시스템을 말한다.

⑤ Unit Load System

화물을 일정한 표준의 중량 또는 용적으로 단위화하여 일관적으로 운송하는 물류시스템을 말한다.

73 정답 ▶ ②

□□□

② 양모, 면화 등 중량에 비해 부피가 큰 용적화물은 수량기준으로 운임을 산정해야 한다.

양모, 면화 등 중량에 비해 부피가 큰 용적화물은 용적기준으로 운임을 산정해야 한다.

74 정답 ▶ ④

□□□

① 고객(송화인)은 운송물을 성질, 중량, 용량에 따라 운송에 적합하도록 포장하여야 한다.

택배 표준약관 제9조 제1항

② 사업자는 운송물의 포장이 운송에 적합하지 아니한 때, 고객(송화인)의 승낙을 얻어 운송 중 발생될 수 있는 충격량을 고려하여 포장을 하여야 한다.

택배 표준약관 제9조 제2항

③ 사업자는 운송물을 수탁한 후 포장의 외부에 운송물의 종류와 수량, 인도예정일(시), 운송상의 특별한 주의사항을 표시한다.

택배 표준약관 제10조

④ 사업자가 운반하는 도중에 운송물의 포장이 훼손되어 재포장을 한 경우, 운송물을 인도한 후 고객(송화인)에게 그 사실을 알려야 한다.

사업자가 운송물을 운반하는 도중 운송물의 포장이 훼손되어 재포장을 한 경우에는 지체 없이 고객(송화인)에게 그 사실을 알려야 한다(택배 표준약관 제9조 제4항).

⑤ 운송물이 포장당 50만원을 초과하거나 운송상 특별한 주의를 요하는 것일 때는 사업자는 별도 할증요금을 청구할 수 있다.

택배 표준약관 제8조 제3항

더 알아보기

운임의 청구와 유치권(택배 표준약관 제8조)

① 사업자는 운송물을 수탁할 때 고객(송화인)에게 운임을 청구할 수 있습니다. 다만, 고객(송화인)과의 합의에 따라 운송물을 인도할 때 운송물을 받는 자(수화인)에게 청구할 수도 있습니다.
② 제1항 단서의 경우 고객(수화인)이 운임을 지급하지 않는 때에는 사업자는 운송물을 유치할 수 있습니다.
③ 운송물이 포장당 50만원을 초과하거나 운송상 특별한 주의를 요하는 것일 때에는 사업자는 따로 할증요금을 청구할 수 있습니다.
④ 고객(송화인, 수화인)의 사유로 운송물을 돌려보내거나, 도착지 주소지가 변경되는 경우, 사업자는 따로 추가 요금을 청구할 수 있습니다.
⑤ 운임 및 할증요금은 미리 이 약관의 별표로 제시하고 운송장에 기재합니다.

포장(택배 표준약관 제9조)

① 고객(송화인)은 운송물을 그 성질, 중량, 용적 등에 따라 운송에 적합하도록 포장하여야 합니다.
② 사업자는 운송물의 포장이 운송에 적합하지 아니한 때에는 고객(송화인)에게 필요한 포장을 하도록 청구하거나, 고객(송화인)의 승낙을 얻어 운송 중 발생될 수 있는 충격량을 고려하여 포장을 하여야 합니다. 다만, 이 과정에서 추가적인 포장비용이 발생할 경우에는 사업자는 고객(송화인)에게 추가 요금을 청구할 수 있습니다.
③ 사업자는 제2항의 규정을 준수하지 아니하여 발생된 사고 시 제22조에 의해 고객(송화인)에게 손해배상을 하여야 합니다.
④ 사업자가 운송물을 운반하는 도중 운송물의 포장이 훼손되어 재포장을 한 경우에는 지체 없이 고객(송화인)에게 그 사실을 알려야 합니다.

외부표시(택배 표준약관 제10조) 사업자는 운송물을 수탁한 후 그 포장의 외부에 운송물의 종류・수량, 운송상의 특별한 주의사항, 인도 예정일(시) 등의 필요한 사항을 표시합니다.

75

□□□

정답 ▸ ⑤

① 최대적재중량은 화물자동차 자체중량과 최대 승차중량을 합한 중량을 말한다.

최대적재중량은 화물을 최대로 적재할 수 있도록 허용된 중량을 말한다.

② 자동차연결 총중량은 공차상태에서 트랙터와 트레일러까지 합산된 중량을 말한다.

자동차연결 총중량은 화물을 최대 적재된 상태의 트레일러와 트랙터의 무게를 합산한 중량을 말한다.

③ 화물자동차의 운송능력은 공차중량에 자동차의 평균 용적을 곱하여 계산한다.

화물자동차의 운송능력은 최대 적재중량에 자동차의 평균 속도를 곱하여 계산한다.

④ 최대접지압력은 공차상태에서 도로 지면 접지부에 미치는 압력의 정도를 말한다.

최대접지압력은 화물의 최대 적재상태에서 도로 지면 접지부에 미치는 압력의 정도를 말한다.

76

정답 ▸ ③

□□□

③ 소품종 대량생산 체제로 전환되면서 운송단위가 대량화되고 있다.

다품종 소량 생산체제로 전환되면서 주로 다품종 소형·소량화물의 다빈도 배송이 요구되고 있다.

77

정답 ▸ ④

□□□

① Cold Chain System

콜드체인시스템(Cold Chain System) : 온도관리가 필수적인 제품을 유통하는 데 있어 유통과정에서 저온 상태를 유지해 제품의 신선도와 품질을 보장하는 시스템이다.

② Geographic Information System

지리정보시스템(GIS) : 어떤 지역에 지리적으로 참조가능한 모든 형태의 정보를 효과적으로 수집, 저장, 갱신, 분석, 표현할 수 있도록 디지털 지도를 작성한 시스템이다.

③ Vanning Management System

적재관리시스템(VMS) : 화물의 특징에 따라 적정한 운송차량에 화물이 효율적으로 포장 및 적재될 수 있도록 차량의 소요, 배차, 적재위치 등을 지정해주는 시스템이다.

⑤ Intelligent Transportation System

지능형교통시스템(ITS) : 도로와 차량, 사람과 화물을 정보네트워크로 연결하여 교통체증의 완화와 교통사고의 감소, 환경문제의 개선 등을 실현할 수 있는 시스템이다.

78

정답 ▸ ④

□□□

④ ㄱ : 폴(Pole) ㄴ : 세미(Semi) ㄷ : 풀(Full)

ㄱ. 폴(Pole) 트레일러 트럭 : 트랙터에 턴테이블을 설치하고 트레일러를 연결한 후, 차량 한 대로 안전하게 운송하기 어려운 대형 목재, 대형 파이프, H형강 등의 장대화물을 안전하게 운송하기 위하여 이용된다.
ㄴ. 세미(Semi) 트레일러 트럭 : 트레일러의 일부 하중을 트랙터가 분담하는 트레일러를 말한다. 트레일러의 바퀴가 뒤쪽에만 설치되어 있고 앞쪽은 트랙터의 커플러에 연결되어 커플러를 통해서 하중이 트랙터에 전달되는 구조로 되어 있다.
ㄷ. 풀(Full) 트레일러 트럭 : 트랙터와 트레일러가 완전히 분리되어 있고 트랙터 자체도 보디를 가지고 있는 트레일러를 말한다. 이 트레일러는 자체의 바퀴에서 적재한 하중을 모두 부담하는 형태로 견인차량도 화물을 적재하고 운행할 수 있다.

79 정답 ▶ ③

□□□

① 운송단위가 작아서 장거리 대량화물 운송에 적합하다.

화물자동차는 근거리 소량화물 운송에 적합하다.

② 철도운송에 비해 사고율이 낮고 안전도가 높다.

철도운송은 화물자동차에 비해 사고율이 낮고 안정성 측면에서 우수하다. 화물자동차운송은 도로혼잡, 교통사고 등의 문제가 발생할 수 있다.

④ 운송화물의 중량에 제한이 없다.

화물자동차는 다른 운송수단에 비해 적재중량에 제한이 많아 대량화물 운송이 곤란하다.

⑤ 철도운송에 비해 정시성이 높다.

철도운송은 화물자동차운송에 비해 전천후적인 운송수단으로 정시성 확보에 유리하다.

80 정답 ▶ ⑤

□□□

⑤ 화주에게 NVOCC 자기명의로 B/L을 발행할 수 없다.

NVOCC(Non-vessel Operating Common Carrier, 무선박운송인)는 자체적으로 운송수단(선박, 항공기 등)을 보유하고 있지 않지만 화주에 대해서 계약운송인(Contracting Carrier)의 입장에서 자기명의의 복합운송증권(B/L)을 발행하고, 계약을 체결한다.

[3과목] 국제물류론

81	82	83	84	85	86	87	88	89	90	91	92	93	94	95	96	97	98	99	100
❶	❺	❺	❷	❹	❸	❷	❷	❷	❷	❺	❹	❹	❸	❷	❷	❶	❸	❸	❸
101	102	103	104	105	106	107	108	109	110	111	112	113	114	115	116	117	118	119	120
❺	❹	❺	❺	❸	❶	❸	❶	❹	❸	❷	❺	❺	❶	❶	❹	❹	❸	❷	❶

81 정답 ▸ ①

□□□

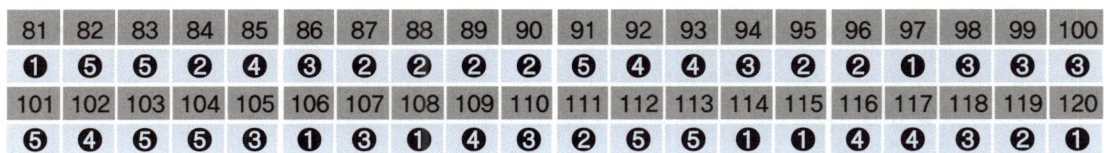

① 국제물류활동에 따른 리드타임의 증가는 재고량 감소에 영향을 미친다.

국제물류는 주문시간이 길고, 운송 등의 불확실성으로 재고수준이 높다. 즉, 리드타임(제품의 발주부터 납입 및 사용 가능까지의 기간)의 증가는 재고량 증가에 영향을 미친다.

82 정답 ▸ ⑤

□□□

⑤ 컨테이너를 이용한 단위화물은 개품화물(break bulk cargo)에 비해 하역기간이 늘어날 수 있다.

컨테이너(Container)는 화물운송의 단위화(Unitarization)를 목적으로 하는 수송도구이며, 컨테이너를 이용한 단위화물은 신속하고 안전한 화물의 환적이 가능하다.

83 정답 ▸ ⑤

□□□

① ERP

Enterprise Resource Planning : 기업 내 생산, 물류, 재무, 회계, 영업과 구매, 재고 등 경영 활동 프로세스들을 통합적으로 연계해 관리해 주며, 기업에서 발생하는 정보들을 서로 공유하고 새로운 정보의 생성과 빠른 의사결정을 도와주는 통합시스템을 말한다.

② POS

Point Of Sales : 판매장의 판매시점에서 발생하는 판매정보를 컴퓨터로 자동 처리하는 시스템으로, 상품별 판매정보가 컴퓨터에 보관된 발주, 매입, 재고 등의 정보와 결합하여 필요한 부문에 활용된다.

③ VMI

Vendor Managed Inventory : 공급업체가 주도적으로 재고를 관리하는 것으로, 유통업체에서 발생하는 재고를 제조업체가 전담해서 관리하는 방식이다.

④ QR

Quick Response : 제조업체와 유통업체 간에 표준상품코드로 데이터베이스를 구축하고, 고객의 구매성향을 파악・공유하여 적절히 대응하는 전략이다.

84 정답 ▶ ②

□□□ ② 물류관리와 관련된 거래비용의 감소

국제물류는 국내물류에 비해 대금결제, 통관, 선적 등의 여러 절차를 필요로 하므로 이에 수반되는 거래비용이 상승한다.

더 알아보기

국제물류와 국내물류

구 분	국제물류	국내물류
운송 방법	주로 복합운송이 이용된다.	주로 공로운송이 이용된다.
재고 수준	주문시간이 길고, 운송 등의 불확실성으로 재고 수준이 높다.	짧은 리드타임으로 재고수준이 상대적으로 낮다.
화물 위험	장기운송과 환적 등으로 위험이 높다.	단기운송으로 위험이 낮다.
서류 작업	각종 무역운송서류가 필요하여 서류 작업이 복잡하다.	구매주문서와 송장 정도로 서류 작업이 간단하다.
재무적 위험	환리스크로 인하여 재무적 위험이 높다.	환리스크가 없어 재무적 위험이 낮다.

85 정답 ▶ ④

□□□ ① Laytime

정박기간 조항 : 화주가 계약화물을 용선한 선박에 적재·양륙하기 위하여 그 선박을 선적항 또는 양륙항에 있게 할 수 있는 기간이다. [항해용선계약(Gencon C/P)상 조항 ○]

② Demurrage

체선료 조항 : 용선계약에서 약정된 정박기간을 초과하여 선적하거나 양륙한 시간에 대해 용선자가 선주에게 지급하기로 약정한 금액이다. [항해용선계약(Gencon C/P)상 조항 ○]

③ Off hire Clause

휴항 조항 : 정기[기간]용선계약에서 특정한 사유로 선박의 이용이 방해되는 기간 동안 용선자의 용선료 지불의무를 중단하도록 하는 조항이다. [항해용선계약(Gencon C/P)상 조항 ×]

④ Cancelling Clause 해약 조항

⑤ Deviation Clause

항로이탈 조항 : 선박은 어떤 목적으로든 모든 항구에 정박할 권리가 있다는 것을 명시한 조항이다. [항해용선계약(Gencon C/P)상 조항 ○]

28회

86

정답 ▶ ③

□□□

① 선박 및 항만설비에 영향을 미치는 보안위협을 탐지하고 제거하기 위한 제도이다.

국제선박 및 항만시설 보안 규칙(ISPS Code)에 대한 설명이다.

② 항만국이 자국 항구에 기항하는 외국국적 선박을 대상으로 국제협약 상의 기준에 따른 점검 및 통제권한을 행사할 수 있도록 하는 제도이다.

항만국 통제(Port State Control)에 대한 설명이다.

④ 자국선 보호 및 외화유출방지를 위해 국적선취항지역은 국적선을 이용하도록 하고 국적선불취항증명서(waiver) 없이는 외국선 이용을 금지하는 제도이다.

해운보호주의에 대한 내용이다.

⑤ 외국의 선박을 나용선한 뒤 용선기간이 종료되고 용선료를 모두 납부하면 자국의 국적선으로 등록하게 하는 제도이다.

국적취득조건부나용선에 대한 내용이다.

87

정답 ▶ ②

□□□

② 로이드 선급(Lloyd's register)은 보험자들이 보험인수여부 및 보험료 산정을 위해 만든 선박등록부이다.

로이드 선급(LR)은 런던에 위치한 세계 최고의 역사와 최대의 업무규모를 갖고 있는 비영리 선급협회로서, 주요 업무는 선박의 선급 관리이다.

88

정답 ▶ ②

□□□

① 혼재·대량수송을 통해 운송비용을 절감할 수 있다. 고전적 시스템

③ 상품이 생산국에서 해외 중앙창고로 출하된 후 각국 자회사 창고 혹은 고객에게 수송된다.

다국행 창고시스템

④ 해외 자회사는 상거래 유통에는 관여하지만 물류에는 직접적으로 관여하지 않는다. 직송시스템

⑤ 수출입 통관수속을 고객이 직접 해야 하기 때문에 그만큼 고객 부담이 높아진다. 직송시스템

더 알아보기

통과시스템(Transit system)

- 자회사의 창고는 단지 통과센터로만 기능한다.
- 고전적 시스템보다 출하빈도가 훨씬 높아 자회사 차원에서의 보관비용이 줄어든다.
- 고전적 시스템의 서비스 및 시장도달 수준을 얻으려면 수송비용이 증가한다.

89 정답 ▸ ②

□□□

① Freight All Kinds

품목무차별 운임 : 화물의 종류나 내용과는 관계없이 중량과 용적에 따라 동일하게 부과하는 운임이다.

② Terminal Handling Charge 터미널화물처리비

③ Commodity Classification Rate

품목분류요율 : 특정구간의 몇 가지 특정품목에 대해서만 적용되는 할인요율(신문, 잡지, 정기간행물, 서류, 카탈로그, 비동반 수하물 등) 및 할증요율(금, 보석, 화폐, 증권, 자동차, 생동물 등에 적용)이다.

④ Commodity Box Rate

품목별 운임 : 컨테이너 내에 적립된 화물의 양과는 관계없이 컨테이너 한 개당 설정되는 운임이다.

⑤ Detention Charge

컨테이너 반납 지체료 : 화주가 허용된 시간 이내에 반출해 간 컨테이너를 지정된 선사의 CY로 반환하지 않을 경우 지불하는 비용이다.

90 정답 ▸ ②

□□□

ㄱ(O). tariff

운임률표 : 각 품목의 운임부담력이나 용적, 중량 등의 비율 등을 고려하여 결정되며 화주에 대하여 균등한 운임을 부과한 정기선 운송 운임표(정액운임표)를 말한다.

ㄴ(X). charter party

용선계약 : 대량화물을 부정기선에 의해 운송하는 경우에 이용된다.

ㄷ(O). shipping conference

해운동맹 : 특정 정기항로에 배선한 선박회사들이 국제카르텔(Cartel)을 형성하고 운송 협정을 맺은 것으로, 운임동맹 또는 항로동맹이라고 한다.

ㄹ(X). tramp

부정기선 : 부정기선 운송에 사용되는 부정기선을 의미한다.

91 정답 ▸ ⑤

	사고유형	내 용
①	Cross Labelled	라벨이 바뀌거나, 운송장 번호, 목적지 등을 잘못 기재한 경우(○)
②	OFLD(Off-Load)	출발지나 경유지에서 탑재공간 부족으로 인하여 의도적이거나, 실수로 화물을 내린 경우(○)
③	OVCD(Over-Carried)	화물이 하기되어야 할 지점을 지나서 내려진 경우(○)
④	SSPD(Short-shipped)	적재화물목록에는 기재되어 있으나, 화물이 탑재되지 않은 경우(○)
⑤	MSCN(Miss-connected)	탑재 및 하기, 화물인수, 타 항공사 인계 시에 분실된 경우(×) 화물이 다른 곳으로 발송된 경우

더 알아보기

Missing(분실)

탑재 및 하기, 화물인수, 타 항공사 인계 시에 분실된 경우와 같은 사고유형

92 정답 ▸ ④

	국제협약·법령	손해배상 한도
①	Hague Rules(1924)	포장당 또는 선적단위당 100파운드 또는 동일한 금액의 타국통화(○)
②	Hague-Visby Rules(1968)	포장당 또는 선적단위당 666.67SDR 또는 kg당 2SDR 중 높은 금액(○)
③	Hamburg Rules(1978)	포장당 또는 선적단위당 835SDR 또는 kg당 2.5SDR 중 높은 금액(○)
④	Rotterdam Rules(2008)	포장당 또는 선적단위당 875SDR 또는 kg당 4SDR 중 높은 금액(×) 포장당 또는 선적단위당 875SDR 또는 kg당 3SDR 중 높은 금액
⑤	우리나라 상법(2020)	포장당 또는 선적단위당 666.67SDR 또는 kg당 2SDR 중 높은 금액(○)

93 정답 ▸ ④

④ CQD는 항구의 관습적 하역방법이나 하역능력 등에 따라 가능한 한 빨리 하역하도록 약정하는 것으로, 일요일과 공휴일에 작업을 하면 모두 정박기간에서 제외한다.

CQD(관습적 조속하역조건)는 정박기간을 한정하지 않는다.

94

정답 ▶ ③

□□□

① ㄱ : Nose Dock ㄴ : Self-Propelled Conveyor

Self-Propelled Conveyor : 컨베이어 벨트가 장착되어 수화물 및 낱개단위 소형화물을 항공기에 탑재하고 내릴 때 사용하는 기기이다.

② ㄱ : High Loader ㄴ : Self-Propelled Conveyor

High Loader : 항공화물을 여러 층으로 높게 적재하거나, 항공기 화물실에 화물을 탑재하는 항공기 전용탑재기이다.

③ ㄱ : Nose Dock ㄴ : Tug Car

ㄱ. Nose Dock : 지상에서 항공기와 관련된 일을 할 때 편리하도록 만든 작업장으로, 항공기로부터 화물 탑재나 하역을 쉽게 할 수 있으며, 주로 대형 항공기에 많이 이용된다.
ㄴ. Tug Car : 일반 항공화물이나 ULD가 적재된 돌리(Dolly)를 항공기로 이동시키는 지상조업장비로, 동력원이 없어 스스로 움직이지 못하는 장비를 견인할 때에도 사용한다.

⑤ ㄱ : Work Station ㄴ : Self-Propelled Conveyor

Work Station : 항공화물터미널에서 화물을 파렛트에 적재(Build-up)하거나 해체(Break down)할 때 사용되는 설비이다.

95

정답 ▶ ②

□□□

① General Average Clause

공동해손 조항 : 공동해손(General Average)에 관하여는 요크-엔트워프 규칙(York-Antwerp Rules)을 적용한다고 규정한 조항이다.

③ Lien Clause

선취특권 조항 : 화주인 용선자가 운임 및 기타 부대경비를 지급하지 아니할 때 선주는 그 화물을 유치할 수 있는 권한이 있다는 항해용선계약서 조항이다.

④ Cancelling Clause

해약 조항 : 용선선박이 용선계약상에 명시된 날짜까지 선적준비를 하지 못할 경우 용선자에게 용선계약의 취소여부에 관한 선택권을 부여하는 항해용선계약 조항이다.

⑤ Off Hire Clause

휴항 조항 : 정기[기간]용선계약에서 특정한 사유로 선박의 이용이 방해되는 기간 동안 용선자의 용선료 지불의무를 중단하도록 하는 조항이다.

96 정답 ▶ ②

□□□

② Declared Value for Carriage란은 항공사의 운송신고가격을 기입한다.

AWB상의 Declared Value for Carriage란에는 송하인의 운송신고가격이 기재된다.

97 정답 ▶ ①

□□□

① Disbursement fee 입체지불수수료

② Dangerous goods handling fee

위험물취급수수료 : 위험화물을 접수할 시 포장상태, 관계서류, 당국의 검사에 따라 부과하는 수수료이다.

③ Charges collect fee

착지불수수료 : 항공에서 수입화물의 운임이 착지불될 시 수입자에게 청구하는 비용으로 대금 송금이나 환리스크 등을 보전하기 위하여 부과하는 환가료 개념이다. 일반적으로 항공운임, 부대비용 총액의 2~5%를 청구한다.

④ Handling charge

수출 항공 화물 취급수수료 : 항공운송대리점이 화물 운송 과정에서 대행한 서비스 비용에 대해 화주에게 청구하는 수수료이다.

⑤ Pick up service charge

픽업수수료 : 화주가 지정한 장소에서 화물을 Pick-up하여 올 때 발생하는 차량 운송비를 말한다.

98 정답 ▶ ③

□□□

① 운송주선인의 책임 : 인도일 경과 후 연속일수 60일 이내에 인도되지 않을 경우 손해배상 청구자는 물품이 멸실된 것으로 간주한다.

운송주선인의 책임 : 인도일 경과 후 연속일수 90일 이내에 인도되지 않을 경우 손해배상 청구자는 물품이 멸실된 것으로 간주한다.

② 물품의 명세 : 증권표면에 기재된 모든 사항에 대한 정확성은 운송주선인이 책임을 진다.

물품의 명세 : 증권표면에 기재된 모든 사항에 대한 정확성은 운송주선인이 책임지지 않는다.

④ 운송주선인의 책임 : 운송주선인의 이행보조자를 상대로 제기된 경우에는 이 약관이 적용되지 않는다.

운송주선인의 책임 : 운송주선인의 이행보조자에 대해서도 FIATA FBL의 이면약관이 적용된다.

⑤ 제소기한 : 수하인은 물품이 멸실된 것으로 간주할 수 있는 권리를 가지게 된 날로부터 3개월 이내에 소송을 제기하지 아니하고 다른 방법에 의해 명확히 합의되지 않는 한 운송주선인은 모든 책임으로부터 면제된다.

제소기한 : 수하인은 물품이 멸실된 것으로 간주할 수 있는 권리를 가지게 된 날로부터 9개월 이내에 소송을 제기하지 아니하고 다른 방법에 의해 명확히 합의되지 않는 한 운송주선인은 모든 책임으로부터 면제된다.

99 정답 ▶ ③

ㄱ(O). Guatemala Protocol

과테말라의정서 : 1965년 7월 국제민간항공기구(ICAO) 총회에서 개정된 바르샤바 조약상 운송인의 책임한도액을 재개정할 필요성이 제기된 후 ICAO의 법률위원회에서 초안한 내용을 1971년에 과테말라 외교회의에서 통과시킨 의정서이다.

ㄴ(X). CIM

CIM Convention(1970) : 철도운송과 관련된 국제조약이다(철도화물운송조약).

ㄷ(X). CMR

CMR Convention(1956) : 도로운송과 관련된 국제조약이다(도로화물운송조약).

ㄹ(O). Montreal Agreement

몬트리올 협정 : 국제항공운송협회(IATA)가 여객의 책임한도에 불만을 가진 미국 정부와 1966년 5월 4일 몬트리올에서 협정을 가진 것으로, 모든 국제운송 승객, 수하물 혹은 짐으로 비행기에 의해 운송되는 것으로서 보상에 대해 적용한다.

100 정답 ▶ ③

③ 적용화물(Goods)이란 송하인에 의해 공급된 경우에는 컨테이너, 파렛트 또는 유사한 운송용구와 포장용구를 포함하지 않는다.

적용화물(Goods)이란 송하인에 의해 공급된 경우에는 컨테이너, 파렛트 또는 유사한 운송용구와 포장용구를 포함한다.

101 정답 ▶ ⑤

① Solid Bulk Container

분체 산화물 컨테이너 : 곡물, 사료 등과 같은 산화물 운반에 사용되는 컨테이너이다.

② Liquid Bulk Container

액체 산화물 컨테이너 : 주류, 유류, 화학제품과 같은 산화물 운반에 사용되는 컨테이너이다.

③ Open Top Container

천장개방형 컨테이너 : 건화물 컨테이너의 지붕과 측면, 상부가 개방되어 상부에서 작업이 가능하도록 제작된, 중량이 큰 물품이나 장착화물을 크레인으로 하역하는 데 편리한 컨테이너이다.

④ Insulated Container

단열 컨테이너 : 과일, 채소 등의 선도유지에 적절한 단열구조를 갖춘, 통상 드라이아이스 등을 냉매로 사용하는 보냉 컨테이너이다.

⑤ Garment Container 의류 운송용 컨테이너

102 정답 ▶ ④

□□□

④ 항공사가 운송장(Through B/L)을 발행하게 되면 항공사는 함부르크조약으로 책임을 지기 때문에 화주에게 유리하다.

Through B/L은 선적지로부터 도착지까지 하나의 운송계약에 여러 운송인이 서로 연결하여 운송하는 형태에서 발행되는 증권으로 최초 운송인이 모든 운송구간에 대하여 책임을 부담한다.

103 정답 ▶ ⑤

□□□

⑤ 컨테이너화에는 선사직원 및 항만노무자의 교육·훈련 등에 있어 장기간의 노력과 투자가 필요하지 않다.

컨테이너화에는 선사직원 및 항만노무자의 교육·훈련 등에 있어 장기간의 노력과 투자가 필요하다.

104 정답 ▶ ⑤

□□□

기 능		내 용
ㄱ	화물수령증	항공사가 송하인으로부터 화물을 수령했음을 입증하는 성격을 가지고 있다(○).
ㄴ	요금계산서	화물과 함께 목적지에 보내어져 수하인이 운임과 요금을 계산하는 근거 자료로 사용된다(○).
ㄷ	세관신고서	통관 시 수출입신고서 및 통관자료로 사용된다(○).

더 알아보기

항공화물운송장 기능

- 운송계약서
- 송 장
- 청구서(요금계산서)
- 운송인에 대한 송화인의 지시서
- 수화인에의 화물인도증서
- 화물수취/수령증
- 보험계약증서
- 수출입신고서 및 수입통관자료(세관신고서)
- 사무정리용 서류

105 정답 ▶ ③

□□□

③ 선회장(Turning Basin)은 자선선회(自船船回)의 경우 본선 길이의 2배를 직경으로 하는 원이며, 예선(曳船)이 있을 경우에는 본선 길이의 3배를 직경으로 하는 원으로 한다.

선회장(Turning Basin)은 자선의 경우 대상 선박 길이의 3배를 직경으로 하는 원, 예선이 있을 경우에는 대상 선박 길이의 2배를 직경으로 하는 원으로 한다.

106 정답 ▶ ①

□□□

① <u>Lump Sum Freight</u> 선복운임

② Option Surcharge

양륙항 선택화물할증료 : 해상운송 계약 시 화물의 최종 양륙항을 확정하지 않고 기항 순서에 따라 몇 개의 항구를 기재한 후, 화주가 화물 도착 전에 양륙항을 선택할 수 있도록 할 때 부과하는 정기선 할증운임이다.

③ Dead Freight

부적운임(공적운임) : 용선자가 선적하기로 계약한 수량의 화물을 실제로 선적하지 아니한 경우 그 선적 부족량에 대해서 지급하여야 하는 부정기선 운임이다.

④ Congestion Surcharge

선혼할증료 : 항구가 혼란하여 정박이 길어질 때 적재화물에 대하여 부과하는 정기선 할증운임이다.

⑤ Long Term Contract Freight

장기운송계약운임 : 원유, 철광석 등 대량화물의 운송수요를 가진 대기업과 선사 간에 장기간 반복되는 항해에 적용되는 운임으로, 특정 선박으로 연속하여 항해를 되풀이하는 연속항해운임과 유사하다.

107 정답 ▶ ③

□□□

ㄱ(O). 선박의 명칭, 국적 및 톤수

ㄴ(X). 운임지불지 및 환율 선하증권 임의기재사항

ㄷ(X). 선하증권번호 선하증권 임의기재사항

ㄹ(X). 본선항해번호 선하증권 임의기재사항

ㅁ(O). 용선자 또는 송하인의 성명·상호

ㅂ(O). 수하인 또는 통지수령인의 성명·상호

더 알아보기

선하증권의 기재사항(상법 제853조 제1항)

① 선하증권에는 다음 각 호의 사항을 기재하고 운송인이 기명날인 또는 서명하여야 한다.

1. 선박의 명칭·국적 및 톤수
2. 송하인이 서면으로 통지한 운송물의 종류, 중량 또는 용적, 포장의 종별, 개수와 기호
3. 운송물의 외관상태
4. 용선자 또는 송하인의 성명·상호
5. 수하인 또는 통지수령인의 성명·상호
6. 선적항
7. 양륙항
8. 운 임
9. 발행지와 그 발행연월일
10. 수통의 선하증권을 발행한 때에는 그 수
11. 운송인의 성명 또는 상호
12. 운송인의 주된 영업소 소재지

108 정답 ▸ ①

□□□

① CVO

Commercial Vehicle Operation : 상용차량 운행관리시스템/화물정보망

② ECR

Efficient Consumer Response : 효율적으로 소비자에 대응하는 관련 업체들의 공동전략

③ WMS

Warehouse Management System : 제품의 입고, 집하, 적재, 출하의 작업과정과 관련 데이터의 자동처리 시스템

④ RFID

Radio Frequency Identification(무선주파수식별시스템) : 각종 제품에 초소형 칩을 붙여 그 제품의 모든 정보를 무선주파수(전파 등)로 전송・처리하는 비접촉식 인식시스템

⑤ SCM

Supply Chain Management : 제품생산부터 유통과정까지 모든 공급망을 하나의 통합된 시스템으로 관리하는 공급사슬관리

109 정답 ▸ ④

□□□

① Delivery

인도 : 화물이 본 FBL에 의거 수하인 또는 그 대리인에게 인도되거나 그들이 처분할 수 있는 장소에 놓이면, 또는 인도지의 법률・규정에 따라 당국 또는 기타 당사자에게 화물을 인도하거나, 포워더가 화주에게 화물의 인수를 요구할 수 있는 기타의 장소에 화물이 놓이면 인도한 것으로 간주한다.

② Paramount Clause

지상약관 : 본 약관은 본 FBL이 증명하는 운송계약에 적용되는 국제조약 또는 국내법에 저촉되지 않는 범위 내에서만 효력을 갖는다.

③ Negotiability and title to the goods

유통성 및 화물에 대한 권리 : FBL은 '유통불능'이란 표시가 없으면 유통증권이 된다. FBL은 화물에 대한 권리증권이며, 소지인은 배서로 증권의 화물을 인수・양도할 권리를 갖는다.

⑤ Liability of Servants and Other Persons

사용인 및 기타인의 책임 : 클레임의 원인이 계약위반・불법행위라 해도 본 FBL로 증명되는 계약의 이행을 위해 고용한 사용인・대리인・기타인(독립계약자 포함)에게 제기한 클레임도 본 약관을 적용하고, 포워더・사용인・대리인・기타인들의 총책임은 제8조의 한도를 초과하지 않는다.

110 정답 ▸ ③

□□□

① CSI(Container Security Initiative)

미국 세관직원이 수출국 항구에 파견되어 수출국 세관직원과 합동으로 미국으로 향하는 컨테이너 화물 중 위험요소가 큰 컨테이너 화물을 선별하여 선적 전에 미리 화물 검사를 시행하게 하는 컨테이너 보안 협정이다.

② 24-Hour Rule

해상운송인과 NVOCC(Non-Vessel Operating Common Carrier)로 하여금 미국으로 향하는 컨테이너가 선박에 적재되기 전에 화물에 대한 세부정보를 미국 관세청에 제출하게 함으로써 화물 정보를 분석하여 잠재적 테러 위험을 확인할 수 있는 보안제도로, CSI(Container Security Initiative) 후속조치의 일환으로 시행되었다.

④ ISPS Code

선박과 항만시설에 대한 국제보안코드(International Code for the Security of Ships and of Port Facilities)로서 주요 내용은 선박 보안, 회사의 의무, 당사국 정부의 책임, 항만 시설 보안, 선박의 심사 및 증서 발급에 관한 사항 등을 규정한 보안제도이다.

⑤ C-TPAT

2002년 미국 세관이 도입한 민관협력 프로그램으로, 수입업자와 선사, 운송회사, 관세사 등 공급사슬의 당사자들이 적용대상이며, 미국 세관이 제시하는 보안기준 충족 시 통관절차 간소화 등의 혜택이 주어진다.

111 정답 ▸ ②

□□□

(A floating policy) is a policy which describes the insurance in general terms, and leaves the name of the ship or ships and other particulars to be defined by subsequent declaration. The subsequent declaration or declarations may be made by indorsement on the policy, or in other customary manner.

(선명미상보험증권)은 보험계약에 관한 개괄적인 조건을 기술한 후 선박의 명칭과 그 밖의 항목은 추후 확정통지에 의해 확정되게 하는 보험증권이다. 추후 확정통지는 보험증권의 배서나 통상적인 방식으로 할 수 있다.

더 알아보기

Marine Insurance Act(1906, 영국해상보험법)

해상보험계약은 그 계약에 의해 합의한 방법과 범위 내에서 해상손해, 즉 해상사업과 수반하는 손해를 보험자가 피보험자에게 보상할 것을 인수하는 계약이다.

112 정답 ▶ ⑤

□□□ ⑤ Incoterms® 2020 규칙은 그 자체로 매매계약이다.

Incoterms® 2020 규칙 그 자체는 매매계약이 아니며, 매매계약을 대체하지도 않는다. Incoterms는 이미 존재하는 매매계약에 편입된(incorporated) 때 그 매매계약의 일부가 된다.

113 정답 ▶ ⑤

□□□ ⑤ 권한쟁의 심판 청구

비엔나협약(CISG)상 매수인의 구제권리

- 특정이행청구권
- 대체품인도청구권
- 하자보완청구권
- 추가기간지정권
- 대금감액청구권
- 손해배상청구권
- 계약해제권

114 정답 ▶ ①

□□□ ① FAS, FOB, CFR, CIF

해상운송이나 내수로운송의 경우에만 사용되어야 하는 거래조건은 FAS(선측인도조건), FOB(본선인도조건), CFR(운임포함인도조건), CIF(운임보험료포함조건)이다.

더 알아보기

INCOTERMS 2020

구 분	규 칙	
모든 운송방식에 적용되는 규칙	• EXW(공장도인도) • CPT(운송비지급인도) • DAP(도착지인도) • DDP(관세지급인도)	• FCA(운송인인도) • CIP(운송비 · 보험료지급인도) • DPU(도착지양하인도)
해상운송과 내수로운송에 적용되는 규칙	• FAS(선측인도) • CFR(운임포함인도)	• FOB(본선인도) • CIF(운임보험료포함)

115 정답 ▶ ①

□□□ ① 긴급관세(세이프가드)제도는 수출국의 공정한 수출행위에 의한 수입이지만 특정물품의 수입이 급격히 증가하여 국내산업에 심각한 피해를 받거나 받을 우려가 있을 때 조사를 실시하여 긴급관세를 인하한다.

> 긴급관세(세이프가드)제도는 특정 품목의 수입이 급격히 증가하면 수입증가로 수입국의 국내산업이 심각한 피해를 보거나 입을 우려가 있을 때, 그러한 수입을 일시적으로 제한하거나 긴급관세를 인상한다.

116 정답 ▶ ④

□□□ ④ 매도인과 매수인의 의무, 비용 및 위험

> Incoterms® 2020 규칙은 매도인과 매수인의 의무, 비용 및 위험을 규정한다.
> - 의무 : 매도인과 매수인 사이에 누가 무엇을 하는지, 즉 누가 물품의 운송이나 보험을 마련하는지 또는 누가 선적서류와 수출 또는 수입허가를 취득하는지
> - 위험 : 매도인은 어디서, 언제 물품을 인도하는지, 즉 위험은 어디서 매도인으로부터 매수인에게 이전하는지
> - 비용 : 운송비용, 포장비용, 적재 또는 양하비용 및 점검 또는 보안관련 비용에 관하여 어느 당사자가 어떤 비용을 부담하는지

더 알아보기

인코텀즈 규칙이 다루지 않는 사항

- 매매계약의 존부
- 매매물품의 성상
- 대금지급의 시기·장소·방법 또는 통화
- 매매계약 위반에 대한 구제수단
- 계약상 의무이행의 지체 및 그 밖의 위반의 효과
- 매매물품의 소유권 이전, 물권의 이전
- 국제분쟁과 중재방법·장소 또는 준거법
- 관세부과
- 수출 또는 수입의 금지
- 불가항력 또는 이행가혹
- 지식재산권

117 정답 ▸ ④

□□□ ④ 포장이나 준비의 불충분 또는 부적합으로 인한 손해

ICC(C)는 포장이나 준비의 불충분 또는 부적합으로 인한 손해 등을 넣은 ICC(A)의 일반면책위험(제4조) 등을 제외하였다.

118 정답 ▸ ③

□□□ ③ ㄱ : CPT, ㄴ : The seller

(ㄱ : CPT) means that the seller delivers the goods—and transfers the risk—to the buyer by handing them over to the carrier contracted by the seller or by procuring the goods so delivered.

(ㄱ : 운송비지급인도)는 매도인이 매도인과 계약을 체결한 운송인에게 물품을 교부함으로써 또는 그렇게 인도된 물품을 조달함으로써 매수인에게 물품을 인도하고 위험을 이전하는 것을 의미한다.

(ㄴ : The seller) may do so by giving the carrier physical possession of the goods in the manner and at the place appropriate to the means of transport used.

(ㄴ : 매도인)은 사용된 운송수단에 적합한 방법으로 그에 적합한 장소에서 운송인에게 물품의 물리적 점유를 이전함으로써 물품을 인도할 수 있다.

119 정답 ▸ ②

□□□ ② Authorized Economic Operator

수출입 안전관리 우수업체

더 알아보기

수출입 안전관리 우수업체(AEO : Authorized Economic Operator) 제도

세계적인 물류보안 강화 조치로 인한 무역원활화를 저해하는 문제점을 해소하고자 각국 세관이 수출업자, 수입업자, 제조업자, 관세사, 운송사, 창고업자, 하역업자 등을 대상으로 적정성 여부를 심사하여 우수업체로 공인해 줌으로써 통관상의 혜택을 부여하는 제도이다.

120 정답 ▶ ①

□□□

① 외국으로부터 우리나라에 도착한 물품으로 수입신고가 수리되기 전의 것

관세법상 외국물품(관세법 제2조 제4호)

가. 외국으로부터 우리나라에 도착한 물품(외국의 선박 등이 공해에서 채집하거나 포획한 수산물 등을 포함)으로서 수입의 신고가 수리되기 전의 것

나. 수출의 신고가 수리된 물품

더 알아보기

관세법 제2조 제5호(내국물품)

내국물품이란 다음 각 목의 어느 하나에 해당하는 물품을 말한다.

가. 우리나라에 있는 물품으로서 외국물품이 아닌 것

나. 우리나라의 선박 등이 공해에서 채집하거나 포획한 수산물 등

다. 제244조 제1항에 따른 입항전수입신고(이하 "입항전수입신고"라 한다)가 수리된 물품

라. 제252조에 따른 수입신고수리전 반출승인을 받아 반출된 물품

마. 제253조 제1항에 따른 수입신고전 즉시반출신고를 하고 반출된 물품

2교시

[4과목] 보관하역론

01	02	03	04	05	06	07	08	09	10	11	12	13	14	15	16	17	18	19	20
❶	❷	❷	❶	❷	❹	❺	❸	❹	❹	❹	❶	❷	❸	❺	❶	❷	❺	❸	❹
21	22	23	24	25	26	27	28	29	30	31	32	33	34	35	36	37	38	39	40
❺	❺	❷	❹	❷	❸	❺	❸	❺	❹	❶	❺	❶	❷	❶	❸	❶	❸	❹	❸

01 정답 ▸ ①

□□□

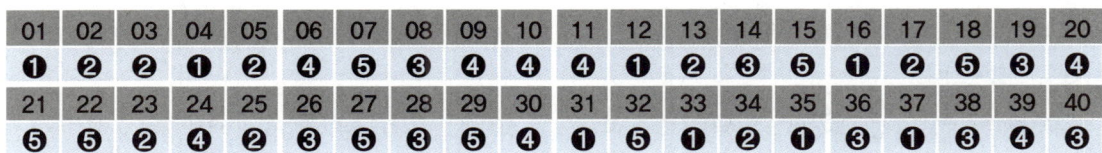

① 네트워크 보관의 원칙 : 입출고 빈도에 따라 보관할 물품의 위치를 달리하는 원칙으로 빈도가 높은 물품은 출입구 가까운 위치에 보관한다.

네트워크 보관의 원칙은 관련 품목을 한 장소에 모아서 보관하는 것으로, 입출고 빈도에 따라 보관할 물품의 위치를 달리하는 원칙으로 빈도가 높은 물품은 출입구 가까운 위치에 보관하는 것은 회전 대응보관의 원칙에 대한 설명이다.

02 정답 ▸ ②

□□□

② ㄱ : A-A-A, ㄴ : C-A-A

보관유형

A-A-A	• 맥주, 청량음료, 사탕, 시멘트 등 입출고가 빠른 물품으로 보관품목(Item)수는 적지만 보관 수량이 많고 회전율이 높음 • 보관 설비는 플로우 랙과 대차 랙을 많이 이용하며, 단시간에 대량 처리가 가능하여 편리
A-C-A	• 회전율만 높은 제품 • 보관 기능이 미약하여 주로 임시 출고-피킹-재출고 형태로 많이 이용
A-C-C	• 보관품목(Item)수, 보관수량, 회전율이 모두 적어 파렛트를 직접 쌓을 수 있어서 파렛트 직접 쌓기 또는 파렛트 랙의 하역기기로 지게차 이용
C-A-A	• 보관품목(Item)수, 보관수량이 많고 회전율이 높으며, 관리가 매우 복잡한 형태 • 고층 랙과 모노레일 스태커크레인의 조합을 통해 리모트 컨트롤과 컴퓨터 컨트롤 방식을 사용 • I형 배치, U형 배치, L형 배치, I형 변형 배치, U형 변형 배치
C-C-A	• 보관품목(Item)수는 많으나, 보관수량은 적고, 입출고 빈도가 높아 보관은 주로 고층 랙을 사용 • 개별 출고 방식에서 패키지 단위의 오더피킹 머신 또는 모노레일 스태커에서 수동 피킹을 할 때도 있음

03 정답 ▶ ②

□□□ **<u>② 보관기능 위주로 운영되는 물류시설로 환적물량은 취급하지 않는다.</u>**

> 복합물류터미널은 환적 기능 위주로 운영되어 터미널 기능을 실현하며, 화물의 보관 업무까지도 수행한다.

04 정답 ▶ ①

□□□ ② 농수산물종합유통센터 : 농수산물의 출하경로를 다원화하고 물류비용을 절감하기 위한 물류시설로 농수산물의 수집, 포장, 가공, 보관, 수송, 판매기능과 함께 통관 기능도 수행

> 농수산물종합유통센터란 농수산물의 출하경로를 다원화하고 물류비용을 절감하기 위하여 농수산물의 수집·포장·가공·보관·수송·판매 및 그 정보처리 등 농수산물의 물류 활동에 필요한 시설과 이와 관련된 업무시설을 갖춘 사업장을 말하며, 통관 기능을 수행하는 물류시설은 ICD이다.

③ ICD(Inland Container Depot) : 장치보관, 집화분류, 통관 기능과 함께 마샬링(marshalling), 본선 선적 및 양하 기능도 수행

> 내륙통관기지로서의 ICD는 항만 내에서 이루어져야 할 본선 작업과 마샬링 기능을 제외한 장치보관 기능, 집화분류 기능, 수출 컨테이너화물에 대한 통관 기능 등 전통적인 항만의 기능과 서비스 일부를 수행함으로써 신속한 화물 유통을 가능하게 하고 있다.

④ CY(Container Yard) : 컨테이너에 LCL(Less than Container Load)화물을 넣고 꺼내는 작업을 하는 시설과 장소

> CY는 수출입용 컨테이너를 보관·취급하는 장소로 공 컨테이너 또는 풀 컨테이너에 이를 넘겨주고 넘겨받아 보관할 수 있는 넓은 장소를 말하며, 컨테이너에 LCL(Less than Container Load)화물을 넣고 꺼내는 작업을 하는 시설과 장소는 CFS(Container Freight Station)이다.

⑤ 도시첨단물류단지 : 수출입 통관업무, 집하, 분류 기능을 수행하며, 트럭회사, 포워더(forwarder) 등을 유치하여 운영하므로 내륙 항만이라고도 부름

> 수출입 통관업무, 집하, 분류 기능을 수행하며, 트럭회사, 포워더(forwarder) 등을 유치하여 운영하므로 내륙 항만이라고도 부르는 것은 내륙 컨테이너기지(ICD)이다.

05 정답 ▶ ②

□□□ **<u>② 각각의 공장에서 소비지까지 제품을 개별 수송하므로 손상, 분실, 오배송이 감소한다.</u>**

> 물류센터를 운영하면 각각의 공장에서 소비지까지 제품을 개별 수송하는 것이 아닌, 여러 공장에서 생산된 제품을 물류센터로 모아서 다시 각 고객에게 배송한다.

06 정답 ▶ ④

□□□

④ ILS(Instrument Landing System)은 선박이 안전하게 접안할 수 있도록 유도하는 시설로 평소에는 항만 하역장비를 보관하기도 한다.

ILS(Instrument Landing System)은 공항 내에 설치하여 야간이나 시계(視界)가 나쁠 때 항공기가 일정한 경로를 따라 정확하게 공항으로 진입·착륙하도록 활주로 연장선 및 진입 각도 등을 기상(機上)의 계기에 표시하여 착륙을 지원하는 항공 보안 무선 시설이다.

07 정답 ▶ ⑤

□□□

⑤ 톤-킬로법은 물동량의 무게와 거리를 고려한 방법으로 입지 제약, 환경 제약 등의 주관적 요인을 반영할 수 있는 방법이다.

톤-킬로법은 각 수요처와 배송센터까지의 거리와 수요처까지의 운송량에 대하여 운송 수량(톤) × 거리(km)에 의해 평가하여, 그 총계가 가장 적은 곳에 배송센터를 설치하는 방법으로 물동량의 무게와 거리를 고려한 방법으로 입지 제약, 환경 제약 등의 주관적 요인을 반영하는 방법은 무게 중심법이다.

08 정답 ▶ ③

□□□

③ 화물보험 가입 용이성, 신용장 개설 편의성 등 보험·금융 회사 접근 특성을 고려한다.

보험·금융 회사 접근 특성은 물류센터 규모 및 내부 설계 시 고려해야 할 사항에 해당하지 않는다.

더 알아보기

물류센터 설계 특성

- 제품(화물) 특성 : 크기, 무게, 용량, 가격, 포장 등
- 주문 특성 : 주문 건수 및 빈도, 주문량, 처리 속도
- 관리 특성 : 재고 정책, 고객서비스 목표, 투자 및 운영 비용
- 환경 특성 : 지리적 위치, 입지 제약, 환경 제약
- 설비 특성 : 설비 종류, 운영 방안, 자동화 수준
- 운영 특성 : 입출고 방법, 보관 방법, 피킹 및 분류 방법, 배송 방법

09 정답 ▶ ④

□□□ ④ X : 86, Y : 70

무게중심법에 따른 입지 좌표

$$X = \frac{200 \times 20 + 100 \times 60 + 200 \times 80 + 500 \times 120}{200 + 100 + 200 + 500} = 86$$

$$Y = \frac{200 \times 40 + 100 \times 20 + 200 \times 50 + 500 \times 100}{200 + 100 + 200 + 500} = 70$$

10 정답 ▶ ④

□□□ ④ 90%

• 평균가동률(B) : $\frac{\text{총작업 시간}}{60} \times 100 = \frac{54}{60} \times 100 = 90\%$

단일명령의 작업시간	20건(저장과 반출 지시의 합) × 0.4 × 3분 = 24분
이중명령의 작업시간	10건 × 0.6 × 5분 = 30분
총작업 시간	24분 + 30분 = 54분

11 정답 ▶ ④

□□□ ④ 등급별저장(class-based storage)방식은 보관품목의 단위당 경제적 가치를 기준으로 등급을 설정한다.

등급별저장방식은 보관품목의 단위당 경제적 가치가 아닌, 입출고 빈도 등을 기준으로 등급을 설정한다.

12 정답 ▶ ①

□□□ ② 직선으로 수평 이동하는 랙이며, 도서관 등에서 통로면적을 절약하는 데 효과적이다.

모빌랙(Mobile Rack, 이동랙)에 대한 설명으로 레일을 이용하여 직선적으로 수평 이동되는 랙으로 통로를 대폭 절약할 수 있어 다품종 소량의 보관에 적합하다.

③ 선입선출의 목적으로 격납 부분에 롤러, 휠 등을 장착하여 반입과 반출이 반대방향에서 이루어진다.

플로우랙(Flow Rack, 유동랙)에 대한 설명으로 재고관리가 쉽고 화물의 파손을 방지할 수 있으며, 다품종 소량의 물품 보관에 적합하다.

④ 랙 자체가 수평 또는 수직방향으로 회전하여 저장 위치가 지정된 입출고장소로 이동 가능한 랙이며, 가벼운 다품종 소량품에 많이 적용된다.

캐러셀랙(Carousel Rack, 회전랙)에 대한 설명으로 피킹 시 피커를 고정하고, 랙 자체를 회전시켜 저장 및 반출하는 장치이다.

⑤ 파이프, 목재 등의 장척물 보관에 적합하도록 랙 구조물에 암(arm)이 설치되어 있다.

암랙(Arm Rack)에 대한 설명으로 외팔 지주 거리 구조로 된 랙이다.

13 정답 ▸ ②

□□□

② 물류센터의 재고 회전율이 감소한다.

크로스도킹은 창고나 물류센터로 입고되는 상품을 보관하는 것이 아니라 즉시 배송할 준비를 하는 물류시스템으로, 도입 시 물류센터의 재고 회전율이 증가한다.

14 정답 ▸ ③

□□□

③ 리스창고 : 자기의 화물을 보관하기 위해 설치한 창고

리스창고는 기업이 보관 공간을 리스하는 것으로 영업창고의 단기적 임대와 자가창고의 장기적 계약 사이의 중간적인 형태의 창고이며, 자기의 화물을 보관하기 위해 설치한 창고는 자가창고이다.

15 정답 ▸ ⑤

□□□

⑤ 4개

1. 품질 특성이나 영업 전략에 따른 보관 기능 : 보관 기능
2. 품절을 예방하는 기능 : 재고관리 기능
3. 포장, 라벨 부착, 검품 등의 기능 : 유통가공 기능
4. 운송기능과의 연계 기능 : 수배송과의 연계 기능

더 알아보기

창고의 기능

보관 기능	품질 특성이나 영업 전략에 따른 보관 기능
재고관리 기능	불필요한 재고 감축과 품절을 방지하여 신용을 증대시키는 역할 수행
유통가공 기능	포장, 검품 등의 재가공 기능
수배송과의 연계 기능	정보시스템을 바탕으로 한 거점으로써의 기능
수급 조정 기능	물품의 생산과 소비의 시간적 간격을 조절하여 시간가치 창출
가격 조정 기능	물품의 수요와 공급을 조정하여 가격 안정을 도모하는 기능
물류비의 관리 기능	창고 업무와 관련된 물류비의 절감
물류 환경변화에 대한 대응 기능	• 다품종 소량화, 경박단소화에 대한 대응 • 소량 주문과 다빈도 배송에 대한 대응 • 물류의 빠른 유통에 대한 대응

16 정답 ▸ ①

□□□ ① 화물파손에 대한 위험성이 높아진다.

창고관리시스템 도입 시 화물파손에 대한 위험성이 낮아진다.

더 알아보기

창고관리시스템 도입 시 효과

증가 효과	감소 효과
• 재고 정확도, 공간·설비 활용도 • 제품 처리능력 • 재고회전율 • 고객서비스 • 노동·설비 생산성 • 공급사슬의 효율	• 화물파손에 대한 위험성 • 보관 위치 오류 • 직·간접비용 • 서류·전표 작업 축소에 따른 업무량 • 입고와 피킹에 필요한 시간과 작업 인원

17 정답 ▸ ②

□□□ ② 총량 오더 피킹 : 1건의 주문마다 물품을 피킹해서 모으는 방법

총량 오더 피킹 방법은 하루의 주문 전표를 한데 모아서 피킹하는 방법으로써, 일괄 오더 피킹 방법과 동일하며 1건의 주문마다 물품을 피킹해서 모으는 방법은 싱글 오더 피킹 방식이다.

더 알아보기

오더 피킹 형태

작업형태별	• 존 피킹(Zone Picking) : 전표 내에서 작업자의 구역(Zone)에 보관 중인 물품만을 피킹하는 방법 • 릴레이 피킹(Relay Picking) : 여러 사람의 Picker가 각각 자기가 분담하는 종류나 선반의 작업 범위를 정해 두고서 피킹 전표 속에서 자기가 맡은 종류의 물품만을 피킹해서 릴레이식으로 다음의 Picker에게 넘겨주는 방법 • 캐러셀(Carousel) : 피킹 시 피커를 고정하고 랙 자체가 회전하는 형태
주문형태별	• 1인 1건 피킹(오더 단위) : 1인의 Picker가 1건의 주문표로 요구되는 물품을 피킹하는 방법 • 싱글 오더 피킹 : 1건의 주문마다 물품의 피킹을 집계하는 방법으로 1인 1건이나 릴레이 방법으로도 실시할 수 있으며 주문처의 한 오더마다 주문 상품(Item)을 집품하여 주문품의 품목을 갖추는 방법 • 총량 오더 피킹 : 하루의 주문 전표를 한데 모아서 피킹하는 방법으로서 일괄 오더 피킹 방법과 동일 • 일괄 오더 피킹 방법 : 여러 건의 주문 전표를 한데 모아 한꺼번에 피킹하므로 주문별로 분류할 필요가 있는 방법

18

정답 ▶ ⑤

□□□

⑤ 순환적(cyclical) 요인은 단기간에 발생하는 불규칙한 수요변화이다.

순환적(Cyclical) 요인은 일정한 주기없이 중장기적으로 반복되는 현상을 말한다. 예를 들면 불황과 호황이 반복되는 경기 흐름 등이 있다.

더 알아보기

시계열의 구성요소

- 평균 : 과거 수요의 평균 수준(수평적 변동)
- 주기 : 수요가 장기간에 걸쳐 점차적으로 증가 또는 감소
- 계절적 패턴 : 수요가 일정한 시기(일, 주, 월, 계절)에 따라 증가 또는 감소를 반복
- 추세 : 수요가 증가 또는 감소하는 경향(직선추세, S곡선추세, 접근추세, 지수곡선추세)
- 우연변동 : 수많은 우연한 요인에 의해 발생하므로 예측이나 통제 불가능

19

정답 ▶ ③

□□□

③ MRP는 재고수준의 최대화를 목표로 한다.

MRP는 전산화된 프로그램을 이용하여 재고관리와 생산일정을 계획하고 통제함으로써 과잉재고나 재고부족현상을 최소화한다.

20

정답 ▶ ④

□□□

④ 108,000

7월의 판매 예측량 = 110,000 + 0.2(100,000 − 110,000) = 108,000

더 알아보기

지수평활법

차기예측치 = 당기 판매예측치 + α(당기 판매실적치 − 당기 판매예측치)

21

정답 ▶ ⑤

□□□

⑤ 분산구매방식은 긴급수요에 대처하기 불리하다.

분산구매방식은 긴급조달이 필요한 자재의 구매에 유리하다.

22 정답 ▸ ⑤

□□□ ⑤ 800톤

경제적생산량(EPQ)

$$= EOQ \times \sqrt{\frac{p}{p-d}} = \sqrt{\frac{2 \times 1회\ 주문비용 \times 연간\ 수요량}{연간단위당\ 재고유지비} \times \frac{1일\ 생산율}{(1일\ 생산율 - 1일\ 수요율)}}$$ 이므로,

- $\sqrt{\frac{2 \times 1회\ 주문비용 \times 연간\ 수요량}{연간단위당\ 재고유지비}} = \sqrt{\frac{2 \times 2{,}700 \times 400{,}000}{13{,}500}} = \sqrt{160{,}000} = 400$
- $400 \times \sqrt{\frac{12}{(12-9)}} = 800$

23 정답 ▸ ②

□□□ ② 백오더(back order)율 증대

백오더율은 납기 내에 납품되지 못한 결품량의 비율을 나타내는 것으로, 재고관리는 백오더율의 감소를 목표로 한다.

» 더 알아보기

재고관리의 목표

- 재고의 적정화에 의해 재고투자 및 재고관련 비용의 절감
- 서비스율 증대와 제품의 품절방지
- 재고관리에 의한 생산 및 판매활동의 안정화 도모
- 과학적이고 혁신적인 재고관리에 의거하여 업무효율화 및 간소화 추진

24 정답 ▸ ④

□□□ ④ 정기발주시스템 : 통상 정량발주시스템에 비하여 적은 안전재고량을 갖는다.

정기발주시스템은 정기적으로 재고량을 파악하고 재고량이 특정수준에 이르도록 적정량을 일정기간마다 재주문하는 방법으로, 정량발주시스템의 경우보다 안전재고 수준이 더 높다.

25 □□□ 정답 ▸ ②

② 재고유지비용은 주문량에 반비례한다.

재고유지비용은 주문량에 비례한다.

더 알아보기

경제적주문량(EOQ) 모형의 전제조건

- 단일 품목에 대해서만 고려한다.
- 주문량은 전부 동시에 도착한다.
- 연간수요량은 알려져 있으며 항상 일정하다.
- 주문비용과 단가는 주문량에 관계없이 일정하다.
- 주문량이 다량일 경우에도 할인이 인정되지 않는다.
- 조달기간(Lead Time)은 일정하다.
- 재고부족은 허용되지 않는다.
- 재고유지비는 평균재고량에 비례한다(단위당 재고유지비용 일정).

26 □□□ 정답 ▸ ③

① 물류센터 내에서 물품의 짧은 거리 이동은 하역의 범위에 포함되지 않는다.

물품을 비교적 짧은 거리로 이동시키는 '운반'은 하역의 범위에 포함되는 작업이다.

② 하역은 운송 수단에 실려 있는 물품을 꺼내는 일만을 의미하며, 정돈이나 분류는 하역의 범위에 포함되지 않는다.

하역은 보관을 위한 물품의 입출고, 적재 · 적하뿐만 아니라 물품의 정돈이나 분류를 포함한다.

④ 하역작업의 생산성을 향상시키기 위해 인력 하역 비중이 늘어나는 추세이다.

하역작업은 인력의존도가 높으나 인력작업의 무인화와 자동화가 빠르게 진행되고 있다.

⑤ 하역작업의 혁신을 위해 물류센터 장비의 기계화와 무인화를 늦게 도입해야 한다.

인력작업을 기계화 · 무인화하여 하역작업의 효율성과 경제성을 증가시킨다.

27 □□□ 정답 ▸ ⑤

⑤ 8

- ㅇ 물류센터에 입고된 화물을 컨베이어벨트 위에 놓아두었다. → 활성지수 4
- ㅇ 물류센터에 입고된 화물을 바닥에 놓아두었다. → 활성지수 0
- ㅇ 물류센터에 입고된 화물을 대차에 실어두었다. → 활성지수 3
- ㅇ 물류센터에 입고된 여러 화물을 한 개의 상자로 재포장하였다. → 활성지수 1

더 알아보기

활성지수

물건을 놓아둔 상태	활성지수
바닥에 낱개의 상태로 놓여있을 때	0
상자 속에 들어 있을 때	1
파렛트나 스키드(Skid) 위에 놓여있을 때	2
대차 위에 놓여있을 때	3
컨베이어 위에 놓여있을 때	4

28 정답 ▸ ③

③ 동일성 원칙

동일품종은 동일장소에 보관한다는 보관의 원칙에 관한 내용이다.

29 정답 ▸ ⑤

⑤ ㄱ, ㄴ, ㄷ, ㄹ, ㅁ

ㄱ. 쌓기 : 물품 또는 포장화물을 규칙적으로 쌓아 올리는 작업
ㄴ. 내리기 : 컨테이너에서 화물을 내리는 작업
ㄷ. 반출 : 물품을 보관장소에서 꺼내는 작업
ㄹ. 꺼내기 : 컨테이너에서 화물을 꺼내는 작업
ㅁ. 운반 : 공장과 창고 내에서 물품을 비교적 짧은 거리로 이동시키는 것

더 알아보기

하역의 구성요소

적하 (Loading&Unloading)	물품을 운송기기 등에 싣고 내리는 작업
배닝(Vanning)	컨테이너에 화물을 실어 넣는 작업
디배닝(Devanning)	컨테이너에서 화물을 꺼내는 작업
적재(Stacking)	물품 또는 포장화물을 규칙적으로 쌓아 올리는 작업
반출(Picking)	물품을 보관장소에서 꺼내는 작업
분류(Sorting)	물품을 품목별 · 발송지별 · 고객별 등으로 나누는 작업
정돈(Tidying)	출하할 물품을 운송기기에 즉시 적입할 수 있도록 정리정돈하는 작업
운 반	공장과 창고 내에서 물품을 비교적 짧은 거리로 이동시키는 것

30 정답 ▸ ④

□□□

④ 트롤리 컨베이어는 로울러 또는 휠을 배열하여 화물을 운반하는 컨베이어이다.

트롤리 컨베이어는 폐쇄형 천장 트랙에 동일 간격으로 매달려 있는 운반기에 화물을 탑재하여 운반하며, 가공, 조립, 포장, 보관작업 등에 사용되는 컨베이어이다.

31 정답 ▸ ①

□□□

② 데릭(derrick)

상단이 지지된 마스트를 가지며 마스트 또는 붐(Boom) 위 끝에서 화물을 달아올리는 지브붙이 크레인이다.

③ 도크 레벨러(dock leveller)

트럭의 하대 높이와 홈의 높이 차이를 조절해서 적재함이나 포크리프트, 파렛트 트럭 등에서 용이하게 하역할 수 있도록 한 시설이다.

④ 리프트 게이트(lift gate)

하역장에 도크가 설치되어 있지 않은 경우에 트럭이 자체적으로 화물을 상하차시킬 수 있도록 차체에 부착하여 사용하는 하역장비이다.

⑤ 야드 갠트리 크레인(yard gantry crane)

컨테이너선 하역용으로 특별히 설계·제작된 크레인으로서 에이프런에 부설된 레일을 따라 주행하고, 유압식 신축 스프레더에 의하여 훅(Hook)에 매달린 컨테이너를 감아 올려 적·양하 작업을 수행한다.

32 정답 ▸ ⑤

□□□

⑤ 사일로(silo) 파렛트는 액체를 담는 용도로 사용되며 밀폐를 위한 뚜껑이 있다.

주로 분말, 압축화물 처리에 사용되는 파렛트로서, 측면이 밀폐되어 있고 뚜껑이 있으며 하부에 개폐장치가 있는 상자형 파렛트를 말한다.

33 정답 ▸ ①

□□□

① 유닛로드시스템으로 운송의 편의성이 떨어졌고, 트럭 회전율 또한 감소하였다.

유닛로드시스템은 협동일관수송의 전형적인 수송시스템으로서 하역작업의 기계화 및 작업화, 화물 파손 방지, 적재의 신속화, 운송의 편의성, 차량 회전율의 향상 등을 통해 물류비를 절감하는 방법이다.

34 정답 ▶ ②

□□□ ② **해상용 갠트리 크레인(gantry crane)**

해상용 갠트리 크레인(Gantry Crane)은 컨테이너 전용부두에 설치되어 있는 것으로, 컨테이너를 옮기기 위해 레일을 따라 움직이거나 타이어로 움직이는 크레인이며, 파렛트화된 화물과의 정합성을 고려할 필요는 없다.

35 정답 ▶ ①

□□□ ① **교환방식**

유럽 각국의 국영철도에서 송화주가 국철에 파렛트 로드 형태로 운송하면 국철에서는 이와 동수의 파렛트로 교환하는 방식이다.

② 리스 · 렌탈방식

파렛트 풀 회사에서 일정규격의 파렛트를 필요에 따라 임대해 주는 방식으로, 파렛트의 이용자가 교환을 위한 동일한 수량의 파렛트를 준비해 놓을 필요가 없다.

③ 교환 · 리스병용방식

교환방식과 렌탈방식의 결점을 보완한 방식으로 관리 운영상 어려움이 많아 활성화되지 못한 방식이다.

④ 대차결제방식

교환방식을 개선하여 현장에서 즉시 교환하지 않고 일정시간 내에 국철역에 동수로 반환하는 방식이다.

36 정답 ▶ ③

□□□ ① 밀어내는 방식

화물의 분류지점에 직각 방향으로 암(Arm)을 설치하여 밀어내는 방식이다.

② 다이버트 방식

외부에 설치된 안내판을 회전시켜 반송 경로상에 가이드벽을 만들어 단위화물을 가이드벽을 따라 이동시키는 방식이다.

③ **바코드 방식**

상자에 붙어 있는 바코드 라벨을 정 위치에서 스캐너로 판독하고 컴퓨터에 정보를 전달하여 제어하는 무인 운반기기 제어방식이다(기술을 통한 분류).

⑤ 틸트 방식

레일을 주행하는 트레이, 슬라이드의 일부 등을 경사지게 하여 단위화물을 활강시키는 방식이다.

37 정답 ▶ ①

□□□ ① 운반활성지수 감소

운반활성지수를 증가시킨다.

38 정답 ▶ ③

□□□ ① 잔교(pier)

해안선과 직각의 형태로 돌출된 교량형 간이구조물로서 선박의 접안과 화물의 적·양하 작업, 선원 및 여객의 승하선에 이용되며 목재, 철재, 석재로 된 기둥을 해저에 박은 뒤 기둥의 윗부분을 콘크리트로 굳힌 후 이 위에 교량형 구조물을 설치하여 육지와 연결한 형태이다.

② CFS(Container Freight Station)

LCL 화물을 모아서 FCL 화물로 만드는 LCL 화물 정거장으로 부두 외부에도 위치할 수 있다.

④ 컨테이너 야드(container yard)

적재된 컨테이너를 인수, 인도, 보관하고 공컨테이너도 같이 보관할 수 있는 야적장으로, FCL 화물은 Container Yard에서 인수한다.

⑤ 컨트롤센터(control center)

본선 하역작업이나 야드의 컨테이너 배치를 계획하고 통제·감독하는 시설이다.

39 정답 ▶ ④

□□□ ④ ㄱ, ㄷ, ㅁ

ㄱ(O). 이글루(igloo) : 유리섬유나 알루미늄 등의 재질로 항공기 동체 모양에 따라 만들어진 항공화물을 넣는 특수한 덮개이다.
ㄴ(X). 리치스태커(reach stacker) : 붐에 달린 스프레더를 회전하여 컨테이너를 이적 또는 하역하는 장비이다.
ㄷ(O). 트랜스포터(transporter) : 하역작업이 완료된 단위적재용기를 터미널에서 항공기까지 수평 이동에 사용하는 장비로서 파렛트를 올려놓은 차량에 엔진을 장착하여 자주식으로 운행되는 차량이다.
ㄹ(X). 탑 핸들러(top handler) : 작업용 특수차량으로서 차체의 끝에 화물을 떠서 올리는 포크 또는 화물을 취급하는 부착장치와 승강마스트를 설치하여 화물을 운반 또는 적재할 수 있는 장비이다.
ㅁ(O). 돌리(dolly) : 트랜스포터와 동일한 역할을 하나 자체 구동력은 없고 터그 카와 연결되어 사용된다. 파렛트를 올려놓고 운반하기 위한 차대로서 사방에 파렛트가 미끄러지지 않도록 스토퍼를 부착하고 있다.
ㅂ(X). 스트래들 캐리어(straddle carrier) : 컨테이너터미널에서 컨테이너를 마샬링 야드로부터 에이프런 또는 CY지역으로 운반 및 적재할 경우에 사용되는 장비이다.

40

정답 ▶ ③

□□□

① 판매촉진성

판매의욕을 환기시킴과 동시에 광고성이 많이 주어지는 것이 좋다.

② 표시성

화물취급 및 분류에 필요한 사항을 포장에 인쇄・라벨 등으로 표시함으로써 하역활동을 용이하게 한다.

<u>③ 상품 수요 예측의 정확성</u>

포장의 기능에 해당되지 않는다.

④ 취급의 편리성

물품의 이용・진열・수송・하역・보관작업이 용이하다.

⑤ 보호성

상품 본래의 품질을 보존하고 외력으로부터 품질을 보호한다.

[5과목] 물류관련법규

41	42	43	44	45	46	47	48	49	50	51	52	53	54	55	56	57	58	59	60
❹	❹	❸	❶	❺	❸	❹	❷	❷	❷	❶	❺	❸	❸	❺	❶	❺	❶	❹	❷
61	62	63	64	65	66	67	68	69	70	71	72	73	74	75	76	77	78	79	80
❺	❸	❹	❺	❷	❹	❺	❶	❹	❷	❸	❺	❹	❷	모두 정답	❶	❺	❸	❹	❸

41 정답 ▶ ④

□□□

① 물류보안에 관한 중요 정책 사항은 국가물류정책위원회의 심의·조정 사항에 포함된다.

법 제17조 제2항 제3의2

② 국가물류정책위원회의 분과위원회가 국가물류정책위원회에서 위임한 사항을 심의·조정한 때에는 분과위원회의 심의·조정을 국가물류정책위원회의 심의·조정으로 본다.

법 제19조 제3항

③ 국가물류정책위원회에 둘 수 있는 전문위원회는 녹색물류전문위원회와 생활물류전문위원회이다.

법 제19조의2 제1항

④ <u>지역물류정책에 관한 주요 사항을 심의하기 위하여 국토교통부장관 소속으로 지역물류정책위원회를 둘 수 있다.</u>

지역물류정책에 관한 주요 사항을 심의하기 위하여 시·도지사 소속으로 지역물류정책위원회를 둔다(법 제20조 제1항).

⑤ 지역물류정책위원회는 위원장을 포함한 20명 이내의 위원으로 구성한다.

영 제16조 제1항

42 정답 ▶ ④

□□□

① 국토교통부장관·해양수산부장관 또는 산업통상자원부장관은 효율적인 물류활동을 위하여 필요한 물류시설 및 장비를 확충할 것을 물류기업에 권고할 수 있다.

법 제21조 제1항

② 국토교통부장관·해양수산부장관·산업통상자원부장관 또는 시·도지사는 물류공동화를 추진하는 물류기업이나 화주기업 또는 물류 관련 단체에 대하여 예산의 범위에서 필요한 자금을 지원할 수 있다.

법 제23조 제1항

③ 국토교통부장관·해양수산부장관 또는 산업통상자원부장관은 물류기업이 물류자동화를 위하여 물류시설 및 장비를 확충하거나 교체하려는 경우에는 필요한 자금을 지원할 수 있다.

법 제23조 제5항

④ **국토교통부장관 또는 해양수산부장관은 물류표준화에 관한 업무를 효과적으로 추진하기 위하여 필요하다고 인정하는 경우에는 통계청장에게 「산업표준화법」에 따른 한국산업표준의 제정 · 개정 또는 폐지를 요청하여야 한다.**

> 국토교통부장관 또는 해양수산부장관은 물류표준화에 관한 업무를 효과적으로 추진하기 위하여 필요하다고 인정하는 경우에는 산업통상자원부장관에게 「산업표준화법」에 따른 한국산업표준의 제정 · 개정 또는 폐지를 요청할 수 있다(법 제24조 제1항).

⑤ 국토교통부장관 · 해양수산부장관 · 산업통상자원부장관 또는 관세청장은 물류정보화를 통한 물류체계의 효율화를 위하여 필요한 시책을 강구하여야 한다.

> 법 제27조 제1항

43 정답 ▶ ③

□□□

① 국토교통부장관 및 해양수산부장관은 물류기업의 육성과 물류산업 발전을 위하여 소관 물류기업을 각각 우수물류기업으로 인증할 수 있다.

> 법 제38조 제1항

② 우수물류기업의 인증은 물류사업별로 운영할 수 있다.

> 법 제38조 제2항 전단

③ **국토교통부장관 또는 해양수산부장관은 인증우수물류기업이 해당 요건을 유지하는지에 대하여 국토교통부와 해양수산부의 공동부령으로 정하는 바에 따라 2년마다 점검하여야 한다.**

> 국토교통부장관 또는 해양수산부장관은 우수물류기업이 우수물류기업인증 등에 필요한 요건을 유지하는지에 대하여 국토교통부와 해양수산부의 공동부령으로 정하는 바에 따라 3년마다 점검하여야 한다(영 제28조 제1항).

④ 국토교통부장관 또는 해양수산부장관은 소관 인증우수물류기업이 물류사업으로 인하여 공정거래위원회로부터 시정조치를 받은 경우에는 그 인증을 취소할 수 있다.

> 법 제39조 제1항 제2호

⑤ 국토교통부장관 및 해양수산부장관은 우수물류기업의 인증과 관련하여 우수물류기업 인증심사 대행기관을 공동으로 지정하여 인증신청의 접수를 하게 할 수 있다.

> 법 제40조 제1항 제1호

44 정답 ▶ ①

□□□

① **ㄱ : 시 · 도지사, ㄴ : 3억원**

> ○ 국제물류주선업을 경영하려는 자는 국토교통부령으로 정하는 바에 따라 (ㄱ : **시 · 도지사**)에게 등록하여야 한다(법 제43조 제1항).
> ○ 국제물류주선업의 등록을 하려는 자는 (ㄴ : **3억원**) 이상의 자본금(법인이 아닌 경우에는 6억원 이상의 자산평가액을 말한다)을 보유하고 그 밖에 대통령령으로 정하는 기준을 충족하여야 한다(법 제43조 제3항).

45

정답 ▶ ⑤

□□□

① 국토교통부장관 또는 해양수산부장관은 물류관련협회 설립의 인가권자이다.

> 물류관련협회를 설립하려는 경우에는 국토교통부장관 또는 해양수산부장관의 설립인가를 받아야 한다(법 제55조 제2항 후단).

② 물류관련협회는 법인으로 한다.

> 법 제55조 제4항

③ 물류관련협회는 해당 사업의 진흥・발전에 필요한 통계의 작성・관리와 외국자료의 수집・조사・연구사업을 수행한다.

> 영 제43조 제2호

④ 국토교통부장관・해양수산부장관・산업통상자원부장관 및 대통령령으로 정하는 물류관련협회 및 물류관련 전문기관・단체는 공동으로 물류지원센터를 설치・운영할 수 있다.

> 법 제56조 제1항

⑤ 민・관 합동 물류지원센터의 장은 3년마다 사업계획을 수립한다.

> 민・관 합동 물류지원센터의 장은 매 연도별로 사업계획을 수립한다(영 제46조 제2항 전단).

46

정답 ▶ ③

□□□

① 국토교통부장관은 국가물류통합정보센터를 설치・운영할 수 있다.

> 법 제30조의2 제1항

② 국토교통부장관은 자본금 2억원 이상, 업무능력 등 대통령령으로 정하는 기준과 자격을 갖춘 「상법」상의 주식회사를 국가물류통합정보센터의 운영자로 지정할 수 있다.

> 법 제30조의2 제2항 제4호

③ 국토교통부장관은 국가물류통합정보센터운영자를 지정하려는 경우에는 미리 물류정책분과위원회의 심의를 거쳐 신청방법 등을 정하여 30일 이상 관보 또는 인터넷 홈페이지에 이를 공고하여야 한다.

> 국토교통부장관은 국가물류통합정보센터운영자를 지정하려는 경우에는 미리 물류시설분과위원회의 심의를 거쳐 신청방법 등을 정하여 30일 이상 관보 또는 인터넷 홈페이지에 이를 공고하여야 한다(영 제22조 제1항).

④ 국토교통부장관은 국가물류통합정보센터운영자가 국가물류통합데이터베이스의 물류정보를 영리를 목적으로 사용한 경우에는 그 지정을 취소할 수 있다.

> 법 제31조 제3호

⑤ 국토교통부장관은 해양수산부장관・산업통상자원부장관 및 관세청장과 협의하여 국가물류통합정보센터 운영자에게 필요한 지원을 할 수 있다.

> 법 제30조의2 제3항

47 정답 ▶ ④

□□□

① 국토교통부장관・해양수산부장관 또는 시・도지사는 물류활동이 환경친화적으로 추진될 수 있도록 관련 시책을 마련하여야 한다.

법 제59조 제1항

② 국토교통부장관・해양수산부장관 또는 시・도지사는 물류기업 및 화주기업에 대하여 환경친화적인 운송수단으로의 전환을 권고하고 지원할 수 있다.

법 제60조 제1항

③ 국토교통부장관은 환경친화적 물류활동을 모범적으로 하는 물류기업과 화주기업을 우수기업으로 지정할 수 있다.

법 제60조의3 제1항

④ 국토교통부장관은 우수녹색물류실천기업 지정심사대행기관이 고의 또는 중대한 과실로 지정 기준 및 절차를 위반한 경우에는 그 지정을 취소하여야 한다.

국토교통부장관은 지정심사대행기관이 고의 또는 중대한 과실로 지정 기준 및 절차를 위반한 경우에는 그 지정을 취소할 수 있다(법 제60조의8 제2호).

⑤ 우수녹색물류실천기업 지정심사대행기관은 공공기관 또는 정부출연연구기관 중에서 지정한다.

법 제60조의7 제2항

48 정답 ▶ ②

□□□

② 2년

국가물류통합정보센터운영자 또는 단위물류정보망 전담기관은 전자문서 및 정보처리장치의 파일에 기록되어 있는 물류정보를 2년 동안 보관하여야 한다(법 제33조 제3항, 영 제25조).

49 정답 ▶ ②

□□□

② 「물류시설의 개발 및 운영에 관한 법률」을 위반하여 금고형을 선고받은 후 1년이 된 자

등록의 결격사유(법 제8조)

1. 「물류시설의 개발 및 운영에 관한 법률」을 위반하여 벌금형 이상을 선고받은 후 2년이 지나지 아니한 자
2. 복합물류터미널사업 등록이 취소(피성년후견인 또는 파산선고를 받고 복권되지 아니한 자에 해당하여 등록이 취소된 경우는 제외)된 후 2년이 지나지 아니한 자
3. 법인으로서 그 임원 중에 제1호 또는 다음의 어느 하나에 해당하는 자가 있는 경우
   가. 피성년후견인 또는 파산선고를 받고 복권되지 아니한 자
   나. 「물류시설의 개발 및 운영에 관한 법률」을 위반하여 금고 이상의 실형을 선고받고 그 집행이 종료(집행이 종료된 것으로 보는 경우를 포함)되거나 집행이 면제된 날부터 2년이 지나지 아니한 자
   다. 「물류시설의 개발 및 운영에 관한 법률」을 위반하여 금고 이상의 형의 집행유예를 선고받고 그 유예기간 중에 있는 자

50 정답 ▶ ②

□□□

① 국토교통부장관은 물류시설개발종합계획을 5년 단위로 수립하여야 한다.

법 제4조 제1항

② 연계물류시설은 물류터미널 및 물류단지 등 둘 이상의 단위물류시설 등이 함께 설치된 물류시설이다.

집적[클러스터(Cluster)]에 대한 설명이다(법 제4조 제2항 제2호). 연계물류시설은 물류시설 상호 간의 화물운송이 원활히 이루어지도록 제공되는 도로 및 철도 등 교통시설을 말한다(법 제4조 제2항 제3호).

③ 물류시설의 기능개선 및 효율화에 관한 사항은 물류시설개발종합계획에 포함되어야 한다.

법 제4조 제3항 제5호

④ 물류시설개발종합계획의 수립은 「물류정책기본법」에 따른 물류시설분과위원회의 심의를 거쳐야 한다.

법 제5조 제1항

⑤ 국토교통부장관은 물류시설개발종합계획을 수립한 때에는 이를 관보에 고시하여야 한다.

법 제5조 제2항

28회

51 정답 ▶ ①

□□□

① 도시첨단물류단지의 지정의 신청

수수료(법 제63조)
다음에 해당하는 신청을 하려는 자는 국토교통부령으로 정하는 바에 따라 수수료를 내야 한다.
1. 복합물류터미널사업의 등록신청 및 변경등록의 신청
2. 물류터미널의 구조 및 설비 등에 관한 공사시행인가와 변경인가의 신청
3. 물류창고업의 등록 및 변경등록
4. 스마트물류센터 인증의 신청

52 정답 ▶ ⑤

□□□

ㄱ(○). 공사시행인가를 받지 아니하고 공사를 시행한 복합물류터미널사업자

1년 이하의 징역 또는 1천만원 이하의 벌금(법 제65조 제1항 제3호)

ㄴ(○). 인증을 받지 않고 스마트물류센터임을 사칭한 자

3천만원 이하의 벌금(법 제65조 제2항)

ㄷ(○). 등록을 하지 아니하고 복합물류터미널사업을 경영한 자

1년 이하의 징역 또는 1천만원 이하의 벌금(법 제65조 제1항 제1호)

ㄹ(○). 다른 사람에게 등록증을 대여한 복합물류터미널사업자

1년 이하의 징역 또는 1천만원 이하의 벌금(법 제65조 제1항 제4호)

53 정답 ▶ ③

□□□

① 이행강제금은 해당 토지·시설 등 재산가액(「감정평가 및 감정평가사에 관한 법률」에 따른 감정평가법인 등의 감정평가액을 말함)의 100분의 20에 해당하는 금액으로 한다.

> 법 제50조의3 제1항

② 물류단지지정권자는 이행강제금을 부과하기 전에 이행강제금을 부과하고 징수한다는 뜻을 미리 문서로 알려야 한다.

> 법 제50조의3 제2항

③ 물류단지지정권자는 의무가 있는 자가 그 의무를 이행한 경우에는 이미 부과된 이행강제금 처분을 취소하여야 한다.

> 물류단지지정권자는 의무가 있는 자가 그 의무를 이행한 경우에는 새로운 이행강제금의 부과를 중지하되, 이미 부과된 이행강제금은 징수하여야 한다(법 제50조의3 제5항).

④ 물류단지지정권자는 이행기간이 만료한 다음 날을 기준으로 하여 매년 1회 그 의무가 이행될 때까지 반복하여 이행강제금을 부과하고 징수할 수 있다.

> 법 제50조의3 제4항

⑤ 물류단지지정권자는 의무를 이행하지 아니한 자에 대하여 의무이행기간이 끝난 날부터 6개월이 경과한 날까지 그 의무를 이행할 것을 명하여야 한다.

> 법 제50조의3 제1항 전단, 규칙 제27조의3 제1항

54 정답 ▶ ③

□□□

① 스마트물류센터 인증은 국토교통부장관과 해양수산부장관이 공동으로 한다.

> 국토교통부장관은 스마트물류센터의 보급을 촉진하기 위하여 스마트물류센터를 인증할 수 있다(법 제21조의4 제1항).

② 스마트물류센터 인증의 유효기간은 인증을 받은 날부터 5년으로 한다.

> 스마트물류센터 인증의 유효기간은 인증을 받은 날부터 3년으로 한다(법 제21조의4 제1항 후단).

③ 인증받은 자가 인증서를 반납하는 경우는 인증을 취소할 수 있는 사유에 해당한다.

> 국토교통부장관은 인증받은 자가 인증서를 반납하는 경우에는 그 인증을 취소할 수 있다(법 제21조의5 제1항 제5호).

④ 스마트물류센터 인증에 대한 정기 점검은 인증한 날을 기준으로 5년마다 한다.

> 스마트물류센터 인증기관의 장은 인증한 날을 기준으로 3년마다 정기 점검을 실시해야 한다(규칙 제13조의8 제1항).

⑤ 인증기관의 장은 점검 결과 스마트물류센터가 인증기준을 유지하고 있다고 판단하는 경우에는 인증의 유효기간을 5년의 범위 내에서 연장할 수 있다.

> 인증기관의 장은 점검 결과 스마트물류센터가 인증기준을 유지하고 있다고 판단하는 경우에는 인증의 유효기간을 3년의 범위 내에서 연장할 수 있다(규칙 제13조의8 제3항).

55 정답 ▶ ⑤

□□□

① 일반물류단지는 물류단지 개발사업의 대상지역이 2개 이상의 시・도에 걸쳐 있는 경우 시・도지사가 협의하여 지정한다.

> 일반물류단지는 물류단지 개발사업의 대상지역이 2개 이상의 시・도에 걸쳐 있는 경우에는 국토교통부장관이 지정한다(법 제22조 제1항 제1호).

② 시・도지사는 일반물류단지를 지정하려는 때에는 「물류정책기본법」에 따른 물류시설분과위원회의 심의를 거쳐야 한다.

> 국토교통부장관은 일반물류단지를 지정하려는 때에는 일반물류단지개발계획을 수립하여 관할 시・도지사 및 시장・군수・구청장의 의견을 듣고 관계 중앙행정기관의 장과 협의한 후 물류시설분과위원회의 심의를 거쳐야 한다(법 제22조 제2항).

③ 국토교통부장관은 시장・군수・구청장의 신청을 받아 도시첨단물류단지를 지정한다.

> 도시첨단물류단지는 국토교통부장관 또는 시・도지사가 지정하며, 시・도지사(특별자치도지사는 제외)가 지정하는 경우에는 시장・군수・구청장의 신청을 받아 지정할 수 있다.(법 제22조의2 제1항).

④ 「민법」에 따라 설립된 법인은 물류단지개발사업의 시행자로 지정받을 수 없다.

> 「민법」에 따라 설립된 법인은 물류단지개발사업의 시행자로 지정받을 수 있다(법 제27조 제2항 제5호).

<u>⑤ 물류단지 안에서 토지분할을 하려는 자는 시장・군수・구청장의 허가를 받아야 한다.</u>

> 법 제25조 제1항, 영 제18조 제1항 제5호

56 정답 ▶ ①

□□□

<u>① 지방자치단체</u>

> 물류단지의 관리기구에는 한국토지주택공사, 한국도로공사, 한국수자원공사, 한국농어촌공사, 항만공사, 지방공사가 있다(영 제43조).

57 정답 ▶ ⑤

□□□

<u>⑤ 화물자동차 운수사업에 대한 홍보</u>

> **재정지원(법 제43조 제1항, 규칙 제43조)**
> 국가는 지방자치단체, 대통령령으로 정하는 공공기관, 지방공사, 사업자단체 또는 운수사업자가 다음에 해당하는 사업을 수행하는 경우로서 재정적 지원이 필요하다고 인정되면 소요자금의 일부를 보조하거나 융자할 수 있다.
> 1. 공동차고지 및 공영차고지 건설
> 2. 화물자동차 운수사업의 정보화
> 3. 낡은 차량의 대체
> 4. 연료비가 절감되거나 환경친화적인 화물자동차 등으로의 전환 및 이를 위한 시설・장비의 투자
> 5. 화물자동차 휴게소의 건설
> 6. 화물자동차 운수사업의 서비스 향상을 위한 시설・장비의 확충과 개선
> 7. 화물자동차의 감차
> 8. 그 밖에 긴급한 공익적 목적을 위하여 일시적으로 화물운송에 대체 사용된 차량에 대한 피해의 보상

58 정답 ▶ ①

□□□

① **국토교통부장관은 화물자동차 운송주선사업의 허가사항 변경신고를 받은 경우 그 신고를 받은 날부터 7일 이내에 신고수리 여부를 신고인에게 통지하여야 한다.**

> 국토교통부장관은 화물자동차 운송주선사업의 허가사항 변경신고를 받은 날부터 5일 이내에 신고수리 여부를 신고인에게 통지하여야 한다(법 제24조 제3항).

② 운송주선사업자는 자기 명의로 다른 사람에게 화물자동차 운송주선사업을 경영하게 할 수 없다.

> 법 제25조

③ 관할관청은 화물자동차 운송주선사업 허가증을 발급하였을 때에는 그 사실을 협회에 통지하고 화물자동차 운송주선사업 허가대장에 기록하여 관리하여야 한다.

> 규칙 제35조 제3항

④ 화물자동차 운송주선사업 허가대장은 전자적 처리가 불가능한 특별한 사유가 없으면 전자적 처리가 가능한 방법으로 작성하여 관리하여야 한다.

> 규칙 제35조 제4항

⑤ 관할관청은 운송주선사업자가 허가기준을 충족하지 못한 사실을 적발하였을 때에는 특별한 사유가 없으면 적발한 날부터 30일 이내에 처분을 하여야 한다.

> 규칙 제39조의2 제1항

59 정답 ▶ ④

□□□

① 공제조합을 설립하려면 공제조합의 조합원 자격이 있는 자의 10분의 1 이상이 발기하고, 조합원 자격이 있는 자 200인 이상의 동의를 받아 창립총회에서 정관을 작성한 후 국토교통부장관에게 인가를 신청하여야 한다.

> 법 제51조의3 제1항

② 공제조합은 공제사업에 관한 사항을 심의・의결하고 그 업무집행을 감독하기 위하여 운영위원회를 둔다.

> 법 제51조의4 제1항

③ 국토교통부장관은 운송사업자로 구성된 협회 등이 각각 연합회를 설립하는 경우, 연합회(연합회가 설립되지 아니한 경우에는 그 업종을 말함)별로 하나의 공제조합만을 인가하여야 한다.

> 영 제11조의2 제2항

④ **연합회가 공제사업을 하는 경우의 운영위원회 위원은 시・도별 협회의 대표 전원을 포함하여 25명 이내로 한다.**

> 연합회가 공제사업을 하는 경우의 운영위원회 위원은 시・도별 협회의 대표 전원을 포함하여 37명 이내로 한다(법 제51조의4 제2항 단서).

⑤ 공제조합은 결산기마다 그 사업의 종류에 따라 공제금에 충당하기 위한 책임준비금 및 지급준비금을 계상하고 이를 적립하여야 한다.

> 법 제51조의6 제4항

60

□□□

정답 ▶ ②

① 운송사업자가 국토교통부령으로 정하는 바에 따라 운송가맹사업자의 화물정보망을 이용하여 운송을 위탁하면 직접 운송한 것으로 본다.

> 법 제11조의2 제5항

② 국토교통부장관은 운송가맹사업자가 거짓이나 그 밖의 부정한 방법으로 화물자동차 운송가맹사업 허가를 받은 경우 6개월 이내의 기간을 정하여 그 사업의 전부 또는 일부의 정지를 명할 수 있다.

> 국토교통부장관은 운송가맹사업자가 거짓이나 그 밖의 부정한 방법으로 허가를 받은 경우에는 그 허가를 취소하여야 한다(법 제32조 제1항 제4호).

③ 화물취급소의 설치 및 폐지는 운송가맹사업자의 허가사항 변경신고의 대상이다.

> 영 제9조의2 제2호

④ 운송사업자가 다른 운송사업자나 다른 운송사업자에게 소속된 위·수탁차주에게 화물운송을 위탁하는 경우에는 운송가맹사업자의 화물정보망을 이용할 수 있다.

> 법 제34조의4 제1항

⑤ 감차 조치, 사업 전부정지 또는 사업 일부정지의 대상이 되는 화물자동차가 2대 이상인 경우에는 화물운송에 미치는 영향을 고려하여 해당 처분을 분할하여 집행할 수 있다.

> 영 별표4 제1호 바목

61

□□□

정답 ▶ ⑤

⑤ ㄱ : 5, ㄴ : 10

> 최대 적재량이 (ㄱ : 5)톤 이상이거나 총 중량이 (ㄴ : 10)톤 이상인 화물자동차 중 국토교통부령으로 정하는 화물자동차를 소유하고 있는 운송사업자는 적재물사고로 발생한 손해배상 책임을 이행하기 위하여 대통령령으로 정하는 바에 따라 적재물배상 책임보험 또는 공제에 가입하여야 한다(법 제35조 제1호).

62 정답 ▶ ③

□□□

③ ㄱ : 150, ㄴ : 60

운송사업자가 거절 통지를 하지 아니하거나 위・수탁계약기간 만료 전 (ㄱ : 150)일부터 (ㄴ : 60)일까지 사이에 위・수탁차주에게 계약 조건의 변경에 대한 통지나 위・수탁계약을 갱신하지 아니한다는 사실의 통지를 서면으로 하지 아니한 경우에는 계약 만료 전의 위・수탁계약과 같은 조건으로 다시 위・수탁계약을 체결한 것으로 본다. 다만, 위・수탁차주가 계약이 만료되는 날부터 30일 전까지 이의를 제기하거나 운송사업자나 위・수탁차주에게 천재지변이나 그 밖에 대통령령으로 정하는 부득이한 사유가 있는 경우에는 그러하지 아니하다(법 제40조의2 제3항).

63 정답 ▶ ④

□□□

① 관할관청은 운수종사자 교육을 실시하는 때에는 운수종사자 교육계획을 수립하여 운수사업자에게 교육을 시작하기 1개월 전까지 통지하여야 한다.

규칙 제53조 제1항

② 운전적성정밀검사 중 특별검사 대상자인 운수종사자 교육의 교육시간은 8시간으로 한다.

규칙 제53조 제2항 제2호

③ 「물류정책기본법」에 따라 이동통신단말장치를 장착해야 하는 위험물질 운송차량을 운전하는 사람에 대한 교육시간은 8시간으로 한다.

규칙 제53조 제2항 제3호

④ 운수종사자 교육을 실시할 때에 교육방법 및 절차 등 교육 실시에 필요한 사항은 한국교통안전공단 이사장이 정한다.

운수종사자 교육을 실시할 때에 교육방법 및 절차 등 교육 실시에 필요한 사항은 관할관청이 정한다(규칙 제53조 제4항).

⑤ 지정된 운수종사자 연수기관은 운수종사자 교육 현황을 매달 20일까지 시・도지사에게 제출하여야 한다.

규칙 제53조 제5항

64 정답 ▶ ⑤

□□□

⑤ 「한국가스공사법」에 따른 한국가스공사

공영차고지 설치 대상 공공기관(영 제2조)
인천국제공항공사, 한국공항공사, 한국도로공사, 한국철도공사, 한국토지주택공사, 항만공사

65 정답 ▸ ②

□□□

① 개인화물자동차 운송사업자는 주사무소가 있는 특별시 · 광역시 · 특별자치시 또는 도와 이와 맞닿은 특별시 · 광역시 · 특별자치시 또는 도 외의 지역에 상주하여 화물자동차 운송사업을 경영하지 아니하여야 한다.

> 규칙 제21조 제2호

② **밤샘주차하는 경우에는 화물자동차 휴게소에 주차할 수 없다.**

> 밤샘주차하는 경우에는 화물자동차 휴게소에서 할 수 있다(규칙 제21조 제3호 라목).

③ 최대적재량 1.5톤 이하의 화물자동차의 경우에는 주차장, 차고지 또는 지방자치단체의 조례로 정하는 시설 및 장소에서만 밤샘주차하여야 한다.

> 규칙 제21조 제4호

④ 화주로부터 부당한 운임 및 요금의 환급을 요구받았을 때에는 환급하여야 한다.

> 규칙 제21조 제6호

⑤ 개인화물자동차 운송사업자는 자기 명의로 운송계약을 체결한 화물에 대하여 다른 운송사업자에게 수수료나 그 밖의 대가를 받고 그 운송을 위탁하거나 대행하게 할 수 없다.

> 규칙 제21조 제18호

66 정답 ▸ ④

□□□

④ **화물운송사업자의 채권 · 채무 여부**

> 관할관청은 화물자동차 운송사업의 허가신청을 받았을 때에는 신청일부터 10일 이내에 다음의 사항을 확인한 후 화물자동차 운송사업 임시허가증을 발급하여야 한다(규칙 제7조의2 제3항).
> 1. 화물자동차의 등록 여부
> 2. 차고지 설치 여부 등 제13조에 따른 허가기준에 맞는지 여부
> 3. 화물운송 종사자격 보유 여부
> 4. 적재물배상보험등의 가입 여부

67 정답 ▸ ⑤

□□□

⑤ **ㄱ : 항만별, ㄴ : 3분의 2 이상, ㄷ : 3분의 2 이상**

> ○ 항만운송사업자 단체, 항만운송근로자 단체 및 그 밖에 대통령령으로 정하는 자는 항만운송과 관련된 분쟁의 해소 등에 필요한 사항을 협의하기 위하여 (ㄱ : **항만별**)로 항만운송 분쟁협의회를 구성 · 운영할 수 있다(법 제27조의8 제1항).
> ○ 분쟁협의회의 회의는 재적위원 (ㄴ : **3분의 2 이상**)의 출석으로 개의하고, 출석위원 (ㄷ : **3분의 2 이상**)의 찬성으로 의결한다(영 제26조의6 제3항).

68 정답 ▶ ①

□□□

① 항만운송사업자로서 관리청의 자료 제출 요구에 거짓으로 자료를 제출한 자

200만원 이하의 과태료(법 제34조 제1항 제1호)

② 선박연료공급업을 등록한 자로서 사업계획 변경신고를 하지 아니하고 장비를 추가한 자

500만원 이하의 벌금(법 제31조 제1의2호)

③ 해양수산부장관에게 신고하지 아니하고 선용품공급업을 한 자

1년 이하의 징역 또는 1천만원 이하의 벌금(법 제30조 제2호)

④ 항만운송사업자로서 대통령령으로 정하는 부득이한 사유로 등록을 하지 아니한 항만에서 미리 신고를 하지 아니하고 일시적 영업행위를 한 자

500만원 이하의 벌금(법 제31조 제2호)

⑤ 관리청으로부터 사업정지처분을 받았음에도 해당 기간 동안 사업을 영위한 항만 운송사업자

300만원 이하의 벌금(법 제32조 제3호)

69 정답 ▶ ④

□□□

① 교육훈련기관은 매 사업연도의 세입·세출결산서를 다음 해 3월 31일까지 해양수산부장관에게 제출하여야 한다.

영 제18조 제2항

② 교육훈련기관은 법인으로 한다.

법 제27조의4 제2항

③ 교육훈련기관은 다음 해의 사업계획 및 예산안을 매년 11월 30일까지 해양수산부장관에게 제출하여야 한다.

영 제18조 제1항

④ 교육훈련기관의 운영에 필요한 경비는 대통령령으로 정하는 바에 따라 국가가 부담한다.

교육훈련기관의 운영에 필요한 경비는 대통령령으로 정하는 바에 따라 항만운송사업자, 항만운송관련사업자 및 해당 교육훈련을 받는 자가 부담한다(법 제27조의4 제5항).

⑤ 교육훈련기관을 설립하려는 자는 해양수산부장관의 설립인가를 받아야 한다.

법 제27조의4 제3항

70 정답 ▶ ②

□□□

① 대규모점포 및 준대규모점포와 지역중소유통기업의 균형발전을 협의하기 위하여 특별자치시장 · 시장 · 군수 · 구청장 소속으로 협의회를 둔다.

법 제7조의5 제1항

② 협의회의 회의는 재적위원 과반수의 출석으로 개의하고, 출석위원 3분의 2 이상의 찬성으로 의결한다.

협의회의 회의는 재적위원 3분의 2 이상의 출석으로 개의하고, 출석위원 3분의 2 이상의 찬성으로 의결한다(규칙 제4조의3 제1항).

③ 회장은 회의를 소집하려는 경우에는 긴급한 경우나 부득이한 사유가 있는 경우를 제외하고 회의 개최일 5일 전까지 회의의 날짜 · 시간 · 장소 및 심의 안건을 각 위원에게 통지하여야 한다.

규칙 제4조의3 제2항

④ 협의회의 사무를 처리하기 위하여 간사 1명을 두되, 간사는 유통업무를 담당하는 공무원으로 한다.

규칙 제4조의3 제3항

⑤ 협의회는 대형유통기업과 지역중소유통기업의 균형발전을 촉진하기 위하여 대규모점포 및 준대규모점포에 대한 영업시간의 제한 등에 관한 사항에 대해 특별자치시장 · 시장 · 군수 · 구청장에게 의견을 제시할 수 있다.

규칙 제4조의3 제5항 제2호

71 정답 ▶ ③

□□□

① 「담배사업법」에 따른 소매인의 지정

법 제9조 제1항 제2호

② 「식품위생법」에 따른 집단급식소 설치 · 운영의 신고

법 제9조 제1항 제4호

③ 「대기환경보전법」에 따른 배출시설 설치의 허가 또는 신고

「물환경보전법」에 따른 배출시설 설치의 허가 또는 신고(법 제9조 제1항 제14호)

④ 「평생교육법」에 따른 평생교육시설 설치의 신고

법 제9조 제1항 제6호

⑤ 「외국환거래법」에 따른 외국환업무의 등록

법 제9조 제1항 제11호

72 정답 ▶ ⑤

□□□ ⑤ ㄱ, ㄴ, ㄷ, ㄹ

ㄱ(○). 공동집배송센터의 지정을 받은 날부터 정당한 사유 없이 3년 이내에 시공을 하지 아니하는 경우
ㄴ(○). 공동집배송센터사업자가 파산한 경우
ㄷ(○). 공동집배송센터의 시공후 공사가 6월 이상 중단된 경우
ㄹ(○). 공동집배송센터의 지정을 받은 날부터 5년 이내에 준공되지 아니한 경우

더 알아보기

공동집배송센터의 지정취소사유(법 제33조 제2항, 영 제15조)

1. 거짓이나 그 밖의 부정한 방법으로 공동집배송센터의 지정을 받은 경우(반드시 취소)
2. 공동집배송센터의 지정을 받은 날부터 정당한 사유 없이 **3년 이내**에 시공을 하지 아니하는 경우
3. 시정명령을 이행하지 아니하는 경우
4. 공동집배송센터사업자의 파산 등 다음(**대통령령**)으로 정하는 사유로 정상적인 사업추진이 곤란하다고 인정되는 경우
   - 공동집배송센터사업자가 파산한 경우
   - 공동집배송센터사업자인 법인, 조합 등이 해산된 경우
   - 공동집배송센터의 시공후 공사가 6월 이상 중단된 경우
   - 공동집배송센터의 지정을 받은 날부터 5년 이내에 준공되지 아니한 경우

73 정답 ▶ ④

□□□ ① 대규모점포등과 관련한 분쟁의 조정신청을 받은 특별자치시・시・군・구의 위원회는 부득이한 사정이 없으면 신청을 받은 날부터 60일 이내에 이를 심사하여 조정안을 작성하여야 한다.

법 제37조 제2항

② 시(특별자치시는 제외)・군・구의 위원회의 조정안에 불복하는 자는 조정안을 제시받은 날부터 15일 이내에 시・도의 위원회에 조정을 신청할 수 있다.

법 제37조 제3항

③ 위원회는 동일한 시기에 동일한 사안에 대하여 다수의 분쟁조정이 신청된 경우에는 그 다수의 분쟁조정신청을 통합하여 조정할 수 있다.

영 제16조의3

④ 위원회는 유통분쟁조정신청을 받은 경우 신청일부터 10일 이내에 신청인외의 관련 당사자에게 분쟁의 조정신청에 관한 사실과 그 내용을 통보하여야 한다.

유통분쟁조정위원회는 유통분쟁조정신청을 받은 경우 신청일부터 3일 이내에 신청인외의 관련 당사자에게 분쟁의 조정신청에 관한 사실과 그 내용을 통보하여야 한다(영 제16조 제1항).

⑤ 위원회는 분쟁의 성질상 위원회에서 조정함이 적합하지 아니하다고 인정하거나 부정한 목적으로 신청되었다고 인정하는 경우에는 조정을 거부할 수 있다.

법 제40조 제1항

74 정답 ▶ ②

□□□

ㄱ(O). 사무실 면적 : 16㎡ 이상
ㄴ(×). 강의실 면적 : 50㎡ 이상

강의실 면적 : 100㎡ 이상(영 별표2의2)

ㄷ(×). 휴게실 면적 : 7㎡ 이상

휴게실 면적 : 10㎡ 이상(영 별표2의2)

ㄹ(O). 연수실적 : 지정신청일 기준으로 1년 이내에 2회(1회당 20시간 이상) 이상의 유통연수강좌를 실시한 실적이 있을 것

75 정답 ▶ 모두정답

□□□

문제 출제 오류로 인해 주관처에서 모두정답으로 인정되었다.

더 알아보기

철도시설의 공동 활용(법 제31조)

공공교통을 목적으로 하는 선로 및 다음의 공동 사용시설을 관리하는 자는 철도사업자가 그 시설의 공동 활용에 관한 요청을 하는 경우 협정을 체결하여 이용할 수 있게 하여야 한다.

1. 철도역 및 역 시설(물류시설, 환승시설 및 편의시설 등을 포함한다)
2. 철도차량의 정비・검사・점검・보관 등 유지관리를 위한 시설
3. 사고의 복구 및 구조・피난을 위한 설비
4. 열차의 조성 또는 분리 등을 위한 시설
5. 철도 운영에 필요한 정보통신 설비

76 정답 ▶ ①

□□□

① 국토교통부장관이 민자철도사업자에게 필요한 조치를 명한 경우 해당 민자철도사업자는 15일 이내에 조치계획을 마련하여 국토교통부장관에게 제출해야 한다.

국토교통부장관이 민자철도사업자에게 필요한 조치를 명한 경우 해당 민자철도사업자는 30일 이내에 조치계획을 마련하여 국토교통부장관에게 제출해야 한다(규칙 제17조 제4항).

② 국토교통부장관은 운영평가를 실시하려면 매년 3월 31일까지 소관 민자철도에 대한 평가일정, 평가방법 등을 포함한 운영평가계획을 수립한 후 평가를 실시하기 2주 전까지 민자철도사업자에게 통보해야 한다.

규칙 제17조 제2항

③ 국토교통부장관은 운영평가 결과에 따라 민자철도에 관한 유지・관리 및 체계개선 등 필요한 조치를 민자철도사업자에게 명할 수 있다.

법 제25조 제4항

④ 국토교통부장관은 운영평가를 위하여 필요한 경우에는 관계 공무원, 철도 관련 전문가 등으로 민자철도 운영 평가단을 구성·운영할 수 있다.

규칙 제17조 제3항

⑤ 국토교통부장관이 정하여 고시하는 민자철도 운영평가 기준에는 민자철도 운영의 효율성이 포함되어야 한다.

규칙 제17조 제1항

77

정답 ▸ ⑤

□□□

⑤ 9월의 범위 안에서 전용철도 건설기간을 조정한 경우

6월의 범위 안에서 전용철도 건설기간을 조정한 경우(영 제12조 제1항 제6호)

78

정답 ▸ ③

□□□

③ 점용허가를 받은 자가 점용허가를 받은 날부터 6개월 이내에 해당 점용허가의 목적이 된 공사에 착수하지 아니한 경우

점용허가를 받은 자가 점용허가를 받은 날부터 1년 이내에 해당 점용허가의 목적이 된 공사에 착수하지 아니한 경우. 다만, 정당한 사유가 있는 경우에는 1년의 범위에서 공사의 착수기간을 연장할 수 있다(법 제42조의2 제1항 제3호).

더 알아보기

점용허가의 취소(법 제42조의2 제1항)

국토교통부장관은 점용허가를 받은 자가 다음의 어느 하나에 해당하면 그 점용허가를 취소할 수 있다.

1. 점용허가 목적과 다른 목적으로 철도시설을 점용한 경우
2. 시설물의 종류와 경영하는 사업이 철도사업에 지장을 주게 된 경우
3. 점용허가를 받은 날부터 1년 이내에 해당 점용허가의 목적이 된 공사에 착수하지 아니한 경우. 다만, 정당한 사유가 있는 경우에는 1년의 범위에서 공사의 착수기간을 연장할 수 있다.
4. 점용료를 납부하지 아니하는 경우
5. 점용허가를 받은 자가 스스로 점용허가의 취소를 신청하는 경우

79 정답 ▶ ④

□□□

① 도매시장법인의 주주 및 임직원으로서 해당 도매시장법인의 업무와 경합되는 중도매업을 하려는 자는 중도매업의 허가를 받을 수 없다.

> 법 제25조 제3항 제4호

② 최저거래금액 및 거래대금의 지급보증을 위한 보증금 등 도매시장 개설자가 업무 규정으로 정한 허가조건을 갖추지 못한 자는 중도매업의 허가를 받을 수 없다.

> 법 제25조 제3항 제6호

③ 법인인 중도매인은 임원이 파산선고를 받고 복권되지 아니한 때에는 그 임원을 지체 없이 해임하여야 한다.

> 법 제25조 제4항

④ 도매시장 개설자는 법인인 중도매인에게 중도매업의 허가를 하는 경우 3년 이상 10년 이하의 범위에서 허가 유효기간을 설정할 수 있다.

> 도매시장 개설자는 중도매업의 허가를 하는 경우 5년 이상 10년 이하의 범위에서 허가 유효기간을 설정할 수 있다. 다만, 법인이 아닌 중도매인은 3년 이상 10년 이하의 범위에서 허가 유효기간을 설정할 수 있다(법 제25조 제6항).

⑤ 도매시장의 개설자는 갱신허가를 한 경우에는 유효기간이 만료되는 허가증을 회수한 후 새로운 허가증을 발급하여야 한다.

> 규칙 제19조 제3항

80 정답 ▶ ③

□□□

① 농림수협등, 생산자단체 또는 공익법인이 공판장의 개설승인을 받으려면 공판장 개설승인 신청서에 업무규정과 운영관리계획서 등 승인에 필요한 서류를 첨부하여 시・도지사에게 제출하여야 한다.

> 법 제43조 제2항

② 공판장 개설자가 업무규정을 변경한 경우에는 이를 시・도지사에게 보고하여야 한다.

> 규칙 제40조 제3항

③ 생산자단체가 구성원의 농수산물을 공판장에 출하하는 경우 공판장의 개설자에게 산지유통인으로 등록하여야 한다.

> 생산자단체가 구성원의 농수산물을 공판장에 출하하는 경우 공판장의 개설자에게 산지유통인으로 등록할 수 없다(법 제44조 제3항, 법 제29조 제1항 제1호).

④ 공판장의 경매사는 공판장의 개설자가 임면한다.

> 법 제44조 제4항

⑤ 공판장의 중도매인은 공판장의 개설자가 지정한다.

> 법 제44조 제2항

2023년 제27회 정답 및 해설

❶ 각 문항별로 회독수를 체크해 보세요. ☑☐☐

1교시

[1과목] 물류관리론

01	02	03	04	05	06	07	08	09	10	11	12	13	14	15	16	17	18	19	20
❸	❹	❸	❷	❷	❶	❸	❶	❷	❸	❺	❹	❷	❺	❶	❶	❸	❺	❶	❹
21	22	23	24	25	26	27	28	29	30	31	32	33	34	35	36	37	38	39	40
❹	❺	❸	❷	❷	❺	❶	❸	❶	❷	❸	❹	❷	❶	❹	❺	❶	❺	❹	❹

01 정답 ▸ ③

☐☐☐ ③ 인사관리

물류관리는 물류효율화를 위한 제품설계, 공장입지선정, 생산계획 등에 관한 관리를 포함하는 활동으로 원자재 및 부품의 조달, 구매상품의 보관, 완제품 유통 등과 관련된 고객서비스관리, 재고관리, 주문정보관리, 운송관리 등의 활동이 물류관리의 대상이다.

02 정답 ▸ ④

☐☐☐ ④ Right Safety

7R 원칙은 고객이 요구하는 적절한 상품(Right Commodity)을, 고객이 요구하는 적절한 품질(Right Quality)로 유지하며, 고객이 요구하는 적절한 수량(Right Quantity)을, 고객이 요구하는 적절한 시기(Right Time)에, 고객이 요구하는 적절한 장소(Right Place)에, 고객에게 좋은 인상(Right Impression)의 상품 상태로, 가격결정기구에 의해 적정한 가격(Right Price)으로 고객에게 전달하는 것을 말한다.

03 정답 ▸ ③

☐☐☐ ③ 수요기 전략

제품수명주기 전략은 도입기, 성장기, 성숙기, 쇠퇴기 전략으로 구분된다.

04 정답 ▶ ②

□□□

ㄱ. 재고수준 시행 중 요인
ㄴ. 주문의 편리성 시행 중 요인
ㄷ. 시스템의 유연성 시행 전 요인
ㄹ. 시스템의 정확성 시행 중 요인
ㅁ. 고객서비스 명문화 시행 전 요인
ㅂ. 고객클레임・불만 시행 후 요인

05 정답 ▶ ②

□□□

② 정보물류 기능별 분류

06 정답 ▶ ①

□□□

① 최근 전자상거래 활성화에 따라 물동량은 증가하는 반면 물류관리의 역할은 줄어들고 있다.

최근 전자상거래 활성화에 따라 물동량이 증가하면서 물류관리의 역할과 중요성이 증대되고 있다.

07 정답 ▶ ③

□□□

③ 소비자 니즈(Needs)의 다양화에 따라 상품의 수요패턴이 소품종, 대량화되고 있다.

소비자 니즈(Needs)의 다양화에 따라 상품의 수요패턴이 다품종, 소량화되고 있다.

08 정답 ▶ ①

□□□

② 델파이법

전문가들을 한자리에 모으지 않고 일련의 질의서를 통해 각자의 의견을 취합하여 중기 또는 장기 수요의 종합적인 예측결과를 도출해 내는 기법이다.

③ 지수평활법

과거 수요에 입각하여 미래 수요를 예측하는 방법으로 지수적으로 감소하는 가중치를 이용하여 최근 자료일수록 더 큰 비중, 오래된 자료일수록 더 작은 비중을 두어 미래수요를 예측한다.

④ 수명주기예측법

시간의 흐름에 따라 도입기, 성장기, 성숙기, 쇠퇴기 단계로 구분하여 매출과 이익의 변화를 분석하는 방법이다.

⑤ 가중이동평균법

최신의 자료와 오래된 자료가 똑같은 영향력을 끼치게 되는 단순이동평균법의 문제점을 해결하기 위해 직전 N기간의 자료치에 합이 1이 되는 가중치를 부여한 다음, 가중 합계치를 예측치로 사용하는 방법이다.

09 정답 ▸ ②

□□□ ② 물류와 마케팅 기능이 상호작용하는 분야는 하역관리와 설비관리 등이 있다.

물류와 마케팅 기능이 상호작용하는 분야는 공장입지, 구매계획, 제품생산계획, 포장방법 등이 있다.

10 정답 ▸ ③

□□□ ③ 영업소와 고객 간 직배송이 확대되므로 고객서비스가 향상된다.

상물분리를 통해 상류와 물류의 흐름을 분리시켜 지점이나 영업소 등에서 처리하고 있던 물류활동을 배송센터나 공장의 직배송 등을 통해 수행하여 대량수송 및 수배송시간의 단축과 최소재고화에 따른 고객서비스 향상 및 물류비를 절감할 수 있다.

11 정답 ▸ ⑤

□□□ ⑤ 생산단계에서 소비단계로의 전체적인 물적 흐름으로 조달부문을 제외한 모든 활동이다.

생산단계에서 소비단계로의 전체적인 물적 흐름으로 판매물류뿐만 아니라 조달물류, 생산물류, 회수물류를 포함한 모든 활동이다.

12 정답 ▸ ④

□□□ ④ ㄴ – ㄷ – ㅁ – ㄱ – ㄹ

제약이론(TOC)의 지속적 개선을 위한 5단계 프로세스(TOC 5 Step Process)
- 제약자원 식별(1단계) : 시스템에서 가장 큰 제약자원(병목요인, 제한요소)을 찾음
- 제약자원 최대 활용(2단계) : 제약자원을 최대한 활용할 수 있는 방법을 찾음
- 비제약자원을 제약자원에 종속화(3단계) : 제약자원이 원활하게 작동하도록 다른 모든 자원을 종속시킴
- 제약자원 개선(4단계) : 제약을 해결하여 제약자원의 기능을 개선함
- 개선 프로세스 반복(5단계) : 문제 해결 후 처음으로 다시 돌아가 프로세스를 반복함

13 정답 ▸ ②

□□□

① Define

정의 : 결함을 발생시키는 것이 무엇인지를 정의하여 문제를 명확히 하고, 몇 개월 내에 측정 가능한 목표가 달성될 수 있도록 문제의 범위를 좁히는 단계

② Measure

측정 : 현재 불량수준을 측정하여 수치화하는 단계

③ Analyze

분석 : 불량의 발생 원인을 파악하고 개선대상을 선정하는 단계

④ Improve

개선 : 개선과제를 선정하고 실제 개선작업을 수행하는 단계

⑤ Control

관리 : 개선결과를 유지하고 새로운 목표를 설정하는 단계

14 정답 ▸ ⑤

□□□

① 물류터미널

화물의 집화(集貨), 하역(荷役) 및 이와 관련된 분류, 포장, 보관 등에 필요한 기능을 갖춘 시설물로, 화물과 운송수단이 효율적으로 연계되도록 지원하는 물류인프라 역할을 수행한다.

② 집배송센터

물자를 한곳에 모아 여러 곳에 나누어 보내 주는 하역과 보관, 배송 정보 등과 관련한 시설을 갖춘 곳이다.

③ 공동집배송단지

유사한 업종의 제품유통을 위해서 대규모 단지를 조성하고, 도매・검수・포장 등과 같은 가공기능과 정보처리시설 등을 갖추어 체계적으로 공동관리하는 물류단지이다.

④ 물류센터

물자의 유통경로상 최적의 장소에 설치한 유통창고로 다품종 대량의 물품을 공급받아 분류, 보관, 유통가공, 정보처리 등을 통하여 다수의 수요자에게 만족하는 서비스 수준을 유지하며 적기에 배송하기 위한 시설이다.

15 정답 ▸ ①

□□□

① 위탁비 — 지급형태별 물류비

② 운송비 — 기능별 물류비

③ 보관비 — 기능별 물류비

④ 포장비 기능별 물류비
⑤ 하역비 기능별 물류비

16

정답 ▸ ①

□□□

① **최근에는 총소유비용 절감보다 구매단가 인하를 위한 협상 전략이 더 중요해졌다.**

최근에는 공급자와의 밀접한 관계유지, 글로벌 조달, 공급자의 신제품 개발 참여 등과 같이 구매 관리의 방법이나 환경이 과거와는 달라져 단순한 구매단가 인하보다는 총소유비용 절감을 위한 협상전략이 더 중요해졌다.

17

정답 ▸ ③

□□□

③ **수직적 유통경로 시스템은 신규 구성원의 진입이 상대적으로 용이한 개방형 네트워크이다.**

수직적 유통경로 시스템은 수직적 통합의 정도가 강할수록 신규 구성원에게는 높은 진입장벽으로 작용하므로 진입이 상대적으로 어렵다.

18

정답 ▸ ⑤

□□□

⑤ 40,000

$$\text{손익분기 판매량} = \frac{\text{고정비}}{\text{단위당 판매가격} - \text{단위당 변동비}} = \frac{10,000}{10 - 7.5} = 4,000$$

따라서 손익분기 매출액 = 4,000 × 10 = 40,000

19

정답 ▸ ①

□□□

ㄱ(○). 물류비용 감소
ㄴ(○). 교통혼잡 완화
ㄷ(○). 환경오염 방지
ㄹ(×). 물류인력 고용증대

공동 수배송 시 인력을 공동으로 사용하므로 물류인력 고용이 감소한다.

더 알아보기

공동수배송의 기대 효과

- 중복 · 교차수송의 배제로 물류비 절감과 교통체증 완화
- 차량 수 감소로 탄소배출 절감 등 환경오염 감소
- 설비 및 차량의 가동률과 적재효율, 차량 운행효율 향상
- 물류 아웃소싱을 통한 핵심역량 집중 가능
- 화물량의 안정적인 확보, 소량화물 혼적으로 규모의 경제 효과 추구

20

정답 ▶ ④

□□□

④ P1 : 8,900, P2 : 4,100

- P1의 배부액

$$= \frac{15 \times 250}{(15 \times 250) + (10 \times 125)} \times 10,000 + \frac{500 \times 3}{(500 \times 3) + (300 \times 15)} \times 2,000 + \frac{4,000 + 5,000}{4,600 + 5,400} \times 1,000$$

$= 7,500 + 500 + 900 = 8,900$

- P2의 배부액

$$= \frac{10 \times 125}{(15 \times 250) + (10 \times 125)} \times 10,000 + \frac{300 \times 15}{(500 \times 3) + (300 \times 15)} \times 2,000 + \frac{600 + 400}{4,600 + 5,400} \times 1,000$$

$= 2,500 + 1,500 + 100 = 4,100$

21

정답 ▶ ④

□□□

④ 화물형태가 일정하지 않은 비규격품 공급업체 참여

공동수배송에 참가한 기업들이 취급하는 화물형태의 동질성이 높을수록 공동수배송 추진이 용이하다.

22

정답 ▶ ⑤

□□□

⑤ 치수표준화는 비용절감효과가 빠르게 나타나지만 강도표준화는 그 효과가 나타나기까지 오랜 시간이 걸린다.

포장에서 치수표준화와 강도표준화의 비용절감효과는 모두 빠르게 나타나는 것이 일반적이다. 치수표준화가 이루어지면 모든 물류기기나 장비가 정합성을 갖게 되어 하역작업이 빠르게 이루어지므로 바로 비용절감효과를 얻을 수 있다. 그리고 강도표준화가 이루어지면 하역작업이 일관성 있게 이루어지게 되므로 비용절감효과가 빠르게 나타난다.

23 정답 ▸ ③

□□□

③ 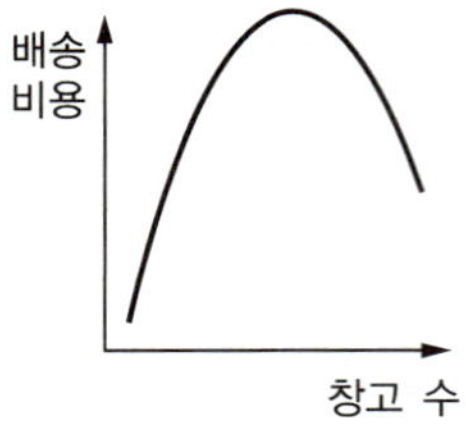

창고 수와 배송비는 반비례 관계에 있다. 물류거점인 창고의 수가 많아질수록 창고로부터 목적지까지의 운송 거리가 줄어들기 때문에 배송비용은 감소한다.

24 정답 ▸ ②

□□□

② 현금화 사이클타임(Cash-to-Cash Cycle Time)

회사가 원자재를 현금으로 구입한 시점부터 제품 판매로 현금을 회수한 시점까지의 시간을 평가한다.

④ 주문충족 리드타임(Order Fulfillment Lead Time)

고객의 주문 요구에 신속한 서비스로 대응한 시점까지의 측정을 평가한다.

» 더 알아보기

공급사슬의 성과지표

- 총공급사슬 관리비용(total supply chain management cost) : 제조사 및 공급업체의 공급망 프로세스와 관련된 고정 및 운영비용 등의 측정치를 평가한다.
- 완전주문충족(률)(perfect order fulfillment) : 고객에게 정시에, 완전한 수량으로, 손상 없이, 정확한 문서와 함께 인도되었는지의 여부를 평가하는 성과지표이다.
- 공급사슬 대응시간(supply chain response time) : 공급망이 시장 수요에 신속하게 대응할 수 있는 시간을 측정하여 평가한다.

25 정답 ▸ ②

□□□

② ㄱ : QR, ㄴ : ECR, ㄷ : EHCR

ㄱ : QR – 미국의 의류업계에서 개발한 공급망 관리 기법으로 기업 간의 정보공유를 통한 신속 · 정확한 납품, 생산 · 유통기간의 단축, 재고감축, 반품 로스 감소 등을 실현하는 의류분야의 신속대응시스템이다.
ㄴ : ECR – 소비자에게 보다 나은 가치를 제공하기 위해 유통업체와 공급업체들이 밀접하게 협력하는 식료품업계의 전략으로 효율적 매장구색, 효율적 재고보충, 효율적 판매촉진 및 효율적 신제품 개발 등이 핵심적 실행전략이다.
ㄷ : EHCR – 의약품 산업에서 시작된 SCM 전략으로 의료공급체인을 효율적이고 효과적인 방법으로 관리함으로써 공급체인 내에서 발생하는 모든 비효율적인 요소들을 제거하여 관련비용을 최소화하려는 전략이다.

26 정답 ▸ ⑤

□□□ ⑤ 소비자의 물류서비스 차별화 요구 증가

일관된 물류서비스 제공으로 신뢰성을 제고하기 위해 공동수배송이 필요하다.

27 정답 ▸ ①

□□□ ② 파렛트풀시스템(Pallet Pool System)

파렛트의 규격과 척도 등을 표준화하고 상호 교환성이 있도록 한 후, 이를 서로 연결하여 사용함으로써 각 기업의 물류합리화를 달성하여 물류비를 절감하려는 제도이다.

③ 파렛트 표준화(Pallet Standardization)

파렛트 규격이 표준화되면 수송장비의 적재함 크기의 표준화, 포장단위치수의 표준화, 운반·하역장비의 표준화, 창고 및 보관시설의 표준화를 이룰 수 있다.

④ 포장의 모듈화(Packaging Modularization)

포장 요소의 규격, 치수에 대한 기준척도와 대칭계열을 의미한다.

⑤ 일관파렛트화(Palletization)

파렛트를 기본용구로 하여 과학적, 합리적 방법으로 하역을 기계화하고 수송, 보관, 포장의 각 기능을 합리화하기 위한 수단이다.

28 정답 ▸ ③

□□□ ③ 공급망 하류로 갈수록 정보가 왜곡되는 현상이 심화되고 있다.

공급망 상류로 갈수록 정보가 왜곡되는 현상이 심화되고 있다.

29 정답 ▸ ①

□□□ ① VMI(Vendor-Managed Inventory) : 유통업체와 제조업체가 실시간 정보공유를 통해 공동으로 유통업체의 재고를 관리하는 방식

제조업체(공급업체)가 주도적으로 재고를 관리하는 방식으로, 상품보충시스템이 실행될 때마다 판매와 재고정보가 유통업체에서 제조업체로 전송된다.

30 정답 ▸ ②

□□□

ㄱ(○). 외주물류는 주로 운영 측면에서 원가절감을 목표로 하는 반면, 3자물류는 원가절감과 경쟁우위 확보 등을 목표로 한다.

ㄴ(×). 외주물류는 중장기적 협력 관계를 기반으로 이루어지는 반면, 3자물류는 단기적 관계를 기반으로 운영된다.

3자물류는 중장기적 협력 관계를 기반으로 이루어지는 반면, 외주물류는 단기적 관계를 기반으로 운영된다.

ㄷ(×). 외주물류는 주로 최고경영층의 의사결정에 따라 경쟁계약의 형태로 진행되는 반면, 3자물류는 중간관리층의 의사결정에 따라 수의계약 형태로 주로 진행된다.

3자물류는 주로 최고경영층의 의사결정에 따라 경쟁계약의 형태로 진행되는 반면, 외주물류는 중간관리층의 의사결정에 따라 수의계약 형태로 주로 진행된다.

ㄹ(○). 서비스 범위 측면에서 외주물류는 기능별 서비스(수송, 보관) 수행을 지향하는 반면, 3자물류는 종합물류를 지향한다.

더 알아보기

3자물류와 아웃소싱의 차이점

구 분	3자물류	아웃소싱
화주와의 관계	전략적 제휴	수발주 관계, 거래기반
관계내용	중장기적 협력 관계	단기적 관계
서비스 범위	종합적인 물류서비스 지향	수송, 보관 등 기능별 서비스 지향
정보공유	필수적	불필요
도입결정권한	최고경영층	중간관리층
도입방법	경쟁계약 형태	수의계약 형태

31 정답 ▸ ③

□□□

① Forward Logistics

순물류 : 원산지부터 소비지까지 원자재, 재공품, 완성품 및 관련 정보의 흐름을 효율적으로, 비용면에서 효과적으로 계획 · 실행 · 관리하는 과정이다.

② Cross Docking

크로스도킹 : 공급사슬상의 각 단계 간에 제품이동시간을 줄이기 위해 창고나 물류센터에서 수령한 상품을 창고에서 재고로 보관하지 않고 입고와 동시에 출고하여 바로 배송할 수 있도록 하는 시스템으로, 통과형 물류센터라고도 한다.

④ Gatekeeping

게이트키핑 : 다양한 뉴스 소재거리들 중에서 미디어 조직이 어떤 것을 선택하여 대중들에게 노출하고 어떤 것을 노출하지 않을지를 결정하는 과정을 의미한다.

⑤ Life Cycle Assessment

전 과정평가 : 제품이나 서비스의 전 과정에 걸친 투입물과 배출물에 의해 발생되는 잠재적인 환경 영향을 정량적으로 산출하고 평가하는 방법론을 의미한다.

32 □□□ 정답 ▸ ④

④ 제품 생산 및 공급 리드타임 단축

리드타임 단축은 채찍효과의 해결방안에 해당한다.

33 □□□ 정답 ▸ ②

① C-TPAT(Customs-Trade Partnership Against Terrorism)

대테러 세관 무역업자간 파트너십 : 9·11테러 이후 테러수단의 국내유입을 차단하기 위한 민관협력 제도로, 미국에 드나드는 수입화물에 대한 통관시스템을 개선하여 보안을 강화하고자 하였다.

③ Safe Port Act 2006

항만보안법 : 2006년 10월 공포된 종합물류보안법으로 CSI, SFI 및 C-TPAT의 법적 근거를 부여하였다.

④ CSI(Container Security Initiative)

컨테이너 안전 협정 : 외국항만에 미국 세관원을 파견하여 미국으로 수출할 컨테이너화물에 대한 위험도를 사전에 평가하는 컨테이너보안협정이다.

⑤ ISPS(International Ship and Port Facility Security) code

국제선박 및 항만시설 보안규칙 : 국제해사기구(IMO)가 채택한 규칙으로 해상에서의 테러를 예방하기 위해 각국 정부와 항만관리당국 및 선사들이 갖춰야 할 보안 관련 조건들을 명시하고, 보안사고 예방에 대한 가이드라인을 제시하였다.

34 □□□ 정답 ▸ ①

① 6.0km/L

- 감축 전 이산화탄소 배출량 = 150,000 ÷ 5 × 0.002 = 60
- 10kg 감축한 이산화탄소 배출량 = 150,000 ÷ 목표 평균 연비 × 0.002 = 50

따라서 목표 평균 연비 = 150,000 × 0.002 ÷ 50 = 6

35 정답 ▸ ④

□□□

④ 기업과 고객 간의 거래(B2C)보다는 기업과 기업 간의 거래(B2B)에 집중한다.

기업과 기업 간의 거래(B2B), 기업과 고객 간의 거래(B2C) 모두를 대상으로 한다.

36 정답 ▸ ⑤

□□□

⑤ 정보의 종류가 다양하고 규모가 크지만, 성수기와 평상시의 정보량 차이는 작다.

성수기에는 물동량이 많고, 비수기에는 물동량이 적다.

37 정답 ▸ ①

□□□

② KAN(Korean Article Number)

한국에서 사용하는 EAN바코드를 의미한다.

③ ERP(Enterprise Resource Planning)

기업 내 생산, 물류, 재무, 회계, 영업과 구매, 재고 등 경영 활동 프로세스들을 통합적으로 연계해 관리해 주며, 기업에서 발생하는 정보들을 서로 공유하고 새로운 정보의 생성과 빠른 의사결정을 도와주는 통합시스템을 말한다.

④ GPS(Global Positioning System)

미국 정부가 군사용으로 개발한 항법지원시스템으로, 화물 또는 차량의 자동식별과 위치추적을 위해 사용하는 방식이다.

⑤ DPS(Digital Picking System)

물류센터의 랙(Rack)이나 보관 장소에 점등장치를 설치하여 출고할 물품의 보관구역과 출고 수량을 알려주고, 출고가 완료되면 신호가 꺼져 작업이 완료되었음을 자동으로 알려주는 시스템이다.

38 정답 ▸ ⑤

□□□

⑤ 반영구적으로 사용 가능하다.

반영구적으로 사용 가능한 것은 수동형 RFID이다. 능동형 RFID는 동작시간에 상대적으로 제한이 있다.

39 정답 ▶ ④

□□□ ④ EAN-13(A)와 EAN-13(B) 모두 물류용기에 부착하기 위한 물류식별코드를 가지고 있다.

물류식별코드를 가지고 있는 것은 EAN-14(ITF-14)이다. EAN-14는 주로 골판지 박스에 사용되는 국제표준 물류바코드로서 물류식별코드 외에 국가식별코드 3자리, 제조업체코드 4자리, 상품품목코드 5자리, 체크디지트 1자리 등으로 구성된다.

40 정답 ▶ ④

□□□ ④ 국제적으로는 다양한 EDI 시스템이 존재하지만, 국내 EDI 시스템 개발 사례는 존재하지 않는다.

93년~94년 2년간 국내 EDI 시스템 개발이 완료된 사례가 존재한다.

[2과목] 화물운송론

41	42	43	44	45	46	47	48	49	50	51	52	53	54	55	56	57	58	59	60
❸	❹	❸	❸	❶	❷	❶	❷	❷	❶	❺	❹	❶	❸	❶	❺	❸	❺	❸	❷
61	62	63	64	65	66	67	68	69	70	71	72	73	74	75	76	77	78	79	80
❹	❶	❺	❷	❶	❺	❹	❷	❺	❸	❸	❶	❸	❹	❹	❺	❹	❺	❷	❹

41 정답 ▸ ③

□□□

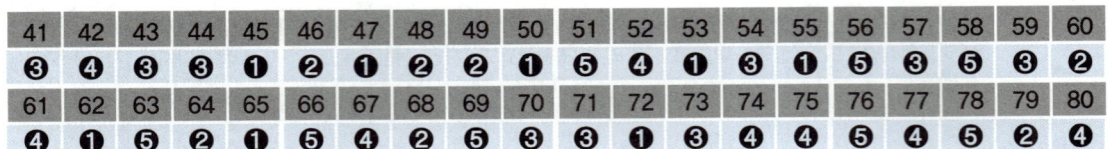

① 철도운송은 장거리, 대량운송에 유리하지만 운송시간이 오래 걸리고 초기인프라 설치관련 진입비용이 낮다.

철도운송은 장거리·대량운송에 유리하지만, 초기 인프라 설치관련 진입비용이 높다.

② 해상운송은 대량화물의 장거리운송에 적합하지만 정기항로에 치우쳐 유연성과 전문성이 떨어진다.

해상운송은 대량화물의 장거리 운송에 적합하며, 정해진 항로를 정기적으로 운행하는 정기선과 선주와 화주 간의 용선 계약에 의해 운항하는 부정기선이 있어 유연성과 전문성을 갖출 수 있다.

④ 공로운송은 접근성이 가장 뛰어나지만 1회 수송량이 적어 운임부담력이 상대적으로 낮다.

공로운송은 접근성이 가장 뛰어나지만, 1회 수송량이 적어 운임부담력이 상대적으로 높다.

⑤ 연안운송은 초기 항만하역시설투자비가 적은 편이고 해상경로가 비교적 짧은 단거리 수송에 유리하다.

연안운송은 초기 항만하역시설투자비가 많이 필요하다.

42 정답 ▸ ④

□□□

<u>④ ㄱ : 항공, ㄴ : 거점, ㄷ : 친환경, ㄹ : 안정적인</u>

최근 운송산업의 변화
- 철도운송은 시간적 제약을 극복하면서 우수한 도심으로의 접근성으로 항공운송의 대체수단으로 떠오르고 있다.
- 운송수단의 대형화, 신속화 추세에 따라 거점 간 경쟁의 심화로 거점의 수는 줄어들었다.
- 기후변화에 대응하기 위한 친환경 기술혁신이 이루어지고 있다.
- 정치적 갈등으로 글로벌 공급망은 안정적인 공급망을 중시하는 방향으로 재편되었다.

43 정답 ▸ ③

□□□

<u>③ 개별적 운송수요는 다양하므로 운송수요는 집합성을 가질 수 없다.</u>

운송수요는 비록 화주에 따라 각각 개별적으로 발생되기는 하지만 개별적 수요가 모두 합쳐져 집합을 이루면서 산업, 지역, 시기 등 환경에 의하여 어느 정도의 규칙성이나 법칙성을 가진 일정한 수요패턴을 보이기도 한다.

44 정답 ▸ ③

□□□ ③ 적재율 감소를 통한 물류합리화

운송 효율을 높이기 위해서는 적재율을 향상시켜야 한다.

45 정답 ▸ ①

□□□ ① 보관과 배송을 연결하는 인적 조절기능이 있다.

운송은 운송수단을 이용해 재화와 용역을 효용가치가 낮은 장소로부터 높은 장소로 이동시키는 속성을 가진 공간적·물리적 조절기능을 통해 효용을 창출하는 활동이다.

46 정답 ▸ ②

□□□ ② 1976년 미국물류관리협회는 물류를 생산에서 소비에 이르는 여러 활동을 포함하되 수요예측이나 주문처리는 물류가 아닌 마케팅의 영역으로 구분하였다.

미국에서는 주로 개별기업의 마케팅 관점에서 물류를 마케팅 분야의 하부활동으로 간주하는 경향이 있었으며, 판매물류에 중점을 둔 물적 유통(Physical Distribution)에서 추후 원자재 조달까지 포함하는 물류(Logistics) 개념으로 확대되었다.

47 정답 ▸ ①

□□□ ① 공로운송은 운송거리가 단거리이기 때문에 전체 운송에서 차지하는 비중이 낮다.

공로운송은 문전(Door-to-door) 운송과 높은 접근성 등으로 국내 화물 운송에서 차지하는 비중이 가장 높다.

48 정답 ▸ ②

□□□ ② 대체성

3S1L에는 신속성(Speed), 정확성(Surety), 안전성(Safety), 저비용(Low cost) 등이 있다.

49 정답 ▸ ②

□□□

ㄱ(○). 적재중량 : 구조 및 성능에 따르는 적재중량의 110% 이내일 것
ㄴ(○). 길이 : 자동차 길이에 그 길이의 10분의 1을 더한 길이를 넘지 아니할 것
ㄷ(×). 승차인원 : 승차정원의 110% 이내일 것

> 승차인원 : 승차정원 이내일 것

ㄹ(○). 너비 : 자동차의 후사경(後寫鏡)으로 뒤쪽을 확인할 수 있는 범위(후사경의 높이보다 화물을 낮게 적재한 경우에는 그 화물을, 후사경의 높이보다 화물을 높게 적재한 경우에는 뒤쪽을 확인할 수 있는 범위를 말한다)의 너비를 넘지 아니할 것
ㅁ(×). 높이 : 지상으로부터 4.5미터를 넘지 아니할 것

> 높이 : 지상으로부터 4미터 이내

더 알아보기

운행상의 안전기준(도로교통법 시행령 제22조)

- 자동차의 승차인원은 승차정원 이내일 것
- 화물자동차의 적재중량은 구조 및 성능에 따르는 적재중량의 110퍼센트 이내일 것
- 자동차(화물자동차, 이륜자동차 및 소형 3륜자동차만 해당한다)의 적재용량은 다음의 구분에 따른 기준을 넘지 아니할 것
  - 길이 : 자동차 길이에 그 길이의 10분의 1을 더한 길이. 다만, 이륜자동차는 그 승차장치의 길이 또는 적재장치의 길이에 30센티미터를 더한 길이를 말한다.
  - 너비 : 자동차의 후사경(後寫鏡)으로 뒤쪽을 확인할 수 있는 범위(후사경의 높이보다 화물을 낮게 적재한 경우에는 그 화물을, 후사경의 높이보다 화물을 높게 적재한 경우에는 뒤쪽을 확인할 수 있는 범위를 말한다)의 너비다.
  - 높이 : 화물자동차는 지상으로부터 4미터(도로구조의 보전과 통행의 안전에 지장이 없다고 인정하여 고시한 도로노선의 경우에는 4미터 20센티미터), 소형 3륜자동차는 지상으로부터 2미터 50센티미터, 이륜자동차는 지상으로부터 2미터의 높이

50 정답 ▸ ①

□□□

① 허가기준대수 : 400대 이상(운송가맹점이 소유하는 화물자동차 대수를 포함하되, 8개 이상의 시・도에 50대 이상 분포되어야 한다)

> 허가기준대수 : 50대 이상(운송가맹점이 소유하는 화물자동차 대수를 포함하되, 8개 이상의 시・도에 5대 이상 분포되어야 한다)

더 알아보기

화물자동차 운송가맹사업의 허가기준(화물자동차 운수사업법 시행규칙 별표 5)

- 허가기준대수 : 50대 이상(운송가맹점이 소유하는 화물자동차 대수를 포함하되, 8개 이상의 시・도에 5대 이상 분포되어야 한다)
- 사무실 및 영업소 : 영업에 필요한 면적

- 최저보유차고 면적 : 화물자동차 1대당 그 화물자동차의 길이와 너비를 곱한 면적(화물자동차를 직접 소유하는 경우만 해당한다)
- 화물자동차의 종류 : 일반형·덤프형·밴형 및 특수용도형 화물자동차 등 화물자동차운수사업법 시행규칙 제3조에 따른 화물자동차(화물자동차를 직접 소유하는 경우만 해당한다)
- 그 밖의 운송시설 : 화물정보망을 갖출 것

51 정답 ▶ ⑤

□□□

① 믹서트럭 전용 특장차

② 분립체 운송차 전용 특장차

③ 액체 운송차 전용 특장차

④ 냉동차 전용 특장차

⑤ 리프트게이트 부착차량 합리화 특장차

52 정답 ▶ ④

□□□

① WMS(Warehouse Management System)

WMS(창고관리시스템) : 제품이 입고되어 적재되는 것으로부터 선택되어 출하되는 모든 작업 과정과 그 과정상에서 발생되는 물류데이터를 자동적으로 처리하는 시스템이다.

② Routing System

Routing System(경로배정 시스템) : 화물자동차의 최종 배송지에 대한 최적의 운송경로를 설정하여 주는 운송경로 시스템으로 차량의 배송지점이 매일 변경되는 경우에 특히 효과적이다.

③ Tracking System

Tracking System(트래킹 시스템) : 전자상거래를 통해 상품을 신청하고 자신이 주문한 상품이 언제 도착하는지 궁금해하는 사용자들을 위해 개발된 주문·배송추적 시스템이다.

⑤ CVO(Commercial Vehicle Operating system)

CVO(상용차량 운행관리시스템/화물정보망) : 화주의 화물운송정보와 차주의 공차정보를 위성위치정보(GPS)·휴대폰 등 통신망을 이용하여 연결하는 서비스(정보플랫폼)이다.

53 정답 ▶ ①

□□□

① 자가용 화물차 이용 시보다 기동성이 높고, 보험료가 적다.

일반적으로 사업용 화물자동차는 자가용 화물차 이용 시보다 기동성이 낮고, 보험료가 비싸다.

54 정답 ▶ ③

□□□

③ 특별운임 : 운송거리, 서비스 수준, 운송량, 운송시간 등에 따라 운임 차이가 발생할 수 있음에도 불구하고 동일한 요율을 적용하는 형태의 운임

특별운임(Special Rate)은 수송조건과는 별개로 해운동맹 측이 비동맹선과 적취 경쟁을 하게 되면 일정조건하에서 정상요율보다 인하한 특별요율을 적용하는 운임이다.

55 정답 ▶ ①

□□□

② 덤프트럭

화물적재함의 높이를 경사지게 함으로써 중력을 이용하여 적재물을 쏟아 내리는 차량 구조를 지닌다.

③ 포크리프트

중량물을 싣거나 내리는 하역전용의 특수자동차로 지게차라고도 한다.

④ 평바디트럭

지붕이 없고 짐받이가 평평한 타입으로 범용성이 높고, 짐의 적재가 쉽다.

⑤ 리치스테커(Reach Stacker)

대형지게차에 유압식 지브크레인이 설치된 형상으로 크레인 끝에 스프레더가 장착되어 컨테이너 운반 및 하역에 사용된다.

56 정답 ▶ ⑤

□□□

① 루트(Route) 배송

일정한 배송경로를 반복적으로 배송하는 방법으로 비교적 광범위한 지역에 소량화물을 요구하는 다수의 고객을 대상으로 배송할 때에 유리한 방법이며, 판매지역에 대하여 배송 담당자가 배송 트럭에 화물을 상・하차 하고 화물을 수수함과 동시에 현금수수도 병행하는 방법이다.

② 밀크런(Milk Run) 배송

방문하는 장소와 시간을 정하여 매일같이 순회하는 운송방식이다.

③ 적합 배송

사전 설정된 경로에 배송할 물량, 즉 차량의 적재율을 기준으로 적합한 크기의 차량을 배차하여 배송하는 방법이다.

④ 단일 배송

하나의 배송처에 1대의 차량을 배차하여 배송하는 방법이다.

57 정답 ▶ ③

□□□ ③ 250km

채트반 공식

$$경제적\ 효용거리\ 분기점 = \frac{철도\ 부대비용}{화물자동차\ 운송비 - 철도\ 운송비} = \frac{10,000원}{80원 - 40원} = 250(km)$$

58 정답 ▶ ⑤

□□□ ⑤ 탱크화차(Tank Car)

무개화차는 상부에 지붕이 없고 네 측면이 판자로 둘러싸여 있어 위가 트여있는 화차로, 구조가 간단하여 무연탄, 철근, 광석 등 기타 비에 젖거나 인화의 우려가 없는 화물을 주로 운송한다. 따라서 탱크화차는 원유 등과 같은 액체화물의 운반에 적합하도록 일체형으로 설계된 화차이므로 무개화차의 종류에 해당하지 않는다.

59 정답 ▶ ③

□□□ ③ 화차 1량에 대한 최저기본운임은 사용화차의 화차표기하중톤수의 200km에 해당하는 운임이다.

화차 1량에 대한 최저기본운임은 사용화차의 최대 적재중량(화차표기하중톤수)의 100km에 해당하는 운임이다.

60 정답 ▶ ②

□□□ ② Block Train : 스위칭야드(Switching Yard)를 이용하지 않고 철도화물역 또는 터미널 간을 직행 운행하는 전용열차의 한 형태로 화차의 수와 타입이 고정되어 있음

스위칭야드(Switching Yard) 등의 환적시설을 이용하지 않고 철도화물역 또는 터미널 간을 직행 운행하는 전용열차 서비스의 한 형태로 화차의 수와 타입이 고정되어 있지 않는 것이 특징이다.

61 정답 ▶ ④

□□□ ④ 해상운송은 물품의 파손, 분실, 사고발생의 위험이 적고, 타 운송수단에 비해 안전성이 높다.

해상운송은 물품의 파손, 분실, 사고발생의 위험도가 높고, 타 운송수단에 비해 안전성이 낮다.

62 정답 ▸ ①

□□□

① **선사(선주)가 선적항 선측에서 양하항 선측까지 발생하는 제반 비용과 위험을 모두 부담한다.**

> 선주부담조건(Berth/Liner Terms)은 선적, 양하 시 선내 하역비용을 모두 선주가 부담하는 조건으로 대체로 정기선운송인 개품운송계약에서 사용하는 방법이다.

63 정답 ▸ ⑤

□□□

① 두 개 이상의 정기선 운항업자가 경쟁을 활성화하기 위해 운임, 적취량, 배선 등의 조건에 합의한 국제카르텔을 말한다.

> 해운동맹이란 특정정기항로에 배선을 하고 있는 선박회사들이 상호 간의 과당경쟁을 방지하기 위한 목적으로 결성된 국제 카르텔을 말한다.

② 미국을 포함한 대부분의 국가는 해상운송의 안전성을 위해 해운동맹을 적극적으로 받아들이고 있으며, 가입과 탈퇴에 따른 개방동맹과 폐쇄동맹에 대한 차이는 없다.

> 개방동맹은 일정 수준의 서비스능력을 갖춘 선사는 자유롭게 가입이 가능한 동맹이고, 폐쇄동맹은 일정 자격과 실적이 있는 선사만 가입이 가능하며, 가입신청 시 가맹 선사의 전원 동의가 필요한 동맹이다.

③ 해운동맹은 정기선의 운임을 높게 유지함으로써 동맹탈퇴의 잠재이익이 크게 작용하고 있어 동맹유지가 어렵고 이탈이 심한 편이다.

> 1980년대 이후 해운업계의 경쟁이 치열해지면서 동맹에서 탈퇴해 낮은 가격의 서비스를 제공하는 업체들이 늘어나 해운동맹의 수는 꾸준히 감소하기 시작했다.

④ 맹외선과의 대응전략으로 동맹사들은 경쟁억압선의 투입이나 이중운임제, 연체료와 같은 할인할증제 등을 운영한다.

> 맹외선과의 대응전략으로 동맹사들은 경쟁선을 파견하거나, 화주를 유인하기 위해 운임환급제, 충실보상제, 이중 및 삼중운임제 등을 실시하고 있다.

64 정답 ▸ ②

□□□

② **항해용선계약의 특성상 용선자는 본선운항에 따른 모든 책임과 비용을 부담하여야 한다.**

> 항해용선 계약의 특성상 선주가 본선운항에 필요한 책임과 비용을 부담하며, 용선자가 이에 대하여 운임을 지급한다.

65 정답 ▸ ①

□□□

① ㄱ – ㄷ – ㄴ – ㅂ – ㄹ – ㅅ – ㅁ

> **수입화물의 항공운송 취급 절차**
> 전문접수 및 항공기 도착 → 서류 분류 및 검토 → 창고분류 및 배정 → 화물분류 작업 → 도착 통지 → 운송장 인도 → 보세운송

66

정답 ▸ ⑤

□□□

⑤ 일반화물요율은 특정품목할인요율이나 품목별분류요율보다 우선하여 적용된다.

특정품목할인요율(SCR) – 품목분류요율(CCR) – 일반화물요율(GCR) 순으로 우선하여 적용된다.

67

정답 ▸ ④

□□□

④ 화물인도지시서(D/O)를 작성하여 선사에게 제출한다.

운송주선인(Freight Forwarder)은 Master B/L 원본을 수입지의 선사대리점에 제시하여 화물인도지시서(D/O)를 받고, 수입업자로부터 포워더 B/L 원본을 회수하여 화물인도지시서(D/O)를 인도한다.

68

정답 ▸ ②

□□□

공급지 \ 수요지	X	Y	Z	공급량(톤)	기회비용
A	100 ③ 10	100 ⑤ 12	– 16	200 →100→0	2→0
B	400 ② 5	– 8	– 20	400 →0	3→0
C	– 14	100 ④ 11	100 ① 7	200 →100→0	4→3→0
수요량(톤)	500 →100→0	200 →100→0	100 →0	800	
기회비용	5→4→0	3→1→0	9→0		

② 6,000,000원, 400톤

보겔추정법 적용 과정

- 각 행과 열별로 기회비용을 구한다.
- 기회비용이 가장 큰 행이나 열의 가장 낮은 단가에 배정 가능한 최대량을 배정하며, 크기의 순서대로 배정해나간다.
- 하나의 배정이 완료되면 배정이 완료된 행이나 열은 제외시키고 남은 칸의 단가를 이용하여 재차 기회비용을 구하고, 이 기회비용들을 이용하여 순차적으로 가장 기회비용이 큰 칸을 찾아 최대량을 배정한다.
- 모든 수송량의 배정이 끝날 때까지 반복한다. 이때, 기회비용이 같은 경우에는 임의로 배정한다.

따라서 총 운송비용 = (100 × 7) + (400 × 5) + (100 × 10) + (100 × 11) + (100 × 12) = 6,000천원
공급지 B에서 수요지 X까지의 운송량 = 400톤

69 정답 ▶ ⑤

□□□ ⑤ ㄱ, ㄴ, ㄷ, ㄹ

- 북서코너법 : 수송표의 좌측 상단에서 출발하여 우측 하단까지, 열과 행에 각각 나타나 있는 공급량과 수요량에 맞추어 수송량을 각 경로상에 계속적이고 또 단계적으로 배정하는 방법으로, 신속하게 최초의 실행가능한 해를 산출할 수 있다는 이점이 있으나 각 경로상의 운송비용을 전혀 고려하지 않기 때문에 총비용을 최소화하는 최적의 해는 산출이 어렵다는 한계가 있다.
- 최소비용법 : 수송표상에서 운송단가가 가장 낮은 칸에 우선적으로 수송량을 할당하되, 그 행의 공급량과 그 열의 수요량을 비교하여 가능한 한 최대량을 배정하는 방법이다.
- 보겔추정법 : 기회비용의 개념을 활용하여 총 운송비용이 최소가 되도록 공급량을 할당하는 탐색적 방법으로, 여기서 기회비용은 운송단가 간의 차이 값을 잘못 선택했을 때 치루어야 할 기회비용을 의미한다.

70 정답 ▶ ③

□□□ ③ Forwarder's consolidation은 단일 송화인의 화물을 다수의 수화인에게 운송하는 형태이다.

Forwarder's consolidation은 다수 송화인의 화물을 다수의 수화인에게 운송하는 형태이다.

71 정답 ▶ ③

□□□ ③ 통행교차모형 : 교통량을 교통수단과 교통망에 따라 시간, 비용 등을 고려하여 효율적으로 배분하는 화물분포모형으로 로짓모형, 카테고리 분석모형 등이 있다.

통행교차모형은 수단분담모형에 해당한다. 화물분포모형에는 중력모형, 성장인자모형, 엔트로피 극대화모형 등이 있으며 회귀모형은 화물발생모형이다.

72 정답 ▶ ①

□□□ ① 셔틀노선의 증편이 용이하여 영업소 확대에 유리하다.

적은 노선 수로도 많은 지점에 연결망을 구축할 수 있기 때문에 셔틀노선의 증편은 불필요한 시스템이다.

73 정답 ▶ ③

□□□ 제시된 그림을 표로 나타내면 다음과 같다.

(단위 : 천원)

공급지 \ 수요지	수요지 1	수요지 2	수요지 3	수요지 4	공급량(톤)
공급지 1	8	5	13	10	250
공급지 2	9	4	12	14	300
공급지 3	7	9	11	6	150
수요량(톤)	120	200	300	80	700

③ $X_{14}+X_{24}+X_{34}=200$ → $X_{14}+X_{24}+X_{34}=80$

74 정답 ▶ ④

□□□ ④ 16

- 출발지 → a → c → 도착지 : 6
- 출발지 → a → d → f → 도착지 : 3
- 출발지 → b → d → e → f → 도착지 : 7

따라서 최대 가스량 = 6 + 3 + 7 = 16

75 정답 ▶ ④

□□□ ④ 배차되는 각 트럭의 용량의 합은 총수요 이상이고 특정 고객의 수요보다는 작아야 한다.

배차되는 각 트럭의 용량은 총수요보다는 작고 특정 고객의 수요보다는 커야 한다.

76 정답 ▶ ⑤

□□□

① 터미널은 회사가 점포를 개설하여 직접 운영하는 영업장을 말한다.

> 터미널은 화물의 분류, 차량의 간선운행 기능을 갖는 영업장을 말한다.

② 특약점은 일정한 지역의 영업거점으로 집배차량 통제 및 집배구역을 관리하고 주로 집배・배송업무를 수행하는 영업장을 말한다.

> 특약점은 수탁자가 점포, 차량을 준비하여 화물집화만을 수행하는 영업장을 말한다.

③ 대리점은 수탁자가 점포, 차량을 준비하여 화물집화만을 수행하는 영업장을 말한다.

> 대리점은 대리 점주가 점포, 차량을 준비・운영하는 영업장을 말한다.

④ 취급점은 화물의 분류, 차량의 간선운행 기능을 갖는 영업장을 말한다.

> 취급점은 카운터와 동일한 업무를 수행하는 곳으로 편의점, 전문상가업소, 슈퍼마켓 등을 대상으로 위탁 운영되는 영업장을 말한다.

77 정답 ▶ ④

□□□

④ 배송경로는 상호 교차되도록 하여 운송루트에 다양성을 확보한다.

> 배송경로는 상호 교차되지 않도록 해야 한다.

78 정답 ▶ ⑤

□□□

⑤ '수탁'이라 함은 사업자가 택배를 수행하기 위하여 고객(수화인)으로부터 운송물을 수령하는 것을 말한다.

> '수탁'이라 함은 사업자가 택배를 수행하기 위하여 고객(송화인)으로부터 운송물을 수령하는 것을 말한다(택배 표준약관 제2조 제7항).

79 정답 ▶ ②

ㄱ(○). 손해배상한도액 사업자 기재사항
ㄴ(×). 운송물의 종류(품명), 수량 및 가액 고객 기재사항
ㄷ(○). 운임 기타 운송에 관한 비용 및 지급방법 사업자 기재사항
ㄹ(○). 운송물의 중량 및 용적 구분 사업자 기재사항
ㅁ(×). 운송상의 특별한 주의사항(훼손, 변질, 부패 등 운송물의 특성구분과 기타 필요한 사항을 기재함) 고객 기재사항
ㅂ(×). 운송장의 작성연월일 고객 기재사항

더 알아보기

운송장의 기재사항(택배 표준약관 제7조)

사업자 기재사항	고객 기재사항
1. 사업자의 상호, 대표자명, 주소 및 전화번호, 담당자(집화자) 이름, 운송장 번호 2. 운송물을 수탁한 당해 사업소(사업자의 본·지점, 출장소 등)의 상호, 대표자명, 주소 및 전화번호 3. 운송물의 중량 및 용적 구분 4. 운임 기타 운송에 관한 비용 및 지급방법 5. 손해배상한도액 6. 문의처 전화번호 7. 운송물의 인도 예정 장소 및 인도 예정일 8. 기타 운송에 관하여 필요한 사항(특급배송, 신선식품 배송 등)	1. 송화인의 주소, 이름(또는 상호) 및 전화번호 2. 수화인의 주소, 이름(또는 상호) 및 전화번호 3. 운송물의 종류(품명), 수량 및 가액 4. 운송물의 인도예정장소 및 인도예정일(특정 일시에 수화인이 사용할 운송물의 경우에는 그 사용목적, 특정 일시 및 인도예정일시를 기재함) 5. 운송상의 특별한 주의사항(훼손, 변질, 부패 등 운송물의 특성구분과 기타 필요한 사항을 기재함) 6. 운송장의 작성연월일

80 정답 ▶ ④

① C2G 택배

개인과 정부 간의 거래

② B2C 택배

기업과 소비자 간의 거래

③ B2G 택배

기업과 정부 간의 거래

⑤ C2C 택배

개인과 개인 간의 거래

[3과목] 국제물류론

81	82	83	84	85	86	87	88	89	90	91	92	93	94	95	96	97	98	99	100
❶	❺	❷	❸	❹	❶	❹	❷	❺	❹	❷	❸	❶	❸	모두 정답	❸	❶	❺	❺	❶
101	102	103	104	105	106	107	108	109	110	111	112	113	114	115	116	117	118	119	120
❹	❷	❸	❺	❷	❹	❸	❺	❶	❹	❷	❸	❷	❹	❺	❶	❸	❷	❺	모두 정답

81 정답 ▸ ①

□□□

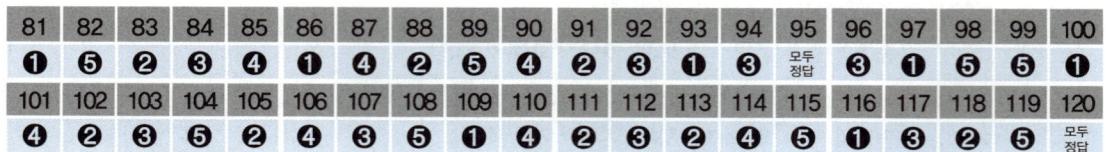

① 정보의 비대칭성을 강화하여 생산자의 경쟁력을 제고하는 기능을 한다.

국제물류는 정보의 비대칭성을 완화하여 물류비용을 줄이고 고객서비스를 향상시킨다.

국제물류의 기본적 기능

- 수량적 기능 : 생산수량과 소비수량의 불일치를 집화, 중계, 배송 등을 통해 조정
- 품질적 기능 : 생산자가 제공하는 재화와 소비자가 소비하는 재화의 품질을 가공, 조립, 포장 등을 통해 조정
- 가격적 기능 : 생산자와 소비자를 매개로 운송에서 정보활동에 이르기까지의 모든 비용을 조정
- 시간적 기능 : 재화의 생산시기와 소비시기의 불일치 조정
- 장소적 기능 : 생산과 소비의 장소적 간격을 조정
- 인적 기능 : 생산자와 소비자가 인적으로 다르고 분업으로 발생하는 복잡한 유통경제조직을 운송과 상거래로 조정

82 정답 ▸ ⑤

□□□

⑤ 국제물류기업은 항만이나 공항의 공용터미널을 지속적으로 활용하여 체선·체화를 감소시키고 있다.

국제물류기업은 항만이나 공항 인근의 복합물류터미널을 지속적으로 활용하여 정체 현상이 심한 항만, 공항의 체선·체화를 감소시키고 있다.

» 더 알아보기

체선/체화할증료(Port Congestion Surcharge)

도착항의 항만 혼잡으로 신속히 하역할 수 없어 손실이 발생할 경우 이를 보전하기 위해 부과하는 운임이다.

83 정답 ▸ ②

□□□

② 회원국의 항공사 대표들이 참석하는 국제연합(UN) 산하의 전문기관이다.

국제민간항공기구(ICAO)는 국제민간항공협약(시카고협약)에 기초하여, 국제민간항공의 평화적이고 건전한 발전을 도모하기 위하여 1947년 4월에 발족된 국제연합(UN) 전문기구다. 총회는 3년마다 개최되며 시카고협약 가입 시 자동적으로 ICAO 회원국이 된다. ICAO 이사국은 항공선진국으로 구성된 1그룹(11개국), 항공산업의 규모가 큰 2그룹(12개국), 지역대표성이 강한 3그룹(13개국) 등 모두 3개 그룹 36개국으로 구성되어 있다.

84 정답 ▸ ③

□□□

③ 여객에 비해 계절에 따른 운송수요의 탄력성이 크다.

항공화물은 여객에 비해 계절적인 영향을 적게 받기 때문에 계절에 따른 운송수요의 탄력성이 작다.

85 정답 ▸ ④

□□□

① Hague Protocol

헤이그의정서 : 바르샤바조약 체결 이후 항공 산업 발전과 항공기 자체의 안전도가 많이 증대되어 조약체결의 목적인 항공 산업을 보호해야 할 필요성이 크게 줄어들면서 1955년 9월 헤이그에서 열린 국제항공사협의회에서 1929년 10월 바르샤바 협약의 내용을 일부 수정한 의정서이다.

② Guadalajara Convention

과달라하라 협약 : 계약운송인 이외의 자에 의해 이루어진 국제항공운송에 대한 일부규칙의 통일을 위해 바르샤바 협약을 보완하는 협약으로 과달라하라에서 1961년 9월 18일 채택, 1964년 5월 1일 발효되었다.

③ Guatemala Protocol

과테말라의정서 : 1965년 7월 국제민간항공기구(ICAO) 총회에서 개정된 바르샤바 조약상 운송인의 책임한도액을 재개정할 필요성이 제기된 후 ICAO의 법률위원회에서 초안한 내용을 1971년에 과테말라 외교회의에서 통과시킨 의정서이다.

⑤ Montreal Agreement

몬트리올 협정 : 국제항공운송협회(IATA)가 여객의 책임한도에 불만을 가진 미국 정부와 1966년 5월 4일 몬트리올에서 협정을 가진 것으로, 모든 국제운송 승객, 수하물 혹은 짐으로 비행기에 의해 운송되는 것으로서 보상에 대해 적용한다.

86 정답 ▸ ①

□□□

① ㄱ : Actual carrier, ㄴ : NVOCC

ㄱ : Actual carrier – 자신이 직접 운송수단을 보유하고 복합운송인으로서 역할을 수행하는 실제 운송인

ㄴ : NVOCC – 계약 운송인형 복합운송인을 법적으로 실체화한 개념(무선박 운송인형 복합운송인)으로, 1984년 해운법 제3조 제17항은 NVOCC란 해상운송에 있어서 자기 스스로 선박을 직접 운항하지 않으면서 해상운송인에 대해서는 화주의 입장이 되는 자라고 규정하였다.

87 정답 ▸ ④

□□□

④ 중량화물

단위탑재용기 요금(BUC : Bulk Unitization Charge)은 귀중품, 동물, 사체 및 IATA 위험품 규칙에 있는 제한품목을 제외하고 모든 화물의 운송에 적용된다.

88 정답 ▸ ②

□□□

② **무과실책임(liability without negligence)은 복합운송인의 과실여부와 면책사유를 불문하고 운송기간에 발생한 모든 손해의 결과를 책임지는 원칙이다.**

> 무과실책임은 운송인의 과실 여부에 불문하고 배상책임을 지는 원칙으로 불가항력, 화물고유의 성질, 통상의 소모 또는 누손 등으로 인한 손해에 대해서는 면책을 인정한다.

89 정답 ▸ ⑤

□□□

① Micro Land Bridge

> 육로를 마치 해상과 해상을 잇는 육교처럼 이용하는 랜드브리지의 일종으로, 흔히 인테리어 포인트 인터모덜(IPI : interior point intermodal)이라고도 하며, 동아시아에서 미국 서부 지역까지는 선박으로 해상운송하고 철도나 트럭으로 미국 내륙지역으로 육상운송하는 방식이다.

② Overland Common Point

> 극동에서 미주대륙으로 운송되는 화물에 공통운임이 부과되는 지역으로서 Rocky산맥 동쪽의 멀리 떨어진 여러 지역(North Dakota, South Dakota, Nebraska, Colorado, New Mexico 등)으로의 해상/철도복합운송화물의 해상운임이 대서양 및 걸프지역인 경우 화물의 운임과 경쟁할 수 있도록 인하해 주는 특별할인운임이다.

③ Mini Land Bridge

> 극동아시아에서 미국의 서부연안까지 해상운송이 이루어지고 미국 서해안에서 철도에 환적된 다음 미국 대서양 연안 및 걸프지역 항만까지 운송하는 복합운송 서비스이다.

④ Canada Land Bridge

> 극동 지역에서 캐나다의 밴쿠버나 미국의 시애틀까지 해상운송 한 후에, 육상운송으로 대륙을 횡단하고 다시 해상운송으로 유럽의 항구에 이르는 복합운송경로이다.

90 정답 ▸ ④

□□□

④ **UN국제복합운송조약은 복합운송증권의 발행 여부를 송화인의 선택에 따르도록 하고 있다.**

> UN국제복합운송조약은 복합운송인이 화물을 자기의 보관으로 인수한 때에는 송화인의 선택에 따라서 유통성 증권 형태 혹은 비유통성 증권 형태의 복합운송증권을 발급하도록 되어 있다.

91 정답 ▶ ②

ㄱ. Hague Rules(1924) 해상운송과 관련된 국제조약
ㄴ. Warsaw Convention(1929) 항공운송과 관련된 국제조약
ㄷ. CMR Convention(1956) 도로운송과 관련된 국제조약
ㄹ. CIM Convention(1970) 철도운송과 관련된 국제조약
ㅁ. Hamburg Rules(1978) 해상운송과 관련된 국제조약
ㅂ. Rotterdam Rules(2008) 해상운송과 관련된 국제조약

92 정답 ▶ ③

③ 운송계약 - Charter party

용선계약(Charter party)은 대량화물을 부정기선에 의해 운송하는 경우에 이용된다.

93 정답 ▶ ①

① 선박은 선박의 외형과 이를 지탱하기 위한 선체와 선박에 추진력을 부여하는 용골로 구분된다.

용골은 선박 하단의 중앙부를 앞뒤로 가로지르는 배의 중심축으로, 선체를 받치는 기능을 한다.

94 정답 ▶ ③

③ 법적으로 요식계약(formal contract)의 성격을 가지고 있기 때문에 개별 화주와 운송계약서를 별도로 작성하여야 한다.

개품운송계약의 운송계약서는 따로 작성하는 것이 아닌, 선적 후 운송인이 발행하는 선하증권에 의하여 운송계약이 성립된다.

95 정답 ▶ 모두정답

□□□

ㄱ. Shipping Request

선적요청서 : 선적을 담당하는 사람에게 선적의 사용을 미리 예약하기 위해 발송하는 서류

ㄴ. Booking Note

선복예약서 : 선박회사가 해상운송계약에 의한 운송을 인수하고 그 증거로서 선박회사가 발급하는 서류

ㄷ. Shipping Order

선적지시서 : 화주가 선박에 화물 선적을 위하여 선사로부터 발급받는 서류

ㄹ. Arrival Notice

화물도착통지서 : 운송계약조건에 따라 운수업체가 화물의 도착을 수입자에 알리는 통지서

ㅁ. Delivery Order

화물인도지시서 : 물품의 보관자에 대해 그 물품을 증권의 정당한 소지인에게 인도해야 하는 것을 지시하는 대표적인 증서

ㅂ. Mate's Receipt

본선수취증 : 기재된 상태대로 화물을 수령하였음을 인정하는 증서

96 정답 ▶ ③

□□□

① Port congestion surcharge

체선할증료 : 도착항의 항만사정이 혼잡할 때 받는 할증료

② Transhipment additional surcharge

환적할증료 : 송화인이 환적을 요청하는 경우 그에 따른 추가비용을 보전하기 위해 부과하는 할증료

③ Optional surcharge 양륙항선택할증료

④ Bunker adjustment surcharge

유류할증료 : 유가인상분에 대한 추가비용을 보전하기 위해 부과되는 할증료

⑤ Currency adjustment surcharge

통화할증료 : 선주가 환율의 급격한 변동에 따른 운항비 보전을 위해 만든 할증료

97

정답 ▶ ①

① Bareboat charter 나용선계약

② Partial charter

일부용선계약 : 선주로부터 선복(Ship's space)의 일부만을 빌려 사용하는 계약이다.

③ Voyage charter

항해용선계약 : 어느 한 특정 항구에서 다른 특정 항구까지 한 번의 항해를 위해서 화주와 선주 간에 체결되는 용선계약이다.

④ Time charter

정기(기간)용선계약 : 모든 장비를 갖추고, 선원이 승선해 있는 선박을 일정기간 정하여 사용하는 조건으로 체결되는 용선계약이다.

⑤ Lumpsum charter

선복용선계약 : 한 선박의 선복 전부를 한 선적으로 간주하고 운임총액을 정하여 실제 적재수량과 관계없이 정하는 방식이다.

98

정답 ▶ ⑤

① Classical system

고전적 시스템 : 비교적 큰 보관시스템으로 자회사 창고를 통해 제품 송부 및 주문을 하는 형태이다.

② Transit system

통과시스템 : 자회사의 창고는 단지 통과센터의 기능만 하며, 고전적 시스템보다 출하빈도가 훨씬 높아 자회사 차원에서의 보관비용이 줄어든다.

③ Direct system

직송시스템 : 제품이 생산된 국가의 공장으로부터 해외의 최종 사용자 또는 자회사의 유통경로 안의 다음 중간상에게로 바로 배송되는 형태이다.

④ Just In Time system

JIT시스템 : 재고를 남기지 않고 입하된 재료를 그대로 사용하는 상품관리방식이다.

⑤ Multi-country warehouse system 다국행 창고시스템

99

정답 ▶ ⑤

⑤ 코로나 팬데믹의 영향으로 전자상거래 비중이 감소하는 추세이다.

코로나 팬데믹의 영향으로 전자상거래 비중이 증가하는 추세이다.

100 정답 ▶ ①

□□□

ㄱ. 원유, 철광석 등 대량화물의 운송수요를 가진 대기업과 선사 간에 장기간 반복되는 항해에 대하여 적용되는 운임

Long Term Contract Freight(장기운송계약운임)

ㄴ. 화물의 개수, 중량, 용적과 관계없이 항해 또는 선복을 기준으로 일괄 부과되는 운임

Lump sum Freight(선복운임)

더 알아보기

- Pro Rate Freight(비례운임) : 운송 도중 불가항력 또는 기타 원인에 의해 운송을 계속할 수 없게 되어 중도에 화물을 인도할 경우 그 때까지 이행된 운송비율에 따라 지불하는 비례운임으로, 부정기선 운임에 해당한다.
- Dead Freight(부적운임) : 화물의 실제 적재량이 계약량에 미달할 경우 그 부족분에 대해 지불하는 부정기선 운임이다.
- Consecutive Voyage Freight(연속항해운임) : 어떤 특정 항로를 반복적으로 연속하여 항해하는 경우에 약정된 연속항해의 전부에 대하여 적용하는 부정기선 운임이다.
- Freight All Kinds Rate(무차별운임) : 화물의 종류나 내용과는 관계없이 중량과 용적에 따라 동일하게 부과하는 정기선 운임에 해당한다.

101 정답 ▶ ④

□□□

구 분		국제물류	국내물류
ㄱ	운송 방법	주로 복합운송이 이용된다(○).	주로 공로운송이 이용된다(○).
ㄴ	재고 수준	짧은 리드타임으로 재고수준이 상대적으로 낮다(×). 주문시간이 길고, 운송 등의 불확실성으로 재고 수준이 높다.	주문시간이 길고, 운송 등의 불확실성으로 재고수준이 높다(×). 짧은 리드타임으로 재고수준이 상대적으로 낮다.
ㄷ	화물 위험	단기운송으로 위험이 낮다(×). 장기운송과 환적 등으로 위험이 높다.	장기운송과 환적 등으로 위험이 높다(×). 단기운송으로 위험이 낮다.
ㄹ	서류 작업	구매주문서와 송장 정도로 서류 작업이 간단하다(×). 각종 무역운송서류가 필요하여 서류 작업이 복잡하다.	각종 무역운송서류가 필요하여 서류 작업이 복잡하다(×). 구매주문서와 송장 정도로 서류 작업이 간단하다.
ㅁ	재무적 위험	환리스크로 인하여 재무적 위험이 높다(○).	환리스크가 없어 재무적 위험이 낮다(○).

102 정답 ▸ ②

□□□

① Dry container

건화물 컨테이너 : 온도조절이 필요 없는 일반잡화를 적부하여 운송하는 컨테이너로 밀폐식으로 제작되어 있다.

② Open top container 천장개방형 컨테이너

③ Flat rack container

플랫 랙 컨테이너 : 목재, 승용차, 기계류 등과 같은 중량화물을 운송하기 위해 사용되며, 건화물 컨테이너의 지붕과 벽을 제거하고 기둥과 버팀대만 두어 전후좌우 및 쌍방에서 하역할 수 있는 특징을 가진 컨테이너이다.

④ Solid bulk container

솔리드 벌크 컨테이너 : 가축사료, 콩, 쌀, 보리 등 곡물류나 가루형 화물 등의 살화물 운송에 적합하도록 제작된 단열성과 기밀성(air tightness)을 갖춘 컨테이너이다.

⑤ Hanger container

행거 컨테이너 : 의류를 운송할 때 구겨지지 않도록 옷걸이(Hanger)에 걸어 수입지에서 그대로 판매할 수 있도록 만들어진 컨테이너이다.

103 정답 ▸ ③

□□□

① ITI(Customs Convention on the International Transit of Goods, 1971)

관세협력위원회가 채택한 협약으로, 컨테이너 속에 내장된 화물이 육·해·공을 포함하는 국제운송 시 어떤 국가를 지나 목적지까지 갈 때 적용하는 관세법상 특례를 규정하였다.

② CCC(Customs Convention on Container, 1956)

컨테이너 자체가 관세선, 즉 국경을 통과할 때 관세 및 통관방법 등을 협약해야 할 필요성으로 만들어진 협약이다.

③ CSC(International Convention for Safe Container, 1972) 컨테이너안전협약

④ TIR(Transport International Routiere, 1959)

유럽경제위원회에서 채택한 국제협약으로 체약국은 도로 주행차량에 의해 운송되는 봉인된 컨테이너 내의 화물에 대해서는 경유지 세관에서의 수입세나 수출세의 납부 및 공탁을 면제하고 원칙적으로 경유지 세관에서의 세관검사가 면제되는 것을 규정한다.

⑤ MIA(Marine Insurance Act, 1906)

영국해상보험법으로, 해상보험계약은 그 계약에 의해 합의한 방법과 범위 내에서 해상손해, 즉 해상사업과 수반하는 손해를 보험자가 피보험자에게 보상할 것을 인수하는 계약이다.

104 정답 ▶ ⑤

□□□ ⑤ CY/CFS는 선적지에서 수출업자가 LCL화물로 선적하여 목적지 항만의 CFS에서 화물을 분류하여 수입업자에게 인도한다.

CY/CFS는 선적지에서 수출업자가 FCL화물로 선적하고, 목적지의 CFS에서 컨테이너를 개봉하여 화물을 분류한 후 여러 수입업자에게 인도한다.

105 정답 ▶ ②

□□□ ② CVO(Commercial Vehicle Operation) : 조직 간 표준화된 전자문서로 데이터를 교환하고, 업무를 처리하는 시스템

CVO(상용차량 운행관리시스템/화물정보망)는 화주의 화물운송정보와 차주의 공차정보를 위성위치정보(GPS)・휴대폰 등 통신망을 이용하여 연결하는 서비스(정보플랫폼)이다.

106 정답 ▶ ④

□□□ ④ 항공운송서류는 항공화물운송장(AWB)의 명칭과 발행일이 표시되어야 한다.

항공운송서류의 명칭은 반드시 항공화물운송장(AWB)일 필요는 없다. 항공운송서류에는 운송인 또는 그의 지정대리인에 의한 서명이 있어야 하며, 발행일과 발행장소를 기재하여야 한다.

항공운송서류의 수리요건

- 운송인의 이름을 명시하고 운송인 또는 기명대리인에 의해 서명
- 물품이 운송을 위해 수리된 것을 표시
- 발행일을 표시
- 신용장에 기재된 출발공항과 도착공항을 표시
- 신용장이 원본 전통(Full Set)을 규정하더라도 송화인 또는 선적인용 원본이어야 함
- 운송조건은 언급하여야 하며, 운송조건의 내용은 심사되지 않음

107 정답 ▶ ③

□□□ ③ ㄱ : master ㄴ : agent ㄷ : owner

○ 명칭에 관계없이, 용선계약(용선계약 선하증권)의 대상이 된다는 표기를 포함한 선하증권은 다음 조건을 충족하여야 한다.

다음의 자에 의해 서명되어야 한다.

- 선장(ㄱ : master) 또는 선장(ㄱ : master)을 대리하는 지명 대리인(ㄴ : agent)
- 선주(ㄷ : owner) 또는 선주(ㄷ : owner)를 대리하는 지명 대리인(ㄴ : agent)

108 정답 ▶ ⑤

□□□ ⑤ Gantry Crane은 CY에서 컨테이너를 트레일러에 싣고 내리는 작업을 수행하는 장비이다.

갠트리 크레인(Gantry Crane)은 컨테이너 터미널에서 컨테이너선에 컨테이너를 선적하거나 양륙하기 위한 전용크레인으로 에이프런(Apron)에 부설된 철도 위를 이동하여 컨테이너를 선적 및 양하하는 데 사용하는 대형 기중기이다.

109 정답 ▶ ①

□□□ ① ㄱ : carrier, ㄴ : shipper, ㄷ : consignee

CMI통일규칙(1990)

1. Scope of Application
   These Rules shall be called the CMI Uniforms Rules for Sea Waybills.
   They shall apply when adopted by a contract of carriage which is not covered by a bill of lading or similar document of title, whether the contract be in writing or not.
2. Definitions
   In these Rules :
   "Contract of carriage" shall mean any contract of carriage subject to these Rules which is to be performed wholly or partly by sea.
   "Goods" shall mean any goods carried or received for carriage under a contract of carriage.
   (**"Carrier" and "Shipper"**) shall mean the parties named in or identifiable as such from the contract of carriage.
   (**"Consignee"**) shall mean the party named in or identifiable as such from the contract of carriage, or any person substituted as (**consignee**) in accordance with Rule 6(i).
   "Right of Control" shall mean the rights and obligations referred to in Rule 6.

110 정답 ▶ ④

□□□ ① C-TPAT(Customs-Trade Partnership Against Terrorism)

2002년 미국 세관이 도입한 민관협력 프로그램으로, 수입업자와 선사, 운송회사, 관세사 등 공급사슬의 당사자들이 적용대상이며, 미국 세관이 제시하는 보안기준 충족 시 통관절차 간소화 등의 혜택이 주어진다.

② ISO 28000

공급사슬 전반에 걸친 보안을 보장하기 위하여 제조업자뿐만 아니라 창고보관업자, 운송업자, 서비스업자 등 공급사슬에 참여하는 모든 조직의 보안 사항을 심사하여 인증하는 제도이다.

③ 10+2 Rule

보안과 수입자의 책임을 강화하기 위해 선적지에서 출항 24시간 전, 미국 세관에 온라인으로 신고하도록 한 제도로 수입자 신고 사항이 10가지, 운송사 신고 사항이 2가지로 되어 있어 10+2 Rule이라 불리며, ISF(Importer Security Filing)라고도 한다.

⑤ Trade Act of 2002 Final Rule

2002 무역법 최종규칙

111 정답 ▶ ②

□□□ ② 세관통제하에 통관된 수출입화물만을 대상으로 일시저장과 취급에 대한 서비스를 제공한다.

내륙통관기지로서의 ICD는 항만 내에서 이루어져야 할 본선작업과 마샬링기능을 제외한 장치보관기능, 집하분류기능, 수출 컨테이너화물에 대한 통관기능 등 전통적인 항만의 기능과 서비스 일부를 수행함으로써 신속한 화물유통을 가능하게 하고 있다.

112 정답 ▶ ③

□□□ ③ CIF규칙은 최대담보조건, CIP규칙은 최소담보조건으로 보험에 부보하도록 개정하였다.

CIF규칙은 최소담보조건, CIP규칙은 최대담보조건으로 보험에 부보하도록 개정하였다.

113 정답 ▶ ②

□□□ ② ㄴ, ㄷ

Incoterms® 2020 규칙은 매도인과 매수인의 의무·비용·위험에 대해 규정한다.
그러나 Incoterms® 2020 규칙은 매매계약에 따른 물품의 소유권 이전, 대금지급의 시기, 관세의 부과, 분쟁해결방법, 권리구제수단, 불가항력, 이행가혹, 준거법 등에 대해서는 다루지 않는다.

114 정답 ▶ ④

□□□ ④ ㄱ : DAT, ㄴ : DAP, ㄷ : DPU

ICC는 (ㄱ. DAT)와 (ㄴ. DAP)에서 두 가지를 변경하기로 결정하였다. 첫째, 이러한 두 인코텀즈 2020 규칙의 등장순서가 서로 바뀌었고, 양하 전에 인도가 일어나는 (ㄴ. DAP)가 이제는 (ㄱ. DAT) 앞에 온다. 둘째, (ㄱ. DAT) 규칙의 명칭이 (ㄷ. DPU)로 변경되었고, 이는 '터미널'뿐만 아니라 어떤 장소든지 목적지가 될 수 있는 현실을 강조하기 위함이다.

115 정답 ▶ ⑤

□□□ ⑤ Insured amount란 피보험위험으로 인하여 발생한 손해를 보험자로부터 보상받는 대가로 보험계약자가 보험자에게 지급하는 수수료를 말한다.

Insured amount(보험금액)이란 보험자가 1회의 사고에 대해 손해의 보상책임을 부담하는 금액의 최고한도를 말한다.

116 정답 ▸ ①

□□□ ① 보세공장에서 내국물품과 외국물품을 원재료로 하여 만든 물품

관세법상 내국물품(관세법 제2조 제5호)
내국물품이란 다음의 어느 하나에 해당하는 물품을 말한다.
- 우리나라에 있는 물품으로서 외국물품이 아닌 것
- 우리나라의 선박 등이 공해에서 채집하거나 포획한 수산물 등
- 입항전수입신고가 수리된 물품
- 수입신고수리전 반출승인을 받아 반출된 물품
- 수입신고전 즉시반출신고를 하고 반출된 물품

117 정답 ▸ ③

□□□ ③ 보험목적물에 해상위험이 발생한 경우 손해방지의무를 이행하기 위해 지출되는 비용

물적손해는 보험목적물 그 자체가 멸실이나 훼손됨으로 인하여 피보험자가 입는 손해를 말하며, 직접손해라고도 한다. 전손(현실전손, 추정전손)과 분손(단독해손, 공동해손)으로 나뉜다.

118 정답 ▸ ②

□□□ ② 유리, 합판, 타일 – 용적 – CBM, barrel, bushel

유리, 합판, 타일 – 면적 – square meter

119 정답 ▸ ⑤

□□□ ⑤ 수입신고와 반송신고는 물품의 화주 또는 완제품공급자나 이들을 대리한 관세사 등의 명의로 해야 한다.

수출·수입 또는 반송의 신고는 화주 또는 관세사 등의 명의로 하여야 한다. 다만, 수출신고의 경우에는 화주에게 해당 수출물품을 제조하여 공급한 자의 명의로 할 수 있다(관세법 제242조).

120 정답 ▸ **모두정답**

□□□ 문제 출제 오류로 인해 주관처에서 모두정답으로 인정되었다.

2교시

[4과목] 보관하역론

01	02	03	04	05	06	07	08	09	10	11	12	13	14	15	16	17	18	19	20
❶	❸	❸	❶	❸	❷	❺	❷	❹	❶	❺	❹	❷	❺	❹	❸	❸	❺	❶	❸
21	**22**	**23**	**24**	**25**	**26**	**27**	**28**	**29**	**30**	**31**	**32**	**33**	**34**	**35**	**36**	**37**	**38**	**39**	**40**
❺	❹	❷	❺	❸	❸	❺	❷	❹	❶	❷	❺	❸	❺	❸	❸	❶	❺	❹	❶

01 정답 ▸ ①

□□□

① 물품의 거리적·장소적 효용 창출 기능

물품의 거리적·장소적 효용을 창출하는 것은 운송의 기능에 해당한다.

02 정답 ▸ ③

□□□

ㄱ(○). 배송물량을 통합하여 계획 배송함으로써 차량의 적재 효율을 높일 수 있다.
ㄴ(×). 혼합배송이 가능하여 차량의 공차율이 증가한다.

공동집배송은 다수업체가 배송센터를 한 곳의 대단위 단지에 집결시킴으로써 배송물량의 지역별·업체별 계획배송 및 혼재배송에 의해 차량 적재율의 증가, 횟수의 감소 및 운송거리의 단축을 통하여 공차율이 감소한다.

ㄷ(○). 공동집배송단지를 사용하는 업체들의 공동 참여를 통해 대량 구매 및 계획 매입이 가능하다.
ㄹ(×). 보관 수요를 통합 관리함으로써 업체별 보관 공간 및 관리 비용이 증가한다.

공동집배송은 작업을 공동으로 수행하므로 상품 흐름의 원활화, 인력의 공동활용, 공간효용의 극대화를 통해 업체별 보관 공간 및 관리 비용이 감소한다.

ㅁ(○). 물류 작업의 공동화를 통해 물류비 절감 효과가 있다.

03 정답 ▶ ③

□□□ ③ ㄱ : CFS(Container Freight Station), ㄴ : 복합물류터미널, ㄷ : 스톡 포인트(Stock Point)

ㄱ : CFS(Container Freight Station) – LCL 화물을 모아서 FCL 화물로 만드는 LCL 화물 정거장으로 부두 외부에도 위치할 수 있다.
ㄴ : 복합물류터미널 – 우리나라의 복합물류터미널은 물류시설의 개발 및 운영에 관한 법률에 근거하며, 화물의 집하, 하역, 분류, 포장, 보관 또는 통관에 필요한 시설을 갖춘 화물유통의 중심장소로서 두 종류 이상 운송수단 간의 연계수송을 할 수 있는 규모와 시설을 갖춘 물류터미널이다.
ㄷ : 스톡 포인트(Stock Point) – 보통 재고품의 보관거점으로서 상품의 배송거점인 동시에 예상수요에 대한 보관거점을 의미한다. 물품보관에 주력하는 보관 장소이며 제조업체들이 원료나 완성품, 폐기물을 쌓아 두는 경우가 많다.

04 정답 ▶ ①

□□□ ② 선입선출의 원칙

FIFO(First In First Out)란 먼저 보관한 물품을 먼저 출고하는 것이다(상품형식변경이 잦은 것, 상품수명주기가 짧은 것, 파손・감모가 생기기 쉬운 것).

③ 통로 대면의 원칙

물품의 입・출고를 용이하게 하고 효율적으로 보관하기 위해 통로면에 보관하는 것이다.

④ 보관 위치 명확화의 원칙

보관품의 장소와 선반번호 등의 위치를 표시함으로써 업무의 효율화를 증대시킬 수 있다는 원칙이다.

⑤ 유사자재 관리의 원칙

유사품은 근처 가까운 장소에 보관해야 한다는 원칙이다.

05 정답 ▶ ③

□□□ ③ 주문특성은 재고정책, 고객서비스 목표, 투자 및 운영 비용을 반영한다.

물류센터 구조 결정 시 고려사항
• 제품특성 : 크기, 무게, 용량, 가격, 포장 등
• 주문특성 : 주문 건수 및 빈도, 주문량, 처리 속도
• 관리특성 : 재고정책, 고객서비스 목표, 투자 및 운영비용
• 환경특성 : 지리적 위치, 입지 제약, 환경 제약
• 설비특성 : 설비 종류, 운영방안, 자동화 수준
• 운영특성 : 입출고방법, 보관방법, 피킹 및 분류 방법, 배송방법

06 정답 ▸ ②

□□□ ② ㄱ : BTO(Build Transfer Operate), ㄴ : BOT(Build Operate Transfer), ㄷ : BLT(Build Lease Transfer)

ㄱ : BTO(Build Transfer Operate) – 민간이 시설을 준공해 정부에 소유권을 양도한 뒤 일정 기간 직접 운영하면서 사용자로부터 이용료를 받아 투자비를 회수하는 방식이다.
ㄴ : BOT(Build Operate Transfer) – 수입을 수반하는 공공 프로젝트에 대하여 시공자가 자금 조달, 설계, 건설을 하고, 완성 후 시설의 운영을 하여 수입에서 투자 자금을 규정 연한 내에 회수한 다음 발주자에게 시설을 넘기는 방식이다.
ㄷ : BLT(Build Lease Transfer) – 사업 시행자가 사회 기반 시설을 준공한 후 일정 기간 타인에게 임대하고 임대 기간 종료 후에 시설물을 국가 또는 지방자치단체로 이전하는 민간 자본 활용 방식이다.

07 정답 ▸ ⑤

□□□ ⑤ 배송센터는 장치보관, 수출입 통관, 선박의 적하 및 양하기능을 수행하는 육상운송수단과의 연계 지원시설이다.

배송센터는 관할지역 내의 소매점 및 소비자에 대한 배송기능을 주로 하는 물류거점으로 물류센터보다 소규모이고 기능이 단순하다.

08 정답 ▸ ②

□□□ ② 시장경쟁력, 재고통합효과, 설비를 고려하는 동적 입지모형이다.

단일설비입지는 미래의 수요변동이나 비용변동을 고려하지 않는 정태적 분석을 전제로 한다.

09 정답 ▸ ④

□□□ ① 체크리스트법

입지요인에 대한 평점을 부여하여 종합점수가 가장 높은 지역을 물류단지 입지로 선택하는 방법이다.

② 톤-킬로법

각 수요처와 배송센터까지의 거리와 수요처까지의 운송량에 대하여 운송수량(톤)×거리(km)에 의해 평가하여 그 총계가 가장 적은 곳에 배송센터를 설치하는 방법이다.

③ 무게 중심법

물류센터로 반입 및 반출되는 각 지점과 물류센터와의 거리에 거리당 운임과 물동량을 곱하여 각 지점과 물류센터 간의 수송비를 산출한 후 그 합이 최소가 되는 지점을 구하는 방법이다.

⑤ 브라운 & 깁슨법

입지결정에 있어서 양적 요인과 질적 요인을 함께 고려할 수 있는 복수공장의 입지분석모형이다.

10 정답 ▸ ①

□□□ ① 파렛트가 랙 내에서 경사면을 이용하여 이동하는 방식으로 선입선출이 요구되는 제품에 적합하다.

파렛트가 랙 내에서 경사면을 이용하여 이동하는 방식으로 선입선출이 요구되는 제품에 적합한 것은 슬라이딩 랙(Sliding Rack)이다.

11 정답 ▸ ⑤

□□□ ⑤ ㄱ, ㄴ, ㄷ, ㄹ, ㅁ

보기에 제시된 요인 모두가 물류센터 규모 결정에 영향을 미치는 요인에 해당한다. 이 외에도 목표 재고량, 리드타임, 주문마감시간, 납품빈도, 주문단위 등의 서비스 수준이 물류센터 규모 산정 시 고려대상에 해당한다.

12 정답 ▸ ④

□□□ ④ 물품을 한 장소에서 다른 장소로 이동시키는 물리적 행위를 통해 장소적 효용을 창출한다.

장소적 효용을 창출하는 것은 운송의 기능에 대한 설명이다.

13 정답 ▸ ②

□□□ ② 영업창고 이용자는 초기에 창고건설 및 설비투자와 관련하여 고정비용이 발생한다.

자가창고 이용자는 초기에 창고건설 및 설비투자와 관련하여 고정비용이 발생한다.

14 정답 ▸ ⑤

□□□ ⑤ 고객주문내역상의 운송수단을 고려한 최적의 경로를 설정하여 비용과 시간을 절감하도록 지원한다.

고객주문내역상의 운송수단을 고려한 최적의 경로를 설정하여 비용과 시간을 절감하도록 지원하는 것은 운송관리시스템의 특성에 관한 설명이다.

» 더 알아보기

운송관리시스템(TMS : Transportation Management System)

화물운송 시 수반되는 자료와 정보를 신속하게 수집하여 이를 효율적으로 관리하고 동시에 수주단계에서 입력한 정보를 기초로 속도, 비용 등의 측면에서 가장 효율적인 수송경로와 운송수단을 안내하는 정보체계를 말한다.

15 정답 ▶ ④

□□□ ④ 멀티 릴레이 DAS는 주문 단위로 출하박스를 투입하여 피킹하는 방식으로 작업자의 이동이 최소화된다.

멀티 릴레이 DAS는 입고수량을 1차를 통로별, 2차를 점포별로 분배하는 방식으로 냉장·신선식품의 통과형 물류단지 또는 도시락, 가공 생산하는 물류센터에 적합하다.

16 정답 ▶ ③

□□□ ③ 트래버서(Traverser)는 보관품의 입출고 시 작업장부터 랙까지 연결시켜주는 반송장치이다.

트래버서(Traverser)는 화물을 지정된 입출고 지점까지 수평으로 이동시키는 장치이다.

17 정답 ▶ ③

□□□ ③ X = 36.3, Y = 41.3

$$X = \frac{(50 \times 10) + (40 \times 20) + (100 \times 30) + (190 \times 50)}{50 + 40 + 100 + 190} = 36.3$$

$$Y = \frac{(50 \times 20) + (40 \times 30) + (100 \times 40) + (190 \times 50)}{50 + 40 + 100 + 190} = 41.3$$

18 정답 ▶ ⑤

□□□ ⑤ 평균재고액은 기말재고액에서 기초재고액을 뺀 값이다.

$$\text{평균재고액} = \frac{(\text{기초재고액} + \text{기말재고액})}{2}$$

19 정답 ▶ ①

□□□ ① 2,000개

경제적 주문량(EOQ)

$$= \sqrt{\frac{2 \times \text{1회 주문비용} \times \text{연간 수요량}}{\text{연간단위당 재고유지비}}} = \sqrt{\frac{2 \times \text{1회 주문비용} \times \text{연간 수요량}}{\text{자재구매단가} \times \text{재고유지비율}}}$$

$$= \sqrt{\frac{2 \times 80,000 \times 20,000}{4,000 \times 0.2}} = \sqrt{4,000,000} = 2,000\text{개}$$

20 정답 ▸ ③

□□□

③ X = 85개, Y = 130개

순 소요량 = 총 소요량 − 현 재고 − 예정된 입고량
따라서 부품 X의 순 소요량 = (50 × 2) − 5 − 10 = 85개
부품 Y의 순 소요량 = (50 × 3) − 20 − 0 = 130개

21 정답 ▸ ⑤

□□□

⑤ 기술력 향상 및 생산공정의 자동화 도입 촉진을 위해 재고를 보유한다.

재고 보유의 역할

- 고객의 요구납기에 신속하게 대응 : 예상되는 고객의 수요를 만족시키기 위하여 재고를 보유한다.
- 대내·대외 여건변동에 따른 충격 흡수 : 가격인상, 물량변동, 납기변경, 기계고장, 불량, 결근 등에 대비해서 사전에 재고를 보유한다.
- 생산계획 신축적 기능 : 완제품에 대한 적절한 재고수준 유지는 생산계획 수립 시 평준화된 생산량을 부하시킴으로써 생산계획을 효율적으로 운영할 수 있고, 경제적인 생산 로트(Lot)로 비용절감이 가능하다.
- 주문기간 대응기능 : 공급자로부터의 배달지연이 발생할 가능성에 대비하기 위하여 재고를 보유하여 판매기회를 놓치는 것을 미연에 방지한다.

27회

22 정답 ▸ ④

□□□

④ 2,500,000원

A상품의 연간 재고유지비
= 단위당 재고유지비 × 연간 평균재고
= 5,000원 × 0.05 × 10,000개
= 2,500,000원

23 정답 ▸ ②

□□□

① 정량발주법

발주점법 또는 정량발주시스템은 재고량이 일정한 재고수준, 즉 발주점까지 내려가면 일정량을 주문하여 재고관리하는 경제적 발주량 주문방식이다.

② 델파이법

델파이법은 적절한 해답이 알려져 있지 않거나 일정한 합의점에 도달하지 못한 문제에 대하여 다수의 전문가를 대상으로 설문조사나 우편조사로 수차에 걸쳐 피드백하면서 그들의 의견을 수렴하고 집단적 합의를 도출해 내는 조사방법이다.

③ Two – Bin법

두 개의 Bin을 이용하여 재고를 관리하는데, Bin-1의 재고가 발주점에 도달하면 발주를 한다. Bin-1의 재고를 사용한 후, Bin-2의 재고를 사용하며, Bin-2의 재고가 발주점에 도달하면 다시 발주가 이루어지는 반복과정으로, 보통 Bin이 비워지는 시점이 발주점이 되며, Bin의 양이 경제적 발주량이 된다.

④ 기준재고법

기업에서 가장 일반적으로 이용되는 재고관리시스템으로 S-S재고시스템 또는 Mini-Max재고시스템 등으로 불리기도 하는데 이 시스템은 정량재고시스템과 정기재고시스템의 혼합방식으로 두 시스템의 장점을 유지하도록 고안된 것이다.

⑤ 정기발주법

재고수준을 계속적으로 관찰하는 것이 아닌 정기적으로 재고량을 파악하고 최대재고수준을 결정하여 부족한 부분만큼 주문한다.

24 정답 ▸ ⑤

□□□

⑤ 지수평활법은 예측하고자 하는 기간의 직전 일정 기간의 시계열 평균값을 활용하여 산출하는 방법이다.

지수평활법은 가장 최근 데이터에 가장 큰 가중치가 주어지고 시간이 지남에 따라 가중치가 기하학적으로 감소되는 가중치 이동 평균 예측 기법의 하나로, 가장 최근의 예측 데이터와 주요 판매 데이터 간의 차이에 적합한 평활 상수를 사용함으로써 과거의 데이터를 유지할 필요성을 갖지 않는다.

25 정답 ▸ ③

□□□

③ 시간, 장소 및 형태 효용을 창출한다.

하역은 화물에 대한 시간적 효용과 장소적 효용 창출을 지원한다.

26 정답 ▸ ③

□□□

③ 운반활성지수를 최소화한다.

운반활성지수를 최대화한다.

27 정답 ▸ ⑤

□□□

⑤ 스태킹(Stacking) : 화물이 손상, 파손되지 않도록 화물의 밑바닥이나 틈 사이에 물건을 깔거나 끼우는 작업

스태킹(Stacking)은 하역작업 중 물품 또는 포장화물을 규칙적으로 쌓아 올리는 작업이다.

28 정답 ▶ ②

□□□

<u>② 필요한 원재료 · 반제품 · 제품 등의 최적 보유량을 계획하고 조직하고 통제하는 기능을 한다.</u>

필요한 원재료 · 반제품 · 제품 등의 최적 보유량을 계획하고 조직하고 통제하는 기능은 재고관리에 관한 설명이다.

29 정답 ▶ ④

□□□

① 탑 핸들러(Top Handler) : 본선과 터미널 간 액체화물 이송 작업 시 연결되는 육상터미널 측 이송장비

컨테이너 모서리쇠를 잡는 스프레더(Spreader) 또는 체결 고리가 달린 팔과 마스트를 갖추고 야드 내의 공컨테이너(Empty Container)를 적치 또는 하역하는 장비로서 대형지게차와 유사하다.

② 로딩 암(Loading Arm) : 부두에서 본선으로 석탄, 광석의 벌크화물을 선적하는 데 사용하는 장비

대량의 액체 및 기체제품을 운반선에 선적 또는 하역할 때 사용하는 굴절형 팔 형태의 항만하역 장비이다.

③ 돌리(Dolly) : 해상 컨테이너를 적재하거나 다른 장소로 이송, 반출하는 데 사용하는 장비

트랜스포터와 동일한 역할을 하나 자체 구동력은 없고 터그카와 연결되어 사용된다. 파렛트를 올려놓고 운반하기 위한 차대로서 사방에 파렛트가 미끄러지지 않도록 스토퍼를 부착하고 있다.

⑤ 스트래들 캐리어(Straddle Carrier) : 부두의 안벽에 설치되어 선박에 컨테이너를 선적하거나 하역하는 데 사용하는 장비

컨테이너터미널에서 컨테이너를 마샬링 야드로부터 에이프런 또는 CY지역으로 운반 및 적재할 경우에 사용되는 장비이다.

30 정답 ▶ ①

□□□

<u>① 생산의 마지막 단계로 치수, 강도, 재질, 기법 등의 표준화로 구성된다.</u>

생산의 마지막 단계로 치수, 강도, 재질, 기법 등의 표준화로 구성되는 것은 포장 표준화에 관한 설명이다.

31 정답 ▶ ②

□□□

① LO – LO(Lift on – Lift off) 방식

크레인을 이용하여 컨테이너를 본선에 수직으로 적양하는 방식으로 일반 컨테이너 적재방식을 말하며, 우리나라에서도 이 방식을 채택하고 있다.

<u>② RO – RO(Roll on – Roll off) 방식</u>

선측, 선주 또는 선미의 경사로(Ramp Way)를 통하여 컨테이너 또는 트레일러를 수평으로 적양하는 방식으로 자동차 전용선과 훼리선이 있다.

③ FO – FO(Float on – Float off) 방식

부선(Barge)에 화물을 적재하고 크레인으로 부선을 적재, 양하하는 방식이다.

32 정답 ▸ ⑤

□□□

⑤ Freight Liner 방식 : 트럭이 화물열차에 대해 직각으로 후진하여 무개화차에 컨테이너를 바로 실어 운송하는 방식

Freight Liner 방식은 철도의 일정구간을 정기적으로 고속운행하는 열차를 편성하여 화물을 문전에서 문전(Door to door)으로 수송하기 위해 영국의 국유철도에서 개발한 철도운송 방식으로, 화물자동차와 철도운송을 결합한 운송방식이라는 점에서 TOFC 방식의 하나로 분류된다.

33 정답 ▸ ③

□□□

③ 공업포장은 물품 개개의 단위포장으로 판매촉진이 주목적이다.

상업포장은 물품 개개의 단위포장으로 판매촉진이 주목적이다.

34 정답 ▸ ⑤

□□□

ㄱ(×). 스티커(Sticker)는 주물을 주입할 때 미리 화인을 해두는 방법으로 금속제품, 기계류 등에 사용된다.

스티커(Sticker)는 못으로 박거나 혹은 특정 방법에 의하여 고착시키는 것을 말한다.

ㄴ(×). 스텐실(Stencil)은 화인할 부분을 고무인이나 프레스기 등을 사용하여 찍는 방법이다.

스텐실(Stencil)은 기름기가 많은 두꺼운 종이나 셀룰로이드판, 플라스틱판, 알루미늄판 등의 시트(Sheet)에 글자를 파두었다가 잉크나 페인트 등을 붓이나 스프레이를 사용하여 칠하는 방법을 말한다(나무상자, 드럼 등에 적용).

ㄷ(○). 태그(Tag)는 종이나 플라스틱판 등에 일정한 표시 내용을 기재한 다음 철사나 끈으로 매는 방법으로 의류, 잡화류 등에 사용된다.

ㄹ(○). 라벨링(Labeling)은 종이나 직포에 미리 인쇄해 두었다가 일정한 위치에 붙이는 방법이다.

35 정답 ▸ ③

□□□

③ 부화인 표시(Counter Mark)는 유통업자나 수입 대행사의 약호를 표시하는 기호이다.

부화인 표시(Counter Mark)는 내용물품의 직접 생산자나 혹은 수출 대행사 등이 붙이는 기호로서 주마크의 위쪽이나 밑쪽에 기재하게 되나 기재되지 않는 경우도 있다.

36 정답 ▸ ③

□□□

① 블록쌓기는 맨 아래에서 상단까지 일렬로 쌓는 방법으로 작업효율성이 높고 무너질 염려가 없어 안정성이 높다.

> 블록쌓기는 홀수단과 짝수단 모두 같은 방향으로 적재하는 패턴으로 봉적재라고도 한다. 이 방법은 각각의 종1열이 독립한 '봉'이 되어 나열한 것과 같은 것으로 상단의 붕괴가 쉽게 나타난다.

② 교호열쌓기는 짝수층과 홀수층을 180도 회전시켜 쌓는 방식으로 화물의 규격이 일정하지 않아도 적용이 가능한 방식이다.

> 교호열쌓기는 한 단에는 블록형 적재와 같은 모양과 방향으로 물건을 나열하고, 다음 단에는 90° 방향을 바꾸어 홀수단과 짝수단을 교차적으로 적재하는 것이다.

④ 핀휠(Pinwheel)쌓기는 비규격화물이나 정방형 파렛트가 아닌 경우에 이용하는 방식으로 다양한 화물의 적재에 이용된다.

> 핀휠(Pinwheel)쌓기는 파렛트 중앙부에 공간을 만드는 형태로 이 공간을 감싸듯 풍차형으로 화물을 적재하는 패턴이다. 홀수단과 짝수단의 방향을 바꾸어 적재한다.

⑤ 스플릿(Split)쌓기는 중앙에 공간을 두고 풍차형으로 쌓는 방식으로 적재효율이 높고 안정적인 적재방식이다.

> 스플릿(Split)쌓기는 벽돌 적재를 하는 경우에 화물과 파렛트의 치수가 일치하지 않는 경우 물건 사이에 부분적으로 공간을 만드는 패턴이다.

37 정답 ▸ ①

□□□

ㄱ(○). 교환방식은 동일한 규격의 예비 파렛트 확보를 위하여 추가비용이 발생한다.

ㄴ(○). 리스・렌탈방식은 개별 기업이 파렛트를 임대하여 사용하는 방식으로 파렛트의 품질유지나 보수가 용이하다.

ㄷ(×). 대차결제방식은 운송업체가 파렛트로 화물을 인도하는 시점에 동일한 수의 파렛트를 즉시 인수하는 방식이다.

> 대차결제방식은 교환방식의 단점을 개선하여 현장에서 즉시 교환하지 않고 일정시간 내에 국철역에 동수로 반환하는 방식이다.

ㄹ(×). 교환・리스병용방식은 대차결제방식의 단점을 보완하기 위하여 개발된 방식이다.

> 교환・리스병용방식은 교환방식과 렌탈방식의 결점을 보완한 것으로 관리 운영상 어려움이 많아 활성화되지 못한 방식이다.

38

정답 ▶ ⑤

□□□

⑤ **틸팅 방식(Tilting Type)은 벨트, 트레이, 슬라이드 등의 바닥면을 개방하여 물품을 분류한다.**

틸팅 방식(Tilting Type)은 레일을 주행하는 트레이, 슬라이드의 일부 등을 경사지게 하여 단위화물을 활강시키는 소팅컨베이어이다. 화물의 형상, 두께 등에 따라 폭넓게 대응하므로 각종 배송센터에서 이용되고 있다.

39

정답 ▶ ④

□□□

④ **하역기기 등에 관한 고정투자비용이 발생하지 않기 때문에 대규모 자본투자가 필요 없다.**

유닛로드 시스템은 하역기기 등 고정시설비 투자가 증가한다는 단점이 있다.

40

정답 ▶ ①

□□□

② 시트 파렛트(Sheet Pallet)는 핸드리프트 등으로 움직일 수 있도록 만들어진 상자형 파렛트이다.

시트 파렛트(Sheet Pallet)는 1회용 파렛트로 목재나 플라스틱으로 제작되어 가격이 저렴하고 가벼우나 하역을 위하여 Push – Pull 장치를 부착한 포크리프트가 필요하다.

③ 스키드 파렛트(Skid Pallet)는 상부구조물이 적어도 3면의 수직측판을 가진 상자형 파렛트이다.

스키드 파렛트(Skid Pallet)는 포크리프트나 핸드리프트로 하역할 수 있도록 만들어진 단면형 파렛트이다.

④ 사일로 파렛트(Silo Pallet)는 파렛트 상단에 기둥이 설치된 형태로 기둥을 접거나 연결하는 방식으로 사용한다.

사일로 파렛트(Silo Pallet)는 주로 분말, 압축화물 처리에 사용되는 파렛트로서, 측면이 밀폐되어 있고 뚜껑이 있으며 하부에 개폐장치가 있는 상자형 파렛트를 말한다.

⑤ 탱크 파렛트(Tank Pallet)는 주로 분말체의 보관과 운송에 이용하는 1회용 파렛트이다.

탱크 파렛트(Tank Pallet)는 주로 오일, 액체, 유류 운반 및 적재용으로 사용되는 파렛트이다.

[5과목] 물류관련법규

41	42	43	44	45	46	47	48	49	50	51	52	53	54	55	56	57	58	59	60
❷	❹	❷	❸	❹	❶	❹	❶	❸	❺	❹	❷	❹	❸❹	❺	❹	❺	❶	❶	❺
61	62	63	64	65	66	67	68	69	70	71	72	73	74	75	76	77	78	79	80
❺	❹	❹	❸	❶	❷	❹	❺	❶	❷	❺	❹	❶	❸	❸	❸	❸	❷	❷	❸

41 정답 ▸ ②

□□□

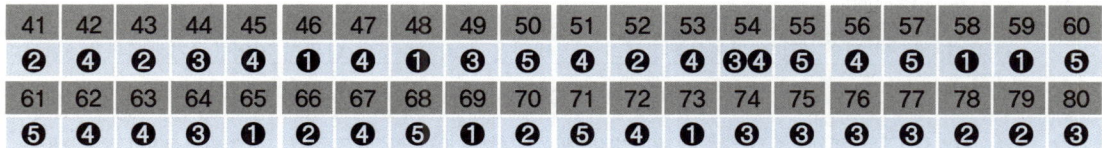

① 국토교통부장관은 물류에 관한 정책의 수립을 위하여 필요하다고 판단될 때에는 관계 행정기관의 장과 미리 협의한 후 물동량의 발생현황과 이동경로 등에 관하여 조사할 수 있다.

법 제7조 제1항

② **국토교통부장관은 물류현황조사를 위한 조사지침을 작성하려는 경우에는 미리 시・도지사와 협의하여야 한다.**

국토교통부장관은 물류현황조사를 위한 조사지침을 작성하려는 경우에는 미리 관계중앙행정기관의 장과 협의하여야 한다(법 제8조 제2항).

③ 도지사는 지역물류에 관한 정책의 수립을 위하여 필요한 경우에는 해당 행정구역의 물동량 현황과 이동경로, 물류시설・장비의 현황과 이용실태 등에 관하여 조사할 수 있다.

법 제9조 제1항

④ 해양수산부장관은 물류현황조사를 효율적으로 수행하기 위하여 필요한 경우에는 물류현황조사의 전부 또는 일부를 전문기관으로 하여금 수행하게 할 수 있다.

법 제7조 제3항

⑤ 도지사는 관할 군의 군수에게 지역물류현황조사를 요청하는 경우에는 효율적인 지역물류현황조사를 위하여 조사의 시기, 종류 및 방법 등에 관하여 해당 도의 조례로 정하는 바에 따라 조사지침을 작성하여 통보할 수 있다.

법 제9조 제4항

42 정답 ▸ ④

□□□

① 국토교통부장관 및 해양수산부장관은 국가물류정책의 기본방향을 설정하는 10년 단위의 국가물류기본계획을 5년마다 공동으로 수립하여야 한다.

법 제11조 제1항

② 국가물류기본계획에는 국가물류정보화사업에 관한 사항이 포함되어야 한다.

법 제11조 제2항 제2의2호

③ 국토교통부장관은 국가물류기본계획을 수립하거나 변경한 때에는 이를 관보에 고시하고, 관계 중앙행정기관의 장 및 시·도지사에게 통보하여야 한다.

법 제11조 제5항

④ 특별시장 및 광역시장은 지역물류정책의 기본방향을 설정하는 5년 단위의 지역물류기본계획을 3년마다 수립하여야 한다.

특별시장 및 광역시장은 지역물류정책의 기본방향을 설정하는 10년 단위의 지역물류기본계획을 5년마다 수립하여야 한다(법 제14조 제1항).

⑤ 지역물류기본계획은 국가물류기본계획에 배치되지 아니하여야 한다.

법 제14조 제3항

43 정답 ▶ ②

□□□ ② 우수물류기업 선정을 위한 프로그램 개발비의 상한

기업물류비 산정지침(영 제18조)

기업물류비 산정지침에는 다음의 사항이 포함되어야 한다.

- 물류비 관련 용어 및 개념에 대한 정의
- 영역별·기능별 및 자가·위탁별 물류비의 분류
- 물류비의 계산 기준 및 계산 방법
- 물류비 계산서의 표준 서식

44 정답 ▶ ③

□□□ ③ ㄱ : 10,000, ㄴ : 5,000

위험물질운송안전관리센터의 감시가 필요한 위험물질을 운송하는 차량의 최대 적재량 기준(법 제29조의2 제1항, 규칙 제2조의2 제2항)

위험물질 운송차량의 최대 적재량 기준은 다음과 같다.

1. 「위험물안전관리법」 제2조 제1항 제1호에 따른 위험물을 운송하는 차량 : 10,000리터 이상
2. 「폐기물관리법」 제2조 제4호에 따른 지정폐기물을 운송하는 차량 : 10,000킬로그램 이상
3. 「화학물질관리법」 제2조 제7호에 따른 유해화학물질을 운송하는 차량 : 5,000킬로그램 이상
4. 「고압가스 안전관리법 시행규칙」 제2조 제1항 제1호 및 제2호에 따른 가연성가스를 운송하는 차량 : 6,000킬로그램 이상
5. 「고압가스 안전관리법 시행규칙」 제2조 제1항 제1호 및 제2호에 따른 독성가스를 운송하는 차량 : 2,000킬로그램 이상

45 정답 ▶ ④

□□□

ㄱ(○). 해양수산부장관은 물류공동화를 추진하는 물류기업에 대하여 예산의 범위에서 필요한 자금을 지원할 수 있다.

법 제23조 제1항

ㄴ(○). 국토교통부장관은 화주기업이 물류공동화를 추진하는 경우에는 물류기업이나 물류 관련 단체와 공동으로 추진하도록 권고할 수 있다.

법 제23조 제2항

ㄷ(×). 자치구 구청장은 물류공동화를 확산하기 위하여 필요한 경우에는 시범지역을 지정하거나 시범사업을 선정하여 운영할 수 있다.

국토교통부장관・해양수산부장관・산업통상자원부장관 또는 시・도지사는 물류공동화를 확산하기 위하여 필요한 경우에는 시범지역을 지정하거나 시범사업을 선정하여 운영할 수 있다(법 제23조 제4항).

ㄹ(○). 산업통상자원부장관은 물류기업이 물류자동화를 위하여 물류시설 및 장비를 확충하거나 교체하려는 경우에는 필요한 자금을 지원할 수 있다.

법 제23조 제5항

46 정답 ▶ ①

□□□

① 「한국자산관리공사 설립 등에 관한 법률」에 따른 한국자산관리공사

전담기관의 지정(법 제28조 제6항, 영 제20조 제5항)

관계 행정기관은 대통령령(영 제20조 제5항)으로 정하는 공공기관 또는 물류정보의 수집・분석・가공・유통과 관련한 적절한 시설장비와 인력을 갖춘 자 중에서 단위물류정보망 전담기관을 지정한다.

- 「인천국제공항공사법」에 따른 인천국제공항공사
- 「한국공항공사법」에 따른 한국공항공사
- 「한국도로공사법」에 따른 한국도로공사
- 「한국철도공사법」에 따른 한국철도공사
- 「한국토지주택공사법」에 따른 한국토지주택공사
- 「항만공사법」에 따른 항만공사

47 정답 ▸ ④

□□□ ④ 자본금 1억원인 「상법」상 주식회사

국토교통부장관은 다음의 어느 하나에 해당하는 자를 국가물류통합정보센터의 운영자로 지정할 수 있다(법 제30조의2 제2항).
• 중앙행정기관
• 대통령령(영 제22조 제5항)으로 정하는 공공기관
 – 「인천국제공항공사법」에 따른 인천국제공항공사
 – 「한국공항공사법」에 따른 한국공항공사
 – 「한국도로공사법」에 따른 한국도로공사
 – 「한국철도공사법」에 따른 한국철도공사
 – 「한국토지주택공사법」에 따른 한국토지주택공사
 – 「항만공사법」에 따른 항만공사
 – 위 기관 외 공공기관
• 정부출연연구기관
• 물류관련협회
• 그 밖에 자본금 2억원 이상, 업무능력 등 대통령령(영 제22조 제6항)으로 정하는 기준과 자격을 갖춘 「상법」상의 주식회사

48 정답 ▸ ①

□□□ ① 거짓이나 그 밖의 부정한 방법으로 인증을 받은 경우

국토교통부장관 또는 해양수산부장관은 소관 인증우수물류기업이 다음 각 호의 어느 하나에 해당하는 경우에는 그 인증을 취소할 수 있다. 다만, 제1호에 해당하는 때에는 인증을 취소하여야 한다(법 제39조 제1항).
1. 거짓이나 그 밖의 부정한 방법으로 인증을 받은 경우
2. 물류사업으로 인하여 공정거래위원회로부터 시정조치 또는 과징금 부과 처분을 받은 경우
3. 인증우수물류기업 요건유지 점검을 정당한 사유 없이 3회 이상 거부한 경우
4. 인증우수물류기업의 인증기준에 맞지 아니하게 된 경우
5. 다른 사람에게 자기의 성명 또는 상호를 사용하여 영업을 하게 하거나 인증서를 대여한 때

49 정답 ▸ ③

□□□ ① 복합물류터미널사업자가 그 사업을 양도한 때에는 그 양수인은 복합물류터미널사업의 등록에 따른 권리・의무를 승계한다.

법 제14조 제1항

② 국토교통부장관은 복합물류터미널사업의 등록에 따른 권리・의무의 승계신고를 받은 날부터 10일 이내에 신고수리 여부를 신고인에게 통지하여야 한다.

법 제14조 제3항

③ 복합물류터미널사업자의 휴업기간은 3개월을 초과할 수 없다.

복합물류터미널사업자의 휴업기간은 6개월을 초과할 수 없다(법 제15조 제3항).

④ 복합물류터미널사업자인 법인의 합병 외의 사유에 따른 해산신고를 하려는 자는 해산신고서를 해산한 날부터 7일 이내에 국토교통부장관에게 제출하여야 한다.

규칙 제12조 제1항

⑤ 복합물류터미널사업자는 복합물류터미널사업의 전부 또는 일부를 휴업하거나 폐업하려는 때에는 미리 국토교통부장관에게 신고하여야 한다.

법 제15조 제1항

50 정답 ▶ ⑤

□□□

① 물류단지의 실수요 검증을 실시하기 위하여 필요한 경우 실수요검증위원회를 구성·운영할 수 있다.

법 제22조의7 제2항

② 도시첨단물류단지개발사업의 경우에는 실수요 검증을 실수요검증위원회의 자문으로 갈음할 수 있다.

법 제22조의7 제3항

③ 실수요검증위원회의 위원장 및 부위원장은 공무원이 아닌 위원 중에서 각각 호선(互選)한다.

규칙 제16조의4 제3항

④ 실수요검증위원회의 심의결과는 심의·의결을 마친 날부터 14일 이내에 물류단지 지정요청자등에게 서면으로 알려야 한다.

규칙 제16조의3

⑤ **실수요검증위원회의 회의는 분기별로 2회 이상 개최하여야 한다.**

실수요검증위원회의 회의는 국토교통부장관 또는 위원장이 필요하다고 인정하는 경우에 국토교통부장관 또는 위원장이 수시로 소집할 수 있다(규칙 제16조의8 제1항).

51 정답 ▶ ④

□□□

ㄱ(○). 차입금
ㄴ(○). 정부의 보조금
ㄷ(○). 해당 지방자치단체의 일반회계로부터의 전입금
ㄹ(×). 「지방세법」에 따라 부과·징수되는 재산세의 징수액 중 15퍼센트의 금액

「지방세법」에 따라 부과·징수되는 재산세의 징수액 중 대통령령으로 정하는 비율(10퍼센트)

더 알아보기

물류단지개발특별회계 조성의 재원(법 제40조 제2항)

특별회계는 다음의 재원으로 조성된다.
- 해당 지방자치단체의 일반회계로부터의 전입금
- 정부의 보조금
- 법 제67조에 따라 부과 · 징수된 과태료
- 「개발이익환수에 관한 법률」에 따라 지방자치단체에 귀속되는 개발부담금 중 해당 지방자치단체의 조례로 정하는 비율의 금액
- 「국토의 계획 및 이용에 관한 법률」에 따라 행정청에 귀속된 공공시설의 처분으로 인한 수익금
- 「지방세법」에 따라 부과 · 징수되는 재산세의 징수액 중 대통령령으로 정하는 비율(10퍼센트를 말함. 다만, 조례로 달리 정하는 경우에는 그 비율을 말함)의 금액
- 차입금
- 해당 특별회계자금의 융자회수금 · 이자수입금 및 그 밖의 수익금

52 정답 ▶ ②

□□□

② 「수산식품산업의 육성 및 지원에 관한 법률」에 따른 수산물가공업시설(냉동 · 냉장업 시설은 제외한다)

「수산식품산업의 육성 및 지원에 관한 법률」에 따른 수산물가공업시설(냉동 · 냉장업 시설만 해당한다)(영 제2조 제2항 제2호)

53 정답 ▶ ④

□□□

④ ㄱ : 100분의 10, ㄴ : 30

물류창고업의 등록을 한 자가 그 등록한 사항 중 대통령령(영 제12조의3)으로 정하는 다음의 사항을 변경하려는 경우에는 국토교통부와 해양수산부의 공동부령으로 정하는 바에 따라 변경등록의 사유가 발생한 날부터 30일 이내에 변경등록을 하여야 한다(법 제21조의2 제2항).
- 물류창고업자의 성명(법인인 경우 그 대표자의 성명) 및 상호
- 물류창고의 소재지
- 물류창고 면적의 100분의 10 이상의 증감

54 정답 ▶ ③, ④

□□□

① 「지방공기업법」에 따른 지방공사는 복합물류터미널사업의 등록을 할 수 있다.

법 제7조 제2항 제3호

② 복합물류터미널사업의 등록을 위해 갖추어야 할 부지 면적의 기준은 3만3천제곱미터 이상이다.

법 제7조 제4항 제2호

③ 복합물류터미널사업 등록이 취소된 후 1년이 지나면 등록결격사유가 소멸한다.

복합물류터미널사업 등록이 취소된 후 2년이 지나지 아니한 자는 복합물류터미널사업의 등록을 할 수 없다(법 제8조 제2호).

④ 국토교통부장관은 복합물류터미널사업의 변경등록신청을 받고 결격사유의 심사 후 신청내용이 적합하다고 인정할 때에는 지체없이 변경등록을 하여야 한다.

국토교통부장관은 변경등록신청을 받은 경우 등록기준에 적합한지 여부와 등록의 결격사유에 해당하는지 여부를 심사한 후 그 신청내용이 적합하다고 인정할 때에는 지체없이 변경등록을 하여야 한다(규칙 제6조 제2항).

⑤ 복합물류터미널의 부지 및 설비의 배치를 표시한 축척 500분의 1 이상의 평면도는 복합물류터미널사업의 등록신청서에 첨부하여 국토교통부장관에게 제출하여야 할 서류이다.

규칙 제4조 제2호

55

정답 ▸ ⑤

□□□

① 입주기업체협의회는 그 구성 당시에 해당 물류단지 입주기업체의 75퍼센트 이상이 회원으로 가입되어 있어야 한다.

영 제43조의2 제1항

② 입주기업체협의회의 회의는 정관에 다른 규정이 있는 경우를 제외하고는 회원 과반수의 출석과 출석회원 과반수의 찬성으로 의결한다.

영 제43조의2 제5항

③ 입주기업체협의회의 일반회원은 입주기업체의 대표자로 한다.

영 제43조의2 제3항

④ 입주기업체협의회의 특별회원은 일반회원 외의 자 중에서 정하되 회원자격은 입주기업체협의회의 정관으로 정하는 바에 따른다.

영 제43조의2 제3항

⑤ 입주기업체협의회는 매 사업연도 개시일부터 3개월 이내에 정기총회를 개최하여야 한다.

입주기업체협의회는 매 사업연도 개시일부터 2개월 이내에 정기총회를 개최하여야 한다(영 제43조의2 제4항).

56

정답 ▸ ④

□□□

ㄱ(○). 하수도시설 및 폐기물처리시설
ㄴ(×). 보건위생시설
ㄷ(○). 집단에너지공급시설
ㄹ(○). 물류단지 안의 공동구

④ ㄱ, ㄷ, ㄹ

국가 또는 지방자치단체는 물류단지의 원활한 개발을 위하여 필요한 도로·철도·항만·용수시설 등 다음에 해당하는 기반시설의 설치를 우선적으로 지원하여야 한다(법 제39조 제2항, 영 제29조).
- 도로·철도 및 항만시설
- 용수공급시설 및 통신시설
- 하수도시설 및 폐기물처리시설
- 물류단지 안의 공동구
- 집단에너지공급시설
- 그 밖에 물류단지개발을 위해 특히 필요한 공공시설로서 국토교통부령(규칙 제20조)으로 정하는 시설 : 유수지 및 광장

57 정답 ▶ ⑤

□□□

⑤ ㄱ : 100분의 50, ㄴ : 100분의 30

○ 일반화물자동차 운송사업자는 연간 운송계약 화물의 (ㄱ : **100분의 50**) 이상을 직접 운송하여야 한다. 다만, 사업기간이 1년 미만인 경우에는 신규허가를 받은 날 또는 휴업 후 사업개시일부터 그 해의 12월 31일까지의 운송계약 화물을 기준으로 한다(규칙 제21조의5 제1항).

○ 운송사업자가 운송주선사업을 동시에 영위하는 경우에는 연간 운송계약 및 운송주선계약 화물의 (ㄴ : **100분의 30**) 이상을 직접 운송하여야 한다. 다만, 사업기간이 1년 미만인 경우는 제1항 단서를 준용한다(규칙 제21조의5 제3항).

58 정답 ▶ ①

□□□

① 운송사업자는 화물자동차 운송사업의 효율적인 수행을 위하여 필요하면 다른 운송사업자에게 차량과 그 경영의 일부를 위탁할 수 있다.

운송사업자는 화물자동차 운송사업의 효율적인 수행을 위하여 필요하면 다른 사람(운송사업자를 제외한 개인을 말함)에게 차량과 그 경영의 일부를 위탁하거나 차량을 현물출자한 사람에게 그 경영의 일부를 위탁할 수 있다(법 제40조 제1항).

② 국토교통부장관이 경영의 위탁을 제한하려는 경우 화물자동차 운송사업의 허가에 조건을 붙이는 방식으로 할 수 있다.

법 제40조 제2항, 법 제3조 제14항

③ 위·수탁계약의 기간은 2년 이상으로 하여야 한다.

법 제40조 제5항

④ 위·수탁계약을 체결하는 경우 계약의 당사자는 양도·양수에 관한 사항을 계약서에 명시하여야 한다.

법 제40조 제4항, 규칙 제41조의16 제12호

⑤ 위·수탁차주가 계약기간 동안 화물운송 종사자격의 효력 정지 처분을 받았다면 운송사업자는 위·수탁차주의 위·수탁계약 갱신 요구를 거절할 수 있다.

영 제9조의10 제3호

59 정답 ▸ ①

□□□

① **다른 사람의 요구에 응하여 자기 화물자동차를 사용하여 유상으로 화물을 운송하는 사업은 화물자동차 운송가맹사업에 해당하지 않는다.**

> 다른 사람의 요구에 응하여 자기 화물자동차를 사용하여 유상으로 화물을 운송하는 사업은 화물자동차 운송가맹사업에 해당한다(법 제2조 제5호).

② 화물자동차 운송가맹사업의 허가를 받은 자는 화물자동차 운송주선사업의 허가를 받지 아니한다.

> 법 제24조 제1항

③ 화물자동차 운송가맹사업의 허가를 받은 자는 화물자동차 운송사업의 허가를 받지 아니한다.

> 법 제3조 제2항

④ 운송가맹사업자는 적재물배상 책임보험 또는 공제에 가입하여야 한다.

> 법 제35조 제3호

⑤ 운송가맹사업자의 화물정보망은 운송사업자가 다른 운송사업자나 다른 운송사업자에게 소속된 위・수탁 차주에게 화물운송을 위탁하는 경우에도 이용될 수 있다.

> 법 제34조의4 제1항

60 정답 ▸ ⑤

□□□

ㄱ(O). 운수사업자가 직접 운송한 실적
ㄴ(O). 운수사업자가 화주와 계약한 실적
ㄷ(O). 운수사업자가 다른 운수사업자와 계약한 실적
ㄹ(O). 운송가맹사업자가 소속 운송가맹점과 계약한 실적

⑤ ㄱ, ㄴ, ㄷ, ㄹ

> 운수사업자는 국토교통부장관이 정하여 고시하는 기준과 절차에 따라 다음의 형태에 따른 실적을 관리하고 이를 화물운송실적관리시스템을 통해 국토교통부장관에게 신고하여야 한다(규칙 제44조의2 제1항).
> • 운수사업자가 화주와 계약한 실적
> • 운수사업자가 다른 운수사업자와 계약한 실적
> • 운수사업자가 다른 운송사업자 소속의 위・수탁차주와 계약한 실적
> • 운송가맹사업자가 소속 운송가맹점과 계약한 실적
> • 운수사업자가 직접 운송한 실적

61 정답 ▶ ⑤

□□□

⑤ 「한국농수산식품유통공사법」에 따른 한국농수산식품유통공사

법 제2조 제9호에 해당하는 자는 공영차고지를 설치하여 직접 운영할 수 있다(법 제45조). 법 제2조 제9호에 해당하는 자는 다음과 같다.

- 특별시장 · 광역시장 · 특별자치시장 · 도지사 · 특별자치도지사(이하 "시 · 도지사"라 한다)
- 시장 · 군수 · 구청장(자치구의 구청장을 말한다. 이하 같다)
- 「공공기관의 운영에 관한 법률」에 따른 공공기관 중 대통령령(영 제2조)으로 정하는 공공기관
  - 「인천국제공항공사법」에 따른 인천국제공항공사
  - 「한국공항공사법」에 따른 한국공항공사
  - 「한국도로공사법」에 따른 한국도로공사
  - 「한국철도공사법」에 따른 한국철도공사
  - 「한국토지주택공사법」에 따른 한국토지주택공사
  - 「항만공사법」에 따른 항만공사
- 「지방공기업법」에 따른 지방공사

62 정답 ▶ ④

□□□

① 운수사업자의 협회 설립은 화물자동차 운송사업, 화물자동차 운송주선사업 및 화물자동차 운송가맹사업의 종류별 또는 시 · 도별로 할 수 있다.

법 제48조 제1항

② 협회는 개인화물자동차 운송사업자의 화물자동차를 운전하는 사람에 대한 경력증명서 발급에 필요한 사항을 기록 · 관리하고, 운송사업자로부터 경력증명서 발급을 요청받은 경우 경력증명서를 발급해야 한다.

규칙 제19조 제5항

③ 협회의 사업에는 국가나 지방자치단체로부터 위탁받은 업무가 포함된다.

법 제49조 제6호

④ 협회는 국토교통부장관의 허가를 받아 적재물배상 공제사업 등을 할 수 있다.

운수사업자가 설립한 협회의 연합회는 대통령령(영 제10조)으로 정하는 바에 따라 국토교통부장관의 허가를 받아 운수사업자의 자동차 사고로 인한 손해배상 책임의 보장사업 및 적재물배상 공제사업 등을 할 수 있다(법 제51조 제1항).

⑤ 화물자동차 휴게소 사업시행자는 화물자동차 휴게소의 운영을 협회에게 위탁할 수 있다.

법 제46조의6 제1항, 영 제9조의20 제1호

63 정답 ▶ ④

□□□

④ **운수사업자의 자동차 사고로 인한 손해배상 책임의 보장**

국가는 지방자치단체, 「공공기관의 운영에 관한 법률」에 따른 공공기관 중 대통령령으로 정하는 공공기관, 「지방공기업법」에 따른 지방공사, 사업자단체 또는 운수사업자가 다음의 어느 하나에 해당하는 사업을 수행하는 경우로서 재정적 지원이 필요하다고 인정되면 대통령령으로 정하는 바에 따라 소요자금의 일부를 보조하거나 융자할 수 있다(법 제43조 제1항, 규칙 제43조 제6호)

- 공동차고지 및 공영차고지 건설
- 화물자동차 운수사업의 정보화
- 낡은 차량의 대체
- 연료비가 절감되거나 환경친화적인 화물자동차 등으로의 전환 및 이를 위한 시설·장비의 투자
- 화물자동차 휴게소의 건설
- 화물자동차 운수사업의 서비스 향상을 위한 시설·장비의 확충과 개선
- 그 밖에 화물자동차 운수사업의 경영합리화를 위한 사항으로서 국토교통부령으로 정하는 사항(화물자동차의 감차, 그 밖에 긴급한 공익적 목적을 위하여 일시적으로 화물운송에 대체 사용된 차량에 대한 피해의 보상)

27회

64 정답 ▶ ③

□□□

① 운송주선사업자는 자기 명의로 다른 사람에게 화물자동차 운송주선사업을 경영하게 할 수 있다.

운송주선사업자는 자기 명의로 다른 사람에게 화물자동차 운송주선사업을 경영하게 할 수 없다(법 제25조).

② 운송주선사업자는 화주로부터 중개 또는 대리를 의뢰받은 화물에 대하여 다른 운송주선사업자에게 수수료나 그 밖의 대가를 받고 중개 또는 대리를 의뢰할 수 있다.

운송주선사업자는 화주로부터 중개 또는 대리를 의뢰받은 화물에 대하여 다른 운송주선사업자에게 수수료나 그 밖의 대가를 받고 중개 또는 대리를 의뢰하여서는 아니 된다(법 제26조 제2항).

③ **운송가맹사업자의 화물운송계약을 중개·대리하는 운송주선사업자는 화물자동차 운송가맹점이 될 수 있다.**

법 제2조 제7호 나목

④ 국토교통부장관은 운수종사자의 집단적 화물운송 거부로 국가경제에 매우 심각한 위기를 초래할 우려가 있다고 인정할 만한 상당한 이유가 있으면 운송주선사업자에게 업무개시를 명할 수 있다.

국토교통부장관은 운송사업자나 운수종사자가 정당한 사유 없이 집단으로 화물운송을 거부하여 화물운송에 커다란 지장을 주어 국가경제에 매우 심각한 위기를 초래하거나 초래할 우려가 있다고 인정할 만한 상당한 이유가 있으면 그 운송사업자 또는 운수종사자에게 업무개시를 명할 수 있다(법 제14조 제1항).

⑤ 운송주선사업자는 공영차고지를 임대받아 운영할 수 있다.

사업자단체, 운송사업자, 운송가맹사업자, 운송사업자로 구성된 협동조합은 공영차고지를 임대받아 운영할 수 있다(법 제45조 제1항).

65 정답 ▸ ①

□□□

① **손해배상 책임에 관하여 「상법」을 준용할 때 화물이 인도기한이 지난 후 1개월 이내에 인도되지 아니하면 그 화물은 멸실된 것으로 본다.**

> 손해배상 책임에 관하여 「상법」을 준용할 때 화물이 인도기한이 지난 후 3개월 이내에 인도되지 아니하면 그 화물은 멸실된 것으로 본다(법 제7조 제2항).

② 국토교통부장관은 화주가 요청하면 운송사업자의 손해배상 책임에 관한 분쟁을 조정할 수 있다.

> 법 제7조 제3항

③ 국토교통부장관은 화주가 분쟁조정을 요청하면 지체 없이 그 사실을 확인하고 손해내용을 조사한 후 조정안을 작성하여야 한다.

> 법 제7조 제4항

④ 화주와 운송사업자 쌍방이 조정안을 수락하면 당사자 간에 조정안과 동일한 합의가 성립된 것으로 본다.

> 법 제7조 제5항

⑤ 국토교통부장관은 분쟁조정 업무를 「소비자기본법」에 따라 등록한 소비자단체에 위탁할 수 있다.

> 법 제7조 제6항

66 정답 ▸ ②

□□□

① 운송사업자는 관할 관청의 행정구역 내에서 주사무소를 이전하려면 국토교통부장관의 변경허가를 받아야 한다.

> 운송사업자는 관할 관청의 행정구역 내에서 주사무소를 이전하려면 국토교통부장관에게 신고하여야 한다(법 제3조 제3항, 영 제3조 제2항 제5호).

② **운송사업자는 허가받은 날부터 5년마다 허가기준에 관한 사항을 신고하여야 한다.**

> 법 제3조 제9항, 영 제3조 제3항

③ 국토교통부장관은 운송사업자가 사업정지처분을 받은 경우에도 주사무소를 이전하는 변경허가를 할 수 있다.

> 국토교통부장관은 운송사업자가 사업정지처분을 받은 경우에는 주사무소를 이전하는 변경허가를 하여서는 아니 된다(법 제3조 제15항).

④ 운송주선사업자가 허가사항을 변경하려면 국토교통부장관의 변경허가를 받아야 한다.

> 운송사업자가 허가사항을 변경하려면 국토교통부령으로 정하는 바에 따라 국토교통부장관의 변경허가를 받아야 한다(법 제3조 제3항 전단).

⑤ 운송가맹사업자가 화물취급소를 설치하거나 폐지하려면 국토교통부장관의 변경허가를 받아야 한다.

> 운송사업자가 화물취급소를 설치하거나 폐지하려면 국토교통부장관에게 신고하여야 한다(법 제3조 제3항 단서, 영 제3조 제2항 제3호).

67 정답 ▶ ④

□□□

<u>④ 선박에 음료, 식품, 소모품, 밧줄, 수리용 예비부분품 및 부속품, 집기, 그 밖에 이와 유사한 선용품을 공급하는 행위를 하는 사업</u>

선박에 음료, 식품, 소모품, 밧줄, 수리용 예비부분품 및 부속품, 집기, 그 밖에 이와 유사한 선용품을 공급하는 행위를 하는 사업은 선용품공급업에 해당한다(영 제2조 제2호).

더 알아보기

항만용역업의 종류(영 제2조 제1호)

- 통선(通船)으로 본선(本船)과 육지 사이에서 사람이나 문서 등을 운송하는 행위
- 본선을 경비(警備)하는 행위나 본선의 이안(離岸) 및 접안(接岸)을 보조하기 위하여 줄잡이 역무(役務)를 제공하는 행위
- 선박의 청소[유창(油艙) 청소는 제외한다], 오물 제거, 소독, 폐기물의 수집・운반, 화물 고정, 칠 등을 하는 행위
- 선박에서 사용하는 맑은 물을 공급하는 행위

68 정답 ▶ ⑤

□□□

① 항만하역사업의 등록신청서에 첨부하여야 하는 사업계획에는 사업에 제공될 수면 목재저장소의 수, 위치 및 면적이 포함되어야 한다.

법 제5조 제1항, 규칙 제5조 제5호 아목

② 항만운송사업의 등록을 신청하려는 자가 법인인 경우 등록신청서에 정관을 첨부하여야 한다.

법 제5조 제1항, 규칙 제4조 제1항 제1호

③ 검수사의 자격이 취소된 날부터 2년이 지나지 아니한 사람은 검수사의 자격을 취득할 수 없다.

법 제8조 제5호

④ 「민사집행법」에 따른 경매에 따라 항만운송사업의 시설・장비 전부를 인수한 자는 종전의 항만운송사업자의 권리・의무를 승계한다.

법 제23조 제2항 제1호

<u>⑤ 항만하역사업의 등록을 한 자는 컨테이너 전용 부두에서 취급하는 컨테이너 화물에 대하여 그 운임과 요금을 정하여 관리청의 인가를 받아야 한다.</u>

항만하역사업의 등록을 한 자는 컨테이너 전용 부두에서 취급하는 컨테이너 화물에 대하여 그 운임과 요금을 정하여 관리청에 신고하여야 한다(법 제10조 제2항, 규칙 제15조의2 제2항).

69 정답 ▸ ①

□□□

① **항만시설운영자등은 항만시설등의 효율적인 사용 및 운영 등을 위하여 필요하다고 인정하는 경우에는 부두운영회사 선정계획의 공고 없이 부두운영계약을 체결할 수 있다.**

> 규칙 제29조의2 제2항

② 부두운영회사의 금지행위 위반 시 책임에 관한 사항은 부두운영계약에 포함되지 않아도 된다.

> 부두운영회사의 금지행위 위반 시 책임에 관한 사항은 부두운영계약에 포함되어야 한다(법 제26조의6 제2항 제5호, 규칙 제29조 제2호).

③ 부두운영회사가 부두운영 계약기간을 연장하려는 경우에는 그 계약기간이 만료되기 3개월 전까지 부두운영계약의 갱신을 신청하여야 한다.

> 부두운영회사가 계약기간을 연장하려는 경우에는 그 계약기간이 만료되기 6개월 전까지 항만시설운영자등에게 부두운영계약의 갱신을 신청하여야 한다(규칙 제29조의3 제1항).

④ 화물유치 또는 투자 계획을 이행하지 못한 부두운영회사에 대하여 부과하는 위약금은 분기별로 산정하여 합산한다.

> 화물유치 또는 투자 계획을 이행하지 못한 부두운영회사에 대하여 부과하는 위약금은 연도별로 산정하여 합산한다(규칙 제29조의4 제1항).

⑤ 항만운송사업법에서 정한 것 외에 부두운영회사의 항만시설 사용에 대해서는 「국유재산법」 또는 「지방재정법」에 따른다.

> 항만운송사업법에서 정한 것 외에 부두운영회사의 항만시설 사용에 대해서는 「항만법」 또는 「항만공사법」에 따른다(법 제26조의10).

70 정답 ▸ ②

□□□

① "임시시장"이란 다수의 수요자와 공급자가 일정한 기간 동안 상품을 매매하거나 용역을 제공하는 일정한 장소를 말한다.

> 법 제2조 제5호

② **"상점가"란 같은 업종을 경영하는 여러 도매업자 또는 소매업자가 일정 지역에 점포 및 부대시설 등을 집단으로 설치하여 만든 상가단지를 말한다.**

> "상점가"란 일정 범위의 가로(街路) 또는 지하도에 대통령령으로 정하는 수 이상의 도매점포·소매점포 또는 용역점포가 밀집하여 있는 지구를 말한다(법 제2조 제7호).

③ "무점포판매"란 상시 운영되는 매장을 가진 점포를 두지 아니하고 상품을 판매하는 것으로서 산업통상자원부령으로 정하는 것을 말한다.

> 법 제2조 제9호

④ "물류설비"란 화물의 수송·포장·하역·운반과 이를 관리하는 물류정보처리활동에 사용되는 물품·기계·장치 등의 설비를 말한다.

> 법 제2조 제13호

⑤ "공동집배송센터"란 여러 유통사업자 또는 제조업자가 공동으로 사용할 수 있도록 집배송시설 및 부대업무 시설이 설치되어 있는 지역 및 시설물을 말한다.

법 제2조 제16호

71 정답 ▶ ⑤

□□□

ㄱ(○). 「농수산물 유통 및 가격안정에 관한 법률」에 따른 농수산물공판장
ㄴ(○). 「농수산물 유통 및 가격안정에 관한 법률」에 따른 민영농수산물도매시장
ㄷ(○). 「농수산물 유통 및 가격안정에 관한 법률」에 따른 농수산물종합유통센터
ㄹ(○). 「축산법」에 따른 가축시장

⑤ ㄱ, ㄴ, ㄷ, ㄹ

적용배제(법 제4조)
다음의 시장·사업장 및 매장에 대하여는 이 법을 적용하지 아니한다.
- 「농수산물 유통 및 가격안정에 관한 법률」에 따른 농수산물도매시장·농수산물공판장·민영농수산물도매시장 및 농수산물종합유통센터
- 「축산법」에 따른 가축시장

72 정답 ▶ ④

□□□

① 대규모점포를 개설하려는 자는 영업을 개시하기 30일 전까지 개설 지역 및 시기 등을 포함한 개설계획을 예고하여야 한다.

대규모점포를 개설하려는 자는 영업을 개시하기 60일 전까지, 준대규모점포를 개설하려는 자는 영업을 시작하기 30일 전까지 개설 지역 및 시기 등을 포함한 개설계획을 예고하여야 한다(법 제8조의3).

② 유통산업발전법을 위반하여 징역의 실형을 선고받고 그 집행이 면제된 날부터 6월이 지난 사람은 대규모점포등의 등록을 할 수 있다.

유통산업발전법을 위반하여 징역의 실형을 선고받고 그 집행이 면제된 날부터 1년이 지나지 아니한 사람은 대규모점포등의 등록을 할 수 없다(법 제10조 제3호).

③ 대형마트의 영업시간을 제한하는 경우 조례로 달리 정하지 않는 한 오전 0시부터 오전 11시까지의 범위에서 영업시간을 제한할 수 있다.

대형마트의 영업시간을 제한하는 경우 조례로 달리 정하지 않는 한 오전 0시부터 오전 10시까지의 범위에서 영업시간을 제한할 수 있다(법 제12조의2 제2항).

④ 대규모점포등관리자는 대규모점포등의 관리 또는 사용에 관하여 입점상인의 3분의2 이상의 동의를 얻어 관리규정을 제정하여야 한다.

법 제12조의6 제1항

⑤ 대규모점포등개설자가 대규모점포등을 폐업하려는 경우에는 특별자치시장・시장・군수・구청장의 허가를 받아야 한다.

> 대규모점포등개설자가 대규모점포등을 휴업하거나 폐업하려는 경우에는 산업통상자원부령으로 정하는 바에 따라 특별자치시장・시장・군수・구청장에게 신고를 하여야 한다(법 제13조의2).

73 정답 ▶ ①

□□□

<u>① 체인사업자는 체인점포의 경영을 개선하기 위하여 유통관리사의 고용 촉진을 추진하여야 한다.</u>

> 법 제16조 제1항 제8호

② 지방자치단체의 장은 자신이 건립한 중소유통공동도매물류센터의 운영을 중소유통기업자단체에 위탁할 수 없다.

> 지방자치단체의 장은 자신이 건립한 중소유통공동도매물류센터의 운영을 중소유통기업자단체에 위탁할 수 있다(법 제17조의2 제2항 제1호).

③ 상점가진흥조합은 협동조합으로 설립하여야 하고 사업조합의 형식으로는 설립할 수 없다.

> 상점가진흥조합은 협동조합 또는 사업조합으로 설립한다(법 제18조 제4항).

④ 지방자치단체의 장은 상점가진흥조합이 조합원의 판매촉진을 위한 공동사업을 하는 경우에는 필요한 자금을 지원할 수 없다.

> 지방자치단체의 장은 상점가진흥조합이 조합원의 판매촉진을 위한 공동사업을 하는 경우에는 필요한 자금을 지원할 수 있다(법 제19조 제4호).

⑤ 상점가진흥조합의 구역은 다른 상점가진흥조합 구역의 5분의 1 이하의 범위에서 그 다른 상점가진흥조합의 구역과 중복되어 지정할 수 있다.

> 상점가진흥조합의 구역은 다른 상점가진흥조합의 구역과 중복되어서는 아니 된다(법 제18조 제5항).

74 정답 ▶ ③

□□□

① 산업통상자원부장관은 공동집배송센터를 지정하거나 변경지정하려면 미리 관계 중앙행정기관의 장과 협의하여야 한다.

> 법 제29조 제5항

② 공동집배송센터사업자가 신탁계약을 체결하여 공동집배송센터를 신탁개발하는 경우 신탁계약을 체결한 신탁업자는 공동집배송센터사업자의 지위를 승계한다.

> 법 제32조 제2항

<u>③ 공업지역 내에서 부지면적이 2만제곱미터이고, 집배송시설면적이 1만제곱미터인 지역 및 시설물은 공동집배송센터로 지정할 수 없다.</u>

공업지역 내에서 부지면적이 2만제곱미터이고, 집배송시설면적이 1만제곱미터인 지역 및 시설물은 공동집배송센터로 지정할 수 있다(법 제29조 제1항, 규칙 제19조 제1호).

④ 산업통상자원부장관은 공동집배송센터의 시공후 공사가 6월 이상 중단된 경우에는 공동집배송센터의 지정을 취소할 수 있다.

법 제33조 제2항 제4호, 영 제15조 제3호

⑤ 공동집배송센터의 지정을 추천받고자 하는 자는 공동집배송센터지정신청서에 부지매입관련 서류를 첨부하여 시・도지사에게 제출하여야 한다.

규칙 제20조 제1항 제3호

75 정답 ▸ ③

□□□

① 철도사업을 경영하려는 자는 지정・고시된 사업용철도노선을 정하여 국토교통부장관의 면허를 받아야 한다.

법 제5조 제1항 전단

② 국토교통부장관은 면허를 하는 경우 철도의 공공성과 안전을 강화하고 이용자 편의를 증진시키기 위하여 필요한 부담을 붙일 수 있다.

법 제5조 제1항 후단

③ 법인이 아닌 자도 철도사업의 면허를 받을 수 있다.

철도사업의 면허를 받을 수 있는 자는 법인으로 한다(법 제5조 제3항).

④ 철도사업의 면허를 받기 위한 사업계획서에는 사용할 철도차량의 대수・형식 및 확보계획이 포함되어야 한다.

규칙 제3조 제2항 제3호

⑤ 신청자가 해당 사업을 수행할 수 있는 재정적 능력이 있어야 한다는 것은 면허기준에 포함된다.

법 제6조 제3호

76 정답 ▸ ③

□□□

③ 철도차량 대수를 10분의 2의 범위 안에서 변경한 경우

전용철도 등록사항의 경미한 변경의 경우(영 제12조 제1항)
- 운행시간을 연장 또는 단축한 경우
- 배차간격 또는 운행횟수를 단축 또는 연장한 경우
- 10분의 1의 범위 안에서 철도차량 대수를 변경한 경우
- 주사무소・철도차량기지를 제외한 운송관련 부대시설을 변경한 경우
- 임원을 변경한 경우(법인에 한한다)
- 6월의 범위 안에서 전용철도 건설기간을 조정한 경우

77 정답 ▸ ③

□□□

① 철도사업자는 재해복구를 위한 긴급지원이 필요하다고 인정되는 경우에는 일정한 기간과 대상을 정하여 여객 운임·요금을 감면할 수 있다.

법 제9조의2 제1항

② 철도사업자는 여객 운임·요금을 감면하는 경우에는 그 시행 3일 이전에 감면사항을 인터넷 홈페이지 등 일반인이 잘 볼 수 있는 곳에 게시하여야 하며, 긴급한 경우에는 미리 게시하지 아니할 수 있다.

법 제9조의2 제2항

③ 철도사업자는 열차를 이용하는 여객이 정당한 운임·요금을 지급하지 아니하고 열차를 이용한 경우에는 승차 구간에 해당하는 운임 외에 그의 50배의 범위에서 부가 운임을 징수할 수 있다.

철도사업자는 열차를 이용하는 여객이 정당한 운임·요금을 지급하지 아니하고 열차를 이용한 경우에는 승차구간에 해당하는 운임 외에 그의 30배의 범위에서 부가 운임을 징수할 수 있다(법 제10조 제1항).

④ 철도사업자는 송하인(送荷人)이 운송장에 적은 화물의 품명·중량·용적 또는 개수에 따라 계산한 운임이 정당한 사유 없이 정상 운임보다 적은 경우에는 송하인에게 그 부족 운임 외에 그 부족 운임의 5배의 범위에서 부가 운임을 징수할 수 있다.

법 제10조 제2항

⑤ 철도사업자는 부가 운임을 징수하려는 경우에는 사전에 부가 운임의 징수 대상 행위, 열차의 종류 및 운행 구간 등에 따른 부가 운임 산정기준을 정하고 철도사업약관에 포함하여 국토교통부장관에게 신고하여야 한다.

법 제10조 제3항

78 정답 ▸ ②

□□□

① 국유철도시설의 점용허가는 철도사업자와 철도사업자가 출자·보조 또는 출연한 사업을 경영하는 자에게만 하여야 한다.

법 제42조 제2항

② 국유철도시설의 점용허가를 받은 자는 부득이한 사유가 없는 한 매년 1월 15일까지 당해연도의 점용료 해당분을 선납하여야 한다.

점용료는 매년 1월말까지 당해연도 해당분을 선납하여야 한다. 다만, 국토교통부장관은 부득이한 사유로 선납이 곤란하다고 인정하는 경우에는 그 납부기한을 따로 정할 수 있다(영 제14조 제4항).

③ 국유철도시설의 점용허가로 인하여 발생한 권리와 의무를 이전하려는 경우에는 국토교통부장관의 인가를 받아야 한다.

법 제45조

④ 국토교통부장관은 점용허가를 받은 자가 「공공주택 특별법」에 따른 공공주택을 건설하기 위하여 점용허가를 받은 경우 점용료를 감면할 수 있다.

법 제44조 제2항 제3호

⑤ 국토교통부장관은 점용허가기간이 만료된 철도 재산의 원상회복의무를 면제하는 경우에 해당 철도 재산에 설치된 시설물 등의 무상 국가귀속을 조건으로 할 수 있다.

법 제46조 제3항

79 정답 ▶ ②

□□□

① 민간인등이 광역시 지역에 민영도매시장을 개설하려면 농림축산식품부장관의 허가를 받아야 한다.

민간인등이 광역시 지역에 민영도매시장을 개설하려면 시·도지사의 허가를 받아야 한다(법 제47조 제1항).

② 민영도매시장 개설허가 신청에 대하여 시·도지사가 허가처리 지연 사유를 통보하는 경우에는 허가 처리기간을 10일 범위에서 한 번만 연장할 수 있다.

법 제47조 제6항

③ 시·도지사가 민영도매시장 개설 허가 처리기간에 허가 여부를 통보하지 아니하면 허가 처리기간의 마지막 날에 허가를 한 것으로 본다.

시·도지사가 민영도매시장 개설 허가 처리기간에 허가 여부를 통보하지 아니하면 허가 처리기간의 마지막 날의 다음 날에 허가를 한 것으로 본다(법 제47조 제5항).

④ 민영도매시장의 개설자는 시장도매인을 두어 민영도매시장을 운영하게 할 수 없다.

민영도매시장의 개설자는 중도매인, 매매참가인, 산지유통인 및 경매사를 두어 직접 운영하거나 시장도매인을 두어 이를 운영하게 할 수 있다(법 제48조 제1항).

⑤ 민영도매시장의 중도매인은 해당 민영도매시장을 관할하는 시·도지사가 지정한다.

민영도매시장의 중도매인은 민영도매시장의 개설자가 지정한다(법 제48조 제2항).

80 정답 ▶ ③

□□□

③ ㄱ : 청과부류, ㄴ : 5년

○ 도매시장 개설자는 도매시장에 그 시설규모·거래액 등을 고려하여 적정 수의 도매시장법인·시장도매인 또는 중도매인을 두어 이를 운영하게 하여야 한다. 다만, 중앙도매시장의 개설자는 (ㄱ : **청과부류**)와 수산부류에 대하여는 도매시장법인을 두어야 한다(법 제22조, 규칙 제18조의2 제1항).

○ 도매시장법인은 도매시장 개설자가 부류별로 지정하되, 중앙도매시장에 두는 도매시장법인의 경우에는 농림축산식품부장관 또는 해양수산부장관과 협의하여 지정한다. 이 경우 (ㄴ : **5년**) 이상 10년 이하의 범위에서 지정 유효기간을 설정할 수 있다(법 제23조 제1항).

2022년 제26회 정답 및 해설

각 문항별로 회독수를 체크해 보세요. ☑☐☐

1교시

[1과목] 물류관리론

01	02	03	04	05	06	07	08	09	10	11	12	13	14	15	16	17	18	19	20
❹	❶	❺	❸	❶	❷	❺	❺	❹	❸	❺	❹	❺	❷	❹	❸	❺	❹	❹	❶
21	22	23	24	25	26	27	28	29	30	31	32	33	34	35	36	37	38	39	40
❹	❶	❺	❸	❹	❸	❷	❷	❺	❶	❸	❶	❸	❺	❹	❸	❷	❷	❶	❹

01 정답 ▶ ④

☐☐☐

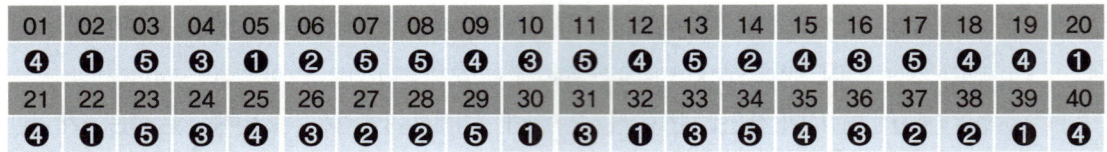

④ 물류 합리화를 위해서 물류하부시스템의 개별적 비용절감이 전체시스템의 통합적 비용절감보다 중요하다.

물류합리화를 위해서는 시스템적 접근에 의한 물류활동 전체의 합리화를 추진하여야 한다. 따라서 전체시스템의 통합적 비용절감이 물류하부시스템의 개별적 비용절감보다 중요하다.

02 정답 ▶ ①

☐☐☐

① 차량 적재율과 공차율이 증가한다.

차량 적재율이 증가하고 공차율은 감소한다.

03 정답 ▶ ⑤

☐☐☐

① 노선집하공동형

노선의 집화망을 공동화하여 화주가 지정한 노선업자에게 화물을 인계하는 방식이다.

② 납품대행형

주로 백화점, 할인점 등에서 착화주의 주도로 공동화하는 유형으로서, 참가하는 도매업자가 선정한 운송사업자가 배송거점을 정하여 납품상품을 집화, 분류, 포장 및 레이블을 붙이는 작업 등을 한 후 배달·납품하는 방식이다.

③ 공동수주 · 공동배송형

운송사업자가 협동조합을 설립하여 공동수주 및 공동배송하는 방식이다.

④ 배송공동형

화물 거점시설까지의 운송은 개별 화주가 행하고, 배송만 공동화하는 방식이다.

04 정답 ▶ ③

□□□

③ 자사의 정보시스템, 각종 규격 및 서비스에 대한 공유를 지양해야 한다.

정보공유의 기피는 공동수 · 배송 추진의 장애요인이 되므로 자사의 정보시스템, 각종 규격 및 서비스에 대한 공유를 지향해야 한다.

05 정답 ▶ ①

□□□

① 예산관점에서 비공식적, 준공식적, 공식적 조직으로 분류할 수 있다.

구조관점에서 비공식적, 준공식적, 공식적 조직으로 분류할 수 있다.

06 정답 ▶ ②

□□□

ㄱ. 파렛트 표준화 하드웨어 부문
ㄴ. 포장치수 표준화 소프트웨어 부문
ㄷ. 내수용 컨테이너 표준화 하드웨어 부문
ㄹ. 물류시설 및 장비 표준화 하드웨어 부문
ㅁ. 물류용어 표준화 소프트웨어 부문
ㅂ. 거래단위 표준화 소프트웨어 부문

07 정답 ▶ ⑤

□□□

ㄱ. 경로설계 구조수준
ㄴ. 고객 서비스 전략수준
ㄷ. 물류네트워크 전략 구조수준
ㄹ. 창고설계 및 운영 기능수준
ㅁ. 자재관리 기능수준
ㅂ. 수송관리 기능수준

» 더 알아보기

물류시스템 설계단계

- 전략수준 : 고객서비스 수준
- 구조수준 : 유통경로단계, 네트워크 전략
- 기능수준 : 물류창고 설계 및 운영, 운송관리, 자재관리
- 이행수준 : 정보시스템 구축, 정책 및 절차수립, 설비 및 장비도입, 조직 및 변화관리

08

□□□ 정답 ▸ ⑤

⑤ 배수치수 모듈은 1,140mm × 1,140mm Unit Load Size를 기준으로 하고, 최대허용공차 −80mm를 인정하고 있는 Plan View Unit Load Size를 기본단위로 하고 있다.

배수치수 모듈은 1,140mm × 1,140mm Unit Load Size를 기준으로 하고, 최대허용공차 −40mm를 인정하고 있는 Plan View Unit Load Size를 기본단위로 하고 있다.

09

□□□ 정답 ▸ ④

① 스플릿(Split) 적재

벽돌 적재를 하는 경우에 화물과 파렛트의 치수가 일치하지 않는 경우 물건 사이에 부분적으로 공간을 만드는 패턴이다.

② 풍차형(Pinwheel) 적재

파렛트 중앙부에 공간을 만드는 형태로 이 공간을 감싸듯 풍차형으로 화물을 적재하는 패턴이다. 홀수단과 짝수단의 방향을 바꾸어 적재한다.

③ 벽돌(Brick) 적재

한 단을 화물의 종방향과 횡방향으로 조합하여 적재하고, 다음 단은 그 방향을 180° 바꾸어 홀수단과 짝수단을 교차적으로 적재한다.

⑤ 블록(Block) 적재

물건을 홀수단과 짝수단 모두 같은 방향으로 적재하는 패턴으로 봉적재라고도 한다.

10

□□□ 정답 ▸ ③

① Drum, Buffer, Rope는 공정 간 자재의 흐름 관리를 통해 재고를 최소화하고 제조기간을 단축하는 기법으로서 비제약공정을 중점적으로 관리한다.

Drum, Buffer, Rope는 제약조건이론 중 전체 공정의 종속성과 변동성을 관리하는 기법으로, 전체 공정 중 가장 약한 것을 찾아 능력제약자원으로 두고, 이 부분이 최대한 100% 가동될 수 있도록 공정 속도를 조절하여 흐름을 관리하는 기법이다.

② Thinking Process는 제약요인을 개선하여 목표를 달성하는 구체적 해결방안을 도출하는 기법으로서 부분 최적화를 추구한다.

Thinking Process는 제약요인을 개선하여 목표를 달성하는 구체적 해결방안을 도출하는 기법으로서 전체 최적화를 추구한다.

④ Throughput Account는 통계적 기법을 활용한 품질개선 도구이다.

통계적 기법을 활용한 품질개선 도구는 6시그마이다. Throughput Account는 기업의 경영활동에 대해 기존의 원가회계를 대체하는 새로운 성과측정방법을 제안한 것으로 기업의 모든 활동들이 유기적 관계를 가지고 있다는 시스템 사고를 반영한다.

⑤ Optimized Production Technology는 정의, 측정, 분석, 개선, 관리의 DMAIC 프로세스를 활용한다.

정의, 측정, 분석, 개선, 관리의 DMAIC 프로세스를 활용하는 것은 6시그마이다. Optimized Production Technology는 애로 공정을 규명하여 생산흐름을 동시화 하는 데 주안점을 둔 일정계획시스템이다.

11 정답 ▸ ⑤

□□□

⑤ 태그 데이터의 변경 및 추가는 자유롭지만 일시에 복수의 태그 판독은 불가능하다.

태그 정보의 변경 및 추가가 용이하고, 일시에 다량의 정보를 빠르게 판독할 수 있다.

12 정답 ▸ ④

□□□

④ 상품품목 코드는 3자리로 구성된다.

상품품목 코드는 5자리로 구성된다.

13 정답 ▸ ⑤

□□□

⑤ ㄱ : TRS, ㄴ : ITS, ㄷ : CVO, ㄹ : KROIS, ㅁ : POS

ㄱ. 주파수 공용통신시스템(TRS : Trunked Radio System) : 중계국에 할당된 여러 개의 채널을 공동으로 사용하는 무선통신시스템이다.
ㄴ. 지능형교통시스템(ITS : Intelligent Transport System) : 도로와 차량, 사람과 화물을 정보네트워크로 연결하여 교통체증의 완화와 교통사고의 감소, 환경문제의 개선 등을 실현할 수 있는 시스템이다.
ㄷ. 첨단화물운송시스템(CVO : Commercial Vehicle Operation) : 화물 및 화물차량에 대한 위치를 실시간으로 추적·관리하여 각종 부가정보를 제공하는 시스템이다.
ㄹ. 철도화물정보망(KROIS : Korean Railroad Operating Information System) : KL-Net(한국물류정보통신)과 연계되어 EDI로 운용되고 철도공사, 화주, 운송업체, 터미널 등이 서비스 대상이 된다.
ㅁ. 판매시점관리(POS : Point Of Sales) : 판매장의 판매시점에서 발생하는 판매정보를 컴퓨터로 자동 처리하는 시스템으로, 상품별 판매정보가 컴퓨터에 보관된 발주, 매입, 재고 등의 정보와 결합하여 필요한 부문에 활용된다.

14 정답 ▸ ②

□□□

① JIT

> 도요타에서 개발된 방식으로 단위 시간당 필요한 자재를 소요량만큼만 조달하여 재고를 최소화하고, 다양한 재고감소 활동을 전개함으로써 비용절감, 품질개선, 작업능률 향상 등을 통해 생산성을 높이는 생산시스템이다.

③ MRP

> 전산화프로그램으로 재고관리와 생산일정을 계획·통제하고, 적량의 품목을 적시에 주문하여 적정 재고수준을 통제하기 위한 시스템이다.

④ ERP

> 정보기술을 활용하는 경영전략의 하나로, 기간 업무뿐만 아니라 기업 활동에 필요한 모든 자원을 하나의 체계로 통합하여 운영하고 기업의 업무 처리 방식을 선진화시킴으로써 한정된 기업의 자원을 효율적으로 관리하여 생산성을 극대화하려는 기업 리엔지니어링 기법이다.

⑤ ECR

> 소비자에게 보다 나은 가치를 제공하기 위해 유통업체와 공급업체들이 밀접하게 협력하는 식료품업계의 전략으로 효율적 매장구색, 효율적 재고보충, 효율적 판매촉진 및 효율적 신제품 개발 등이 핵심적 실행전략이다.

15 정답 ▸ ④

□□□

① ASP(Application Service Provider)는 정보시스템을 자체 개발하는 것에 비해 구축기간이 오래 걸린다.

> ASP(Application Service Provider)는 기업 운영에 필요한 각종 소프트웨어를 인터넷을 통하여 제공하는 새로운 방식의 비즈니스로 정보시스템을 자체 개발하는 것에 비해 구축기간 및 비용을 절감할 수 있다.

② CALS 개념은 Commerce At Light Speed로부터 Computer Aided Acquisition & Logistics Support로 발전되었다.

> CALS(Continuous Acquisition Life-cycle Support) 개념은 컴퓨터에 의한 조달 및 물류업무 지원(Computer Aided Acquisition and Logistic Support)의 개념으로부터 점점 확대되어 최근에는 광속상거래(Commerce At the Light Speed)로 발전되었다.

③ IoT(Internet of Things)는 인간의 학습능력과 지각능력, 추론능력, 자연언어의 이해능력 등을 컴퓨터 프로그램으로 실현한 기술을 의미한다.

> IoT(Internet of Things)는 인간과 사물, 서비스의 세 가지로 분산된 환경요소에 대해 인간의 명시적 개입 없이 상호 협력적으로 센싱(Sensing), 네트워킹, 정보처리 등 지능적 단계를 형성하는 사물 공간 연결망이다.

⑤ QR코드는 컬러 격자무늬 패턴으로 정보를 나타내는 3차원 바코드로서 기존의 바코드보다 용량이 크기 때문에 숫자 외에 문자 등의 데이터를 저장할 수 있다.

> QR코드는 2차원 바코드이다.

16 정답 ▶ ③

□□□ ③ 20,000개, 20억원

손익분기점 판매량

$$= \frac{\text{고정비}}{\text{단위당 판매가격} - \text{단위당 변동비}}$$

$$= \frac{\text{10억원}}{\text{10만원} - \text{5만원}}$$

= 20,000개

따라서 손익분기 매출액 = 20,000개 × 10만원 = 20억원

17 정답 ▶ ⑤

□□□ ⑤ 물류기업의 물류비 산정 정확성을 높이기 위해 개발되었으므로 화주기업은 적용대상이 될 수 없다.

기업물류비 산정지침은 「물류정책기본법」 제26조 및 영 제18조의 규정에 따라 물류기업 및 화주기업의 물류비 계산을 위한 절차와 방법에 대한 기준을 제공함으로써 개별기업의 물류회계표준화를 도모하고 물류비 산정의 정확성과 관리의 합리성을 제고하는 데 있다.

18 정답 ▶ ④

□□□ ④ 임의적인 직접원가 배부기준에 의해 발생하는 전통적 원가계산방법의 문제점을 극복하기 위해 활용된다.

전통적인 원가계산방법은 간접지원비용을 인위적인 기준에 의해 배분함으로써 제품이나 서비스 원가를 왜곡했는데 이러한 문제점을 해결하고자 하는 것이 활동기준원가계산(ABC)이다.

19 정답 ▶ ④

□□□ ④ 기업의 성과를 비재무적 관점, 고객 관점, 내부 비즈니스 프로세스 관점, 학습 및 성장 관점에서 측정한다.

기업의 성과를 재무적 관점, 고객 관점, 내부 비즈니스 프로세스 관점, 학습 및 성장 관점에서 측정한다.

20 정답 ▶ ①

□□□ ① 운송활동은 생산시기와 소비시기의 불일치를 해결하는 기능을 수행한다.

생산시기와 소비시기의 불일치를 해결하는 기능을 수행하는 것은 보관활동이다. 운송활동은 제품의 공간적 효용을 창출, 즉 생산지역과 소비지역의 공간적 상이함을 해결해주는 기능을 수행한다.

21 정답 ▶ ④

□□□ ④ 한국 물류정책기본법상 물류는 운송, 보관, 하역 등이 포함되며 가공, 조립, 포장 등은 포함되지 않는다.

「물류정책기본법」 제2조 제1항 제1호
"물류(物流)"란 재화가 공급자로부터 조달·생산되어 수요자에게 전달되거나 소비자로부터 회수되어 폐기될 때까지 이루어지는 운송·보관·하역 등과 이에 부가되어 가치를 창출하는 가공·조립·분류·수리·포장·상표부착·판매·정보통신 등을 말한다.

22 정답 ▶ ①

□□□ ① 사내물류 - 완제품의 판매로 출하되어 고객에게 인도될 때까지의 물류활동이다.

완제품의 판매로 출하되어 고객에게 인도될 때까지의 물류활동은 판매물류이다. 사내물류는 완제품 출하 시부터 판매를 위한 보관창고에 이르기까지의 물류활동을 말한다.

23 정답 ▶ ⑤

□□□ ① 시장조사법

제품과 서비스에 대하여 고객의 심리, 선호도, 구매동기 등을 조사하는 기법으로 정성적 수요예측기법 중에서는 가장 계량적이고 객관적인 방법이다.

② 회귀분석법

한 변수 혹은 여러 변수가 다른 변수에 미치는 영향력의 크기를 회귀방정식으로 추정하고 분석하는 통계적 분석방법이다.

③ 역사적 유추법

신제품과 같이 과거자료가 없는 경우에 이와 비슷한 기존 제품이 과거에 시장에서 어떻게 도입기, 성장기, 성숙기를 거치면서 수요가 변화해 왔는지에 입각하여 예측하는 방법이다.

④ 델파이법

전문가들을 한자리에 모으지 않고 일련의 질의서를 통해 각자의 의견을 취합하여 중기 또는 장기 수요의 종합적인 예측결과를 도출해 내는 기법이다.

24 정답 ▶ ③

□□□ ③ 전자상거래의 확산으로 인해 라스트마일(Last Mile) 물류비가 감소하고 있다.

전자상거래의 확산으로 인해 라스트마일(Last Mile) 물류비가 증가하고 있다.

더 알아보기

라스트마일(Last Mile)

사형수가 집행장까지 걸어가는 마지막 거리를 의미하는 것이지만, 최근 들어 통신 및 유통, 운송업계에서는 상품을 최종 소비자에게 전달하기 위한 배송의 마지막 단계를 뜻하는 말로 사용되고 있다. 기업에서는 마지막 단계이지만 고객의 입장에서는 상품을 제공받는 시작의 단계가 될 수 있기 때문에 어떤 질 좋은 서비스를 제공하느냐에 따라 기업의 이미지를 좌우하는 매우 중요한 요소가 되었다.

25

정답 ▶ ④

ㄹ(×). 사이클 타임과 운전자본의 증대 → 사이클 타임 단축과 재고 감소를 통한 운전 자본의 감소

26

정답 ▶ ③

③ 물류관리의 중요성이 높아짐에 따라 물류전략은 기업전략과 독립적으로 수립되어야 한다.

→ 물류관리의 효율화를 추구하기 위해 물류전략은 기업전략과 통합적으로 수립되어야 한다.

27

정답 ▶ ②

① 현금거래 도매상(Cash and Carry Wholesaler) → 한정서비스 도매상

② 전문품 도매상(Specialty Wholesaler) → 완전기능 도매상

③ 트럭 도매상(Truck Jobber) → 한정서비스 도매상

④ 직송 도매상(Drop Shipper) → 한정서비스 도매상

⑤ 진열 도매상(Rack Jobber) → 한정서비스 도매상

더 알아보기

한정서비스 도매상의 종류

구 분	내 용
현금판매-무배달도매상	주로 소규모의 소매상에 싼 가격으로 상품을 공급하며, 소매상들은 직접 이들을 찾아와서 제품을 주문·인수함
트럭도매상	고정적인 판매루트를 통해 트럭이나 기타 수송수단을 이용하여 판매와 동시에 배달을 함
직송도매상	이동·보관이 어려운 원자재(목재, 석탄 등)에 해당하는 제품들을 제조업자나 공급업자가 직접 고객들에게 직송하는 도매상
진열도매상	소매점의 진열선반 위에 상품을 공급하는 도매상
우편주문도매상	소규모의 소매상에게 제품 목록을 통해 판매하는 도매상

28 정답 ▸ ②

□□□

① 보상적 파워

한 경로구성원이 다른 경로구성원에게 여러 가지 물질적 또는 심리적인 도움을 줄 수 있을 때 형성되는 영향력이다.

③ 전문적 파워

한 경로구성원이 특별한 전문지식이나 경험을 가졌다고 상대방이 인지할 때 가지게 되는 영향력이다.

④ 합법적 파워

다른 구성원들에게 영향력을 행사할 정당한 권리를 갖고 있고 상대방도 당연히 그렇게 해야 한다고 내재적으로 지각할 때 미치는 영향력이다.

⑤ 강압적 파워

한 경로구성원의 영향력 행사에 대해서 구성원들이 따르지 않을 때 처벌이나 부정적 제재를 받을 것이라고 지각하는 경우에 미치는 영향력이다.

29 정답 ▸ ⑤

□□□

① 팩토리 아웃렛(Factory Outlet)

제조업체가 유통라인을 거치지 않고 직영체제로 운영하는 상설할인매장을 말한다.

② 백화점(Department Store)

선매품을 중심으로 생활필수품, 전문품에 이르기까지 다양한 상품 계열을 취급하며 대면판매, 현금정찰판매, 풍부한 인적·물적 서비스로써 판매활동을 전개하는 상품 계열별로 부문 조직화된 대규모 소매상이다.

③ 대중양판점(General Merchandising Store)

백화점과 슈퍼마켓의 장점을 살려 쾌적한 분위기로 싸게 파는 소매점을 말한다.

④ 하이퍼마켓(Hypermarket)

초대형가격할인 슈퍼마켓으로, 주로 교외에 위치한다.

30 정답 ▸ ①

□□□

① Risk Pooling

기업 내에 분포되어 있는 불확실성을 하나로 모음으로써 기업 전체의 불확실성에 효율적으로 대처하는 기법이다.

② Quick Response

주로 패션 및 섬유관련 제조, 유통업체가 유통과정에서 상호 밀접하게 협력하는 시스템으로, 개별업체의 효율성보다는 생산에서 판매까지 전체의 효율성을 통해 소비자에게는 더 나은 서비스를, 생산 및 유통업체는 비용과 재고의 감축을 통해 효율성을 높이는 데 활용된다.

③ Continuous Replenishment

소비자로부터 얻은 재고 및 판매정보를 기초로 상품을 지속적으로 보충하는 SCM 응용기술의 하나이다.

④ Rationing Game

수요가 공급을 초과할 때 실제 공급량을 주문량에 따라 배분하는 경우가 있는데, 이러한 배분 규칙을 예상하고 수요자는 자신의 실제 수요보다 많은 주문을 하여 수요가 왜곡될 수 있다.

⑤ Cross Docking

공급사슬상의 각 단계 간에 제품이동시간을 줄이기 위해 창고나 물류센터에서 수령한 상품을 창고에서 재고로 보관하지 않고 입고와 동시에 출고하여 바로 배송할 수 있도록 하는 시스템으로, 통과형 물류센터라고도 한다.

31

정답 ▶ ③

□□□

③ 10

• 연비개선 전 이산화탄소 배출량 = $\frac{100,000}{4} \times 0.002 = 50$

• 연비개선 후 이산화탄소 배출량 = $\frac{100,000}{5} \times 0.002 = 40$

따라서 연비개선 전 대비 연비개선 후 이산화탄소 배출감소량 = 50 − 40 = 10

32

정답 ▶ ①

□□□

② 주문전달시간(Order Transmittal Time)

주문을 주고받는 판매 사원, 우편, 전화, 전자송달(컴퓨터 등)에 사용되는 시간이다.

③ 주문처리시간(Order Processing Time)

적재서류의 준비, 재고기록의 갱신, 신용장의 처리작업, 주문확인, 주문정보를 생산·판매·회계부서 등에 전달하는 활동에 소요되는 시간이다.

④ 인도시간(Delivery Time)

주문품을 재고지점에서 고객에게 전달하는 활동으로, 창고에 재고가 있는 경우에는 공장을 거치지 않고 곧바로 고객에게 전달하는 데 걸리는 시간을 말한다.

⑤ 주문조립시간(Order Assembly Time)

주문을 받아서 발송부서나 창고에 전달 후 발송받은 제품을 준비하는 데 걸리는 시간이다.

33 정답 ▶ ③

□□□

ㄴ(×). 대상제품의 재고파악 및 가시성 확보가 용이하다.

역물류는 반환되는 화물의 추적 및 가시성 확보가 어렵고, 반환되는 화물 수량을 정확하게 예측할 수 없다.

34 정답 ▶ ⑤

□□□

ㄱ(○). 신용거래가 필요한 온라인 시장에서 해킹을 막기 위해 개발되었다.

누구나 열람할 수 있는 장부에 거래 내역을 투명하게 기록하고, 여러 대의 컴퓨터에 이를 복제해 저장하는 분산형 데이터 저장기술로, 여러 대의 컴퓨터가 기록을 검증하여 해킹을 막는다.

ㄴ(○). 퍼블릭(Public) 블록체인, 프라이빗(Private) 블록체인, 컨소시엄(Consortium) 블록체인으로 나눌 수 있다.

블록체인은 모두에게 개방돼 누구나 참여할 수 있는 형태인 퍼블릭 블록체인, 기관 또는 기업이 운영하며 사전에 허가를 받은 사람만 사용할 수 있는 프라이빗 블록체인, 퍼블릭 블록체인과 프라이빗 블록체인의 요소들을 결합하여 소수의 주체가 검증자 역할을 하는 컨소시엄 블록체인으로 나눌 수 있다.

ㄷ(○). 화물의 추적・관리 상황을 점검하여 운송 중 발생할 수 있는 문제에 실시간으로 대처할 수 있다.

블록체인은 전자 결제나 디지털 인증뿐만 아니라 화물 추적 시스템, P2P 대출, 원산지부터 유통까지 전 과정을 추적하거나 예술품의 진품 감정, 위조화폐 방지, 전자투표, 전자시민권 발급, 차량 공유, 부동산 등기부, 병원 간 공유되는 의료기록 관리 등 신뢰성이 요구되는 다양한 분야에 활용할 수 있다.

ㄹ(○). 네트워크상의 참여자가 거래기록을 분산 보관하여 거래의 투명성과 신뢰성을 확보하는 기술이다.

중앙 집중형 서버에 거래 기록을 보관하지 않고 거래에 참여하는 모든 사용자에게 거래 내역을 보내주며, 거래 때마다 모든 거래 참여자들이 정보를 공유하고 이를 대조해 데이터 위조나 변조를 할 수 없도록 되어 있다.

35 정답 ▶ ④

□□□

ㄱ. 보증수리 거래 후 요소

ㄴ. 재고품절 수준 거래 시 요소

ㄷ. 명시화된 회사 정책 거래 전 요소

ㄹ. 주문 편리성 거래 시 요소

36 정답 ▶ ③

□□□

ㄱ(×). 효율적 공급사슬은 모듈화를 통한 제품 유연성 확보에 초점을 둔다.

대응적 공급사슬은 모듈화를 통한 제품 유연성 확보에 초점을 둔다.

ㄹ(×). 대응적 공급사슬은 리드타임 단축보다 비용최소화에 초점을 둔다.

효율적 공급사슬은 리드타임 단축보다 비용최소화에 초점을 둔다.

37 정답 ▶ ②

□□□

① Continuous Replenishment

연속상품보충(CRP) : 소비자로부터 얻은 재고 및 판매정보를 기초로 상품을 지속적으로 보충하는 SCM 응용기술의 하나이다.

② Postponement

지연전략 : 공장에서 제품을 완성하는 대신 시장 가까이로 제품의 완성을 지연시켜 소비자가 원하는 다양한 수요를 만족시키는 전략적 지연을 의미한다.

③ Make-To-Stock

계획생산・재고생산 : 생산을 수요보다 선행함으로써 항상 재고를 가져가면서 수요증가에 대비하는 방식이다.

④ Outsourcing

아웃소싱 : 기업 업무의 일부 프로세스를 경영 효과 및 효율의 극대화를 위한 방안으로 제3자에게 위탁해 처리하는 것을 말한다.

⑤ Procurement

조달 : 경제주체의 활동에 필요한 적정한 물자, 시설 또는 용역을 필요한 시기와 장소에 획득함으로써 경제주체의 활동을 원활하게 하는 것을 말한다.

38 정답 ▶ ②

□□□

② 구매자의 사전구매(Forward Buying)를 통해 채찍효과를 감소시킬 수 있다.

구매자의 사전구매(Forward Buying)는 주문량의 변동성을 증대시키는 원인이 되므로 채찍효과를 증가시킬 수 있다.

39 정답 ▶ ①

□□□

② Vendor Managed Inventory

공급자 주도형 재고관리 : 공급업체가 주도적으로 재고를 관리하는 것으로, 유통업체에서 발생하는 재고를 제조업체가 전담해서 관리하는 방식이다.

③ Enterprise Resource Planning

전사적 자원관리 : 정보기술을 활용하는 경영전략의 하나로, 기간 업무뿐만 아니라 기업 활동에 필요한 모든 자원을 하나의 체계로 통합하여 운영하고 기업의 업무 처리 방식을 선진화시킴으로써 한정된 기업의 자원을 효율적으로 관리하여 생산성을 극대화하려는 기업 리엔지니어링 기법이다.

④ Customer Relationship Management

고객관계관리 : 고객의 데이터베이스 정보를 기업의 마케팅에 활용하는 기법이다.

⑤ Material Requirement Planning

자재소요계획 시스템 : 전산화프로그램으로 재고관리와 생산일정을 계획・통제하고, 적량의 품목을 적시에 주문하여 적정 재고수준을 통제하기 위한 시스템이다.

40 정답 ▶ ④

□□□

④ ㄱ : ISO 28000, ㄴ : AEO, ㄷ : C-TPAT

ㄱ. ISO 28000(물류보안경영시스템) : 공급망을 위한 보안관리시스템(SMS : Security Management System)의 요구사항에 관한 국제표준으로, 기업이 공급망 내 보안 위협 요인을 분석하고 위협 발생 시 이를 관리할 수 있도록 한다.

ㄴ. AEO(수출입안전관리우수공인업체) : 세관에서 물류기업이 일정 수준 이상의 기준을 충족하면 통관절차 등을 간소화시켜주는 제도이다.

ㄷ. C-TPAT(대테러 세관 무역업자간 파트너십) : 미국 세관・국경보호국(CBP : Customs and Border Protection)이 도입한 반테러 민・관 파트너십제도로서, 이 나라의 수입업자, 선사, 항공사, 터미널 운영사, 포워더, 통관중개인 등을 적용대상으로 하는 제도이다.

※ ISO 6780 : 국제표준파렛트 규격

[2과목] 화물운송론

41	42	43	44	45	46	47	48	49	50	51	52	53	54	55	56	57	58	59	60
❸	❸	❷	❹	❸	❸	❺	❺	❷	❸	❺	❶	❸	❹	❺	❶	❺	❹	❷	❹
61	62	63	64	65	66	67	68	69	70	71	72	73	74	75	76	77	78	79	80
❸	❹❺	❶	❷	❹	❷	❺	❺	❷	❶	❸	❹	❹	❶	❶	❷	❶	❷	❺	❹

41 정답 ▸ ③

ㄱ. Link 운송경로 : 운송수단의 운행에 이용되는 운송경로(통로)

ㄷ. Mode 운송방식 : 운송을 직접적으로 담당하는 수단

ㄹ. Node 운송연결점 : 운송의 대상인 화물을 효율적으로 처리하기 위한 장소나 시설

42 정답 ▸ ③

③ 운송 효율화 측면에서 운송비용을 절감하기 위해 다빈도 소량운송을 실시한다.

일반적으로 화물운송은 대형화된 운송수단에 의해 대량으로 운송하는 것이 운송비용면에서 더 경제적이다.

43 정답 ▸ ②

ㄷ. 특화된 운송서비스를 제공하거나 틈새시장을 공략하기 위한 경우라도 일반적인 선택기준을 적용하고 다른 기준을 적용하는 경우는 없다.

특화된 운송서비스를 제공하거나 틈새시장을 공략하기 위한 경우에는 일반적인 선택기준 대신 다른 기준을 적용하는 경우도 있다.

ㅁ. 운송비 부담력은 고려하지 않는다. 운송비 부담력도 고려한다.

44 정답 ▸ ④

④ 해상운송은 장거리 운송의 장점을 가지고 있지만, 대량화물을 운송할 때 단위비용이 낮아져 자동차 운송보다 불리하다.

해상운송은 장거리 운송에 적합하며, 대량화물의 운송 시 자동차 운송보다 유리하다.

45 정답 ▶ ③

□□□ ③ 운송대상과 운송경로에 관한 제약이 적다.

파이프라인은 주로 유류, 가스 등 에너지 자원의 수송에 이용되기 때문에 이용가능 화물이 한정적이고, 운송경로에 대한 제약이 크다.

46 정답 ▶ ③

□□□ ① 안전성

클레임 발생빈도가 높게 나타나는가?, 사고에 의한 화물손상은 적은가?, 멸실, 손상 등에 대한 보상처리가 정확히 이행되는가?

② 신뢰성

안전성은 보장되는가?, 장기적인 거래 관계는 있는가?

④ 신속성

발송부터 도착까지의 시간은 짧은가?, 빠른 주행 속도인가?

⑤ 경제성

절대평가에서 비용 단가가 저렴한가?, 상대적으로 신속하고 저렴한가?, 자사 운송수단보다 이용면에서 저렴한가?

47 정답 ▶ ⑤

□□□ ⑤ 운송업체의 일반화 및 소형화 유도

기업 간 업무제휴나 M&A를 통한 운송업체의 대형화를 유도하는 것이 화물운송의 합리화 방안에 해당한다.

48 정답 ▶ ⑤

□□□ ⑤ 채트반 공식으로 산출된 경계점 거리 이내에서는 화물자동차운송보다 철도운송이 유리하다.

채트반 공식으로 산출된 경계점 거리는 화물자동차의 경제효용거리의 분기점으로 경계점 거리 이내에서는 화물자동차 운송이 철도운송보다 유리하다.

49

정답 ▶ ②

① 중량기준

용적(부피)은 작지만 중량이 높은 화물, 즉 철강제품이나 화학제품 등은 중량을 기준으로 하여 운임이 책정된다.

③ 종가기준

'종가'라는 의미는 가격에 따른다는 뜻으로, 보석이나 예술품, 희귀품 등에 대해서는 보통 상품가격의 2~5% 정도의 일정비율을 할증 추가하여 운임으로 결정하는 경우가 있는데 이를 종가운임이라 한다.

④ 개수기준

포장방법이 일정하고 내용물의 용적 또는 중량이 일정한 화물(석유, 방적용 실 등)은 1상자(case, box) 등의 단위를 기준으로 하여 운임액을 정한다.

⑤ 표정기준

표정운임은 일정한 내용이나 형태를 가진 운송에 대하여 미리 일정한 양식의 일람 표지를 만들어 운임을 제시하는 형태의 운임으로, 승객이나 화물의 운송에 있어서 기종점, 이용수단, 운송대상 등이 유사한 경우에 동일한 운임을 적용하기 위한 기준이다.

50

정답 ▶ ③

ㄱ. 덤프트럭 전용특장차
ㄴ. 분립체 운송차 전용특장차
ㄷ. 적화·하역 합리화차 합리화 차량
ㄹ. 측면 전개차 합리화 차량
ㅁ. 액체 운송차 전용특장차

더 알아보기

전용특장차와 합리화 차량

전용특장차는 차량의 적재대를 특정한 화물운송에 적합하도록 특수하게 제작한 차량이고, 합리화 차량은 전용특장차에 화물을 상·하차시킬 때 작업을 보다 합리화할 수 있는 설비기기를 설치한 차량이다.

51 정답 ▸ ⑤

□□□

① 축간 중량 5톤 초과

> 축하중 : 10톤 이내

② 길이 13.7m 초과

> 길이 : 16.7m 초과

③ 너비 2.0m 초과

> 너비 : 2.5m 초과

④ 높이 3.5m 초과

> 높이 : 4m 초과

더 알아보기

차량의 운행 제한 등(도로법 시행령 제79조 제2항)

② 도로관리청이 법 제77조 제1항에 따라 운행을 제한할 수 있는 차량은 다음 각 호와 같다.

1. 축하중(軸荷重)이 10톤을 초과하거나 총중량이 40톤을 초과하는 차량
2. 차량의 폭이 2.5미터, 높이가 4.0미터(도로 구조의 보전과 통행의 안전에 지장이 없다고 도로관리청이 인정하여 고시한 도로의 경우에는 4.2미터), 길이가 16.7미터를 초과하는 차량
3. 도로관리청이 특히 도로 구조의 보전과 통행의 안전에 지장이 있다고 인정하는 차량

52 정답 ▸ ①

□□□

② 트렉터와 트레일러가 완전히 분리되어 있고, 트레일러 자체도 바디를 가지고 있으며 중소형이다.

> 트랙터와 트레일러가 완전히 분리되어 있고, 트랙터 자체도 바디(Body)를 가지고 있는 것은 풀 트레일러(Full-trailer)이다.

③ 트레일러의 일부 하중을 트렉터가 부담하는 것으로 측면에 미닫이문이 부착되어 있다.

> 트랙터와 트레일러가 적재하중을 분담하는 트레일러는 세미 트레일러(Semi-trailer)이다.

④ 컨테이너 트렉터는 트레일러 2량을 연결하여 사용한다.

> 트레일러 2량을 연결하여 사용하는 것은 더블 트레일러(Double Trailer)이다.

⑤ 대형 중량화물을 운송하기 위하여 여러 대의 자동차를 연결하여 사용한다.

> 대형 중량화물을 운송하기 위하여 차량을 Back to Back 방식이나 Side to Side 방식으로 여러 대를 연결하여 하나의 차량처럼 운행하는 것은 모듈트럭(Module Truck, 중량물 운송차량)이다.

53 정답 ▶ ③

□□□

① 유류비 변동비

② 수리비 변동비

③ 감가상각비 고정비

④ 윤활유비 변동비

⑤ 도로통행료 변동비

더 알아보기

고정비와 변동비

- 고정비 : 운행여부 및 운송량에 관계없이 기간에 따라 일정하게 발생하는 비용
- 변동비 : 운송거리, 영차거리, 운송 및 적재량 등 매출액에 영향을 미치는 항목들의 증감에 따라 변동되는 원가

54 정답 ▶ ④

□□□

④ 위험물을 컨테이너 일부에만 수납하는 경우에는 위험물을 컨테이너 문에서 먼 곳에 수납해야 한다.

위험물을 컨테이너 일부에만 수납하는 경우에는 접근이 쉽도록 컨테이너 문 근처에 수납해야 한다.

55 정답 ▶ ⑤

□□□

① 건화물 컨테이너(Dry container)

온도조절이 필요 없는 일반 잡화 운송에 이용하는 것으로 일반적인 컨테이너이다.

② 오픈탑 컨테이너(Open top container)

길이가 길거나 기계류 등을 적재, 운송하기 편리하도록 천장이 개방되어 있는 컨테이너이다.

③ 동물용 컨테이너(Live stock container)

살아 있는 동물을 운반하는 데 사용되어 통풍이 잘되고, 먹이를 주기에 편리하게 제작된 컨테이너이다.

④ 솔리드벌크 컨테이너(Solid bulk container)

가축사료, 콩, 쌀, 보리 등 곡물류나 가루형 화물 등의 살화물 운송에 적합하도록 제작된 단열성과 기밀성(air tightness)을 갖춘 컨테이너이다.

56 정답 ▶ ①

□□□

② Coupling & Sharing Train

중 · 단거리 운송 및 소규모 터미널 등에서 사용할 수 있는 소형열차(Modular Train) 형태의 열차서비스이다.

③ Liner Train

Single-Wagon Train의 일종으로 장거리 구간에 여러 개의 소규모 터미널이 존재하는 경우 마치 여객열차와 같이 각 기차터미널에서 화차를 Pick-Up & Delivery하는 서비스 형태이다.

④ Shuttle Train

철도역 또는 터미널에서의 화차조성비용을 줄이기 위하여 화차의 수와 타입이 고정되며, 출발지 → 목적지 → 출발지를 연결하는 루프형 구간에서 서비스를 제공하는 열차 형태를 말한다.

⑤ Single Wagon Train

여러 개의 중간역 내지 터미널을 거치면서 운행하는 열차서비스로 철도화물의 운송서비스 부문에서 가장 높은 비중을 차지하고 있다.

57 정답 ▶ ⑤

□□□

⑤ 공컨테이너와 적컨테이너의 운송은 할증이 적용된다.

공컨테이너의 운임은 규격별 영(적재)컨테이너 운임의 74%를 적용하여 계산한다.

58 정답 ▶ ④

□□□

① ALB(American Land Bridge)

극동지역의 주요 항구로부터 북미지역의 서해안의 주요 항구까지 해상으로 운송한 후, 북미 지역의 횡단철도를 통하여 북미지역의 동부해안까지 운송하고, 다시 대서양을 해상운송으로 횡단하여 유럽지역의 항만 또는 유럽 내륙까지 일관 수송하는 운송경로이다.

② MLB(Mini Land Bridge)

ALB와 유사하며, 미 동부해안이나 걸프지역의 항만까지 운송하는 해륙복합운송형태이다.

③ IPI(Interior Point Intermodal)

로키산맥 동부의 내륙지점까지 운송하는 것으로 동아시아에서 미국 태평양 연안까지는 해상운송하고, 시카고 또는 주요 운송거점까지 철도운송을 한 뒤 도로를 이용하여 내륙운송하는 복합운송시스템이다.

⑤ CLB(Canadian Land Bridge)

ALB와 유사하며 밴쿠버 또는 시애틀까지 해상으로 운송하고, 캐나다의 철도를 이용하여 동해안의 몬트리올에서 대서양의 해상운송으로 접속하여 유럽의 항구로 운송하는 복합운송경로이다.

59

정답 ▶ ②

□□□

② 타 운송수단과의 연계 없이 Door to Door 서비스가 가능하다.

철도운송은 타 운송수단과의 연계 없이 문전에서 문전(door-to-door)수송은 불가능하다.

60

정답 ▶ ④

□□□

① Gross Ton(G/T)

총톤수 : 선박내부의 총 용적량을 나타내는 톤수로서 상갑판 하부의 적량과 상갑판 상부의 밀폐된 장소의 적량을 모두 합한 것이다.

② Long Ton(L/T)

영톤 : 영국에서 쓰는 무게단위의 하나로 약 1,016kg을 1톤으로 계산한다.

③ Metric Ton(M/T)

불톤 : 프랑스에서 주로 사용되어 불톤이라고도 하며, 무역거래에서 중량을 사용할 때 1,000kg을 1톤으로 하는 수량단위를 말한다.

⑤ Short Ton(S/T)

미국톤 : 미국에서 쓰는 무게단위의 하나로 1쇼트톤은 2,000파운드(약 907.2kg)이다.

61

정답 ▶ ③

□□□

③ 제2선적제도는 기존의 전통적 선적제도를 폐지하고, 역외등록제도와 국제선박등록제도를 신규로 도입한다.

제2선적제도는 한 나라의 특정 지역을 정하여 그 지역에 등록한 외항 선박에 대하여는 그 나라 국적선과는 달리 편의치적선에 준하는 선박관련세제 및 선원고용상의 특례를 부여하는 제도를 말한다.

62

정답 ▶ ④, ⑤

□□□

④ ㄹ

항해용선 계약은 화물의 수량, 나용선 계약은 용선기간을 기준으로 운임이 결정된다.

⑤ ㅁ

일반적으로 항해용선 계약의 특성상 선주가 본선운항에 필요한 모든 비용을 부담하며, 용선주는 이에 대하여 운임을 지급한다. 나용선 계약은 용선주가 본선운항과 관련된 모든 비용을 부담한다.

63 정답 ▸ ①

□□□

① **잠재하자약관 : 화물의 고유한 성질에 의하여 발생하는 손실에 대해 운송인은 면책이다.**

> 잠재하자약관은 잠재된 하자로 기인된 손해에 대해서 운송인의 면책사항을 규정한 것이다.

64 정답 ▸ ②

□□□

① Letter of Credit

> 신용장 : 무역거래의 대금지불과 상품 입수를 원활하게 하기 위하여 수입상의 거래은행이 수입업자의 요청으로 일정 조건하의 운송서류(Transport Document)를 담보로 하여 지급 또는 인수할 것을 수출업자(어음발행인) 및 매입은행(어음수취인)에 대하여 확약하는 증서(Document)이다.

③ Commercial Invoice

> 상업송장 : 출발지와 도착지의 세관이 요구하는 각종 통관서류, 화물의 성질에 따라 작성하는 서류이다.

④ Certificate of Origin

> 원산지증명서 : 당해 물품이 확실하게 그 국가에서 생산되거나 제조된 것이라는 것을 증명하는 공문서로서 통상은 수출국에 주재하는 수입국 영사가 발급한다.

⑤ Packing List

> 포장명세서 : 계약물품의 운송서류 중 부속서류에 속하는 것으로, 포장과 운송, 통관수속 때 편의를 위하여 사용된다.

65 정답 ▸ ④

□□□

④ **화물의 실제 운송 경로는 운임 산출 시 근거 경로와 일치하여야만 한다.**

> 화물의 실제 운송 경로는 운임 산출 시 근거로 한 경로와 반드시 일치할 필요는 없다.

66 정답 ▸ ②

□□□

ㄴ. 전기종 간의 ULD 호환성이 높다.

> 전기종 간의 ULD 호환성이 낮다.

ㄹ. 사용된 ULD는 전량 회수하여 사용한다.

> 사용된 ULD는 관리가 어려워 회수상의 문제가 발생한다.

67 정답 ▶ ⑤

□□□ ⑤ 운송수단을 보유하고, 계약운송인으로서 운송책임이 없다.

운송주선인은 실질적으로 운송수단을 보유하고 있지 않으면서 계약운송인으로서 운송책임을 진다.

68 정답 ▶ ⑤

□□□ ⑤ CFS(Container Freight Station)업자이다.

항공화물운송주선업자는 Consolidator(화물혼재업자)이다.

더 알아보기

컨테이너 화물조작장(CFS : Container Freight Station)

컨테이너 한 개를 채울 수 없는 소량화물(LCL화물)의 처리를 위한 기본적인 시설로 여러 송화인(Shipper)으로부터 화물을 인수하여 한 컨테이너에 적입(Stuffing), 보관하거나 반대로 반입된 혼재화물을 해체(Devanning)하여 여러 화주에게 분산, 인도하는 창고형 작업장이다.

69 정답 ▶ ②

□□□ ② 230분

물류센터 → 3 : 30
3 → 1 : 70
1 → 2 : 40
2 → 물류센터 : 90
따라서 소요되는 최소시간은 30 + 70 + 40 + 90 = 230분

70 정답 ▶ ①

□□□ ① 디딤돌법(Stepping Stone Method)

최적해 여부를 검증하기 위해 할당되지 않은 공란에 필요단위를 할당했을 때 비용의 증감효과를 평가하여 최적해에 접근하게 되는 방법이다.

② 도해법(Graphical Method)

선형계획모형의 제약식을 2차원의 평면상에 그래프로 표현하여 실행 가능 영역을 구하고, 가능 영역 내부에 존재하는 수많은 실행 가능해 중에서 가장 크거나 작은 목적함수의 값을 갖는 해를 도출해내는 접근 방법이다.

④ 의사결정수모형(Decision Tree Model)

나무 구조로 나타내어 전체 자료를 몇 개의 소집단으로 분류한 후 예측을 수행하는 분석방법이다.

⑤ 후방귀납법(Backward Induction)

게임이론에서 경기자들이 순서대로 행동하는 전개형 게임의 균형을 구하는 방식으로, 게임의 가장 마지막 단계에서 시작하여 거꾸로 거슬러 올라가며 각 경기자들이 취할 가장 합리적 행동이 무엇인지 추론하는 분석방법이다.

71

정답 ▶ ③

□□□

③ 23km

8곳의 물류센터를 모두 연결하려면 7개의 도로가 필요하므로 가장 최소길이의 도로를 순차적으로 7개를 선택한다.
따라서 필요한 도로의 최소 길이는 2 + 2 + 3 + 3 + 4 + 4 + 5 = 23이 된다.

72

정답 ▶ ④

□□□

④ 180km

물류센터에서 각 네트워크의 최단 경로 8개를 다음과 같이 순차적으로 선택한다.
물류센터 → 4 : 10
4 → 1 : 20
4 → 8 : 20
8 → 5 : 20
물류센터 → 7 : 20
1 → 2 : 30
2 → 3 : 30
물류센터 → 6 : 30
단, 4에서 7로 가는 경로 길이 30은 물류센터에서 7로 가는 경로 길이 20으로 이미 최단 경로가 충족되었기 때문에 제외시킨다.
따라서 네트워크의 총길이는 10 + 20 + 20 + 20 + 20 + 30 + 30 + 30 = 180이 된다.

73

정답 ▶ ④

□□□

공급지 \ 수요지	수요지 1	수요지 2	수요지 3	공급량(톤)
공급지 1	25,000 ❷ 100	30,000 ×	27,000 ❸ 50	150
공급지 2	35,000 ×	23,000 ❶ 120	32,000 ×	120
수요량(톤)	100	130	70	

④ 12,210,000원

❶ → ❷ → ❸ 순서대로 할당하면 운송비용과 패널티는 다음과 같다.
• 운송비용 : (23,000 × 120) + (25,000 × 100) + (27,000 × 50) = 6,610,000
• 패널티 : (150,000 × 0) + (200,000 × 10) + (180,000 × 20) = 5,600,000
따라서 운송비용 + 패널티 = 6,610,000 + 5,600,000 = 12,210,000

74

□□□

정답 ▶ ①

공급지 \ 수요지	W	X	Y	Z	공급량(톤)	기회비용
A	30	25	47 ❻ 20	36 ❺ 80	100	5 → 11 → 0
B	17 ❶ 80	52	28 ❹ 40	42	120	11 → 14 → 0
C	22	19 ❷ 100	35 ❸ 30	55	130	3 → 16 → 20 → 0
수요량(톤)	80	100	90	80	350	
기회비용	5 → 0	6 → 0	7 → 19 → 0	6 → 0		

① A-X, B-Z, C-W

1번째로 B-W에 80, 2번째로 C-X에 100, 3번째로 C-Y에 30, 4번째로 B-Y에 40, 5번째로 A-Z에 80, 6번째로 A-Y에 20이 할당된다. 따라서 운송량이 전혀 할당되지 않은 셀은 A-W, A-X, B-X, B-Z, C-W, C-Z이다.

75

□□□

정답 ▶ ①

① 성장인자법(Growth Factor Method) 화물분포모형
② 회귀분석법(Regression Model) 화물발생모형
③ 성장률법(Growth Rate Method) 화물발생모형
④ 로짓모형(Logit Model) 수송분담모형
⑤ 다이얼모형(Dial Model) 통행배정모형

76 정답 ▶ ②

□□□ ② **공식적인 계약에 따른 개인 보증제도**

개인화물부터 기업화물까지 불특정 다수의 이용자들이 요청하는 화물집화서비스를 제공한다.

77 정답 ▶ ①

□□□ ① **유리제품**

운송물이 현금, 카드, 어음, 수표, 유가증권 등 현금화가 가능한 물건에 해당하는 경우 사업자는 운송물의 수탁을 거절할 수 있다(택배 표준약관 제12조 제10호).

78 정답 ▶ ②

□□□

ㄴ. 사업자가 운반하는 도중에 운송물의 포장이 훼손되어 재포장하는 경우, 운송물을 인도한 후 고객(송화인)에게 그 사실을 알려야 한다.

사업자가 운송물을 운반하는 도중 운송물의 포장이 훼손되어 재포장을 한 경우에는 지체 없이 고객(송화인)에게 그 사실을 알려야 한다(택배 표준약관 제9조 제4항).

ㅁ. 사업자는 운송물의 포장이 운송에 적합하지 아니한 때, 고객(송화인)의 승낙을 얻어 포장을 한 경우에 발생하는 추가 포장비용은 사업자가 부담한다.

사업자는 운송물의 포장이 운송에 적합하지 아니한 때에는 고객(송화인)에게 필요한 포장을 하도록 청구하거나, 고객(송화인)의 승낙을 얻어 운송 중 발생될 수 있는 충격량을 고려하여 포장을 하여야 한다. 다만, 이 과정에서 추가적인 포장비용이 발생할 경우에는 사업자는 고객(송화인)에게 추가 요금을 청구할 수 있다(택배 표준약관 제9조 제2항).

79 정답 ▶ ⑤

□□□ ① 사업자는 운송 중에 발생한 운송물의 멸실, 훼손 또는 연착에 대하여 고객(송화인)의 청구가 있으면 그 발생일로부터 6개월에 한하여 사고증명서를 발행한다.

사업자는 운송 중에 발생한 운송물의 멸실, 훼손 또는 연착에 대하여 고객(송화인)의 청구가 있으면 그 발생일로부터 1년에 한하여 사고증명서를 발행한다(택배 표준약관 제19조).

② 사업자는 운송장에 운송물의 인도예정일의 기재가 없는 경우, 도서·산간지역은 운송물의 수탁일로부터 5일에 해당하는 날까지 인도한다.

사업자는 운송장에 운송물의 인도예정일의 기재가 없는 경우, 도서·산간지역은 운송물의 수탁일로부터 3일에 해당하는 날까지 인도한다(택배 표준약관 제14조 제1항 제2호 나목).

③ 운송물의 일부 멸실 또는 훼손에 대한 사업자의 손해배상책임은 고객(수화인)이 운송물을 수령한 날로부터 10일 이내에 그 사실을 사업자에게 통지를 발송하지 아니하면 소멸한다.

운송물의 일부 멸실 또는 훼손에 대한 사업자의 손해배상책임은 고객(수화인)이 운송물을 수령한 날로부터 14일 이내에 그 사실을 사업자에게 통지를 발송하지 아니하면 소멸한다(택배 표준약관 제25조 제1항).

④ 운송물의 일부 멸실, 훼손 또는 연착에 대한 사업자의 손해배상책임은 고객(수화인)이 운송물을 수령한 날로부터 6개월이 경과하면 소멸한다.

운송물의 일부 멸실, 훼손 또는 연착에 대한 사업자의 손해배상책임은 고객(수화인)이 운송물을 수령한 날로부터 1년이 경과하면 소멸한다(택배 표준약관 제25조 제2항).

80 정답 ▶ ④

□□□ ④ 30일

사업자가 고객(송화인)으로부터 배상요청을 받은 경우 고객(송화인)이 영수증 등 손해입증서류를 제출한 날로부터 30일 이내에 사업자가 우선 배상한다. 단, 손해입증서류가 허위인 경우에는 적용되지 아니한다(택배 표준약관 제22조 제5항).

[3과목] 국제물류론

81	82	83	84	85	86	87	88	89	90	91	92	93	94	95	96	97	98	99	100
❶	❶	❷	❷	❶	❶	❺	❹	❷	❹	❺	❶	❸	❸	❹	❺	❶	❺	❸	❷
101	102	103	104	105	106	107	108	109	110	111	112	113	114	115	116	117	118	119	120
❺	❹	❹	❶	❸	❷	❺	❺	❺	❺	❺	❷	❺	❶	❹	❶	❹	❶	❷	❹

81 정답 ▸ ①

□□□

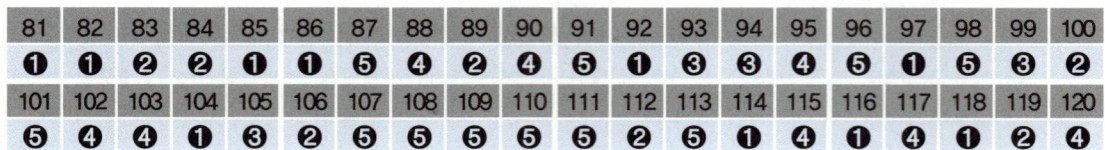

① 현지물류체계는 본국 중심의 생산활동과 국제적으로 표준화된 판매활동이 이루어진다.

현지물류체계는 본국이 아닌 현지국에 생산거점을 두고, 국가별 현지회사를 중심으로 현지국의 수요에 맞춰 물류 및 생산활동을 수행하는 체계이다.

82 정답 ▸ ①

□□□

② 수출국 창고에 재고를 집중시켜 운영할 수 있기 때문에 다른 어떤 시스템보다 보관비가 절감된다.

직송시스템에 대한 설명이다.

③ 수출기업으로부터 해외 자회사 창고로의 출하 빈도가 높기 때문에 해외 자회사 창고의 보관비가 상대적으로 절감된다.

통과시스템에 대한 설명이다.

④ 해외 자회사 창고는 집하·분류·배송기능에 중점을 둔다.

통과시스템에 대한 설명이다.

⑤ 상품이 생산국 창고에서 출하되어 한 지역의 중심국에 있는 중앙창고로 수송된 후 각 자회사 창고 혹은 고객에게 수송된다.

다국행 창고시스템에 대한 설명이다.

83 정답 ▸ ②

□□□

② 재화중량톤수(DWT)는 관세, 등록세, 소득세, 계선료, 도선료 등의 과세기준이 된다.

관세, 등록세, 소득세, 계선료, 도선료 등의 과세기준이 되는 것은 총톤수이다. 재화중량톤수는 선박이 적재할 수 있는 화물의 최대중량을 나타내는 것이며, 선박의 매매나 용선료를 산출하는 기준이 된다.

84 정답 ▶ ②

□□□

② 정기용선계약은 일정 기간을 정해 용선자에게 선박을 사용하도록 하는 계약으로 표준서식으로 Gencon 서식이 사용된다.

표준서식으로 Gencon 서식을 주로 이용하는 것은 항해용선계약이다.

85 정답 ▶ ①

□□□

① 항로가 일정하지 않고 매 항차마다 항로가 달라진다.

항로가 일정하지 않고 매 항차마다 항로가 달라지는 것은 부정기선 운송의 특징이다. 정기선 운송은 운송운항일정 및 운임요율표가 공시되고 화물의 다소에 관계없이 고정된 항로로 규칙적으로 운항한다.

86 정답 ▶ ①

□□□

ㄱ. Berth Term

적하・양하 모두 선주가 부담하는 조건

ㄴ. FI Term

적하 시는 화주가 부담하고 양하 시는 선주가 부담

ㄷ. FO Term

적하 시는 선주가 부담하고 양하 시는 화주가 부담

ㄹ. FIO Term

적하・양하 모두 화주가 부담하는 조건

ㅁ. FIOST Term

적하・양하・본선 내의 적부・선창 내 화물정리비 모두 화주가 부담하는 조건

87 정답 ▶ ⑤

□□□

⑤ 컨소시엄, 전략적 제휴 등 공동행위 및 경쟁제한 행위를 금지시켰다.

1998년 미국 외항해운개혁법(OSRA)은 연방해사위원회에 신고한 공동행위는 허용하였다.

88 정답 ▶ ④

□□□

① Special Rate

특별운임 : 해운동맹이 비동맹과 화물유치경쟁을 할 때 일정한 화물에 대해 일정조건을 갖춘 경우 인하된 특별요율로 화물을 인수하는 운임

② Open Rate

경쟁운임 : 자동차, 시멘트, 비료, 광산물과 같은 선적 단위가 큰 대량화물의 경우, 해운동맹이 요율을 별도로 정하지 않고 동맹가입선사(Member)가 임의로 적용하여 경쟁력을 높이는 데 적용되는 운임

③ Dual Rate

이중운임 : 동맹의 표준운임률에 계약운임률과 비계약운임률을 설정하여 화주가 동맹선에만 선적할 것을 계약하면 운임률을 낮게 적용하고 그렇지 않으면 고율의 운임을 적용하는 방식

⑤ Pro Rate Freight

비례운임 : 선박이 항해 중 불가항력적인 사유로 더 이상 항해를 계속할 수 없는 경우, 그때까지 실제로 운송된 거리에 따라 받는 운임

89 정답 ▶ ②

□□□

① Laytime 정박기간

② Off Hire

용선기간 중 용선자의 귀책사유가 아닌 선체의 고장이나 해난과 같은 불가항력 사유 때문에 발생하는 휴항약관 조항이다.

③ Demurrage 체선료

④ Cancelling Date 해약선택권이 발생하는 날짜

⑤ Despatch Money 조출료

90 정답 ▶ ④

□□□

④ 글로벌 공급망 확대에 따른 서비스 범위의 축소

글로벌 공급망 확대에 따라 서비스의 범위도 확대되었다.

91 정답 ▶ ⑤

□□□

⑤ 7일 하역량 및 누계

약정된 화물량을 기재한다. 당사자가 특정 수량을 선적하기로 약정하지 않는 한, 일반적으로 용선자는 용선한 선박에 만재화물을 공급하고, 선박소유자는 이를 운송할 의무가 있다.

92 정답 ▶ ①

□□□

② Lump Sum Freight

선복운임 : 운송계약 시 운임이 선복이나 항해를 단위로 지급되는 운임이다.

③ Long Term Contract Freight

장기운송계약운임 : 장기간에 걸쳐 되풀이되는 항해의 화물운송계약으로, 몇 년간에 몇 항해 또는 몇 년간에 걸쳐 몇 만톤 등과 같이 약정한다.

④ Freight All Kinds Rate

품목무차별운임 : 화물의 종류나 내용에는 관계없이 화차 1대당, 트럭 1대당 또는 컨테이너 1대당 얼마로 정하는 운임을 말한다.

⑤ Congestion Surcharge

선혼할증료 : 항구가 혼란하여 정박이 길어질 때 적재화물에 대하여 부과하는 할증료이다.

93 정답 ▶ ③

□□□

○ No compensation shall be payable for loss resulting from delay in delivery unless a notice has been given in writing to the carrier within (ㄱ) consecutive days after the day when the goods were handed over to the (ㄴ).

인도지연의 기준 : 인도지연으로 발생한 손실에 대해서는 물건이 수화인에게 인도된 일로부터 연속 60일 이내에 서면으로 운송인에게 통고를 하지 않는 한 손해배상을 할 수 없다.

○ Any action relating to carriage of goods under this Convention is time–barred if judicial or arbitral proceedings have not been instituted within a period of (ㄷ) years.

소송의 제기기한 : 소송절차 또는 중재절차가 2년의 기간 내에 개시되지 아니하는 한, 이 조약에 의한 물건운송에 관한 어떠한 소송도 무효가 된다.

94 정답 ▶ ③

□□□

① 금 괴 할증요금

② 화 폐 할증요금

③ 잡 지 할인요금

④ 생동물 할증요금

⑤ 유가증권 할증요금

더 알아보기

- 할인운임(R) : 신문, 잡지, 정기간행물, 서류, 카탈로그, 비동반 수하물 등
- 할증운임(S) : 금, 보석, 화폐, 증권, 자동차, 생동물 등

95 정답 ▶ ④

□□□

① Breakage 파손

② Wet 유손(습기로 인한 손상 등)

③ Spoiling 내용물이 부패되거나 변질되어 상품의 가치를 잃게 되는 경우

④ Mortality 수송 중 동물이 폐사되었거나 식물이 고사된 상태

⑤ Shortlanded 적하목록에는 기재되어 있으나 화물이 도착되지 않은 경우

96 정답 ▶ ⑤

□□□

⑤ 송화인은 항공화물운송장에 기재된 화물의 명세·신고가 정확하다는 것에 대해 그 항공화물운송장을 누가 작성했든 책임을 질 필요가 없다.

항공화물운송장의 작성이 항공화물운송계약의 성립요건은 아니므로, 운송장 기재에 결함이 있더라도 그 자체가 무효가 되는 것이 아니라, 기재의 책임 있는 당사자인 송화인이 그에 따른 불이익을 받는다.

97 정답 ▶ ①

□□□

○ (ㄱ) means the Multimodal Transport Operator who issues this FBL and is named on the face of it and assumes liability for the performance of the multimodal transport contract as a carrier.

ㄱ : Freight Forwarder(운송주선인) – 복합운송증권의 표면에 운송인으로 표기된 자로서 화주와 복합운송계약을 체결하고 그 계약이행의 책임을 지는 사람을 말한다.

○ (ㄴ) means and includes the Shipper, the Consignor, the Holder of this FBL, the Receiver and the Owner of the Goods.

ㄴ : Merchant(화주) – 송화인, FBL 소지자, 수화인, 물품의 소유자를 포함한다.

98 정답 ▶ ⑤

□□□

⑤ NVOCC는 자신이 직접 선박을 소유하고 화주와 운송계약을 체결하며 일관선하증권(through B/L)을 발행한다.

NVOCC는 직접 선박을 소유하지는 않으나 화주에 대해 운송계약을 체결하며 일관선하증권(through B/L)을 발행한다.

99 정답 ▶ ③

① strict liability

엄격책임 : 불가항력 등의 면책을 인정하지 않으며, 화물 손해에 대한 절대적 책임을 지는 것을 말한다.

② uniform liability system

단일책임체계 : 화주에 대해 운송계약의 체결자인 복합운송인이 전 운송구간에 걸쳐서 전적으로 동일 내용의 책임을 부담하는 책임체계이다.

④ liability for negligence

과실책임 : 선량한 관리자로서 복합운송인의 적절한 주의의무를 다하지 못한 경우 화물에 발생한 손해에 대해서만 책임을 지는 것을 말한다.

⑤ modified liability system

변형통합책임체계 : 단일책임체계와 이종책임체계의 절충방식으로, UN 국제물품복합운송협약에서는 손해발생구간의 확인여부에 관계없이 동일한 책임원칙을 적용하지만, 손해발생구간 책임한도액이 UN 협약의 책임한도액보다 높을 경우는 높은 한도액을 적용한다.

100 정답 ▶ ②

ㄱ. Hague Protocol(1955)

헤이그의정서 : 1955년 9월 헤이그에서 열린 국제항공사협의회에서 1929년 10월 바르샤바 협약의 내용을 일부 수정한 의정서로, 여객에 대한 운송인의 보상 책임한도액 인상에 관한 내용을 담았다.

ㄴ. CMR Convention(1956)

국제도로물품운송조약

ㄷ. CIM Convention(1970)

국제철도물품운송조약

ㄹ. CMI Uniform Rules for Electronic Bills of Lading(1990)

전자선하증권에 관한 CMI 규칙 : 국제해법회(CMI)가 1990년에 작성한 선박에 의해 운송 중인 물품의 인도청구권 이전을 선하증권을 발행하지 않고 동 증권의 내용을 구성하는 정보를 전자식 방법에 의해 운송인이 보존하고, 비밀번호를 인식하고 있는 현 권리자의 지도에 따라 양수인에게 전송하는 방법에 의해 실행하는 형태의 거래에 적용할 것을 목적으로 한 규칙이다.

ㅁ. Montreal Convention(1999)

몬트리올 협약 : 항공운송 관련 국제협정을 통합하기 위해 1999년 ICAO 국제항공법회의에서 채택되어 2003년에 발효된 국제조약으로, 바르샤바협약/와르소조약(Warsaw Convention)을 기반으로 항공운송인의 손해배상책임을 강화한 협약이다.

ㅂ. Rotterdam Rules(2008)

국제해상물건운송계약에 관한 UNCITRAL조약으로 복합운송(Door to Door)에 부응하는 해결책 제시와 운송인의 운송물에 대한 책임을 강화한 규칙이다.

101 정답 ▶ ⑤

□□□

① High Loader

하이 로더 : 항공화물을 여러 층으로 높게 적재하거나, 항공기 화물실에 화물을 탑재하는 항공기 전용탑재기이다.

② Transporter

트랜스포터 : 적재작업이 완료된 항공화물의 단위탑재용기(ULD)를 터미널에서 항공기까지 수평 이동시키는 자체동력 장비이다.

③ Tug Car

견인차 : 일반항공화물이나 ULD가 적재된 Dolly를 항공기로 이동시키는 지상조업장비로 동력원이 없어 스스로 움직이지 못하는 장비를 견인할 때에도 사용한다.

④ Dolly

돌리 : 트랜스포터와 동일한 작업 기능을 수행하나 자체 동력원이 없는 무동력 장비로 견인차(Tug car)에 연결하여 사용한다.

⑤ Transfer Crane

트랜스퍼 크레인 : 컨테이너 터미널에서 사용하는 해상운송 하역장비이다.

102 정답 ▶ ④

□□□

① Dry Container

건화물 컨테이너 : 온도조절이 필요 없는 일반 잡화 운송에 이용하는 것으로 일반적인 컨테이너이다.

② Flat Rack Container

플랫 랙 컨테이너 : 목재, 승용차, 기계류 등과 같은 중량화물을 운송하기 위해 사용되며, 건화물 컨테이너의 지붕과 벽을 제거하고 기둥과 버팀대만 두어 전후좌우 및 쌍방에서 하역할 수 있는 특징을 가진 컨테이너이다.

③ Solid Bulk Container

솔리드 벌크 컨테이너 : 가축사료, 콩, 쌀, 보리 등 곡물류나 가루형 화물 등의 살화물 운송에 적합하도록 제작된 단열성과 기밀성(air tightness)을 갖춘 컨테이너이다.

⑤ Open Top Container

천장개방형 컨테이너 : 길이가 길거나 기계류 등을 적재, 운송하기 편리하도록 천장이 개방되어 있는 컨테이너이다.

103 정답 ▶ ④

□□□ ④ **알루미늄컨테이너는 무겁고 녹이 스는 단점이 있으나 제조원가가 저렴하여 많이 이용된다.**

알루미늄컨테이너는 가볍고 견고한 장점이 있으나, 가격이 비싼 것이 단점이다.

104 정답 ▶ ①

□□□ ㄱ. 상법이나 선하증권의 준거법에서 규정하고 있는 법정기재사항을 충족하여야 함

요식증권 : 선하증권은 상법에 규정된 법정기재사항의 기재를 필요로 하는 요식증권이다.

ㄴ. 선하증권상에 권리자로 지정된 자가 배서의 방법으로 증권상의 권리를 양도할 수 있음

지시증권 : 선하증권은 선하증권 발행인이 배서금지의 뜻을 기재하지 않는 한 배서에 의해 양도될 수 있으므로 지시증권의 성질도 포함한다.

ㄷ. 선하증권의 정당한 소지인이 이를 발급한 운송인에 대하여 물품의 인도를 청구할 수 있는 효력을 지님

채권증권 : 선하증권은 그 소지인이 화물의 인도를 청구할 수 있어 채권효력을 갖는 채권증권이며, 운송화물의 처분에는 반드시 선하증권을 사용해야 하므로 처분증권의 성질도 포함한다.

26회

105 정답 ▶ ③

□□□ ③ **IPI(Interior Point Intermodal)는 한국, 일본 등 극동지역의 화물을 해상운송한 후 캐나다 대륙횡단철도를 이용하여 캐나다의 동해안 항만까지 운송하는 방식이다.**

IPI는 극동에서 미국 서부지역으로 화물을 해상운송한 후 트럭이나 철도로 미국 내륙까지 운송하는, 최소 2개의 운송수단을 이용하는 일관된 복합운송서비스로, Micro Land Bridge라고도 한다.

106 정답 ▶ ②

□□□ ① 10+2 Rule

보안과 수입자의 책임을 강화하기 위해 선적지에서 출항 24시간 전, 미국 세관에 온라인으로 신고하도록 한 제도로 수입자 신고 사항 10가지, 운송사 신고 사항 2가지로 되어 있어 10+2 Rule이라 불리며, ISF(Importer Security Filing)라고도 한다.

③ ISPS Code

선박과 항만시설에 대한 국제보안코드(International Code for the Security of Ships and of Port Facilities)로서 주요 내용으로는 선박 보안, 회사의 의무, 당사국 정부의 책임, 항만 시설 보안, 선박의 심사 및 증서 발급에 관한 사항 등이 있다.

④ AEO

9 · 11테러 이후 통관이 지연되자 세계관세기구(WCO)에서 도입한 것으로 세관에서 일정기준을 갖춘 수출기업의 통관을 간소화해주는 제도이다.

⑤ ISO 28000

공급사슬 전반에 걸친 보안을 보장하기 위하여 제조업자뿐만 아니라 창고보관업자, 운송업자, 서비스업자 등 공급사슬에 참여하는 모든 조직의 보안 사항을 심사하여 인증하는 제도이다.

107 정답 ▶ ⑤

□□□ 항공화물운송장과 선하증권의 비교

구 분	항공화물운송장	선하증권
주요 기능	화물수취증	유가증권
유통 여부	(비유통성)	유통성
발행 형식	(기명식)	지시식(무기명식)
작성 주체	송화인	(운송인)

108 정답 ▶ ⑤

□□□ ⑤ CY/CFS(FCL/LCL)운송은 수출지 CY로부터 수입지 CFS까지 운송하는 방식으로 다수의 송화인과 다수의 수화인으로 구성되어져 있다.

CY/CFS(FCL/LCL)운송은 선적항의 CY에서 목적항의 CFS까지 컨테이너에 의해서 운송되는 방법으로, 한 수출업자(송화인)가 수입국의 여러 수입업자(수화인)에게 일시에 화물을 운송하고자 할 때 많이 이용한다.

109 정답 ▶ ⑤

□□□ ⑤ UNCTAD/ICC규칙(1991)상 복합운송증권은 유통성으로만 발행하여야 한다.

UNCTAD/ICC규칙(1991)상 복합운송증권은 유통성 또는 비유통성으로 발행할 수 있다고 규정하고 있다.

110 정답 ▸ ⑤

□□□

① CCC(Customs Convention on Container, 1956)

컨테이너 자체가 관세선, 즉 국경을 통과할 때 관세 및 통관방법 등을 협약해야 할 필요성으로 만들어진 협약이다.

② TIR(Transport International Routiere, 1959)

유럽경제위원회에서 채택한 국제협약으로 체약국은 도로 주행차량에 의해 운송되는 봉인된 컨테이너 내의 화물에 대해서는 경유지 세관에서의 수입세나 수출세의 납부 및 공탁을 면제하고 원칙적으로 경유지 세관에서의 세관검사가 면제되는 것을 규정한다.

③ ITI(Customs Convention on the International Transit of Goods, 1971)

관세협력위원회가 채택한 협약으로, 컨테이너 속에 내장된 화물이 육·해·공을 포함하는 국제운송 시 어떤 국가를 지나 목적지까지 갈 때 적용하는 관세법상 특례를 규정하였다.

④ CSC(International Convention for Safe Container, 1972)

컨테이너의 구조상 안전요건을 국제적으로 통일하기 위하여 1972년에 UN(국제연합)과 IMO(국제해사기구)가 공동으로 채택한 국제협약

<u>⑤ YAR(York – Antwerp Rules, 2004)</u>

공동해손이 발생한 경우 손해 및 비용의 처리를 위해 사용되는 국제규칙으로, 공동해손에 관한 국제적 통일규정이 필요하게 되어 1890년에 제정되었고, 그 후 여러 번 개정되었다.

111 정답 ▸ ⑤

□□□

<u>⑤ 피보험목적물 또는 그 일부에 대한 어떠한 자의 불법행위에 의한 고의적인 손상 또는 고의적인 파괴</u>

ICC(A)의 담보위험, ICC(B)와 ICC(C)의 면책위험에 해당한다.

112 정답 ▸ ②

□□□

① CPT 규칙에서 매도인은 지정선적항에서 매수인이 지정한 선박에 적재하여 인도한다.

CPT 규칙에서 매도인은 매도인과 계약을 체결한 운송인에게 물품을 교부함으로써 또는 그렇게 인도된 물품을 조달함으로써 매수인에게 물품을 인도하고 위험을 이전하는 것을 의미한다.

③ DPU 규칙에서 매도인은 물품을 지정목적지에서 도착운송수단에 실어둔 채 양하준비된 상태로 매수인의 처분하에 둔다.

DPU 규칙에서 매도인은 물품을 지정목적지에서 도착운송수단으로부터 양하한 상태로 매수인의 처분하에 놓거나 그렇게 인도된 물품을 조달한 때를 인도시점으로 보는 조건이다.

④ FOB 규칙에서 매수인이 운송계약을 체결할 의무를 가지고, 매도인은 매수인이 지정한 선박의 선측에 물품을 인도한다.

FOB 규칙에서 매도인은 매수인이 지정한 본선상에 물품을 인도하거나 이미 인도된 물품을 조달하고, 매수인은 물품이 선박에 적재된 순간부터 모든 위험과 비용을 부담하게 된다. 즉, FAS 조건이 선측에 인도하면 매도인의 의무가 완료된다면, FOB 조건은 선박 위에 올려야 인도가 완료된다는 차이점이 있다.

⑤ FCA 규칙에서 지정된 물품 인도 장소가 매도인의 영업구내인 경우에는 물품을 수취용 차량에 적재하지 않은 채로 매수인의 처분하에 둠으로써 인도한다.

FCA 규칙에서 기명된 장소가 매도인의 영업구내인 경우에는, 물품을 매수인이 준비한 운송수단에 적재하고 매수인의 처분하에 둠으로써 인도한다.

113 정답 ▸ ⑤

□□□

① 특별비용은 공동해손과 손해방지비용을 모두 포함한 비용을 말한다.

특별비용은 공동해손비용과 구조료 이외의 비용을 의미한다.

② 제3자나 보험자가 손해방지행위를 했다면 그 비용은 손해방지비용으로 보상될 수 있다.

손해방지비용은 위험 발생가능성이 있는 경우에 보험목적물에 손해 방지 또는 경감을 위하여 피보험자 또는 그 사용인 및 대리인이 지출한 비용을 말한다.

③ 특별비용은 보험조건에 상관없이 정당하게 지출된 경우 보험자로부터 보상받을 수 있다.

특별비용은 보험목적물의 안전 또는 보존을 위해 피보험자에 의하여 또는 피보험자를 위하여 사용되는 비용이므로, 보험조건에 따라 정당하게 지출된 경우 보험자로부터 보상받을 수 있다.

④ 보험자의 담보위험 여부에 상관없이 발생한 손해를 방지하기 위해 지출한 구조비는 보상받을 수 있다.

담보위험에 의해 발생한 손해를 방지하기 위해 지출된 비용만을 보상받을 수 있다.

114 정답 ▸ ①

□□□

① 중재인은 해당분야 전문가인 민간인으로서 법원이 임명한다.

당사자에게 스스로 중재인을 선임할 권리가 부여된다.

115 정답 ▶ ④

□□□

① CFR

운임포함인도조건 : 상품이 선적항의 본선상에 인도될 때 매도인의 인도의무는 완료되나 매도인은 목적항까지의 운임(비용)을 부담(FOB + 목적항까지의 운임)한다.

② CIF

운임・보험료포함인도조건 : 보험손해 발생 시 선적 전의 손해는 매도인에게 보상청구권리가 있고 선적 후 발생하는 보험손해의 청구권리는 매수인에게 있다.

③ FAS

선측인도조건 : 지정 선적항에서 매수인이 지정한 본선의 선측에 물품이 인도되어 놓여진 때부터 물품에 대한 비용과 위험은 매수인이 부담한다.

⑤ DDP

관세지급인도조건 : 매도인은 물품이 목적지에 도착할 때까지 모든 운송비용과 위험을 부담하고 수입통관에 대한 의무도 부담한다.

116 정답 ▶ ①

□□□

② 보세창고의 경우 장치기간이 지난 내국물품은 그 기간이 지난 후 30일 내에 반출하면 된다.

내국물품으로서 장치기간이 지난 물품은 그 기간이 지난 후 10일 내에 그 운영인의 책임으로 반출하여야 한다(관세법 제184조).

③ 보세공장에서는 내국물품은 사용할 수 없고, 외국물품만을 원료 또는 재료로 하여 제품을 제조・가공할 수 있다.

보세공장에서는 외국물품을 원료 또는 재료로 하거나 외국물품과 내국물품을 원료 또는 재료로 하여 제조・가공하거나 그 밖에 이와 비슷한 작업을 할 수 있다(관세법 제185조).

④ 보세건설장 운영인은 보세건설장에서 건설된 시설을 수입신고가 수리되기 전에 가동해도 된다.

보세건설장 운영인은 보세건설장에서 건설된 시설을 수입신고가 수리되기 전에 가동하여서는 아니 된다(관세법 제194조).

⑤ 보세판매장에서 판매하는 물품의 반입, 반출, 인도, 관리에 관한 사항은 산업통상자원부령으로 정한다.

보세판매장에서 판매하는 물품의 반입, 반출, 인도, 관리에 필요한 사항은 대통령령으로 정한다(관세법 제196조).

117 정답 ▶ ④

□□□

④ ㄴ, ㄹ

Incoterms®2020 규칙에서는 대금지급의 시기・장소・방법, 관세부과, 불가항력, 매매물품의 소유권과 물권의 이전, 매매계약 위반에 대하여 구할 수 있는 구제수단에 대한 내용은 다루고 있지 않다.

118 정답 ▸ ①

□□□ ① 여행자가 외국물품인 휴대품을 관세통로에서 소비하거나 사용하는 경우는 수입으로 본다.

> **수입으로 보지 아니하는 소비 또는 사용(관세법 제239조)**
> 외국물품의 소비나 사용이 다음의 어느 하나에 해당하는 경우에는 이를 수입으로 보지 아니한다.
> - 선박용품 · 항공기용품 또는 차량용품을 운송수단 안에서 그 용도에 따라 소비하거나 사용하는 경우
> - 선박용품 · 항공기용품 또는 차량용품을 세관장이 정하는 지정보세구역에서 「출입국관리법」에 따라 출국심사를 마치거나 우리나라에 입국하지 아니하고 우리나라를 경유하여 제3국으로 출발하려는 자에게 제공하여 그 용도에 따라 소비하거나 사용하는 경우
> - 여행자가 휴대품을 운송수단 또는 관세통로에서 소비하거나 사용하는 경우
> - 이 법에서 인정하는 바에 따라 소비하거나 사용하는 경우

119 정답 ▸ ②

□□□ ② 항만에서 이루어지는 본선적재작업과 마셜링 기능을 수행한다.

> 내륙통관기지로서의 ICD는 항만 내에서 이루어져야 할 본선작업과 마샬링 기능을 제외한 장치보관기능, 집하분류기능, 수출 컨테이너화물에 대한 통관기능 등 전통적인 항만의 기능과 서비스 일부를 수행함으로써 신속한 화물유통을 가능하게 하고 있다.

120 정답 ▸ ④

□□□ ① 분쟁해결에 관한 부가적 조건을 포함하고 있는 청약에 대한 회답은 승낙을 의도하고 있는 경우 승낙이 될 수 있다.

> 승낙을 의도하고 있으나, 추가, 제한 또는 기타 변경을 포함하고 있는 청약에 대한 회답은 청약의 거절이면서 또한 반대청약을 구성한다(CISG 제19조).

② 청약에 대한 동의를 표시하는 상대방의 진술뿐만 아니라 침묵 또는 부작위는 그 자체만으로 승낙이 된다.

> 침묵 또는 부작위는 그 자체만으로 승낙이 되지 않는다(CISG 제18조).

③ 승낙을 위한 기간이 경과한 승낙은 당사자 간의 별도의 합의가 없더라도 원칙적으로 계약을 성립시킬 수 있다.

> 지연된 승낙은 청약자가 지체없이 피청약자에게 유효하다는 취지를 구두로 알리거나 그러한 취지의 통지를 발송하는 경우에는 승낙으로서의 효력을 갖는다(CISG 제21조). 즉, 승낙을 위한 기간이 경과한 승낙은 당사자 간의 별도의 합의가 있어야 계약을 성립시킬 수 있다.

⑤ 승낙기간 중 기간의 말일이 승낙자 영업소 소재지의 공휴일 또는 비영업일에 해당하여 승낙의 통지가 기간의 말일에 청약자에게 도달할 수 없는 경우에도 공휴일 또는 비영업일은 승낙기간의 계산에 산입한다.

> 승낙기간 중의 공휴일 또는 비영업일은 기간의 계산에 산입한다. 단, 승낙기간의 말일이 청약자의 영업소 소재지에서 공휴일 또는 비영업일에 해당하여 승낙의 통지가 기간의 말일에 청약자에게 도달될 수 없을 경우 그 기간은 그 다음의 최초 영업일까지 연장된다(CISG 제20조).

2교시

[4과목] 보관하역론

01	02	03	04	05	06	07	08	09	10	11	12	13	14	15	16	17	18	19	20
❸	❹	❸	❺	❸	❸	❶	❺	❷	❸	❶	❷	❹	❷	❹	❹	❷	❶	❸	❺
21	22	23	24	25	26	27	28	29	30	31	32	33	34	35	36	37	38	39	40
❸	❹	❷	❺	❹	❷	❶	❹	❺	❹	❺	❷	❺	❶	❶	❷	❺	❹	❶	❺

01 정답 ▸ ③

□□□

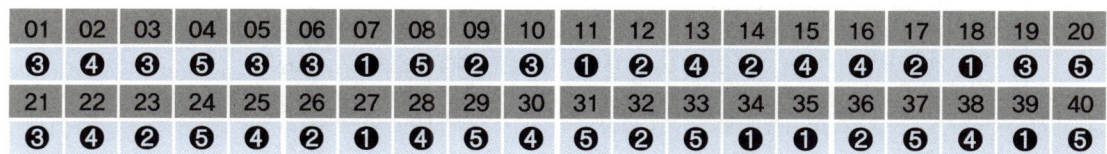

③ 유사성의 원칙 : 연대출고가 예상되는 관련 품목을 출하가 용이하도록 모아서 보관하는 원칙이다.

관련 품목을 한 장소에 모아서 보관하는 것은 네트워크보관의 원칙이다. 동일성・유사성의 원칙은 동일품종은 동일장소에 보관하고, 유사품은 근처 가까운 장소에 보관해야 한다는 원칙이다.

02 정답 ▸ ④

□□□

ㄱ. 제품의 시간적 효용 창출 보관의 기능
ㄴ. 제품의 공간적 효용 창출 운송의 기능
ㄷ. 생산과 판매와의 물량 조정 및 완충 보관의 기능
ㄹ. 재고를 보유하여 고객 수요 니즈에 대응 보관의 기능
ㅁ. 수송과 배송의 연계 보관의 기능

03 정답 ▸ ③

□□□

③ 임대 시설은 화차로 출하하기 위하여 일시 대기하는 화물의 보관을 위한 물류센터이다.

화차(철도물류에서 이용되는 운송 적재 모듈)로 출하하기 위하여 일시 대기하는 화물의 보관을 위한 물류센터는 철도 입지형에 해당한다.

04 정답 ▸ ⑤

ㄱ. 항만지역과 비교하여 창고 보관 시설용 토지 매입이 어렵다.

항만지역과 비교하여 창고·보관시설용 토지 취득이 쉽다.

ㄴ. 화물의 소단위화로 운송의 비효율이 발생한다.

화물의 대단위화에 따른 운송효율의 향상과 교통혼잡 회피로 운송비가 절감된다.

05 정답 ▸ ③

③ 장기보관 위주의 보관 기능을 강화한 시설이다.

물품의 장기적·일시적 보관을 통하여 공급과 수요의 완충 및 조정의 역할을 한다.

06 정답 ▸ ③

③ X : 61, Y : 88

무게중심법에 의한 유통센터의 입지 좌표

$$X = \frac{(50 \times 100) + (20 \times 200) + (10 \times 200) + (100 \times 500)}{100 + 200 + 200 + 500} = \frac{61,000}{1,000} = 61$$

$$Y = \frac{(10 \times 100) + (50 \times 200) + (10 \times 200) + (150 \times 500)}{100 + 200 + 200 + 500} = \frac{88,000}{1,000} = 88$$

07 정답 ▸ ①

① 물류센터의 규모 산정 시 목표 재고량은 고려하나 서비스 수준은 고려 대상이 아니다.

물류센터의 규모 산정 시 목표 재고량뿐만 아니라 리드타임, 주문마감시간, 납품빈도, 납품시간, 주문단위 등의 서비스 수준도 고려 대상이다.

08 정답 ▸ ⑤

⑤ 토지 가격이 저렴한 지역을 최우선 선정조건으로 고려한다.

토지 가격이 저렴한 지역을 최우선 선정조건으로 고려하여 외곽지역에 입지를 결정하게 되면 거리상 불편하고 운송비가 많이 소요될 수 있다.

09 정답 ▶ ②

□□□

① 순현재가치법

자본예산편성과 관련하여 투자안의 가치를 평가하는 기법 중 하나로, 투자로 인해 발생하는 현금흐름의 총 유입액 현재가치에서 총 유출액 현재가치를 차감한 가치를 순현가를 이용하여 투자안을 평가하는 것이다.

③ 브라운깁슨법

입지결정에 있어서 양적 요인과 질적 요인을 함께 고려할 수 있는 복수공장의 입지분석모형이다.

④ 손익분기점법

일정한 물동량, 즉 입고량 또는 출고량을 전제로 하여 고정비와 변동비의 합을 비교하여 물동량에 따른 총비용이 최소가 되는 대안을 선택하는 방법이다.

⑤ 자본회수기간법

여러 투자대안을 비교하여 평가하는 방법의 하나로, 각 투자안의 자본회수기간을 비교하여 회수기간이 가장 빠른 대안에 우선순위를 두어 평가하는 방법이다.

10 정답 ▶ ③

□□□

③ 파렛트 랙(Pallet Rack) : 파렛트 화물을 한쪽 방향에서 넣으면 중력에 의해 미끄러져 인출할 때는 반대방향에서 화물을 반출할 수 있다.

파렛트 화물을 한쪽 방향에서 넣으면 중력에 의해 미끄러져 인출할 때는 반대방향에서 화물을 반출할 수 있는 보관설비는 유동 랙(Flow Rack)이다. 파렛트 랙(Pallet Rack)은 파렛트에 쌓아올린 물품의 보관에 이용되는 랙이다.

11 정답 ▶ ①

□□□

① 출하 차량 동선 – 평치, 선반 및 특수 시설의 사용 여부

평치, 선반 및 특수 시설의 사용 여부는 보관 방식의 세부 고려사항에 해당한다.

12 정답 ▶ ②

□□□

② 하역장비 설치

하역장비 설치는 시공 및 운영 단계에서 수행하는 활동이다.

13 정답 ▶ ④

□□□ ④ ㄱ : 89, ㄴ : 94

ㄱ : 임의위치저장(Randomized Storage)방식 – 물품의 입출고 빈도에 상관없이 저장위치를 임의로 결정하는 방식으로, 각 기간별 저장공간의 합산이 최대인 값으로 산출된다. 따라서 각 기간의 저장공간을 합산해보면, 1주는 51, 2주는 73, 3주는 76, 4주는 57, 5주는 53, 6주는 89이므로 가장 최댓값인 89가 된다.

ㄴ : 지정위치저장(Dedicated Storage)방식 – 창고에 도착한 물품의 크기 및 공간사용 정도를 기준으로 사전에 지정된 위치에 저장하는 방식으로, 각 제품별 최대 저장공간의 합산으로 산출된다. 따라서 각 제품의 최대 저장공간을 합산해보면, 34 + 25 + 35 = 94가 된다.

14 정답 ▶ ②

□□□ ② 암 랙(Arm Rack)

암 랙(Arm Rack)은 외팔지주걸이 구조로 된 랙으로, 기본 프레임에 암(Arm, 외팔걸이)을 결착하여 화물을 보관하는 랙이다. 파이프 등과 같이 보관이 어려운 장척물의 화물을 보관하고, 전면에 기둥이 없으므로 공간낭비 없이 화물을 보관할 수 있다.

15 정답 ▶ ④

□□□ ① 보세창고는 지방자치단체장의 허가를 받은 경우에는 통관되지 않은 내국물품도 장치할 수 있다.

보세창고는 관세법에 근거를 두고 세관장의 허가를 얻어 수출입화물을 취급하는 창고를 말하며 수출입세, 소비세 미납화물을 보관하는 창고이다.

② 영업창고는 임대료를 획득하기 위해 건립되므로 자가창고에 비해 화주 입장의 창고설계 최적화가 가능하다.

영업창고는 자가창고에 비해 화주 입장에 최적화된 창고설계가 어렵다.

③ 자가창고는 영업창고에 비해 창고 확보와 운영에 소요되는 비용 및 인력문제와 화물량 변동에 탄력적으로 대응할 수 있다.

영업창고는 자가창고에 비해 창고 확보와 운영에 소요되는 비용 및 인력문제와 화물량 변동에 탄력적으로 대응할 수 있다.

⑤ 공공창고는 특정 보관시설을 임대하여 물품을 보관하는 창고형태로 민간이 설치 및 운영한다.

공공창고는 국가 기관이나 관청이 공공의 이익을 위하여 설치하고 관리하는 창고이다.

16 정답 ▶ ④

□□□

ㄱ. 물품 생산과 소비의 시간적 간격을 조정하여 일정량의 화물이 체류하도록 한다. 수급조정기능
ㄴ. 물품의 수급을 조정하여 가격안정을 도모한다. 가격조정기능
ㄷ. 물류활동을 연결시키는 터미널로서의 기능을 수행한다. 연결기능
ㄹ. 창고에 물품을 보관하여 재고를 확보함으로써 품절을 방지하여 신용을 증대시키는 역할을 수행한다. 신용기관적 기능

더 알아보기

- 매매기관적 기능 : 제품의 매매를 통해 자본흐름을 원활하게 해주는 기능이다.
- 판매전진기지적 기능 : 소비지 가까운 곳에 위치한 물류센터에 물품을 보관하고 있다가 고객의 요구에 즉시 배송할 수 있어 고객서비스를 제고할 수 있는 기능, 즉 고객서비스의 최전선 기능을 수행한다.

17 정답 ▶ ②

□□□

① 주문량이 커질수록 할인율이 높아지기 때문에 가능한 많은 주문량을 설정하는 것이 유리하다.

주문량이 다량일 경우에도 할인이 인정되지 않는다.

③ 재고유지비용은 평균재고량에 반비례한다.

재고유지비용은 평균재고량에 비례한다.

④ 재고부족에 대응하기 위한 안전재고가 필요하다.

재고부족현상이 일어나지 않는다.

⑤ 수요가 불확실하기 때문에 주문량과 주문간격이 달라진다.

수요는 일정하며 연속적이고, 주문량은 전부 동시에 도착한다.

18 정답 ▶ ①

□□□

② 사업장별 다양한 요구를 반영하여 구매하기에 용이하다.

분산구매방식에 관한 설명이다.

③ 사업장별 독립적 구매에 유리하나 수량할인이 있는 품목에는 불리하다.

분산구매방식에 관한 설명이다.

④ 전사적으로 집중구매하기 때문에 가격 및 거래조건이 불리하다.

전사적으로 집중구매하기 때문에 가격 및 거래조건이 유리하다.

⑤ 구매절차의 표준화가 가능하여 긴급조달이 필요한 자재의 구매에 유리하다.

구매절차의 표준화는 가능하지만 자재의 긴급조달이 어렵다.

19 정답 ▸ ③

□□□ ③ 50,320

지수평활법에 의하면 차기예측치 = 당기 판매예측치 + α(당기 판매실적치 − 당기 판매예측치)이므로
7월의 예측 판매량 = 50,000 + 0.4(48,000 − 50,000) = 49,200
따라서 8월의 예측 판매량 = 49,200 + 0.4(52,000 − 49,200) = 50,320

20 정답 ▸ ⑤

□□□ ⑤ ㄱ : 24,000,000원, ㄴ : 75회

- 연간 발주횟수 = $\frac{\text{연간수요량}}{\text{1회 주문량}}$

  1회 주문량(경제적 주문량) = $\sqrt{\frac{2 \times \text{1회 주문비용} \times \text{연간 수요량}}{\text{제품당 연간 재고유지비용}}}$

  $= \sqrt{\frac{2 \times 160{,}000 \times 90{,}000}{20{,}000}}$

  $= 1{,}200$

  따라서 연간 발주횟수 = $\frac{90{,}000}{1{,}200}$ = 75회

- 총 재고비용 = 주문비용(준비비용) + 재고유지비용 + 재고부족비용

  재고유지비용 = $\frac{\text{경제적 주문량}}{2}$ × 제품당 연간 재고유지비용, 재고부족비용은 고려하지 않는다고 제시되어 있으므로

  연간 총 재고비용 = $(75 \times 160{,}000) + \frac{(1{,}200 \times 20{,}000)}{2} + 0$

  = 12,000,000 + 12,000,000 = 24,000,000원

21 정답 ▸ ③

□□□ ③ 델파이법(Delphi Method)은 원인과 결과관계를 가지는 두 요소의 과거 변화량에 대한 인과관계를 분석한 방법으로 정량적 수요예측방법에 해당한다.

델파이법(Delphi Method)은 전문가들의 예측치 및 견해를 우편을 통하여 수집·정리하여 다시 배포하고 회수하는 과정의 반복으로 일치된 예측치를 획득하는 정성적 수요예측방법에 해당한다.

22 정답 ▶ ④

□□□ ④ 437

ROP = 조달기간 동안의 평균수요 + 안전재고

$$= (\text{일일 평균수요량} \times \text{조달기간}) + (\text{표준편차} \times \sqrt{\text{조달기간}} \times \text{안전계수})$$

$$= (\frac{14,000}{350} \times 9) + (20 \times \sqrt{9} \times 1.282)$$

$$= 360 + 76.92$$

$$= 436.92$$

따라서 소수점 첫째자리에서 반올림하면 약 437이 된다.

23 정답 ▶ ②

□□□ ② 안전재고는 재고를 품목별로 일정한 로트(Lot) 단위로 조달하기 때문에 발생한다.

안전재고는 수요와 공급의 변동에 따른 불균형을 방지하기 위해 유지하는 계획된 재고 수량으로, 서비스의 표준 레벨이다. 수요 예측에 대한 오차의 확률과 리드 타임 등의 여러 가지 요인을 포함해서 안전 재고량을 정한다. 즉, 수요가 예상을 넘었다고 해도 표준적인 레벨에서 보증할 수 있는 예비 재고를 말한다.

24 정답 ▶ ⑤

□□□ ⑤ 충분한 안전재고를 확보하여 품절에 대비하기 때문에 공급업체와 생산업체의 상호협력 없이도 시스템 운영이 가능하다.

JIT 시스템은 자재소요와 재고를 거의 없앰으로써 낭비적인 요소를 제거하려는 생산관리시스템으로, 공급업체와 생산업체의 상호협력 및 신뢰가 강조된다.

25 정답 ▶ ④

□□□

ㄱ. 화물의 이동 용이성을 지수로 하여 이 지수의 최대화를 지향하는 원칙으로 관련 작업을 조합하여 화물 하역작업의 효율성을 높이는 것을 목적으로 한다. 운반 활성화의 원칙

ㄴ. 불필요한 하역작업의 생략을 통해 작업능률을 높이고, 화물의 파손 및 분실 등을 최소화하는 것을 목적으로 한다. 하역 경제성의 원칙

ㄷ. 하역작업 시 화물의 이동거리를 최소화하는 것을 목적으로 한다. 거리 최소화의 원칙

더 알아보기

- 시스템화의 원칙 : 개개의 하역 활동을 유기체적인 활동으로 간주하는 원칙으로, 종합적인 관점에서 보았을 때 시스템 전체의 균형을 고려하여 시너지(Synergy) 효과를 올리는 것이다.
- 화물 단위화의 원칙 : 화물을 유닛화하여 파렛트 및 컨테이너와 조합함으로써 화물의 손상・파손・분실을 없애고 하역작업을 능률화 또는 합리화하는 원칙이다.
- 인터페이스의 원칙 : 하역작업 공정 간의 계면 또는 접점을 원활히 하는 원칙으로, 창고에서 파렛트(Pallet) 단위로 반출시킨 화물을 트럭에 싣는 경우 인력에만 의존하지 않고 자동적재장치(Dock Leveller 등)를 사용하여 트럭에 싣는 것을 말한다.

26 정답 ▸ ②

□□□

○ (ㄱ : **피킹**) : 보관장소에서 물건을 꺼내는 작업이다.
○ (ㄴ : **운반**) : 생산, 유통, 소비 등에 필요하므로 하역의 일부로 볼 수 있으며, 창고 내부와 같이 한정된 장소에서 화물을 이동하는 작업이다.
○ (ㄷ : **배닝**) : 컨테이너에 물건을 싣는 작업이다.
○ (ㄹ : **적재**) : 물건을 창고 등의 보관시설 장소로 이동하여 정해진 형태로 정해진 위치에 쌓는 작업이다.

더 알아보기

하역에 관한 주요 용어

- 스태킹(Stacking) : 하역작업 중 물품 또는 포장화물을 규칙적으로 쌓아 올리는 작업이다.
- 더니징(Dunnaging) : 수송기기에 실려진 화물이 손상, 파손되지 않게 마무리하는 작업이다.
- 래싱(Lashing) : 운송기기에 실려진 화물을 움직이지 않도록 줄로 묶는 작업이다.
- 배닝(Vanning) : 컨테이너에 물품을 실어 넣는 작업이다.
- 디배닝(Devanning) : 컨테이너로부터 화물을 내리는 작업이다.
- 피킹(Picking) : 보관장소에서 물품을 꺼내는 작업이다.

27 정답 ▸ ①

□□□

① 대차에 실어 놓은 상태 활성지수 3
② 파렛트 위에 놓인 상태 활성지수 2
③ 화물이 바닥에 놓인 상태 활성지수 0
④ 컨베이어 위에 놓인 상태 활성지수 4
⑤ 상자 안에 넣은 상태 활성지수 1

28 정답 ▸ ④

□□□ ④ 하역시스템의 도입 목적은 범용성과 융통성을 지양하는 데 있다.

> 하역시스템의 도입 목적은 범용성과 융통성을 지향하는 데 있다.

29 정답 ▸ ⑤

□□□ ① 크로스벨트(Cross belt) 방식 : 컨베이어 반송면의 아래 방향에서 벨트 등의 분기장치가 나오는 방식으로 하부면의 손상 및 충격에 취약한 화물에는 적합하지 않다.

> 레일을 주행하는 연속된 캐리어상의 소형벨트컨베이어를 레일과 교차하는 방향에 구동시켜 단위화물을 내보내는 소팅컨베이어이다.

② 팝업(Pop-up) 방식 : 레일을 주행하는 연속된 캐리어상의 소형벨트 컨베이어를 레일과 교차하는 방향으로 구동시켜 단위화물을 내보내는 방식이다.

> 컨베이어 반송면의 아랫방향에서 벨트, 로울러, 휘일, 핀 등의 분기장치가 튀어나와 단위화물을 내보내는 방식의 소팅시스템이다.

③ 틸팅(Tilting) 방식 : 반송면에 튀어나온 기구를 넣어 단위화물을 함께 이동시키면서 압출하는 방식이다.

> 레일을 주행하는 트레이, 슬라이드의 일부 등을 경사지게 하여 단위화물을 활강시키는 소팅컨베이어로, 화물의 형상, 두께 등에 따라 폭넓게 대응하므로 각종 배송센터에서 이용되고 있다.

④ 슬라이딩슈(Sliding-shoe) 방식 : 여러 형상의 화물을 수직으로 나누어 강제적으로 분류하므로 충격에 취약한 정밀기기나 깨지기 쉬운 물건은 피해야 한다.

> 반송면에 튀어나온 기구를 넣어 단위화물을 함께 이동시키면서 압출하는 소팅컨베이어이다.

30 정답 ▸ ④

□□□ ① 스트래들(Straddle)형은 전방이 아닌 차체의 측면에 포크와 마스트가 장착된 지게차이다.

> 스트래들(Straddle)형은 차체전방에 주행차량이 붙은 2개의 아우트리거(Outrigger)를 수평으로 매달아 그 안에 포크가 전후로 움직이는 구조이다.

② 디젤엔진식은 유해 배기가스와 소음이 적어 실내작업에 적합한 환경친화형 장비이다.

> 디젤엔진식은 배기가스가 분출되며 소음이 상대적으로 크기 때문에 점차 전동식으로 대체되고 있다.

③ 워키(Walkie)형은 스프레더를 장착하고 항만 컨테이너 야드 등 주로 넓은 공간에서 사용된다.

> 워키(Walkie)형은 작업자의 탑승설비가 없으며, 작업자가 지게차를 가동시킨 상태에서 걸어 다니며 작업을 하는 형태로 주로 소형 작업장에서 이용된다.

⑤ 사이드 포크형은 차체전방에 아웃리거를 설치하고 그 사이에 포크를 위치시켜 안정성을 향상시킨 지게차이다.

사이드 포크형은 포크의 승강 장치를 차체의 옆쪽에 설치한 것으로서 하역할 때는 차체 측면으로 아우트리거를 대서 차체 폭 방향으로 포크 승강 장치를 접근시켜 화물을 승강한다.

31 정답 ▸ ⑤

□□□ ⑤ 4개

하역 기계화의 필요성
- 중량화물
- 많은 인적 노력이 요구되는 화물
- 액체 및 분립체 등 인력으로 취급하기 곤란한 화물
- 인력으로 시간을 맞추기 어려운 화물
- 대량 해상운송화물
- 작업장의 위치가 높고 낮음으로 인하여 상하차작업이 곤란한 화물
- 인적 접근이 곤란하거나 수동화하기 어려운 화물
- 유해하거나 위험한 화물
- 혹서·혹한기의 작업장

32 정답 ▸ ②

□□□

ㄱ. 한국 1,100 × 1,100mm

ㄴ. 일본 1,100 × 1,100mm

ㄷ. 영국 800 × 1,200mm(유럽표준규격)

ㄹ. 미국 1,219 × 1,016mm

33 정답 ▸ ⑤

□□□ ⑤ 제품의 과잉생산 방지

일관파렛트화(Palletization)의 경제적 효과
- 보관능력 향상
- 신속한 적재로 차량의 회전율 증가
- 작업대기시간 단축으로 수송장비의 운행효율 향상
- 하역작업의 혼잡 감소
- 노동인력 및 노동시간 감축
- 물품의 운반관리 용이
- 파손 및 손실 감소
- 포장비 감소

34 정답 ▸ ①

□□□ ① ㄱ, ㄴ, ㄹ

유닛로드 시스템 도입의 선결과제
- 수송장비 적재함의 규격표준화
- 포장단위 치수표준화
- 파렛트표준화
- 운반하역장비의 표준화
- 창고보관설비의 표준화
- 거래단위의 표준화

35 정답 ▸ ①

□□□

○ (ㄱ : **즉시교환방식**) : 유럽 각국의 국영철도역에서 파렛트 적재 형태로 운송하며, 파렛트를 동시에 교환하여 사용하는 것으로 언제나 교환에 응할 수 있도록 파렛트를 준비해 놓는 방식이다.
○ (ㄴ : **리스 · 렌탈방식**) : 개별 기업에서 파렛트를 보유하지 않고, 파렛트 풀 회사에서 일정 기간 동안 임차하는 방식이다.

더 알아보기

파렛트 풀 시스템 운영방식
- 즉시교환방식(유럽방식) : 유럽 각국의 국영철도에서 송화주가 국철에 Pallet Load 형태로 운송하면, 국철에서는 이와 동수의 Pallet로 교환하는 방식
- Rental방식(한국, 일본, 호주 등) : 파렛트 풀 회사에서 일정규격의 파렛트를 필요에 따라 임대해 주는 방식
- 교환리스병용(영국) : 교환방식과 렌탈방식의 결점을 보완한 방식으로 관리 운영상 어려움이 많아 활성화되지 못함
- 대차결제(스웨덴) : 교환방식의 단점을 개선하여 현장에서 즉시 교환하지 않고 일정시간 내에 국철역에 동수로 반환

36 정답 ▸ ②

□□□ ② 화물을 파렛트나 컨테이너를 이용하여 벌크선박으로 운송한다.

화물을 파렛트나 컨테이너를 이용하여 파렛트로딩이나 컨테이너 전용선을 이용하여 운송한다. 벌크선은 포장하지 않은 화물을 그대로 적재할 수 있는 화물전용선을 말한다.

37

정답 ▶ ⑤

□□□

① 리치 스태커(Reach Stacker)

장비의 회전 없이 붐에 달린 스프레더만을 회전하여 컨테이너를 이적 또는 하역하는 장비이다.

② 야드 트랙터(Yard Tractor)

컨테이너야드(CY) 내에서 트레일러를 이동하는 데 쓰이는 견인차량이다.

③ 트랜스퍼 크레인(Transfer Crane)

컨테이너를 적재하거나 다른 장소로 이송 및 반출하는 데 사용된다.

④ 탑 핸들러(Top Handler)

공(empty) 컨테이너를 적치하는 데 사용된다.

⑤ 호퍼(Hopper)

호퍼(Hopper)는 철도차량에 주로 사용하는 것으로 시멘트 · 곡물, 사료 등 입체화물을 운반하는 호퍼차와 석탄, 자갈 등 분체화물을 운반하는 호퍼차가 있다.

38

정답 ▶ ④

□□□

① 선적화물(船積貨物)을 싣거나 내릴 때 그 화물의 개수를 계산하는 행위 검수사업

② 선적화물 및 선박(부선을 포함한다)에 관련된 증명 · 조사 · 감정을 하는 행위 감정사업

③ 선적화물을 싣거나 내릴 때 그 화물의 인도 · 인수를 증명하는 행위 검수사업

④ 선박을 이용하여 운송된 화물을 화물주(貨物主) 또는 선박운항사업자의 위탁을 받아 항만에서 선박으로부터 인수하거나 화물주에게 인도하는 행위 항만하역사업

⑤ 선적화물을 싣거나 내릴 때 그 화물의 용적 또는 중량을 계산하거나 증명하는 행위 검량사업

39

정답 ▶ ①

□□□

② 방수 포장 물이 스며들지 못하게 하는 포장 기술

③ 방습 포장 습기가 차지 않도록 하는 포장 기술

④ 진공 포장 포장 내부를 진공상태로 한 후 밀봉하는 포장 기술

⑤ 완충 포장 충격으로 인한 물품의 파손을 방지하는 포장 기술

40

정답 ▶ ⑤

□□□

⑤ 슬리브 – 열수축성 플라스틱 필름을 화물에 씌우고 터널을 통과시킬 때 가열하여 필름을 수축시키는 방법이다.

슬리브는 종이나 필름천을 이용하여 수직으로 네 표면에 감거나 싸는 방법이다. 열수축성 플라스틱 필름을 화물에 씌우고 터널을 통과시킬 때 가열하여 필름을 수축시키는 방법은 쉬링크(Shrink) 포장이다.

[5과목] 물류관련법규

41	42	43	44	45	46	47	48	49	50	51	52	53	54	55	56	57	58	59	60
⑤	⑤	①	×	⑤	④	②	⑤	④	④	①	③	④	③	④	②	③	④	①	⑤
61	62	63	64	65	66	67	68	69	70	71	72	73	74	75	76	77	78	79	80
③	⑤	②	①	②	③	⑤	③	②	③	②	②	①	①	④	②	④	①	③	④

41 정답 ▸ ⑤

□□□

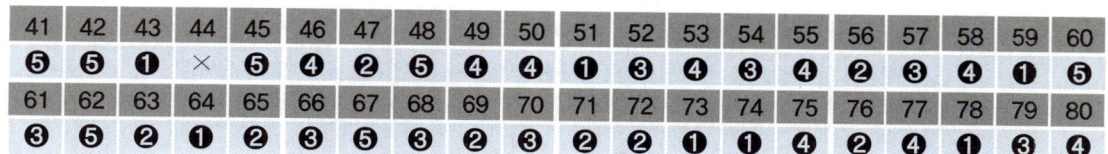

⑤ 해양수산부장관은 국가물류기본계획을 수립한 때에는 이를 관보에 고시하여야 한다.

국토교통부장관은 국가물류기본계획을 수립하거나 변경한 때에는 이를 관보에 고시하고, 관계 중앙행정기관의 장 및 시·도지사에게 통보하여야 한다(법 제11조 제5항).

42 정답 ▸ ⑤

□□□

ㄱ(○). 환경친화적인 운송수단 또는 포장재료의 사용 법 제59조 제2항 제1호
ㄴ(○). 기존 물류장비를 환경친화적인 물류장비로 변경 법 제59조 제2항 제2호
ㄷ(○). 환경친화적인 물류시스템의 도입 및 개발 법 제59조 제2항 제3호, 영 제47조 제1호
ㄹ(○). 물류활동에 따른 폐기물 감량 법 제59조 제2항 제3호, 영 제47조 제2호

43 정답 ▸ ①

□□□

① 「대한무역투자진흥공사법」에 따른 대한무역투자진흥공사는 물류연수기관이 될 수 없다.

「대한무역투자진흥공사법」에 따른 대한무역투자진흥공사는 물류연수기관이 될 수 있다(규칙 제11조 제5호).

더 알아보기

물류연수기관(규칙 제11조)
- 물류관련협회 또는 물류관련협회가 설립한 교육·훈련기관
- 물류지원센터
- 「화물자동차 운수사업법」에 따라 화물자동차운수사업자가 설립한 협회 또는 연합회와 화물자동차운수사업자가 설립한 협회 또는 연합회가 설립한 교육·훈련기관
- 「대한무역투자진흥공사법」에 따른 대한무역투자진흥공사
- 「민법」에 따라 설립된 물류와 관련된 비영리법인
- 그 밖에 국토교통부장관 및 해양수산부장관이 지정·고시하는 기관
- 「한국해양수산연수원법」에 따른 한국해양수산연수원
- 「항만운송사업법」에 따라 해양수산부장관의 설립인가를 받아 설립된 교육훈련기관

45 정답 ▶ ⑤

□□□

⑤ 물류시설분과위원회의 위원장은 해당 분과위원회의 위원 중에서 해양수산부장관이 지명하는 사람으로 한다.

> 각 분과위원회의 위원장은 해당 분과위원회의 위원 중에서 국토교통부장관(물류정책분과위원회 및 물류시설분과위원회의 경우로 한정) 또는 해양수산부장관(국제물류분과위원회의 경우로 한정)이 지명하는 사람으로 한다(영 제13조 제2항).

46 정답 ▶ ④

□□□

① 컨테이너장치장을 소유하고 있는 자가 국제물류주선업을 등록하려는 경우 1억원 이상의 보증보험에 가입하여야 한다.

> 컨테이너장치장을 소유하고 있는 경우를 제외하고는 국제물류주선업을 등록하려는 경우 1억원 이상의 보증보험에 가입하여야 한다(영 제30조의2 제2호).

② 국제물류주선업을 경영하려는 자는 해양수산부장관에게 등록하여야 한다.

> 국제물류주선업을 경영하려는 자는 국토교통부령으로 정하는 바에 따라 시·도지사에게 등록하여야 한다(법 제43조 제1항).

③ 국제물류주선업자는 등록기준에 관한 사항을 5년이 경과할 때마다 신고하여야 한다.

> 국제물류주선업자는 등록기준에 관한 사항을 3년이 경과할 때마다 국토교통부령으로 정하는 바에 따라 신고하여야 한다(법 제43조 제4항).

④ 국제물류주선업자가 그 사업을 양도한 때에는 그 양수인은 국제물류주선업의 등록에 따른 권리·의무를 승계한다.

> 법 제45조 제1항

⑤ 해양수산부장관은 국제물류주선업자의 폐업 사실을 확인하기 위하여 필요한 경우에는 국세청장에게 폐업에 관한 과세정보의 제공을 요청할 수 있다.

> 시·도지사는 국제물류주선업자의 휴업·폐업 사실을 확인하기 위하여 필요한 경우에는 관할 세무관서의 장에게 대통령령으로 정하는 바에 따라 휴업·폐업에 관한 과세정보의 제공을 요청할 수 있다(법 제46조).

47 정답 ▶ ②

□□□

② 국제물류주선기업에 대한 우수물류기업 인증의 주체는 해양수산부장관이다.

> 국제물류주선기업에 대한 우수물류기업 인증의 주체는 국토교통부장관이다(영 별표 1의2).

48 정답 ▸ ⑤

□□□

ㄱ(○). 시・도지사는 화주기업이 물류공동화를 추진하는 경우에는 물류기업과 공동으로 추진하도록 권고할 수 있다. 법 제23조 제2항

ㄴ(○). 시・도지사는 물류기업이 정보통신기술을 활용하여 물류공동화를 추진하는 경우 우선적으로 예산의 범위에서 필요한 자금을 지원할 수 있다. 법 제23조 제3항 제1호

ㄷ(○). 국토교통부장관・해양수산부장관 또는 산업통상자원부장관은 물류기업이 물류자동화를 위하여 물류시설 및 장비를 확충하거나 교체하려는 경우에는 필요한 자금을 지원할 수 있다. 법 제23조 제5항

49 정답 ▸ ④

□□□

국가 또는 지방자치단체는 물류터미널사업자가 설치한 물류터미널의 원활한 운영에 필요한 도로・철도・용수시설 등 대통령령(영 제12조의2)으로 정하는 다음 기반시설의 설치 또는 개량에 필요한 예산을 지원할 수 있다(법 제20조 제2항, 영 제12조의 2).

- 「도로법」에 따른 도로(①)
- 「철도산업발전기본법」에 따른 철도(②)
- 「수도법」에 따른 수도시설(③)
- 「물환경보전법」에 따른 수질오염방지시설(⑤)

50 정답 ▸ ④

□□□

④ ㄱ : 5분의 1, ㄴ : 3분의 1

물류터미널사업협회를 설립하려는 경우에는 해당 협회의 회원의 자격이 있는 자 중 (ㄱ : **5분의 1**) 이상의 발기인이 정관을 작성하여 해당 협회의 회원자격이 있는 자의 (ㄴ : **3분의 1**) 이상이 출석한 창립총회의 의결을 거친 후 국토교통부장관의 설립인가를 받아야 한다(법 제19조 제2항).

51 정답 ▶ ①

□□□ ① 복합물류터미널사업이란 두 종류 이상의 운송수단 간의 연계운송을 할 수 있는 규모 및 시설을 갖춘 물류터미널사업을 말한다.

법 제2조 제4호

② 「항만공사법」에 따른 항만공사는 복합물류터미널사업의 등록을 할 수 있는 자에 해당하지 않는다.

「항만공사법」에 따른 항만공사는 복합물류터미널사업의 등록을 할 수 있는 자에 해당한다(영 제4조 제1항 제7호).

③ 「물류시설의 개발 및 운영에 관한 법률」을 위반하여 벌금형을 선고받은 후 1년이 지난 자는 복합물류터미널사업의 등록을 할 수 있다.

「물류시설의 개발 및 운영에 관한 법률」을 위반하여 벌금형을 선고받은 후 2년이 지나지 아니한 자는 복합물류터미널사업의 등록을 할 수 없다(법 제8조 제1호).

④ 부지 면적이 3만제곱미터인 경우는 복합물류터미널사업의 등록기준 중 부지 면적 기준을 충족한다.

부지 면적의 충족기준은 3만 3천 제곱미터 이상이어야 한다(법 제7조 제4항 제2호).

⑤ 복합물류터미널사업자가 그 등록한 사항 중 영업소의 명칭을 변경하려는 경우에는 변경등록을 하여야 한다.

영업소의 명칭 또는 위치의 변경 외의 사항을 변경하려는 경우에는 변경등록을 하여야 한다(법 제7조 제3항, 영 제4조 제2항 제3호).

52 정답 ▶ ③

□□□ ③ ㄱ, ㄴ, ㄷ

물류시설개발종합계획에 포함되어야 하는 사항(법 제4조 제3항)

- 물류시설의 장래수요에 관한 사항
- 물류시설의 공급정책 등에 관한 사항
- 물류시설의 지정 · 개발에 관한 사항
- 물류시설의 지역별 · 규모별 · 연도별 배치 및 우선순위에 관한 사항
- 물류시설의 기능개선 및 효율화에 관한 사항
- 물류시설의 공동화 · 집단화에 관한 사항
- 물류시설의 국내 및 국제 연계수송망 구축에 관한 사항
- 물류시설의 환경보전 · 관리에 관한 사항
- 도심지에 위치한 물류시설의 정비와 교외이전에 관한 사항
- 그 밖에 대통령령(영 제3조 제1항)으로 정하는 사항 : 용수 · 에너지 · 통신시설 등 기반시설에 관한 사항

53 정답 ▶ ④

□□□ ④ <u>일반물류터미널사업자는 건설하려는 물류터미널의 구조 및 설비 등에 관한 공사계획을 수립하여 국토교통부장관의 공사시행인가를 받아야 한다.</u>

복합물류터미널사업자는 건설하려는 물류터미널의 구조 및 설비 등에 관한 공사계획을 수립하여 국토교통부장관의 공사시행인가를 받아야 한다(법 제9조 제1항).

54 정답 ▶ ③

□□□ ③ <u>집적[클러스터(cluster)]물류시설은 창고 및 집배송센터 등 물류활동을 개별적으로 수행하는 최소 단위의 물류시설을 말한다.</u>

집적[클러스터(cluster)]물류시설은 물류터미널 및 물류단지 등 둘 이상의 단위물류시설 등이 함께 설치된 물류시설을 말한다(법 제4조 제2항 제2호). 창고 및 집배송센터 등 물류활동을 개별적으로 수행하는 최소 단위의 물류시설은 단위물류시설에 대한 설명이다(법 제4조 제2항 제1호).

55 정답 ▶ ④

□□□ ① 도시첨단물류단지개발사업의 경우에는 물류단지 실수요 검증을 실수요검증위원회의 자문으로 갈음할 수 없다.

도시첨단물류단지개발사업의 경우에는 물류단지 실수요 검증을 실수요검증위원회의 자문으로 갈음할 수 있다(법 제22조의7 제3항).

② 물류단지개발지침의 내용 중 토지가격의 안정을 위하여 필요한 사항을 변경할 때에는 시·도지사의 의견을 듣고 관계 중앙행정기관의 장과 협의한 후 물류시설분과위원회의 심의를 거쳐야 한다.

국토교통부장관은 물류단지개발지침을 작성할 때에는 미리 시·도지사의 의견을 듣고 관계 중앙행정기관의 장과 협의한 후 「물류정책기본법」에 따른 물류시설분과위원회의 심의를 거쳐야 한다. 물류단지개발지침을 변경할 때[국토교통부령으로 정하는 경미한 사항(토지가격의 안정을 위하여 필요한 사항)을 변경할 때는 제외]에도 또한 같다(법 제22조의6 제2항, 규칙 제16조, 제15조 제1항 제6호 참조).

③ 국가정책사업으로 물류단지를 개발하는 경우 일반물류단지의 지정권자는 시·도지사가 된다.

국가정책사업으로 물류단지를 개발하는 경우 일반물류단지의 지정권자는 국토교통부장관이 된다(법 제22조 제1항 제1호).

④ <u>도시첨단물류단지개발사업의 시행자는 「공공주택 특별법」 제2조 제2호에 따른 공공주택지구 내 사업에 따른 시설과 도시첨단물류단지개발사업에 따른 시설을 일단의 건물로 조성할 수 있다.</u>

법 제22조의5 제2항

⑤ 공고된 물류단지개발계획안의 내용에 대하여 의견이 있는 자는 그 열람기간 내에 물류단지지정권자에게 의견서를 제출할 수 있다.

공고된 물류단지개발계획안의 내용에 대하여 의견이 있는 자는 그 열람기간 내에 해당 시장·군수·구청장에게 의견서를 제출할 수 있다(영 제17조 제2항).

56 정답 ▶ ②

□□□

② **물류단지개발사업의 시행자는 특별한 사유가 없으면 이주자 또는 인근지역의 주민을 우선적으로 고용하여야 한다.**

> 입주기업체 및 지원기관은 특별한 사유가 없으면 이주자 또는 인근지역의 주민을 우선적으로 고용하여야 한다(법 제45조 제2항).

57 정답 ▶ ③

□□□

ㄱ(○). 위・수탁차주가 화물운송 종사자격을 갖추지 아니한 경우는 위・수탁계약을 지속하기 어려운 중대한 사유가 있는 경우에 해당한다.

> 영 제9조의11 제1항 제1호

ㄴ(×). 국토교통부장관이 공정거래위원회와 협의하여 표준 위・수탁계약서를 고시한 경우, 위・수탁계약의 당사자는 이를 사용하여야 한다.

> 국토교통부장관은 건전한 거래질서의 확립과 공정한 계약의 정착을 위하여 표준 위・수탁계약서를 고시하여야 하고, 이를 우선적으로 사용하도록 권고할 수 있다(법 제40조 제4항).

ㄷ(○). 위・수탁계약의 내용이 당사자 일방에게 현저하게 불공정한 경우로서 계약불이행에 따른 당사자의 손해배상책임을 과도하게 경감하여 정함으로써 상대방의 정당한 이익을 침해한 경우 그 부분에 한정하여 무효로 한다.

> 법 제40조 제7항 제3호

58 정답 ▶ ④

□□□

① 운송사업자가 사망한 경우 상속인이 그 운송사업을 계속하려면 피상속인이 사망한 후 6개월 이내에 국토교통부장관에게 신고하여야 한다.

> 운송사업자가 사망한 경우 상속인이 그 화물자동차 운송사업을 계속하려면 피상속인이 사망한 후 90일 이내에 국토교통부장관에게 신고하여야 한다(법 제17조 제1항).

② 국토교통부장관은 신고를 받은 날부터 14일 이내에 신고수리 여부를 신고인에게 통지하여야 한다.

> 국토교통부장관은 신고를 받은 날부터 5일 이내에 신고수리 여부를 신고인에게 통지하여야 한다(법 제16조 제3항).

③ 국토교통부장관이 「화물자동차 운수사업법」에서 정한 기간 내에 신고수리 여부를 신고인에게 통지하지 아니하면 그 기간이 끝난 날에 신고를 수리한 것으로 본다.

> 국토교통부장관이 「화물자동차 운수사업법」에서 정한 기간 내에 신고수리 여부를 신고인에게 통지하지 아니하면 그 기간이 끝난 날의 다음 날에 신고를 수리한 것으로 본다(법 제3조 제5항).

④ **상속인이 상속신고를 하면 피상속인이 사망한 날부터 신고한 날까지 피상속인에 대한 화물자동차 운송사업의 허가는 상속인에 대한 허가로 본다.**

법 제17조 제4항

⑤ 상속인이 피상속인의 화물자동차 운송사업을 다른 사람에게 양도하려면 국토교통부장관의 승인을 받아야 한다.

양수인의 지위를 얻은 상속인이 양도를 하기 위해서는 국토교통부장관에게 신고하여야 한다(법 제16조 제1항).

59 정답 ▸ ①

□□□

① **운송주선사업자가 허가사항을 변경하려면 국토교통부장관에게 신고하여야 한다.**

법 제24조 제2항

② 운송주선사업자는 주사무소 외의 장소에서 상주하여 영업하려면 국토교통부장관에게 신고하여야 한다.

운송주선사업자는 주사무소 외의 장소에서 상주하여 영업하려면 국토교통부장관의 허가를 받아 영업소를 설치하여야 한다(법 제24조 제8항).

③ 운송주선사업자는 화주로부터 중개를 의뢰받은 화물에 대하여 다른 운송주선사업자에게 수수료를 받고 중개를 의뢰할 수 있다.

운송주선사업자는 화주로부터 중개 또는 대리를 의뢰받은 화물에 대하여 다른 운송주선사업자에게 수수료나 그 밖의 대가를 받고 중개 또는 대리를 의뢰하여서는 아니 된다(법 제26조 제2항).

④ 운송주선사업자가 운송사업자에게 화물운송을 위탁하는 경우에는 운송가맹사업자의 화물정보망을 이용할 수 없다.

운송주선사업자가 운송사업자나 위·수탁차주에게 화물운송을 위탁하는 경우에는 운송가맹사업자의 화물정보망이나 「물류정책기본법」에 따라 인증 받은 화물정보망을 이용할 수 있다(법 제34조의4 제2항).

⑤ 부정한 방법으로 화물자동차 운송주선사업의 허가를 받고 화물자동차 운송주선사업을 경영한 자는 과태료 부과 대상이다.

제24조 제1항에 따른 허가를 받지 아니하거나 거짓이나 그 밖의 부정한 방법으로 허가를 받고 화물자동차 운송주선사업을 경영한 자는 2년 이하의 징역 또는 2천만원 이하의 벌금에 처한다(법 제67조 제4호).

60 정답 ▸ ⑤

□□□

① 화물자동차 운송사업자가 감차 조치 명령을 받은 후 6개월이 지났다면 증차를 수반하는 허가사항을 변경할 수 있다.

운송사업자는 감차 조치 명령을 받은 후 1년이 지나지 아니하면 증차를 수반하는 허가사항을 변경할 수 없다(법 제3조 제8항 제2호).

② 화물자동차 운송사업자는 허가받은 날부터 3년마다 허가기준에 관한 사항을 신고하여야 한다.

> 화물자동차 운송사업자는 허가받은 날부터 5년의 범위에서 대통령령으로 정하는 기간(5년을 말함)마다 허가기준에 관한 사항을 신고하여야 한다(법 제3조 제9항, 영 제3조 제3항).

③ 국토교통부장관은 운송사업자가 사업정지처분을 받은 경우 주사무소를 이전하는 변경허가를 할 수 있다.

> 국토교통부장관은 운송사업자가 사업정지처분을 받은 경우에는 주사무소를 이전하는 변경허가를 하여서는 아니 된다(법 제3조 제15항).

④ 화물자동차 운송사업의 허가에는 기한을 붙일 수 없다.

> 국토교통부장관은 화물자동차 운수사업의 질서를 확립하기 위하여 화물자동차 운송사업의 허가 또는 증차를 수반하는 변경허가에 조건 또는 기한을 붙일 수 있다(법 제3조 제14항).

⑤ 화물자동차 운송사업자가 상호를 변경하려면 국토교통부장관에게 신고하여야 한다.

> 법 제3조 제3항 단서, 영 제3조 제2항 제1호

61 정답 ▶ ③

□□□

① 보험등 의무가입자인 화물자동차 운송주선사업자는 각 화물자동차별로 적재물배상보험등에 가입하여야 한다.

> 화물자동차 운송주선사업자는 각 사업자별로 가입하여야 한다(영 제9조의7 제2호).

② 이사화물운송만을 주선하는 화물자동차 운송주선사업자는 사고 건당 2천만원 이상의 금액을 지급할 책임을 지는 적재물배상보험등에 가입하여야 한다.

> 운송주선사업자가 이사화물운송만을 주선하는 경우에는 500만원 이상의 금액을 지급할 책임을 지는 적재물배상보험등에 가입하여야 한다(법 제9조의7).

③ 특수용도형 화물자동차 중 「자동차관리법」에 따른 피견인자동차를 소유하고 있는 운송사업자는 적재물배상보험등에 가입하여야 하는 자에 해당하지 않는다.

> 규칙 제41조의13 제1항 제3호

④ 보험등 의무가입자 및 보험회사등은 화물자동차 운송사업의 허가가 취소된 경우 책임보험계약등을 해제하거나 해지할 수 없다.

> 보험등 의무가입자 및 보험회사등은 화물자동차 운송사업의 허가가 취소된 경우 외에는 책임보험계약등을 해제하거나 해지하여서는 아니 된다(법 제37조 제3호).

⑤ 적재물배상보험등에 가입하지 아니한 보험등 의무가입자는 형벌 부과 대상이다.

> 적재물배상보험등에 가입하지 아니한 자는 500만원 이하의 과태료 부과 대상이다(법 제70조 제2항 제15호).

62 정답 ▸ ⑤

□□□

① 운송사업자는 운임과 요금을 정하여 미리 신고하여야 하며, 신고를 받은 국토교통부장관은 30일 이내에 신고수리 여부를 신고인에게 통지하여야 한다.

운송사업자는 운임과 요금을 정하여 미리 신고하여야 하며, 신고를 받은 국토교통부장관은 14일 이내에 신고수리 여부를 신고인에게 통지하여야 한다(법 제5조 제1항·3항).

② 화물자동차 안전운임위원회 위원의 임기는 2년으로 하되, 연임할 수 있다.

화물자동차 안전운임위원회 위원의 임기는 1년으로 하되, 연임할 수 있다. 다만, 위원의 사임 등으로 새로 위촉된 위원의 임기는 전임 위원의 잔여임기로 한다(영 제4조의2 제3항).

③ 화물자동차 안전운임위원회에는 기획재정부, 고용노동부의 3급 또는 4급 공무원으로 구성된 특별위원을 둘 수 있다.

특별위원은 산업통상자원부, 국토교통부, 해양수산부의 관계 행정기관의 3급 또는 4급 공무원이나 고위공무원단에 속하는 공무원 중에서 국토교통부장관이 위촉하거나 임명한다(영 제4조의3).

26회

④ <u>운임과 요금을 신고하여야 하는 운송사업자의 범위는 국토교통부령으로 정한다.</u>

운임과 요금을 신고하여야 하는 운송사업자의 범위는 대통령령으로 정한다(법 제5조 제2항).

⑤ <u>화물자동차 안전운임위원회는 안전운송원가를 심의·의결함에 있어 운송사업자의 운송서비스 수준을 고려하여야 한다.</u>

법 제5조의10 제1항 제3호

63 정답 ▸ ②

□□□

① 국토교통부장관은 휴게소 종합계획을 10년 단위로 수립하여야 한다.

국토교통부장관은 휴게소 종합계획을 5년 단위로 수립하여야 한다(법 제46조의2 제1항).

② <u>국토교통부장관은 휴게소 종합계획을 수립하는 경우 미리 시·도지사의 의견을 듣고 관계 중앙행정기관의 장과 협의하여야 한다.</u>

법 제46조의2 제3항

③ 「한국공항공사법」에 따른 한국공항공사는 화물자동차 휴게소 건설사업을 할 수 있는 공공기관에 해당하지 않는다.

한국공항공사는 화물자동차 휴게소 건설사업을 할 수 있는 공공기관에 해당한다(법 제46조의3 제1항 제2호, 영 제9조의19 제1항 제8호).

④ 휴게소 건설사업 시행자는 그 건설계획을 수립하면 이를 공고하고, 관계 서류의 사본을 10일 이상 일반인이 열람할 수 있도록 하여야 한다.

휴게소 건설사업 시행자는 그 건설계획을 수립하면 이를 공고하고, 관계 서류의 사본을 20일 이상 일반인이 열람할 수 있도록 하여야 한다(법 제46조의3 제4항).

⑤ 「항만법」에 따른 항만이 위치한 지역으로서 화물자동차의 일일 평균 왕복 교통량이 1만5천대인 지역은 화물자동차 휴게소의 건설 대상지역에 해당하지 않는다.

「항만법」에 따른 항만 또는 「산업입지 및 개발에 관한 법률」에 따른 산업단지 등이 위치한 지역으로서 화물자동차의 일일 평균 교통량이 1만5천대 이상인 지역은 화물자동차 휴게소의 건설 대상지역에 해당한다(규칙 제43조의3 제1항 제1호).

64 정답 ▶ ①

□□□ ① 자가용 화물자동차로서 대통령령으로 정하는 화물자동차로 사용하려는 자는 국토교통부령으로 정하는 기준에 따라 시·도지사의 허가를 받아야 한다.

자가용 화물자동차로서 대통령령으로 정하는 화물자동차로 사용하려는 자는 국토교통부령으로 정하는 기준에 따라 시·도지사에게 신고하여야 한다(법 제55조 제1항).

65 정답 ▶ ②

□□□ ② 폐업 신고의 의무는 신고에 대한 수리 여부가 신고인에게 통지된 때에 이행된 것으로 본다.

신고가 신고서의 기재사항 및 첨부서류에 흠이 없고, 법령 등에 규정된 형식상의 요건을 충족하는 경우에는 신고서가 접수기관에 도달된 때에 신고 의무가 이행된 것으로 본다(법 제18조 제2항).

66 정답 ▶ ③

□□□ ③ 부정한 방법으로 화물자동차 운송사업의 허가를 받아 그 허가가 취소된 후 3년이 지난 자

부정한 방법으로 화물자동차 운송사업 허가·변경허가를 받은 경우 등(제19조 제1항 제1호 또는 제2호)에 해당하여 허가가 취소된 후 5년이 지나지 아니한 자는 화물자동차 운송사업의 허가를 받을 수 없다(법 제4조 제6호).

더 알아보기

화물자동차 운송사업의 결격사유(법 제4조)

다음의 어느 하나에 해당하는 자는 화물자동차 운송사업의 허가를 받을 수 없다. 법인의 경우 그 임원 중 다음의 어느 하나에 해당하는 자가 있는 경우에도 또한 같다.

㉠ 피성년후견인 또는 피한정후견인
㉡ 파산선고를 받고 복권되지 아니한 자
㉢ 이 법을 위반하여 징역 이상의 실형을 선고받고 그 집행이 끝나거나(집행이 끝난 것으로 보는 경우를 포함) 집행이 면제된 날부터 2년이 지나지 아니한 자
㉣ 이 법을 위반하여 징역 이상의 형(刑)의 집행유예를 선고받고 그 유예기간 중에 있는 자
㉤ 화물자동차 운송사업 허가취소 규정(제19조 제1항 제1호 및 제2호는 제외)에 따라 허가가 취소(법인 임원이 위 결격사유의 ㉠ 또는 ㉡에 해당하여 허가가 취소된 경우는 제외)된 후 2년이 지나지 아니한 자
㉥ 부정한 방법으로 화물자동차 운송사업 허가·변경허가를 받은 경우 등(제19조 제1항 제1호 또는 제2호)에 해당하여 허가가 취소된 후 5년이 지나지 아니한 자

67 정답 ▸ ⑤

□□□

① 시・도지사는 물류공동화를 촉진하기 위하여 필요한 경우에는 시장・군수・구청장의 추천을 받아 산업통상자원부령으로 정하는 요건에 해당하는 지역 및 시설물을 공동집배송센터로 지정할 수 있다.

> 산업통상자원부장관은 물류공동화를 촉진하기 위하여 필요한 경우에는 시・도지사의 추천을 받아 부지 면적, 시설 면적 및 유통시설로의 접근성 등 산업통상자원부령으로 정하는 요건에 해당하는 지역 및 시설물을 공동집배송센터로 지정할 수 있다(법 제29조 제1항).

② 공동집배송센터사업자는 지정받은 사항 중 산업통상자원부령으로 정하는 중요사항을 변경하려면 시・도지사의 변경지정을 받아야 한다.

> 공동집배송센터사업자는 지정받은 사항 중 산업통상자원부령으로 정하는 중요 사항을 변경하려면 산업통상자원부장관의 변경지정을 받아야 한다(법 제29조 제4항).

③ 공동집배송센터의 지정을 받은 날부터 정당한 사유 없이 2년 이내에 시공을 하지 아니하는 경우에는 공동집배송센터의 지정이 취소될 수 있다.

> 공동집배송센터의 지정을 받은 날부터 정당한 사유 없이 3년 이내에 시공을 하지 아니하는 경우에는 공동집배송센터의 지정이 취소될 수 있다(법 제33조 제2항 제2호).

④ 거짓으로 공동집배송센터의 지정을 받은 경우는 공동집배송센터의 지정을 취소할 수 있는 사유에 해당한다.

> 거짓으로 공동집배송센터의 지정을 받은 경우는 공동집배송센터의 지정을 취소해야 한다(법 제33조 제2항 제1호).

⑤ 시・도지사는 집배송시설의 집단적 설치를 촉진하고 집배송시설의 효율적 배치를 위하여 공동집배송센터 개발촉진지구의 지정을 산업통상자원부장관에게 요청할 수 있다.

> 법 제34조 제1항

68 정답 ▸ ③

□□□

③ 대규모점포등관리자로서 부정한 방법으로 회계감사를 받은 자

> 회계감사를 받지 아니하거나 부정한 방법으로 받은 자는 1천만원 이하의 과태료 부과 대상이다(법 제52조 제2항 제1호).

26회

69 정답 ▶ ②

□□□

ㄱ(×). 전통상업보존구역에 대규모점포를 개설하려는 자는 상권영향평가서 및 지역협력계획서를 첨부하여 시・도지사에게 등록하여야 한다.

> 대규모점포를 개설하거나 전통상업보존구역에 준대규모점포를 개설하려는 자는 영업을 시작하기 전에 산업통상자원부령으로 정하는 바에 따라 상권영향평가서 및 지역협력계획서를 첨부하여 특별자치시장・시장・군수・구청장에게 등록하여야 한다(법 제8조 제1항).

ㄴ(×). 대규모점포의 매장면적이 개설등록 당시의 매장면적보다 20분의 1이 증가한 경우 변경등록을 하여야 한다.

> 개설등록(매장면적을 변경등록한 경우 변경등록) 당시 매장면적의 10분의 1 이상의 변경인 경우가 변경등록사항이다(법 제8조 제3항).

ㄷ(○). 매장이 분양된 대규모점포에서는 매장면적의 2분의 1 이상을 직영하는 자가 있는 경우에는 그 직영하는 자가 대규모점포등개설자의 업무를 수행한다.

> 법 제12조 제2항 제1호

70 정답 ▶ ③

□□□

① 산업통상자원부장관은 「중소기업기본법」 제2조에 따른 중소기업자 중 대통령령으로 정하는 소매업자 30인이 공동으로 중소유통공동도매물류센터를 건립하는 경우 필요한 행정적・재정적 지원을 할 수 있다.

> 도매업자 또는 소매업자로 구성되는 「중소기업협동조합법」에 규정된 협동조합・사업협동조합・협동조합연합회 또는 중소기업중앙회로서 단지 내에 입주하는 조합원이 50인 이상에 해당하는 자가 전문상가단지를 세우려는 경우 필요한 행정적・재정적 지원을 할 수 있다(법 제20조 제1항 제1호, 규칙 제8조 제1항 제2호).

② 산업통상자원부장관은 중소유통공동도매물류센터를 건립하여 중소유통기업자단체에 그 운영을 위탁할 수 있다.

> 지방자치단체의 장은 중소유통공동도매물류센터를 건립하여 중소유통기업자단체에 그 운영을 위탁할 수 있다(법 제17조의2 제2항 제1호).

③ 지방자치단체의 장은 상점가진흥조합이 주차장・휴게소 등 공공시설의 설치 사업을 하는 경우에는 예산의 범위에서 필요한 자금을 지원할 수 있다.

> 법 제19조 제3호

④ 상점가진흥조합은 조합원의 자격이 있는 자의 과반수의 동의를 받아 결성한다.

> 상점가진흥조합은 조합원의 자격이 있는 자의 3분의 2 이상의 동의를 받아 결성한다(법 제18조 제3항).

⑤ 상점가진흥조합의 조합원은 상점가에서 도매업・소매업・용역업이나 그 밖의 영업을 하는 모든 자로 한다.

> 상점가진흥조합의 조합원이 될 수 있는 자는 상점가에서 도매업・소매업・용역업이나 그 밖의 영업을 하는 자로서 중소기업기본법에 따른 중소기업자에 해당하는 자로 한다(법 제18조 제2항).

71 정답 ▶ ②

□□□ ② ㄱ : 1, ㄴ : 3분의 2 이상

대규모점포등관리자는 회계감사를 매년 (ㄱ : 1)회 이상 받아야 한다. 다만 입점상인의 (ㄴ : **3분의 2 이상**)이 서면으로 회계감사를 받지 아니하는 데 동의한 연도에는 회계감사를 받지 아니할 수 있다(법 제12조의5 제1항).

72 정답 ▶ ②

□□□ ① 항만운송 분쟁협의회는 사업의 종류별로 구성한다.

항만운송 분쟁협의회는 항만별로 구성한다(법 제27조의8 제1항).

② 항만운송근로자 단체는 항만운송 분쟁협의회 구성에 참여할 수 있다.

법 제27조 제1항 참조

③ 항만운송 분쟁협의회의 회의는 분쟁협의회의 위원장이 필요하다고 인정하거나 재적위원 3분의 1 이상의 요청이 있는 경우에 소집한다.

분쟁협의회의 회의는 분쟁협의회의 위원장이 필요하다고 인정하거나 재적위원 과반수의 요청이 있는 경우에 소집한다(영 제26조의6 제2항).

④ 항만운송 분쟁협의회의 회의는 재적위원 과반수의 출석으로 개의하고, 출석위원 과반수의 찬성으로 의결한다.

분쟁협의회의 회의는 재적위원 3분의 2 이상의 출석으로 개의하고, 출석위원 3분의 2 이상의 찬성으로 의결한다(영 제26조의6 제3항).

⑤ 항만운송과 관련된 노사 간 분쟁의 해소에 관한 사항은 항만운송 분쟁협의회의 심의·의결사항에 포함되지 않는다.

항만운송과 관련된 노사 간 분쟁의 해소에 관한 사항은 항만운송 분쟁협의회의 심의·의결사항에 포함된다(영 제26조의7 제1호).

73 정답 ▶ ①

□□□ **① 타인의 수요에 응하여 하는 행위로서 「해운법」에 따른 해상화물운송사업자가 하는 운송**

다음의 어느 하나에 해당하는 운송은 항만운송으로 보지 않는다(법 제2조 제5호).

- 「해운법」에 따른 해상화물운송사업자가 하는 운송
- 「해운법」에 따른 해상여객운송사업자가 여객선을 이용하여 하는 여객운송에 수반되는 화물 운송
- 해양수산부령으로 정하는 운송

74 정답 ▸ ①

□□□ ① **항만운송사업의 종류는 항만하역사업, 검수사업, 감정사업, 검량사업으로 구분된다.**

법 제3조

② 항만운송사업의 등록신청인이 법인인 경우 그 법인의 정관은 등록신청 시 제출하여야 하는 서류에 포함되지 않는다.

항만운송사업의 등록신청인이 법인인 경우 그 법인의 정관은 등록신청 시 제출하여야 하는 서류에 포함된다(규칙 제4조 제1항 제1호).

③ 검수사등의 자격이 취소된 날부터 3년이 지난 사람은 검수사등의 자격을 취득할 수 없다.

검수사등의 자격이 취소된 날부터 2년이 지나지 아니한 사람은 검수사등의 자격을 취득할 수 없다(법 제8조 제5호).

④ 항만운송사업을 하려는 자는 항만별로 관리청에 등록하여야 한다.

항만운송사업을 하려는 자는 사업의 종류별로 관리청에 등록하여야 한다(법 제4조 제1항).

⑤ 항만운송사업자가 사업정지명령을 위반하여 그 정지기간에 사업을 계속한 경우는 항만운송사업의 정지사유에 해당한다.

항만운송사업자가 사업정지명령을 위반하여 그 정지기간에 사업을 계속한 경우에는 그 등록을 취소하여야 한다(법 제26조 제1항 제6호).

75 정답 ▸ ④

□□□ ④ **철도사업자는 여객에 대한 운임을 변경하려는 경우 국토교통부장관의 허가를 받아야 한다.**

철도사업자는 여객에 대한 운임을 변경하려는 경우 국토교통부장관에게 신고하여야 한다(법 제9조 제1항).

76 정답 ▸ ②

□□□ ② **철도시설의 개량을 사유로 하는 경우 휴업기간은 6개월을 넘을 수 없다.**

휴업기간은 6개월을 넘을 수 없다. 다만, 선로 또는 교량의 파괴, 철도시설의 개량, 그 밖의 정당한 사유로 휴업하는 경우에는 예외로 한다(법 제15조 제2항 단서).

77 정답 ▶ ④

□□□

○ 전용철도운영자가 사망한 경우 상속인이 그 전용철도의 운영을 계속하려는 경우에는 피상속인이 사망한 날부터 (ㄱ : **3개월**) 이내에 국토교통부장관에게 신고하여야 한다. 법 제37조 제1항
○ 전용철도운영자가 그 운영의 전부 또는 일부를 휴업 또는 폐업한 경우에는 (ㄴ : **1개월**) 이내에 국토교통부장관에게 신고하여야 한다. 법 제38조

78 정답 ▶ ①

□□□

① <u>점용허가는 철도사업자와 철도사업자가 출자·보조 또는 출연한 사업을 경영하는 자에게만 한다.</u>

법 제42조 제2항

② 철골조 건물의 축조를 목적으로 하는 경우에는 점용허가기간은 20년을 초과하여서는 아니된다.

철골조 건물의 축조를 목적으로 하는 경우에는 점용허가기간은 50년을 초과하여서는 아니된다(영 제13조 제2항 제1호).

③ 점용허가를 받은 자가 「공공주택 특별법」에 따른 공공주택을 건설하기 위하여 점용허가를 받은 경우에 해당할 때에는 점용료 감면대상이 될 수 없다.

점용허가를 받은 자가 「공공주택 특별법」에 따른 공공주택을 건설하기 위하여 점용허가를 받은 경우에 해당할 때에는 점용료를 감면할 수 있다(법 제44조 제2항 제3호).

④ 국토교통부장관은 점용허가를 받지 아니하고 철도시설을 점용한 자에 대하여 점용료의 100분의 150에 해당하는 금액을 변상금으로 징수할 수 있다.

국토교통부장관은 점용허가를 받지 아니하고 철도시설을 점용한 자에 대하여 점용료의 100분의 120에 해당하는 금액을 변상금으로 징수할 수 있다(법 제44조의2).

⑤ 점용허가로 인하여 발생한 권리와 의무를 이전하려는 경우에는 국토교통부장관에게 신고하여야 한다.

점용허가로 인하여 발생한 권리와 의무를 이전하려는 경우에는 대통령령(영 제15조)으로 정하는 바에 따라 국토교통부장관의 인가를 받아야 한다(법 제45조).

79 정답 ▶ ③

□□□

① 다른 기금으로부터의 출연금은 농산물가격안정기금의 재원으로 할 수 없다.

기금은 정부의 출연금, 기금 운용에 따른 수익금, 몰수농산물 등의 처분으로 발생하는 비용 또는 매각·공매 대금, 수입이익금 및 다른 법률의 규정에 따라 납입되는 금액, 다른 기금으로부터의 출연금의 재원으로 조성한다(법 제55조 제1항).

② 농산물의 수출 촉진사업을 위하여 농산물가격안정기금을 대출할 수 없다.

농산물의 수출 촉진사업을 위하여 농산물가격안정기금을 융자 또는 대출할 수 있다(법 제57조 제1항 제2호).

③ 농산물가격안정기금의 여유자금은 「자본시장과 금융투자업에 관한 법률」 제4조에 따른 증권의 매입의 방법으로 운용할 수 있다.

법 제60조의2 제2호

④ 농림축산식품부장관은 농산물가격안정기금의 여유자금의 운용에 관한 업무를 농업정책보험금융원의 장에게 위탁한다.

농림축산식품부장관은 농산물가격안정기금의 여유자금의 운용에 관한 업무를 한국농수산식품유통공사의 장에게 위탁한다(영 제22조 제2항 제3호).

⑤ 농림축산식품부장관은 농산물가격안정기금의 수입과 지출을 명확히 하기 위하여 농협은행에 기금계정을 설치하여야 한다.

농림축산식품부장관은 농산물가격안정기금의 수입과 지출을 명확히 하기 위하여 한국은행에 기금계정을 설치하여야 한다(영 제21조).

80

정답 ▸ ④

□□□

① 도매시장은 중앙도매시장의 경우에는 시・도가 개설하고, 지방도매시장의 경우에는 시・군・구가 개설한다.

도매시장은 중앙도매시장의 경우에는 특별시・광역시・특별자치시 또는 특별자치도가 개설하고, 지방도매시장의 경우에는 특별시・광역시・특별자치시・특별자치도 또는 시가 개설한다(법 제17조 제1항).

② 중앙도매시장의 개설자가 업무규정을 변경하는 때에는 농림축산식품부장관 또는 산업통상자원부장관의 승인을 받아야 한다.

중앙도매시장의 개설자가 업무규정을 변경하는 때에는 농림축산식품부장관 또는 해양수산부장관의 승인을 받아야 한다(법 제17조 제5항).

③ 도매시장법인은 도매시장 개설자가 부류별로 지정하되, 3년 이상 10년 이하의 범위에서 지정 유효기간을 설정할 수 있다.

도매시장법인은 도매시장 개설자가 부류별로 지정하되, 5년 이상 10년 이하의 범위에서 지정 유효기간을 설정할 수 있다(법 제23조 제1항).

④ 상품성 향상을 위한 규격화는 도매시장 개설자의 의무사항에 포함된다.

법 제20조 제1항 제3호

⑤ 도매시장법인이 다른 도매시장법인을 인수하거나 합병하는 경우에는 해당 도매시장 개설자에게 신고하여야 한다.

도매시장법인이 다른 도매시장법인을 인수하거나 합병하는 경우에는 해당 도매시장 개설자의 승인을 받아야 한다(법 제23조의2 제1항).

2021년 제25회 정답 및 해설

각 문항별로 회독수를 체크해 보세요. ☑□□

1교시

[1과목] 물류관리론

01	02	03	04	05	06	07	08	09	10	11	12	13	14	15	16	17	18	19	20
❺	❹	❺	❺	❷	❶	❹	❺	❶	❷	❷	❺	❸	❷	❷	❶	❹	❸	❺	❶
21	22	23	24	25	26	27	28	29	30	31	32	33	34	35	36	37	38	39	40
❹	❸	❸	❶	❹	❸	❷	❷	❹	❸	❸	❶	❷	❷	❸	❹	❺	❶	❺	❹

01 정답 ▸ ⑤

□□□

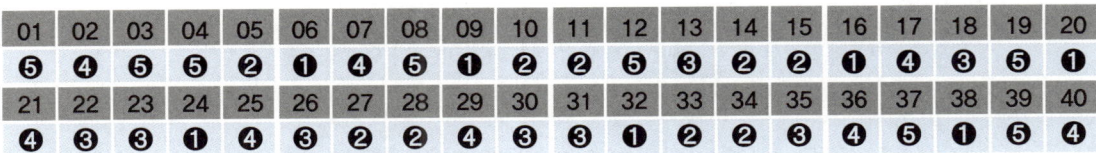

① 물류 생산성 향상 및 비용절감을 통해서 물가상승을 억제한다. 공공적 관점

② 물류 합리화를 통해 유통구조 선진화 및 사회간접자본 투자에 기여한다. 공공적 관점

③ 고객요구에 따라서 생산된 제품을 고객에게 전달하고 수요를 창출한다. 개별기업 관점

④ 생산자와 소비자 사이의 인격적 유대를 강화하고 고객서비스를 높인다. 개별기업 관점

⑤ 공급사슬관리를 통해 개별 기업의 독자적 경영 최적화를 달성한다.

공급사슬관리는 원료 공급자로부터 최종소비자까지 이르는 전체 과정에 걸친 기업들의 공동전략을 의미한다.

02 정답 ▸ ④

□□□

④ ㄴ, ㄹ

상품의 거래활동과 표준화, 금융, 보험 등의 보조활동은 상적유통(상류)에 해당하고, 화물정보의 전달 및 활용, 보관, 판매를 위한 상품의 포장은 물적유통(물류)에 해당한다.

25회

03 정답 ▶ ⑤

□□□

① 조달물류

물자가 조달처로부터 운송되어 매입자의 보관창고에 입고·보관되었다가 생산공정에 투입될 때까지의 물류활동

② 생산물류

물자가 생산공정에 투입되어 제품으로 만들어지기까지의 물류활동

③ 판매물류

제품이 소비자에게 전달되는 과정과 관련된 활동으로, 완제품의 판매를 위하여 출고할 때부터 고객에게 인도될 때까지의 물류

④ 폐기물류

원자재와 제품의 포장재 및 수·배송 용기 등의 폐기물을 처분하기 위한 물류활동

⑤ 반품물류

반품물류란 고객에게 판매된 제품이 제품상의 하자 등의 이유로 교환되거나 공장으로 되돌아올 때까지의 물류활동으로 최근 전자상거래의 확산과 더불어 판매된 제품이 주문과 상이하거나, 제품 하자에 따른 교환 등이 증가하고 있는 추세이기 때문에 기업의 관련 서비스 및 비용절감 측면에서 그 중요성이 날로 증대되고 있는 물류영역이다.

04 정답 ▶ ⑤

□□□

⑤ 기업의 핵심역량 강화를 위해서 물류기능을 직접 수행하는 화주기업이 증가하는 추세이다.

기업의 경쟁력을 강화하기 위하여 기업 내에서 전담하던 물류기능의 일부 또는 전부를 물류전문업체에게 아웃소싱하는 형태가 확산되고 있다.

05 정답 ▶ ②

□□□

② 적절한 고객(Right Customer)

7R 원칙 : 적절한 상품(Right Commodity), 적절한 품질(Right Quality), 적절한 수량(Right Quantity), 적절한 시기(Right Time), 적절한 장소(Right Place), 좋은 인상(Right Impression), 적정한 가격(Right Price)

06 정답 ▶ ①

□□□

② 화물주선업 국제물류주선업, 화물자동차운송주선사업

③ 화물창고업 일반창고업, 냉장 및 냉동 창고업, 농·수산물 창고업, 위험물품보관업, 그 밖의 창고업

④ 화물운송업 육상화물운송업, 해상화물운송업, 항공화물운송업, 파이프라인운송업

⑤ 화물부대업 해운대리점업, 해운중개업, 선박관리업

07 정답 ▶ ④

□□□

④ 60%

$$납기준수율(정시배송률) = \frac{요청납기일\ 내\ 배송완료\ 건수}{배송계획\ 건수} \times 100 = \frac{3}{5} \times 100 = 60\%$$

08 정답 ▶ ⑤

□□□

⑤ 일반적으로 고객서비스 수준이 높아지면 물류비가 절감되고 매출액은 증가한다.

일반적으로 물류비의 감소와 고객서비스 수준의 향상 간에는 상충관계(Trade-off)가 있기 때문에 고객서비스 수준이 높아지면 물류비가 증가한다. 따라서 물류관리의 목표는 비용절감과 서비스 향상 중에서 어느 쪽에 더 중점을 두느냐에 달려 있다.

09 정답 ▶ ①

□□□

① 시설 입지계획

물류의 전략적 의사결정은 CEO와 같은 가장 높은 차원에서 실시하는 1년 이상의 장기계획으로, 창고입지 결정, 수송수단 선택 등이 포함된다.

② 제품포장 운영적 의사결정(주 단위, 일 단위의 단기계획)

③ 재고통제 전술적 의사결정(1년 이내의 중기계획)

④ 창고관리 전술적 의사결정(1년 이내의 중기계획)

⑤ 주문품 발송 운영적 의사결정(주 단위, 일 단위의 단기계획)

10 정답 ▶ ②

□□□

① 물류시스템의 설계 및 범위결정의 기준은 총비용 개념을 고려한다.

고객의 다양한 요구를 저렴한 비용으로 충족시킬 수 있는 물류시스템을 보유한 경우 보다 넓은 고객층을 확보할 수 있다.

② 소비자 서비스는 모든 제품에 대해서 동일한 수준으로 제공되어야 한다.

물류전략을 수립할 때 우선적으로 고려해야 할 사항은 고객의 니즈를 파악하는 것이기 때문에 효과적인 물류전략은 유연성을 보유하면서 고객의 다양한 요구를 저렴한 비용으로 충족시킬 수 있도록 하는 것이다.

③ 물류활동의 중심은 운송, 보관, 하역, 포장 등이며, 비용과 서비스 면에서 상충관계가 있다.

기업의 통합물류운영관점에서 재고거점 수가 증가할 경우에는 배송비가 감소하고, 고객서비스 수준이 향상되지만, 시설투자비용과 재고유지비용이 증가한다.

④ 물류시스템에서 취급하는 제품이 다양할수록 재고는 증가하고 비용상승 요인이 될 수 있다.

물류서비스 수준과 물류비용 사이에는 상충관계가 존재하기 때문에 물류시스템에서 취급하는 제품이 다양할수록 물류서비스 수준은 향상되지만 재고가 증가하고 물류비용이 상승하는 요인이 될 수 있다.

⑤ 도로, 철도, 항만, 공항 등 교통시설과의 접근성을 고려해야 한다.

물류전략 수립 시 원·부자재의 공급에서 생산과정을 거쳐 완제품의 유통과정까지의 흐름을 최적화하기 위한 유통경로 및 물류네트워크를 설계해야 한다.

11 정답 ▸ ②

□□□

② <u>기능별 서비스와 상하계약관계</u>

상호보완관계에 있는 IT업체, 운송업체 등 타 물류업체와 연합하여 서비스를 제공한다.

12 정답 ▸ ⑤

□□□

① 라인과 스태프형 물류조직

직능형 조직의 단점을 보완하기 위하여 라인과 스태프의 기능을 세분화한 조직형태로, 라인과 스태프를 분리함으로써 실시기능과 지원기능을 명확히 구별한다.

② 직능형 물류조직

라인부문과 스태프부문이 분리되지 않은(미분화된) 조직형태로 물류활동이 다른 부문 활동 속에 포함되어 물류계획, 물류전문화, 물류전문가 양성에 어려움이 있다.

③ 사업부형 물류조직

기업 규모가 커지면서 각 사업단위의 성과를 극대화하기 위해 생긴 조직형태로, 물류조직이 하나의 독립된 회사와 같이 운영되며 각 사업부 내에 라인과 스태프 부문이 동시에 존재한다.

④ 기능특성형 물류조직

물류활동을 하나의 기능으로 취급하는 형태의 조직으로, 타 기능과 원활한 연계가 곤란하여 물류의 최적화 달성이 어렵다는 단점이 있다.

13 정답 ▶ ③

□□□

① 정의(Define)

결함을 발생시키는 것이 무엇인지를 정의하여 문제를 명확히 하고, 몇 개월 내에 측정 가능한 목표가 달성될 수 있도록 문제의 범위를 좁히는 단계

② 측정(Measure) 현재 불량수준을 측정하여 수치화하는 단계

③ **분석(Analyze)** 불량의 발생 원인을 파악하고 개선대상을 선정하는 단계

④ 개선(Improve) 개선과제를 선정하고 실제 개선작업을 수행하는 단계

⑤ 관리(Control) 개선결과를 유지하고 새로운 목표를 설정하는 단계

14 정답 ▶ ②

□□□

② 수송기능은 물류 거점과 소비 공간을 연결하는 소량 화물의 단거리 이동을 말한다.

물류 거점과 소비 공간을 연결하는 소량 화물의 단거리 이동은 배송기능에 관한 설명이다. 수송기능은 대형 수송수단으로 생산지와 물류센터 혹은 대형고객을 연결하는 대량 화물의 장거리 이동을 말한다.

15 정답 ▶ ②

□□□

① 운송비 기능별 비목

② **재료비** 세목별 비목

③ 유통가공비 기능별 비목

④ 물류정보/관리비 기능별 비목

⑤ 보관 및 재고관리비 기능별 비목

16 정답 ▶ ①

□□□

① 재료비, 노무비 및 경비로 구분하여 계산한다.

재료비, 노무비 및 경비는 제조원가에 해당하는 것으로, 활동기준원가계산은 제조원가뿐만 아니라 비제조원가도 원가동인에 의해 배부할 수 있다.

17 정답 ▶ ④

□□□

④ ㄱ : 2,500개 ㄴ : 5,000개

- 손익분기점 판매량 $= \dfrac{\text{고정비}}{\text{단위당 판매가격} - \text{단위당 변동비}} = \dfrac{\text{1억원}}{\text{10만원} - \text{6만원}} = \text{2,500개}$
- 목표이익을 달성하기 위한 판매량 $= \dfrac{\text{고정비} + \text{목표이익}}{\text{단위당 판매가격} - \text{단위당 변동비}} = \dfrac{\text{1억원} + \text{1억원}}{\text{10만원} - \text{6만원}} = \text{5,000개}$

18 정답 ▶ ③

□□□

① 고객관점(Customer Perspective)

품질, 서비스, 비용, 시간 등 고객의 관심사항을 반영한 측정지표

② 재무적 관점(Financial Perspective)

기업 경영을 통한 기업의 손익개선을 나타내는 재무성과 측정지표

④ 학습과 성장의 관점(Learning & Growth Perspective)

기업의 비전달성과 연관된 조직의 학습방법과 개선사항을 측정하는 지표

⑤ 내부 경영프로세스 관점(Internal Business Process Perspective)

고객의 기대에 부응하기 위한 업무프로세스와 경쟁우위 요소인 자사의 핵심역량을 측정하는 지표

19 정답 ▶ ⑤

□□□

⑤ 구매자와 판매자 간에 밀접한 관계가 구축된다.

e-Procurement(전자조달)은 구매 요청, 승인, 입찰, 계약에 이르는 일련의 프로세스를 대면방식이 아닌 인터넷을 기반으로 수행하는 비대면방식의 시스템이기 때문에 구매자와 판매자 간에 밀접한 관계가 구축되지는 않는다.

20 정답 ▶ ①

□□□

② 지명 경쟁에 의한 방법

기술력, 신용 등에 있어서 적당하다고 인정하는 특정 다수의 경쟁참가자를 지명하여 입찰하게 하는 방법

③ 제한 경쟁에 의한 방법

계약의 목적, 성질 등에 비추어 필요한 경우 입찰참가자의 자격을 일정한 기준에 의하여 제한하는 방법

④ 입찰에 의한 방법

일정한 자격을 가진 불특정 다수인의 입찰 희망자를 경쟁에 참가토록 하는 것으로 미리 정한 제한가격(예정가격)의 범위 내에서 가장 유리한 가격으로 입찰한 자를 선정하여 계약을 체결하는 방법

⑤ 수의계약에 의한 방법

구매담당자가 특정한 업자와의 계약이 유리하다고 판단될 경우 경쟁적인 방법에 의하지 않고 계약내용을 이행할 자격을 갖춘 특정인과 계약을 체결하는 방법

21 정답 ▶ ④

□□□

① 구입절차를 표준화하여 구매비용이 절감된다. 집중구매의 장점

② 대량구매로 가격 및 거래조건이 유리하다. 집중구매의 장점

③ 공통자재의 표준화, 단순화가 가능하다. 집중구매의 장점

④ 긴급수요 발생 시 대응에 유리하다. 분산구매의 장점

⑤ 수입 등 복잡한 구매 형태에 유리하다. 집중구매의 장점

22 정답 ▶ ③

□□□

③ 국가별로 사용하는 주파수가 동일하다.

국가별 주파수 대역과 국제적 표준화의 문제점이 있다.

23 정답 ▶ ③

□□□

③ 정보의 발생원, 처리장소, 전달대상 등이 한 곳에 집중되어 있다.

정보의 발생원, 처리장소, 전달대상 등이 넓게 분산되어 있다.

24 정답 ▶ ①

□□□

① ㄱ : UPC, ㄴ : EAN

ㄱ. UPC : 북미지역에서 개발된 체계로 미국과 캐나다에서만 사용되며, 12개의 캐릭터로 구성되어 숫자(0~9)만 표시가 가능하다.

ㄴ. EAN : 유럽에서 1976년 채택한 코드로 북미지역을 제외한 세계 전 지역에서 사용되며, EAN-13(13개의 문자를 포함하는 표준형)과 EAN-8(8개의 문자를 포함하는 단축형) 그리고 EAN-14가 대표적이다.

② ㄱ : UPC, ㄴ : GTIN

ㄴ. 국제거래단품식별코드(Global Trade Item Number) : 국내 또는 국외로 유통되는 상품을 식별하기 위해 사용하는 유통표준코드이다.

25 정답 ▶ ④

□□□ ① 한정된 지역의 분산된 장치들을 연결하여 정보를 공유하거나 교환하는 것이다.

한정된 지역 내에 분산된 장치들을 통신 회선으로 연결하여 정보를 공유하거나 교환하는 것은 LAN(근거리 통신망)이다.

② 컴퓨터 성능의 발달로 정보수집 능력이 우수한 대기업에 정보가 집중되므로 중소기업의 활용 가능성은 낮아지고 있다.

VAN은 같은 업종의 기업 간에 정보 교환을 통해 공동으로 업무 처리를 할 수 있도록 하며, 변환장치를 사용하여 기종이 다른 단말 장치 간의 정보 교환도 가능하게 한다는 점에서 대기업뿐만 아니라 중소기업에서도 활용가능성이 높아지고 있다.

③ 1990년대 미국의 AT&T가 전화회선을 임대하여 특정인에게 통신 서비스를 제공한 것이 효시이다.

1973년 세계 최초의 VAN 사업자가 미국에서 등장하여 1975년에 텔레넷(TELENET)이, 1977년에는 타임넷(TYMNET)이 서비스를 개시하면서 본격적인 VAN의 시대가 개막되었고, 불특정 다수를 대상으로 서비스를 제공한다.

⑤ VAN 서비스는 컴퓨터 성능 향상으로 인해 이용이 감소되고 있다.

VAN은 단순히 컴퓨터의 고도 이용촉진 뿐만 아니라 앞으로의 고도정보화 사회에 다각적인 정보 활용 수단을 제공한다는 점에서 중요한 의미를 갖고 있기 때문에 각 업계에서는 업무연락의 신속성, 정확성, 일관성을 위하여 VAN을 공동으로 구축하는 등 이용이 증가되고 있다.

26 정답 ▶ ③

□□□ ③ 물류정보시스템의 목적은 물류비가 증가하더라도 고객서비스를 향상시키는 것이다.

물류정보시스템의 목적은 적정고객서비스를 최소한의 비용으로 달성할 수 있도록 지원하는 것이다.

27 정답 ▶ ②

□□□ ② ABM(Activity Based Management)을 근간으로 하여 각 공급사슬과 접점을 이루는 부문에서 계획을 수립하는 시스템이다.

ABM(활동기준관리)은 ABC(활동기준원가관리)의 결과를 활용하여 공정, 업무절차 등 프로세스 관점에서 원가를 절감하고 고객 가치를 향상시켜 회사 이익을 증가시키기 위한 프로그램이다.

28 정답 ▶ ②

□□□ ② 납품주기 단축과 납품횟수 증대

제품공급의 리드타임을 단축시키는 것은 채찍효과의 해결방안이다.

29 정답 ▶ ④

④ 물자의 이동이 주로 국내나 역내에서 이루어지고 있다.

기업 활동이 글로벌화되면서 물자의 이동이 국내나 역내뿐만 아니라 국외로도 확대되어 물류의 복잡성이 증가하고 있다.

30 정답 ▶ ③

① Postponement

제품 생산공정을 전공정과 후공정으로 나누고, 마지막까지 최대한 전공정을 지연시키는 전략

② Cross-Docking

공급사슬상의 각 단계 간에 제품이동시간을 줄이기 위해 창고나 물류센터에서 수령한 상품을 창고에서 재고로 보관하지 않고 입고와 동시에 출고하여 바로 배송할 수 있도록 하는 시스템

④ ECR

소비자에게 보다 나은 가치를 제공하기 위해 유통업체와 공급업체들이 밀접하게 협력하는 식료품업계의 전략

⑤ CRP

주문량에 근거하여 공급업체로 주문하던 방식(Push방식)과 달리 실제 판매데이터와 예측 수요데이터를 근거로 상품을 보충시키는 시스템(Pull방식)

31 정답 ▶ ③

① 1,100mm × 550mm, 적재수 2

$$적재율 = \frac{1,100 \times 550 \times 2}{1,100 \times 1,100} = 1 = 100\%$$

② 1,100mm × 366mm, 적재수 3

$$적재율 = \frac{1,100 \times 366 \times 3}{1,100 \times 1,100} = 0.9981 = 99.8\%$$

③ 733mm × 366mm, 적재수 4

T-11형 표준 파렛트 규격은 1,100mm × 1,100mm이므로 $적재율 = \frac{733 \times 366 \times 4}{1,100 \times 1,100} = 0.8868 = 88.7\%$

④ 660mm × 440mm, 적재수 4

$$적재율 = \frac{660 \times 440 \times 4}{1,100 \times 1,100} = 0.96 = 96\%$$

⑤ 576mm × 523mm, 적재수 4

$$\text{적재율} = \frac{576 \times 523 \times 4}{1,100 \times 1,100} = 0.9958 = 99.6\%$$

32

정답 ▶ ①

□□□

① <u>물류조직</u>

물류표준화는 물류체계의 효율화에 필요한 사항을 물류표준으로 통일하고 단순화하는 것으로 표준화의 주요 내용으로는 포장 표준화, 수송용기 및 장비의 표준화, 보관시설의 표준화, 물류정보 및 시스템 표준화 등을 들 수 있다.

33

정답 ▶ ②

□□□

① 물류기기와의 연계성 증대 물류기기의 표준화 효과

② <u>재료의 경량화</u>

물류표준화가 가져오는 자원 및 에너지 절감 효과 : 재료의 경량화, 적재효율의 향상, 일관수송에 의한 에너지 절약, 단순화, 작업의 표준화, 물류생산성 향상 등

③ 작업성 향상 물류기기의 표준화 효과

④ 물류기기의 안전 사용 물류기기의 표준화 효과

⑤ 부품 공용화로 유지보수성 향상 물류기기의 표준화 효과

34

정답 ▶ ②

□□□

② <u>-40</u>

- 배수계열치수는 PVS(Plan View Size : 1,140mm × 1,140mm)를 기준으로 한 치수이다.
- 유닛로드사이즈 1,140mm × 1,140mm를 기준으로 하고 최대 허용공차 -40mm를 인정하며, 이를 배수로 하여 물류시설이나 장비들의 표준치수를 설정한다.

35

정답 ▶ ③

□□□

③ <u>자사의 물류시스템과 타사의 물류시스템을 연계시켜 하나의 시스템으로 운영해야 하지만 회사 보안을 위해 시스템 개방은 포함하지 않는다.</u>

물류공동화를 위해서는 자사의 인프라를 완전히 개방하여 자사의 물류시스템과 외부의 물류시스템과의 연계가 필요하다.

36 정답 ▸ ④

□□□ ④ ㄴ, ㄷ, ㄹ

ㄱ(×). 다빈도 대량 수·배송의 확대

다품종, 다빈도, 소량 수·배송의 확대

더 알아보기

공동 수·배송의 도입 배경

- 주문단위의 다빈도 및 소량화
- 운송비, 보관비 등 물류비용의 증가
- 화물자동차 적재의 비효율성
- 상권 확대 및 빈번한 교차수송
- 도시지역 물류시설 설치 제약
- 보관·운송 물류인력 확보 곤란

37 정답 ▸ ⑤

□□□ ⑤ 납품대행형은 화주가 납입선에 대행으로 납품하는 것이다.

납품대행형은 운송업자가 납입선을 대신하여 납품하는 형태로 화물의 집하, 유통가공, 분배, 납품 등 일련의 작업을 포함하고 있다.

38 정답 ▸ ①

□□□ ② ISO 28000(International Standard Organization 28000)

공급망을 위한 보안관리시스템(SMS : Security Management System)의 요구사항에 관한 국제표준으로, 기업이 공급망 내 보안 위협 요인을 분석하고 위협 발생 시 이를 관리할 수 있도록 한다.

③ ISPS code(International Ship and Port Facility Security code)

국제선박 및 항만시설 보안규칙 : 국제해사기구(IMO)가 채택한 규칙으로 해상에서의 테러를 예방하기 위해 각국 정부와 항만관리당국 및 선사들이 갖춰야 할 보안 관련 조건들을 명시하고, 보안사고 예방에 대한 가이드라인을 제시하였다.

④ CSI(Container Security Initiative)

컨테이너 안전 협정 : 9·11테러 이후 반테러프로그램의 일환으로 미국 관세국경보호청(CBP : Customs and Border Protection)이 도입한 제도로, 외국항만에 미국 세관원을 파견하여 미국으로 수출할 컨테이너화물에 대한 위험도를 사전에 평가하는 컨테이너보안협정이다.

⑤ SPA(Safe Port Act)

미국 항만보안법 : 항만에 첨단기술을 이용한 방사능탐지장치를 설치하고, 항만시설의 운영・경비를 강화하여 항만이 테러공격을 받은 경우 신속한 사후처리대책을 구축할 수 있도록 하는 것이다.

39 정답 ▸ ⑤

□□□

① 저탄소녹색성장기본법

저탄소 녹색성장을 효율적이고 체계적으로 추진하기 위해 법적 뒷받침이 필요하다는 인식에 따라 기후변화, 에너지, 지속가능발전 등 녹색성장 정책을 유기적으로 연계 및 통합한 저탄소녹색성장기본법을 제정하였다.

② 온실가스・에너지목표관리제

일정량 이상의 온실가스를 배출하는 기업이 정부와 협약하에 온실가스 감축량을 할당받고, 이를 달성하기 위하여 노력해 나가는 정책이다.

③ 탄소배출권거래제도

국가가 기업별로 탄소배출량을 미리 나눠준 뒤 할당량보다 배출량이 많으면 탄소배출권 거래소에서 배출권을 사야하며, 반대로 남은 배출권을 거래소에서 팔 수도 있다.

④ 생산자책임재활용제도

자원 절약과 재활용을 촉진하기 위해 재활용 가능한 폐기물의 일정량 이상을 재활용하도록 생산자에게 의무를 부여하는 제도이다.

⑤ 제조물책임법(PL)

PL(Product Liability)법이라고도 하며, 기업이 제작하고 유통한 제조물에 대하여 안전을 보장하고 결함에 의한 사고에 대하여 책임지도록 법률로 규정한 것이다.

40 정답 ▸ ④

□□□

④ EI1007 – 물류안전기술 EI1007 – 물류표준화기술

더 알아보기

물류기술(EI10)의 8가지 소분류 항목

- EI1001. 물류운송기술
- EI1002. 보관기술
- EI1003. 하역기술
- EI1004. 물류정보화기술
- EI1005. 물류시스템 운용기술
- EI1006. 교통수단별 물류운용기술
- EI1007. 물류표준화기술
- EI1099. 달리 분류되지 않는 물류기술

[2과목] 화물운송론

41	42	43	44	45	46	47	48	49	50	51	52	53	54	55	56	57	58	59	60
⑤	④	⑤	③	⑤	④	①	③	①	③	④	④	②	②	④	⑤	⑤	③	④	③
61	62	63	64	65	66	67	68	69	70	71	72	73	74	75	76	77	78	79	80
④	①	⑤	③	③	②	④	①	①	②	②	⑤	②	③	⑤	②	①	③	④	①

41 정답 ▸ ⑤

□□□ ⑤ 운송의 3요소(Mode, Node, Link) 중 Mode는 각 운송점을 연결하여 운송되는 구간 또는 경로를 의미한다.

운송의 3요소(Mode, Node, Link) 중 운송방식(Mode)은 운송을 직접적으로 담당하는 수단을 의미하고, 운송경로(Link)는 운송수단의 운행에 이용되는 운송경로(통로), 운송연결점(Node)은 운송의 대상인 화물을 효율적으로 처리하기 위한 장소나 시설을 의미한다.

42 정답 ▸ ④

□□□ ④ 125

$$\text{자동차의 한계 경제효용거리} = \frac{50{,}000\text{원}}{900\text{원} - 500\text{원}} = 125(\text{km})$$

더 알아보기

채트반(Chatban)공식

$$L = \frac{D}{T-R}$$

- L : 화물자동차의 경제효용거리의 한계(분기점)
- D : 톤당 철도운송 부대 비용(철도발착비 + 배송비 + 하역비 + 포장비 + 기타비용)
- T : 화물자동차의 톤 · km당 수송비
- R : 철도의 톤 · km당 수송비

43 정답 ▸ ⑤

□□□ ⑤ 공컨테이너의 운임은 규격별 영(적재)컨테이너 운임의 50%를 적용하여 계산한다.

공컨테이너의 운임은 규격별 영(적재)컨테이너 운임의 74%를 적용하여 계산한다.

44

정답 ▸ ③

□□□

① Open top car

천장개방형차 : 길이가 긴 장척화물이나 기계류 등과 같은 중량화물을 적재, 운송하기 편리하도록 천장이 개방되어 있는 컨테이너 운송 철도화차이다.

② Flat car

평판화차 : 철도화차의 상단이 평면으로 바닥판만 있는 화차로, 목재나 레일, 강관과 같은 장척(Bulky Cargo) 화물, 철판 코일(Coil), 자동차 등 차량, 컨테이너(ISO 표준규격 적재 가능), 혹은 변압기나 기계류와 같은 대(大)중량 및 대(大)용적화물 등을 운송하는 데 이용한다.

③ Covered hopper car

덮개형 개저식화차 : 천장 부분에 적재용 뚜껑이 부착되어 있고, 밑 부분에 중력양륙 또는 공기양륙 장치가 부착되어 있는 화차로, 시멘트・곡물, 사료 등 입체화물을 운반하는 호퍼차와 석탄, 자갈 등 분체화물을 운반하는 호퍼차가 있다.

④ Container car

컨테이너화차 : 컨테이너 수송에 적합한 평탄한 화차로 평면의 철도화차 상단에 컨테이너를 고정하여 운송할 수 있는 장치를 장착한 컨테이너 전용화차를 말한다.

⑤ Double stack car

이단적재화차 : 컨테이너화차의 일종으로 컨테이너를 2단으로 적재하여 운송할 수 있도록 설계된 화차를 말한다.

45

정답 ▸ ⑤

□□□

① Gantry crane

갠트리 크레인 : 컨테이너선 하역용으로 특별히 설계・제작된 크레인으로서 에이프런에 부설된 레일을 따라 주행하고, 유압식 신축 스프레더에 의하여 훅(Hook)에 매달린 컨테이너를 감아 올려 적・양하 작업을 수행한다.

② Transtainer

트랜스테이너 : 컨테이너를 쌓거나 내리는 일 또는 샤시(Chassis)나 트레일러에 싣고 내리는 일을 하는 이동식 컨테이너 취급 장비이다.

③ Straddle carrier

스트래들 캐리어 : 컨테이너 운반기구로 컨테이너를 마샬링 야드로부터 에이프런 또는 CY에 운반・적재하는 데 사용된다.

④ Reach stacker

리치 스태커 : 컨테이너 운반용으로 주로 사용되며, 컨테이너의 적재 및 위치이동, 교체 등에 사용되는 하역장비이다.

⑤ Dolly

돌리 : 적재작업이 완료된 항공화물의 단위탑재용기(ULD)를 터미널에서 항공기까지 수평 이동시키는 자체 동력원이 없는 무동력 장비로 견인차(Tug car)에 연결하여 사용한다.

46 정답 ▶ ④

□□□

① 소형차량을 이용하는 소형화 원칙 → 대형차량을 이용하는 대형화 원칙
② 영차율 최소화 원칙 → 영차율 최대화 원칙
③ 회전율 최소화 원칙 → 회전율 최대화 원칙
⑤ 적재율 최소화 원칙 → 적재율 최대화 원칙

47 정답 ▶ ①

□□□

<u>① 운송화물의 소품종 대형화</u> → 운송화물의 다품종 소량화

48 정답 ▶ ③

□□□

① Block train

블록트레인 : 자체화차와 터미널을 가지고 항구 또는 출발지 터미널에서 목적지인 내륙 터미널 또는 도착지점까지 선로를 빌려 철도-트럭 복합운송을 제공하는 운송시스템으로 중간역을 거치지 않고 최초 출발역에서 최종 도착역까지 직송서비스를 제공하므로 열차의 운송시간을 줄이고 수송력을 높일 수 있다는 장점이 있다.

② Shuttle train

셔틀트레인 : 철도역 또는 터미널에서의 화차조성비용을 줄이기 위해 화차의 수와 타입이 고정되며, 출발지 → 목적지 → 출발지를 연결하는 루프형 구간에서 서비스를 제공하는 열차형태를 말한다.

④ Y-Shuttle train

Y-셔틀트레인 : 하나의 중간터미널을 경유하는 것 말고는 셔틀트레인과 동일한 형태의 서비스를 제공하는 열차형태이다.

49 정답 ▶ ①

□□□

② 무차별운임 : 일정 운송량, 운송거리의 하한선 이하로 운송될 경우 일괄 적용되는 운임

무차별운임 : 화물의 종류나 내용과는 관계없이 중량과 용적에 따라 동일하게 부과하는 운임

③ 혼재운임 : 단일화주의 화물을 운송수단의 적재능력만큼 적재 및 운송하고 적용하는 운임

혼재운임 : 여러 화주의 화물을 혼재하여 하나의 운송단위로 만들어 운송될 때 부과되는 운임

④ 전액운임 : 운송거리에 비례하여 운임이 증가하는 형태의 운임

전액운임 : 운송의 완성여부에 관계없이 전액을 지급하는 운임

⑤ 거리체감운임 : 운송되는 화물의 가격에 따라 운임의 수준이 달라지는 형태의 운임

거리체감운임 : 거리의 증가에 따라 낮은 운임을 적용하여 원거리 운송이 단거리 운송보다 유리하게 하는 형태의 운임

50

정답 ▶ ③

□□□ ③ Bulk Loading은 안정성과 하역작업의 기계화 측면에서 가장 효율적인 방식이다.

살화물 적재방식(Bulk Loading)은 단위탑재용기(ULD)를 사용하지 않고 낱개 화물을 인력으로 직접 적재하는 가장 원시적인 방법이다.

51

정답 ▶ ④

□□□ ④ ㄴ, ㄷ, ㄹ, ㅁ

운송장(택배 표준약관 제7조 제2항)

고객(송화인)은 제1항의 규정에 의하여 교부받은 운송장에 다음 각 호의 사항을 기재하고 기명날인 또는 서명하여 이를 다시 사업자에게 교부한다.

1. 송화인의 주소, 이름(또는 상호) 및 전화번호
2. 수화인의 주소, 이름(또는 상호) 및 전화번호
3. 운송물의 종류(품명), 수량 및 가액
4. 운송물의 인도예정장소 및 인도예정일(특정 일시에 수화인이 사용할 운송물의 경우에는 그 사용목적, 특정 일시 및 인도예정일시를 기재함)
5. 운송상의 특별한 주의사항(훼손, 변질, 부패 등 운송물의 특성구분과 기타 필요한 사항을 기재함)
6. 운송장의 작성연월일

52

정답 ▶ ④

□□□

(단위 : 천원)

공급지 \ 수요지	수요지 1	수요지 2	수요지 3	공급량(톤)
공급지 1	[8] 300	[5]	[7]	300
공급지 2	[9] ↓ 100 →	[12] 300	[11]	400
공급지 3	[4]	[10] ↓ 200 →	[6] 100	300
수요량(톤)	400	500	100	1,000

④ 9,500,000원, 300톤

북서코너법 적용 방법

- 수송표의 각 빈칸을 채우는 데 있어서 북서쪽에 있는 칸부터 가능한 한 최대의 양(공급량과 수요량을 비교하여 작은 값)을 할당한다.
- 다음 행(→)으로 이동하기 전 각 행의 공급량을 모두 충족시킨다. 다음 열(↓)로 이동하는 경우에도 마찬가지로 각 열의 수요량을 모두 충족시키도록 한다. 이때, 단계적으로 공급량과 수요량의 변동 값을 업데이트 해준다.
- 수송표의 수송량을 모두 소모하여 우측 하단에 도달할 때까지 각 행의 공급량과 열의 수요량을 계속적으로 충족시켜나 간 후, 공급량과 수요량이 모두 일치하는지를 확인하고 끝낸다.

따라서 총 운송비용 = (300 × 8) + (100 × 9) + (300 × 12) + (200 × 10) + (100 × 6) = 9,500천원
공급지 2에서 수요지 2까지의 운송량 = 300

53 정답 ▶ ②

□□□ ② '인도'라 함은 사업자가 고객(송화인)에게 운송장에 기재된 운송물을 넘겨주는 것을 말한다.

'인도'라 함은 사업자가 고객(수화인)에게 운송장에 기재된 운송물을 넘겨주는 것을 말한다(택배 표준약관 제2조 제8항).

54 정답 ▶ ②

□□□ ① 타 운송수단과 연동하지 않고는 일관된 서비스를 제공할 수 없다.

운송의 자기완결성이 높아 타 운송수단과 연동하지 않고도 일관된 서비스를 제공할 수 있다.

③ 철도운송에 비해 연료비 등 에너지 소비가 적어 에너지 효율성이 높다.

철도운송에 비해 에너지 효율이 떨어진다.

④ 해상운송에 비해 화물의 중량이나 부피에 대한 제한이 적어 대량화물의 운송에 적합하다.

해상운송에 비해 화물의 중량이나 부피에 대한 제한이 많아 대량화물의 운송에 부적합하다.

⑤ 철도운송에 비해 정시성이 높다.

도로혼잡, 교통사고 등의 문제가 발생할 수 있어 철도운송에 비해 정시성이 떨어진다.

55 정답 ▸ ④

□□□

① 복화율은 90%이다.

복화율은 편도운송을 한 후 귀로 시 화물운송을 얼마나 수행했는지를 나타내는 지표이다. 주어진 운행실적만으로 정확한 복화율을 구할 수 없다.

② 영차율은 90%이다.

$$영차율(실차율) = \frac{적재\ 주행거리}{총\ 주행거리} \times 100 = \frac{21{,}000km}{30{,}000km} \times 100 = 70\%$$

③ 적재율은 90%이다.

$$적재율 = \frac{평균\ 적재\ 중량}{적재\ 가능\ 총중량} \times 100 = \frac{4톤}{5톤} \times 100 = 80\%$$

④ 가동률은 90%이다.

$$가동률 = \frac{실제\ 가동\ 차량\ 수}{누적\ 실제\ 차량\ 수} \times 100 = \frac{270대}{300대} \times 100 = 90\%$$

⑤ 공차거리율은 90%이다.

$$공차거리율 = \frac{공차상태의\ 주행거리}{총\ 주행거리} \times 100 = \frac{30{,}000km - 21{,}000km}{30{,}000km} \times 100 = 30\%$$

56 정답 ▸ ⑤

□□□

⑤ ㄱ, ㄴ, ㄷ, ㄹ

운임의 결정요인 : 운송거리, 운송되는 화물의 크기 및 개수, 화물의 밀도(일정한 부피에 대한 중량), 적재성, 취급의 용이성, 운송사업자의 화물관련 책임수준, 시장요인 등

57 정답 ▸ ⑤

□□□

① Port-MIS(항만운영정보시스템)

선박의 입출항 관련 업무와 선박의 안전 항행에 관련된 항만운영정보를 처리하는 시스템이다.

② VMS(적재관리시스템)

화물의 특징에 따라 적정한 운송차량에 화물이 효율적으로 포장 및 적재될 수 있도록 차량의 소요, 배차, 적재위치 등을 지정해주는 적재관리시스템이다.

③ TRS(주파수공용통신)

중계국에 할당된 다수의 주파수 채널을 여러 사용자들이 공유하여 사용하는 무선통신서비스이다.

④ RFID(Radio Frequency Identification)

유선판독기 및 바코드 인쇄 상태와 결점을 보완하기 위해 개발된 것으로, 판독기에서 나오는 무선신호를 통해 상품에 부착된 태그를 식별하여 데이터를 호스트로 전송하는 시스템이다.

58 정답 ▶ ③

□□□ ③ 운송물 1포장의 가액이 100만원 이하인 경우

운송물 1포장의 가액이 300만원을 초과하는 경우 사업자가 운송물의 수탁을 거절할 수 있다(택배 표준약관 제12조 제6호).

59 정답 ▶ ④

□□□ ④ 적재율 감소 및 차량의 배송 빈도 증가 적재율 향상 및 차량의 배송 빈도 감소

60 정답 ▶ ③

□□□ ③ 254,400

총 연료소모량 = 영차(실차)운행 시 연료소모량 + 공차운행 시 연료소모량
= (28,000 × 18 × 0.5) + {(36,000 − 28,000) × 0.3}
= 252,000 + 2,400 = 254,400

61 정답 ▶ ④

□□□ ④ COFC 방식에는 피기백방식과 캥거루방식이 있다.

TOFC 방식에는 피기백방식과 캥거루방식이 있고, COFC 방식에는 가로-세로 이동방식, 매달아 싣는 방식, 플렉시밴(Flexi-Van) 방식이 있다.

62 정답 ▶ ①

② Indemnity Clause

보상약관 : 정기용선계약에서 용선자가 선주에게 보상할 내용을 규정한 약관으로 보상약관의 주된 내용은 선하증권에 대한 서명에 관한 것이고, 기타는 선장의 지휘에 대한 것이다. 선하증권의 서명에 관한 보상이란 선장 및 항해사나 대리점이 용선자의 지시에 따라서 선하증권에 서명한 경우 그로 인하여 발생한 모든 결과나 채무에 대하여 용선자가 선주에게 보상해야 한다는 것이다.

③ Not before Clause

용선계약에 있어서 본선이 제공기일보다 빨리 회항되어도 용선자는 규정된 기일까지 본선에 적재할 의무가 없다는 것을 규정한 약관을 말한다.

④ Deviation Clause

이로약관 : 선하증권 이면에 기재된 선박소유자 및 해상운송인의 면책약관 중 하나로, 인명구조, 재산구조, 선박수리 및 연료를 보급받기 위해서 선박이 항로를 이탈했을 경우에는 면책된다. 본선이 정하여진 항로에서 이탈하거나 또는 정하여진 항로를 변경하는 것을 이로(Deviation)라고 부른다.

⑤ General Average Clause

공동해손약관 : 선박, 적화 보험에서 담보되어 있는 공동해손과 구조비의 정산 시 기준이 되는 규칙과 법률을 규정한 조항을 말한다.

63 정답 ▶ ⑤

⑤ 동일 지역에서의 집화와 배송은 별개로 이루어지도록 설계한다.

동일 지역 내의 각 지점에 배송되는 화물은 같이 집화하여 보내도록 설계한다.

64 정답 ▶ ③

③ Outport Surcharge는 운송 도중에 당초 지정된 양륙항을 변경하는 화물에 대한 할증료이다.

Outport Surcharge(외항추가운임)는 선박이 기항하는 항구(Base Port) 외의 지역행 화물에 적용하는 추가운임이다. 참고로, 유럽계 동맹에서는 'Outport Additional'이라 부르고 미국계의 동맹에서는 'Outport Arbitrary'라고 부른다.

65 정답 ▸ ③

ㄱ(○). Surrendered B/L

권리포기선하증권 : 수출자는 선박회사에게서 원본B/L을 발급받아야 하나 실제 발급을 받지 않고 송화인이 배서하여 운송인에게 반환함으로써, B/L의 유통성(Negotiable)이 소멸되는 선하증권이다.

ㄴ(×). Clean Received B/L

선적 전이라도 화물이 선박회사의 창고에 반입되면 화주의 요청에 따라 선박회사가 선하증권을 발행하는 것을 수취선하증권(Received B/L)이라 하고, 선적화물의 상태가 양호하여 약정 수량의 전부가 그대로 선적되면 선박회사는 선하증권면의 적요란(Remarks)에 사고 문언이 없는 선하증권을 발행하는 것을 무사고 선하증권(Clean B/L)이라 한다.

ㄷ(×). T/R(Trust Receipt)

수입화물대도 : 수입되는 화물을 담보로 하여 수입거래에 따른 여신을 공여하는 행위로, 통상의 일람출급환거래의 경우 수출자가 선적을 이행하고 서류를 송부하면, 개설은행이 수입자에게 선적서류를 인도하고 수입대금을 징수하여 수입거래가 완료된다.

ㄹ(○). L/G(Letter of Guarantee)

수입화물선취보증서 : 수입화물은 도착되었으나 선적서류가 미도착 시에 수입상과 신용장 개설은행이 연대 보증한 서류를 선박회사에 제출하여 수입화물을 인도받을 수 있도록 하는 서류이다.

ㅁ(○). Sea Waybill

해상화물운송장 : 물품이 운송서류보다 먼저 도착지에 도착하는 경우를 대비하여 도착지에서 제시할 필요가 없는 선하증권

66 정답 ▸ ②

① Buyer's Consolidation

CFS/CY 운송 : 지정된 선적항의 CFS에서 물품을 집화하여 컨테이너에 적입한 후 최종 목적지의 수화인 공장 또는 창고까지 운송하는 방식이다.

② Forwarder's Consolidation CFS/CFS 운송

④ Shipper's Consolidation

CY/CFS 운송 : 한 명의 송화인과 다수의 수화인 관계에서 사용하는 방식으로, 선적지에서 FCL화물로 운송해 수입항 CFS에서 여러 수화인에게 화물을 인도하도록 하는 운송형태이다. Shipper's 또는 Seller's Consolidation라고도 한다.

67 정답 ▶ ④

□□□

① ㄱ : Through B/L　　　ㄴ : House B/L

Through B/L(통선하증권) : 운송화물이 목적지에 도착할 때까지 서로 다른 둘 이상의 운송기관을 교대로 이용하여 운송하는 경우 첫 번째의 운송업자가 전 운송구간에 대해서 발행하는 선하증권이다.

② ㄱ : Master B/L　　　ㄴ : Red B/L

Red B/L : 보통의 선하증권과 보험증권을 결합한 것으로 이 증권에 기재된 화물이 항해 중에 사고가 발생하면 이 사고에 대하여 선박회사가 보상해주는 선하증권이다.

③ ㄱ : Straight B/L　　　ㄴ : Baby B/L

Straight B/L(기명식 선하증권) : 수화인 란에 수화인(Consignee)의 성명이 명백히 기입된 선하증권이다.

④ ㄱ : Master B/L　　　ㄴ : House B/L

Master B/L은 선사가 포워더에게 발행하는 B/L이고, House B/L은 포워더가 화주에게 발행하는 B/L이다.

⑤ ㄱ : Foul B/L　　　ㄴ : Consolidated B/L

Foul B/L(사고부 선하증권) : 선적된 화물의 포장이나 수량 또는 기타 화물이 외견상 불완전한 상태일 때 선박회사가 선하증권의 적요란에 사고문언을 기재하여 발행하는 선하증권이다.

68 정답 ▶ ①

□□□

① High Capacity Aircraft는 소형기종의 항공기로서 데크(deck)에 의해 상부실 및 하부실로 구분되며 하부실은 구조상 ULD의 탑재가 불가능하다.

High Capacity Aircraft는 대형기종의 항공기로서 하부실의 구조상 ULD의 탑재가 가능하다.

69 정답 ▶ ①

□□□

① GCR(General Cargo Rate) 일반화물요율

② SCR(Specific Commodity Rate)

특정품목 할인요율 : 주로 해상운송화물을 항공운송으로 유치하기 위해 설정된 요율로 항공운송을 이용할 가능성이 높은 품목에 대하여 낮은 요율을 적용하는 요율(할인운임)이다.

③ CCR(Commodity Classification Rate)

품목분류 운임률 : 특정구간의 몇 가지 특정품목에 대해서만 적용되는 할인 및 할증요율이다.
- 할인요율(R) : 신문, 잡지, 정기간행물, 서류, 카탈로그, 비동반 수하물 등에 적용
- 할증요율(S) : 금, 보석, 화폐, 증권, 자동차, 생동물 등에 적용

④ BUC(Bulk Unitization Charge)

단위적재용기요금 : 파렛트(Pallet), 컨테이너(Container) 등 단위탑재용기(ULD)의 타입별로 한계중량을 설정한 후 미리 요금을 책정하여 지불하게 하는 요금방식이기 때문에 BUC는 탑재용기의 형태 및 크기에 따라 상이하게 적용된다.

⑤ CCF(Charge Collect Fee)

착지불수수료 : 항공에서 수입화물의 운임이 착지불될 시 수입자에게 청구하는 비용으로 대금 송금이나 환리스크 등을 보전하기 위하여 부과하는 수수료이다. 일반적으로 항공운임, 부대비용 총액의 2~5%를 청구한다.

70 정답 ▶ ②

□□□ ② 400,000원

최소비용법

공급지 \ 수요지	D1	D2	D3	공급량(톤)
S1	12	15 ❺ 200	9 ❸ 200	400
S2	8 ❷ 100	13 ❹ 100	16	200
S3	4 ❶ 200	6	10	200
수요량(톤)	300	300	200	800

모든 칸들 중 단위당 운송비용이 가장 최소인 칸을 찾고, 그 칸이 포함된 행의 공급량과 열의 수요량을 감안하여 할당 가능한 최대 수송량을 배정한다. 다음으로 남은 칸들 중에서 다시 단위수송비용이 최소인 칸을 찾고 그 칸에 할당이 가능한 최대량을 배정한다. 따라서 ❶ → ❷ → ❸ → ❹ → ❺ 순서대로 할당하면,
총 운송비용 = (200 × 4) + (100 × 8) + (200 × 9) + (100 × 13) + (200 × 15) = 7,700천원

보겔추정법

공급지 \ 수요지	D1	D2	D3	공급량(톤)	기회비용
S1	12 ❹ 100	15 ❺ 100	9 ❷ 200	400	3 → 0
S2	8 ❸ 200	13	16	200	5 → 0
S3	4	6 ❶ 200	10	200	2 → 0
수요량(톤)	300	300	200	800	
기회비용	4 → 0	7 → 2 → 0	1 → 7 → 0		

각 행과 열별로 기회비용(가장 낮은 운송단가와 그 다음으로 낮은 운송단가의 차이)을 구하고, 기회비용이 가장 큰 행이나 열의 가장 낮은 단가에 배정 가능한 최대량을 배정한다. 하나의 배정이 완료되면 남은 칸의 단가를 이용하여 재차 기회비용을 구하고, 이 기회비용들을 이용하여 순차적으로 가장 기회비용이 큰 칸을 찾아 최대량을 배정하여 모든 수송량의 배정이 끝날 때까지 반복한다. 따라서 ❶ → ❷ → ❸ → ❹ → ❺ 순서대로 할당하면,
총 운송비용 = (200 × 6) + (200 × 9) + (200 × 8) + (100 × 12) + (100 × 15) = 7,300천원

⇨ 최소비용법 총 운송비용과 보겔추정법 총 운송비용의 차이 = 7,700천원 − 7,300천원 = 400,000원

71 정답 ▶ ②

□□□ ① 스케레탈 트레일러

Skeletal trailer : 컨테이너 운송을 위해 제작된 전용 트레일러로 컨테이너 샤시(Chassis)라고도 한다. 전・후단에 컨테이너 고정을 위한 콘(Cone)이 부착되어 있으며, 20ft용, 40ft용 등 여러 종류가 있다.

③ 중저상식 트레일러

Drop bed trailer : 저상식 트레일러 가운데 프레임 중앙 하대부가 오목하게 낮은 트레일러로 중량 블록 화물 등 중량화물의 운반에 편리하다.

④ 저상식 트레일러

Low bed trailer : 대형기계 또는 불도저, 기중기 등 건설기계나 중기를 적재할 수 있도록 전고가 낮은 하대를 갖춘 트레일러이다.

⑤ 평상식 트레일러

Flat bed trailer : 전장의 프레임 상면이 평면의 하대를 가진 구조로서 일반화물이나 강재 등의 수송에 적합하다.

72 정답 ▶ ⑤

□□□ ⑤ 택배회사의 사업자등록증 역할

택배운송장의 역할 : 계약서 역할, 택배요금 영수증 역할, 화물인수증 역할, 정보처리자료 역할, 화물취급지시서 역할, 배송에 대한 증빙 역할, 요금청구서 역할, 수입금관리자료 역할, 화물 픽킹(picking) 및 팩킹(packing)지시서 역할

73 정답 ▶ ②

□□□ ② 19

시작점에서부터 도착점까지 모든 구간에 보낼 수 있는 최대 운송량(가장 운송수용력이 약한 구간의 운송량)을 찾고, 각 구간에서 이를 차감한다. 이때 운송로를 통해 최대로 보낼 수 있는 운송량이 0이 되는 구간은 더 이상 사용할 수 없는 구간이 되며, 계산을 계속하다 더는 보낼 경로가 없으면 계산을 끝낸다.

- X → A → E → Y : 6
- X → A → C → Y : 3
- X → A → C → E → Y : 2
- X → B → C → F → G → Y : 3
- X → B → D → G → Y : 5

따라서 X지점에서 Y지점까지 최대유량은 6 + 3 + 2 + 3 + 5 = 19

74 정답 ▶ ③

□□□

① Berth

안벽 : 컨테이너선이 안전하게 접안하여 하역작업이 이루어질 수 있도록 구축된 접안시설로 선석이라고도 한다.

② Marshalling Yard

마샬링 야드 : 에이프론과 인접하여 컨테이너선에서 하역하였거나 본선의 입항 전에 미리 입안된 선내 적치계획에 따라 선적예정인 컨테이너를 순서대로 쌓아 두기 위한 장소로, 컨테이너 터미널 운영에 있어 중심이 되는 중요한 장소이다.

④ CY(Container Yard)

컨테이너 야드 : 적재된 컨테이너를 인수, 인도, 보관하고 공컨테이너도 같이 보관할 수 있는 야적장으로, FCL화물은 Container Yard에서 인수한다.

⑤ CFS(Container Freight Station)

컨테이너 화물조작장 : 컨테이너 한 개를 채울 수 없는 소량화물(LCL화물)의 처리를 위한 기본적인 시설로 여러 송화인(Shipper)으로부터 화물을 인수하여 한 컨테이너에 적입(Stuffing), 보관하거나 반대로 반입된 혼재화물을 해체(Devanning)하여 여러 화주에게 분산, 인도하는 창고형 작업장이다.

75 정답 ▶ ⑤

□□□

⑤ 택배 서비스 제공업체, 수화인의 지역, 화물의 규격과 중량 등에 상관없이 국가에서 정한 동일한 요금이 적용된다.

택배운송사업자는 계약을 체결하는 때에 운송물의 기본운임 정보, 품목별 할증운임 정보, 배송지역 특성에 따른 부가운임 정보 및 운송물 가액에 따른 손해배상한도액 정보 등에 대한 사항을 약관에 설명해야 한다. 따라서 택배 서비스 제공업체, 수화인의 지역, 화물의 규격과 중량 등에 따라 상이한 요금이 적용된다.

76 정답 ▶ ②

□□□

② 24

최단경로법은 각 운송구간별로 운송거리가 제시된 운송망(Network)이 있는 경우에 출발지와 도착지 간 등 그 운송망 위에 있는 두 교점(Node) 사이의 최단경로를 찾기 위한 방법이다.
따라서 공장에서 물류센터까지의 최단경로는 '공장 → A → C → E → D → B → 물류센터'이므로
6 + 3 + 2 + 2 + 8 + 3 = 24

77 정답 ▶ ①

□□□

② 통행교차모형 : 화물 발생량 및 도착량에 영향을 주는 다양한 변수 간의 상관관계에 대한 복수의 식을 도출하여, 교차하는 화물량을 예측하는 모형

교통수단을 선택하는 유형의 하나로, 통행이 분배된 상태에서 교통수단의 서비스 특징에 따라 교통수단을 결정한다는 점을 전제하고 추측한 모형이다.

③ 선형로짓모형 : 범주화한 운송수단을 대상으로 운송구간의 운송비용을 이용하여 구간별 통행량을 산출하는 모형

범주화한 운송수단을 대상으로 운송수단의 분담을 예측하는 모형이다.

④ 회귀모형 : 일정구역에서 화물의 분산정도가 극대화한다는 가정을 바탕으로 분석한 모형

통행 유출 및 유입량과 해당 지역의 사회경제적 특성을 나타내는 지표와의 관계식을 구하고 이로부터 장래 통행량을 분석하는 모형이다.

⑤ 성장인자모형 : 화물의 이동형태 변화를 기반으로 인구에 따른 화물 발생단위를 산출하고, 이를 통하여 장래의 수송수요를 예측하는 모형

현재 물동량 배분 패턴이 장래에도 변하지 않는다는 가정을 두고, 장래의 지역 간 물동량을 예측하는 모형이다.

78 정답 ▶ ③

□□□

① 장기계약운임

장기간 반복되는 항해에 의하여 화물을 운송하는 계약의 운임으로, 연속항해운임과 유사하나 몇 년간에 몇 항해, 몇 년간에 걸쳐 연간 몇 만 톤과 같이 약정되는 것이 일반적인 부정기선 운임이다.

② 현물운임

선물운임에 대비되는 운임으로, 계약 후 즉시 적재할 수 있는 용선계약에 대해 지급하는 부정기선 운임이다.

<u>③ 특별운임</u>

수송조건과는 별개로 해운동맹 측이 비동맹선과 적취 경쟁을 하게 되면 일정조건하에서 정상요율보다 인하한 특별요율을 적용하는 운임으로, 정기선 운임에 해당한다.

④ 공적운임

화물의 실제 적재량이 계약량에 미달할 경우 그 부족분에 대해 지불하는 운임으로, 부정기선 운임에 해당한다.

⑤ 연속항해운임

어떤 특정 항로를 반복적으로 연속하여 항해하는 경우에 약정된 연속항해의 전부에 대하여 적용하는 운임으로, 부정기선 운임에 해당한다.

79 정답 ▸ ④

□□□

ㄷ(×). 고정 다이어그램(Diagram)배송 : 배송할 물량을 기준으로 적합한 크기의 차량을 배차하는 방법으로 배송량이 고정되어 있다.

> 일정한 지역에 정기적으로 화물을 배송할 때, 과거의 통계치 또는 경험에 의해 주된 배송경로와 시각을 정해 두고 적재효율이 다소 저하되더라도 고객에 대한 적시배달과 업무의 간편성을 중시하여 배송차량을 고정적으로 운영하는 시스템이다.

80 정답 ▸ ①

□□□

① 북서코너법(North-West Corner Method) : 수송계획표의 왼쪽상단인 북서쪽부터 물동량을 할당하며 시간, 거리, 위치를 모두 고려하는 방법

> 북서코너법은 수송표의 좌측 상단에서 출발하여 우측 하단까지 열과 행에 각각 나타나 있는 공급량과 수요량에 맞추어 수송량을 각 경로상에 계속적·단계적으로 배정하는 방법이다. 이 해법은 신속하게 최초의 실행가능한 해를 산출할 수 있다는 이점이 있으나 각 경로상의 운송비용을 전혀 고려하지 않기 때문에 총비용을 최소화하는 최적의 해는 산출하기 어렵다는 한계가 있고, 시간, 거리 등을 모두 고려할 수 있는 방법은 아니다.

[3과목] 국제물류론

81	82	83	84	85	86	87	88	89	90	91	92	93	94	95	96	97	98	99	100
❹	❸	❺	❶	❺	❺	❷	❶	❹	❷	❶	❶	❹	❸	❷	❹	❸	❹	❸	❷
101	102	103	104	105	106	107	108	109	110	111	112	113	114	115	116	117	118	119	120
❺	❷	❸	❹	❸	❷	❹	❶	❷	❶	❶	❺	❶	❺	❷	❹	❺	❷	❸	❶

81 정답 ▸ ④

□□□

④ 국제물류는 국내물류에 비해 짧은 리드타임을 가지고 있다.

> 국제물류는 주문시간이 길고, 운송 등의 불확실성으로 재고수준이 높다. 즉, 국내물류에 비해 긴 리드타임을 가지고 있다.

82 정답 ▶ ③

□□□ ③ 국제특송업체들은 항공화물운송 효율화를 위해 항공기 소형화를 추진하고 있다.

국제특송업체들은 항공화물운송 효율화를 위해 항공기 대형화를 추진하고 있다.

83 정답 ▶ ⑤

□□□

다국적기업이 해외 각국에 여러 개의 현지 자회사를 가지고 있는 경우 어느 한 국가의 현지 자회사가 지역물류거점의 역할을 담당하여 인접국에 대한 상품공급에 유용한 허브창고를 갖고 상품을 분배하는 시스템 다국행 창고시스템

⑤ 허브창고의 입지는 수송의 편리성이 아닌 지리적 서비스 범위로만 결정한다.

다국행 창고시스템에서 허브창고의 입지는 일반적으로 지리적 서비스 범위 이외에 수송의 편리성이 강조된다.

84 정답 ▶ ①

□□□ ① 최적화를 위한 물류기능의 개별적 수행 추세

물류관리에서 통합물류가 더욱 강조되고 있는 추세이다.

85 정답 ▶ ⑤

□□□ ⑤ 인력증대

다국적 기업의 글로벌소싱은 핵심 역량에 집중하고, 비용절감, 인건비 감소, 시설투입비용 감소, 기타 비부가가치 활동을 제거하려는 데 목적이 있다.

더 알아보기

글로벌소싱(Global Sourcing)

기업구매활동 범위를 범세계적으로 확대하고, 외부 조달비용 절감을 시도하는 구매전략이다.

86 정답 ▸ ⑤

□□□

① IMO는 정부 간 해사기술의 상호협력, 해사안전 및 해양오염방지대책, 국제간 법률문제 해결 등을 목적으로 설립되었다.

국제해사기구(IMO : International Maritime Organization)

② FIATA는 국제운송인을 대표하는 비정부기구로 전 세계 운송주선인의 통합, 운송주선인의 권익보호, 운송주선인의 서류통일과 표준거래조건의 개발 등을 목적으로 한다.

국제운송주선인협회연맹(FIATA : International Federation of Freight Forwarders Associations)

③ ICS는 선주의 이익증진을 목적으로 설립된 민간 기구이며, 국제해운의 기술 및 법적 분야에 대해 제기된 문제에 대해 선주들의 의견교환, 정책입안 등을 다룬다.

국제해운회의소(ICS : International Chamber of Shipping)

④ BIMCO는 회원사에 대한 정보제공 및 자료발간, 선주의 단합 및 용선제도 개선, 해운업계의 친목 및 이익도모를 목적으로 설립되었다.

발틱 국제해사협의회(BIMCO : The Baltic and International Maritime Conference)

⑤ CMI는 선박의 항로, 항만시설 등을 통일하기 위해 설치된 UN전문기구이다.

국제해사법위원회(CMI : Committee Maritime International)는 해상법(海商法), 해사관련 관습・관행 및 해상실무의 통일화에 기여하기 위하여 1897년 벨기에 앤트워프에서 창설된 민간국제기구이다.

25회

87 정답 ▸ ②

□□□

Transhipment means unloading from one vessel and reloading to another vessel during the carriage from the port of loading to the port of discharge stated in the credit.

환적은 신용장에 기재된 선적항으로부터 하역항까지의 운송 도중에 하나의 선박으로부터 양하되어 다른 선박으로 재적재되는 것을 의미한다.

② ㄴ, ㄷ

지문에서 선박(vessel), 선적항(port of loading), 하역항(port of discharge)이라는 단어가 나오므로 해상 운송 관련 운송서류라는 것을 알 수 있다. 용선계약은 선주와 용선자가 협의한 운송조건에 따라 운항할 것을 약정한 것으로 환적을 전제로 하지 않는다.

ㄴ(○). 선하증권(Bill of lading) : 전 운송이 하나의 동일한 운송서류에 의해 취급된다는 전제하에 물품이 환적되거나 될 수 있다는 것을 명시할 수 있다(UCP 600 제20조).

ㄷ(○). 비유통성 해상화물운송장(Non-negotiable sea waybill) : 하나의 같은 비유통 해상화물운송장이 전체 화물을 취급한다는 전제하에 물품이 환적되거나 될 수 있다는 것을 명시할 수 있다(UCP 600 제21조).

88 정답 ▶ ①

□□□

① 총톤수(Gross Tonnage)는 선박이 직접 상행위에 사용되는 총 용적으로 주로 톤세, 항세, 운하통과료, 항만 시설 사용료 등을 부과하는 기준이 되고 있다.

총톤수는 선박의 밀폐된 내부 전체 용적을 말하며, 선박의 크기 및 선복량을 비교할 때 이용된다. 선체의 밀폐된 공간의 총용적에서 상갑판 상부에 있는 추진, 항해, 안전, 위생에 관계되는 공간을 차감한 전체용적을 톤수로 환산하여 계산한다. 관세, 등록세, 도선료, 계선료 및 각종 검사료 등의 과세와 수수료 산출기준이 된다.

89 정답 ▶ ④

□□□

④ Pro rate freight : 선박이 운송 도중 불가항력 또는 기타 원인에 의해 목적항을 변경할 경우에 부과되는 운임

Pro Rate Freight(비례운임) : 선박이 항해 중 불가항력, 기타 원인에 의하여 항해의 계속이 불가능하게 되어 운송계약의 일부만을 이행하고 화물을 인도한 경우에 그때까지 행한 운송비율에 따라 선주가 취득하는 운임(부분 인도된 화물의 운임)이다.

90 정답 ▶ ②

□□□

② 선박회사 간의 과다한 운임경쟁을 막기 위해 공표된 운임을 적용하는 것이 일반적이다.

부정기선 운송은 완전경쟁운임을 적용한다. 선박회사 간의 과다한 운임경쟁을 막기 위해 공표된 운임을 적용하는 것은 정기선 운송에 관한 설명이다.

91 정답 ▶ ①

□□□

ㄱ. 선하증권의 수화인란에 수화인의 상호 및 주소가 기재된 것으로 화물에 대한 권리가 수화인에게 귀속되는 선하증권 기명식 선하증권(Straight B/L)

ㄴ. 선하증권의 권리증권 기능을 포기한 것으로서 선하증권 원본 없이 전송받은 사본으로 화물을 인수할 수 있도록 발행된 선하증권 Surrendered B/L

ㄷ. 선하증권의 송화인란에 수출상이 아닌 제3자를 송화인으로 표시하여 발행하는 선하증권

제3자 선하증권(Third Party B/L)

② ㄱ : Straight B/L　　ㄴ : Short form B/L　　ㄷ : Negotiable B/L

- Short form B/L(약식 선하증권) : B/L 뒷면에 선박회사에서 일방적으로 정한 인쇄약관이 생략된 채 앞면에 필요사항만 기재한다.
- Negotiable B/L(유통 선하증권) : 수하인란에 특정인을 기재하지 않고 지시식으로 발행된다(양도 가능).

③ ㄱ : Order B/L　　ㄴ : Groupage B/L　　ㄷ : Third Party B/L

- Order B/L(지시식 선하증권) : 수화인란에 특정의 수화인명이 기재되지 않고, 단순히 "to order", "to order of shipper", "to order of……bank"와 같이 지시인(Order)만 기재하여 유통을 목적으로 한 선하증권이다.
- Groupage B/L : 여러 개의 소량 화물을 모아 하나의 그룹으로 만들어 선적할 때 발행하는 선하증권으로 선박회사가 운송주선인에게 발행한다.

④ ㄱ : Order B/L　　ㄴ : House B/L　　ㄷ : Switch B/L

- House B/L : 운송주선인(포워더)이 선사에게서 발급받은 Master B/L을 근거로 소량화물(LCL 화물)의 선적을 요청한 화주에게 개별적으로 발행한다.
- Switch B/L : 주로 중계무역에 사용되는 선하증권으로, 중개무역업자가 실공급자와 실수요자를 모르게 하기 위하여 수출자를 자신의 이름으로 바꾸어 발행한다.

⑤ ㄱ : Charter Party B/L　　ㄴ : Surrendered B/L　　ㄷ : Switch B/L

- Charter Party B/L(용선계약 선하증권) : 화주가 살화물 형태의 대량화물을 운송하기 위하여 특정한 항로 또는 일정기간 동안 부정기선을 용선하는 경우, 화주와 선박회사 사이에 체결된 용선계약(charter party)에 의하여 발행되는 선하증권을 말한다.

92 □□□ 정답 ▶ ①

① 수입화물선취보증장(Letter of Guarantee)

Original B/L이 도착하기 전에 물품의 수취를 신속하게 하기 위하여, 수입상과 개설은행이 모든 책임을 지고 운송서류 도착 전 수입화물을 수입자가 넘겨받을 수 있도록 하는 개설은행의 보증행위 자체 또는 보증서를 말한다. 비교적 해상운송 구간이 짧아 화물보다 선적서류가 늦게 도착하는 경우에 이용된다.

② 파손화물보상장(Letter of Indemnity)

화주가 하자 있는 화물을 배에 실었을 경우에 사고 선하증권을 받아야 하지만, 이를 무사고 선하증권으로 발급받기 위하여 화주가 화물 손상에 대하여 책임지겠다는 뜻을 적어 선박 회사에 제시하는 일종의 각서이다.

③ 선하증권(Bill of Lading)

해상운송계약에 따른 운송화물의 수령 또는 선적을 인증하고, 그 물품의 인도청구권을 문서화한 증권으로 증권에 기재된 조건에 따라 운송하며 지정된 양륙항(揚陸港)에서 증권의 정당한 소지인에게 그 화물을 인도할 것을 약정하는 유가증권이다.

④ 선적예약확인서(Booking Note)

선박회사가 해상운송계약에 의한 운송을 인수하고 그 증거로서 선박회사가 발급하는 서류이다.

⑤ 적화목록(Manifest)

외국 화물을 실은 선박이 입항할 때 선장이 입항 24시간 안에 작성하여 제출하는 선적 화물의 명세서이다.

93 정답 ▸ ④

□□□

① America Land Bridge

극동에서 선적한 화물을 미국 태평양 연안의 오클랜드나 로스앤젤레스 등의 항구(서부지역)로 해상운송한 후, 미국 동부의 대서양 연안이나 멕시코만의 항구까지 철도로 운송하여 이곳에서 다른 선박에 환적하여 유럽까지 해상운송하는 복합운송방식이다.

② Reverse Interior Point Intermodal

극동 아시아를 출항하여 파나마 운하를 경유해서 미국 동부지역까지 해상운송한 후 그 곳에서 미국의 내륙지역(중계지 경유 포함)까지 철도나 트럭으로 복합운송하는 방식이다.

③ OCP(Overland Common Point)

극동에서 미 내륙공통 운송지점(미국 서해안에서 사우스다코타주와 노스다코타주・네브래스카주・콜로라도주・뉴멕시코주 등 로키산맥 동쪽의 멀리 떨어진 여러 지역)으로 운송되는 복합운송 화물의 해상운임을 특별히 할인하는 것을 말한다.

⑤ Micro Land Bridge

극동에서 미국 서부지역으로 화물을 해상운송한 후 트럭이나 철도로 미국 내륙까지 운송하는, 최소 2개의 운송수단을 이용하는 일관된 복합운송서비스로, IPI(Interior Point Intermodal)라고도 한다.

94 정답 ▸ ③

□□□

③ Running Laydays는 하역개시일부터 종료일까지 모든 일수를 정박기간에 산입하지만 우천 시, 동맹파업 및 기타 불가항력 등으로 하역을 하지 못한 경우 정박기간에서 제외하는 조건이다.

항해용선(Trip Charter : Voyage Charter)에서 하역기간을 규정한 경우 시곗바늘로 세어서 24시간을 1일로 한다는 약정이다. Weather Working Day(WWD : 호천 후 24시간)와 대비되는 조건으로, 우천, 파업 및 기타 불가항력 등의 원인을 불문하고 비록 실제로 하역불능일이 있었다 하더라도 모두 이것을 정박기간에 산입한다.

95 정답 ▸ ②

□□□

① LO-LO(Lift On/Lift Off) Ship

하역방식에 의한 컨테이너선의 분류 중의 하나로서, 컨테이너를 크레인 등을 사용하여 하역하고 화물창구(Hatch Opening)를 통하여 상하로 오르내리게 하는 방식의 선박이다.

③ FO-FO(Float On/Float Off) Ship

부선에 화물을 적재하여 본선에 설치된 크레인으로 바지선 자체를 적재 및 하역하는 방식이다.

④ Geared Container Ship

본선상에 컨테이너 하역용 갠트리 크레인을 장치한 컨테이너선이다.

⑤ Gearless Container Ship

본선상에 컨테이너 하역용 갠트리 크레인을 장치하지 않은 컨테이너선으로 하역은 컨테이너 터미널 안벽에 설치된 육상의 갠트리 크레인에 의해 행해진다.

96 정답 ▶ ④

□□□

① 컨테이너운송은 1920년대 미국에서 해상화물운송용으로 처음 등장하여 군수물자의 운송에 사용된 것이 시초이다.

컨테이너운송은 1920년대 미국의 철도화물운송에서 처음 등장하였으며, 해상운송에서는 제2차 세계대전 중 미 군수물자의 수송에 처음 사용되었다.

② 컨테이너의 성격과 구조에 관하여는 일반적으로 함부르크 규칙(1978)에서 규정하고 있다.

컨테이너의 성격과 구조와 관련된 협약으로는 컨테이너안전협약(CSC)이 있다. UN이 IMO(국제해사기구)와 협동으로 1972년에 채택한 이 협약은 컨테이너의 취급, 적취 및 수송에 있어서 컨테이너 구조상의 안전요건을 국제적으로 공통화하는 것이 목적이다.

③ 특수컨테이너의 지속적인 개발로 컨테이너화물의 운송비중은 현재 전 세계 물동량의 약 70%에 달하고 있다.

글로벌 해운 물동량에서 컨테이너화물의 운송비중은 2019년 기준 약 20%이다.

⑤ 컨테이너화물의 하역에는 LO–LO(Lift On/Lift Off) 방식만 적용 가능하다.

컨테이너화물의 하역에는 LO–LO(Lift On/Lift Off)뿐만 아니라 RO–RO(Roll On/Roll Off), FO–FO(Float On/Float Off) 방식 등을 적용할 수 있다.

97 정답 ▶ ③

□□□

③ 복합운송주선인 스스로는 운송계약의 주체가 될 수 없으며, 송화인의 주선인으로서 활동한다.

복합운송주선인은 운송계약 체결 시 특정 운송수단을 예약하기 위하여 특정화주의 대리인으로서 자신의 명의로 운송계약을 체결한다.

98 정답 ▶ ④

□□□

① 국내항공화물운송과 달리 국제항공화물운송은 대부분 왕복운송형태를 보이고 있다.

항공화물운송은 편도운송의 비중이 높다.

② 국제항공화물운송은 송화인이 의뢰한 화물을 그대로 벌크형태로 탑재하기 때문에 지상조업이 거의 필요하지 않다.

국제항공화물운송은 벌크화물을 항공기의 탑재에 적합하도록 설계한 화물운송용 용기, 즉 단위탑재수송용기로 탑재하기 때문에 이러한 단위탑재용기를 터미널에서 항공기까지 이동시키거나 단위탑재용기를 탑재 또는 하역할 때 사용하는 지상조업 설비가 필요하다.

③ 항공화물운송은 주간운송에 집중되는 경향이 있다.

항공화물운송은 야간운송에 집중되는 경향이 있다.

⑤ 해상화물운송과 달리 항공화물운송은 운송 중 매각을 위해 유통성 권리증권인 항공화물운송장(Air Waybill)이 널리 활용되고 있다.

항공화물운송장은 유가증권이 아닌 단순한 비유통성 화물운송장이다.

99 정답 ▸ ③

□□□

③ 여객기에 탑재하는 벨리카고(Belly Cargo)는 파렛트를 활용한 단위탑재만 가능하다.

벨리카고는 동체 하단부 전체를 화물칸으로 운영하는 방식으로 파렛트, 이글루, Certified Aircraft Containers 등을 활용하여 단위탑재가 가능하다.

100 정답 ▸ ②

□□□

② 코로나19 등으로 인해 항공화물운송료가 급등하고 있어 전체 물동량은 줄어들고 있다.

항공화물운송료는 코로나19 발생 이후 급격히 상승하였으며, 코로나19로 인해 해상운송 정체가 발생하면서 항공운송 수요가 치솟아 항공화물운송료가 급등하였지만, 전체 물동량은 늘어나고 있다.

101 정답 ▸ ⑤

□□□

⑤ CY → CFS(FCL → LCL)운송 : 수출지 CY로부터 수입지 CFS까지 운송하는 방식으로, 다수의 송화인과 다수의 수화인 구조를 갖고 있다.

한 명의 송화인과 다수의 수화인 관계에서 사용하는 방식으로 선적지에서 FCL화물로 운송해 수입항 CFS에서 여러 수화인에게 LCL화물을 인도하도록 하는 운송형태이다.

102 정답 ▸ ②

□□□

① 국제항공운송에 관한 대표적인 조약으로는 Hague규칙(1924), Montreal조약(1999) 등이 있다.

Hague규칙은 국제해상운송에 관한 규칙이다. 국제항공운송규칙의 통일에 관한 조약(약칭 바르샤바조약)을 개정한 의정서는 Hague의정서이다.

③ ICAO(1947)는 국제정기항공사가 중심이 된 민간단체이지만, IATA(1945)는 정부 간 국제협력기구이다.

ICAO(국제민간항공기구)는 국제민간항공의 평화적이고 건전한 발전을 도모하기 위한 국제연합(UN)의 전문기구이며, IATA(국제항공운송협회)는 세계항공운송에 관한 각종 절차와 규정을 심의하고 제정・결정하는 순수 민간의 국제협력 단체이다.

④ Warsaw조약(1929)은 항공기에 의해 유무상으로 행하는 수화물 또는 화물의 모든 국내외운송에 적용된다.

항공기에 의해 유・무상으로 행하는 수화물 또는 화물의 모든 국내외운송에 적용되는 것은 몬트리올 협정이다. Warsaw 조약은 국제항공운송인의 민사책임에 관한 통일법을 제정하여 동 사건에 대한 각국 법의 충돌을 방지하고 국제항공인의 책임을 일정하게 제한하여 국제 민간항공운송업의 발전을 도모한 최초의 국제규범이다.

⑤ ICAO(1947)의 설립목적은 전 세계의 국내외 민간 및 군용항공기의 안전과 발전을 도모하는 데 있다.

ICAO(1947)의 설립목적은 국제민간항공에 관한 원칙을 제정하고, 기술을 개발하여 항공분야의 발달을 도모하는 데 있다.

103 정답 ▶ ③

□□□

③ ㄱ → ㅁ → ㄷ → ㄴ → ㄹ

공컨테이너 반입요청 및 반입 → 공컨테이너에 화물적입 및 CLP(컨테이너 내부 적부도) 작성 → Pick-up 요청과 내륙운송 및 CY 반입 → *D/R(부두수취증)과 *CLP(컨테이너 내부 적부도) 제출 → B/L(선하증권) 수령 및 수출대금 회수

* D/R : 선적을 하기 위해 화물을 선박회사가 지정하는 장소(도크)에 인도했을 경우 선박회사가 화물의 수취를 증명하여 화주에게 교부해주는 화물수취증
* CLP : 컨테이너에 적입된 화물의 명세서

104 정답 ▶ ④

□□□

① 국제복합운송이라는 용어는 대표적인 국제복합운송 관련 조약인 바르샤바조약(1929)에서 처음 사용되었다.

복합운송이라는 용어는 대표적인 항공운송 관련 조약인 바르샤바조약(1929)에서 출발하여, 1956년 4월 해륙복합운송용 컨테이너가 개발되면서 실질적인 개념으로 발전하였다.

② 국제복합운송의 요건으로 하나의 운송계약, 하나의 책임주체, 단일의 운임, 단일의 운송수단 등을 들 수 있다.

국제복합운송의 요건으로 하나의 운송계약, 하나의 책임주체, 단일의 운임, 운송수단의 다양성 등을 들 수 있다.

③ 국제복합운송이란 국가 간 두 가지 이상의 동일한 운송수단을 이용하여 운송하는 것이다.

국제복합운송이란 국가 간 두 가지 이상의 이질적인 운송수단을 이용하여 운송하는 것이다.

⑤ 복합운송 시에는 운송 중 물품 매각이 불필요하기 때문에 복합운송증권은 비유통성 기명식으로 발행되는 것이 일반적이다.

복합운송증권은 유통성 또는 비유통성으로 발행되는 것이 일반적이다.

105 정답 ▶ ③

□□□

③ ㄱ, ㅁ, ㅂ

헤이그 규칙상의 선하증권 법정기재사항(제3조 제3항)
- 물품의 동일성 표시에 필요한 주요한 화인
- 송화인이 서면으로 제출한 포장 물품의 개수, 수량 또는 중량
- 물품의 외관상태

106 정답 ▶ ②

□□□

② 항공화물운송장 원본 2는 적색으로 발행되며, 송화인용이다.

항공화물운송장 원본 2는 적색으로 발행되며, 수화인용이다.

107 정답 ▶ ④

□□□

① CSI(Container Security Initiative)

미국 세관 직원이 수출국 항구에 파견되어 수출국 세관 직원과 합동으로 미국으로 향하는 컨테이너 화물 중 위험요소가 큰 컨테이너 화물을 선별하여 선적 전에 미리 화물 검사를 시행하게 하는 컨테이너 보안 협정이다.

② C-TPAT

2002년 미국 세관이 도입한 민관협력 프로그램으로, 수입업자와 선사, 운송회사, 관세사 등 공급사슬의 당사자들이 적용대상이며, 미국 세관이 제시하는 보안기준 충족 시 통관절차 간소화 등의 혜택이 주어진다.

③ ISPS CODE

선박과 항만시설에 대한 국제보안코드(International Code for the Security of Ships and of Port Facilities)로서 주요 내용은 선박 보안, 회사의 의무, 당사국 정부의 책임, 항만 시설 보안, 선박의 심사 및 증서 발급에 관한 사항 등이다.

④ ISO 28000 공급사슬보안경영시스템

⑤ AEO

9·11테러 이후 통관이 지연되자 세계관세기구(WCO)에서 도입한 것으로 세관에서 일정기준을 갖춘 수출기업의 통관을 간소화해주는 제도이다.

108 정답 ▶ ①

② 복합운송증권은 운송주선인이 발행할 수 없다.

복합운송증권은 운송인뿐만 아니라 운송주선인(Freight Forwarder)에 의해서도 발행될 수 있다.

③ 복합운송증권상의 복합운송인의 책임구간은 화물 선적부터 최종 목적지에서 양륙할 때까지이다.

도로 · 철도 · 내수로 · 해상 또는 항공운송이 결합된 복합운송이 상이한 운송인에 의하여 이루어지더라도 복합운송증권은 처음부터 끝까지 전 운송구간을 커버한다.

④ 복합운송증권상의 복합운송인은 화주에 대해서 구간별 분할책임을 진다.

화주에 대해서 통운송(Through Transport)의 전체적인 책임을 진다.

⑤ 복합운송증권은 양도가능 형식으로만 발행된다.

복합운송증권은 양도 가능한 유통성으로 발행되며, 비유통성으로도 발행 가능하다.

109 정답 ▶ ②

② <u>해상화물운송장은 운송 중에 양도를 통해 화물의 전매가 가능하다.</u>

해상화물운송장을 이용한 화물의 전매는 불가능하다.

110 정답 ▶ ①

ㄱ(○). Sea&Air 운송 등 상호 보완적인 기능을 위해 항만과 공항은 인접하여 위치하는 것이 좋다.

복합운송의 대표적인 형태인 Sea&Air 운송 등의 상호 보완적인 기능을 위해서는 해륙수송의 중계지인 항만과 공항이 인접하여 위치하는 것이 좋다.

ㄴ(○). 화물수요창출을 위해 항만에 인접하여 물류단지가 조성되는 것이 일반적이다.

물류단지의 입지는 항만 · 공단 · 대도시 주변 등 물동량이나 물류시설의 이용 수요가 많은 지역을 대상으로 한다.

ㄷ(×). 항공화물 특성상 공항 주변에는 물류단지가 조성되지 않는 것이 일반적이다.

항공화물 특성상 공항 주변에는 물류단지가 조성되는 것이 일반적이다.

ㄹ(○). 전 세계 네트워크 구성을 위해 공항은 Hub&Spokes 형태로 입지하고 운영하는 것이 일반적이다.

Hub&Spokes(허브앤스포크)는 국가와 국가 간에 메인 공항을 중심으로 다시 작은 노선을 연결하는 방식으로, 주로 네트워크를 중요하게 생각하는 대형 메이저 항공사들이 운영하는 형태이다.

ㅁ(×). 국제전자상거래업체들은 항만과 공항의 입지와 무관하게 물류센터를 확보하는 경향이 있다.

국제전자상거래업체들은 항만과 공항의 입지를 고려하여 물류센터를 확보하는 경향이 있다.

111 정답 ▶ ①

□□□

① 내륙의 공항 내에 설치되어 있는 시설로서 운송기지 또는 운송거점으로서의 역할이 강조되고 있다.

내륙컨테이너기지(ICD : Inland Container Depot)는 해상컨테이너화물이 항만물류터미널을 떠나 내륙으로 이동되어 내륙운송수단(도로, 철도)과 연계되는 대규모의 지점(Depot)으로 주로 항만터미널 및 내륙운송수단과 연계가 편리한 지역에 위치하며, 내륙운송 연계시설과 컨테이너 야드(CY), 컨테이너 화물조작장(CFS) 등을 갖추고 있다.

112 정답 ▶ ⑤

□□□

⑤ FOB 규칙에서 매수인에 의해 지정된 선박이 물품을 수령하지 않은 경우 물품이 계약물품으로서 특정되어 있지 않더라도 합의된 인도기일부터 매수인은 위험을 부담한다.

FOB(본선인도조건) 규칙은 지정선적항에서 매수인에 의하여 지정된 본선에 적재하여 인도하거나 이미 그렇게 인도된 물품을 조달하는 경우 인도된 것으로 보는 조건으로, 매도인이 약속한 화물을 매수인이 지정한 선박에 적재하고, 본선상에서 화물의 인도를 마칠 때까지의 일체의 비용과 위험을 부담한다. 즉, 지정된 선박에 물품이 적재되지 않았다면 여전히 매도인이 물품의 멸실 및 손상의 위험을 부담한다.

113 정답 ▶ ①

□□□

① 보세운송을 하려는 자는 물품의 감시 등을 위하여 필요하다고 인정하여 대통령령으로 정하는 경우 세관장에게 보세운송신고를 하여야 한다.

보세운송을 하려는 자는 관세청장이 정하는 바에 따라 세관장에게 보세운송의 신고를 하여야 한다. 다만, 물품의 감시 등을 위하여 필요하다고 인정하여 대통령령으로 정하는 경우에는 세관장의 승인을 받아야 한다(관세법 제213조 제2항).

② 보세운송의 신고는 화주의 명의로 할 수 있다. 관세법 제214조 제1호

③ 세관장은 보세운송물품의 감시·단속을 위하여 필요하다고 인정될 때에는 관세청장이 정하는 바에 따라 운송통로를 제한할 수 있다. 관세법 제216조 제1항

④ 보세운송 신고를 한 자는 해당 물품이 운송목적지에 도착하였을 때 도착지의 세관장에게 보고하여야 한다.

관세법 제215조

⑤ 수출신고가 수리된 물품은 관세청장이 따로 정하는 것을 제외하고는 보세운송절차를 생략한다.

관세법 제213조 제4항

114 정답 ▸ ⑤

□□□ ⑤ 해외로 수출하는 운송수단

수출 · 수입 또는 반송의 신고(관세법 제241조 제2항)
다음 각 호의 어느 하나에 해당하는 물품은 대통령령으로 정하는 바에 따라 수출 · 수입 또는 반송의 신고를 생략하게 하거나 관세청장이 정하는 간소한 방법으로 신고하게 할 수 있다.
1. 휴대품 · 탁송품 또는 별송품
2. 우편물
3. 관세가 면제되는 물품
3의2. 보고 또는 허가의 대상이 되는 운송수단. 다만, 다음 각 목의 어느 하나에 해당하는 운송수단은 제외한다.
   가. 우리나라에 수입할 목적으로 최초로 반입되는 운송수단
   나. 해외에서 수리하거나 부품 등을 교체한 우리나라의 운송수단
   다. 해외로 수출 또는 반송하는 운송수단
4. 국제운송을 위한 컨테이너

115 정답 ▸ ②

□□□ ② CIP의 경우 ICC (A) – CIF의 경우 ICC (C)

CIP의 경우 매도인의 최대부보 의무 ICC(A) – CIF의 경우 매도인의 최소부보 의무 ICC(C)

116 정답 ▸ ④

□□□ ④ DAP 규칙에서 매도인이 운송계약에 따라 목적지에서 물품의 양륙비용을 부담한 경우 별도의 합의가 없다면 매수인으로부터 그 양륙비용을 회수할 수 있다.

DAP 규칙에서 당사자 간에 별도의 합의가 없는 경우 매도인이 양륙비용을 부담했다면 그러한 비용을 매수인으로부터 상환받을 권리가 없다.

117 정답 ▸ ⑤

□□□ ⑤ 보험목적물이 전멸하여 보험자가 회수할 잔존물이 없더라도 위부를 통지하여야 한다.

현실전손의 경우(보험목적물이 현실적으로 전멸되거나 그 손해 정도가 상품가치를 완전히 상실해서 회복할 수 없는 경우)에는 위부 통지를 할 필요가 없다.

118 정답 ▶ ②

□□□

① Uniform Rules for Collection 추심에 관한 통일규칙

② **York-Antwerp Rules**

요크-엔트워프규칙 : 공동해손이 발생한 경우 손해 및 비용의 처리를 위해 사용되는 국제규칙이다. 공동해손에 관한 국제적 통일규정이 필요하게 되어 1890년에 제정되었다.

③ International Standby Practices

1998년에 국제상업회의소가 제정한 스탠드바이 신용장에 관한 통일규칙이다.

④ Rotterdam Rules

로테르담규칙 : 유엔국제상거래법위원회 주도로 채택된 국제물품운송계약에 관한 UN협약이다.

⑤ Uniform Rules for Demand Guarantees

청구보증통일규칙 : 국제적으로 은행의 지급보증 시 적용되는 규칙이다.

119 정답 ▶ ③

□□□

① 계약에서 선적횟수와 선적수량을 구체적으로 나누어 약정한 경우를 분할선적이라고 한다.

계약에서 선적횟수와 선적수량을 구체적으로 나누어 약정한 것은 할부선적이다.

② UCP 600에서는 신용장이 분할선적을 금지하고 있더라도 분할선적은 허용된다.

신용장에서 분할선적을 금지하지 않는 한, 분할선적은 허용된다.

④ UCP 600에서는 신용장이 환적을 금지하고 있다면 물품이 선하증권에 입증된 대로 컨테이너에 선적된 경우라도 환적은 허용되지 않는다.

환적이 행해지거나 행해질 수 있다는 것을 명시하는 선하증권은 해당 선하증권에 의하여 물품이 컨테이너, 트레일러, 래시바지에 선적되었다는 것이 증명되는 경우 신용장이 환적을 금지하더라도 수리 가능하다(UCP 600 제20조).

⑤ UCP 600에서는 신용장이 환적을 금지하고 있는 경우에는 환적이 행해질 수 있다고 표시하고 있는 항공운송서류는 수리되지 않는다.

환적이 행해지거나 행해질 수 있다는 것을 명시하는 항공운송서류는 신용장이 환적을 금지하더라도 수리 가능하다 (UCP 600 제23조).

120 정답 ▶ ①

□□□

① **중재합의의 당사자는 중재절차의 진행 중에는 법원에 보전처분을 신청할 수 없다.**

중재합의의 당사자는 중재절차의 개시 전 또는 진행 중에 법원에 보전처분을 신청할 수 있다.

2교시

[4과목] 보관하역론

01	02	03	04	05	06	07	08	09	10	11	12	13	14	15	16	17	18	19	20
❸	❺	❸	❷	❶	❶	❹	❺	❶	❷	❶	❹	❹	❺	❷	❷	❹	❹	❺	❺
21	22	23	24	25	26	27	28	29	30	31	32	33	34	35	36	37	38	39	40
❸	❺	❹	❶	❸	❷	❹	❷	❸	❶	❹	❸	❹	❷	❶	❺	❺	❸	❷	❸

01 정답 ▸ ③

□□□

③ 제품에 대한 장소적 효용을 창출한다.

장소적 효용 창출은 운송의 기능이다.

02 정답 ▸ ⑤

□□□

⑤ 제품의 보관 위치 할당

제품의 보관 위치 할당은 물류센터 입지 선정이 완료된 후 내부 레이아웃 설계 시 고려해야 할 사항이다.

03 정답 ▸ ③

□□□

(ㄱ : **위치표시의 원칙**) : 보관 및 적재된 제품의 장소, 선반 번호의 위치를 표시하여 입출고와 재고 작업의 효율화를 높이는 원칙
(ㄴ : **회전대응보관의 원칙**) : 입출고 빈도가 높은 화물은 출입구 가까운 장소에, 낮은 화물은 출입구로부터 먼 장소에 보관하는 원칙
(ㄷ : **네트워크보관의 원칙**) : 관련 품목을 한 장소에 모아서 계통적으로 분리하여 보관하는 원칙

① ㄱ : 위치표시의 원칙, ㄴ : 형상 특성의 원칙, ㄷ : 네트워크보관의 원칙

형상 특성의 원칙 : 형상에 따라 보관방법을 변경하며 형상특성에 부응하여 보관하는 원칙

② ㄱ : 선입선출의 원칙, ㄴ : 동일성·유사성의 원칙, ㄷ : 형상 특성의 원칙

- 선입선출의 원칙 : 먼저 보관한 물품을 먼저 출고하는 원칙
- 동일성·유사성의 원칙 : 동일품종은 동일장소에 보관하고, 유사품은 근처 가까운 장소에 보관해야 한다는 원칙

④ ㄱ : 선입선출의 원칙, ㄴ : 중량특성의 원칙, ㄷ : 위치표시의 원칙

중량특성의 원칙 : 중량에 따라 보관장소나 높낮이를 결정해야 한다는 원칙

04 정답 ▶ ②

□□□

① 총비용 비교법

각 대안별로 관리비용을 산출하고, 총비용이 최소가 되는 대안을 선택하여 입지를 결정하는 방법이다.

③ 비용편익분석법

여러 대안 가운데 목표 달성에 가장 효과적인 대안을 찾기 위해 각 대안이 초래할 비용과 편익을 비교 · 분석하는 기법을 말한다.

④ 브라운깁슨법

입지결정에 있어서 양적 요인과 질적 요인을 함께 고려할 수 있는 복수공장의 입지분석모형이 1972년 브라운과 깁슨에 의해 제시되었다.

⑤ 손익분기 도표법

일정한 물동량, 즉 입고량 또는 출고량을 전제로 고정비와 변동비의 합을 비교하여 물동량에 따른 총비용이 최소가 되는 대안을 선택하는 방법이다.

05 정답 ▶ ①

□□□

② CY(Container Yard)

수출입용 컨테이너를 보관 · 취급하는 장소로 공컨테이너 또는 풀컨테이너에 이를 넘겨주고 넘겨받아 보관할 수 있는 넓은 장소를 말한다.

③ 지정장치장

통관하고자 하는 물품을 일시 장치하기 위해 세관장이 지정하는 구역이다.

④ 보세장치장

양하된 외국물품 또는 보세화물(수입통관미필화물)을 반출, 반입하여 일시 장치할 수 있는 장소를 말한다. 보세장치장은 특정무역업자를 위하여 그에게 편리한 장소로 보세화물의 반출, 반입이나 장치를 할 수 있는 시설을 허가한 것으로서 지정 보세지역의 보완적 역할을 한다.

⑤ CFS(Container Freight Station)

LCL 화물을 모아서 FCL 화물로 만드는 LCL 화물 정거장으로 부두 외부에도 위치할 수 있다.

06 정답 ▶ ①

□□□

① 마샬링(Marshalling) 기능과 선박의 양하 작업을 수행한다.

복합화물터미널은 환적기능 위주로 운영되며, 선박의 양하는 항만 내에서 수행하는 작업이다.

07 정답 ▶ ④

□□□

④ 기본설계단계 : 구체적인 레이아웃과 작업방식, 물류비용 정산방법을 설계한다.

상세설계단계에 대한 설명이다. 기본설계단계에서는 물동량계획 · 동선계획 · 운영계획과 배치도 설계 등을 수행한다.

08 정답 ▶ ⑤

□□□

⑤ ㄱ, ㄴ, ㄷ, ㄹ

물류센터 설계 시 고려사항

- 보관용량 결정 : 검품, 입고, 보관, 피킹, 분류, 포장, 유통가공, 출고까지 다양한 작업들에 배정되어 있는 용량의 총합으로 결정
- 보관 효율화 제고 : 다양한 랙 설치 고려, 랙의 크기, 용기 선택, 로케이션 관리 등
- 레이아웃 고려 : 물류 동선 패턴에 대한 결정, 랙 설치 방향 결정, 추후 확장가능성 고려
- 입출고 효율화 제고 : 각종 물류설비(지게차, 스태커 크레인 등) 대수, 트럭 대차와 입출고 바닥면 조정, 입출고 물량과 도착 트럭에 대한 작업시간 할당, 보관위치 파악을 통한 입출고 물량의 이동거리 조정 등

09 정답 ▶ ①

□□□

① A － A － A

맥주, 청량음료, 사탕, 시멘트 등 입출고가 빠른 품목으로, 보관설비는 플로우 랙과 대차랙을 많이 이용하며 단시간에 대량처리가 가능하여 편리하다.

③ C － A － A

관리가 매우 복잡한 형태로 고층 랙과 모노레일 스태커 크레인의 조합을 통해 리모트 컨트롤과 컴퓨터 컨트롤 방식을 사용한다.

⑤ C － C － C

관리가 어려운 방식으로서 파렛트를 직접 쌓는 것이 유리하며, 이동식 랙 시스템을 주로 이용한다.

10 정답 ▶ ②

□□□

② 차량탑승피킹 : 파렛트 단위로 피킹하는 유닛로드시스템(Unit Load System)이며, 피킹트럭에 탑승하여 피킹함으로써 보관시설의 공간활용도가 낮다.

사람이 운반기기에 탑승하여 개별 품목 단위로 피킹하는 방법으로 공간활용도가 높은 편이다.

11 정답 ▶ ①

□□□

① **다이버터(Diverter) 방식은 팝업 방식에 비하여 구조가 상대적으로 복잡하다.**

> 다이버터(Diverter) 방식은 팝업 방식에 비하여 구조가 상대적으로 단순하여 극히 얇은 물건 이외에는 화물 형상에 관계없이 분류가 가능하기 때문에 여러 종류의 화물을 처리하는 운송회사에서 주로 사용한다.

12 정답 ▶ ④

□□□

ㄴ(×). 트랜스테이너 방식(Transtainer System) : 트랜스퍼 크레인(Transfer Crane)을 활용하여 컨테이너를 이동하는 방식으로 자동화가 어렵다.

> 트랜스테이너 방식은 야드의 샤시에 탑재한 컨테이너를 마샬링야드에 이동시켜 트랜스퍼 크레인으로 장치하는 방식으로 자동화가 가능하다.

13 정답 ▶ ④

□□□

① 스태커 크레인(Stacker Crane) : 창고의 통로 공간을 수평 방향으로만 움직이는 저장/반출 기기이다.

> 랙과 랙 사이를 왕복하면서 보관품을 입출고시키는 핵심기기로 승강장치와 포크장치를 이용하여 수평방향과 수직방향으로 움직이면서 화물을 고층선반에 넣거나 고층선반에서 꺼내는 입출고작업을 한다.

② 단일명령(Single Command) 방식 : 1회 운행으로 저장과 반출 작업을 동시에 수행하는 방식이다.

> 1회 운행으로 저장 또는 반출 중 한 가지만 수행하는 방식이다.

③ 이중명령(Dual Command) 방식 : 2회 운행으로 저장과 반출 작업을 순차적으로 모두 수행하는 방식이다.

> 1회 운행으로 저장과 반출을 동시에 수행하는 방식이다.

⑤ 지정위치저장(Dedicated Storage) 방식 : 물품의 입출고 빈도를 기준으로 저장위치를 등급(Class)으로 나누고 등급별로 저장위치를 결정하는 방식이다.

> 창고에 도착한 물품의 크기 및 공간 사용 정도를 기준으로 사전에 지정된 위치에 저장하는 방식이다.

14 정답 ▶ ⑤

□□□

⑤ ㄱ, ㄴ, ㄷ

> **물류센터의 기능**
> • 환적, 보관, 분류, 유통 가공, 조립, 포장
> • 공장과 물류센터 간 대량·정형적인 계획수송으로 인한 수송비 절감
> • 원활한 입출고를 위한 오더피킹
> • 물류센터 정보망을 통한 신속·정확한 재고파악

15 정답 ▸ ②

□□□ ② 기성제품(패키지)의 개발 배경

이미 개발되어 판매 중인 기성제품을 구매하는 것이기 때문에 구매하는 기성제품의 개발 배경은 고려할 필요가 없다.

16 정답 ▸ ②

□□□ ② 36km

이동거리는 직각거리이므로 물류센터에서 각 수요지까지의 거리는 물류센터의 X좌표에서 각 수요지 X좌표의 거리와 물류센터의 Y좌표에서 각 수요지 Y좌표의 거리를 합산한 후 배송횟수를 곱한다.

• 물류센터 → 수요지 1 : (3 + 4) × 2 = 14
• 물류센터 → 수요지 2 : (2 + 2) × 3 = 12
• 물류센터 → 수요지 3 : (4 + 1) × 2 = 10

따라서 총이동거리 = 14 + 12 + 10 = 36

17 정답 ▸ ④

□□□ ④ 실렉티브랙(Selective Rack) : 경량 다품종 물품의 입출고에 적합한 수평 또는 수직의 회전랙이다.

수평 또는 수직으로 순환되고 다품종 소량·경량 물품의 입출고에 적합한 것은 케로셀랙(Carousel Rack)이다.

18 정답 ▸ ④

□□□ ④ 마샬링야드(Marshalling Yard) : 컨테이너의 자체검사, 보수, 사용 전후 청소 등을 수행하는 공간이다.

마샬링야드는 에이프런과 인접하여 컨테이너선에서 하역하였거나 본선의 입항 전에 미리 입안된 선내 적치계획에 따라 선적 예정인 컨테이너를 순서대로 쌓아 두기 위한 장소이다.

19 정답 ▸ ⑤

□□□ ⑤ 컨투어게이지(Contour Gauge) : 파렛트에 적재가 끝난 후 적재된 파렛트의 무게를 계량하기 위하여 트레일러에 조립시켜 놓은 장치이다.

컨투어게이지는 파렛트에 적재된 화물의 형상을 측정하기 위한 계측 도구에 해당된다. 파렛트에 적재가 끝난 후 적재된 파렛트의 무게를 계량하기 위하여 트레일러에 조립시켜 놓은 장치는 파렛트 스케일(Pallet Scale)이다.

20 정답 ▸ ⑤

□□□ ⑤ 56,300병

차기예측치 = 당기 판매예측치 + α(당기 판매실적치 − 당기 판매예측치)
= 55,400 + 0.6(56,900 − 55,400) = 55,400 + 900 = 56,300

21 정답 ▸ ③

□□□ ③ 41% 증가

$$증감하기\ 전\ EOQ = \sqrt{\frac{2 \times 1회\ 주문비용 \times 연간수요량}{연간\ 단위당\ 재고유지비용}}$$

$$증감한\ 후\ EOQ = \sqrt{\frac{2 \times 1회\ 주문비용 \times 연간수요량 \times 1.6}{연간\ 단위당\ 재고유지비용 \times 0.8}}$$

$$= \sqrt{\frac{2 \times 1회\ 주문비용 \times 연간수요량 \times 2}{연간\ 단위당\ 재고유지비용}}$$

$$= \sqrt{\frac{2 \times 1회\ 주문비용 \times 연간수요량}{연간\ 단위당\ 재고유지비용}} \times \sqrt{2}$$

$$= \sqrt{\frac{2 \times 1회\ 주문비용 \times 연간수요량}{연간\ 단위당\ 재고유지비용}} \times 1.414$$

따라서 1.414 − 1 = 0.414 = 41.4%이므로 소수점 첫째자리에서 반올림하면 약 41% 증가하였다.

22 정답 ▸ ⑤

□□□ ⑤ ㄱ : 35.7, ㄴ : 35.9, ㄷ : 38.2

ㄱ : $\frac{36 + 34 + 37}{3} = 35.67 \fallingdotseq 35.7$

ㄴ : (0.2 × 36) + (0.3 × 34) + (0.5 × 37) = 7.2 + 10.2 + 18.5 = 35.9

ㄷ : 39 + 0.4(37 − 39) = 39 − 0.8 = 38.2

23 정답 ▶ ④

□□□

① 분산구매방식은 본사의 공통품목을 일괄적으로 구매하기에 적합하다.

> 집중구매방식은 본사의 공통품목을 일괄적으로 구매하기에 적합하다.

② 집중구매방식은 분산구매방식보다 사업장별 독립적 구매가 가능하다.

> 분산구매방식은 집중구매방식보다 사업장별 독립적 구매가 가능하다.

③ 분산구매방식은 구매량에 따라 가격차가 큰 품목의 대량 구매에 적합하다.

> 집중구매방식은 구매량에 따라 가격차가 큰 품목의 대량 구매에 적합하다.

⑤ 분산구매방식은 집중구매방식보다 대량 구매가 이루어지기 때문에 가격 및 거래조건이 유리하다.

> 집중구매방식은 분산구매방식보다 대량 구매가 이루어지기 때문에 가격 및 거래조건이 유리하다.

24 정답 ▶ ①

□□□

① 리드타임을 길게 설정

> 리드타임을 단축시키는 것이 채찍효과의 해소 방안이다.

② 공급사슬 주체 간 실시간 정보공유

> 공급사슬 내 정보의 공유를 위해 많은 전략적 파트너십에 참여하여 공급망 관점의 재고관리를 강화시킨다.

③ VMI(Vendor Managed Inventory)의 사용

> VMI는 공급업체가 주도적으로 재고를 관리하는 것으로, 유통업체에서 발생하는 재고를 제조업체가 전담해서 관리하기 때문에 정보 왜곡을 줄여 불필요한 주문 변동이 감소한다.

④ EDLP(Every Day Low Pricing)의 적용

> 상시저가전략(EDLP)의 가격안정화 정책을 도입하여 가격의 변동 폭을 줄임으로써 수요의 변동을 감소시킨다.

⑤ 협력계획, 예측 및 보충(CPFR : Collaborative Planning, Forecasting, and Replenishment)의 적용

> CPFR은 유통업체와 공급업체가 긴밀한 협업을 통해 판매계획을 수립하고, 수요예측 및 재고관리를 공동으로 진행하는 프로세스를 의미하는 것으로, 수요 불확실성을 줄이고 채찍효과를 해소할 수 있다.

25 정답 ▶ ③

□□□

③ 상품 공급의 지연(delay)

> 상품 공급을 원활하게 하여 품절로 인한 판매기회의 상실을 방지한다.

26 정답 ▶ ②

□□□

① 표준화의 원칙

표준화는 국내외에서 생산·유통되는 각종 포장용기의 규격을 검토·분석하여 표준화함으로써 유통의 합리화를 도모하는 데 그 목적이 있다.

② 통로대면의 원칙

통로대면의 원칙은 물품의 입·출고를 용이하게 하고 효율적으로 보관하기 위해 통로면에 보관하는 것으로 보관의 원칙에 해당한다.

③ 재질 변경의 원칙

재질의 변경을 통하여 비용절감이 가능하므로 재질을 한 등급 낮출 수 있도록 하는 원칙이다.

④ 단위화의 원칙

단위화의 형태는 파렛트류, 컨테이너류 등의 기재를 사용하지 않고 포장화물 자체를 결속자재 등을 사용하여 단위화하는 집합포장, 파렛트류를 사용하는 파렛트화물, 컨테이너류를 사용하는 컨테이너화물의 3가지 형태로 분류할 수 있다.

⑤ 집중화의 원칙

집중화를 통하여 관리수준을 향상시킴과 동시에 대량화의 추진이 가능하도록 하는 원칙이다.

27 정답 ▶ ④

□□□

① 한 작업자에게 업무가 할당되는 단일 기능공 양성이 필수적이다.

다양한 기술의 융통성 있는 노동력이 필요하다.

② 효과적인 Push 시스템을 구현할 수 있다.

요구(주문)에 따라가는 Pull 시스템을 구현할 수 있다.

③ 비반복적 생산시스템에 적합하다. 반복적 생산시스템에 적합하다.

⑤ 제조 준비 시간이 길어진다. 제조 준비 시간을 최소화한다.

28 정답 ▶ ②

□□□

ㄴ(×). 포장번호(Case Number) : 주화인만으로 다른 화물과 식별이 어려울 때 생산자 또는 공급자의 약자를 보조적으로 표시 부화인(Counter Mark)에 대한 설명이다.

ㄹ(×). 원산지표시(Origin Mark) : 당해 물품의 원자재까지 모두 원산지를 표시

당해 물품의 원자재까지 모두 원산지를 표시하는 것은 아니고, 수출제품의 원산지명을 표시하면 된다.

29 정답 ▸ ③

□□□

① 델파이법

전문가들의 예측치 및 견해를 우편을 통하여 수집・정리하여 다시 배포하고 회수하는 과정의 반복으로 일치된 예측치를 획득하는 정성적 수요예측 기법이다.

② 시장조사법

실제 시장에 대하여 조사하려는 내용에 대한 가설을 세우고 설문지, 직접 인터뷰, 전화 조사 따위를 통하여 설정한 가설을 검증하는 정성적 수요예측 기법이다.

③ 회귀분석법

통계적으로 변수들 사이의 관계를 추정하는 분석방법으로, 독립변수(independent variable)가 종속변수(dependent variable)에 미치는 영향을 확인하고자 사용하는 정량적 수요예측 기법이다.

④ 역사적 유추법

과거 유사한 제품의 패턴을 바탕으로 유추하는 방법으로 그 제품의 수요에 대한 자료가 있는 경우 이용하는 정성적 수요예측 기법이다.

⑤ 패널조사법

반복적으로 면접하는 여론 조사 방법의 하나로 동일한 대상자에 대하여 동일한 질문을 반복하여 그간에 의견이 어떻게 변하였는지를 연구함으로써 여론의 형성과 변동을 정확하게 파악하려는 정성적 수요예측 기법이다.

30 정답 ▸ ①

□□□

(ㄱ : **블록적재방식**) : 각 단의 쌓아 올리는 모양과 방향이 모두 같은 일렬 적재방식
(ㄴ : **교대배열적재방식**) : 동일한 단 내에서는 동일한 방향으로 물품을 나란히 쌓지만, 단별로는 방향을 직각(90도)으로 바꾸거나 교대로 겹쳐쌓는 적재방식

② ㄱ : 블록적재방식　　　ㄴ : 벽돌적재방식

벽돌적재방식 : 한 단을 화물의 종방향과 횡방향으로 조합하여 적재하고, 다음 단은 그 방향을 180° 바꾸어 홀수단과 짝수단을 교차적으로 적재한다.

③ ㄱ : 교대배열적재방식　　　ㄴ : 스플릿적재방식

스플릿적재방식 : 벽돌 적재를 하는 경우에 화물과 파렛트의 치수가 일치하지 않는 경우 물건 사이에 부분적으로 공간을 만드는 패턴이다.

31

정답 ▶ ④

□□□

④ 특정 화주의 화물을 대상으로 추진되어야 한다.

인력작업을 기계작업으로 대체하고, 표준적인 하역작업으로 하역의 효율성을 추구하기 위해서는 특정 화주가 아닌 전반적인 주요 화주의 화물을 대상으로 추진되어야 한다.

32

정답 ▶ ③

□□□

③ 파렛트 회수관리의 일원화에 어려움이 있다.

일관 수송 후 공파렛트의 회수 및 관리가 불필요하기 때문에 파렛트 회수관리의 일원화가 수월하다.

33

정답 ▶ ④

□□□

④ 하역물품의 원산지

하역물품의 특성이 하역기기의 선정 기준에 해당한다.

34

정답 ▶ ②

□□□

① 운반시스템

낙하 폭탄이나 미사일과 같은 무기체의 효과적인 작용능력을 완성하기 위한 운반이나 추진의 수단

⑤ 적재시스템

물건이나 짐을 선박, 차량 등의 운송 수단에 싣는 전반의 체계적 시스템

35

정답 ▶ ①

□□□

① ㄱ : 대차결제방식　ㄴ : 리스・렌탈방식　ㄷ : 즉시교환방식

ㄱ. 대차결제방식 : 교환방식의 단점을 개선하여 현장에서 즉시 교환하지 않고 일정시간 내에 국철역에 동수로 반환하는 방식이다.
ㄴ. 리스・렌탈방식 : 파렛트 풀 회사에서 일정규격의 파렛트를 필요에 따라 임대해 주는 방식이기 때문에 파렛트의 이용자가 교환을 위한 동일한 수량의 파렛트를 준비해 놓을 필요가 없다.
ㄷ. 즉시교환방식 : 유럽 각국의 국영철도에서 송화주가 국철에 Pallet Load 형태로 운송하면, 국철에서는 이와 동수의 Pallet로 교환하는 방식이다.

② ㄱ : 대차결제방식　ㄴ : 즉시교환방식　ㄷ : 교환・리스병용방식

교환・리스병용방식 : 교환방식과 렌탈방식의 결점을 보완한 방식이지만 관리 운영상 어려움이 많아 활성화되지 못한 방식이다.

36 정답 ▸ ⑤

□□□ ⑤ **배닝(Vanning) : 파렛트에 화물을 쌓는 작업을 말한다.**

배닝은 컨테이너에 물품을 실어 넣는 작업을 말한다.

37 정답 ▸ ⑤

□□□ ⑤ **파렛트는 시랜드사가 최초로 개발한 단위적재기기이다.**

시랜드사는 해상에서 컨테이너를 최초로 도입한 해운회사이다.

38 정답 ▸ ③

□□□ ③ **스트래들 캐리어(Straddle Carrier) : 부두의 안벽에 설치되어 선박에 컨테이너를 선적하거나 하역하는 데 사용된다.**

스트래들 캐리어는 컨테이너 운반기구로 컨테이너를 마샬링 야드로부터 에이프런 또는 CY에 운반・적재하는 데 사용된다.

39 정답 ▸ ②

□□□ ① 하역기기를 탄력적으로 운영하여야 한다. 탄력성의 원칙

③ 불필요한 물품의 취급을 최소화하여야 한다. 최소취급의 원칙

④ 하역작업을 표준화하여 효율성을 추구하여야 한다. 표준화의 원칙

⑤ 복잡한 시설과 하역체계를 단순화하여야 한다. 표준화의 원칙

40 정답 ▸ ③

□□□ ① 제품에 대한 형태효용을 창출한다.

제품에 대한 시간적 효용과 장소적 효용의 창출을 지원한다.

② 운반활성화 지수를 최소화해야 한다.

운반활성화 지수를 최대화해야 한다.

④ 화물에 대한 제조공정과 검사공정을 포함한다.

하역은 보관을 위한 입출고, 적재, 적하, 물품나누기 등의 활동을 포함하며, 제조공정과 검사공정은 포함하지 않는다.

⑤ 기계화와 자동화를 통한 하역생산성 향상이 어렵다.

기계화와 자동화를 통한 하역생산성 향상이 용이하다.

[5과목] 물류관련법규

41	42	43	44	45	46	47	48	49	50	51	52	53	54	55	56	57	58	59	60
❶	❸	❶	❷	❸	❺	❺	❷	❶	❷	❹	❸	❹	❷	❶	❶	❸	❺	❹	❺
61	62	63	64	65	66	67	68	69	70	71	72	73	74	75	76	77	78	79	80
❸	❷	❹	❹	❷	❷	❹	❺	❺	❶	❷	❷	❹	❸	❸	❸	❹	❹	❶	❺

41

정답 ▸ ①

□□□

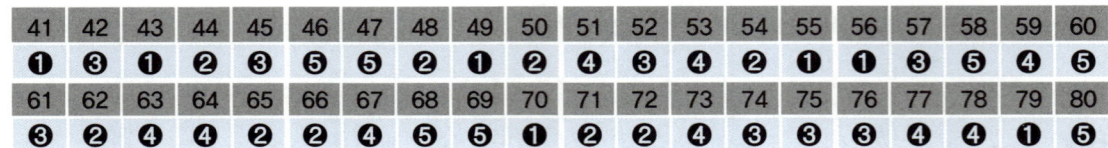

① 물류장비의 폐기물을 처리하는 물류서비스업

물류서비스업에는 화물취급업, 화물주선업, 물류장비임대업, 물류정보처리업, 물류컨설팅업, 해운부대사업, 항만운송관련업, 항만운송사업이 있다(영 별표1).

더 알아보기

물류사업(법 제2조 제1항 제2호)

화주(貨主)의 수요에 따라 유상(有償)으로 물류활동을 영위하는 것을 업(業)으로 하는 것으로 다음의 사업을 말한다.

가. 자동차 · 철도차량 · 선박 · 항공기 또는 파이프라인 등의 운송수단을 통하여 화물을 운송하는 화물운송업

나. 물류터미널이나 창고 등의 물류시설을 운영하는 물류시설운영업

다. 화물운송의 주선(周旋), 물류장비의 임대, 물류정보의 처리 또는 물류컨설팅 등의 업무를 하는 물류서비스업

라. 가목부터 다목까지의 물류사업을 종합적 · 복합적으로 영위하는 종합물류서비스업

42

정답 ▸ ③

□□□

① 해양수산부장관은 물류현황조사의 결과에 따라 물류비 등 물류지표를 설정하여 물류정책의 수립 및 평가에 활용할 수 있다. 법 제7조 제4항

② 시 · 도지사는 지역물류현황조사의 효율적인 수행을 위하여 필요한 경우에는 지역물류현황조사의 일부를 전문기관으로 하여금 수행하게 할 수 있다. 법 제9조 제3항

③ 시 · 도지사는 물류기업 등에게 지역물류현황조사를 요청하는 경우 조례로 정하는 바에 따라 조사지침을 작성 · 통보할 수 없고, 국토교통부장관의 물류현황조사지침을 따르도록 해야 한다.

시 · 도지사는 지역물류현황조사를 요청하는 경우에는 효율적인 지역물류현황조사를 위하여 조사의 시기, 종류 및 방법 등에 관하여 해당 특별시 · 광역시 · 특별자치시 · 도 및 특별자치도의 조례로 정하는 바에 따라 조사지침을 작성하여 통보할 수 있다(법 제9조 제4항).

④ 국토교통부장관은 물류기업에게 물류현황조사에 필요한 자료의 제출을 요청할 수 있다. 법 제7조 제2항

⑤ 지역물류현황조사는 「국가통합교통체계효율화법」에 따른 국가교통조사와 중복되지 아니하도록 하여야 한다. 법 제9조 제1항

43 정답 ▶ ①

□□□

① **물류관련 행정소송전략에 관한 사항**

② 물류보안에 관한 사항 법 제11조 제2항 제6의2호

③ 국가물류정보화사업에 관한 사항 법 제11조 제2항 제2의2호

④ 물류시설·장비의 수급·배치 및 투자 우선순위에 관한 사항 법 제11조 제2항 제4호

⑤ 환경친화적 물류활동의 촉진·지원에 관한 사항 법 제11조 제2항 제9의2호

44 정답 ▶ ②

□□□

ㄱ(○). 「위험물안전관리법」에 따른 위험물 법 제29조 제1항 제1호

ㄴ(○). 「화학물질관리법」에 따른 유해화학물질 법 제29조 제1항 제2호

ㄹ(○). 「고압가스 안전관리법」에 따른 고압가스 법 제29조 제1항 제3호

» **더 알아보기**

위험물질운송안전관리센터의 설치·운영(법 제29조 제1항)

국토교통부장관은 다음 각 호에 따른 물질(위험물질)의 안전한 도로운송을 위하여 위험물질을 운송하는 차량(위험물질 운송차량)을 통합적으로 관리하는 센터(위험물질 운송안전관리센터)를 설치·운영한다. 이 경우 국토교통부장관은 대통령령으로 정하는 바에 따라 「한국교통안전공단법」에 따른 한국교통안전공단에 위험물질운송안전관리센터의 설치·운영을 대행하게 할 수 있다.

1. 「위험물안전관리법」에 따른 위험물
2. 「화학물질관리법」에 따른 허가물질, 제한물질, 금지물질 및 유해화학물질
3. 「고압가스 안전관리법」에 따른 고압가스
4. 「원자력안전법」에 따른 방사성폐기물
5. 「폐기물관리법」에 따른 지정폐기물
6. 「농약관리법」에 따른 농약과 원제(原劑)
7. 그 밖에 대통령령으로 정하는 물질

45 정답 ▶ ③

□□□

① 국제물류주선업을 경영하려는 자는 국토교통부장관에게 등록하여야 한다.

국제물류주선업을 경영하려는 자는 국토교통부령으로 정하는 바에 따라 시·도지사에게 등록하여야 한다(법 제43조 제1항).

② 피한정후견인은 국제물류주선업의 등록을 할 수 있다.

피한정후견인은 국제물류주선업의 등록을 할 수 없다(법 제44조 제1호).

③ **국제물류주선업자가 사망한 때에는 그 상속인은 국제물류주선업의 등록에 따른 권리 · 의무를 승계한다.**

법 제45조 제1항

④ 등록증 대여 등의 금지규정에 위반하여 다른 사람에게 등록증을 대여한 경우에는 시 · 도지사는 사업의 전부의 정지를 명할 수 있다.

등록증 대여 등의 금지규정에 위반하여 다른 사람에게 등록증을 대여한 경우에는 시 · 도지사는 등록을 취소하여야 한다(법 제47조 제1항 제5호).

⑤ 시 · 도지사는 국제물류주선업자가 거짓이나 그 밖의 부정한 방법으로 등록을 한 경우에는 사업의 일부의 정지를 명할 수 있다.

시 · 도지사는 국제물류주선업자가 거짓이나 그 밖의 부정한 방법으로 등록을 한 경우에는 등록을 취소하여야 한다(법 제47조 제1항 제1호).

46

□□□

정답 ▸ ⑤

① 물류신고센터는 신고 내용이 명백히 거짓인 경우 접수된 신고를 종결할 수 있으며, 이 경우 종결 사유를 신고자에게 통보할 필요가 없다.

물류신고센터는 신고 내용이 명백히 거짓인 경우 접수된 신고를 종결할 수 있으며, 이 경우 종결 사실과 사유를 신고자에게 서면 등의 방법으로 통보해야 한다(규칙 제4조의3 제1호).

② 물류신고센터의 장은 산업통상자원부장관이 지명하는 사람이 된다.

물류신고센터의 장은 국토교통부 또는 해양수산부의 물류정책을 총괄하는 부서의 장으로서 국토교통부장관 또는 해양수산부장관이 지명하는 사람이 된다(영 제27조의2 제2항).

③ 화물운송의 단가를 인하하기 위한 고의적 재입찰 행위로 발생한 분쟁에 대해서는 물류신고센터에 신고할 수 없다.

화물운송의 단가를 인하하기 위한 고의적 재입찰 행위로 발생한 분쟁에 대해서는 물류신고센터에 신고할 수 있다(법 제37조의2 제2항 제2호).

④ 물류신고센터는 신고 내용이 이미 수사나 감사 중에 있다는 이유로 접수된 신고를 종결할 수 없다.

물류신고센터는 신고 내용이 이미 수사나 감사 중에 있는 경우 접수된 신고를 종결할 수 있다(규칙 제4조의3 제5호).

⑤ **물류신고센터가 조정을 권고하는 경우에는 신고의 주요내용, 조정권고 내용, 조정권고에 대한 수락 여부 통보기한, 향후 신고 처리에 관한 사항을 명시하여 서면으로 통지해야 한다.**

법 제37조의3 제1항, 규칙 제4조의5

47 정답 ▸ ⑤

□□□

① 환경친화적인 연료를 사용하는 운송수단으로 전환하는 경우는 지원의 대상이 된다.

법 제60조 제2항, 영 제48조 제1항 제2호

② 시·도지사는 물류기업이 환경친화적인 포장재료를 사용하는 경우 행정적·재정적 지원을 할 수 있다.

법 제59조 제2항 제1호

③ 화물자동차의 배출가스를 저감하기 위한 장비투자를 하는 경우는 지원의 대상이 된다.

법 제60조 제2항, 영 제48조 제1항 제1호

④ 선박의 배출가스를 저감하기 위한 시설투자를 하는 경우는 지원의 대상이 된다.

법 제60조 제2항, 영 제48조 제1항 제1호

⑤ 시·도지사는 환경친화적 물류활동을 모범적으로 하는 물류기업을 우수기업으로 지정할 수 있다.

국토교통부장관은 환경친화적 물류활동을 모범적으로 하는 물류기업과 화주기업을 우수기업으로 지정할 수 있다(법 제60조의3 제1항)

48 정답 ▸ ②

□□□

① 물류관련협회를 설립하려는 경우에는 해당 협회의 회원이 될 자격이 있는 기업 100개 이상이 발기인으로 정관을 작성하여야 한다. 법 제55조 제2항

② 물류관련협회를 설립하려는 경우에는 해당 협회의 회원이 될 자격이 있는 기업 150개 이상이 참여한 창립총회의 의결을 거쳐야 한다.

물류관련협회를 설립하려는 경우에는 해당 협회의 회원이 될 자격이 있는 기업 200개 이상이 참여한 창립총회의 의결을 거쳐야 한다(법 제55조 제2항).

③ 물류관련협회를 설립하려는 경우에는 소관에 따라 국토교통부장관 또는 해양수산부장관의 설립인가를 받아야 한다. 법 제55조 제2항

④ 물류관련협회는 설립인가를 받아 설립등기를 함으로써 성립한다. 법 제55조 제3항

⑤ 물류관련협회는 법인으로 한다. 법 제55조 제4항

49 정답 ▸ ①

□□□

① **「철도사업법」에 따른 철도사업자가 그 사업에 사용하는 화물운송 · 하역 및 보관 시설은 일반물류단지 안에 설치하더라도 일반물류단지시설에 해당하지 않는다.**

「철도사업법」에 따른 철도사업자가 그 사업에 사용하는 화물운송 · 하역 및 보관 시설은 일반물류단지시설에 해당한다 (법 제2조 제7호 자목, 영 제2조 제2항 제5호).

② 「유통산업발전법」에 따른 공동집배송센터를 경영하는 사업은 물류터미널사업에서 제외된다.

법 제2조 제3호 라목

③ 「주차장법」에 따른 주차장에서 자동차를 보관하는 사업은 물류창고업에서 제외된다.

법 제2조 제5의3호 가목

④ 화물의 집화 · 하역과 관련된 가공 · 조립 시설의 전체 바닥면적 합계가 물류터미널의 전체 바닥면적 합계의 4분의 1을 넘는 경우에는 물류터미널에 해당하지 않는다. 법 제2조 제2호, 영 제2조 제1항

⑤ 물류단지시설의 운영을 효율적으로 지원하기 위하여 물류단지 안에 설치되는 금융 · 보험 · 의료 시설은 지원시설에 해당된다. 법 제2조 제8호 다목

50 정답 ▸ ②

□□□

① 「민법」 또는 「상법」에 따라 설립된 법인은 국토교통부장관에게 등록하여 복합물류터미널사업을 경영할 수 있다. 법 제7조 제2항 제5호

② **복합물류터미널사업의 등록을 하려면 부지 면적이 10,000제곱미터 이상이어야 한다.**

복합물류터미널사업의 등록을 하려면 부지 면적이 3만3천제곱미터 이상이어야 한다(법 제7조 제4항 제2호).

③ 복합물류터미널사업의 등록을 하려면 물류시설개발종합계획에 배치되지 않아야 한다. 법 제7조 제4항 제4호

④ 임원 중에 파산선고를 받고 복권되지 아니한 자가 있는 법인은 복합물류터미널사업을 등록할 수 없다.

법 제8조 제3호 가목

⑤ 물류시설의 개발 및 운영에 관한 법률을 위반하여 벌금형 이상을 선고받은 후 2년이 지나지 아니한 자는 등록을 할 수 없다. 법 제8조 제1호

51 정답 ▸ ④

□□□

① 국토교통부장관은 노후화된 일반물류터미널 부지 및 인근 지역에 도시첨단물류단지를 지정할 수 있다.

법 제22조의2 제1항 제1호

② 시장 · 군수 · 구청장은 시 · 도지사에게 도시첨단물류단지 지정을 신청할 수 있다. 법 제22조의2 제1항

③ 국토교통부장관은 물류단지의 개발에 관한 기본지침을 작성하여 관보에 고시하여야 한다.

법 제22조의6 제1항

④ 물류단지지정권자는 도시첨단물류단지를 지정한 후 1년 이내에 물류단지 실수요검증을 실시하여야 한다.

물류단지를 지정하는 국토교통부장관 또는 시·도지사(물류단지지정권자)는 무분별한 물류단지 개발을 방지하고 국토의 효율적 이용을 위하여 물류단지 지정 전에 물류단지 실수요 검증을 실시하여야 한다. 이 경우 물류단지지정권자는 실수요 검증 대상사업에 대하여 관계 행정기관과 협의하여야 한다(법 제22조의7 제1항).

⑤ 도시첨단물류단지 안에서 「건축법」에 따른 건축물의 용도변경을 하려는 자는 시장·군수·구청장의 허가를 받아야 한다. 법 제25조 제1항, 영 제18조 제1항 제1호

52

정답 ▶ ③

□□□

③ ㄱ : 1,000 ㄴ : 4,500

물류창고업의 등록(법 제21조의2 제1항)

다음 각 호의 어느 하나에 해당하는 물류창고를 소유 또는 임차하여 물류창고업을 경영하려는 자는 국토교통부와 해양수산부의 공동부령으로 정하는 바에 따라 국토교통부장관, 해양수산부장관 또는 시·도지사에게 등록하여야 한다.

1. 전체 바닥면적의 합계가 1천제곱미터 이상인 보관시설(하나의 필지를 기준으로 해당 물류창고업을 등록하고자 하는 자가 직접 사용하는 바닥면적만을 산정하되, 필지가 서로 연접한 경우에는 연접한 필지를 합산하여 산정한다)
2. 전체면적의 합계가 4천500제곱미터 이상인 보관장소(보관시설이 차지하는 토지면적을 포함하고 하나의 필지를 기준으로 물류창고업을 등록하고자 하는 자가 직접 사용하는 면적만을 산정하되, 필지가 서로 연접한 경우에는 연접한 필지를 합산하여 산정한다)

25회

53

정답 ▶ ④

□□□

① 국가 또는 지방자치단체는 스마트물류센터의 구축 및 운영에 필요한 자금의 대출 등으로 인한 금전채무의 보증한도, 보증료 등 보증조건을 우대할 수 있다.

「신용보증기금법」에 따라 설립된 신용보증기금 및 「기술보증기금법」에 따라 설립된 기술보증기금은 스마트물류센터의 구축 및 운영에 필요한 자금의 대출 등으로 인한 금전채무의 보증한도, 보증료 등 보증조건을 우대할 수 있다(영 제12조의5 제2항).

② 스마트물류센터 인증의 유효기간은 인증을 받은 날부터 5년으로 한다.

국토교통부장관은 스마트물류센터의 보급을 촉진하기 위하여 스마트물류센터를 인증할 수 있다. 이 경우 인증의 유효기간은 인증을 받은 날부터 3년으로 한다(법 제21조의4 제1항).

③ 스마트물류센터 인증의 등급은 3등급으로 구분한다.

스마트물류센터 인증의 등급은 5등급으로 구분한다(규칙 제13조의2 제2항).

④ 스마트물류센터 예비인증은 본(本)인증에 앞서 건축물 설계에 반영된 내용을 대상으로 한다.

규칙 제13조의5 제1항

⑤ 스마트물류센터임을 사칭한 자에게는 과태료를 부과한다.

거짓의 인증마크를 제작·사용하거나 스마트물류센터임을 사칭한 자는 3천만원 이하의 벌금에 처한다(법 제65조 제2항).

54 정답 ▶ ②

□□□

① 「상법」에 따라 설립된 법인이 물류단지개발사업을 시행하는 경우에는 사업대상 토지면적의 3분의 2 이상을 매입하여야 토지등을 수용하거나 사용할 수 있다. 법 제32조 제1항 단서

② **<u>물류단지개발사업에 필요한 토지등을 수용하려면 물류단지 지정 고시가 있은 후 「공익사업을 위한 토지등의 취득 및 보상에 관한 법률」에 따른 사업인정 및 그 고시가 있어야 한다.</u>**

물류단지개발사업에 필요한 토지등을 수용하거나 사용하는 경우 물류단지 지정 고시를 한 때에는 「공익사업을 위한 토지 등의 취득 및 보상에 관한 법률」에 따른 사업인정 및 그 고시를 한 것으로 본다(법 제32조 제2항).

③ 물류단지개발사업에 필요한 토지등의 수용 재결의 신청은 물류단지개발계획에서 정하는 사업시행기간 내에 할 수 있다. 법 제32조 제3항

④ 국가 또는 지방자치단체는 물류단지개발사업에 필요한 이주대책사업비의 일부를 보조하거나 융자할 수 있다.

법 제39조 제1항, 영 제28조 제3호

⑤ 물류단지개발사업을 시행하는 지방자치단체는 해당 물류단지의 입주기업체 및 지원기관에게 물류단지개발사업의 일부를 대행하게 할 수 있다. 법 제27조 제5항

55 정답 ▶ ①

□□□

② 도로 등 기반시설의 신설·확장·개량 및 보수 법 제59조의7 제1호

③ 「소음·진동관리법」에 따른 방음·방진시설의 설치 법 제59조의7 제3호

④ 「화물자동차 운수사업법」에 따른 공영차고지 및 화물자동차 휴게소의 설치 법 제59조의7 제2호

⑤ 「환경친화적 자동차의 개발 및 보급 촉진에 관한 법률」에 따른 전기자동차의 충전시설의 설치·정비 또는 개량 법 제59조의7 제4호, 영 제46조의8

56 정답 ▶ ①

□□□

① **<u>물류단지의 부분 재정비사업은 지정된 물류단지 면적의 3분의 2 미만을 재정비하는 사업을 말한다.</u>**

물류단지의 부분 재정비사업은 지정된 물류단지 면적의 2분의 1 미만을 재정비하는 사업을 말한다(법 제52조의2 제2항, 영 제42조의2 제1항·2항).

② 물류단지지정권자는 준공된 날부터 20년이 지나서 물류산업구조의 변화 및 물류시설의 노후화 등으로 물류단지를 재정비할 필요가 있는 경우에는 물류단지재정비사업을 할 수 있다. 법 제52조의2 제1항

③ 물류단지의 부분 재정비사업에서는 물류단지재정비계획 고시를 생략할 수 있다. 법 제52조의2 제3항

④ 물류단지지정권자는 물류단지재정비시행계획을 승인하려면 미리 입주업체 및 관계 지방자치단체의 장의 의견을 듣고 관계 행정기관의 장과 협의하여야 한다. 법 제52조의2 제6항

⑤ 승인 받은 재정비시행계획에서 사업비의 100분의 10을 넘는 사업비 증감을 하고자 하면 그에 대하여 물류단지지정권자의 승인을 받아야 한다. 법 제28조 제1항, 영 제22조 제3항 제6호

57 정답 ▶ ③

□□□

① 30대의 화물자동차를 사용하여 화물을 운송하는 사업을 경영하려는 자는 일반화물자동차 운송사업의 허가를 받아야 한다. 법 제3조 제1항 제1호

② 화물자동차 운송사업의 허가에는 조건을 붙일 수 있다. 법 제3조 제14항

③ 화물자동차 운송사업자가 법인인 경우 대표자를 변경하려면 변경허가를 받아야 한다.

화물자동차 운송사업자가 법인인 경우 대표자를 변경하려면 국토교통부장관에게 신고하여야 한다(법 제3조 제3항, 영 제3조 제2항 제2호).

④ 화물자동차 운송사업자가 운송약관의 변경명령을 받고 이를 이행하지 아니한 경우 증차를 수반하는 허가사항을 변경할 수 없다. 법 제3조 제8항 제1호, 법 제13조 제1호

⑤ 운송사업자가 사업정지처분을 받은 경우에는 주사무소를 이전하는 변경허가를 받을 수 없다.

법 제3조 제15항

58 정답 ▶ ⑤

□□□

① 운송약관을 신고할 때에는 신고서에 적재물배상보험계약서를 첨부하여야 한다.

운송약관 신고서에는 운송약관과 운송약관의 신·구대비표(변경신고인 경우만 해당)를 첨부하여야 한다(규칙 제16조 제2항).

② 운송사업자는 운송약관의 신고를 협회로 하여금 대리하게 할 수 없다.

운송약관의 신고 또는 변경신고는 협회로 하여금 대리하게 할 수 있다(규칙 제16조 제4항).

③ 시·도지사가 화물자동차 운수사업법령에서 정한 기간 내에 신고수리 여부를 신고인에게 통지하지 아니하면 그 기간이 끝난 날에 신고를 수리한 것으로 본다.

국토교통부장관이 정한 기간 내에 신고수리 여부 또는 민원 처리 관련 법령에 따른 처리기간의 연장 여부를 신고인에게 통지하지 아니하면 그 기간이 끝난 날의 다음 날에 신고를 수리한 것으로 본다(법 제6조 제3항).

④ 공정거래위원회는 표준약관을 작성하여 운송사업자에게 그 사용을 권장할 수 있다.

국토교통부장관은 설립된 협회 또는 연합회가 작성한 것으로서 「약관의 규제에 관한 법률」에 따라 공정거래위원회의 심사를 거친 화물운송에 관한 표준이 되는 약관(이하 "표준약관"이라 한다)이 있으면 운송사업자에게 그 사용을 권장할 수 있다(법 제6조 제4항).

⑤ 운송사업자가 화물자동차운송사업의 허가를 받는 때에 표준약관의 사용에 동의하면 운송약관을 신고한 것으로 본다. 법 제6조 제5항

59 정답 ▶ ④

□□□

① 운송사업자는 운임과 요금을 정하여 미리 국토교통부장관에게 신고하여야 한다. 법 제5조 제1항

② 국토교통부장관은 운임과 요금에 따른 신고를 받은 날부터 14일 이내에 신고수리 여부를 신고인에게 통지하여야 한다.

법 제5조 제3항

③ 운송사업 운임 및 요금신고서에는 원가계산서, 운임·요금표, 운임 및 요금의 신·구대비표를 첨부하여야 한다.

규칙 제15조 제2항

④ <u>운임과 요금을 신고하여야 하는 운송사업자의 범위는 국토교통부령으로 정한다.</u>

운임과 요금을 신고하여야 하는 운송사업자의 범위는 대통령령으로 정한다(법 제5조 제2항).

⑤ 화물자동차 운송사업의 운임 및 요금의 신고는 운송사업자로 구성된 협회가 설립한 연합회로 하여금 대리하게 할 수 있다. 규칙 제15조 제3항

60 정답 ▶ ⑤

□□□

ㄱ(○). 적재물사고로 발생한 운송사업자의 손해배상에 관하여 화주가 요청하면 국토교통부장관은 이에 관한 분쟁을 조정(調停)할 수 있다. 법 제7조 제3항

ㄴ(○). 국토교통부장관은 운송사업자의 손해배상책임에 관한 분쟁의 조정 업무를 「소비자기본법」에 따른 한국소비자원에 위탁할 수 있다. 법 제7조 제6항

ㄷ(○). 화물이 인도기한이 지난 후 3개월 이내에 인도되지 아니하면 그 화물은 멸실된 것으로 본다.

법 제7조 제2항

61 정답 ▶ ③

□□□

① 운송사업자는 택시 요금미터기의 장착을 하여서는 아니 된다. 법 제11조 제7항

② 운송사업자는 화물자동차 운송사업을 양도·양수하는 경우에 양도·양수에 소요되는 비용을 위·수탁차주에게 부담시켜서는 아니 된다. 법 제11조 제14항

③ **<u>최대적재량 1.5톤을 초과하는 화물자동차를 밤샘주차하는 경우 차고지에서만 하여야 한다.</u>**

최대적재량 1.5톤 이하의 화물자동차의 경우에는 주차장, 차고지 또는 지방자치단체의 조례로 정하는 시설 및 장소에서만 밤샘주차하여야 한다(규칙 제21조 제4호).

④ 화주로부터 부당한 운임 및 요금의 환급을 요구받았을 때에는 환급하여야 한다. 규칙 제21조 제6호

⑤ 밴형 화물자동차를 사용해서 화주와 화물을 함께 운송하는 사업자는 화물자동차 바깥쪽에 "화물"이라는 표기를 한국어 및 외국어(영어, 중국어 및 일어)로 표시하여야 한다. 규칙 제21조 제8호

더 알아보기

운송사업자의 준수사항(규칙 제21조 제3호)

밤샘주차(0시부터 4시까지 사이에 하는 1시간 이상의 주차를 말한다)하는 경우에는 다음 각 목의 어느 하나에 해당하는 시설 및 장소에서만 할 것

가. 해당 운송사업자의 차고지
나. 다른 운송사업자의 차고지
다. 공영차고지
라. 화물자동차 휴게소
마. 화물터미널
바. 그 밖에 지방자치단체의 조례로 정하는 시설 또는 장소

62

□□□

정답 ▸ ②

② ㄱ : 2 ㄴ : 2

운송사업자는 위·수탁계약을 해지하려는 경우에는 위·수탁차주에게 (ㄱ : 2)개월 이상의 유예기간을 두고 계약의 위반 사실을 구체적으로 밝히고 이를 시정하지 아니하면 그 계약을 해지한다는 사실을 서면으로 (ㄴ : 2)회 이상 통지하여야 한다. 다만, 대통령령으로 정하는 바에 따라 위·수탁계약을 지속하기 어려운 중대한 사유가 있는 경우에는 그러하지 아니하다(법 제40조의3 제1항).

63

□□□

정답 ▸ ④

ㄱ(×). 화물자동차 운송주선사업의 허가기준을 충족하지 못하게 된 경우

허가를 취소하거나 6개월 이내의 기간을 정하여 사업의 정지를 명할 수 있는 경우(법 제27조 제1항 제3호)

ㄴ(○). 거짓이나 그 밖의 부정한 방법으로 운송주선사업 허가를 받은 경우

허가를 반드시 취소하여야 하는 경우(법 제27조 제1항 제2호)

ㄷ(○). 화물자동차 운수사업법 제27조(화물자동차 운송주선사업의 허가취소 등)에 따른 사업정지명령을 위반하여 그 사업정지기간 중에 사업을 한 경우

허가를 반드시 취소하여야 하는 경우(법 제27조 제1항 제9호)

64 정답 ▶ ④

□□□

① 운송가맹사업자는 주사무소 외의 장소에서 상주하여 영업하려면 허가를 받고 영업소를 설치하여야 한다.

법 제29조 제5항

② 화물자동차 운송가맹사업 허가대장은 전자적 처리가 불가능한 특별한 사유가 없으면 전자적 처리가 가능한 방법으로 작성하여 관리하여야 한다. 규칙 제41조의3 제4항

③ 운송사업자 및 위·수탁차주인 운송가맹점은 화물의 원활한 운송을 위한 차량위치의 통지를 성실히 이행하여야 한다. 법 제30조 제2항 제2호

④ 시장·군수·구청장은 안전운행의 확보, 운송질서의 확립 및 화주의 편의를 도모하기 위하여 필요하다고 인정하면 운송가맹사업자에게 화물자동차의 구조변경 및 운송시설의 개선을 명할 수 있다.

국토교통부장관은 안전운행의 확보, 운송질서의 확립 및 화주의 편의를 도모하기 위하여 필요하다고 인정하면 운송가맹사업자에게 화물자동차의 구조변경 및 운송시설의 개선을 명할 수 있다(법 제31조 제2호).

⑤ 허가를 받은 운송가맹사업자가 주사무소를 이전한 경우 변경신고를 하여야 한다.

법 제29조 제2항, 영 제9조의2 제4호

65 정답 ▶ ②

□□□

① 특수용도형 화물자동차 중 「자동차관리법」에 따른 피견인자동차를 소유하고 있는 운송사업자는 적재물배상보험등의 의무가입 대상이다.

특수용도형 화물자동차 중 「자동차관리법」에 따른 피견인자동차를 소유하고 있는 운송사업자는 적재물배상보험등의 의무가입 대상에서 제외한다(규칙 제41조의13 제1항 제3호).

② 이사화물을 취급하는 운송주선사업자는 적재물배상보험등의 의무가입 대상이다.

법 제35조 제2호, 규칙 제41조의13 제2항

③ 적재물배상보험등에 가입하려는 자가 운송사업자인 경우 각 사업자별로 가입하여야 한다.

적재물배상보험등에 가입하려는 자가 운송사업자인 경우 각 화물자동차별로 가입하여야 한다(영 제9조의7 제1호).

④ 중대한 교통사고로 감차 조치 명령을 받은 경우에도 책임보험계약등을 해제하거나 해지하여서는 아니 된다.

중대한 교통사고로 감차 조치 명령을 받은 경우는 책임보험계약등을 해제하거나 해지할 수 있다(법 제37조 제3호, 제19조 제1항 제11호).

⑤ 적재물배상보험등에 가입하려는 자가 운송주선사업자인 경우 각 화물자동차별로 가입하여야 한다.

적재물배상보험등에 가입하려는 자가 운송주선사업자인 경우 각 사업자별로 가입하여야 한다(영 9조의7 제2호).

66 정답 ▸ ②

□□□

① 운송사업자는 필요한 경우 다른 사람에게 차량과 그 경영의 전부를 위탁할 수 있다.

운송사업자는 화물자동차 운송사업의 효율적인 수행을 위하여 필요하면 다른 사람(운송사업자를 제외한 개인을 말한다)에게 차량과 그 경영의 일부를 위탁하거나 차량을 현물출자한 사람에게 그 경영의 일부를 위탁할 수 있다(법 제40조 제1항).

② 위·수탁계약의 기간은 2년 이상으로 하여야 한다. 법 제40조 제5항

③ 위·수탁계약의 내용이 계약불이행에 따른 당사자의 손해배상책임을 과도하게 가중하여 정함으로써 상대방의 정당한 이익을 침해한 경우에는 위·수탁계약 전부를 무효로 한다.

위·수탁계약의 내용이 계약불이행에 따른 당사자의 손해배상책임을 과도하게 가중하여 정함으로써 상대방의 정당한 이익을 침해한 경우에는 그 부분에 한정하여 무효로 한다(법 제40조 제7항 제3호).

④ 화물운송사업분쟁조정협의회가 위·수탁계약의 분쟁을 심의한 결과 조정안을 작성하여 분쟁당사자에게 제시하면 분쟁당사자는 이에 따라야 한다.

협의회는 심의 결과 조정안을 작성하여 분쟁당사자에게 권고할 수 있다. 다만, 분쟁의 성격·빈도 및 중요성 등을 고려하여 필요하다고 인정하는 경우에는 분쟁당사자 간의 자율적인 분쟁해결을 권고할 수 있다(영 9조의9 제5항).

⑤ 운송사업자가 위·수탁계약의 갱신 요구를 거절하는 경우에는 그 요구를 받은 날부터 30일 이내에 위·수탁차주에게 거절 사유를 적어 서면으로 통지하여야 한다.

운송사업자가 위·수탁계약의 갱신 요구를 거절하는 경우에는 그 요구를 받은 날부터 15일 이내에 위·수탁차주에게 거절 사유를 적어 서면으로 통지하여야 한다(법 제40조의2 제2항).

67 정답 ▸ ④

□□□

○ (ㄱ : **임시시장**) : 다수의 수요자와 공급자가 일정한 기간 동안 상품을 매매하거나 용역을 제공하는 일정한 장소 법 제2조 제5호

○ (ㄴ : **임의가맹점형**) 체인사업 : 체인본부의 계속적인 경영지도 및 체인본부와 가맹점 간의 협업에 의하여 가맹점의 취급품목·영업방식 등의 표준화사업과 공동구매·공동판매·공동시설활용 등 공동사업을 수행하는 형태의 체인사업 법 제2조 제6호 다목

25회

68 정답 ▶ ⑤

□□□

① 산업통상자원부장관은 10년마다 유통산업발전기본계획을 수립하여야 한다.

> 산업통상자원부장관은 유통산업의 발전을 위하여 5년마다 유통산업발전기본계획을 관계 중앙행정기관의 장과 협의를 거쳐 세우고 시행하여야 한다(법 제5조 제1항).

② 유통산업발전기본계획에는 유통산업의 지역별·종류별 발전방안이 포함되지 않아도 된다.

> 유통산업발전기본계획에는 유통산업의 지역별·종류별 발전방안이 포함되어야 한다(법 제5조 제2항 제4호).

③ 시·도지사는 유통산업발전기본계획에 따라 2년마다 유통산업발전시행계획을 수립하여야 한다.

> 산업통상자원부장관은 기본계획에 따라 매년 유통산업발전시행계획을 관계 중앙행정기관의 장과 협의를 거쳐 세워야 한다(법 제6조 제1항).

④ 시·도지사는 유통산업발전시행계획의 집행실적을 다음 연도 1월 말일까지 산업통상자원부장관에게 제출하여야 한다.

> 관계 중앙행정기관의 장은 시행계획의 집행실적을 다음 연도 2월 말일까지 산업통상자원부장관에게 제출하여야 한다(영 제6조 제3항).

⑤ 지역별 유통산업발전시행계획은 유통전문인력·부지 및 시설 등의 수급방안을 포함하여야 한다.

> 법 제7조 제1항 제6호

69 정답 ▶ ⑤

□□□

ㄱ(×). 관리규정을 제정하기 위해서는 입점상인의 4분의 3 이상의 동의를 얻어야 한다.

> 대규모점포등관리자는 관리규정을 개정하려는 경우 입점상인의 3분의 2 이상의 동의를 얻어야 한다(영 제7조의7 제2항).

ㄴ(×). 대규모점포등관리자는 대규모점포등관리자신고를 한 날부터 1개월 이내에 관리규정을 제정하여야 한다.

> 관리규정을 제정하려는 대규모점포등관리자는 신고를 한 날부터 3개월 이내에 표준관리규정(이하 "표준관리규정"이라 한다)을 참조하여 관리규정을 제정하여야 한다(영 제7조의7 제1항).

ㄷ(○). 시·도지사는 대규모점포등의 효율적이고 공정한 관리를 위하여 표준관리규정을 마련하여 보급하여야 한다. 법 제12조의6 제4항

ㄹ(○). 대규모점포등관리자는 입점상인의 3분의 2 이상의 동의를 얻어 관리규정을 개정할 수 있다.

> 영 제7조의7 제2항

70 정답 ▶ ①

□□□

ㄱ(○). 상점가진흥조합은 협동조합 또는 사업조합으로 설립한다. 법 제18조 제4항

ㄴ(×). 상점가진흥조합의 구역은 다른 상점가진흥조합의 구역과 중복될 수 있다.

상점가진흥조합의 구역은 다른 상점가진흥조합의 구역과 중복되어서는 아니 된다(법 제18조 제5항).

ㄷ(○). 지방자치단체의 장은 중소유통공동도매물류센터를 건립하여 중소유통기업자단체에 그 운영을 위탁할 수 있다. 법 제17조의2 제2항 제1호

ㄹ(×). 중소유통공동도매물류센터의 건립, 운영 및 관리 등에 관하여 필요한 사항은 산업통상자원부장관이 정하여 고시한다.

중소유통공동도매물류센터의 건립, 운영 및 관리 등에 필요한 사항은 중소벤처기업부장관이 정하여 고시한다(법 제17조의2 제4항).

71 정답 ▶ ②

□□□

① 상업지역 내에서 부지면적이 1만제곱미터이고, 집배송시설면적이 5천제곱미터인 지역 및 시설물은 공동집배송센터로 지정할 수 있다.

부지면적이 3만제곱미터 이상(「국토의 계획 및 이용에 관한 법률」 제36조에 따른 상업지역 또는 공업지역의 경우에는 2만제곱미터 이상)이고, 집배송시설면적이 1만제곱미터 이상일 것(규칙 제19조 제1호)

② **공동집배송센터의 지정을 받은 날부터 정당한 사유 없이 3년 이내에 시공을 하지 아니하는 경우 산업통상자원부장관은 그 지정을 취소할 수 있다.** 법 제33조 제2항 제2호

③ 공동집배송센터를 신탁개발하는 경우 신탁계약을 체결한 신탁업자는 공동집배송센터사업자의 지위를 승계하지 않는다.

공동집배송센터를 신탁개발하는 경우 신탁계약을 체결한 신탁업자는 공동집배송센터사업자의 지위를 승계한다. 이 경우 공동집배송센터사업자는 계약체결일부터 14일 이내에 신탁계약서 사본을 산업통상자원부장관에게 제출하여야 한다(법 제32조 제2항).

④ 관계 중앙행정기관의 장은 집배송시설의 효율적 배치를 위하여 공동집배송센터 개발촉진지구의 지정을 산업통상자원부장관에게 요청할 수 있다.

시・도지사는 집배송시설의 집단적 설치를 촉진하고 집배송시설의 효율적 배치를 위하여 공동집배송센터 개발촉진지구의 지정을 산업통상자원부장관에게 요청할 수 있다(법 제34조 제1항).

⑤ 공동집배송센터 개발촉진지구의 집배송시설에 대하여는 시・도지사가 공동집배송센터로 지정할 수 있다.

산업통상자원부장관은 촉진지구의 집배송시설에 대하여는 시・도지사의 추천이 없더라도 공동집배송센터로 지정할 수 있다(법 제35조 제2항).

72 정답 ▶ ②

□□□

① 선적화물을 실을 때 그 화물의 개수를 계산하는 일 법 제2조 제14호

② 통선(通船)으로 본선과 육지 간의 연락을 중계하는 행위

통선(通船)으로 본선(本船)과 육지 사이에서 사람이나 문서 등을 운송하는 행위는 항만운송관련사업(영 제2조)이고, 통선(通船)으로 본선과 육지 간의 연락을 중계하는 행위는 '항만운송의 유형'으로 분류할 수 없다.

③ 항만에서 선박 또는 부선(艀船)을 이용하여 운송될 화물을 하역장[수면(水面) 목재저장소는 제외]에서 내가는 행위 법 제2조 제7호

④ 선박을 이용하여 운송될 화물을 화물주의 위탁을 받아 항만에서 화물주로부터 인수하는 행위

법 제2조 제2호

⑤ 선적화물 및 선박에 관련된 증명 · 조사 · 감정을 하는 일 법 제2조 제15호

73 정답 ▶ ④

□□□

① 항만운송관련사업 중 선용품공급업은 신고대상이다. 법 제26조의3 제1항 단서

② 항만하역사업과 검수사업의 등록은 항만별로 한다. 법 제4조 제2항

③ 한정하역사업에 대하여 관리청은 이용자 · 취급화물 또는 항만시설의 특성을 고려하여 그 등록기준을 완화할 수 있다. 법 제6조

④ 선박연료공급업을 등록한 자가 사용 장비를 추가하려는 경우에는 사업계획 변경신고를 하지 않아도 된다.

항만운송관련사업 중 선박연료공급업을 등록한 자는 사용하려는 장비를 추가하거나 그 밖에 사업계획 중 해양수산부령으로 정하는 사항을 변경하려는 경우 해양수산부령으로 정하는 바에 따라 관리청에 사업계획 변경신고를 하여야 한다(법 제26조의3 제3항).

⑤ 등록한 항만운송사업자가 그 사업을 양도한 경우 양수인은 등록에 따른 권리 · 의무를 승계한다.

법 제23조 제1항 제2호

74 정답 ▶ ③

□□□

③ ㄱ, ㄴ, ㄹ

검수사업 · 감정사업 또는 검량사업의 등록을 한 자는 요금의 설정신고 또는 변경신고를 할 때에는 다음 각 호의 사항을 기재한 서류(전자문서를 포함한다)를 해양수산부장관, 지방해양수산청장 또는 시 · 도지사에게 제출하여야 한다(규칙 제15조 제3항).

1. 상호
2. 성명 및 주소
3. 사업의 종류
4. 취급화물의 종류
5. 항만명(검수사업만 해당한다)
6. 변경 전후의 요금 비교, 변경 사유와 변경 예정일(요금을 변경하는 경우만 해당한다)
7. 설정하거나 변경하려는 요금의 적용방법

75 정답 ▶ ③

□□□

① 철도사업자는 철도사업약관을 정하여 국토교통부장관의 허가를 받아야 한다.

> 철도사업자는 철도사업약관을 정하여 국토교통부장관에게 신고하여야 한다. 이를 변경하려는 경우에도 같다(법 제11조 제1항).

② 국토교통부장관은 철도사업약관의 변경신고를 받은 날부터 10일 이내에 신고수리 여부를 신고인에게 통지하여야 한다.

> 국토교통부장관은 철도사업약관의 신고 또는 변경신고를 받은 날부터 3일 이내에 신고수리 여부를 신고인에게 통지하여야 한다(법 제11조 제3항).

③ 철도사업자는 여객열차의 운행구간을 변경하려는 경우 국토교통부장관의 인가를 받아야 한다.

> 법 제12조 제1항, 영 제5조 제2호

④ 철도사업자는 사업용철도노선별로 여객열차의 정차역의 10분의 2를 변경하는 경우 국토교통부장관에게 신고하여야 한다.

> 철도사업자는 사업용철도노선별로 여객열차의 정차역의 10분의 2를 변경하는 경우 국토교통부장관의 인가를 받아야 한다(법 제12조 제1항, 영 제5조 제3호).

⑤ 철도사업자가 사업계획 중 인가사항을 변경하려는 경우에는 사업계획을 변경하려는 날 1개월 전까지 사업계획변경인가신청서를 제출하여야 한다.

> 철도사업자는 사업계획을 변경하려는 때에는 사업계획을 변경하려는 날 1개월 전까지(변경하려는 사항이 인가사항인 경우에는 2개월 전까지) 사업계획변경신고서 또는 사업계획변경인가신청서에 신·구 사업계획을 대비한 서류 또는 도면, 철도안전 확보 계획, 사업계획 변경 후의 예상 사업수지 계산서의 서류를 첨부하여 국토교통부장관에게 제출하여야 한다(법 제12조 제1항, 규칙 제8조 제1항).

76 정답 ▶ ③

□□□

① 징수한 과징금은 철도사업 종사자의 양성을 위한 시설 운영의 용도로 사용할 수 있다.

> 법 제17조 제4항 제1호

② 과징금 부과처분을 받은 자가 납부기한까지 과징금을 내지 아니하면 국세 체납처분의 예에 따라 징수한다.

> 법 제17조 제3항

③ 과징금은 철도사업자의 신청에 따라 분할하여 납부할 수 있다.

> 과징금은 이를 분할하여 납부할 수 없다(법 제17조 제2항, 영 제10조 제5항 삭제 〈2021. 9. 24〉).
> ※ 이 문제가 출제될 당시 법령은 '과징금은 이를 분할하여 납부할 수 없다.'(영 제10조 제5항)로 정답 처리되었으나, 2021년 9월 24일 법령이 삭제되어 현재는 분할납부가 가능하다는 점을 유의할 것

④ 하나의 위반행위에 대하여 사업정지처분과 과징금처분을 함께 부과할 수 없다. 영 제9조, 별표 1

⑤ 국토교통부장관은 과징금으로 징수한 금액의 운용계획을 수립하여 시행하여야 한다. 법 제17조 제5항

77 정답 ▸ ④

□□□

① 철도사업자는 여객에 대한 운임을 변경하려는 경우 국토교통부장관에게 신고하여야 한다.

법 제9조 제1항 단서

② 철도사업자는 철도사업을 양도·양수하려는 경우에는 국토교통부장관의 인가를 받아야 한다.

법 제14조 제1항

③ 철도사업자가 국토교통부장관의 허가를 받아 그 사업의 전부 또는 일부를 휴업하는 경우 휴업기간은 6개월을 넘을 수 없다. 법 제15조 제2항

④ 철도사업자의 화물의 멸실·훼손에 대한 손해배상책임에 관하여는 「상법」 제135조(손해배상책임)를 준용하지 않는다.

철도사업자의 화물의 멸실·훼손 또는 인도(引導)의 지연에 대한 손해배상책임에 관하여는 「상법」 제135조를 준용한다(법 제24조 제1항).

⑤ 철도사업자는 타인에게 자기의 성명 또는 상호를 사용하여 철도사업을 경영하게 하여서는 아니 된다.

법 제23조

78 정답 ▸ ④

□□□

○ 전용철도를 운영하려는 자는 전용철도 건설기간을 1년 연장한 경우 국토교통부장관에게 (ㄱ : **등록**)을(를) 하여야 한다. 법 제34조 제1항, 영 제12조 제1항 제6호 참조

○ 전용철도운영자가 그 운영의 일부를 폐업한 경우에는 (ㄴ : **1개월**) 이내에 국토교통부장관에게 (ㄷ : **신고**)하여야 한다. 법 제38조

79 정답 ▸ ①

□□□

① 시가 지방도매시장을 개설하려면 도지사에게 신고하여야 한다.

시가 지방도매시장을 개설하려면 도지사의 허가를 받아야 한다(법 제17조 제1항 단서).

② 특별시·광역시·특별자치시 및 특별자치도가 도매시장을 폐쇄하는 경우 그 3개월 전에 이를 공고하여야 한다. 법 제17조 제6항 단서

③ 특별시·광역시·특별자치시 또는 특별자치도가 도매시장을 개설하려면 미리 업무규정과 운영관리계획서를 작성하여야 한다. 법 제17조 제4항

④ 도매시장은 양곡부류·청과부류·축산부류·수산부류·화훼부류 및 약용작물 부류별로 개설하거나 둘 이상의 부류를 종합하여 개설한다. 법 제17조 제1항, 영 제15조

⑤ 도매시장의 명칭에는 그 도매시장을 개설한 지방자치단체의 명칭이 포함되어야 한다.

영 제16조

80 정답 ▶ ⑤

□□□

① 농림수협등, 생산자단체 또는 공익법인이 공판장을 개설하려면 시·도지사의 승인을 받아야 한다.

법 제43조 제1항

② 공판장에는 중도매인, 매매참가인, 산지유통인 및 경매사를 둘 수 있다. 법 제44조 제1항

③ 공판장의 경매사는 공판장의 개설자가 임면한다. 법 제44조 제4항

④ 공판장의 중도매인은 공판장의 개설자가 지정한다. 법 제44조 제2항

⑤ 공익법인이 운영하는 공판장의 개설승인 신청서에는 해당 공판장의 소재지를 관할하는 시장 또는 자치구의 구청장의 의견서를 첨부하여야 한다.

농림수협등, 생산자단체 또는 공익법인이 공판장의 개설승인을 받으려면 농림축산식품부령 또는 해양수산부령으로 정하는 바에 따라 공판장 개설승인 신청서에 업무규정과 운영관리계획서 등 승인에 필요한 서류를 첨부하여 시·도지사에게 제출하여야 한다(법 제43조 제2항, 규칙 제40조).

25회

S D E D U
합 격 의
공 식
시대에듀

작은 기회로부터 종종 위대한 업적이 시작된다.

– 데모스테네스 –

2026 시대에듀 물류관리사 5개년 첨삭식 기출문제해설

개정20판1쇄 발행	2026년 01월 05일 (인쇄 2025년 09월 17일)
초 판 발 행	2006년 08월 01일 (인쇄 2006년 06월 01일)
발 행 인	박영일
책 임 편 집	이해욱
편 저	시대물류관리연구소
편 집 진 행	김준일 · 남민우 · 우지영
표지디자인	김도연
편집디자인	차성미 · 하한우
발 행 처	(주)시대고시기획
출 판 등 록	제10-1521호
주 소	서울시 마포구 큰우물로 75 [도화동 538 성지 B/D] 9F
전 화	1600-3600
팩 스	02-701-8823
홈 페 이 지	www.sdedu.co.kr

I S B N	979-11-383-9451-2 (13320)
정 가	26,000원

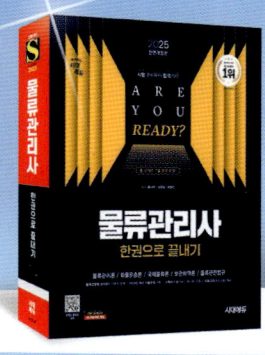

물류관리사

합격을 꿈꾸는 수험생에게

물류관리사 자격시험의 합격을 위해 정성을 다해 만든 물류관리사 도서들을
꿈을 향해 도전하는 수험생 여러분들께 드립니다.

P.S. 단계별 교재를 선택하기 위한 팁!

한권으로 끝내기

이론 파악으로
기본다지기

핵심이론부터 실전문제까지
차근차근 학습하며
기초를 잡고 싶은 수험생

시험에 출제되는 핵심이론부터 키워드별 필수 기출문제와 최근에 시행된 기출문제까지 한권에 담았습니다.

동영상 강의 교재

▶

5개년 첨삭식 기출문제해설

기출문제 정복으로
실력다지기

최신 기출문제와 상세한 첨삭식
해설을 통해 학습내용을 확인하고
실전감각을 키우고 싶은 수험생

최근 5개년 기출문제를 상세한 첨삭식 해설과 함께 한권에 담았습니다.

▶

단기완성 핵심요약집

초단기
합격 PROJECT

시험에 출제된 필수 핵심이론을
테마별로 체계적으로 정리하여
단기간에 합격하고 싶은 수험생

실제 시험에 출제된 중요이론을 압축하여 테마별로 수록하였습니다.

물류관리사 합격!

시대에듀와 함께라면 문제없습니다.

유통관리사 1급	유통관리사 1급 한권으로 끝내기(전2권)	4×6배판	45,000원
	유통관리사 1급 기출문제해설	4×6배판	25,000원
유통관리사 2급	유통관리사 2급 한권으로 끝내기(필수암기 필기노트)	210×260	34,000원
	유통관리사 2급 단기완성	4×6배판	25,000원
	유통관리사 2급 5개년 기출문제해설	4×6배판	26,000원
유통관리사 3급	유통관리사 3급 한권으로 끝내기	4×6배판	32,000원
	유통관리사 3급 10개년 기출문제해설	4×6배판	24,000원
물류관리사	물류관리사 한권으로 끝내기(전5권)	210×260	42,000원
	물류관리사 5개년 첨삭식 기출문제해설(전2권)	4×6배판	26,000원
	물류관리사 단기완성 핵심요약집	210×260	23,000원

※ 도서의 제목 및 가격은 변동될 수 있습니다.

나는 이렇게 합격했다

자격명: 위험물산업기사
구분: 합격수기
작성자: 배*상

나는할수있다 69년생50중반직장인 입니다. 요즘 자격증을 2개정도는가지고 입사하는젊은친구들에게 일을시키고 지시하는 역할이지만 정작 제자신에게 부족한점 이많다는것을느꼈기 때문에자격증을따야겠다고 결심했습니다.처음 시작할때는과연되겠냐?하는의문과걱정 이한가득이었지만 시대에듀인강을우연히접하게 되었고잘차려진밥상과같은커리큘럼은뒤늦게시작한늦깍이수험생이었던저를 합격의길로인도해주었습니다.직장생활을 하면서취득했기에더욱기뻤습니다.

감사합니다!

합격은 시대에듀

당신의 합격 스토리를 들려주세요.
추첨을 통해 선물을 드립니다.

NEXT STEP

THE NEXT STEP IN SUCCESS

성공의 다음단계, 시대에듀와 함께라면 가능합니다.

물류관리사

5개년 첨삭식 기출문제해설

[판매량] YES24 "물류관리사" 부문 월별/주별 베스트셀러 1위
08년 12월 / 09년 7,8,10~12월 / 10년 1~3,7,11,12월 / 11년 1,11,12월 / 12년 1월 1주 / 13년 1월 3,4주, 2월 2주, 6월 1,4주, 8월 2주, 12월 4,5주 / 14년 1,11,12월 / 15년 1,12월 / 16년 1~3,9,12월 / 17년 1월 / 18년 2,5,10~12월 / 19년 1~9월 / 20년 1월, 2월 4주, 6월 4주, 7월 2,3주, 8월 3주) / 21년 2~6월 / 22년 1월 2~3주, 2월 2주, 8월 2~3,5주, 9월 1~2,4주, 10월 1~3주, 11월 4주 / 23년 8월 3주, 10월 3~4주 / 24년 11월 2,4~5주, 12월 1~3주 / 25년 7월 3주)

[선호도] 물류관리사 시리즈, 22년간 15만 부 판매

시대에듀

발행일 2026년 1월 5일 | **발행인** 박영일 | **책임편집** 이해욱
편저 시대물류관리연구소 | **발행처** (주)시대고시기획
등록번호 제10-1521호 | **대표전화** 1600-3600 | **팩스** (02)701-8823
주소 서울시 마포구 큰우물로 75 [도화동 538 성지B/D] 9F
학습문의 www.sdedu.co.kr

항균+ 99.9%